Bilingual Di...

English-Sinhalese
Sinhalese-English
Dictionary

Compiled by

Naseer Salahudeen

STAR Foreign Language BOOKS

ISBN : 978 1 912826 21 6

This Edition : 2024

Published by

STAR Foreign Language BOOKS

a unit of

Star Books

56, Langland Crescent

Stanmore HA7 1NG, U.K.

info@starbooksuk.com

www.bilingualbooks.co.uk

Printed in India at

Star Print-O-Bind, New Delhi-110 020

About this Dictionary

Developments in science and technology today have narrowed down distances between countries, and have made the world a small place. A person living thousands of miles away can learn and understand the culture and lifestyle of another country with ease and without travelling to that country. Languages play an important role as facilitators of communication in this respect.

To promote such an understanding, **STAR Foreign Language BOOKS** has planned to bring out a series of bilingual dictionaries in which important English words have been translated into other languages, with Roman transliteration in case of languages that have different scripts. This is a humble attempt to bring people of the word closer through the medium of language, thus making communication easy and convenient.

Under this series of *one-to-one dictionaries*, we have published almost 59 languages, the list of which has been given in the opening pages. These have all been compiled and edited by teachers and scholars of the relative languages.

Publishers

ONE TO ONE

Bilingual Dictionaries in this Series

English-Afrikaans / Afrikaans-English	Abraham Venter
English-Albanian / Albanian-English	Theodhora Blushi
English-Amharic / Amharic-English	Girun Asanke
English-Arabic / Arabic-English	Rania-al-Qass
English-Bengali / Bengali-English	Amit Majumdar
English-Bosnian / Bosnian-English	Boris Kazanegra
English-Bulgarian / Bulgarian-English	Vladka Kocheshkova
English-Burmese (Myanmar) / Burmese (Myanmar)-English	Kyaw Swar Aung
English-Cambodian / Cambodian-English	Engly Sok
English-Cantonese / Cantonese-English	Nisa Yang
English-Chinese (Mandarin) / Chinese (Mandarin)-Eng	Y. Shang & R. Yao
English-Croatian / Croatain-English	Vesna Kazanegra
English-Czech / Czech-English	Jindriska Poulova
English-Danish / Danish-English	Rikke Wend Hartung
English-Dari / Dari-English	Amir Khan
English-Dutch / Dutch-English	Lisanne Vogel
English-Estonian / Estonian-English	Lana Haleta
English-Farsi / Farsi-English	Maryam Zaman Khani
English-French / French-English	Aurélie Colin
English-Georgian / Georgina-English	Eka Goderdzishvili
English-Gujarati / Gujarati-English	Sujata Basaria
English-German / German-English	Bicskei Hedwig
English-Greek / Greek-English	Lina Stergiou
English-Hindi / Hindi-English	Sudhakar Chaturvedi
English-Hungarian / Hungarian-English	Lucy Mallows
English-Italian / Italian-English	Eni Lamllari
English-Japanese / Japanese-English	Miruka Arai & Hiroko Nishimura
English-Korean / Korean-English	Mihee Song
English-Latvian / Latvian-English	Julija Baranovska
English-Levantine Arabic / Levantine Arabic-English	Ayman Khalaf
English-Lithuanian / Lithuanian-English	Regina Kazakeviciute
English-Malay / Malay-English	Azimah Husna
English-Malayalam - Malayalam-English	Anjumol Babu
English-Nepali / Nepali-English	Anil Mandal
English-Norwegian / Norwegian-English	Samuele Narcisi
English-Pashto / Pashto-English	Amir Khan
English-Polish / Polish-English	Magdalena Herok
English-Portuguese / Portuguese-English	Dina Teresa
English-Punjabi / Punjabi-English	Teja Singh Chatwal
English-Romanian / Romanian-English	Georgeta Laura Dutulescu
English-Russian / Russian-English	Katerina Volobuyeva
English-Serbian / Serbian-English	Vesna Kazanegra
English-Sinhalese / Sinhalese-English	Naseer Salahudeen
English-Slovak / Slovak-English	Zuzana Horvathova
English-Slovenian / Slovenian-English	Tanja Turk
English-Somali / Somali-English	Ali Mohamud Omer
English-Spanish / Spanish-English	Cristina Rodriguez
English-Swahili / Swahili-English	Abdul Rauf Hassan Kinga
English-Swedish / Swedish-English	Madelene Axelsson
English-Tagalog / Tagalog-English	Jefferson Bantayan
English-Tamil / Tamil-English	Sandhya Mahadevan
English-Thai / Thai-English	Suwan Kaewkongpan
English-Tigrigna / Tigrigna-English	Tsegazeab Hailegebriel
English-Turkish / Turkish-English	Nagme Yazgin
English-Twi / Twi-English	Nathaniel Alonsi Apadu
English-Ukrainian / Ukrainian-English	Katerina Volobuyeva
English-Urdu / Urdu-English	S. A. Rahman
English-Vietnamese / Vietnamese-English	Hoa Hoang
English-Yoruba / Yoruba-English	O. A. Temitope

STAR Foreign Language BOOKS

ENGLISH-SINHALESE

A

a *a.* එක් ek

aback *adv.* පසුපසට pasupasata

abandon *v.t.* සතුන් බලෙන් ගෙන යෑම sathun balen gena ya^ma

abase *v.* සතුන් බලෙන් ගෙන යන්න sathun balen gena yanna

abashed *adj.* අත්හරිනවා athharinawa

abate *v.t.* නින්දා කරනවා nindaa karanawa

abbey *n.* අවමන් කිරීම awaman kireema

abbot *n.* ලජ්ජා වෙනවා lajja wenawa

abbreviate *v.t.* පහළ දමනවා pahala damanawa

abbreviation *n.* අඩු කිරීම adu kireema

abdicate *v.t,* තාපසාරාමය thapasaaramaya

abdication *n.* කැටි කරනවා keti karanawa

abdomen *n.* කැටි යෙදුම keti yeduma

abdominal *a.* නිලය අත්හරිනවා nilaya athharinawa

abduct *v.t.* රජකම අත්හැරීම rajakama athharinawa

abduction *n.* උදරය udaraya

aberrant *adj.* උදරීය udareeya

aberration *n.* පැහැර ගන්නවා pahara gannawa

abet *v.* අපහරණය apaharanaya

abeyance *n.* ඇඳෙහි andehi

abhor *v.* නොමඟ යෑම nomanga yaama

abhorrence *n.* අනුබල දෙනවා anubala denawa

abhorrent *adj.* වරදට පෙළඹවීම waradata pelambaweema

abide *v.i* අත්හිටවීම athhitaweema

abiding *adj.* වෙනස් නොවන wenas nowana

ability *n.* හැකියාව hakiyawa

abject *adj.* අධම adhama

abjure *v.* දිවුරා අත්හරිනවා diwuraa athharinawa

ablaze *adv.* ගිනිගත් ginigath

able *adj.* හැකි haki

ablutions *n.* පවිත්‍ර කිරීම් pavithra kireem

abnormal *adj.* අසාමාන්‍ය asaamanya

aboard *adv.* යාත්‍රාවකට ගොඩවී yathraawakata godawee

abode *n.* වාසය කරනවා waasaya karanawa

abolish *v.t* අහෝසි කරනවා ahosi karanawa

abolition *v.* අවලංගු කරනවා awalangu karanawa

abominable *adj.* අශික්ෂිත ashikshitha

abominate *v.* පිළිකුල් කරනවා pilikul karanawa

aboriginal *adj.* ආදිවාසික aadiwasika

abort *v.i* අසාර්ථක වෙනවා asaarthaka wenawa

abortion *n.* ගබ්සා කිරීම gubsa kireema

abortive *adj.* ව්‍යර්ථ wyartha

abound *v.i.* අධිකව පවතිනවා adhikawa pawathinawa

about *adv.* වටා wataa

about *prep.* පිළිබඳ pilibanda
above *adv.* ඉහළ ihala
above *prep.* අධි adhi
abrasion *n.* සිරීම sireema
abrasive *adj.* උල්ලේඛ ulleaka
abreast *adv.* පෙළට pelata
abridge *v.t* සංක්ෂේප කරනවා sank-shepa karanawa
abroad *adv.* පිටරට pitarata
abrogate *v.* විලෝපනය කරනවා vilopanaya karanawa
abrupt *adj.* ඒකපාත ekapatha
abscess *n.* සැරව ගෙඩිය sarawa gediya
abscond *v.* මගහැර පැන යනවා man-gahara pana yanawa
absence *n.* නොපැමිණීම nopami-neema
absent *adj.* නොපැමිණි nopamini
absentee *n.* නොපැමිණි තැනැත්තා nopamini thanaththa
absolute *adj.* පූර්ණ poorna
absolution *n.* ක්ෂමාව kshamaawa
absolve *v.* වරදින් නිදහස් කරනවා waradin nidahas karanawa
absorb *v.* අවශෝෂණය කරනවා awashoshanaya karanawa
abstain *v.* මිදෙනවා midenawa
abstinence *n.* වැළකීම walakeema
abstract *adj.* වියුක්ත viyuktha
abstruse *adj.* ගම්භීර gambhira
absurd *adj.* හාස්‍යජනක haasyaja-naka
absurdity *n.* මෝඩකම modakama
abundance *n.* බහුලත්වය bahulath-waya
abundant *v.t.* විපුල vipula
abuse *v.* අයුතු ප්‍රයෝජන ගන්නවා ayuthu prayojana gannawa
abusive *adj.* පරිභව සහගත parib-hawa sahitha
abut *v.* හේත්තු වෙනවා heththu wenawa
abysmal *adj.* අගාධ agaadha
abyss *n.* පාතාලය paathalaya
academic *adj.* ශාස්ත්‍රීය shaas-threeya
academy *n.* විද්‍යාලය vidyaalaya
accede *v.* අනුමත කරනවා anumatha karanawa
accelerate *v.* වේගය වැඩි කරනවා wegaya wadi karanawa
accelerator *n.* ත්වරකය thwarakaya
accent *n.* උච්චාරණ විධිය uchcha-rana vidhiya
accentuate *v.* ස්වරයෙන් උච්චාරණය දක්වනවා swarayen uchcharanaya dakwanawa
accept *v.* පිළිගන්නවා piligannawa
acceptable *adj.* පිළිගත හැකි piliga-tha haki
acceptance *n.* පිළිගැනීම piliga-neema
access *n.* ප්‍රවේශය praweshaya
accessible *adj.* ප්‍රවේශ්‍ය prawe-shya
accession *n.* ළඟාවීම langaa weema
accessory *n.* උපකරණය upakara-naya
accident *n.* හදිසි අනතුර hadisi anathura
accidental *adj.* අහඹු ahambu
acclaim *v.* ප්‍රීතියෙන් පිළිගන්නවා preethiyen piligannawa
acclimatise *v.t* දේශයට හුරු වෙනවා deshayata huru wenawa

accolade *n.* අත්‍යන්ත වර්ණනාව athyantha warnanawa

accommodate *v.* ඉඩ දෙනවා ida denawa

accommodation *n.* වාසස්ථානය wasasthanaya

accompaniment *n.* සමඟ පවත්නා දේ samanga pawathna de

accompany *v.* කැටුව යනවා katuwa yanawa

accomplice *n.* අපරාධ සහායක aparaada sahaayaka

accomplish *v.* ඉටුකරනවා itukaranawa

accomplished *adj.* ඉටු කළ itukala

accomplishment *n.* ඉටු කිරීම itukireema

accord *v.* එකඟ වෙනවා ekanga wenawa

accordance *n.* එකඟත්වය ekangathwaya

according *adv.* අනුව anuwa

accordingly *adv.* එම නිසා ema nisaa

accost *v.* වරදට කැඳවනවා waradata kandawanawa

account *n.* ගිණුම ginuma

accountable *adj.* පරිමේය parimeya

accountancy *n.* ගණකාධිකරණය ganakadhikaranaya

accountant *n.* ගණකාධිකාරි ganakadhikari

accoutrement *n.* ඇඳුම් කට්ටලය andum kattalaya

accredit *v.* පවරනවා pawaranawa

accredited *adj.* පිළිගත් piligath

accretion *n.* වැඩීම wadeema

accrue *v.t.* අත්වෙනවා athwenawa

accumulate *v.* තැන්පත් වෙනවා thanpath wenawa

accumulation *n.* එකතුව ekathuwa

accurate *adj.* නිවැරදි niwaradi

accusation *n.* චෝදනාව chodanawa

accuse *v.* චෝදනා කරනවා chodana karanawa

accused *v.t.* චූදිතයා choodithaya

accustom *v.* පුහුණු කරනවා puhunu karanawa

accustomed *adj.* නිරන්තර niranthara

ace *n.* අති දක්ෂ athi daksha

acerbic *adj.* කර්කශ karkasha

acetate *n.* ඇසිටේට් acetate

acetone *n.* ඇසිටෝන් acetone

ache *n.* කැක්කුම kakkuma

achieve *v.* සාක්ෂාත් කරගන්නවා saakshath karagannawa

achievement *n.* ඉටු කර ගැනීම itu kara ganeema

acid *n.* අම්ලය amlaya

acidity *n.* ආම්ලිකතාවය aamlikathaawaya

acknowledge *v.* කෘතඥතාවය ප්‍රකාශ කරනවා kruthagnathawaya prakasha karanawa

acknowledgement *n.* ස්තුතිය sthuthiya

acme *n.* අග aga

acne *n.* අණිය aniya

acolyte *n.* ඇබිත්තා abiththa

acorn *n.* ඕක් ගෙඩිය oak gediya

acoustic *adj.* ධ්වනික dhwanika

acquaint *v.* දක්වනවා dakwanawa

acquaintance *n.* අඳුනන්නා andunanna

acquiesce *v.* අනුමත කරනවා

anumatha karanawa

acquiescence *n.* අනුමත කිරීම anumatha kireema

acquire *v.* අත්කර ගන්නවා athkara gannawa

acquisition *n.* ලාභය laabhaya

acquit *v.* මුදා හරිනවා muda harinawa

acquittal *n.* නිදහස් කිරීම nidahas kireema

acre *n.* අක්කරය akkaraya

acrid *adj.* කටුක katuka

acrimony *n.* පරුෂකම parushakama

acrobat *n.* කරණම් ගසන්නා karanam gasanna

acrobatic *adj.* කරණම්කාර karanamkaara

across *adv.* එහා පැත්තේ eha patte

acrylic *adj.* බහුඅවයවිකයක් bahuawayawikayak

act *v.* රඟ දක්වනවා ranga dakwanawa

acting *n.* රඟ පෑම ranga paama

acting *adj.* රඟපාන rangapaana

actinium *n.* ඇක්ටිනියම් actinium

action *n.* ක්‍රියාව kriyawa

actionable *adj.* නඩු පැවරිය හැකි nadu pawariya haki

activate *v.* සක්‍රිය කරනවා sakriya karanawa

active *adj.* කඩිසර kadisara

activist *n.* ක්‍රියාවට වැඩි උනන්දුවක් ඇති පුද්ගලයා kriyaawata wadi unanduwak athi pudgalayaa

activity *n.* ක්‍රියාකාරකම kriyakarakama

actor *n.* නළුවා naluwa

actress *a.* නිළිය niliya

actual *adj.* නියම niyama

actually *adv.* සැබැවින්ම sabawinma

actuary *n.* ආයුෂ ගණක aayusha ganana

actuate *v.* පොළඹවනවා polambawanawa

acumen *n.* විනිවිද පෙනීම vinivida peneema

acupuncture *n.* කටු චිකිත්සාව katu chikithsawa

acute *adj.* උග්‍ර ugra

adamant *adj.* දැඩි dhadi

adapt *v.* යොදා ගන්නවා yoda gannawa

adaptation *n.* අනුවර්තනය anuwarthanaya

add *v.* එකතු කරනවා ekathu karanawa

addendum *n.* අතිරේකය athirekaya

addict *n.* ඇලෙනවා alenawa

addicted *adj.* ඇලුණු alunu

addiction *n.* ඇබ්බැහිවීම abbahi weema

addition *n.* එකතු කිරීම ekathu kireema

additional *adj.* අමතර amathara

additive *n.* ආකලන aakalana

addled *adj.* යල් පැනපු yal panapu

address *n.* ලිපිනය lipinaya

addressee *n.* ලිපි හිමියා lipi himiyaa

adduce *v.* ඉදිරිපත් කරනවා idiripath Karanawa

adept *adj.* ප්‍රවීණ praweena

adequacy *n.* ප්‍රමාණවත් බව pramaanawath bawa

adequate *adj.* ප්‍රමාණවත් pramaanawath

adhere *v.* ස්ථිරව සිටිනවා sthirawa

sitinawa

adherence *n.* ඇලීම aleema

adhesive *n.* මැලියම් maliyam

adieu *n.* සමුගැනීම samuganeema

adjacent *adj.* යාබද yaabada

adjective *n.* විශේෂණය vishesha-naya

adjoin *v.* යා වෙනවා yaa wenawa

adjourn *v.* කල් දමනවා kal damanava

adjournment *n.* කල් දැමීම kal dameema

adjudge *v.t.* තීරණය කිරීම theeranaya kireema

adjudicate *v.* තීරණය කරනවා thee-ranaya karanava

adjunct *n.* අමතර දෙය amathara deya

adjust *v.* සකස් කරනවා sakas kara-nava

adjustment *n.* සකස් කිරීම sakas kireema

administer *v.* පාලනය කරනවා paalanaya karanava

administration *n.* පරිපාලනය pari-paalanaya

administrative *adj.* පාලක paalaka

administrator *adj.* පාලකයා paala-kaya

admirable *adj.* ප්‍රශංසනීය prashan-saneeya

admiral *n.* නාවුක සේනාධිපති nawuka senadipathi

admiration *n.* අගය කිරීම agaya kireema

admire *v.* අගය කරනවා agaya karanawa

admissible *adj.* පිළිගැනීමට හැකි piliganeemata haki

admission *n.* ඇතුල් වීම athul weema

admit *v.* ඇතුළත් කරනවා athulath karanawa

admittance *n.* ඇතුලත් වීම athulath weema

admonish *v.* ඔවා දෙනවා owa denawa

ado *n.* කරදරය karadaraya

adobe *n.* මඩ ගඩොල moda gadola

adolescence *n.* තරුණ වයස tharuna wayasa

adolescent *adj.* තරුණයා tharunaya

adopt *v.* හදා ගන්නවා hada gannawa

adoption *n.* භාර ගැනීම bhaara ganima

adoptive *adj.* කුලවද්දන kulawad-dana

adorable *adj.* උසස් usas

adoration *n.* උසස් භක්තිය usas bhakthiya

adore *v.t.* ගෞරව කරනවා gaurawa karanawa

adorn *v.* හොබවනවා hobawanawa

adrift *adj.* අසරණ asarana

adroit *adj.* විචක්ෂණ vichakshana

adsorb *v.* අධිශෝෂණය කරනවා adhishoshanaya karanawa

adulation *n.* ඉච්චාව ichchava

adult *n.* වැඩිහිටියා wadihitiya

adulterate *v.* කළවම් කරනවා kalawam karanawa

adulteration *n.* බාල කිරීම baala kireema

adultery *n.* අනාචාරය anaachaaraya

advance *v.* දියුණු වෙනවා diyunu venawa

advance *n.* අත්තිකාරම aththikarama

advancement *n.* ප්‍රගතිය pragathiya

advantage *v.t.* වාසියක් සලසනවා waasiyak salasanawa

advantage *n.* වාසිය waasiya

advantageous *adj.* වාසි ඇති waasi athi

advent *n.* පැමිණීම pamineema

adventure *n.* ප්‍රයාණය prayaanaya

adventurous *adj.* අනතුරු සහිත anathuru sahitha

adverb *n.* ක්‍රියා විශේෂණය kriyaa visheshanaya

adversary *n.* පසමිතුරා pasa mithura

adverse *adj.* සතුරු sathuru

adversity *n.* විපත wipatha

advertise *v.* ප්‍රචාරය කරනවා prachaaraya karanawa

advertisement *n.* දැන්වීම danveema

advice *n.* අවවාදය avavaadaya

advisable *adj.* උචිත uchitha

advise *v.* සැල කරනවා sala karanava

advocate *n.* අධිනීතිඥ adhineethigna

advocate *v.* වෙනුවෙන් කතා කරනවා venuven katha karanava

aegis *n.* අනුබලය anubalaya

aerial *n.* අහස් කම්බිය ahas kambiya

aeon *n.* යුගය yugaya

aerobatics *n.* ගුවන් කරණම් guvan karanam

aerobics *n.* සවායු ව්‍යායාම් savayu viyayam

aerodrome *n.* ගුවන් තොට guvan thota

aeronautics *n.* ගගන යාත්‍රා විද්‍යාව gagana yaathraa vidyaava

aeroplane *n.* ගුවන් යානාව guvan yaanawa

aerosol *n.* එයරොසොලය eyarosolaya

aerospace *n.* ආකාශ තලය aakaasha thalaya

aesthetic *adj.* සුන්දර sundara

aesthetics *n.* සෞන්දර්ය විෂය saundarya vishaya

afar *adv.* ඈත aatha

affable *adj.* සුහද suhada

affair *n.* කුළුපගකම kulupagakama

affect *v.* බලපානවා balapaanawa

affectation *n.* මවාපෑම mawaapaama

affected *adj.* උඩඟු udangu

affection *n.* ස්නේහය snehaya

affectionate *adj.* දයාබර dayabara

affidavit *n.* දිවුරුම් පත්‍රය diwrum pathraya

affiliate *v.* අනුබද්ධ කරනවා anubadda karanawa

affiliation *n.* අනුබද්ධ කිරීම anubadda kireema

affinity *n.* සම්බන්ධය sambandaya

affirm *v.* සහතික කිරීම sahathika kireema

affirmation *n.* සහතික ප්‍රකාශය sahathika prakashaya

affirmative *adj.* සත් sath

affix *v.t.* යා කරනවා yaa karanawa

afflict *v.* පීඩා කරනවා peeda karanawa

affliction *n.* ගැහැට gahata

affluence *n.* සමෘද්ධිය samurdiya

affluent *adj.* ඉසුරු මත් isurumath
afford *v.t.* උපයනවා upayanawa
afforestation *n.* කැලෑ වැවීම kalaa waweema
affray *n.* කලහය kalahaya
affront *n.* අවඥාව awagnawa
afield *adv.* දුර dura
aflame *adj.* ඇවිලගත් awilagath
afloat *adj.* පාවෙන paavena
afoot *adv.* පයින් pain
afraid *adj.* බිය පත් biya path
afresh *adv.* අලුතින් aluthin
African *adj.* අප්‍රිකානු aprikanu
aft *adv.* පස්සෙන් passen
after *adv.* මතු mathu
after *conj.* සම්බන්ධව sambandawa
after *prep.* අනතුරුව anathuruwa
again *adv.* තවත් thawath
against *prep.* එදිරිව ediriwa
agate *n.* අගස්ති agasthi
age *n.* වයස wayasa
aged *adj.* වියපත් viyapath
ageism *n.* වයසට වෙනස්කම් කිරීම vayasata venaskam kireema
ageless *adj.* පරණ නොවන parana novena
agency *n.* නියෝජිත ආයතනය niyojitha aayathanaya
agenda *n.* න්‍යාය පත්‍රය niyaya pathraya
agent *n.* නියෝජිතයා niyojithaya
agglomerate *v.* රුස් වෙනවා ras wenawa
aggravate *v.* උග්‍ර වෙනවා ugra wenawa
aggravation *n.* බරපතල කිරීම bara-pathala kireema
aggregate *n.* සමස්තය samasthaya
aggression *n.* කලහයක මුල පිරීම kalahayaka mula pireema
aggressive *adj.* කලහකාරී kalahakaaree
aggressor *n.* ආක්‍රමණිකයා aakramaniyaka
aggrieve *v.* වේදනා විඳිනවා vedana vindinawa
aghast *adj.* තැති ගත් thathi gath
agile *adj.* ඉක්මන් ikman
agility *n.* කඩිසර බව kadisara bawa
agitate *v.* කලඹනවා kalambanawa
agitation *n.* කලහලය kalahalaya
agnostic *n.* නාස්තික දෘෂ්ටිකයා naasthika drushtikaya
ago *adv.* ඉස්සර issara
agog *adj.* කලබල සහිත kalabala sahitha
agonize *v.* බලවත් වේදනා ඇති කරනවා balawath vedana athi karana
agony *n.* මහත් පීඩාව mahath peedawa
agrarian *adj.* ගොවිජන govijana
agree *v.* ගිවිසනවා givisanawa
agreeable *adj.* එකඟ විය හැකි ekanga viya haki
agreement *n.* ගිවිසුම givisuma
agricultural *adj.* කෘෂිකාර්මික krushikaarmika
agriculture *n.* කෘෂිකර්මය krushi-karmaya
aground *adj.* ගොඩ ඇති goda athi
ahead *adv.* ඉදිරියෙන් idiriyen
aid *n.* උදව්ව udawwa
aide *n.* පුද්ගලික සහායක pudgalika sahaayaka
aids *n.* උදව් udaw

ail *v.* ලෙඩ වෙනවා leda wenawa
ailing *adj.* පෙළෙන pelena
ailment *n.* ආබාධය aabadaya
aim *v.i.* මාන බලනවා maana bala-nawa
aim *n.* අරමුණ aramuna
aimless *adj.* අරමුණක් නැති aramu-nak nathi
air *n.* වාතය waathaya
aircraft *n.* අහස් යානය ahas yaa-naya
airy *adj.* වාතාශ්‍රය සහිත waathashra sahitha
aisle *n.* ප්‍රවේශ මාර්ගය pravesha maargaya
ajar *adv.* අඩවල් adawal
akin *adj.* සමාන samana
alacritous *n.* යුහුසුළු බව ඇති yuhu-sulu bawa athi
alacrity *n.* උනන්දුව unanduwa
alarm *n* ත්‍රාසය thrasaya
alarm *v* බිය වෙනවා biya wenawa
alas *conj.* අහෝ aho
albeit *conj.* එසේද වුවත් eseda wuwath
album *n* ඇල්බමය albamaya
albumen *n.* ශ්වේත කල්ක shwetha kalka
alchemy *n.* රසවිද්‍යාව rasa widyawa
alcohol *n.* මද්‍යසාර madyasara
alcoholic *adj.* බේබද්දා bebadda
alcove *n.* ලතා ගෘහය latha gruhaya
ale *n.* බීර වර්ගයක් beera wargayak
alert *adj.* සෝදිසිය sodisiya
algebra *n.* වීජ ගණිතය veeja gani-thaya
alias *adv.* හෙවත් hewath
alias *n.* අන්වර්ථ නාමය anwartha naamaya
alibi *n.* නොසිටි බව nositi bawa
alien *adj.* විදේශික wideshika
alienate *v.i.* අන් සතු කරනවා an sathu karanawa
alight *v.t.* මොලනවා molanawa
align *v.* පෙළට ගන්නවා pelata gannawa
alignment *n.* පෙළියට තැබීම peliyata thabeema
alike *adj.* සම sama
alimony *n.* දීමනාව deemanawa
alive *adj.* පණපිටින් pana pitin
alkali *n.* ක්ෂාරය ksharaya
all *adj.* සියලු siyalu
allay *v.* සංසිඳුවනවා sansindu-wanawa
allegation *n.* කියමන kiyamana
allege *v.* කියා සිටිනවා kiya sitinawa
allegiance *n.* අවනත වීම awanatha weema
allegory *n.* දෘෂ්ටාන්තය drushtan-thaya
allergen *n.* ආසාත්මික කාරකය aasathmika kaarakaya
allergic *adj.* අසාත්මික aasaathmika
allergy *n.* අසාත්මිකතාවය aasaath-mikathawaya
alleviate *v.* සහනය සලසනවා saha-naya salasanawa
alleviation *n.* සහනය sahanaya
alley *n.* පටු පාර patu paara
alliance *n.* සන්ධානය sandaanaya
allied *adj.* මිත්‍ර වූ mithra wu
alligator *n.* කිඹුලා kimbula
alliterate *v.* අලංකාර නොවූ ශබ්ද රසය alankaara nowoo shabda rasaya
alliteration *n.* අනුප්‍රාසය anupra-

saaya

allocate *v.* වෙන් කරනවා wen kara-nawa

allocation *n.* වෙන් කිරීම wen kireema

allot *v.* ඉඩ දෙනවා ida denawa

allotment *n.* වෙන් කරදීම wen kara deema

allow *v.* ඉඩ හරිනවා ida harinawa

allowance *n.* විවේතනය wiwethanaya

alloy *n.* මිශ්‍ර ලෝහය mishra lobaya

allude *v.t.* සඳහන් කරනවා sandahan karanawa

allure *n.* පෙළඹවීම pelambaweema

alluring *adj.* පෙළඹවන pelam-bawana

allusion *n.* සඳහන sandahan

ally *n.* පාක්ෂිකයා paakshikaya

almanac *n.* ලිත litha

almighty *adj.* සර්වබලධාරී sarwa baladhaaree

almond *n.* කොට්ටම්බා kottamba

almost *adv.* මුළුමනින්ම පාහේ mulumuninma pahe

alms *n.* දානය daanya

aloft *adv.* ඉහළින් ihalin

alone *adv.* තනිව thaniwa

along *prep.* ඔස්සේ osse

alongside *prep.* දිගේ dige

aloof *adj.* අහකින් ahakin

aloud *adv.* මහ හඬින් maha handin

alpha *n.* ඇල්ෆා alfa

alphabet *n.* හෝඩිය hodiya

alphabetical *adj.* අකාරාදි akaaradi

alpine *adj.* කඳුකර kandukara

already *adv.* මේවනවිටත් me wana witath

also *adv.* එසමේ esema

altar *n.* අල්තාරය altharaya

alter *v.* වෙනස් කරනවා wenas karanawa

alteration *n.* විකෘතිය wikurthiya

altercation *n.* දබරය dabaraya

alternate *v.t.* මාරුවෙන් මාරුවට maaruwen maruwata

alternative *adj.* ඒකාන්තර ekanthara

although *conj.* නමුත් namuth

altitude *n.* උන්නතාංශය unnathanshaya

altogether *adv.* සියල්ලම siyallama

altruism *n.* පරාර්ථ චර්යාව paraartha charyaawa

aluminium *n.* ඇලුමිනියම් aluminium

alumnus *n.* උපාධිදරයා upaadi-daraya

always *adv.* සැමවිට samawita

amalgam *n.* සංරසය sansaraya

amalgamate *v.* සංරස කරනවා sanrasa karanawa

amalgamation *n.* ඒකාබද්ධ කිරීම ekabadda kireema

amass *v.* ගොඩ ගසනවා goda gasanawa

amateur *n.* ආධුනිකයා aadunikaya

amateurish *adj.* අදක්ෂ adaksha

amatory *adj.* රතිකාමී rathakaami

amaze *v.* විමතියට පත්වෙනවා wimathiyata pathwenawa

amazement *n.* විස්මය wismaya

amazon *n.* යුධකාමී ස්ත්‍රිය yudakamee sthriya

ambassador *n.* තානාපති thaanaa-pathi

amber *n.* කහ පාටට හුරු kaha paatata huru

ambient *adj.* හාත්පස haathpasa
ambiguity *n.* ව්‍යාකූලත්වය wiyakulathwaya
ambiguous *adj.* නොපැහැදිලි nopahadili
ambit *n.* විෂය සීමාව wishaya seemawa
ambition *n.* අභිලාෂය abhilashaya
ambitious *adj.* මහේච්ඡ mahechcha
ambivalent *adj.* දෙගිඩියාව degidiyawa
amble *v.* හෙමින් යනවා hemin yanawa
ambrosia *n.* අමෘතය amurthaya
ambulance *n.* ගිලන් රථය gilan rathaya
ambush *n.* රැක සිටින තැන raka sitina thana
ameliorate *v.* වැඩිදියුණු වෙනවා wadi diunu wenawa
amelioration *n.* වැඩිදියුණුව wadi diunuwa
amend *v.* සකස් කරනවා sakas karanawa
amendment *n.pl.* හිරිගැස්සීම harigasseema
amenable *adj.* කීකරු keekaru
amiable *adj.* ආදරණීය aadaraneeya
amicable *adj.* මිත්‍ර mithra
amid *prep.* අතරේ athare
amiss *adj.* සදොස් sados
amity *n.* මිත්‍රත්වය mithrathwaya
ammunition *n.* තුවක්කු thuwakku
amnesia *n.* අවසිහිය awasihiya
amnesty *n.* පොදු සමාව podu seemawa
amok *adv.* වියරු වැටී wiyaru watee
among *prep.* අතරෙහි atharehi
amoral *adj.* ආචාරශීලි නොවූ aacharasheeli nowu
amorous *adj.* කාමුක kaamuka
amorphous *adj.* අස්ඵටික asphatika
amount *n.* ප්‍රමාණය pramanaya
ampere *n.* ඇම්පියරය ampiyaraya
ampersand *n.* සහ යන අරුත් දෙන සංකේතය saha yana aruth dena sankethaya
amphibian *n.* උභයචර ubhayachara
amphitheatre *n.* රංගභූමිය rangaboomiya
ample *adj.* විශාල wishala
amplification *n.* වර්ධනය wardhanaya
amplifier *n.* වර්ධකය wardhakaya
amplify *v.* වර්ධනය කරනවා wardhanaya karanawa
amplitude *n.* විස්තාරය wisthaaraya
amulet *n.* යන්ත්‍රය yanthraya
amuse *v.* විනෝද වෙනවා winoda wenawa
amusement *n.* විනෝදය winodaya
an *adj.* එක් ek
anachronism *n.* කාලවිරෝධය kaala wirodaya
anaemia *n.* රක්තහීනතාවය rakthaheenathawaya
anaesthesia *n.* නිර්වින්දනය nirwindanaya
anaesthetic *n.* නිර්වින්දක nirwindaka
anal *adj.* ගුද guda
analgesic *n.* රුජා නසන rujaa nasana
analogous *adj.* සාදෘශ්‍ය saadrushya
analogue *adj.* සමකාරක samakaaraka

analogy *n.* සාම්‍යය saamyaya
analyse *v.* විශ්ලේෂණය කරනවා wishleshanaya karanawa
analysis *n.* විශ්ලේෂණය wishleshanaya
analyst *n.* විශ්ලේෂකයා wishleshakaya
analytical *adj.* විශ්ලේෂී wishleshi
anarchism *n.* ස්වෛරීවාදය swaireewadaya
anarchist *n.* රජයත් නීතියත් අවලංගු කරන්නා rajayath neethiyath awalangu karanna
anarchy *n.* අරාජිකත්වය araajikathwaya
anatomy *n.* ව්‍යුහය wyuhaya
ancestor *n.* මුතුන් මිත්තා muthun miththa
ancestral *adj.* පාරම්පරික paaramparika
ancestry *n.* වංශය wanshaya
anchor *n.* නැංගුරම nangurama
anchorage *n.* නැංගුරම්පළ nangurampala
ancient *adj.* පෞරාණික pauraanika
ancillary *adj.* උපයෝගී upayogi
and *conj.* සහ saha
android *n.* මිනිස් රුව ඇති රොබෝට්ටෙක් minis ruwa athi robottek
anecdote *n.* වෘත්තාන්තය wurthanthaya
anew *adv.* අමුතුවෙන් amuthuwen
angel *n.* දෙව්දුව dewduwa
anger *n.* ද්වේෂය dweshaya
angina *n.* පපුවේ රිදුම papuwe riduma
angle *n.* කෝණය konaya
angry *adj.* කුපිත kupitha
anguish *n.* සංවේගය sanwegaya
angular *adj.* කෝණික konika
animal *n.* සත්වයා sathwaya
animate *v.* පණ දෙනවා pana denawa
animated *adj.* ප්‍රාණවත් praanawath
animation *n.* පණදීම pana deema
animosity *n.* වෛරය wairaya
aniseed *n.* අසමෝදගම් asamodagam
ankle *n.* වළලුකර walalukara
anklet *n.* සලඹ salamba
annals *n.* විත්ති withthi
annex *v.* යා කරනවා yaa karanawa
annexation *n.* යා කිරීම yaa kireema
annihilate *v.* නසනවා nasanawa
annihilation *n.* විනාශය winashaya
anniversary *n.* සංවත්සරය sanwathsaraya
annotate *v.* විස්තර කරනවා wisthara karanawa
announce *v.* නිවේදනය කරනවා niwedanaya karanawa
announcement *n.* නිවේදනය niwedanaya
annoy *v.* වද කරනවා wada karanawa
annoyance *n.* පීඩාව peedawa
annual *adj.* වාර්ෂික waarshika
annuity *n.* වාර්ෂිකය waarshikaya
annul *v.* නිෂ්ප්‍රභා කරනවා nishprabha karanawa
anode *n.* ඇනෝඩය anodaya
anoint *v.* ගල්වනවා galwanawa
anomalous *adj.* අක්‍රමික akramika
anomaly *n.* අක්‍රමිකතාව akramika-

thawaya
anonymity *n.* නිර්නාමිකත්වය nirnaa-mikathwaya
anonymous *adj.* නිර්නාමික nirnaa-mika
anorexia *n.* අරුචිය aruchiya
another *adj.* අනික් anik
answer *n.* පිළිතුර pilithura
answerable *adj.* වගකිව යුතු waga-kiwa uthu
ant *n.* කුඹියා kumbiya
antacid *adj.* ප්‍රත්‍යම්ලය prathyamelaya
antagonism *n.* එදිරිවාදිකම ediriwaadikama
antagonist *n.* එදිරිවාදියා ediriwaadiya
antagonize *v.* එදිරි කරනවා ediri karanawa
Antarctic *adj.* පරොතුව peraathuwa
antecedent *n.* පූර්වාංගය poorwaangaya
antedate *v.* පෙරදාතම් කරනවා peradaatham karanawa
antelope *n.* කුරුංග kurunga
antenna *n.* ඇන්ටනාව antanaawa
anthem *n.* ස්තෝත්‍රය sthothraya
anthology *n.* කාව්‍ය මාලාව kaawya maalawa
anthropology *n.* මානව විද්‍යාව maanawa widyaawa
anthrax *n.* ප්ලීහා රෝගය pleehaa rogaya
anti *n.* ප්‍රති prathi
antibiotic *n.* ප්‍රතිජීවක prathijee-waka
antibody *n.* ප්‍රතිදේහ prathideha
antic *n.* විහිළුව wihiluwa
anticipate *v.* කලින් විඳිනවා kalin windinawa
anticipation *n.* අපේක්ෂාව apekshawa
anticlimax *n.* භාවාවනතිය Bhaawaa-wanathiya
antidote *n.* ප්‍රතිවිෂ prathiwisha
antioxidant *n.* ප්‍රතික්‍රියා කළ නොහැකි prathikriya kala nohaki
antipathy *n.* අප්‍රිය බව apriya bawa
antiperspirant *n.* දහඩිය නොගලන dahadiya nogalana
antiquarian *adj.* පැරණි දේ පිළිබඳ parani de pilibanda
antiquated *adj.* අවලංගු වූ awalan-goo woo
antique *n.* පුරාවස්තු purawasthu
antiquity *n.* පුරාතනය puraathanaya
antiseptic *adj.* විෂබීජ මර්ධක vishabeeja mardaka
antisocial *adj.* සමාජ විරෝධී samaaja wirodee
antithesis *n.* ප්‍රතිවාදය prathiwaadaya
antler *n.* අං තට්ටුව an thattuwa
antonym *n.* විරුද්ධාර්ථ පදය wiruddartha padaya
anus *n.* ගුදය gudaya
anvil *n.* කිණිහිර kinihira
anxiety *n.* සාංකාව saankaawa
anxious *adj.* තැවිලි සහිත thawili sahitha
any *adj.* ඕනෑ තරම් onaa tharam
anyhow *adv.* කෙසේ හරි kese hari
anyone *pron.* කිසිවෙක් kisiwek
anything *pron.* ඕනෑ දෙයක් onaa deyak
anywhere *adv.* ඕනෑ තැනක onaa

thanaka

apace *adv.* ඉක්මණින් ikmanin

apart *adv.* තොරව thorawa

apartheid *n.* වර්ණ භේදය warna bhedaya

apartment *n.* කාමරය kaamaraya

apathy *n.* නොසැලකිල්ල nosalakilla

ape *n.* වානරයා waanaraya

aperture *n.* විවරය wiwaraya

apex *n.* මුදුන muduna

aphorism *n.* සූත්‍රය soothraya

apiary *n.* මී වදය mee wadaya

aplomb *n.* ආත්මවිශ්වාසය aathma wishwasaya

apocalypse *n.* එළිදරව්ව elidarawwa

apologize *v.* සමාව ඉල්ලනවා samaawa illanawa

apology *n.* සමාව ඉල්ලීම samaawa illeema

apoplectic *adj.* මී මැස්මොර රෝගය සහිත mee masmora rogaya sahitha

apostate *n.* පක්ෂය හැරයන්නා pakshaya harayanna

apostle *n.* දූතයා doothaya

apostrophe *n.* ලොප් ලකුණ lop lakuna

appal *v.* භය කරනවා bhaya karanawa

apparatus *n.* උපකරණය upakaranaya

apparel *n.* අඳිනවා andinawa

apparent *adj.* පෙනෙන penena

appeal *v.t.* අභියාචනාව abhiyachana

appear *v.* පෙනී සිටිනවා penee sitinawa

appearance *n.* පෙනී සිටීම penee siteema

appease *v.* සංසිඳවනවා sansinda-wanawa

append *v.* අමුණනවා amunanawa

appendage *n.* උපාංගය upaangaya

appendicitis *n.* අනුබද්ධ ප්‍රදාහය anubadda pradaahaya

appendix *n.* අනුබද්ධය anubaddaya

appetite *n.* අභිරුචිය abhiruchiya

appetizer *n.* කට ගැස්ම kata gasma

applaud *v.* ඔල්වරසන් දෙනවා olwarasan denawa

applause *n.* අත්පොළසන් දීම athpolasan deema

apple *n.* ඇපල් apple

appliance *n.* උපකරණය upakaranaya

applicable *adj.* අදාළ adaala

applicant *n.* අයදුම්කරුවා ayadumkaruwa

application *n.* ඉල්ලුම් පත්‍රය illum pathraya

apply *v.t.* යොමු කරනවා yomu karanawa

appoint *v.* පත් කරනවා path karanawa

appointment *n.* පත්වීම pathweema

apportion *v.t.* බෙදා දෙනවා beda denawa

apposite *adj.* යෝග්‍ය yogya

appraise *v.* මිල කරනවා mila karanawa

appreciable *adj.* ප්‍රමාණ කළ හැකි pramaana kala haki

appreciate *v.* අගය කොට සළකනවා agaya kota salakanawa

appreciation *n.* රසවිඳීම rasa windeema

apprehend *v.* සිර භාරයට ගන්නවා sira bharayata gannawa

apprehension *n.* අල්ල ගැනීම alla ganeema
apprehensive *adj.* භය සහිත bhaya sahitha
apprentice *n.* අතවැසියා athawasiya
apprise *v.* දැනුම් දෙනවා danum denawa
approach *v.* සමීප වෙනවා sameepa wenawa
appropriate *adj.* සුදුසු sudusu
appropriation *n.* අයිති කරගැනීම ayithi karaganeema
approval *n.* අනුමැතිය anumathiya
approve *v.* අනුමත කරනවා anumatha karanawa
approximate *adj.* දළ dala
apricot *n.* රට කොට්ටං rata kottan
apron *n.* පිළිවැස්ම piliwasma
apt *adj.* දක්ෂ daksha
aptitude *n.* යෝග්‍යතාවය yogya-thaawaya
aquarium *n.* මින් මැදුර min madura
aquatic *adj.* ජලජ jalaja
aqueous *adj.* ජලීය jaleeya
Arab *n.* අරාබියා araabiya
Arabian *n.* අරාබි araabi
Arabic *n.* අරාබි araabi
arable *adj.* වගා කළ හැකි wagaa kala haki
arbiter *n.* තීරකයා theerakaya
arbitrary *adj.* අභිමත abhimatha
arbitrate *v.* විනිශ්චයක් දෙනවා winishchayak denawa
arbitration *n.* බේරුම් කිරීම berum kireema
arbitrator *n.* බේරුම්කාරයා berum kaaraya
arbour *n.* වටගෙය watageya
arc *n.* චාපය chaapaya
arcade *n.* ආරුක්කු පෙළිය aarukku peliya
arch *n.* ආරුක්කුව aarukkuwa
archaeology *n.* පුරාවිද්‍යාව puraa widyaawa
archaic *adj.* පුරාතන purathana
archangel *n.* දේවදූතයා dewadoothaya
archbishop *n.* නායක බිෂොප් තැන naayaka bishop thana
archer *n.* දුනුවායා dunuwaaya
architect *n.* ගෘහනිර්මාණ ශිල්පියා gruhanirmaana shilpiya
architecture *n.* වාස්තු විද්‍යාව wasthu widyaawa
archives *n.* ලේඛනාගාරය lekhanagaaraya
Arctic *adj.* ආක්ටික් arctic
ardent *adj.* උනන්දු unandu
ardour *n.* අනුරාගය anuraagaya
arduous *adj.* අසීරු aseeru
area *n.* වර්ග පාලනය warga paalanaya
arena *n.* රඟ මඩල ranga madala
argue *v.* තර්ක කරනවා tharka karanawa
argument *n.* වාදය waadaya
argumentative *adj.* තර්කශීලි tharkasheeli
arid *adj.* ශුෂ්ක shushka
arise *v.* නැඟී සිටිනවා nagee sitinawa
aristocracy *n.* රදළ පන්තිය radala panthiya
aristocrat *n.* රදළයා radalaya
arithmetic *n.* අංක විද්‍යාව anka widyaawa
arithmetical *adj.* ගණිත හා සම්බන්ධ

ganitha haa sambanda
ark *n.* වැසුණු නැව wasunu nawa
arm *n.* බාහුව baahuwa
armada *n.* නැව් කණ්ඩායම naw kandayama
Armageddon *n.* ඉතා විශාල අරගලය itha wishala aragalaya
armament *n.* යුද්ධෝපකරණ yuddopakarana
armistice *n.* සටන් විරාමය satan wiramaya
armour *n.* සන්නාහය sannahaya
armoury *n.* යුද්ධායුධ yuddayuda
army *n.* හමුදාව hamudawa
aroma *n.* සුවඳ suwanda
aromatherapy *n.* සගන්ධ තෙල්වලින් කෙරෙන ප්‍රතිකර්මයක් saganda thelwalin kerena prathikarmayak
around *adv.* වටා wataa
arouse *v.* අවදි වෙනවා awadi wenawa
arrange *v.* සකසනවා sakasanawa
arrangement *n.* වින්‍යාසය winyaasaya
arrant *adj.* ඉතා නරක ithaa naraka
array *n.* පෙළ pela
arrears *n.* හිඟ hinga
arrest *v.* සිර භාරයට ගැනීම sira bhaarayata ganeema
arrival *n.* සම්ප්‍රාප්තිය samprapthiya
arrive *v.* පැමිණෙනවා paminenawa
arrogance *n.* අහංකාරය ahankaaraya
arrogant *adj.* මානාදික maanadika
arrogate *v.* පවරා ගන්නවා pawaraa gannawa
arrow *n.* හීය heeya
arsenal *n.* අවිහල awihala
arsenic *n.* පාසානම් paasanam
arson *n.* ගිනි තැබීම gini thabeema
art *n.* කලාව kalawa
artefact *n.* මෙවලම mewalama
artery *n.* ධමනිය dhamaniya
artful *adj.* කපටි kapati
arthritis *n.* සන්ධිප්‍රදාහය sandhipradaahaya
artichoke *n.* සූරියකාන්ත අල sooriyakaantha ala
article *n.* ලිපිය lipiya
articulate *adj.* ඇඳූ aandoo
artifice *n.* ප්‍රයෝගය prayogaya
artificial *adj.* කෘතිම kruthima
artillery *n.* කාලතුවක්කු kaalathuwakku
artisan *n.* කම්කරුවා kamkaruwa
artist *n.* චිත්‍ර ශිල්පියා chithra shilpiya
artistic *adj.* කලාත්මක kalaathmaka
artless *adj.* අව්‍යාජ awyaaja
as *adv.* පරිදි paridi
asbestos *n.* ඇස්බැස්ටෝස් asbastos
ascend *v.* නගිනවා naginawa
ascendant *adj.* උදාවීම udaaweema
ascent *n.* උද්ගමනය udgamanaya
ascertain *v.* දැනගන්නවා danagannawa
ascetic *adj.* තවුසා thawsa
ascribe *v.* පවරනවා pawaranawa
aseptic *adj.* නිපුති niputhi
asexual *adj.* අලිංගික alingika
ash *n.* අළු alu
ashamed *adj.* ලජ්ජාවට පත් lajjawata path
ashore *adv.* වෙරළෙහි weralehi
Asian *adj.* ආසියානුවා aasiyaanuwa
aside *adv.* ඉවත iwatha
asinine *adj.* මෝඩ moda

ask *v.* අසන්න asanna

askance *adv.* වපරව waparawa

askew *adv.* හරහට harahata

asleep *adj.* නිදිගත් nidigath

asparagus *n.* හාතාවාරිය haathaa-waariya

aspect *n.* පෙනුම penuma

asperity *n.* විෂමතාව wishama-thaawa

aspersions *n.* අපවාද apawaada

asphyxiate *v.* හුස්ම ගැනීම වළකනවා husma ganima walakanawa

aspirant *n.* අපේක්ෂකයා apeksha-kaya

aspiration *n.* ප්‍රාර්ථනාව prartha-nawa

aspire *v.* පතනවා pathanawa

ass *n.* මෝඩයා modaya

assail *v.* පහර දෙනවා pahara denawa

assassin *n.* මිනීමරුවා mineema-ruwa

assassinate *v.* මිනීමරනවා minee-maranawa

assassination *n.* මිනීමැරීම minee-mareema

assault *n.* පහරදීම pahara deema

assemblage *n.* එකතුවීම ekathu weema

assemble *v.* එක් රැස් වෙනවා ek ras wenawa

assembly *n.* රැස්වීම rasweema

assent *n.* අනුදැනුම anudanuma

assert *v.* පවසනවා pawasanawa

assess *v.* තක්සේරු කරනවා thakseru karanawa

assessment *n.* ඇගයුම agayuma

asset *n.* වත්කම wathkama

assiduous *adj.* අනලස් analas

assign *v.* නියම කරනවා niyama karanawa

assignation *n.* පාවාදීම paawaa deema

assignment *n.* පැවරුම pawaruma

assimilate *v.* උරා ගන්නවා uraa gannawa

assimilation *n.* උරා ගැනීම uraa ganeema

assist *v.* සහාය දෙනවා sahaaya denawa

assistance *n.* සහාය sahaaya

assistant *n.* සහායකයා sahaa-yakaya

associate *v.* සම්බන්ධ වෙනවා sambanda wenawa

association *n.* සම්මේලනය sammelanaya

assonance *n.* සංස්වනය sanswa-naya

assorted *adj.* මිශ්‍ර mishra

assortment *n.* තේරීම thereema

assuage *v.* සනසනවා sanasanawa

assume *v.* උපකල්පනය කරනවා upakalpanaya karanawa

assumption *n.* කල්පිතය kalpithaya

assurance *n.* රක්ෂණය rakshanaya

assure *v.* දැනගන්නවා danagan-nawa

assured *adj.* ස්ථිර sthira

asterisk *n.* තරු ලකුණ tharu lakuna

asteroid *n.* ග්‍රහකය grahakaya

asthma *n.* ඇදුම anduma

astigmatism *n.* ඇස්ටිග්මැටිසම astigmatisama

astonish *v.* මවිත වෙනවා mawitha wenawa

astonishment *n.* විස්මයට පත්කිරීම wismayata path kireema

astound *v.* විස්මයට පත්වෙනවා wismayata path wenawa

astral *adj.* දිව්‍යමය diwyamaya

astray *adv.* නොමඟ යන nomanga yana

astride *prep.* පා විහිදුවා paa wihiduwa

astrologer *n.* දෛවඥයා daiwag-naya

astrology *n.* නක්ෂත්‍රය naksha-thraya

astronaut *n.* ගගනගාමියා gagana-gaamiya

astronomer *n.* තාරකා විද්‍යාඥයා thaaraka widyagniya

astronomy *n.* තාරකා විද්‍යාව thaaraka widyawa

astute *adj.* ශූර shoora

asunder *adv.* කැබලිව kabaliwa

asylum *n.* පිස්සන් කොටුව pissan kotuwa

at *prep.* හි hi

atavistic *adj.* අතීතාහෘත atheethaahrutha

atheism *n.* නාස්තික වාදය naasthika waadaya

atheist *n.* අදේවවාදියා adewa-waadiya

athlete *n.* මළල ක්‍රීඩකයා malala kreedakayaa

athletic *adj.* මළල ක්‍රීඩාව malala kreedawa

atlas *n.* ඇට්ලස් atlas

atmosphere *n.* වායුගෝලය waayugolaya

atoll *n.* අතොළ athola

atom *n.* පරමාණුව paramaanuwa

atomic *adj.* පරමාණුක paramaanuka

atone *v.* වරදට සමා කරනවා waradata sama karanawa

atonement *n.* ප්‍රායශ්චිත්තය praayashchiththaya

atrium *n.* ආලින්දය aalindaya

atrocious *adj.* කපටි kapati

atrocity *n.* ක්‍රූරකම kroorakama

attach *v.* ආඳිනවා aandinawa

attaché *n.* පරිවාරකයා pariwaa-rakaya

attachment *n.* ඇමුණුම amunuma

attack *v.* පහරදීම pahara deema

attain *v.* ලබා ගන්නවා laba gannawa

attainment *n.* ලැබීම labeema

attempt *v.* වෑයම waayama

attempt *v.* උත්සාහය uthsaahaya

attend *v.* පැමිණෙනවා paminenawa

attendance *n.* පැමිණීම pamineema

attendant *n.* සාත්තුකාරයා saaththukaaraya

attention *n.* අවධානය awadhanaya

attentive *adj.* සාවධාන saawadaana

attest *v.* සාක්ෂි දරනවා saakshi daranawa

attic *n.* අටුව atuwa

attire *n.* ඇඳුම් aandum

attitude *n.* ආකල්පය aakalpaya

attorney *n.* නීතිඥයා neethigniya

attract *v.* ආකර්ෂණය aakarshanaya

attraction *n.* ඇද ගැනීම ada ganeema

attractive *adj.* ලගන්නා laganna

attribute *v.* ගුණාංගය gunangaya

aubergine *n.* වම්බටු wambatu

auction *n.* වෙන්දේසිය wendesiya

audible *adj.* ඇසෙන asena

audience *n.* සභාව sabhawa

audio *n.* ශ්‍රව්‍ය shrawya

audit *n.* විගණනය wigananaya

audition *n.* කුසලතා පරීක්ෂණය kusalatha pareekshanaya

auditorium *n.* ශ්‍රවණාගාරය shrawanaagaaraya

augment *v.* වැඩි කිරීම wadi kireema

August *n* අගෝස්තු agosthu

aunt *n.* නැන්දා nanda

aura *n.* රැස් මඬල ras madala

auspicious *adj.* නැකැත් nakath

austere *adj.* ඉතා චාම් ithaa chaam

Australian *n.* ඕස්ට්‍රේලියානු australiaanu

authentic *adj.* සත්‍ය sathya

authenticity *n.* සත්‍යතාව sathyathaawa

author *n.* කතෘ kathru

authoritative *adj.* බල සහිත balasahitha

authority *n.* අධිකාරිය adhikaariya

authorize *v.* බලය දෙනවා balaya denawa

autism *n.* ස්වච්ඡතාව swechcha-thaawa

autobiography *n.* ආත්ම චරිතය aathma charithaya

autocracy *n.* ඒකාධිපතිවරයා eekadhipathiwaraya

autocrat *n.* ඒකාධිපතියා eekadhi-pathiya

autocratic *adj.* ස්වාධිපති swaad-hipathi

autograph *n.* ඔටෝග්‍රාෆය autogra-phaya

automatic *adj.* ස්වයංක්‍රිය swayan-kriya

automobile *n.* මෝටර් රිය motar riya

autonomous *adj.* ස්වතන්ත්‍ර swathanthra

autopsy *n.* ස්වයං පරීක්ෂණය swayan pareekshanaya

autumn *n.* සිසිර sisira

auxiliary *adj.* උපස්ථම්භක upasthambhaka

avail *v.* ප්‍රයෝජන ගන්නවා prayojana gannawa

available *adj.* ලැබිය හැකි labiya haki

avalanche *n.* හිම ධාවනය hima dhawanaya

avarice *n.* තෘෂ්ණාව thrushnaawa

avenge *v.* පළි ගන්නවා pali gannawa

avenue *n.* මාවත maawatha

average *n.* සාමාන්‍ය saamanya

averse *adj.* විපක්ෂ wipaksha

aversion *n.* පිළිකුල pilikula

avert *v.* වළක්වනවා walakwanawa

aviary *n.* කුරුලු ගෙය kurulu geya

aviation *n.* ආකාශ සංචාරය aakasha sanchaaraya

aviator *n.* ගුවන් නැවියා guwan nawiya

avid *adj.* ඉගිලීමට කැදර ඇති igilee-mata kaadara athi

avidly *adv.* ඉගිලී යත හැකි igilee yatha haki

avocado *n.* අලිගැටපේර aligatapera

avoid *v.* මඟ හරිනවා maga harinawa

avoidance *n.* මඟ හැරීම maga hareema

avow *v.* දිව්රනවා diwranawa

avuncular *adj.* බාප්පා baappa

await *v.* බලාපොරොත්තු වෙනවා balaporoththu wenawa

awake *v.* පිබිදෙනවා pibidenawa

awaken *v.* අවදි කරනවා awadi

karanawa

award *v.* ත්‍යාගය thyagaya

aware *adj.* දැන dana

away *adv.* ඉවතට iwathata

awe *n.* විස්මය wismaya

awesome *adj.* තේජස්වි thejaswee

awful *adj.* භයානක bhayaanaka

awhile *adv.* ටිකකට tikakata

awkward *adj.* නුහුරු nuhuru

awry *adv.* ඇදට adata

axe *n.* පොරොව porowa

axis *n.* අක්ෂය akshaya

axle *n.* අක්ෂ දණ්ඩ aksha danda

B

babble *v.* කොඳුරනවා konduranawa

babe *n.* බිළිඳා bilinda

Babel *n.* කලබලය kalabalaya

baboon *n.* බැබූන් baboon

baby *n.* ළදරුවා ladaruwa

bachelor *n.* තනිකඩයා thanikadaya

back *n.* පිටුපස pitupasa

backbone *n.* කශේරුකාව kasha-rukawa

backdate *v.* පසුදාතම් කරනවා pasudaatham karanawa

backdrop *n.* පසුතිරය pasu thiraya

backfire *v.* වරදිනවා waradinawa

background *n.* පසුතලය pasu thalaya

backhand *n.* පිටි අත් පහර piti ath pahara

backing *n.* ආධාරය aadhaaraya

backlash *n.* ආපස්සට ඒම aapassata ema

backlog *n.* අතපසු වූ වැඩ athapasu woo wada

backpack *n.* උර පොදිය ura podiya

backside *n.* පස්සා පැත්ත passaa paththa

backstage *adv.* පසුවේදිකාව pasu wedikawa

backtrack *v.* පස්ස ගහනවා passa gahanawa

backward *adj.* ආපසු aapasu

backwater *n.* පසු ගැල්ම pasu galma

bacon *n.* බේකන් bacon

bacteria *n.* බැක්ටීරියා bacteria

bad *adj.* අයහපත් ayahapath

badge *n.* ලාංඡනය laanchanaya

badly *adv.* නරක අන්දමින් naraka andamin

badminton *n.* බැඩ්මින්ටන් badminton

baffle *v.* පැටලෙනවා patalenawa

bag *n.* බෑගය baagaya

baggage *n.* ගමන් මල්ල gaman malla

baggy *adj.* එල්ලී වැටෙන elli watena

baguette *n.* බැගී විලාසිතාව bagee wilaasithaawa

bail *n.* ඇපය apaya

bailiff *n.* කළමණාකරුවා kalamanaakaruwaa

bait *n.* ඇම ama

bake *v.* පුළුස්සනවා pulussanawaa

baker *n.* පාන් කාරයා paan kaaraya

bakery *n.* පෝරණුව poranuwa

balance *n.* ශේෂය sheshaya

balcony *n.* සඳලුතලය sandal-thalaya

bald *adj.* මුඩු mudu

bale *n.* පොදිය podiya

ball *n.* බෝලය bolaya
ballad *n.* කවි කතාව kawi kathawa
ballet *n.* මුද්‍රා නාටකය mudra naatakaya
balloon *n.* බැලුම baluma
ballot *n.* ඡන්දය chandaya
balm *n.* ආලේපනය aalepanaya
balsam *n.* කූඩලු koondalu
bamboo *n.* උණ una
ban *v.* තහනම thahanama
banal *adj.* සුලබ sulaba
banana *n.* කෙසෙල් kesel
band *n.* පටිය patiya
bandage *n.* වෙළුම් පටිය welum patiya
bandit *n.* චණ්ඩියා chandiya
bane *n.* විපත wipatha
bang *n.* ගසනවා gasanawa
banger *n.* රතිඤ්ඤා rathigna
bangle *n.* වළල්ල walalla
banish *v.* නෙරපනවා nerapanawa
banishment *n.* නෙරපීම nerapeema
banisters *n.* අත්වැල athwala
banjo *n.* බැන්ජෝව banjowa
bank *n.* බැංකුව bankuwa
banker *n.* බැංකු කරු banku karu
bankrupt *adj.* වස්තු භංග wasthu bhanga
bankruptcy *n.* බංකොලොත්කම bankolothkama
banner *n.* බැනරය banaraya
banquet *n.* භෝජන සංග්‍රහය bojana sangrahaya
banter *n.* සරදම saradama
baptism *n.* නාමකරණය naamakaranaya
Baptist *n.* බව්තීස්ම කරන්නා bautheesma karanna
baptize *v.* බව්තීස්ම කරනවා bautheesma karanawa
bar *n.* බීම හල beema hala
barb *n.* බිලී කටුව bilee katuwa
barbarian *n.* ම්ලේච්ඡයා milechchaya
barbaric *adj.* ම්ලේච්ඡ milechcha
barbecue *n.* මස් පළඟන ලෝහ මැස්ස mas palangana loha massa
barbed *adj.* කටු සහිත katu sahitha
barber *n.* කරණවෑමියා karanawaa-miya
bard *n.* වන්දිභට්ටයා wandibattayaa
bare *adj.* මුඩු mudu
barely *adv.* යන්තම් yantham
bargain *n.* හෙට්ටුව hettuwa
barge *n.* පාරුව paaruwa
bark *n.* බිරීම bireema
barley *n.* යව yawa
barn *n.* අටුව atuwa
barometer *n.* වායුපීඩනමානය waayupeedanamaanaya
baron *n.* සාමිවරයා saamiwarayaa
barrack *n.* හේවා මඩම hewa madama
barracuda *n.* ලාවා laawa
barrage *n.* මහ අමුණ maha amuna
barrel *n.* පීප්පය peeppaya
barren *adj.* අසාර asaara
barricade *n.* අවහිරය awahiraya
barrier *n.* බාධකය baadakaya
barring *prep.* පෙර බැමවුම pera bamawuma
barrister *n.* අධිනීතිඥයා adhinee-thignia
barter *v.* හුවමාරුව huwamaaruwa
base *n.* පාදම paadama
baseless *adj.* අමූල amula

basement *n.* පතුල්මාලය pathulmaalaya
bashful *adj.* කුලෑටි kulaati
basic *n.* මූලික moolika
basil *n.* සුවඳැත ගස් වර්ගයක් suwadatha gas wargayak
basilica *n.* විශාල පල්ලිය wishala palliya
basin *n.* බේසම besama
basis *n.* පදනම padanama
bask *v.* උණුසුම ලබනවා unusuma labanawa
basket *n.* කූඩය koodaya
bass *n.* මන්ද්‍ර ස්වර mandra swara
bastard *n.* සංකරයා sankaraya
baste *v.* තළනවා thalanawa
bastion *n.* අට්ටාලය attalaya
bat *n.* වවුලා wawula
batch *n.* කාණ්ඩය kaandaya
bath *n.* ස්නානය snaanaya
bathe *v.* නානවා naanawa
bathos *n.* අර්ථ පිරිහීම artha piriheema
batik *n.* බතික් bathik
baton *n.* බැටන් පොල්ල batan polla
battalion *n.* බල ඇණිය bala aniya
batten *n.* දොර පොල්ල dora polla
batter *n.* පිතිකරුවා pithikaruwa
battery *n.* බැටරිය batariya
battle *n.* සටන satana
bauble *n.* කෙළි බඩුව keli baduwa
baulk *v.* වළකනවා walakanawa
bawl *v.* කෑ ගසනවා kaa gasanawa
bay *n.* බොක්ක bokka
bayonet *n.* බයිනෙත්තුව baineth-thuwa
bazaar *n.* කඩමණ්ඩිය kadamandiya
bazooka *n.* යුද්ධ ටැංකි ප්‍රහාරක උපකරණයකි yudda tanki praharaka upakaranayaki
be *v.* තියෙනවා thiyenawa
beach *n.* වෙරළ werala
beacon *n.* ගිනිමැලය gini malaya
bead *n.* පබළු ඇටය pabalu ataya
beady *adj.* දිලිසෙන dilisenawa
beagle *n.* බීගල් beegal
beak *n.* හොට hota
beaker *n.* බීකරය beekaraya
beam *n.* කදම්භය kadambhaya
bean *n.* බෝංචි bonchi
bear *v.t* දරනවා daranawa
bear *n.* වළහා walahaa
beard *n.* රැවුළ rawula
bearing *n.* දිගංශය diganshaya
beast *n.* මෘගයා murgaya
beastly *adj.* තිරිසන් thirisan
beat *v.* ගහනවා gahanawa
beautician *n.* රූපලාවන්‍ය ශිල්පියා roopalawanya shilpiya
beautiful *adj.* අලංකාර alankaara
beautify *v.* අලංකාර කරනවා alankaara karanawa
beatitude *n.* මෝක්ෂය mokshaya
beauty *n.* සුන්දරත්වය sundarath-waya
beaver *n.* රැවුල්කාරයා rawulkaaraya
becalmed *adj.* නිශ්චල nishchala
because *conj.* නිසා nisa
beck *n.* සංඥා කරනවා sangna karanawa
beckon *v.* කැඳවනවා kandawanawa
become *v.* හට ගන්නවා hata gannawa
bed *n.* ඇඳ anda
bedding *n.* ඇතිරීම athireema
bedlam *n.* මහත් කලබලය mahath

kalabalaya

bedraggled *adj.* අශෝභන ashobana

bee *n.* මී මැස්සා mee massa

beech *n.* බීච් ගස beech gasa

beef *n.* හරක් මස් harak mas

beefy *adj.* තරබාරු tharabaaru

beep *n.* නළා හඬ nala handa

beer *n.* බීර beera

beet *n.* බීට් beet

beetle *n.* කුරුමිණියා kuruminiya

beetroot *n.* බීට් අලය beet alaya

befall *v.* සිදු වෙනවා sidu wenawa

befit *v.* ඔබිනවා obinawa

before *adv.* පෙර pera bamawuma

beforehand *adv.* කල්තබා kalthaba

befriend *v.* මිතුරු වෙනවා mithuru wenawa

befuddled *adj.* සිහිවිකල් වූ sihi wikal woo

beg *v.* අයදිනවා ayadinawa

beget *v.* උපද්දනවා upaddanawa

beggar *n.* සිඟන්නා siganna

begin *v.* අරඹනවා arambanawa

beginning *n.* ආරම්භය aarambaya

beguile *v.* වංචා කරනවා wancha karanawa

behalf *n.* වෙනුවට wenuwata

behave *v.* හැසිරෙනවා hasirenawa

behaviour *n.* හැසිරීම hasireema

behead *v.* හිස ගසනවා hisa gasanawa

behemoth *n.* මැවුම්කරුවා mawumkaruwa

behest *n.* ආඥාව aangnawa

behind *prep.* පසුව pasuwa

behold *v.* දකිනවා dakinawa

beholden *adj.* ණයගැති nayagathi

beige *n.* ලා දුඹුරු පාට laa dumburu paata

being *n.* ජීවියා jeewiya

belabour *v.* පහර ගසනවා pahara gasanawaa

belated *adj.* ප්‍රමාද වූ pramaada wu

belay *v.* වට කරනවා wata karanawa

belch *v.* පිට කරනවා pita karanawa

beleaguered *adj.* රැවටිල්ල rawatilla

belie *v.* රවටනවා rawatanawa

belief *n.* විශ්වාසය wishwaasaya

believe *v.* විශ්වාස කරනවා wishwaasa karanawa

belittle *v.* පහත් කොට සළකනවා pahath kota salakanawa

bell *n.* සීනුව seenuwa

belle *n.* රූමතිය roomathiya

bellicose *adj.* යුද්ධශීලී yuddasheelee

belligerent *adj.* දබරයට කැමති dabarayata kamathi

bellow *v.* ගුගුරනවා guguranawa

bellows *n.* මයිනහම mainahama

belly *n.* උදරය udaraya

belong *v.* අයිති වෙනවා aithi wenawa

belongings *n.* අයිතිවාසිකම් aithiwasikam

beloved *adj.* ආදරණීය aadaraneeya

below *prep.* පහළ pahala

belt *n.* බඳපටිය bandapatiya

bemoan *v.* තැවෙනවා thawenawa

bemused *adj.* අවුල් වෙනවා awul wenawa

bench *n.* බංකුව bankuwa

bend *v.* නැම්ම namma

beneath *adv.* නුසුදුසු nusudusu

benediction *n.* ආසිරි aasiri

benefactor *n.* හිතවතා hithawatha

benefice *n.* බඩවැඩිල්ල badawadilla
beneficent *adj.* ත්‍යාගශීලි thyaga-sheelee
beneficial *adj.* ඵලදායී paladaai
benefit *n.* ඵලප්‍රයෝජනය palap-rayojanaya
benevolence *n.* ගුණවත්කම guna-wathkama
benevolent *adj* දයාබර dayaabara
benign *adj.* දයාන්විත dayaanwitha
bent *adj.* නැමුණු namunu
bequeath *v.* පවරනවා pawaranawa
bequest *n.* උරුමය urumaya
berate *v.* බනිනවා baninawa
bereaved *v.* තොරවූ thora wu
bereavement *n.* වියෝවීම wiyo weema
bereft *adj.* තොර thora
bergamot *n.* සුවඳැති ශාක විශේෂයක් suwandathi shaaka wisheshayak
berk *n.* අමනයා amanaya
berry *n.* දං වැනි ගෙඩියක් dan wani gediyak
berserk *adj.* කිපුණු kipunu
berth *n.* රක්ෂාව rakshaawa
beseech *v.* අයදිනවා ayadinawa
beset *v.* පීඩිත peeditha
beside *prep.* වෙන wena
besiege *v.* වටලනවා watalanawa
besmirch *v.* කිළිටි කරනවා kiliti karanawa
besom *n.* බොලත්ත bolaththa
besotted *adj.* මුග්ධ mugda
bespoke *adj.* දැක්වූ dakwu
best *adj.* ප්‍රශස්ත prashastha
bestial *adj.* මෘග murga
bestow *v.* ප්‍රදානය කරනවා pradanaya karanawa
bestride *v.* නැගයනවා nagayanawa
bet *v.* ඔට්ටුව ottuwa
betake *v.* යෙදෙනවා yedenawa
betray *v.* පාවා දෙනවා paawa denawa
betrayal *n.* පාවාදීම paawa deema
better *adj.* වඩා හොඳ wada honda
between *adv.* අස්සෙ asse
bevel *n.* ඇල හැඩය ala hadaya
beverage *n.* බීම beema
bevy *n.* කණ්ඩායම kandaayama
bewail *v.* වැළපෙනවා walapenawa
beware *v.* පරෙස්සම් වෙනවා paressam wenawa
bewilder *v.t* සිත අවුල් කරනවා sitha awul karanawa
bewitch *v.* වශී කරනවා washee karanawa
beyond *adv.* ඉක්මවා යන ikmawa yana
bi *comb.* ද්වි dwi
biannual *adj.* ද්විවාර්ෂික dwiwaarshika
bias *n.* අගතිය agathiya
biased *adj.* අගති සහිත agathi sahitha
bib *n.* බරෝත්තිය baroththiya
Bible *n.* බයිබලය baibalaya
bibliography *n.* ග්‍රන්ථ නාමාවලිය grantha namawaliya
bibliophile *n.* ග්‍රන්ථ ප්‍රියයා grantha priyaya
bicentenary *n.* ද්වි ශත වාර්ෂිකය dwi shatha waarshikaya
biceps *n.* ද්විමූර්ධය dwimurdhaya
bicker *v.* නිකරුණේ කලහ කරනවා nikarune kalaha karanawa
bicycle *n.* බයිසිකලය baicycalaya

bid *v.* ලංසුව lansuwa
biddable *adj.* ඉල්ලිය හැකි illiya haki
bidder *n.* ලංසු තබන්නා lansu t habanna
bide *v.* කල් බලනවා kal balanawa
bidet *n.* මිටි වැසිකිළි පෝච්චිය miti wasikili pochchiya
biennial *adj.* ද්විවාර්ෂිකය dwiwaarshikaya
bier *n.* මිනීමැස්ස mineemassa
bifocal *adj.* ද්විනාභිය dwinaabhiya
big *adj.* මහා maha
bigamy *n.* ද්විවිවාහය dwiwiwaahaya
bigot *n.* ආධානග්‍රාහියා aadhaanagraahiya
bigotry *n.* අභිනිවේශනය abhiniwe-shanaya
bike *n.* පාපැදිය paapadiya
bikini *n.* කාන්තා නාන ඇඳුම kaantha naana anduma
bilateral *adj.* ද්විපාර්ශ්වික dwipaar-shawika
bile *n.* පිත pitha
bilingual *adj.* ද්විභාෂා dwibhasha
bill *n.* බිල්පත bilpatha
billet *n.* තුණ්ඩුව thunduwa
billiards *n.* බිලියඩ් ක්‍රීඩාව billiard kreedawa
billion *n.* බිලියනය biliyanaya
billionaire *n.* කෝටිපතියා kotipa-thiya
billow *v.* මහා රැල්ල mahaa ralla
bin *n.* පෙට්ටගම pettagama
binary *adj.* යුග්ම yugma
bind *v.* බඳිනවා bandinawa
binding *n.* බැඳීම bandeema
binge *n.* අඩි ගැසීම adi gaseema
binocular *adj.* දුරදර්ශකය dura darshakaya
biochemistry *n.* ජීව රසායන විද්‍යාව jeewa rasayana vidyawa
biodegradable *adj.* ක්ෂුද්‍ර ජීවීන් නිසා විනාශයට පත්වන kshudra jeewin nisa winaashayata pathwana
biodiversity *n.* ජෛව විවිධත්වය jaiwawiwidathwaya
biography *n.* චරිතාපදානය charithaapadaanaya
biologist *n.* ජීව විද්‍යාඥයා jeewa widyangnia
biology *n.* ජීව විද්‍යාව jeewa widyaawa
biopsy *n.* වාණු පරීක්ෂණය waanu pareekshanaya
bipartisan *adj.* ද්විපක්ෂ dwipaksha
birch *n.* බර්ච් ගස birch gasa
bird *n.* කුරුල්ලා kurulla
bird flu *n.* කුරුලු උණ kurulu una
birth *n.* උපත upatha
biscuit *n.* විස්කෝතු wiskothu
bisect *v.* සමච්ඡේදනය කරනවා samachchedanaya karanawa
bisexual *adj.* ද්විලිංගික dwilingika
bishop *n.* නායක දේවගැති තැන nayaka dewagathi thana
bison *n.* කුළුහරකා kulu haraka
bit *n.* කැබැල්ල kaballa
bitch *n.* බැල්ලි balli
bite *v.* සපනවා sapanawa
biting *adj.* සපන sapana
bitter *adj.* තිත්ත thiththa
bizarre *adj.* කැත katha
blab *v.* වාචාල දොඩවනවා waachaala dodawanawa
black *adj.* කළු kalu

blackberry *n.* කළු දං kalu dan
blackboard *n.* කළු ලෑල්ල kalu laalla
blacken *v.* කළු කරනවා kalu karanawa
blacklist *n.* අපලේඛනය apalekanaya
blackmail *n.* අවමාන තර්ජන awamaana tharjana
blackout *n.* මූර්ජා වීම murjaa weema
blacksmith *n.* කම්මල්කරුවා kammalkaruwa
bladder *n.* මුත්‍රාශය muthraashaya
blade *n.* තලය thalaya
blain *n.* බිබිළ bibila
blame *v.* දෝස් කියනවා dos kiyanawa
blanch *v.* සායම් යනවා saayam yanawa
bland *adj.* සෞම්‍ය saumya
blank *adj.* හිස් his
blanket *n.* පොරෝනාව porowanaawa
blare *v.* බෙරිහන් දෙනවා berihan denawa
blarney *n.* චාටු කතාව chaatu katha
blast *n.* විනාශය winaashaya
blatant *adj.* නොසැගවුණු nosangawunu
blaze *n.* බැබළීම babaleema
blazer *n.* කබාය kabaya
bleach *adj.* සුදු කරනවා sudu karanawa
bleak *adj.* නීරස neerasa
bleat *v. i* බෑ ගානවා baa gaanawa
bleed *v.* ලේ ගලනවා le galanawa
bleep *n.* ශබ්දය shabdaya
blemish *n.* කැළල kalala
blench *v.* පැන ගන්නවා pana gannawa
blend *v. t* මිශ්‍ර වෙනවා mishra wenawa
blender *n.* මිශ්‍රණ යන්ත්‍රය mishrana yanthraya
bless *v.* ආශිර්වාද කරනවා aashirwaada karanawa
blessed *adj.* භාග්‍යවත් bhaagyawath
blessing *n.* ආශිර්වාදය aashirwaadaya
blight *n.* දිලීරය dileeraya
blind *adj.* අන්ධ anda
blindfold *v.* ඇස් බඳිනවා as bandinawa
blindness *n.* අන්ධ භාවය anda bhaawaya
blink *v.* ඇසිපිය ගහනවා asipiya gahanawa
blinkers *n.* අශ්වයාගේ ඇස් වැසුම් ashwayaage as wasum
blip *n.* කුඩා තිත kuda thitha
bliss *n.* ප්‍රමෝදය pramodaya
blister *n.* විසප්පුව wisappuwa
blithe *adj.* ප්‍රමුදිත pramuditha
blitz *n.* ක්ෂණික ප්‍රහාරය kshanika praharaya
blizzard *n.* හිම කුණාටුව hima kunatuwa
bloat *v.* ඉදිමෙනවා idimenawa
bloater *n.* මදක් තැම්බූ මාළු madak thambu maalu
blob *n.* බිඳ binda
bloc *n.* පක්ෂ කාණ්ඩය paksha kaandaya
block *n.* කුට්ටිය kuttiya
blockade *n.* අවහිර යෙදීම awahira yedeema

blockage *n.* අවහිරය awahiraya
blog *n.* ඉතා තද ithaa thada
bloke *n.* හාදයා haadaya
blonde *adj.* ගෞරී gauree
blood *n.* ලේ le
bloodshed *n.* ලේ වැගිරීම le wagireema
bloody *adj.* ලේ තැවරුණු le thawarunu
bloom *v.* පුබුදිනවා pubudinawa
bloomers *n.* ලිහිල් කලිසම lihil kalisama
blossom *n.* පුෂ්පය pushpaya
blot *n.* ලපය lapaya
blotch *n.* පැල්ලම pallama
blouse *n.* හැට්ටය hattaya
blow *v.* හමනවා hamanawa
blowsy *adj.* හුළං හමන hulan hamana
blub *v.* ආමවාතය හරිනවා aama-waathaya harinawa
bludgeon *n.* දණ්ඩ danda
blue *adj.* නිල් nil
bluff *v.* පුරසාරම් කියනවා pura-saaram kiyanawa
blunder *n.* දෝෂය doshaya
blunt *adj.* මොට්ට motta
blur *v.* අඳුරු වෙනවා anduru wenawa
blurb *n.* ග්‍රන්ථ විස්තර grantha wisthara
blurt *v.* දොඩවනවා dodawanawa
blush *v.* මුහුණ රතු වෙනවා muhuna rathu wenawa
blusher *n.* මුහුණ රතු වෙන තැනැත්තා muhuna rathu wena thanaththa
bluster *v.* ගර්ජනා කරනවා garjana karanawa
boar *n.* ඌරා ura
board *n.* ලෑල්ල laalla
boast *v.* කට කියවනවා kata kiyawa-nawa
boat *n.* බෝට්ටුව bottuwa
bob *v.* උඩ පහළ යනවා uda pahala yanawa
bobble *n.* වුල් බෝලයක් wool bolayak
bode *v.* පෙර නිමිති දක්වනවා pera nimithi dakwanawa
bodice *n.* චෝලිය choliya
bodily *adv.* ශාරීරික shaareerika
body *n.* ශරීරය shareeraya
bodyguard *n* ආරක්ෂක පිරිස aarakshaka pirisa
bog *n.* වගුර wagura
bogey *n.* දුෂ්ට භූතයා dushta buthaya
boggle *v.* පස්බට වෙනවා pasbata wenawa
bogus *adj.* බොරු boru
boil *v.i.* කෝප කරනවා kopa karanawa
boiler *n.* කටාරම kataarama
boisterous *adj.* චණ්ඩ chanda
bold *adj.* තද thada
boldness *n.* නිර්භීතකම nirbheethakama
bole *n.* විවරය wiwaraya
bollard *n.* කෙටි කුලුණ keti kuluna
bolt *n.* අකුණ akuna
bomb *n.* බෝම්බය bombaya
bombard *v.* බෝම්බ හෙළනවා bomba helanawa
bombardment *n.* බෝම්බ හෙළීම bomba heleema
bomber *n.* බෝම්බ හෙළන ගුවන් යානය bomba helana guwan yaanaya

bonafide *adj.* අවංක awanka
bonanza *n.* ගජ වාසිය gaja waasiya
bond *n.* බැඳීම bandeema
bondage *n.* වහල් බව wahal bawa
bone *n.* ඇටය ataya
bonfire *n.* ගින්න ginna
bonnet *n.* කුඩා තොප්පිය kuda thoppiya
bonus *n.* ප්‍රසාද දීමනාව prasaada deemana
bony *adj.* ඇට සහිත ata sahitha
book *n.* පොත potha
booklet *n.* පොත් පිංච poth pincha
bookmark *n.* පොත් යොමුව poth yomuwa
bookseller *n.* පොත් වෙළෙන්දා poth welendaa
bookish *adj.* පොතටම ඇලුණු pothatama alunu
booklet *n.* පොත් පිංච poth pincha
boom *n.* සරු කාලය saru kaalaya
boon *n.* වාසිය waasiya
boor *n.* පිටිසරයා pitisarayaa
boost *v.* වැඩිවීම wadiweema
booster *n.* හුවනය huwanaya
boot *n.* උස් සපත්තුව us sapaththuwa
booth *n.* කුඩුව kuduwa
bootleg *adj.* හොරට සෑදූ horata saadu
booty *n.* කොල්ලය kollaya
border *n.* දාරය daaraya
bore *v.* දැරුවා daruwa
born *adj.* ඉපදුණු ipadunu
borough *n.* පෙරුව peruwa
borrow *v.* ඉල්ලා ගන්නවා illa gannawa
bosom *n.* තුරුල්ල thurulla
boss *n.* ලොක්කා lokka
bossy *adj.* අහංකාර ahankaara
botany *n.* උද්භිත විද්‍යාව udbhitha widyaawa
both *adj. & pron.* දෙදෙනා dedena
bother *v.* හිරිහැරය hiriharaya
bottle *n.* බෝතලය bothalaya
bottom *n.* අඩිය adiya
bough *n.* ශාඛාව shaakaawa
boulder *n.* කළු ගල kalu gala
boulevard *n.* මහා මාර්ගය mahaa maargaya
bounce *v.* ආපසු පැනීම aapasu paneema
bouncer *n.* බවුන්සරය bounceraya
bound *v.* සීමා වෙනවා seema wenawa
boundary *n.* සීමාව seemawa
boundless *adj.* අසීමිත aseemitha
bountiful *adj.* ත්‍යාගශීලි thyagasheeli
bounty *n.* පරිත්‍යාගය parithyaagaya
bouquet *n.* මල් කළඹ mal kalamba
bout *n.* පොරය poraya
boutique *n.* කඩය kadaya
bow *n.* දුන්න dunna
bow *v.* ආචාර කරනවා aachaara karanawa
bowel *n.* බඩ bada
bower *n.* තුරු ගොමුව thurugomuwa
bowl *n.* තලිය thaliya
box *n.* පෙට්ටිය pettiya
boxer *n.* බොක්සිං ක්‍රීඩකයා boxing kreedakaya
boxing *n* බොක්සිං ක්‍රීඩාව boxing kreedawa
boy *n.* කොල්ලා kolla
boycott *v.* වර්ජනය warjanaya
boyhood *n* ළමා විය lamaa wiya

bra *n.* තනපට thanapata
brace *n.* කුට්ටම kuttama
bracelet *n.* වළල්ල walalla
bracket *n.* වරහන warahana
brag *v.* පුරසාරම් දොඩවනවා pura-saaram dodawanawa
Braille *n.* බ්‍රේල් අකුරු braille akuru
brain *n.* මොළය molaya
brake *n.* තිරිංගය thiringaya
branch *n.* අත්ත aththa
brand *n.* වර්ගය wargaya
brandish *v.* විහිදවනවා wihida-wanawa
brandy *n.* බ්‍රැන්ඩි brandy
brash *adj.* දඩබ්බර dadabbara
brass *n.* පිත්තල piththala
brave *adj.* නිර්භීත nirbheetha
bravery *n.* නිර්භීතභාවය nirbhee-thabhawaya
brawl *n.* කෝලාහලය kolahaalaya
bray *v.* බෙරිහන් දීම berihan deema
breach *v.* භේදය bhedaya
bread *n.* පාන් paan
breadth *n.* පළල palala
break *v.* කැඩෙනවා kadenawa
breakage *n.* කැඩීම kadeema
breakfast *n.* උදෑසන ආහාරය udaa-sana aaharaya
breast *n.* ළය laya
breath *n.* හුස්ම husma
breathe *v.* ආශ්වාස ප්‍රාශ්වාස කරනවා aashwaasha praashwaasa karanawa
breech *n.* තට්ටම thattama
breeches *n.* සරුවාලය saruwaalaya
breed *v.* බෝකිරීම bo kireema
breeze *n.* මඳ සුළඟ mada sulanga
brevity *n.* සංක්ෂිප්ත භාවය sankshiptha bhawaya
brew *v.* පැසවනවා pasawanawa
brewery *n.* මද්‍යගාරය madyagaaraya
bribe *v. t.* අල්ලස allasa
brick *n.* ගඩොල gadola
bridal *adj.* මංගල mangala
bride *n.* මනාලිය manaaliya
bridegroom *n.* මනමාලයා manamaalaya
bridge *n.* පාලම paalama
bridle *n.* කටකලියාව katakaliyaawa
brief *adj.* කෙටි keti
briefing *n.* කෙටි කිරීම keti kireema
brigade *n.* සේනාංකය senankaya
brigadier *n.* සේනාංකපති senaan-kapathi
bright *adj.* දීප්තිමත් deepthimath
brighten *v.* බබළනවා babalanawa
brilliance *n.* ප්‍රභාව prabhawa
brilliant *adj.* බබළන babalana
brim *n.* ගැට්ට gatta
brindle *adj.* ලප සහිත lapa sahitha
brine *n.* කරදිය karadiya
bring *v.* ගෙනෙනවා genenawa
brinjal *n.* වම්බටු wambatu
brink *n.* ඉවුර iwura
brisk *adj.* ඉක්මන් ikman
bristle *n.* කෙන්ද kenda
British *adj.* බ්‍රිතාන්‍ය brithanya
brittle *adj.* භංගුර bhangura
broach *adj.* කටුව katuwa
broad *adj.* පළල් palal
broadcast *v. t.* විකාශනය කරනවා wikaashanaya karanawa
brocade *n.* ගෙත්තම් කළ පට රෙද්ද geththam kala pata redda
broccoli *n.* ගෝවා වර්ගයක් gowa

wargayak

brochure *n.* පොත් පිංච poth pincha

broke *adj.* තුට්ටුව නැති thuttuwa nathi

broken *adj.* කැඩුණු kadunu

broker *n.* තැරැව්කාරයා tharaw-kaaraya

bronchial *adj.* ක්ලෝම kloma

bronze *n.* ලෝකඩ lokada

brood *n.* දරු පවුල daru pawla

brook *n.* දිය පාර diya paara

broom *n.* කොස්ස kossa

broth *n.* හොද්ද hodda

brothel *n.* ගණිකා මඩම ganikaa madama

brother *n.* සහෝදරයා sahodaraya

brotherhood *n.* සහෝදරත්වය saho-darathwaya

brow *n.* බැම bama

brown *n.* දුඹුරු පාට dumburu paata

browse *v.* විමසනවා wimasanawa

browser *n.* බ්‍රවුසරය browsaraya

bruise *n.* තැළුම thalma

brunch *n.* අතුරු කෑම athuru kaama

brunette *n.* තළඑළලු ස්ත්‍රිය thalae-lalu sthriya

brunt *n.* පහර pahara

brush *n.* බුරුසුව burusuwa

brusque *adj.* පරුෂ parusha

brutal *adj.* දාමරික daamarika

brute *n.* දරුණු darunu

bubble *n.* බුබුළ bubula

buck *n.* සිලිම silima

bucket *n.* පනිට්ටුව panittuwa

buckle *n.* ගාංචුව gaanchuwa

bud *n.* අංකුරය ankuraya

budge *v.* සෙලවෙනවා selawenawa

budget *n.* අයවැය ලේඛනය ayawaya lekanaya

buffalo *n.* මී හරකා mee haraka

buffer *n.* අවරෝධකය awarodakaya

buffet *n.* රළ පහර rala pahara

buffoon *n.* කවටයා kawataya

bug *n.* මකුණා makuna

buggy *n.* බක්කි කරත්තය bakki karaththaya

bugle *n.* නළාව nalaawa

build *v.* සාදනවා saadanawa

building *n.* ගොඩනැගිල්ල goda-nagilla

bulb *n.* බුබුල bubula

bulge *n.* නෙරීම nereema

bulimia *n.* අතික්ෂුධාව athikshu-daawa

bulk *n.* රාශිය raashiya

bulky *adj.* ස්ථූල sthula

bull *n.* ගොනා gona

bulldog *n.* සුනඛ වර්ගයක් sunaka wargayak

bullet *n.* මුනිස්සම munissama

bulletin *n.* ලුහුඬු ප්‍රකාශය luhundu prakaashaya

bullion *n.* රිදී ගුලිය ridee guliya

bullish *adj.* ගැනුම්බර ganumbara

bullock *n.* හරකා haraka

bully *n.* හිරිහැර කරන්නා hirihara karanna

bulwark *n.* ආරක්ෂාව aarakshaawa

bum *n.* රස්තියාදුකාරයා rasthiyaa-dukaaraya

bumble *v.* චරචර ගානවා charachara gaanawa

bump *n.* නෙරා ගිය කොටස nera giya kotasa

bumper *n.* අවරෝධකය awaroda-kaya

bumpkin *n.* මොට්ටයා mottaya
bumpy *adj.* සමතලි නොවූ samathali nowu
bun *n.* බනිස් ගෙඩිය banis gediya
bunch *n.* සමූහය samuhaya
bundle *n.* පොදිය podiya
bung *n.* පියන piyana
bungalow *n.* බංගලාව bangalaawa
bungle *v.* අවුල් කරගන්නවා awul karagannawa
bunk *n.* පටු ඇඳ patu anda
bunker *n.* බංකරය bankaraya
buoy *n.* බෝයාව boyawa
buoyant *adj.* පාවෙන paawena
buoyancy *n.* සැහැල්ලු බව sahallu bawa
burble *v.* කොඳුරනවා konduranawa
burden *n.* භාරය bharaya
bureau *n.* ලියන මේසය liyana mesaya
bureaucracy *n.* නිලධාරිවාදය nilad-haariwaadaya
bureaucrat *n.* රජයේ නිලධාරියා rajaye niladhaariya
burgeon *v.* වේගයෙන් වැඩෙනවා wegayen wadenawa
burger *n.* බර්ගරය bergeraya
burglar *n.* ගෙවල් බිඳින්නා gewal bindinna
burglary *n.* ගෙවල් බිඳීම gewal bindeema
burial *n.* වැළලීම walaleema
burlesque *n.* විගඩම wigadama
burn *v.* පුළුස්සනවා pulussanawa
burner *n.* දාහකය daahakaya
burning *adj.* දැවෙන dawena
burrow *n.* කුහරය kuharaya
bursar *n.* මුදල් භාරකරුවා mudal bhaarakaruwa
bursary *n.* ශිෂ්‍යාධාර shishyaadhaara
burst *v.* පුපුරනවා pupuranawa
bury *v.* වළදමනවා waladamanawa
bus *n.* බසය basaya
bush *n.* පඳුර pandura
bushy *adj.* පඳුරු සහිත panduru sahitha
business *n.* ව්‍යාපාරය wyapaaraya
businessman *n.* ව්‍යාපාරිකයා wyaa-parikayaa
bust *n.* උඩුකය udukaya
bustle *v.* කඩිසරව යනවා kadisarawa yanawa
busy *adj.* අවිවේකී awiweki
but *conj.* නමුත් namuth
butcher *n.* මස් වෙළෙන්දා mas welenda
butler *n.* ප්‍රධාන මෙහෙකරුවා pradaana mehekaruwa
butter *n.* බටර් butter
butterfly *n.* සමනළයා samanalaya
buttock *n.* තට්ටම thattama
button *n.* බොත්තම boththama
buy *v.* මිලට ගන්නවා milata gannawa
buyer *n.* ගැණුම්කාරයා ganum-kaaraya
buzz *n.* ගුමුගුමුව gumugumuwa
buzzard *n.* රාජාලියා raajaaliya
buzzer *n.* ගුමු සීනුව gumu seenuwa
by *prep.* අසල asala
by-election *n.* අතුරු මැතිවරණය athuru mathiwaranawa
bygone *adj.* පසුගිය pasugiya
byline *n.* උප වගන්තිය upa waganthiya

bypass *n.* මඟහැරයාම magaharayaama

byre *n.* ගවමඩුව gawamaduwa

bystander *n.* ළඟ බලා සිටින්නා langa bala sitinna

byte *n.* බයිටය bytaya

C

cab *n.* කුලී රථය kulee rathaya

cabaret *n.* භෝජනාගාරය bhojanaa-gaaraya

cabbage *n.* ගෝවා gowa

cabin *n.* නැව් කුටිය naw kutiya

cabinet *n.* අල්මාරිය almaariya

cable *n.* රැහැන rahana

cacao *n.* කොකෝවා cocoa

cache *n.* තිප්පොළ thippola

cachet *n.* මුද්‍රාව mudraawa

cackle *n.* කෙකර ගෑම kekara gaama

cactus *n.* පතොක් pathok

cad *n.* අධමයා adhamaya

cadaver *n.* මරණය maranaya

caddy *n.* තේකොළ පෙට්ටිය the kola pettiya

cadaver *n.* මරණය maranaya

cadet *n.* ශිෂ්‍ය භටයා shishya bhataya

cadmium *n.* කැඩ්මියම් cadmium

cadre *n.* සේවක සංඛ්‍යාව sewaka sankyawa

caesarean *n.* රාජ ආණ්ඩුවට අයත් raaja aanduwata ayath

cafe *n.* ආපන ශාලාව aapana shaalawa

cafeteria *n.* භෝජනාගාරය bhoja-naagaaraya

cage *n.* කූඩුව kuduwa

cahoots *n.* එකට හවුල්ව ekata hawulwa

cajole *v.* බොරුවෙන් රවටනවා boruwen rawatanawa

cake *n.* කේක් ගෙඩිය cake gediya

calamity *n.* ආපදාව aapadawa

calcium *n.* කැල්සියම් calcium

calculate *v.* ගණනය කරනවා gana-naya karanawa

calculator *n.* ගණකය ganakaya

calculation *n.* ගණනය කිරීම gana-naya kireema

calendar *n.* දින දර්ශකය dina darshakaya

calf *n.* වසු පැටියා wasu patiya

calibrate *v.* ක්‍රමාංකණය කරනවා kramaankanaya karanawa

calibre *n.* කාර්යශූරත්වය kaarya-shurathwaya

call *v.* අමතනවා amathanawa

calligraphy *n.* ලේඛන විද්‍යාව lekana vidyaawa

calling *n.* කැඳවීම kandaweema

callous *adj.* ගොරෝසු gorosu

callow *adj.* නොමේරූ nomeru

calm *adj.* නිසල nisala

calorie *n.* කැලරිය kalariya

calumny *n.* කේලම kelama

camaraderie *n.* මිත්‍රත්වය mithrath-waya

camber *n.* හැඩය hadaya

cambric *n.* සිනිඳු කපුරෙදි sinidu kapu redi

camcorder *n.* වීඩියෝ කැමරාවක් හා රෙකෝඩරයක් එකට ඇති යන්ත්‍රයක් video camerawak ha recode-rayak ekata athi yanthrayak

camel *n.* ඔටුවා otuwa
cameo *n.* නාට්‍යාංගය naatyaangaya
camera *n.* කැමරාව cameraawa
camp *n.* කඳවුර kandawura
campaign *n.* ව්‍යාපාරය wyaa-paaraya
camphor *n.* කපුරු kapuru
campus *n.* සරසවිය sarasawiya
can *n.* කෑන් can
can *v.* පුළුවන puluwana
canal *n.* ඇළ ala
canard *n.* අසත්‍ය ප්‍රකාශය asathya prakaashaya
cancel *v.* අවලංගු කරනවා awalangu karanawa
cancellation *n.* අවලංගු කිරීම awalangu kireema
cancer *n.* පිළිකාව pilikaawa
candela *n.* කැන්ඩෙලා candela
candid *adj.* ඍජු riju
candidate *n.* අපේක්ෂකයා apekshakaya
candle *n.* ඉටිපන්දම itipandama
candour *n.* අවංකකම awankakama
candy *n.* සුකිරි sukiri
cane *n.* වේවැල wewala
canine *adj.* රදනක radanaka
canister *n.* ඉහඳ පණුවා ihanda panuwa
cannabis *n.* කංසා kansa
cannibal *n.* පෝරිසාදයා porisaadaya
cannon *n.* කාලතුවක්කුව kaalathu-wakkuwa
canny *adj.* හුරුබුහුටි hurubuhuti
canoe *n.* අඟුල angula
canon *n.* විනය නීතිය winaya neethiya
canopy *n.* උඩුවියන udu wiyana

cant *n.* ඇලය alaya
cantankerous *adj.* කලහකාරී kalahakaaree
canteen *n.* කැන්ටිම kantima
canter *n.* හෙමින් පිම්ම hemin pimma
canton *n.* පාලන ප්‍රදේශය paalana pradeshaya
cantonment *n.* කඳවුර kandawura
canvas *n.* කැන්වස් canvas
canvass *v.* විමසීම wimaseema
canyon *n.* කුරුබිලිය kurubiliya
cap *n.* තොප්පිය thoppiya
capability *n.* හැකියාව hakiyaawa
capable *adj.* හැකි haki
capacious *adj.* ඉඩකඩ ඇති idakada athi
capacitor *n.* ධාරිත්‍රකය dhaari-thrakaya
capacity *n.* ධාරිතාව dhaarithaawa
caparison *v.* ඇඳුම් පැළඳුම් andum paladum
cape *n.* තුඩුව thuduwa
capital *n.* අගනුවර aganuwara
capitalism *n.* ධනවාදය dhanawaadaya
capitalist *n. &adj.* ධනවාදියා dhanawaadiya
capitalize *v.* වාසි ලබා ගන්නවා waasi laba gannawa
capitation *n.* ඇඟ බද්ද anga badda
capitulate *v.* යටත් වෙනවා yatath wenawa
caprice *n.* චපල බව chapala bawa
capricious *adj.* චපල chapala
capsicum *n.* රතු මිරිස් rathu miris
capsize *v.* පෙරළෙනවා peralenawa
capstan *n.* දොඹකරය dombakaraya
capsule *n.* කරල karala

captain *n.* කපිතාන් kapithan

captaincy *n.* නායකත්වය naayakathwaya

caption *n.* ශීර්ෂ පාඨය shirsha paataya

captivate *v.* මුළා කරනවා mula karanawa

captive *n.* අල්ලා ගත් allagath

captivity *n.* සිරගතවීම siragatha weema

captor *n.* සතෙකු අල්ලන්නා satheku allanna

capture *v.* ඇල්ලීම alleema

car *n.* මෝටර්රථය motarrathaya

caramel *n.* කැවිලි වර්ගයක් kawili wargayak

carat *n.* කැරට් carat

caravan *n.* තවලම thawalama

carbohydrate *n.* කාබෝහයිඩ්‍රේට් carbohydrate

carbon *n.* කාබන් carbon

carbonate *adj.* කාබනේට් carbonate

carboy *n.* ඝන වීදුරු බෝතලය gana weeduru bothalayak

carcass *n.* මළකුණ malakuna

card *n.* මුද්‍රිත පත්‍රය mudritha pathraya

cardamom *n.* කරදමුංගු karadamungu

cardboard *n.* කාඩ්බෝඩ් cardboard

cardiac *adj.* හෘදමය hardamaya

cardigan *n.* ලොම් කබාය lom kabaaya

cardinal *n.* මූලික mulika

cardiograph *n.* හෘද ලේඛය harda lekanaya

cardiology *n.* හෘද විද්‍යාව harda vidyaawa

care *n.* බලා ගැනීම bala ganima

career *n.* රක්ෂාව rakshaawa

carefree *adj.* කරදරවලින් නිදහස් karadarawalin nidahas

careful *adj.* පරෙස්සම් සහිත paressam sahitha

careless *adj.* අපරීක්ෂාකාරී aparikshaakaaree

carer *n.* බලා ගන්නා පුද්ගලයා balagannaa pudgalayaa

caress *v.* සුරතලය surathalaya

caretaker *n.* මුරකාරයා murakaaraya

cargo *n.* බඩු තොගය baduthogaya

caricature *n* විකට චිත්‍රය wikata chithraya

carmine *n.* තද රතු පාට thada rathu paata

carnage *n.* හිංසාව hinsaawa

carnal *adj.* කාමුක kaamuka

carnival *n.* සැණකෙළිය sanakeliya

carnivore *n.* මාංශ භක්ෂක mansabhakshaka

carol *n.* භක්ති ගීතය bhakthi geethaya

carpal *adj.* මැණික් කටු ඇටය manik katu ataya

carpenter *n.* වඩුවා waduwa

carpentry *n.* වඩු කර්මාන්තය wadu karmaanthaya

carpet *n.* පලස palasa

carriage *n.* රිය මැදිරිය riya madiriya

carrier *n.* වාහකයා waahakaya

carrot *n.* කැරට් carrot

carry *v.* ගෙනයනවා genayanawa

cart *n.* කරත්තය karaththaya

cartel *n.* කාටලය kaatalaya

cartilage *n.* කෝමලාස්ථිය komalaasthiya

carton *n.* ඝන කඩදාසි පෙට්ටිය gana kadadaasiya
cartoon *n.* කාටූන් cartoon
cartridge *n.* කාට්රිජය kaatrijaya
carve *v.* කැටයම් කපනවා katayam kapanawa
carvery *n.* කැටයම් කැපීම katayam kapeema
Casanova *n.* ප්‍රේම සබඳතා ගැන ප්‍රසිද්ධ පුද්ගලයා prema sambadatha gana prasidda pudgalaya
cascade *n.* දිය ඇල්ල diya alla
case *n.* නඩුව naduwa
casement *n.* ජනේලය janelaya
cash *n.* සල්ලි salli
cashew *n.* කජු kaju
cashier *n.* අයකැමි ayakami
cashmere *n.* කාශ්මීර සළු kaash-meera saluwa
casing *n.* වැස්ම wasma
casino *n.* නෘත්‍ය ශාලාව nurthya shaalaawa
cask *n.* පීප්පය peeppaya
casket *n.* කරඬුව karanduwa
casserole *n.* තම්බන තැටිය thambana thatiya
cassock *n.* ලෝගුව loguwa
cast *v.* විසි කරනවා wisi karanawa
castaway *n.* නැව කැඩී අතරමං වූ පුද්ගලයා nawa kadee atharaman wu pudgalaya
caste *n.* වර්ණය warnaya
castigate *v.* ගහනවා gahanawa
casting *n.* වාත්තු කිරීම waaththu kireema
castle *n.* මාළිගාව maaligawa
castor *n.* එඬරු endaru
castrate *v.* කප්පාදු කරනවා kappadu karanawa
castor oil *a.* එඬරු තෙල් endaru thel
casual *adj.* හදිසි hadisi
casualty *n.* හදිසි අනතුර hadisi anathura
cat *n.* බළලා balala
cataclysm *n.* මහා උපද්‍රවය mahaa upadrawaya
catalogue *n.* නාමාවලිය naamaa-waliya
catalyse *v.* උත්ප්‍රේරණය කරනවා uthpreranaya karanawa
catalyst *n.* උත්ප්‍රේරක uthpreraka
cataract *n.* නේත්‍ර පටලය nethra patalaya
catastrophe *n.* මහා විනාශය maha winaashaya
catch *v.* අල්ලා ගන්නවා alla gan-nawa
catching *adj.* බෝවන bowana
catchy *adj.* සිත් ගන්නා sith ganna
catechism *n.* කථෝපකථනය kathopakathanaya
categorical *adj.* ඒකාන්ත ekantha
categorize *v.* වර්ග කරනවා warga karanawa
category *n.* වර්ගය wargaya
cater *v.* කෑම සපයනවා kaama sapayanawa
caterpillar *n.* දළඹුවා dalambuwa
catharsis *n.* විරේචනය wirechanaya
cathedral *n.* ප්‍රධාන පල්ලිය pradhana palliya
catholic *adj.* කතෝලික catholica
cattle *n.* ගවයෝ gawayo
catty *n.* කැත්ත kaththa
Caucasian *adj.* සුදු ජාතික sudu

jaathika

cauldron *n.* කල්දේරම kalderama

cauliflower *n.* මල්ගෝවා malgowa

causal *adj.* කාරක kaaraka

causality *n.* හේතුත්වය hethuthwaya

cause *n.* හේතුව hethuwa

causeway *n.* දියමංකඩ diyaman-kada

caustic *adj.* පරුෂ parusha

caution *n.* අවවාදය awawaadaya

cautionary *adj.* අවවාදාත්මක awawaadaathmaka

cautious *adj.* විපරම් සහිත wiparam sahitha

cavalcade *n.* රිය පෙරහැර riya perahara

cavalier *adj.* ආඩම්බරකාරයා aadambarakaaraya

cavalry *n.* චතුර chathura

cave *n.* ගුහාව guhawa

caveat *n.* තහනම thahanama

cavern *n.* ගල්ලෙන gallena

cavernous *adj.* ගුහාව වැනි guhawa wani

cavity *n.* විවරය wiwaraya

cavort *v.* උඩ පනිනවා uda paninawa

cease *v.* ඇන හිටිනවා ana hitinawa

ceasefire *n.* සාමදානය saama-daanaya

ceaseless *adj.* නොකඩවා පවත්නා nokadawaa pawathna

cedar *n.* දේවදාරු dewadaaru

cede *v.* පාවා දෙනවා paawa denawa

ceiling *n.* සිවිලිම siwilima

celandine *n.* කහ මල් ඇති කුඩා ගසක් kaha mal athi kuda gasak

celebrant *n.* දේවමෙහෙයෙ පවත්වන්නා dewameheya pawathwanna

celebrate *v.* උත්සව පවත්වනවා uthsawa pawathwanna

celebration *n.* උත්සවය uthsawaya

celebrity *n.* කීර්තිමත් පුද්ගලයා keerthimath pudgalaya

celestial *adj.* දිව්‍යමය diwyamaya

celibacy *n.* බඹසර bambasara

celibate *adj.* බ්‍රහ්මචාරී brahma-chaaree

cell *n.* සෛලය sailaya

cellar *n.* බිම්ගෙය bimgeya

cellphone *n.* සෙල් ෆෝනය cell fonaya

cellular *adj.* දැල් වැනි dal wani

cellulite *n.* මේද කැටිවීමක් meda katiweemak

celluloid *n.* සෙලියුලොයිඩ් celluloid

cellulose *n.* සෙලියුලෝස් cellulose

Celsius *n.* සෙල්සියස් celsius

Celtic *adj.* කෙල්ටික් celtic

cement *n.* සිමෙන්ති simenthi

cemetery *n.* කනත්ත kanaththa

censer *n.* දුම් කබල dum kabala

censor *n.* සමීක්ෂකයා sameek-shakaya

censorship *n.* සමීක්ෂණය sameekshanaya

censorious *adj.* ගුණදොස් සහිත gunados sahitha

censure *v.* දොස් කීම dos keema

census *n.* සංගණනය sangananaya

cent *n.* සතය sathaya

centenary *n.* ශතසංවත්සරය shathasanwathsaraya

centennial *n.* ශතසංවත්සරික shathasanwathsarika

center *n.* මධ්‍යස්ථානය madyasthanaya

centigrade *adj.* සෙන්ටිග්‍රේඩ් centigrade

centimetre *n.* සෙන්ටිමීටරය centimeteraya

centipede *n.* පත්තෑය paththaya

central *adj.* මධ්‍යම madyama

centralize *v.* මධ්‍යගත කරනවා madyagatha karanawa

centre *n.* මධ්‍යය madyaya

century *n.* ශතවර්ෂය shathawarshaya

ceramic *n.* සෙරමික් ceramic

cereal *n.* ධාන්‍යය dhanyaya

cerebral *adj.* මොළය පිළිබඳ molaya pilibanda

ceremonial *adj.* උත්සවාකාර uthsawaakaara

ceremonious *adj.* ආචාර සමාචාරයෙහි යෙදුණු aachaara samaachaarayehi yedunu

ceremony *n.* උත්සවය uthsawaya

certain *adj.* නිශ්චිත nishchitha

certainly *adv.* නිසැකයෙන්ම nisakayenma

certifiable *adj.* සහතික කළ හැකි sahathika kala haki

certificate *n.* සහතිකය sahathikaya

certify *v.* සහතික කරනවා sahathika karanawa

certitude *n.* නිසැක බව nisaka bawa

cervical *adj.* ගෙල පිළිබඳ gela pilibanda

cessation *n.* නැවතීම nawathima

cession *n.* යටත් වීම yatath weema

chain *n.* දම්වැල damwala

chair *n.* පුටුව putuwa

chairman *n.* සභාපති sabhaapathi

chaise *n.* කුඩා අශ්වරථය kuda ashwarathaya

chalet *n.* පැල pala

chalice *n.* ගුරුලෙත්තුව guruleththuwa

chalk *n.* රටහුණු ratahunu

challenge *n.* අභියෝගය abhiyogaya

chamber *n.* කුටිය kutiya

chamberlain *n.* ආවතේවකරු aawathewakaru

champagne *n.* ෂැම්පේන් champagne

champion *n.* ජයග්‍රාහකයා jayagraahakaya

chance *n.* අවස්ථාව awasthaawa

chancellor *n.* කුලපති kulapathi

Chancery *n.* ශ්‍රේෂ්ඨාධිකරණය shreshtaadhikaranaya

chandelier *n.* පොකුරු පහන pokuru pahana

change *v.* මාරු වෙනවා maaru wenawa

channel *n.* නාලිකාව naalikaawa

chant *n.* ගායනය gaayanaya

chaos *n.* ව්‍යාකූලතාවය wyaakulathaawaya

chaotic *adj.* ව්‍යාකූල wyaakula

chapel *n.* දේවමැදුර dewmadura

chaplain *n.* කුලගුරු kulaguru

chapter *n.* පරිච්ඡේදය parichchedaya

char *v.* දවනවා dawanawa

character *n.* චරිතය charithaya

characteristic *n.* ගති ලක්ෂණය gathi lakshana

charcoal *n.* අඟුරු anguru

charge *v.* ආරෝපණය කරනවා aaropanaya karanawa

charge *n.* ආරෝපණය aaropanaya

charger *n.* චාජරය chargeraya
chariot *n.* මංගල රථය mangala rathaya
charisma *n.* මහජන ආශිර්වාදය mahajana aashirwaadaya
charismatic *adj.* ආශිර්වාදාත්මක aashirwaadaathmaka
charitable *adj.* ත්‍යාගශීලි thyaagasheeli
charity *n.* පිනට දීම pinata deema
charlatan *n.* වංචාකාරයා wanchaakaaraya
charm *n.* ලාලිත්‍යය laalithya
charming *adj.* රමණීය ramaneeya
chart *n.* වගුව waguwa
charter *n.* සන්නස sannasa
chartered *adj.* වර ලත් wara lath
chary *adj.* නොකැමති nokamathi
chase *v.* ලුහු බඳිනවා luhu bandinawa
chassis *n.* චැසිය chasiya
chaste *adj.* පිරිසිදු pirisidu
chasten *v.* හැඩගස්වනවා hadagaswanawa
chastise *v.* තළනවා thalanawa
chastity *n.* පතිවත pathiwatha
chat *v. i.* පිළිසඳර කථා කරනවා pilisandara katha karanawa
chateau *n.* වලව්ව walawwa
chattel *n.* බඩු බාහිර badu baahira
chatter *v.* දොඩවන්නා dodawanna
chauffeur *n.* රිය පදවන්නා riya padawanna
chauvinism *n.* උග්‍ර ජාති භේදවාදය ugra jaathi bhedawaadaya
chauvinist *n. &adj.* උග්‍ර ජාති භේදවාදියා ugra jaathi bhedawaadiya
cheap *adj.* මිල අඩු mila adu
cheapen *v. t.* මිල අඩු කරනවා mila adu karanawa
cheat *v.* වංචා කරනවා wanchaa karanawa
cheat *n.* වංචාව wanchaawa
check *v.* හරි වැරදි බලනවා hari waradi balanawa
checkmate *n* පරාජය paraajaya
cheek *n.* කම්මුල kammula
cheeky *adj.* අවිනීත awineetha
cheep *n.* කූජනය kujanaya
cheer *v. t.* ප්‍රීතිඝෝෂා කරනවා prithigosha karanawa
cheerful *adj.* සතුටු sathutu
cheerless *adj.* අසතුටු asathutu
cheery *adj.* ප්‍රීතිමත් preethimath
cheese *n.* චීස් cheese
cheetah *n.* චීටා cheetah
chef *n.* ප්‍රධාන අරක්කැමියා pradana arakkamiya
chemical *adj.* රසායන rasaayana
chemist *n.* රසායනඥ rasaayanagna
chemistry *n.* රසායන විද්‍යාව rasaayana widyaawa
chemotherapy *n.* රසායනික චිකිත්සාව rasaayanika chikithsaawa
cheque *n.* චෙක් පත cheque patha
cherish *v.* බලා ගන්නවා bala gannawa
chess *n.* චෙස් ක්‍රීඩාව chess kreedawa
chest *n.* පපුව papuwa
chestnut *n.* දුඹුරු වර්ණය dumburu warnaya
chevron *n.* නිලපටය nilapataya
chew *v.* සපනවා sapayanawa

chic *adj.* කඩිසර kadisara
chicanery *n.* රැවටීම rawateema
chicken *n.* කුකුළු පැටවා kukulu patawa
chickpea *n.* කඩල ගස kadala gasa
chide *v.* බැණ වදිනවා bana wadinawa
chief *n.* මූලිකයා moolikayaa
chiefly *adv.* ප්‍රධාන වශයෙන් pradhaana washayen
chieftain *n.* ප්‍රධානියා pradhaaniya
child *n.* ළදරුවා ladaruwa
childhood *n.* ළමා කාලය lamaa kaalaya
childish *adj.* ලාබාල laabaala
chill *n.* ශීතල sheethala
chilli *n.* වියළි මිරිස් wiyali miris
chilly *adj.* ශීත sheetha
chime *n.* මිණිගෙඩි හඬ minigedi handa
chimney *n.* චිමිනිය chiminiya
chimpanzee *n.* චිම්පන්සි chim-panzee
chin *n.* නිකට nikata
china *n.* චීනය cheenaya
chip *n.* චිපය chipaya
chirp *v.* කුරුළු හඬ නගනවා kurulu handa nanganawa
chisel *n.* නියන niyana
chit *n.* තුණ්ඩුව thunduwa
chivalrous *adj.* කාරුණික kaarunika
chivalry *n.* කාරුණිකභාවය kaarunikabhaawaya
chlorine *n.* ක්ලෝරීන් chlorine
chloroform *n.* ක්ලෝරෝෆෝම් chloroform
chocolate *n.* චොකලට් chocolate
choice *n.* තෝරාගැනීම thoraaganeema
choir *n.* සමූහ ගායන කණ්ඩායම samooha gaayana kandaayama
choke *v.* හුස්ම හිර කරනවා husma hira karanawa
cholera *n.* කොළරාව kolaraawa
choose *v. t* නියම කරනවා niyama karanawa
chop *v.* කැබලි කරනවා kabali karanawa
chopper *n.* පිහිය pihiya
chopstick *n.* බත් කූර bath koora
choral *adj.* සමූහ ගායන samooha gaayana
chord *n.* නූල noola
chorus *n.* ගායක සමූහය gaayaka samoohaya
Christ *n.* ක්‍රිස්තු තුමා kristhu thuma
Christian *adj.* ක්‍රිස්තියානිකාරයා kristhiyaanikaaraya
Christianity *n.* ක්‍රිස්තියානි ආගම kristhiyaani aagama
Christmas *n.* නත්තල naththala
chrome *n.* ක්‍රෝම් chrome
chronic *adj.* නිදන්ගත nidangatha
chronicle *n.* පුරාවෘත්තය puraa-wurthaya
chronology *n.* කාල නිර්ණය kaala nirnaya
chronograph *n.* කාල රේඛය kaala rekaya
chuckle *v.* ප්‍රමුදිත සිනහව pramu-ditha sinahawa
chum *n.* ප්‍රිය මිතුරා priya mithura
chunk *n.* කුට්ටිය kuttiya
church *n.* පල්ලිය palliya
churchyard *n.* දේවස්ථානයේ මිදුල d ewasthaanaye midula

churn *v.* කලතනවා kalathanawa
chutney *n.* චට්නි chutney
cider *n.* ඇපල් සුරා apple sura
cigar *n.* සුරුට්ටුව suruttuwa
cigarette *n.* සිගරෙට්ටුව sigarettuwa
cinema *n* සිනමාව cinemaawa
cinnamon *n.* කුරුඳු kurundu
circle *n.* වෘතය wurthaya
circuit *n.* පරිපථය paripathaya
circular *adj.* වෘත්තාකාර wurthaa-kaara
circulate *v.* සංසරණය වෙනවා sansaranaya wenawa
circulation *n.* සංසරණය sansa-ranaya
circumcise *v.* සුන්නත් කරනවා sunnath karanawa
circumference *n.* පරිධිය paridhiya
circumscribe *v.* මායිම් කරනවා maaim karanawa
circumspect *adj.* සමීක්ෂාකාරී sameekshaakaaree
circumstance *n.* වාතාවරණය waathaawaranaya
circus *n.* සර්කස් කණ්ඩායම circus kandaayama
cist *n.* දද dada
cistern *n.* ජල භාජනය jala bhaajanaya
citadel *n.* බලකොටුව balakotuwa
cite *v.* හඳුන්වනවා handunwanawa
citizen *n.* පුරවැසියා purawasiya
citizenship *n.* පුරවැසිභාවය purawasibaawaya
citrus *n.* පැඟිරි pangiri
citric *adj.* ඇඹුල් රසැති ambul rasathi
city *n.* නගරය nagaraya
civic *adj.* ශිෂ්ට shishta
civics *n.* ප්‍රජාචාරය prajaachaaraya
civil *adj.* සිවිල් siwil
civilian *n.* සාමාන්‍ය ජනයා saamaa-nya janayaa
civilization *n.* ශිෂ්ටාචාරය shishtaa-chaaraya
civilize *v.* ශිෂ්ටාචාරයට පත් කරනවා shishtaachaarayata path karanawa
clad *adj.* ඇඳුමින් සැරසුණු andumin sarasunu
cladding *n.* ආවරණය aawaranaya
claim *v.* අයිතිය aithiya
claimant *n.* උරුමක්කාරයා urumak-kaarayaa
clammy *adj.* ඇලෙන alena
clamour *n.* උද්ඝෝෂණය udghoshanaya
clamp *n.* බන්ධනය bandhanaya
clan *n.* වංශය wanshaya
clandestine *adj.* ගුප්ත guptha
clap *v.* අත්පොළසන් දීම athpolasan deema
clarify *v.* පැහැදිලි කරනවා pahadili karanawa
clarification *n.* පැහැදිලි කිරීම pahadili kireema
clarion *adj.* හොරණෑව horanaawa
clarity *n.* පැහැදිලිකම pahadilikama
clash *v.* ඝට්ටනය ghattanaya
clasp *v.* බදාගන්නවා badaagannawa
class *n.* පංතිය panthiya
classic *adj.* සම්භාව්‍ය sambhaawya
classical *adj.* ශාස්ත්‍රීය shaas-threeya
classification *n.* වර්ගීකරණය wargeekaranaya
classify *v.* වර්ග කරනවා warga

karanawa
clause *n.* වාක්‍ය ඛණ්ඩය waakya kandaya
claustrophobia *n.* ආවෘතිභීතිකාව aawurthibheethikaawa
claw *n.* නිය niya
clay *n.* මැටි mati
clean *adj.* පිරිසිදු pirisidu
cleanliness *n.* පිරිසිදුකම pirisidu kama
cleanse *v.* පිරිසිදු කරනවා pirisidu karanawa
clear *adj.* පැහැදිලි pahadili
clearance *n.* නිෂ්කාෂණය nishkaashanaya
clearly *adv.* පැහැදිලිව pahadiliwa
cleave *v.* පැලෙනවා palenawa
cleft *n.* සිදුර sidura
clemency *n.* මොළොක් බව molok bawa
clement *adj.* මොළොක් molok
Clementine *n.* මෘදු මොළොක් තැනැත්තිය mrudu molok thanaththiya
clench *v.* අල්ලා ගන්නවා alla gannawa
clergy *n.* පූජ්‍ය පක්ෂය poojya pakshaya
cleric *n.* පැවිද්දා pawidda
clerical *adj.* පැවිදි pawidi
clerk *n.* ලිපිකරුවා lipikaruwa
clever *adj.* දක්ෂ daksha
click *n.* ටික් ගෑම tik gaama
client *n.* සේවාදායකයා sewaa-daayakayaa
cliff *n.* ප්‍රපාතය prapaathaya
climate *n.* කාලගුණය kaalagunaya
climax *n.* උච්චතම අවස්ථාව uchchathama awasthaawa
climb *v.i* නැගෙනවා nagenawa
clinch *v.* සවි කරනවා sawi karanawa
cling *v.* තදින් සවි වෙනවා thadin sawi wenawa
clinic *n.* සායනය saayanaya
clink *n.* සිහින් හඬ sihin handa
clip *n.* ගාංචුව gaanchuwa
cloak *n.* කබාය kabaaya
clock *n.* ඔරලෝසුව oralosuwa
cloister *n.* සක්මන sakmana
clone *n.* ක්ලෝනය clonaya
close *adj.* සමීප sameepa
closet *n.* රහස් ගබඩාව rahas gabadaawa
closure *n.* වසා තිබීම wasa thibeema
clot *n.* කැටිය katiya
cloth *n.* සළුව saluwa
clothe *v.* ඇඳුම් අඳිනවා andum andinawa
clothes *n.* වස්ත්‍ර wasthra
clothing *n.* ඇඳුම් andum
cloud *n.* වලාකුල walaakula
cloudy *adj.* වලාකුල් සහිත walaakul sahitha
clove *n.* කරාබු නැටි karambu nati
clown *n.* පඹයා pambayaa
cloying *adj.* අමිහිරි amihiri
club *n.* සමාජ ශාලාව samaaja shaalaawa
clue *n.* හෝඩුවාව hoduwaawa
clumsy *adj.* අවලස්සන awalassana
cluster *n.* සමූහය samoohaya
clutch *v. t.* දැඩිව අල්ලා ගන්නවා dadiwa alla gannawa
coach *n.* පුහුණුකරුවා puhunu-karuwa
coal *n.* ගල් අඟුරු gal anguru

coalition *n.* සංයෝගය sanyogaya
coarse *adj.* ගොරෝසු gorosu
coast *n.* වෙරළ werala
coaster *n.* වෙරළබඩ යාත්‍රාව weralabada yaathraawa
coat *n.* කබාය kabaaya
coating *n.* වැස්ම wasma
coax *v.* උපායෙන් පොළඹනවා upaayen polambanawaa
cobalt *n.* කොබෝල්ට් cobalt
cobble *n.* බොල ගල bola gala
cobbler *n.* සපතේරුවා sapatheruwa
cobra *n.* නාගයා naagaya
cobweb *n.* මකුළු දැල makulu dala
cocaine *n.* කොකේන් cocaine
cock *n.* කුකුළා kukulaa
cockade *n.* තොප්පිමල thoppimala
cockpit *n.* පොර කොටුව pora kotuwa
cockroach *n.* කැරපොත්තා karapoththa
cocktail *n.* මද්‍යසාර කිහිපයක් මිශ්‍ර කළ පානය madyasaara kihipayakin mishra kala paanaya
cocky *adj.* උඩඟු udangu
cocoa *n.* කොකෝවා cocoa
coconut *n.* පොල් pol
cocoon *n.* පට පණුවා pata panuwa
code *n.* කේතය kethaya
co-education *n.* මිශ්‍ර අධ්‍යාපනය mishra adhyaapanaya
coefficient *n.* සංගුණකය sangunakaya
coerce *v.* බලහත්කාරකම් කරනවා balahathkaarakam karanawa
coeval *adj.* සමකාලීන samakaa-leena
coexist *v.* සමකාලයෙහි පවතින samakaalayehi pawathina
coexistence *n.* සහපැවැත්ම sahapawathma
coffee *n.* කෝපි kopi
coffer *n.* මුදල් පෙට්ටිය mudal pettiya
coffin *n.* මිනී පෙට්ටිය minee pettiya
cog *n.* දැති රෝදය dathi rodaya
cogent *adj.* ප්‍රබල prabala
cogitate *v.* සිතනවා sithanawa
cognate *adj.* සම්බන්ධ sambanda
cognizance *n.* දැනගැනීම danaganeema
cohabit *v.* අඹුසැමියන් සේ ජීවත් වෙනවා ambusamiyanse jeewath wenawa
cohere *v.* ගැළපෙනවා galapenawa
coherent *adj.* ගැළපෙන galapena
cohesion *n.* ඇලීම aleema
cohesive *adj.* ඇලෙන alena
coil *n.* දඟරය dangaraya
coin *n.* කාසිය kaasiya
coinage *n.* මුදල් අච්චු ගැසීම mudal achchu gaseema
coincide *v.* සමපාත වෙනවා samapaatha wenawa
coincidence *n.* සමපාතය sama-paathaya
coir *n.* කොහු kohu
coke *n.* කෝක් අඟුරු coke anguru
cold *adj.* ශීතල sheethala
colic *n.* බඩේ කැක්කුම bade kak-kuma
collaborate *v.* සහයෝගයෙන් ක්‍රියා කරනවා sahayogayen kriya karanawa
collaboration *n.* සහයෝගීත්වය sahayogithwaya
collage *n.* කොලාජ් collage

collapse *v.* කඩා වැටීම kadaa wateema
collar *n.* කරපටිය karapatiya
collate *v.* සසඳනවා sasandanawa
collateral *n.* සමකාලීනයා sama-kaaleenaya
colleague *n.* සගයා sagaya
collect *v.* එකතු කරනවා ekathu karanawa
collection *n.* එකතුව ekathuwa
collective *adj.* මුළු mulu
collector *n.* එකතු කරන්නා ekathu karanna
college *n.* විදුහල widuhala
collide *v.* හැප්පෙනවා happenawa
colliery *n.* අඟුරු ආකරය anguru aakaraya
collision *n.* ඝට්ටනය gattanaya
colloquial *adj.* කතා ව්‍යවහාර kata wyawahaara
collusion *n.* කුමන්ත්‍රණය kumanthranaya
cologne *n.* සුවඳ පැන් suwanda pan
colon *n.* මහ බඩවැල maha badawala
colonel *n.* සේනාපති senapathi
colonial *adj.* ගණවාසී ganaawaasee
colony *n.* ගණවාසය ganawaasaya
colossal *adj.* සුවිශාල suwishaala
colossus *n.* මහා ප්‍රතිමාව mahaa prathimaawa
column *n.* තීරුව theeruwa
colour *n.* වර්ණය warnaya
colouring *n.* වර්ණ ගැන්වීම warna ganweem
colourless *n.* අවර්ණ aawarna
coma *n.* අධිමූර්ඡාව adhimurjaawa
comb *n.* පනාව panaawa
combat *n.* සටන satana
combatant *n* සටන් වදින්නා satan wadinna
combination *n.* සංයෝජනය sanyojanaya
combine *v.* සංයෝග වෙනවා sanyoga wenawa
combustible *adj.* දැවෙන dawena
combustion *n.* දහනය dahanaya
come *v.* පැමිණෙනවා paminenawa
comedian *n.* විකටයා wikataya
comedy *n* විකට නාටකය wikata natakaya
comet *n.* වල්ගා තරුව walgaa tharuwa
comfort *n.* සහනය sahanaya
comfort *v.* සනසනවා sanasanawa
comfortable *adj.* සැපපහසු sapapahasu
comic *adj.* හාස්‍යජනක haasyajanaka
comma *n.* කොමාව commawa
command *v.* විධානය widhaanaya
commandant *n.* අණ දෙන්නා ana denna
commander *n.* සේනාපති senapathi
commando *n.* කමාන්ඩෝ භටයා commando bataya
commemorate *v.* සිහිපත් කරනවා sihipath karanawa
commemoration *n.* අනුස්මරණය anusmaranaya
commence *v.* අරඹනවා arambanawaa
commencement *n.* ඇරඹීම arambeema
commend *v.* වර්ණනා කරනවා

warnana karanawa
commendable *adj.* ප්‍රශංසනීය prashansaneeya
commendation *n.* ප්‍රශංසාව prashansaawa
comment *n.* ප්‍රකාශය prakaashaya
commentary *n.* විස්තර ප්‍රකාශය wisthara prakaashaya
commentator *n.* විස්තර විචාරක wisthara wichaaraka
commerce *n.* වාණිජ්‍යය waanijya
commercial *adj.* වාණිජ waanija
commiserate *v.* අනුකම්පා කරනවා anukampaa karanawa
commission *n.* කොමිසම komisama
commissioner *n.* කොමසාරිස් komasaaris
commissure *n.* යෝනිය yoniya
commit *v.* සිදු කරනවා sidu karanawa
commitment *n.* කැපවීම kappa-weema
committee *n.* කමිටුව kamituwa
commode *n.* වැසිකිළි පෙට්ටිය wasikili pettiya
commodity *n.* වෙළෙඳ භාණ්ඩය welanda bhaandaya
common *adj.* සාමාන්‍ය saamanya
commoner *n.* සාමාන්‍ය වැසියා saamanya wasiya
commonplace *adj.* කවුරුත් දන්නා kauruth danna
commonwealth *n.* පොදු රාජ්‍ය මණ්ඩල podu raajya mandala
commotion *n.* කෝලාහලය kolahaala
communal *adj.* ප්‍රජා praja
commune *n.* ජන සමූහය jana samoohaya
communicable *adj.* දැනුම් දිය හැකි danum diya haki
communicant *n.* නිවේදකයා niwedakayaa
communicate *v.* දැනුම් දෙනවා danum denawaa
communication *n.* සන්නිවේදනය sanniwedanaya
communion *n.* සහභාගිත්වය sahabhaagithwaya
communism *n.* කොමියුනිස්ට් වාදය comiyunist waadaya
community *n.* සමාජය samaajaya
commute *v.* මාරු කරනවා maaru karanawa
compact *adj.* සංක්ෂිප්ත sankshiptha
companion *n.* සහායකයා sahaayakaya
company *n.* සමාගම samaagama
comparative *adj.* සංසන්දනාත්මක sansandanaathmaka
compare *v.* සසඳනවා sasandanawa
comparison *n.* සැසඳීම sasan-deema
compartment *n.* කාමරය kaama-raya
compass *n.* මාලිමාව maalimaawa
compassion *n.* අනුකම්පාව anukampaawa
compatible *adj.* එකඟ ekanga
compatriot *n.* ස්වදේශිකයා swadeshikayaa
compel *v.* බල කරනවා bala karanawa
compendious *adj.* සාරගර්භ saaragarbha
compendium *n.* සංග්‍රහය sangrahaya
compensate *v.* වන්දි ගෙවනවා

wandi gewanawa
compensation *n.* වන්දි ගෙවීම wandi geweema
compere *n.* මෙහෙයවන්නා mehey-awanna
compete *v.* තරඟ කරනවා tharanga karanawa
competence *n.* නිපුණත්වය nipu-nathwaya
competent *adj.* සමර්ථ samartha
competition *n.* තරඟය tharangaya
competitive *adj.* තරඟකාරී tharangakaaree
competitor *n.* තරඟකරුවා tharangakaruwaa
compile *v.* සංග්‍රහ කරනවා sangraha karanawa
complacent *adj.* තෘප්තිමත් thrupthimath
complain *v.* පැමිණිලි කරනවා paminili karanawa
complaint *n.* පැමිණිල්ල paminilla
complaisant *adj.* ආචාරශීලී aachaarasheeli
complement *n.* අනුපූරකය anupoorakaya
complementary *adj.* අනුපූරක anupooraka
complete *adj.* සම්පූර්ණ sampoorna
completion *n.* සම්පූර්ණ කිරීම sampoorna kireema
complex *adj.* සංකීර්ණ sankeerna
complexity *n.* සංකීර්ණතාව sankeernathaawa
complexion *n.* පැහැය pahaya
compliance *n.* යටත් වීම yatath weema
compliant *adj.* එකඟ ekanga
complicate *v.* අවුල් කරනවා awul karanawa
complication *n.* ආකූලත්වය aakoolathwaya
complicit *adj.* ව්‍යාකූල wyaakoola
complicity *n.* පාප සහායතාව paapa sahaayathaawa
compliment *n.* වර්ණනාව warna-naawa
compliment *v.* *i* ප්‍රශංසා කරනවා prashansaa karanawa
comply *v.* එකඟ වෙනවා ekanga wenawa
component *n.* අඩංගු දේ adangu de
comport *v.* සුදුසු වෙනවා sudusu wenawa
compose *v.* රචනා කරනවා rachana karanawa
composer *n.* රචකයා rachakaya
composite *adj.* සංයුක්ත sanyuktha
composition *n.* සංයුතිය sanyuthiya
compositor *n.* අකුරු අමුණන්නා akuru amunanna
compost *n.* කොම්පෝස්ට් පොහොර compost pohora
composure *n.* සන්සුන් බව sansun bawa
compound *n.* සංයෝගය sanyogaya
comprehend *v.* වටහා ගන්නවා watahaa gannawa
comprehensible *adj.* වැටහෙන watahena
comprehension *n.* අවබෝධය awabodhaya
comprehensive *adj.* ව්‍යාප්ත wyaaptha
compress *v.* තෙරපනවා therapanawaa
compression *n.* සම්පීඩනය sampeedanaya

comprise *v.* අයත් වෙනවා ayath wenawa

compromise *n.* සමගි සම්මුතිය samagi sammuthiya

compulsion *n.* බල කිරීම bala kireema

compulsive *adj.* අනිවාර්ය aniwaarya

compulsory *adj.* පසුතැවිල්ල pasuthawilla

compunction *n.* සිත් තැවුල sith thaula

computation *n.* සංඛ්‍යානය sankyaanaya

compute *v.* ගණනය කරනවා gananaya karanawa

computer *n.* පරිගණකය pariga-nakaya

computerize *v.* පරිගණක ගත කරනවා pariganakagatha karanawa

comrade *n.* සහෝදරයා sahodaraya

concatenation *n.* සංතානය san-thaanaya

concave *adj.* අවතල awathala

conceal *v.* සඟවනවා sanga-wanawaa

concede *v.* පිළිගන්නවා piligannawaa

conceit *n.* මානය maanaya

conceivable *adj.* සිතිය හැකි sithiya haki

conceive *v. t* සිත ගන්නවා sitha gannawa

concentrate *v.* එකඟ කරනවා ekanga karanawa

concentration *n.* සාන්ද්‍රණය saandranaya

concept *n.* සංකල්පය sankalpa

conception *n.* සංකල්පනාව sankalpanaawa

concern *v.* සිතනවා sithanawa

concerning *prep.* සම්බන්ධව sambandhawa

concert *n.* විවිධ ප්‍රසංගය wiwida prasangaya

concerted *adj.* සම්මතයෙන් කරන ලද sammathayen karana lada

concession *n.* සහනය sahanaya

conch *n.* හක් ගෙඩිය hak gediya

conciliate *v.* සමගි කරනවා samagi karanawa

concise *adj.* කෙටි keti

conclude *n.* තීරණය කරනවා theeranaya karanawa

conclusion *n.* නිගමනය nigamanaya

conclusive *adj.* තීරණාත්මක theeranaathmaka

concoct *v.* මිශ්‍ර කරනවා mishra karanawa

concoction *n.* මිශ්‍රණය mishranaya

concomitant *adj.* අනුබද්ධ anubadda

concord *n.* සමගිය samagiya

concordance *n.* එකඟ බව ekanga bawa

concourse *n.* සංගමය sangamaya

concrete *n.* කොන්ක්‍රීට් concrete

concubine *n.* අවිවාහක භාර්යාව awiwaahaka bhaaryaawa

concur *v.* සංගමනය වෙනවා sangamanaya wenawa

concurrent *adj.* සමකාලීන sama-kaaleena

concussion *n.* සංඝට්ටනය sangattanaya

condemn *v.* පරිභව කරනවා

paribhawa karanawa

condemnation *n.* දොස් කීම dos keema

condense *v.* ඝන වෙනවා gana wenawa

condescend *v.* අවමානයට පත් වෙනවා awamaanayata path wenawa

condiment *n.* කුළුබඩු kulu badu

condition *n.* කොන්දේසිය kondesiya

conditional *adj.* කොන්දේසිගත kondesigatha

conditioner *n.* සකසනය sakasanaya

condole *v.* ශෝකය ප්‍රකාශ කරනවා shokaya prakaasha karanawa

condolence *n.* ශෝක ප්‍රකාශය shoka prakaashaya

condom *n.* උපත් පාලන කොපු upath paalana kopu

condominium *n.* සහාධිපත්‍යය sahaadhipathya

condone *v.* සමාව දෙනවා samaawa denawa

conduct *n.* පැවැත්ම pawathma

conduct *v.* හසුරුවනවා hasuruwanawa

conductor *n.* කොන්දොස්තර kondosthara

cone *n.* කේතුව kethuwa

confection *n.* රසකැවිලි rasakawili

confectioner *n.* රසකැවිලිකරු rasakawilikaru

confectionery *n.* රසකැවිලි වෙළෙන්දා rasakawili welenda

confederate *adj.* සංයුක්ත sanyuktha

confederation *n.* සන්ධානය sandhaanaya

confer *v.* පවරනවා pawaranawa

conference *n.* සංවාදය sanwaadaya

confess *v.* පාපොච්චාරණය කරනවා paapochchaaranaya karanawa

confession *n.* පාපොච්චාරණය paapochchaaranaya

confidant *n.* හිතවතා hithawatha

confide *v.* විශ්වාස කරනවා wishwaasa karanawa

confidence *n.* විශ්වාසය wishwaasaya

confident *adj.* විශ්වාසී wishwaasee

confidential *adj.* රහස්‍ය rahasya

configuration *n.* වින්‍යාසය winyaasaya

confine *v.* සිරගයෙ sirageya

confinement *n.* සිර කර තැබීම sira kara thabeema

confirm *v.* තහවුරු කරනවා thahawuru karanawa

confirmation *n.* තහවුරු කිරීම thahawuru kireema

confiscate *v.* අහිමි කරනවා ahimi karanawa

confiscation *n.* අහිමි කිරීම ahimi kireema

conflate *v.* ඒකබද්ධ කරනවා ekabadda karanawa

conflict *n.* අරගලය aragalaya

confluence *n.* සංගමය sangamaya

confluent *adj.* එකතු වන ekathu wana

conform *v.* පිළිපදිනවා pilipadinawa

conformity *n.* සමානකම samaanakama

confront *v.* ඉදිරිපත් වෙනවා idiripath wenawa

confrontation *n.* මුණගැසීම munagasweema

confuse *v.* අවුල් කරනවා awul

karanawa

confusion *n.* අවුල awula

confute *v.* නිෂ්ප්‍රභ කරනවා nish-prabha karanawa

congenial *adj.* යෝග්‍ය yogya

congenital *adj.* සහජ sahaja

congested *adj.* ජනාකීර්ණ janaakeerna

congestion *n.* අවහිරය awahiraya

conglomerate *n.* කැටි කරනවා kati karanawa

conglomeration *n.* රාශිය raashiya

congratulate *v.* සතුට පළ කරනවා sathuta pala karanawaa

congratulation *n.* සතුට පළ කිරීම sathuta pala kireema

congregate *v.* රැස් වෙනවා ras wenawa

congress *n.* සම්මේලනය same-lanaya

congruent *adj.* අංගසම angasama

conical *adj.* කේතු හැඩැති kethu hadathi

conjecture *n. &v.* අඩමානය adamaanaya

conjugal *v.t. & i.* විවාහය පිළිබඳ වූ wiwaahaya pilibanda wu

conjugate *v.* අනුබද්ධ anubadda

conjunct *adj.* සංයුක්ත sanyuktha

conjunction *n.* සන්ධිය sandhiya

conjunctivitis *n.* සංසන්ධිත ප්‍රදාහය sansandhitha pradaahaya

conjuncture *n.* සම්බන්ධවීම sambanda weema

conjure *v.* විජ්ජා පෙන්වීම wijja penweema

conker *n.* පළතුරු වර්ගයක් palathuru wargayak

connect *v.* යා කරනවා yaa karanawa

connection *n.* සබඳතාව samba-dathaawa

connive *v.* අඟවනවා angawanawa

conquer *v.* ජය ගන්නවා jaya gannawa

conquest *n.* දිනුම dinuma

conscience *n.* හෘද සාක්ෂිය harda saakshiya

conscious *adj.* දැනුවත් danuwath

consecrate *v.* කැප කරනවා kapa karanawa

consecutive *adj.* අනුගාමී anugaa-mee

consecutively *adv.* අනුක්‍රමයෙන් anukramayen

consensus *n.* පොදු එකඟත්වය podu ekangathaawaya

consent *n.* අනුමතය anumathaya

consent *v.t.* කැමති වෙනවා kamathi wenawa

consequence *n.* ප්‍රතිඵලය prathi-palaya

consequent *adj.* අනුගාමී anugaa-mee

conservation *n.* සංරක්ෂණය sanrakshanaya

conservative *adj.* සංස්ථිතික sans-thika

conservatory *n.* සංරක්ෂණාගාරය sanrakshanaagaaraya

conserve *v. t* සංරක්ෂණය කරනවා sanrakshanaya karanawa

consider *v.* සලකා බලනවා salakaa balanawa

considerable *adj.* ප්‍රමාණවත් pramaanawath

considerate *adj.* කාරුණික kaa-runika

consideration *n.* සැලකිල්ල salakilla

considering *prep.* ගැන gana

consign *v.* වෙන් කරනවා wen karanawa

consignment *n.* බාර කිරීම baara kireema

consist *v.* සමන්විත වෙනවා samanwitha wenawaa

consistency *n.* ස්ථිරභාවය sthirabhawaya

consistent *adj.* අනුරූප anuroopa

consolation *n.* අස්වැසීම aswa-seema

console *v. t.* සැනහෙනවා sana-henawa

consolidate *v.* තහවුරු කරනවා thahawuru karanawa

consolidation *n.* ඒකබද්ධ කරනවා ekabadda karanawa

consonant *n.* ව්‍යංජනාක්ෂරය wyanjanaaksharaya

consort *n.* වල්ලභ ස්ත්‍රිය wallabha sthriya

consortium *n.* සහවාසය saha-waasaya

conspicuous *adj.* විශිෂ්ට wishishta

conspiracy *n.* කුමන්ත්‍රණය kuman-thranaya

conspirator *n.* කුමන්ත්‍රණකාරයා kumanthranakaaraya

conspire *v.* කුමන්ත්‍රණ කරනවා kumanthrana karanawa

constable *n.* කොස්තාපල් kos-thaapal

constabulary *n.* පොලිස්බට පිරිස polisbhata pirisa

constant *adj.* අචල achala

constellation *n.* තාරකා මණ්ඩලය thaarakaa mandalaya

consternation *n.* සංත්‍රාසය santhraasaya

constipation *n.* මලබද්ධය malabaddaya

constituency *n.* ඡන්ද දායකයා chanda daayakayaa

constituent *adj.* ඡන්ද දායක chanda daayaka

constitute *v.* පිහිටුවනවා pihiyu-wanawaa

constitution *n.* ව්‍යවස්ථාව way-wasthaawa

constitutional *adj.* ව්‍යවස්ථාමය wyawasthaamaya

constrain *v.* බල කරනවා bala karanawa

constraint *n.* නිරෝධය nirodhaya

constrict *v.* අවහිර කරනවා awahira karanawa

construct *v.* ගොඩනගනවා godana-ganawa

construction *n.* ගොඩනැගීම goda-nageema

constructive *adj.* වැඩදායක wada-daayaka

construe *v.* වටහා ගන්නවා watahaa gannawa

consul *n.* තානාපති thaanaapathi

consular *n.* තානාපති පිළිබඳ thaanaapathi pilibanda

consulate *n.* තානාපති මන්දිරය thaanaapathi mandiraya

consult *v.* අදහස් විමසනවා adahas wimasanawa

consultant *n.* උපදේශක upade-shaka

consultation *n.* තොරතුරු විමසනවා thorathuru wimasanawa

consume *v.* පරිභෝජනයට ගන්නවා

paribhojanayata gannawa
consumer *n.* පරිභෝජකයා paribhojakaya
consummate *v.* පරිපූර්ණ කරනවා paripoorna karanawa
consumption *n.* පරිභෝජනය paribhojanaya
contact *n.* ස්පර්ශය sparshaya
contagion *n.* වසංගතය wasangathaya
contagious *adj.* ස්පර්ශයෙන් බෝවෙන sparshayen bowena
contain *v.t.* අඩංගුව තිබෙනවා adanguwa thibenawa
container *n.* භාජනය bhaajanaya
containment *n.* ඉසිලීම isileema
contaminate *v.* කෙලෙසෙනවා kelasanawa
contemplate *v.* අදහස් කරනවා adahas karanawa
contemplation *n.* ඒකාග්‍රතාව ekagrathaawa
contemporary *adj.* සමකාලීන samakaaleena
contempt *n.* අවමානය awamaanaya
contemptuous *adj.* අවමාන awamaana
contend *v.* තරඟ කරනවා tharanga karanawa
content *adj.* සෑහීමට පත්වූ saaheemata pathwu
content *n.* අන්තර්ගතය anthargathaya
contention *n.* දබරය dabaraya
contentment *n.* තෘප්තිය thrupthiya
contentious *adj.* කලහකාරී kalahakaaree
contest *n.* තරඟය tharangaya
contestant *n.* තරඟකරු tharangakaru
context *n.* සන්දර්භය sandarbhaya
contiguous *adj.* සමීප sameepa
continent *n.* මහාද්වීපය mahaadweepaya
continental *adj.* මහාද්වීපික mahaadweepika
contingency *n.* හදිසිය hadisiya
continual *adj.* අඛණ්ඩ akanda
continuation *n.* කරගෙනයාම karagenayaama
continue *v.* කරගෙන යනවා karagena yanawa
continuity *n.* සන්තානය santhaanaya
continuous *adj.* අඛණ්ඩ akanda
contort *v.* ඇද ගන්නවා ada gannawa
contour *n.* සමොච්ච samochcha
contra *prep.* විරුද්ධ wirudda
contraband *n.* තහනම් බඩු thahanam badu
contraception *n.* ගැබ්ගැනීම වැළැක්වීම gabganeema walakweema
contraceptive *n.* ගර්භනාශක garbanaashaka
contract *n.* කොන්ත්‍රාත්තුව conthraaththuwa
contract *n* කොන්ත්‍රාත්තුව conthraaththuwa
contractual *adj.* ගිවිසුම පිළිබඳ giwisuma pilibanda
contractor *n.* කොන්ත්‍රාත්කරු conthraathkaru
contraction *n.* සංකෝචනය sankochanaya
contradict *v.* විරුද්ධව කියනවා wiruddawa kiyanawa

contradiction *n.* විසංවාදය wisanwaadaya

contrary *adj.* පටහැනි patahani

contrast *n.* ප්‍රතිවිරෝධය prathi-rodaya

contravene *v.* උල්ලංඝනය කරනවා ullanganaya karanawa

contribute *v.* දායක වෙනවා daayaka wenawa

contribution *n.* දායකත්වය daayakathwaya

contrivance *n.* උපක්‍රමය upakra-maya

contrive *v.* උපක්‍රම යොදනවා upakrama yodanawa

control *n.* පාලනය paalanaya

controller *n.* පාලකය paalakaya

controversial *adj.* විවාදාත්මක wiwaadaathmaka

controversy *n.* විවාදය wiwaadaya

contusion *n.* තැළීම thalma

conundrum *v. t* ප්‍රහේලිකාව prahelikaawa

conurbation *n.* නාගරික naagarika

convene *v.* කැඳවනවා kandawanawaa

convenience *n.* පහසුව pahasuwa

convenient *adj.* පහසු pahasu

convent *n.* කන්‍යාරාමය kanyaa-raamaya

convention *n.* සම්මුතිය sammuthiya

converge *v.* අභිසාරී වෙනවා abheesaaree wenawa

conversant *adj.* හුරු huru

conversation *n.* සංවාදය sanwaadaya

converse *v.* විලෝමය wilomaya

conversion *n.* හැරවීම haraweema

convert *n.* පරිවර්තනය pariwarthanaya

convert *v.* හරවනවා harawanawa

convey *v.* පවරා දෙනවා pawaraa denawaa

conveyance *n.* පාවා දීම paawaa deema

convict *n.* වරදකරු waradakaru

convict *v.* වරදකරු කරනවා waradakaru karanawa

conviction *n.* වරදකරු වීම wara-dakaru weema

convince *v.* ඒත්තු ගන්නවා eththu gannanawa

convivial *adj.* සමාජශීලි samaa-jasheelee

convocation *n.* උපාධි ප්‍රදානෝත්සවය upaadi pradaanothsawaya

convoy *n.* රැකවරණ සලසනවා rakawaranaya salasanawaa

convulse *n.* ගැහෙනවා gahenawa

convulsion *n.* කම්පනය kampanaya

cook *n.* කෝකියා kokiya

cook *v.* උයනවා uayanawa

cooker *n.* උඳුන unduna

cookie *n.* කුඩා විස්කෝතු kuda wiskothu

cool *adj.* සිසිල් sisil

coolant *n.* සිසිල් කාරකය sisil kaarakaya

cooler *n.* ශීතකය sheethakaya

cooper *n.* පීප්ප සාදන්නා peeppa saadanna

cooperate *v.* සහයෝගයෙන් වැඩ කරනවා sahayogayen wada karanawaa

cooperation *n.* සහයෝගය

sahayogaya

cooperative *adj.* සහයෝගී sahayogi

coordinate *v. t* සකස් කරනවා sakas karanawa

coordination *n.* සමායෝජනය samaayojanaya

cope *v.* දක්ෂ ලෙස මෙහෙයවනවා daksha lesa meheyawanawaa

copier *n.* පිටපත් කරන්න pitapath karanna

copious *adj.* විපුල wipula

copper *n.* තඹ thamba

copulate *v.* ආඳිනවා aandinawaa

copy *n.* පිටපත pitapatha

copy *v.* පිටපත් කරනවා pitapath karanawaa

coral *n.* හිරිගල hirigala

cord *n.* ලනුව lanuwa

cordial *adj.* සුහද suhada

cordon *n.* මුර වළල්ල mura walalla

core *n.* මධ්‍යය madyaya

coriander *n.* කොත්තමල්ලි koththamalli

cork *n.* කිරල ඇබය kirala abaya

corn *n.* ඉරිඟු iringu

cornea *n.* කනීනිකාව kaninikaawa

corner *n.* කොණ kona

cornet *n.* ගොටුව gotuwa

coronation *n.* ඔටුනු පැළඳීම otunu palandeema

coroner *n.* හදිසි මරණ පරීක්ෂක hadisi marana pareekshaka

coronet *n.* කුඩා ඔටුන්න kuda otunna

corporal *n.* කෝප්‍රල් corporal

corporate *adj.* එක්සත් eksath

corporation *n.* සංස්ථාව sansthaawa

corps *n.* බලකාය balakaaya

corpse *n.* මළ සිරුර mala sirura

corpulent *adj.* ස්ථූල sthula

correct *adj.* නිවැරදි niwaradi

correct *v.* නිදොස් කරනවා nidos karanawa

correction *n.* නිදොස් කිරීම nidos kireema

corrective *adj.* ශෝධක shodhaka

correlate *v.* සම්බන්ධ වෙනවා sambanda wenawaa

correlation *n.* සම්බන්ධතාව sambandathaawa

correspond *v.* යෝග්‍ය වෙනවා yogya wenawaa

correspondence *n.* අනුරූපතාව anuroopathaawa

correspondent *n.* ලියුම්කරු liyumkaru

corridor *n.* බරාඳය baraandaya

corroborate *v.* සනාථ කරනවා sanaatha karanawaa

corrode *v.* මල බැඳෙනවා mala bandenawaa

corrosion *n.* ක්ෂය වීම kshaya weema

corrosive *adj.* විඛාදක wikaadaka

corrugated *adj.* රැලි දැමූ rali damu

corrupt *adj.* දූෂිත dooshitha

corrupt *n.* වංක wanka

corruption *n.* නරක් වීම narak weema

cortisone *n.* කෝටිසෝන් cortisone

cosmetic *adj.* බාහිර baahira

cosmetic *n.* විලවුන් wilawun

cosmic *adj.* විශ්ව wishwa

cosmology *n.* විශ්ව විද්‍යාව wishwa widyaawa

cosmopolitan *adj.* සාර්වභෞම

saarwabhauma
cosmos *n.* විශ්වය wishwaya
cost *v.* ගාස්තුව gaasthuwa
costly *adj.* මිල අධික mila adhika
costume *n.* ඇඳුම් andum
cosy *adj.* සුවපහසු suwapahasu
cot *n.* තොටිල්ල thotilla
cottage *n.* කුඩා ගෙය kuda geya
cotton *n.* කපු kapu
couch *n.* කවිච්චිය kawichchiya
couchette *n.* දුම්රිය මැදිරි ඇඳ dumriya madiri anda
cough *v.* කහිනවා kahinawa
council *n.* මණ්ඩලය mandalaya
councillor *n.* මන්ත්‍රීවරයා manthreewarayaa
counsel *n.* උපදේශය upadeshaya
counsel *v.* උපදෙස් දෙනවා upades denawa
counsellor *n.* උපදේශක upadeshaka
count *v.* ගණන් කරනවා ganan karanawa
countenance *n.* මුහුණුවර muhunuwara
counter *n.* කවුන්ටරය kauntaraya
counter *v.t.* විරුද්ධව ක්‍රියා කරනවා wiruddawa kreeda karanawa
counteract *v.* බාධා කරනවා baadha karanawa
counterfeit *adj.* ව්‍යාජ wyaja
counterfoil *n.* උපපත්‍රිකාව upapathrikaawa
countermand *v.* ප්‍රතිනියෝග කරනවා prathiniyoga karanawa
counterpart *n.* ප්‍රතිමූර්තිය prathimoorthiya
countless *adj.* අසංඛ්‍ය asankaya
country *n.* රට rata
county *n.* ජනපදය janapadaya
coup *n.* හිදිසි ව්‍යාපාරය hadisi wyaapaaraya
coupe *n.* එක් පැත්තක පමණක් ආසන ඇති දුම්රිය මැදිරිය ek paththaka panak aasana athi dumriya madiriya
couple *n.* යුවල yuwala
couplet *n.* කවි දෙපදය kawi depadaya
coupon *n.* කූපනය koopanaya
courage *n.* නිර්භීතකම nirbheethakama
courageous *adj.* වීර weera
courier *n.* පණිවිඩකාරයා paniwidakaarayaa
course *n.* පාඨමාලාව paatamaalaawa
court *n.* උසාවිය usaawiya
courteous *adj.* ආචාරශීලී aachaarasheelee
courtesan *n.* ගණිකාව ganikaawa
courtesy *n.* ගුණවත්කම gunawathkama
courtier *n.* රාජසේවකයා raajasewakayaa
courtly *adj.* සභ්‍ය sabhya
courtship *n.* ආරාධනාව aaraadhanaawa
courtyard *n.* අංගනය anganaya
cousin *n.* ඥාති සහෝදරයා gnaathi sahodarayaa
cove *n.* හාදයා haadaya
covenant *n.* ගිවිසුම givisuma
cover *n.* වැස්ම wasma
cover *v.* වසනවා wasanawa
covert *adj.* ගුප්ත guptha

covet *v.* ආශා කරනවා aashaa karanawa
cow *n.* හරකා harakaa
coward *n.* බයගුල්ලා bayagulla
cowardice *n.* බියසුළුකම biyasulukama
cower *v.* භයෙන් ඇකිළෙනවා bhayen akilenawaa
coy *adj.* ලජ්ජා සහිත lajja sahitha
cozy *adj.* සුහදශීලි suhadasheeli
crab *n.* කක්කුට්ටා kakkutta
crack *n.* ඉරි තැලීම iri thaleema
crack *v.* ඉරි තළනවා iri thalanawa
cracker *n.* රතිඤ්ඤය rathignaya
crackle *v.* පටපට ගානවා patapata gaanawaa
cradle *n.* තොටිල්ල thotilla
craft *n.* යානාව yaanaawa
craftsman *n.* කර්මාන්තකරුවා karmaanthakaruwa
crafty *adj.* දක්ෂ daksha
cram *v.* කට පාඩම් කරනවා kata paadam karanawa
cramp *n.* කෙණ්ඩා පෙරළීම kenda peraleema
crane *n.* කොකා koka
crinkle *v.* රැළි ගසනවා rali gasanawa
crash *v.* කඩා වැටෙනවා kadaa watenawa
crass *adj.* සම්පූර්ණ sampoorna
crate *n.* ලෑලි පටි පෙට්ටිය laali pati pettiya
cravat *n.* දාසිය daasiya
crave *v. t* ප්‍රාර්ථනා කරනවා praarthanaa karanawaa
craven *adj.* බියගුල්ලා biyagulla
crawl *v.* බඩගෑම badagaama
crayon *n.* පාට හුණුකූර paata hunukooru
craze *n.* උන්මාදය unmaadaya
crazy *adj.* උමතු umathu
creak *n.* කිරි කිරි හඬ kiri kiri handa
creak *v.* කිරි කිරි ගානවා kiri kiri gaanawa
cream *n.* සාරය saaraya
crease *n.* නැම්ම namma
create *v.* තනනවා thananawa
creation *n.* නිර්මාණය nirmaanaya
creative *adj.* මවන mawana
creator *n.* මවන්නා mawanna
creature *n.* සත්වයා sathwayaa
crèche *n.* දාරකාගාරය daarakaagaaraya
credentials *n.* සාක්ෂි පත්‍ර saakshi pathra
credible *adj.* ඇදහිය යුතු adahiya yuthu
credit *n.* කීර්තිය keerthiya
creditable *adj.* ප්‍රශංසනීය prashansaneeya
creditor *n.* ණයහිමියා nayahimiya
credulity *adv.* ඉක්මන් විශ්වාසය ikman wishwaasaya
creed *n.* ඇදහිල්ල adahilla
creek *n.* කුඩා ගඟ kuda ganga
creep *v.* රිංගා යෑම ringaa yaama
creeper *n.* ලතාව lathaawa
cremate *v.* ආදාහනය කරනවා aadahanaya karanawa
cremation *n.* ආදාහනය aadahanaya
crematorium *n.* ආදාහනාගාරය aadaanaagaaraya
crescent *n.* අඩසඳ adasanda
crest *n.* මුදුන muduna
crew *n.* සමූහය samoohaya
crib *n.* ගව පට්ටිය gawa pattiya

cricket *n.* තණකොළපෙත්තා thana-kolapeththa
crime *n.* අපරාධය aparaadya
criminal *n.* අපරාධකරුවා aparaad-hakaruwa
criminology *n.* අපරාධවේදය apa-raadhawedaya
crimson *n.* තද රතු thada rathu
cringe *v.* හැකිළෙනවා hakilenawa
cripple *n.* අබ්බගාතයා abbagaa-thayaa
crisis *n.* අර්බුදය arbudaya
crisp *adj.* කර කර ගාන kara kara gaana
criterion *n.* මිනුම් දණ්ඩ minum danda
critic *n.* විවේචකයා wiwechakayaa
critical *adj.* අවදානම් awadaanam
criticism *n.* විවේචනය wiwechanaya
criticize *v.* විවේචනය කරනවා wiwe-chanaya karanawa
critique *n.* පරීක්ෂාව parikshaawa
croak *n.* රළු හඬ ralu handa
crochet *n.* ගෙතුම gethuma
crockery *n.* මැටි බඳුන් mati bandun
crocodile *n.* කිඹුලා kimbula
croissant *n.* කිඹුලා බනිස් kimbula banis
crook *n.* හෙණ්ඩුව henduwa
crooked *adj.* වංක wanka
crop *n.* වගාව wagaawa
cross *n.* කුරුසය kurusaya
crossing *n.* මාරු වන තැන maaru wana thana
crotchet *n.* හිතුබුද්ධිය hithubuddiya
crouch *v.* වකුටු වෙනවා wakutu wenawaa
crow *n.* කපුටා kaputaa
crowd *n.* සෙනඟ senanga
crown *n.* ඔටුන්න otunna
crown *v.* ඔටුනු පළන්දනවා otunu palandanawa
crucial *adj.* තීරණාත්මක theera-naathmaka
crude *adj.* දළ dala
cruel *adj.* කෲර kroora
cruelty *adv.* කෲරත්වය kroorath-waya
cruise *v.* එහා මෙහා යාත්‍රා කිරීම eha meha yaathraa kireema
cruiser *n.* විශාල යුධ නැව wishaala yuda nawa
crumb *n.* පොඩි කැබැල්ල podi kabella
crumble *v.* ගරා වැටෙනවා garaa watenawa
crumple *v.* කඩා වැටෙනවා kadaa watenawa
crunch *v.* හපනවා hapanawaa
crusade *n.* කුරුස යුද්ධය kurusa yuddaya
crush *v.* පොඩි කරනවා podi kara-nawa
crust *n.* පොත්ත poththa
crutch *n.* කිහිලි කරුව kihili karuwa
crux *n.* ගැටලුව gataluwa
cry *n.* ඇඬීම andeema
cry *v.* අඬනවා andanawaa
crypt *n.* ලෙන lena
crystal *n.* ස්ඵටිකය spatikaya
cub *n.* පැටවා patawaa
cube *n.* ඝනකය ganakaya
cubical *adj.* ඝන gana
cubicle *n.* කුටිය kutiya
cuckold *n.* පතිවත නොරකින ස්ත්‍රියගේ ස්වාමියා pathiwatha

norakina sthriyage swaamiya

cuckoo *n.* කොවුලා kowla

cucumber *n.* පිපිඤ්ඤා pipingna

cuddle *v.* බදා ගන්නවා badaa gannawa

cuddly *adj.* ඉතා සුරතල් itha surathal

cudgel *n.* මුගුර mugura

cue *n.* බිලියඩ් ගසන රිට billiard gasana rita

cuff *n.* බොරිච්චිය borichchiya

cuisine *n.* මුළුතැන්ගෙය muluthangeya

culinary *adj.* ඉවීම පිළිබඳ iweem pilibanda

culminate *v.* මුදුන්පත් වෙනවා mudunpath wenawaa

culpable *adj.* සදොස් sados

culprit *n.* වරදකාරයා waradakaaraya

cult *n.* ඇදහීම adaheema

cultivate *v.* වගා කරනවා wagaa karanawa

cultural *adj.* සංස්කෘතික sanskruthika

culture *n.* සංස්කෘතිය sanskruthiya

cumbersome *adj.* අපහසු apahasu

cumin *n.* දුරු duru

cumulative *adj.* සාමූහික saamoohika

cunning *adj.* කපටි kapati

cup *n.* කෝප්පය koppaya

cupboard *n.* බිත්ති රාක්කය biththi raakkaya

cupidity *n.* මුදල් තෘෂ්ණාව mudal thrushnaawa

curable *adj.* සුව කළ හැකි suwa kala haki

curative *adj.* ප්‍රතිකාරක prathikaaraka

curator *n.* ආරක්ෂකයා aarakshakaya

curb *v. t* මැඩලනවා madalanawaa

curd *n.* මී කිරි mee kiri

cure *v. t.* සුවකරනවා suwa karanawaa

curfew *n.* ඇඳිරි නීතිය andiri neethiya

curiosity *n.* කුතුහලය kuthuhalaya

curious *adj.* කුතුහලය දනවන kuthuhalaya danawana

curl *v.* රැළි සාදනවා rali saadanawa

currant *n.* වියළි මිදි wiyali midi

currency *n.* ව්‍යවහාර මුදල් wyawahaara mudal

current *adj.* වලංගු walangu

current *n.* ධාරාව dhaaraawa

curriculum *n.* විෂය මාලාව wishaya maalaawa

curry *n.* ව්‍යංජනය wyanjanaya

curse *n.* ශාපය saapaya

cursive *adj.* වැල් අකුරුමය wal akurumaya

cursor *n.* කර්සරය cursoraya

cursory *adj.* හදිසි hadisi

curt *adj.* කෙටි keti

curtail *v.* කෙටි කරනවා keti karanawa

curtain *n.* තිර රෙද්ද thira redda

curve *n.* වක්‍රය wakraya

cushion *n.* කුසිම kusima

custard *n.* කස්ටඩ් custard

custodian *n.* ආරක්ෂකයා aarakshakayaa

custody *n.* සිරභාරය sirabhaaraya

custom *n.* සිරිත siritha

customary *adj.* සිරිත් පරිදි sirith paridi

customer *n.* පාරිභෝගිකයා

paaribhogikayaa

customize *v.* අභිමතකරණය abhimathakaranaya

cut *v.* කපනවා kapanawa

cute *adj.* ලස්සණ lassana

cutlet *n.* කට්ලට් cutlet

cutter *n.* කපන්නා kapanna

cutting *n.* කැපෙන kapena

cyan *n.* සියන් වර්ණය cyan warnaya

cyanide *n.* සයනයිඩ් cyanide

cyber *comb.* විශ්ව කේන්ද්‍ර ගත wishwa kendra gatha

cyberspace *n.* විශ්ව කේන්ද්‍ර ගත අවකාශය wishwa kendra gatha awakaashaya

cycle *n.* පාපැදිය paapadiya

cyclic *adj.* වක්‍ර wakra

cyclist *n.* පාපැදිකරු paapadikaru

cyclone *n.* සුළි සුළඟ suli sulanga

cylinder *n.* සිලින්ඩරය silindaraya

cynic *n.* නින්දාශීලි තැනැත්තා nindaasheeli thanaththa

cynosure *n.* සැමගෙ සිත් ඇදගන්නා දෙය samage sith adaganna deya

cypress *n.* සයිප්‍රස් ගස cypress gasa

cyst *n.* කෝෂ්ඨය koshtaya

cystic *adj.* කෝෂ්ඨප්‍රධානය හා සම්බන්ධ koshta pradanaya haa sambanda

D

dab *v.* යන්තම් ගානවා yantham gaanawa

dabble *v.* යන්තමින් කරනවා yanthamin karanawa

dacoit *n.* මංකොල්ලකාරයා mankollakaarayaa

dad *n* තාත්තා thaaththa

daffodil *n.* ඩැෆඩිල් මල daffodil mala

daft *adj.* තකතීරු thakatheeru

dagger *n.* කිරිච්චිය kirichchiya

daily *adj.* දිනපතා dinapatha

dainty *adj.* රසවත් rasawath

dairy *n.* කිරිහල kirihala

dais *n.* උස් ආසනය us aasanaya

daisy *n.* ඩේසි මල daisy mala

dale *n.* මිටියාවත mitiyaawatha

dally *v.* සුරතල් කරනවා surathal karanawa

dalliance *n.* සුරතල surathala

dam *n.* වේල්ල wella

damage *n.* හානිය haaniya

dame *n.* ආර්යාව aaryaawa

damn *v.* ශාප කරනවා shaapa karanawa

damnable *adj.* හිරිහැර සහිත hirihara sahitha

damnation *n.* ගර්හාව garbhaawa

damp *adj.* තෙමුණු themunu

dampen *v.* තෙත් කරනවා theth karanawa

damper *n.* පරිමන්දකය parimandakaya

dampness *n.* දියසීරාව diyaseeraawa

damsel *n.* යුවතිය yuwathiya

dance *v.* නටනවා natanawa

dancer *n.* නැට්ටුක්කාරයා nattukkaarayaa

dandelion *v.* ඩැන්ඩෙලියන් මල dandelion mala

dandle *v.* වඩාගෙන සුරතල් කරනවා wadaagena surathal karanawa

dandruff *n.* හිස්හ රෝ hishory
dandy *n.* ඉස්තරම් istharam
danger *n.* අනතුර anathura
dangerous *adj.* අනතුරු දායක ana-thurudaayaka
dangle *v. i.* එල්ලී වැටෙනවා elli watenawaa
dank *adj.* ගොහොරු gohoru
dapper *adj.* කඩිසර kadisara
dapple *v.* පුල්ලි සහිත pulli sahitha
dare *v.* අභියෝග කරනවා abhiyoga karanawa
daring *adj.* සාහසික saahasika
dark *adj.* අඳුරු anduru
darkness *n.* අන්ධකාරය andha-kaaraya
darken *v.* අඳුරු වෙනවා anduru wenawaa
darling *n.* දයාබර dayaabara
darn *v.* එළලනවා elalanawaa
dart *n.* තුඩ thuda
dash *v.* හැප්පෙනවා happenawa
dashboard *n.* උපකරණ පුවරුව upakarana puwaruwa
dashing *adj.* උජාරු ujaaru
dastardly *adj.* බියගුලු biyagulu
data *n.* දත්ත daththa
database *n.* පරිගණක දත්ත ගබඩාව pariganaka daththa gabadaawa
date *n.* දිනය dinaya
date *n.* දිනය dinaya
datum *n.* දත්තය daththaya
daub *v.* ආලේපය aalepanaya
daughter *n.* දියණිය diyaniya
daughter-in-law *n.* ලේලි leli
daunt *v.* භය ගන්වනවා bhaya ganwanawa
dauntless *adj.* අප්‍රතිහත aprahitha
dawdle *v.* කම්මැලිකමින් කාලය ගෙවෙනවා kammalikamin kaalaya gewanawa
dawn *n.* අලුයම aluyama
day *n.* දහවල dahawala
daze *v.* සිහි නැති වෙනවා sihi nathi wenawa
dazzle *v. t.* මුලා වෙනවා mula wenawa
dead *adj.* මළ mala
deadline *n.* නියමිත කාලය niyamitha kaalaya
deadlock *n.* සම්පූර්ණ අවහිරය sampoorna awahiraya
deadly *adj.* මාරාන්තික maaraan-thika
deaf *adj.* බිහිරි bihiri
deafening *adj.* කන් බිහිරි කරවන kan bihiri karawana
deal *n.* ගනුදෙනුව ganudenuwa
deal *v. i* ගනුදෙනු කරනවා ganudenu karanawa
dealer *n.* ගනුදෙනුකරු ganude-nukaru
dean *n.* නායක දේවගැති naayaka dewagathi
dear *adj.* ස්නේහවන්ත snehawantha
dearly *adv.* මහත් ප්‍රේමයෙන් mahath premayen
dearth *n.* හිඟය hingaya
death *n.* මරණය maranaya
debacle *n.* මහත් විනාශය mahath winaashaya
debar *v. t.* අවහිර කරනවා awahira karanawaa
debase *v.* පහත් කරනවා pahath karanawa
debatable *adj.* විවාදශීලි wiwaa-dasheeli

debate *n.* විවාදය wiwaadaya
debate *v. t.* වාද කරනවා waada karanawa
debauch *v.* දූෂ්‍ය කරනවා dooshya karanawa
debauchery *n.* සල්ලාලකම sallala-kama
debenture *n.* ණයකරය nayakaraya
debilitate *v.* දුර්වල කරනවා durwala karanawa
debility *n.* දුර්වලකම durwalakama
debit *n.* ගෙවිය යුතු ණය gewiya yuthu naya
debonair *adj.* ආචාරශීලී aachaa-rasheeli
debrief *v.* විමසනවා wimasanawaa
debris *n.* සුන්බුන් sunbun
debt *n.* ණය naya
debtor *n.* ණයකාරයා nayakaaraya
debunk *v.* බොරුව හෙළිදරව් කරනවා boruwa helidaraw karanawaa
debut *n.* ආරම්භය aarambaya
debutante *n.* කොඩු තරුණිය kodu tharuniya
decade *n.* දශකය dashakaya
decadent *adj.* දිරූ diru
decaffeinated *adj.* කැෆේන් නොබිවූ kafen nobiwoo
decamp *v.* පැන යනවා pana yanawa
decant *v.* බෙරා වක්කරනවා bera wakkaranawaa
decanter *n.* ගුරුලේත්තුව guruleth-thuwa
decapitate *v.* හිස ගසා දමනවා hisa gasaa damanawa
decay *v.* දිරාපත් වෙනවා dirapath wenawa
decease *n.* රෝගය rogaya
deceased *adj.* අභාවප්‍රාප්ත abhaawapraptha
deceit *n.* මුළා කිරීම mulaa kireema
deceitful *adj.* වංක wanka
deceive *v.* හොර වෙනවා hora wenawa
decelerate *v.* මන්දනය කරනවා mandanaya karanawa
December *n.* දෙසැම්බර් මාසය desambar maasaya
decency *n.* විනීතකම wineethakama
decent *adj.* විනීත wineetha
decentralize *v.* විකේන්ද්‍රණය wikendranaya
deception *n.* රැවටීම rawateema
deceptive *adj.* අවිශ්වාස awish-waasa
decibel *n.* ඩෙසිබලය desibalaya
decide *v.* තීරණය කරනවා theeranaya karanawa
decided *adj.* නිශ්චිත nishchitha
decimal *adj.* දශම dashama
decimate *v.* මහත් විනාශයට පමුණුවනවා mahath winaashayata pamunuwanawaa
decipher *v.* කියවා තේරුම් ගන්නවා kiyawaa therum gannawa
decision *n.* තීන්දුව theenduwa
decisive *adj.* තීරණාත්මක theeranaathmaka
deck *n.* නැවේ තට්ටුව nawe thattuwa
deck *n* නැවේ තට්ටුව nawe thattuwa
declaim *v.* ඝෝෂා කොට කියනවා gosha kota kiyanawa
declaration *v. t.* ප්‍රකාශනය prakaashanaya
declare *n* කියා පානවා kiyaa paanawa

declassify *v.* තොරතුරු තවදුරටත් රහස්‍ය නොවන බව ප්‍රකාශ කරනවා thorathuru thawa duratath rahasya nowana bawata prakaasha karanawa

decline *v. t.* පිරිහානිය parihaaniya

declivity *n.* බෑස්ම basma

decode *v.* විකේත කරනවා wiketha karanawa

decompose *n.* වියෝජනය wiyo-janaya

decomposition *v. t* දිරාපත් වීම diraapath weema

decompress *v.* අසම්පීඩනය කරනවා asampeedanaya karanawa

decongestant *n.* රක්තාවරෝධය අඩු කිරීමට ඖෂධයක් rakthaawarodaya adu kireemata aushadayak

deconstruct *v.* කඩා දමනවා kadaa damanawa

decontaminate *v.* අපවිත්‍ර තත්වය නැතිකරනවා apawithra thathwaya nathi karanawa

decor *n.* අලංකාර ක්‍රමය alankaara kramaya

decorate *v.* සරසනවා sarasanawa

decoration *n.* සැරසිල්ල sarasilla

decorative *adj.* සැරසිලි sarasili

decorous *adj.* සන්සුන් sansun

decorum *n.* සදාචාරය sadaa-chaaraya

decoy *n.* උපාය upaaya

decrease *v.* අඩු වෙනවා adu wenawa

decree *n.* නියෝගය niyogaya

decrement *v. t.* අලාභය alaabhaya

decrepit *adj.* අබලන් වූ abalan wu

decriminalize *v.* සාපරාධී බව තොර කරනවා saaparaadhi bawa thora karanawa

decry *v.* හෙළා දකිනවා helaa dakinawa

dedicate *v.* කැප කරනවා kapa karanawa

dedication *n.* කැප කිරීම kapa kireema

deduce *v.* නිගමනය කරනවා nigamanaya karanawa

deduct *v.* අඩු කරනවා adu karanawa

deduction *n.* අඩු කිරීම adu kireema

deed *n.* ඔප්පුව oppuwa

deem *v.* සිතනවා sithanawa

deep *adj.* අධිකව adhikawa

deer *n.* මුව muwa

deface *v.* මකා දමනවා makaa-damanawaa

defamation *n.* කෙලෙසීම keleseema

defame *v.* කෙලෙසනවා kelesa-nawaa

default *n.* පැහැර හැරීම pahara hareema

defeat *v. t.* ව්‍යර්ථ කරනවා wyartha karanawa

defeatist *n.* පරාජයවන්නා paraa-jayawanna

defecate *v.* පහරනවා paharanawa

defect *n.* අඩු පාඩුව adu paaduwa

defective *adj.* සදෝස් sados

defence *n.* ආරක්ෂක aarakshaka

defend *v.* ආරක්ෂා කරනවා aarakshaa karanawa

defendant *n.* විත්තිකාරයා withthikaarayaa

defensible *adj.* ආරක්ෂා කළ හැකි aarakshaa kala haki

defensive *adj.* ආරක්ෂක aarakshaka

defer *v.* කල් දමනවා kal damanawa
deference *n.* සමාදරය samaadaraya
defiance *n.* නොසැලකිල්ල nosala-killa
deficiency *n.* මදිපාඩුව madipaa-duwa
deficient *adj.* අසම්පූර්ණ asam-poorna
deficit *n.* හිඟය hingaya
defile *v. t* කෙලෙසනවා kelasanawa
define *v.* අර්ථ දක්වනවා artha dak-wanawa
definite *adj.* නියමිත niyamitha
definition *n.* නිර්වචනය nirwacha-naya
deflate *v.* හුළං අරිනවා hulan arina-wa
deflation *n.* මිල පහත හෙලීම mila pahatha heleema
deflect *v.* හැරෙනවා harenawa
deforest *v.* කැලෑ වඳ කරනවා kalaa wanda karanawa
deform *v.* අවලක්ෂණ කරනවා awalakshana karanawa
deformity *n.* විරූපතාව wiroopa-thaawa
defraud *v.* වංචා කරනවා wanchaa karanawa
defray *v.* වියදම් ගෙවනවා wiyadam gewanawa
defrost *v.* හිමාහරණය කරනවා himaaharanaya karanawa
deft *adj.* දක්ෂ daksha
defunct *adj.* අපවත් වූ apawath wu
defuse *v.* නිෂ්ක්‍රිය කරනවා nishkreeya karanawa
defy *v.* අකීකරු වෙනවා akeekaru wenawa
degenerate *v.* වැහැරෙන waharena
degrade *v.* අවමන් කරා awaman kara
degree *n.* අංශකය anshakaya
dehumanize *v.* යාන්ත්‍රික කරනවා yaanthrika karanawa
dehydrate *v.* විජලනය වෙනවා wijalanaya wenawa
deify *v.* දෙවියෙකු මෙන් සළකනවා dewiyeku men salakanawaa
deign *v.* නොතරම්කමක් කරනවා notharamkamak karanawa
deity *n.* දෙවියා dewiyaa
déjà vu *n.* මනෝලෝකය mano-lokaya
deject *v.* අධෛර්යය කරනවා adairyaya karanawa
dejection *n.* අධෛර්යය කිරීම adairyaya kireema
delay *v. t* ප්‍රමාදය pramaadaya
delectable *adj.* මනෝහර manohara
delectation *n.* ආනන්දය aanandaya
delegate *n.* පැවරීම pawareema
delegation *n.* බලය පැවරීම balaya pawareema
delete *v. i* මකා දමනවා makaa damanawa
deletion *n.* මකා දැමීම makaa dameema
deleterious *adj.* හානිකර haanikara
deliberate *adj.* විපරම් සහිත wiparam sahitha
deliberation *n.* ප්‍රකල්පනය prakal-panaya
delicacy *n.* මෘදු මොළොක් බව mrudu molok bawa
delicate *adj.* කොමළ komala
delicatessen *n.* සැකසූ ආහාර වෙළෙඳසැල sakasoo aahaara welanda sala

delicious *adj.* රසවත් rasawath
delight *v. t.* ප්‍රසාදය prasaadaya
delightful *adj.* මනෝහර manohara
delineate *v.* නිරූපනය කරනවා niroopanaya karanawa
delinquent *adj.* අවලමා awalamaa
delirious *adj.* උමතු umathu
delirium *n.* උමතුකම umathukama
deliver *v.* භාර දෙනවා bhaara denawa
deliverance *n.* නිදහස nidahasa
delivery *n.* භාරදීම bhaaradeema
dell *n.* දෙණිය deniya
delta *n.* ඩෙල්ටාව deltaawa
delude *v.* රවටනවා rawatanawaa
deluge *n.* මහෝඝය mahogaya
delusion *n.* මුළාව mulaawa
deluxe *adj.* සුපිරි supiri
delve *v.* හාරනවා haaranawa
demand *n.* අවශ්‍යතාව awashya-thaawa
demanding *adj.* අවධානග්‍රාහී awadhaanagraahee
demarcation *n.* සීමාංකනය seemaankanaya
demean *v.* අවමන් කරනවා awaman karanawa
demented *adj.* වියරු වැටුණු wiyaru watunu
dementia *n.* පිස්සුව pissuwa
demerit *n* අකුසලය akusalaya
demise *n.* පවරා දීම pawaraa deema
demobilize *v.* හමුදා සේවයෙන් මුදවනවා hamudaa sewayen mudawanawaa
democracy *n.* ප්‍රජාතන්ත්‍රවාදය prajaathanthrawaadaya
democratic *adj.* ප්‍රජාතන්ත්‍රවාදී prajaathanthrawaadee
demography *n.* ජනරේඛනය janarekanaya
demolish *v.* කඩා දමනවා kadaa damanawa
demon *n.* යක්ෂයා yakshaya
demonize *v.* යක්ෂාරූඪ වෙනවා yakshaarooda wenawaa
demonstrate *v.* ආදර්ශනය කරනවා aadarshanaya karanawa
demonstration *n.* ආදර්ශනය aadarshanaya
demoralize *v.* සිත කෙලෙසනවා sitha kelasanawaa
demote *v.* පටි කඩනවා pati kada-nawaa
demur *v.* නොකැමත්ත nokamaththa
demure *adj.* ලජ්ජාශීලි lajjasheeli
demystify *v.* අවිදු බව දුරු කරනවා awidu bawa durukaranawa
den *n.* ගුහාව guhaawa
denationalize *v.* පුද්ගලික අංශයට පවරනවා pudgalika anshayata pawaranawaa
denial *n.* ප්‍රතික්ෂේප කරනවා prathikshepa karanawa
denigrate *v.* අවමන් ලබනවා awaman labanawa
denomination *n.* නාමය naamaya
denominator *n.* හරය bharaya
denote *v. t* දක්වනවා dakwanawaa
denounce *v.* අභිශාප කරනවා abhishaapa karanawa
dense *adj.* ඝන gana
density *n.* ඝනත්වය ganathwaya
dent *n.* කඩතොළු kadatholu
dental *adj.* දන්තජ danthaja
dentist *n.* දන්ත වෛද්‍ය dantha

waidya
denture *n.* බොරු දත් කුට්ටම boru dath kuttama
denude *v.* නග්න කරනවා nagna karanawa
denunciation *n.* ප්‍රකට චෝදනාව prakata chodanaawa
deny *v. i.* තහනම් කරනවා thahanam karanawa
deodorant *n.* දුගඳ වනසන ද්‍රව්‍යය duganda wanasana drawyaya
depart *v.* නික්මෙනවා nikmenawa
department *n.* දෙපාර්තමේන්තුව depaarthamenthuwa
departure *n.* නික්මයාම nikmayaama
depend *v.* යැපෙනවා yapenawa
dependant *n.* යැපෙන yapenawa
dependency *n.* පරායත්තතාව paraayaththathaawa
dependent *adj.* පරායත්ත paraayaththa
depict *v.* වචනයෙන් විස්තර දක්වනවා wachanayen wisthara dakwanawaa
depilatory *adj.* ලෝමනාශක ද්‍රව්‍යය lomanaashaka drawyaya
deplete *v.* හිස් කරනවා his karanawa
deplorable *adj.* ඛේදජනක kedajanaka
deploy *v.* විහිදනවා wihidanawaa
deport *v. t* හැසිරෙනවා hasirenawa
depose *v.* දිව්රා සාක්ෂි දෙනවා diwraa saakshi denawa
deposit *n.* තැන්පතුව thanpathuwa
depository *n.* භාණ්ඩාගාරය bhaandaagaaraya
depot *n.* ගබඩාව gabadaawa
deprave *v.* කෙලෙසෙනවා kelasanawa
deprecate *v.* ඇවිටිලි කරනවා awitili karanawa
depreciate *v.* ගෙවෙනවා gewanawa
depreciation *n.* අගය අඩුවීම agaya aduweema
depress *v.* පහතට ඔබනවා pahathata obanawa
depression *n.* අවපාතය awapaathaya
deprive *v.* අහිමි කරනවා ahimi karanawa
depth *n.* ගැඹුර gambura
deputation *n.* නියෝජිත පිරිස niyojitha pirisa
depute *v.* නියෝජනය කරනවා niyojanaya karanawa
deputy *n.* නියෝජ්‍ය niyojya
derail *v. t.* පීලි පනිනවා peeli paninawa
deranged *adj.* ව්‍යාකූල wyaakoola
deregulate *v.* පාලන රීති ඉවත් කරනවා paalana reethi iwath karanawa
deride *v.* සමච්චල් කරනවා samachchal karanawa
derivative *adj.* ව්‍යුත්පන්නය wyuthpannaya
derive *v.* උත්පත්තිය සොයනවා uthpaththiya soyanawa
derogatory *adj.* නොගැළපෙන nogalapena
descend *v.* බසිනවා basinawa
descendant *n.* වංශයෙන් පැවතෙන්න wanshayen pawathenna
descent *n.* පෙළපත pelapatha
describe *v.* විස්තර කරනවා wisthara karanawa
description *n.* විස්තරය wistharaya

desert *v.* පිටුපානවා pitupaanawa
deserve *v. t.* සුදුසුව සිටිනවා sudusuwa sitinawa
design *n.* සැලැස්ම salasma
designate *v.* නම් කරනවා nam karanawa
desirable *adj.* අභිමත abhimatha
desire *n.* ආශාව aashaawa
desirous *adj.* ලොල් වූ lol wu
desist *v.* වැළකෙනවා walakenawa
desk *n.* ලියන මේසය liyana mesaya
desolate *adj.* හුදකලා hudakala
despair *n.* බලාපොරොත්තු නැතිව සිටිනවා balaaporoththu nathuwa sitiawa
desperate *adj.* ඉතා දුෂ්කර ithaa dushkara
despicable *adj.* අධම adhama
despise *v.* අවමන් කරනවා awaman karanawa
despite *prep.* විරෝධය wirodaya
despondent *adj.* කලකිරුණු kalakirunu
despot *n.* සාහසිකයා saahasikaya
dessert *n.* අතුරු පස athurupasa
destabilize *v.* අස්ථායි කරනවා asthaai karanawa
destination *n.* ගමනාන්තය gamanaanthaya
destiny *n.* දෛවය daiwaya
destitute *adj.* අසරණ asarana
destroy *v.* විනාශ කරනවා winaasha karanawa
destroyer *n.* විනාශ කරන්නා winaasha karanna
destruction *n.* වැනසීම wanaseema
detach *v.* ගලවනවා galawanawaa
detachment *n.* සිතෙහි තැන්පත් කරනවා sithehi thanpath karanawa
detail *n.* විස්තරය wistharaya
detain *v. t* ප්‍රමාද කරනවා pramaada karanawa
detainee *n.* රඳවනු ලැබූ අය ranawanu laboo aya
detect *v.* අනාවරණය කරනවා anaawaranaya karanawa
detective *n.* රහස් පරීක්ෂකයා rahas pareekshakayaa
detention *n.* රඳවා තැබීම randawa thabeema
deter *v.* බාධා කරනවා baadha karanawa
detergent *n.* ක්ෂාලක klaashaalaka
deteriorate *v.* පිරිහෙනවා pirihenawa
determinant *n.* නිශ්චායක nishchaayaka
determination *v. t* අධිෂ්ඨානය adhishtaanaya
determine *v. t* තීන්දු කරනවා theendu karanawa
deterrent *n.* නිවර්තකය niwar-thakaya
detest *v.* අප්‍රිය කරනවා apriya karanawa
dethrone *v.* සිංහාසනයෙන් පහකරනවා sinhaasanayen pahakaranawa
detonate *v.* පුපුරවනවා pupurawanawa
detour *n.* වෙන අතකට යෑම wena athakata yaama
detoxify *v.* විෂ ඉවත් කරනවා wisha iwath karanawa
detract *v.* අගුණ කියනවා aguna kiyanawa
detriment *n.* අවාසිය awaasiya
detritus *n.* කැටකැබිලිති katakabilithi

devalue *v.* මුදලේ අගය අඩු කරනවා mudale agaya adu karanawa

devastate *v.* වනසනවා wanasanawa

develop *v.* දියුණු වෙනවා diyunu wenawa

development *n.* සංවර්ධනය san-wardhanaya

deviant *adj.* අපගාමිකයා apagaa-mikaya

deviate *v.* අපගමනය වෙනවා apagamanaya wenawa

device *n.* උපකරණය upakaranaya

devil *n.* යක්ෂයා yakshaya

devious *adj.* වැරදි waradi

devise *v.* උපායක් යොදනවා upaayak yodanawa

devoid *adj.* හීන heena

devolution *n.* සාරෝපණය saaro-panaya

devolve *v.* භාර වෙනවා bhara wenawa

devote *v.* කැප වෙනවා kapa wenawa

devotee *n.* බැතිමතා bathimatha

devotion *n.* ඇදහීම adaheema

devour *v.* කාදමනවා kaadamanawa

devout *adj.* අවංක awanka

dew *n.* පින්න pinna

dexterity *n.* දක්ෂකම dakshakama

diabetes *n.* දියවැඩියාව diyawa-diyaawa

diagnose *v.* රෝග විනිශ්චය කරනවා roga winishchaya karanawa

diagnosis *n.* රෝග විනිශ්චය roga winishchaya

diagram *n.* රූප සටහන roopa satahan

dial *n.* මුහුණත muhunatha

dialect *n.* උපභාෂාව upabhaashaawa

dialogue *n.* දෙබස debasa

dialysis *n.* කාන්දු පෙරීම kaandu pereema

diameter *n.* විෂ්කම්භය wishkam-bhaya

diamond *n.* දියමන්තිය diyamanthiya

diaper *n.* සිත් දුහුල sith duhula

diarrhoea *n.* පාචනය paachanaya

diary *n.* දින පොත dina potha

Diaspora *n.* විසිරණය wisiranaya

dice *n.* දාදු කටය daadu kataya

dictate *adj.* අණ කරනවා ana karanawa

dictation *n.* අසා ලිවීම assa liweema

dictator *n.* ඒකාධිපතියා ekadhipa-thiya

diction *n.* ව්‍යවහාරය wyawahaaraya

dictionary *n.* ශබ්දකෝෂය shabda-koshaya

dictum *n.* තීන්දුව theenduwa

didactic *adj.* උපදේශාත්මක upade-shathmaka

die *v.* මියයනවා miyayanawa

diesel *n.* ඩීසල් diesel

diet *n.* ආහාරය aahaaraya

dietitian *n.* ආහාර පිළිබඳ උපදෙස් දෙන්නා aahara pilibanda upades denna

differ *v.* වෙනස් වෙනවා wenas wenawa

difference *n.* වෙනස wenasa

different *adj.* වෙනස් wenas

difficult *adj.* අසීරු aseeru

difficulty *n.* දුෂ්කරතාව dushka-rathaawa

diffuse *v.* විසරණය වෙනවා wisaranaya wenawa
dig *v.* හාරනවා haaranawa
digest *v.* දිරවනවා dirawanawa
digestion *n.* දිරවීම diraweema
digit *n.* අංකය ankaya
digital *adj.* අංක anka
dignified *adj.* උදාර udaara
dignify *v.* උසස් බවට පමුණුවනවා usas bawata pamunuwanawaa
dignitary *n.* නිලධාරියා niladhaariyaa
dignity *n.* උසස් බව usas bawa
digress *v.* මාර්ගයෙන් පිට පනිනවා maargayen pita paninawa
dilapidated *adj.* ගරා වැටුණු garaa watunu
dilate *v.* ඇදෙනවා adenawa
dilemma *n.* අකරතැබ්බය akarathabbaya
diligent *adj.* කාර්යශීලී kaaryasheeli
dilute *v.* තනුක කරනවා thanuka karanawa
dim *adj.* අඳුරු anduru
dimension *n.* මානය maanaya
diminish *v.* අඩු වෙනවා adu wenawa
diminution *n.* ක්ෂය වීම kshaya weema
din *n.* මහත් ඝෝෂාව mahath goshawa
dine *v.* රෑ කෑම කනවා ra kaama kanawa
diner *n.* රෑ කෑම ගන්නා ra kaama ganna
dingy *adj.* ඔප නැති opa nathi
dinner *n.* රෑ කෑම raa kaama
dinosaur *n.* ඩයිනසෝර් dinosaur
dip *v.* *t* ගිලෙනවා gilenawa
diploma *n.* ඩිප්ලෝමාව diplomawa
diplomacy *n.* උපායඥනය upayagnanaya
diplomat *n.* රාජ දූතයා raaja doothaya
diplomatic *adj.* උපායශීලී upaayasheeli
dipsomania *n.* මදිරෝත්මාදය madirothmaadaya
dire *adj.* දරුණු darunu
direct *adj.* ඍජු riju
direction *n.* දිශාව dishaawa
directive *n.* මග පෙන්වීම maga penweema
directly *adv.* එක එල්ලේ eka elle
director *n.* අධ්‍යක්ෂක adhyakshaka
directory *n.* නාමාවලිය naamaawaliya
dirt *n.* කුණු kunu
dirty *adj.* කිලුටු kilutu
disability *n.* අපහොසත්කම apohosathkama
disable *v.* ශක්තිය නැති කරනවා shakthiya nathi karanawa
disabled *adj.* ශක්තිය නැති shakthiya nathi
disadvantage *n.* අවාසිය awaasiya
disaffected *adj.* මහත් සේ කලකිරුණු mahath se kalakirunu
disagree *v.* එකඟ නොවෙනවා ekanga nowenawa
disagreeable *adj.* අප්‍රසන්න aprasanna
disagreement *n.* එකඟ නොවීම ekanga noweema
disallow *v.* ප්‍රතික්ෂේප කරනවා parathikshepa karanawa
disappear *v.* අතුරුදහන් වෙනවා athurudahan wenawa
disappoint *v.* කලකිරවනවා

kalakirawanawa

disapproval *n.* අමනාපය amanaapaya

disapprove *v.* විරුද්ධ වෙනවා wirudda wenawa

disarm *v.* නිරායුධ කරනවා niraayuda karanawa

disarmament *n.* නිරායුධකරණය niraayudakaranaya

disarrange *v.* අවුල් කරනවා awul karanawa

disarray *n.* අවුල් ස්වභාවය awul swabhaawaya

disaster *n.* ව්‍යසනය wyasanaya

disastrous *adj.* විනාශදායක winaashadaayaka

disband *v.* විසුරුවා හැරීම wisuruwa hareema

disbelief *n.* අවිශ්වාසය awishwaasaya

disburse *v.* මුදල් ගෙවනවා mudal gewanawa

disc *n.* තැටිය thatiya

discard *v.* ඉවතලනවා iwathalanawaa

discern *v.* වටහා ගන්නවා watahaa gannawa

discharge *v.* නිදහස් කරනවා nidahas karanawa

disciple *n.* ගෝලයා golaya

discipline *n.* සංයමය sanyamaya

disclaim *v.* ප්‍රතික්ෂේප කරනවා prathikshepa karanawa

disclose *v.* හෙළිකරනවා helikaranawa

disco *n.* ඩිස්කො නැටුම disco natuma

discolour *v.* වෙනස් කරනවා wenas karanawa

discomfit *v.* පරදවනවා paradawanawa

discomfort *n.* අපහසුව apahasuwa

disconcert *v.* අවුලට පත්වීම awulata pathweema

disconnect *v.* විසන්ධි කරනවා wisandha karanawa

disconsolate *adj.* දුකින් පසු වන dukin pasu wana

discontent *n.* අතෘප්තිය athrupthiya

discontinue *v.* නවත්වනවා nawathwanawaa

discord *n.* අසමගිය asamagiya

discordant *adj.* විසංවාදී wisanwaadee

discount *n.* වට්ටම wattama

discourage *v.* අධෛර්ය කරනවා adhairyaya karanawaa

discourse *n.* දේශනය deshanaya

discourteous *adj.* නොහික්මුණු nohikmunu

discover *v.* සොයා ගන්නවා soya gannawa

discovery *n.* අනාවරණය anaawaranaya

discredit *v.* අවනම්බුව awanambuwa

discreet *adj.* විචක්ෂණ wichakshana

discrepancy *n.* විෂමතාව wishamathaawa

discrete *adj.* ව්‍යක්ත wyaktha

discriminate *v.* වෙනස්කම් කරනවා wenaskam karanawa

discursive *adj.* අනවස්ථිත anawasthitha

discuss *v.* සාකච්ඡා කරනවා saakachcha karanawa

discussion *n.* සාකච්ඡාව saakachchaawa

disdain *n.* පිළිකුල pilikula
disease *n.* රෝගය rogaya
disembark *v.* ගොඩබසිනවා godabasinawa
disembodied *adj.* අශරීරික ashaareerika
disempower *v.* ශක්තිය නැති කරගන්නවා shakthiya nathi karagannawa
disenchant *v.* මුළාවීමෙන් මිදෙනවා mulaaweemen midenawa
disengage *v.* මුදනවා mudanawa
disentangle *v.* පටලැවිල්ලෙන් බේරෙනවා patalawillen berenawa
disfavour *n.* අරුචිය aruchiya
disgrace *n.* අවමානය awamaanaya
disgruntled *adj.* අසතුටෙන් සිටින asathuten sitina
disguise *v.* වෙස් වළා ගැනීම wes walaa ganeema
disgust *n.* අප්‍රිය apriya
dish *n.* දීසිය deesiya
dishearten *v.* හිත අධෛර්යය කරනවා hitha adhairyaya karanawa
dishonest *adj.* කුහක kuhaka
dishonour *n.* අපකීර්තිය apakeerthiya
disillusion *v.* මුළාවෙන් මිදෙනවා mulawen midenawa
disincentive *n.* අනුබල නොදෙන anubala nodena
disinfect *v.* විශබීජ නසනවා wishabeeja nasanawa
disingenuous *adj.* කපටි kapati
disinherit *v.* ප්‍රවේණියෙන් අස් කරනවා praweniyen as karanawa
disintegrate *v.* කොටස්වලට වෙන් කරනවා kotaswalata wen karanawa
disjointed *adj.* පුරුක් ගැසුණු puruk gasunu
dislike *v.* අකමැති වෙනවා akamathi wenawa
dislocate *v.* අවුල් කරනවා awul karanawa
dislodge *v.* පළවා හරිනවා palawaa harinawa
disloyal *adj.* අපක්ෂපාත apakshapaathi
dismal *adj.* අඳුරු anduru
dismantle *v.* ගළවනවා galawanawaa
dismay *n.* ත්‍රාසය thraasaya
dismiss *v.* අස් කරනවා as karanawa
dismissive *adj.* හෙළා දකින සුලු helaadakina sulu
disobedient *adj.* අකීකරු akeekaru
disobey *v.* අකීකරු වෙනවා akeekaru wenawa
disorder *n.* පෙරළිය peraliya
disorganized *adj.* අසංවිහිත asanwihitha
disorientate *v.* අන්දමන්ද කරනවා andamanda karanawa
disown *v.* සම්බන්ධ නැතැයි කියනවා sambanda nathai kiyanawa
disparity *n.* වෙනස wenasa
dispassionate *adj.* විරාගී wiraagee
dispatch *v.* පිටත් කොට යවනවා pitath kota yawanawa
dispel *v.* පලවා හරිනවා palawaa harinawa
dispensable *adj.* අනවශ්‍ය anawashya
dispensary *n.* බෙත්ශාලාව bethshaalaawa
dispense *v.* නියම කරනවා niyama

karanawa

disperse *v.* විසිරෙනවා wisirenawa

dispirited *adj.* මලානිකවූ malaanika woo

displace *v. t* ඉවත් කරනවා iwath karanawa

display *v.* සංදර්ශනය sandarshanaya

displease *v.* අසතුටු කරනවා asathutu karanawa

displeasure *n.* අසතුට asathuta

disposable *adj.* අලෙවිය alewiya

disposal *n.* නියම කිරීම niyama kireema

dispose *v. t* විධාන කරනවා widhana karanawa

dispossess *v.* අහිමි කරනවා ahimi karanawa

disproportionate *adj.* විසමානුපාතික wisamaanupaathika

disprove *v.* විසාධනය කරනවා wisaadhanaya karanawa

dispute *v. i* තර්ක කරනවා tharka karanawa

disqualification *n.* අයෝග්‍යතාව ayogyathaawa

disqualify *v.* නුසුදුසු වෙනවා nusudusu wenawa

disquiet *n.* නොඉවසිලිවන්ත වෙනවා noiwasiliwantha wenawa

disregard *v. t* නොසලකා ඉන්නවා nosalakaa innawa

disrepair *n.* කැඩීබිඳී යෑම kadeebindee yaama

disreputable *adj.* තුච්ඡ thuchcha

disrepute *n.* අපකීර්තිය apakeerthiya

disrespect *n.* අගෞරවය agaurawaya

disrobe *v.* සිවුරු හරිනවා siwru harinawa

disrupt *v.* කඩා බිඳ දමනවා kada binda damanawa

dissatisfaction *n.* අසතුටු බව asathutu bawa

dissect *v.* කපා කොටා දමනවා kapaakotaa damanawa

dissent *v.* විරුද්ධත්වය wiruddathwaya

dissertation *n.* නිබන්ධනය nibandanaya

dissident *n.* විරුද්ධ wirusdha

dissimulate *v.* කපටිකම් කරනවා kapatikam karanawa

dissipate *v.* නාස්ති කරනවා naasthi karanawa

dissolve *v. t* දිය වෙනවා diya wenawa

dissuade *v.* කරුණු කියා වළක්වනවා karunu kiya walakwanawa

distance *n.* පරතරය paratharaya

distant *adj.* ඈත aatha

distaste *n.* අරුචිය aruchiya

distil *v.* ආසවනය කරනවා aasawanaya karanawa

distillery *n.* කල්දේරම් මඩුව kalderam maduwa

distinct *adj.* පැහැදිලි pahadili

distinction *n.* විශිෂ්ටභාවය wishishtabhaawaya

distinguish *v. t* ගෞරව කරනවා gaurawa karanawa

distort *v.* විකෘති කරනවා wikurthi karanawa

distract *v.* වල්මත් කරනවා walmath karanawa

distraction *n.* වික්ෂිප්ත වීම wikshiptha weema

distress *n.* කනගාටුව kanagaatuwa

distribute *v.* බෙදාහරිනවා bedaa-harinawa
distributor *n.* බෙදාහරින්නා bedaaharinna
district *n.* දිස්ත්‍රික්කය disthrikkaya
distrust *n.* අවිශ්වාසය awishwaasaya
disturb *v.* බාධා කරනවා baadhaa karanawa
ditch *n.* අගල agala
dither *v.* වෙව්ලනවා wewlanawa
ditto *n.* එලෙසම elesama
dive *v.* කිමිදෙනවා kimidenawa
diverge *v.* අපසරණය වෙනවා apasaranaya wenawa
diverse *adj.* විවිධ wiwidha
diversion *n.* හැරවීම haraweema
diversity *n.* විවිධත්වය wiwid-hathwaya
divert *v. t* අහකට හරවනවා ahakata harawanawa
divest *v.* ගළවනවා galawanawaa
divide *v.* බෙදනවා bedanawa
dividend *n.* ලාභාංශය laabaanshaya
divine *adj.* දිව්‍ය diwya
divinity *n.* දේවත්වය dewathwaya
division *n.* කොට්ඨාසය kottaashaya
divorce *n.* දික්කසාදය dikkasaadaya
divorcee *n.* දික්කසාද වූ ස්ත්‍රිය dikkasaada wu sthriya
divulge *v.* හෙළිකරනවා helikara-nawa
do *v.* කරනවා karanawa
docile *adj.* හීලෑ heelaa
dock *n.* විත්තිකූඩුව withthikooduwa
docket *n.* සටහන් පත්‍රය satahan pathraya
doctor *n.* වෛද්‍යවරයා waidyawarayaa
doctorate *n.* ආගම aagama
doctrine *n.* ධර්මය dharmaya
document *n.* ලියවිල්ල liyawilla
documentary *n.* ලේඛනගත lekanagatha
dodge *v. t* මග හරිනවා manga harinawa
doe *n.* මුව දෙන muwa dena
dog *n.* බල්ලා balla
dogma *n.* ආධානය aadhaanawa
dogmatic *adj.* උද්ධත uddhatha
doldrums *n.* කළකිරීම kalakireema
doll *n.* බෝනික්කා bonikka
dollar *n.* ඩොලරය dollaraya
domain *n.* වසම wasama
dome *n.* හිස hisa
domestic *adj.* ගෘහස්ථ gruhastha
domicile *n.* පදිංචිය padinchiya
dominant *adj.* ප්‍රධාන pradhaana
dominate *v.* සැමටම ඉහළින් පෙනේවා samatama ihalin penawa
dominion *n.* ප්‍රභූත්වය prabhuth-waya
donate *v.* පරිත්‍යාග කරනවා pari-thyaaga karanawa
donkey *n.* බූරුවා booruwa
donor *n.* දායකයා daayakaya
doom *n.* ඉරණම iranama
door *n.* දොර dora
dormitory *n.* නිදන ශාලාව nidana shaalaawa
dose *n.* මාත්‍රාව maathraawa
dossier *n.* ලියුම් පෙට්ටිය liyum pettiya
dot *n.* තිත thitha
dote *v.* සිහිය දුර්වලව සිටිනවා sihiya durwalawa sitinawa
double *adj.* දෙගුණය degunaya

doubt *n.* සැකය sakaya

dough *n.* ඇනූ පාන් පිටි anoo paan piti

down *adv.* පහළ pahala

downfall *n.* විනාශය winaashaya

download *v.* බාගන්නවා baagan-nawa

downpour *n.* වක්කර wakkara

dowry *n.* දෑවැද්ද daawadda

doze *v. i* අඩනින්ද adaninda

dozen *n.* ඩුසිම dusima

drab *adj.* වර්ණයක් නැති warnayak nathi

draft *n.* කෙටුම්පත ketumpatha

drag *v. t* අදිනවා adinawa

dragon *n.* මකරා makaraa

drain *v. t* වෑහෙනවා waahenawa

drama *n.* නාට්‍යය naatya

dramatic *adj.* නාට්‍යාකාර naatya-akaara

dramatist *n.* නාට්‍ය රචක naatya rachaka

drastic *adj.* සැර sara

draught *n.* සටහන satahana

draw *v.* අඳිනවා andinawa

drawback *n.* ඇඳුම් රාමුව andum raamuwa

drawer *n.* අඳින්නා andinna

drawing *n.* චිත්‍ර කර්මය chithra karmaya

dread *v.t* තැතිගන්නවා thathigan-nawa

dreadful *adj.* දරුණු darunu

dream *n.* සිහිනය sihinaya

dreary *adj.* නීරස neerasa

drench *v.* පෙඟෙනවා pengenawa

dress *v.* ඇඳුම anduma

dressing *n.* සැරසුම sarasuma

drift *v.* පාවෙනවා paawenawa

drill *n.* සරඹ saramba

drink *v. t* පානය කරනවා paanaya karanawa

drip *v. i* කාන්දු වෙනවා kaandu wenawa

drive *v.* පදවනවා padawanawa

driver *n.* රියදුරා riyaduraa

drizzle *n.* හිරිකඩ hirikada

droll *adj.* විකට wikata

droop *v.* මැලවෙනවා malawenawa

drop *v.* වැටෙනවා watenawa

dross *n.* නොවටිනා දෙය nowatinaa deya

drought *n.* ඉඩෝරය idoraya

drown *v.* ගිලී මැරෙනවා gilee marenawa

drowse *v.* නිදිමතේ වැනෙනවා nidimathe wanenawa

drug *n.* ඖෂධය aushadaya

drum *n.* බෙරය beraya

drunkard *adj.* බේබදු bebadu

dry *adj.* වියළි wiyali

dryer *n.* වියළනය wiyalanaya

dual *adj.* යුග්ම yugma

dubious *adj.* අස්ථිර asthira

duck *n.* තාරාවා thaaraawa

duct *n.* නළය nalaya

dudgeon *n.* අමනාපය amanaapaya

due *adj.* නියමිත niyamitha

duel *n.* ද්වන්ද සටන dwanda satana

duet *n.* යුග ගීය yuga geeya

dull *adj.* උදාසීන udaaseena

dullard *n.* මොට්ටයා mottaya

duly *adv.* සුදුසු පිරිදි sudusu paridi

dumb *adj.* නිශ්ශබ්ද nishshabda

dummy *n.* පඹයා pambaya

dump *n.* කුණු ගොඩ kunu goda

dung *n.* ගොම goma
dungeon *n.* ඇඳිරිගෙ andirige
duo *n.* ද්විකය dwikaya
dupe *v.* ඉත්තා iththa
duplex *n.* ද්විපථ dwipatha
duplicate *adj.* අනුපිටපත anupitapatha
duplicity *n.* වංචාව wanchaawa
durable *adj.* ස්ථිර sthira
duration *n.* පැවතුම් කාලය pawathum kaalaya
during *prep.* අතරතුර atharathura
dusk *n.* සන්ධ්‍යාව sandyaawa
dust *n.* දූවිලි doowili
duster *n.* දූලිකඩ doolikada
dutiful *adj.* කීකරු keekaru
duty *n.* රාජකාරිය raajakaariya
duvet *n.* ඇඳ ඇතිරිල්ල anda athirilla
dwarf *n.* කුරුමිට්ටා kurumitta
dwell *v.* වාසය කරනවා waasaya karanawa
dwelling *n.* පදිංචිය padinchiya
dwindle *v. t* ක්ෂය වෙනවා kshaya wenawa
dye *n.* සායම saayama
dynamic *adj.* උනන්දු unandu
dynamics *n.* ගතිවිද්‍යාව gathi widyaawa
dynamite *n.* ඩයිනමයිට් dynamite
dynamo *n.* ඩයිනමෝව dynamowa
dynasty *n.* රාජ වංශය raaja wanshaya
dysentery *n.* අතීසාරය atheesaara
dysfunctional *adj.* දුෂ්කෘතිය dushkruthiya
dyslexia *n.* වචන අන්ධතාව wachana andhathaawa
dyspepsia *n.* ආමය aamaya

E

each *adj.* එක් එක් ek ek
eager *adj.* මහත් ඕනෑ කමක් ඇති mahath onakamak athi
eagle *n.* රාජාලියා raajaaliya
ear *n.* කණ kana
earl *n.* අර්ල්වරයා arlwaraya
early *adj.* කලින් kalin
earn *v.* උපයනවා upayanawa
earnest *adj.* අප්‍රමාදී apramaadee
earth *n.* පොළොව polowa
earthen *adj.* මැටියෙන් සාදන ලද matiyen saadana lada
earthly *adj.* උසස්කමක් නැති usaskamak nathi
earthquake *n.* භූමිකම්පාව bhoomikampaawa
ease *n.* පහසුව pahasuwa
east *n.* නැගෙනහිර nagenahira
Easter *n.* පාස්කුව paaskuwa
eastern *adj.* ප්‍රාචීන praacheena
easy *adj.* පහසු pahasu
eat *v.* කනවා kanawa
eatery *n.* දකින ඕනම දෙයක් කන්නා dakina onama deyak kanna
eatable *adj.* කෑමට සුදුසු kaamata sudusu
ebb *n.* අඩු වෙනවා adu wenawa
ebony *n.* කළුවර kaluwara
ebullient *adj.* උනන්දු ඇති unandu athi
eccentric *adj.* විකේන්ද්‍රික wikendrika
echo *n.* දෝංකාරය donkaaraya

eclipse *n.* චන්ද්‍රග්‍රහණය chandra-gahanaya

ecology *n.* පරිසර විද්‍යාව parisara widyaawa

economic *adj.* ආර්ථික aarthika

economical *adj.* සකසුරුවම් සහිත sakasuruwam sahitha

economics *n.* ආර්ථික විද්‍යාව aarthika widyaawa

economy *n.* ආර්ථිකය aarthikaya

ecstasy *n.* ආනන්දය aanandaya

edge *n.* දාරය daaraya

edgy *adj.* නොරිස්සන norissana

edible *adj.* කෑමට සුදුසු kaamata sudusu

edict *n.* නියෝගය niyogaya

edifice *n.* ප්‍රාසාදය praasaadaya

edit *v.* සංස්කරණය කරනවා sanskara-naya karanawa

edition *n.* සංස්කරණය sanskaranaya

editor *n.* සංස්කාරක sanskaaraka

editorial *adj.* කතුවැකිය kathuwakiya

educate *v.* හික්මනවා hikmanawa

education *n.* අධ්‍යාපනය adhyaa-panaya

efface *v.* මකනවා makanawa

effect *n.* බලපෑම balapaama

effective *adj.* ක්‍රියාකාරී kriyaa-kaaree

effeminate *adj.* කෝමල komala

effete *adj.* දුබල dubala

efficacy *n.* ගුණය gunaya

efficiency *n.* ක්‍ෂමතාව kshama-thaawa

efficient *adj.* කාර්යක්‍ෂම kaaryak-shama

effigy *n.* පඹයා pambaya

effort *n.* වෑයම waayama

egg *n.* බිත්තරය biththaraya

ego *n.* ආත්මය aathmaya

egotism *n.* අහංකාරය ahankaaraya

eight *adj.* & *n.* අට ata

eighteen *adj.* & *n.* දහ අට daha ata

eighty *adj.* & *n.* අසූව asoowa

either *adv.* එක්කෝ ekko

ejaculate *v.* නික්මනවා nikmanawa

eject *v. t* නෙරපනවා nerapanawa

elaborate *adj.* අලංකාර කරනවා alankaara karanawa

elapse *v.* ඉකුත් වෙනවා ikuth wenawa

elastic *adj.* ඇදෙන adena

elbow *n.* වැලමිට walamita

elder *adj.* වැඩිමලා wadimalaa

elderly *adj.* වයස්ගත wayasgatha

elect *v.* තෝරනවා thoranawa

election *n.* ඡන්දය chandaya

elective *adj.* ඡන්ද බලය ඇති chanda balaya athi

electorate *n.* ඡන්ද දායක කොට්ඨාසය chanda daayaka kottaasaya

electric *adj.* විද්‍යුත් widyuth

electrician *n.* විදුලි ශිල්පියා widuli shilpiyaa

electricity *n.* විදුලි බලය widuli balaya

electrify *v.* විදුලි බලය කවනවා widuli balaya kawanawa

electrocute *v.* විදුලි බලයෙන් මරනවා widuli balayen maranawa

electronic *adj.* ඉලෙක්ට්‍රොනික ilectronika

elegance *n.* අලංකාරය alankaaraya

elegant *adj.* කදිම kadima

element *n.* මූලද්‍රව්‍යය mooladrawya

elementary *adj.* ආරම්භක

aarambhaka

elephant *n.* හස්තියා hasthiya

elevate *v.* උස්සනවා ussanawa

elevator *n.* උත්තෝලකය uththo-lakaya

eleven *adj. & n.* එකොළහ ekolaha

elf *n.* මිට්ටා mitta

elicit *v.* අනාවරණය කරනවා anaawaranaya

eligible *adj.* යෝග්‍ය yogya

eliminate *v.* ඉවත් කරනවා iwath karanawa

elite *n.* ඉතා උසස් කොටස itha usas kotasa

ellipse *n.* ඉලිප්සය ilipsaya

elocution *n.* උච්චාරණ විධිය uchchaarana widhiya

elongate *v.* දික් කරනවා dik karanawa

elope *v.* රහසින් පැන යනවා rahasin pana yanawa

eloquence *n.* ව්‍යක්තභාවය wyaktha-bhaawaya

else *adv.* නැත්නම් nathnam

elucidate *v. t* පහදා දෙනවා pahadaa denawa

elude *v.* ඉක්මවා හරිනවා ikmawaa harinawa

elusion *n.* මගහැරයාම mangaha-rayaama

elusive *adj.* අල්ලා ගත නොහැකි allaagatha nohaki

emaciated *adj.* වැරුණු waarunu

email *n.* විද්‍යුත් තැපැල widyuth thapaala

emancipate *v. t* නිදහස් කරනවා nidahas karanawa

emasculate *v.* බලහීන belaheena

embalm *v.* සුවඳ කවනවා suwanda kawanawa

embankment *n.* අමුණ amuna

embargo *n.* නැව් තහනම naw thahanama

embark *v. t* නැව් නගිනවා naw nanginawa

embarrass *v.* අපහසුවට පත් කරනවා apahasuwata path karanawa

embassy *n.* තානාපති මණ්ඩලය thaanaapathi mandalaya

embattled *adj.* යුද්ධ සජ්ජ yudda sajtha

embed *v.* ඔබ්බනවා obbanawa

embellish *v.* සරසනවා sarasanawa

embitter *v.* තිත්ත කරනවා thiththa karanawa

emblem *n.* සලකුණ salakuna

embodiment *v. t.* මූර්තිය moorthiya

embolden *v.* නිර්භීත කරනවා nirbheetha karanawa

emboss *v.* ගිල්වනවා gilwanawaa

embrace *v.* වැළඳ ගන්නවා walanda gannawa

embroidery *n.* සැරසිලි මැහුම sarasili mahuma

embryo *n.* කලල kalala

emend *v.* ශුද්ධ කරනවා shudda karanawa

emerald *n.* හරිත වර්ණ haritha warna

emerge *v.* මතු වෙනවා mathu wenawa

emergency *n.* හදිසි අවස්ථාව hadisi awasthaawa

emigrate *v.* විගමනය කිරීම wigama-naya kireema

eminence *n.* උස්තැන usthana

eminent *adj.* උසස් usas

emissary *n.* දූතයා doothaya

emit *v.* විහිදුවනවා wihiduwanawaa
emollient *adj.* සමුදුකරය samudu-karaya
emolument *n.* වේතනය chethanaya
emotion *n.* චිත්තවේගය chiththa-wegaya
emotional *adj.* භාවාත්මක bhaa-waathmaka
emotive *adj.* චිත්තවේගී chiththa-wegee
empathy *n.* සහකම්පනය sahakam-panaya
emperor *n.* අධිරාජ්‍යයා adhiraajyaya
emphasis *n.* අවධාරණය awadhaa-ranaya
emphasize *v.* අවධාරණය කරනවා awadhaaranaya karanawa
emphatic *adj.* ප්‍රබල prabala
empire *n.* අධිරාජ්‍යය adhiraajya
employ *v.* රක්ෂාව rakshaawa
employee *n.* සේවකයා sewakaya
employer *n.* ස්වාමියා swaamiya
empower *v.* පවරනවා pawaranawa
empress *n.* අධිරාජිනිය adhiraaniya
empty *adj.* හිස් his
emulate *v. t* උසස් වීමට ක්‍රියා කරනවා usas weemata kriya karanawa
enable *v.* බලය දෙනවා balaya denawa
enact *v.* පනවනවා panawanawa
enamel *n.* එනැමල් enamal
enamour *v. t* වශී කරනවා washee karanawa
encapsulate *v.* සංක්ෂිප්ත කරනවා sankshiptha karanawa
encase *v.* කොපුලනවා kopulanawa
enchant *v.* වසඟ කරනවා wasanga karanawa
encircle *v. t* වටකරනවා wataka-ranawa
enclave *n.* පරිවෘතය pariwurthaya
enclose *v.* වහනවා wahanawa
enclosure *n.* කුටිය kutiya
encode *v.* කේතාංකනය කිරීම kethankanaya kireema
encompass *v.* වටලනවා wata-lanawa
encore *n.* තව වරක් thawa warak
encounter *v.* සටන satana
encourage *v.* ධෛර්යය දෙනවා dhairyaya denawa
encroach *v.* ප්‍රසර්පණය කරනවා prasarpanaya karanawa
encrypt *v.* ගුහාවෙහි සිටිනවා guhaawehi sitinawaa
encumber *v.* බර පටවනවා bara patawanawaa
encyclopaedia *n.* විශ්වකෝෂය wishwakoshaya
end *n.* කෙළවර kelawara
endanger *v.* අන්තරායට පමුණුවනවා antharaayata pamunuwanawaa
endear *v.* සිත් ගන්නවා sith gannawa
endearment *n.* ස්නේහය snehaya
endeavour *v.* උත්සාහ කරනවා uthsaaha karanawa
endemic *adj.* ඒකදේශික ekadeshika
endorse *v.* අනුදත කරනවා anudatha karanawa
endow *v.* පවරා දෙනවා pawaraa denawa
endure *v.* වාවනවා waawanawa
enemy *n.* සතුරා sathuraa
energetic *adj.* කාර්යක්ෂම kaary-akshama
energy *n.* ශක්තිය shakthiya

enfeeble *v.* දුර්වල කරනවා durwala karanawa
enfold *v.* ඔතනවා othanawa
enforce *v.* බල කරනවා bala karanawa
enfranchise *v.* නිදහස් කරනවා nidahas karanawa
engage *v.* නිරත වෙනවා niratha wenawa
engagement *n.* ගිවිසුම giwisuma
engine *n.* එන්ජිම engima
engineer *n.* ඉංජිනේරු වරයා injineru-warayaa
English *n.* ඉංග්‍රීසි ingreesi
engrave *v.* කොටනවා kotanawa
engross *v.* ලොකු අකුරෙන් ලියනවා loku akuren liyanawa
engulf *v.* ගිල දමනවා gila damanawa
enigma *n.* ප්‍රහේලිකාව praheli-kaawa
enjoy *v.* භුක්ති විඳිනවා bhukthi windinawa
enlarge *v.* විශාල කරනවා wishaala karanawa
enlighten *v.* රහත්වෙනවා rahath wenawa
enlist *v.* බැඳෙනවා bandenawa
enliven *v.* ප්‍රාණවත් කරනවා praanawath karanawa
enmity *n.* විරෝධය wirodhaya
enormous *adj.* අතිවිශාල athiwi-shaala
enough *adj.* ඇති පදමට athi pada-mata
enquire *v.* විමසනවා wimasanawa
enquiry *n.* විභාගය wibhaagaya
enrage *v.* කිපෙනවා kipenawa
enrapture *v.* අතිශයින් ප්‍රීතිමත් කරනවා athishain preethimath karanawa
enrich *v.* සාරවත් කරනවා saarawath karanawa
enrol *v.* ලියාපදිංචි කරනවා liyaapa-dinchi karanawa
enshrine *v.* නිදන් කරනවා nidan karanawa
enslave *v.* යටත් කරගන්නවා yatath karagannawa
ensue *v.* පසුව සිද්ධ වෙනවා pasuwa sidda wenawa
ensure *v.* සහතික කරනවා sahathika karanawa
entangle *v. t* පටලනවා patalanawa
enter *v.* ඇතුල් වෙනවා athul wenawa
enterprise *n.* ව්‍යවසාය wyawasaaya
entertain *v.* විනෝදය ඇති කරනවා winodaya athi karanawa
entertainment *n.* විනෝදය winodaya
enthral *v.* වසඟ කරනවා wasanga karanawa
enthrone *v.* සිංහාසනාරූඪ වෙනවා sinhaasanaarooda wenawa
enthusiasm *n.* බලවත් උනන්දුව balawath unanduwa
enthusiastic *n.* ප්‍රබල prabala
entice *v.* පොළඹවනවා polamba-wanawa
entire *adj.* සම්පූර්ණ sampoorna
entirety *n.* සියල්ල siyalla
entitle *v.* නම් කරනවා nam karanawa
entity *n.* වස්තුව wasthuwa
entomology *n.* කීට විද්‍යාව keeta widyaawa
entourage *n.* පිරිසරය parisaraya
entrails *n.* ගර්භය garbhaya

entrance *n.* ඇතුල් වීම athul weema
entrap *v. t.* අසු කරනවා asu karanawa
entreat *v.* බැගෑපත් ලෙස ඉල්ලනවා bagaapath lesa illanawa
entreaty *v. t* ආයාචනය aayaachanaya
entrench *v.* ආරක්ෂක වලල්ලක් යොදාගෙන ඉන්නවා aarakshaka walallak yodagena
entrepreneur *n.* ව්‍යවසායකයා wyawasaayakayaa
entrust *v.* පවරා දෙනවා pawaraa denawaa
entry *n.* පිවිසීම piwiseema
enumerate *v. t* ගණන් කරනවා ganan karanawa
enunciate *v.* පැහැදිලි ලෙස කියනවා pahadili lesa kiyanawa
envelop *v.* දවටනවා dawatanawaa
envelope *n.* ලියුම් කවරය liyum kawaraya
enviable *adj.* අගනා aganaa
envious *adj.* කුඩුකැඩු kudukedu
environment *n.* වටාපිටාව watapitaawa
envisage *v.* කල්පනා කරනවා kalpanaa karanawa
envoy *n.* නියෝජිතයා niyojithayaa
envy *n.* ඉසි isi
epic *n.* මහාකාව්‍යය mahaakaawya
epicure *n.* කාමභෝගියා kaamabhogiyaa
epidemic *n.* වසංගත wasangatha
epidermis *n.* අපිචර්මය apicharmaya
epigram *n.* උපහාරණය upaharanaya
epilepsy *n.* අපස්මාරය apasmaaraya
epilogue *n.* උපසංහාරය upasanhaaraya
episode *n.* කථාංගය kathaangaya
epistle *n.* හසුන hasuna
epitaph *n.* සමරු පාඨය samaru paataya
epitome *n.* සාරය saaraya
epoch *n.* වකවානුව wakawaanuwa
equal *adj.* සමාන samaana
equalize *v. t* සම කරනවා sama karanawa
equate *v.* සමකරනවා samakaranawa
equation *n.* සමීකරණය samekaranaya
equator *n.* සමකය samakaya
equestrian *adj.* අශ්වාරෝහක ashwaarohaka
equidistant *adj.* සමදුර samadura
equilateral *adj.* සමපාද samapaada
equilibrium *n.* සමතුලිතතාවය samathulithathaawaya
equip *v.* පෙරුම් පුරනවා perum puranawa
equipment *n.* ආම්පන්න aampanna
equitable *adj.* සාධාරණ saadhaarana
equity *n.* සාධාරණය saadhaaranaya
equivalent *adj.* සමක samaka
equivocal *adj.* සැක උපදවන saka upadawana
era *n.* යුගය yugaya
eradicate *v.* වඳ කරනවා wanda karanawa
erase *v.* මකාදමනවා makaadamanawa
erect *adj.* ඍජු riju
erode *v.* කාවදිනවා kaawadinawaa

erogenous *adj.* මදජනක mada-janaka

erosion *n.* සෝදාගෙන යාම soda-gena yaama

erotic *adj.* සරාගි saraagi

err *v.* වරද්දනවා waraddanawa

errand *n.* සංදේශය sandeshaya

errant *adj.* සංචාරක sanchaaraka

erratic *adj.* අස්ථිර astheera

erroneous *adj.* අසත්‍ය asathya

error *n.* දෝෂය doshaya

erstwhile *adj.* ඉස්සර issara

erudite *adj.* උගත් ugath

erupt *v.* පිට දමනවා pita damanawa

escalate *v.* වැඩි වෙනවා wadi wenawa

escalator *n.* සෝපානය sopaanaya

escapade *n.* තක්කඩිකම thakka-dikama

escape *v.i* පලායාම palaayaama

escort *n.* ඇරලනවා aralanawa

esoteric *adj.* ගුප්ත guptha

especial *adj.* විශිෂ්ට wishishta

especially *adv.* විශේෂයෙන්ම wishe-shayenma

espionage *n.* ඔත්තු සේවය oththu sewaya

espouse *v.* සරණ කොට දෙනවා sarana kota denawa

espresso *n.* කෝපි සාදන යන්ත්‍රය kopi saadana yanthraya

essay *n.* රචනාව rachanaawa

essence *n.* සාරය saaraya

essential *adj.* අත්‍යවශ්‍ය athya-washya

establish *v.* පිහිටනවා pihitanawa

establishment *n.* සංස්ථාපනය sans-thaapanaya

estate *n.* වත්ත waththa

esteem *n.* සැලකිල්ල salakilla

estimate *v. t* අනුමාන කරනවා anumaana karanawa

estranged *adj.* භේද කළ beda kala

et cetera *adv.* ආදිය aadiya

eternal *adj.* සදාකාලික sadaakaalika

eternity *n.* සදාකාලය sadaakaalaya

ethic *n* සදාචාර ප්‍රතිපත්ති sadaa-chaara prathipaththi

ethical *n.* ආචාර ධර්ම aachaara dharma

ethnic *adj.* ජනවර්ග janawarga

ethos *n.* ආචාරවිධිය aachaara widhiya

etiquette *n.* ආචාර නීතිය aachaara neethiya

etymology *n.* නිරුක්තිය nirukthiya

eunuch *n.* නපුංසක napunsaka

euphoria *n.* අල්ලාසය allaasaya

euro *n.* යුරෝ euro

European *n.* යුරෝපීය yuropeeya

euthanasia *n.* අනායාස මරණය anaayaasa maranaya

evacuate *v.* හිස් කරනවා his karanawa

evade *v. t* මඟ හරිනවා manga harinawa

evaluate *v. i* අගයනවා agayanawa

evaporate *v.* වාෂ්ප වෙනවා waashpa wenawa

evasion *n.* මඟහැරීම manga hareema

evasive *adj.* ඍජු නොවන riju nowana

eve *n.* සන්ධ්‍යාව sandyaawa

even *adj.* වුවත් wuwath

evening *n.* සැන්දෑව sandaawa

event *n.* සිද්ධිය siddiya
eventually *adv.* අවසානයේදී awa-saanayedi
ever *adv.* නිරතුරුව nirathuruwa
every *adj.* සෑම saama
evict *v.* පිට දමනවා pita damanawa
eviction *n.* නෙරපීම nerapeema
evidence *n.* සාක්ෂිය saakshiya
evident *adj.* පැහැදිලි pahadili
evil *adj.* නපුරු napuru
evince *v.* දක්වනවා dakwanawaa
evoke *v.* උපදවනවා upadawanawaa
evolution *n.* පරිනාමය parinaamaya
evolve *v.* සකස් වෙනවා sakas wenawa
exact *adj.* නිවැරදිම niwaradima
exaggerate *v.* වැඩිකොට දක්වනවා wadikota dakwanawa
exaggeration *n.* බේගලය begalaya
exalt *v.* ප්‍රශංසා කරනවා prashansaa karanawa
exam *n.* විභාගය wibhaagaya
examination *n.* පිරික්සුම piriksuma
examine *v.* පිරික්සනවා piriksanawa
examinee *n.* අයදුම්කරුවා ayadum-karuwa
example *n.* නිදසුන nidasuna
exasperate *v.* ඇවුස්සනවා awus-sanawa
excavate *v.* හාරනවා haaranawa
exceed *v.* ඉක්මවා යනවා ikmawaa yanawa
excel *v.* පරදවනවා paradawanawa
excellence *n.* විශිෂ්ටතාව wishishtathaawa
excellency *n.* උත්කෘෂ්ටතාව uth-krushtathaawa
excellent *adj.* උත්කෘෂ්ට uthkrushta
except *prep.* හැර hara
exception *n.* හැර දැමීම hara dameema
excerpt *n.* උපුටා ගත් පදය uputa gath padaya
excess *n.* අතිරේකය athirekaya
excessive *adj.* අධික adhika
exchange *v. t* හුවමාරු කරනවා huwamaaru karanawa
exchequer *n.* මුදල් තත්වය mudal thathwaya
excise *n.* සුරා බද්ද sura badda
excite *v.i* කලබල කරනවා kalabala karanawa
excitement *n.* උද්වේගය udwegaya
exclaim *v.* කෑ ගසනවා kaagasanawa
exclamation *n.* කෑ ගැසීම kaaga-seema
exclude *v.* බැහැර කරනවා bahara karanawa
exclusive *adj.* විශේෂිත wisheshitha
excoriate *v.* හම ගසනවා hama gasanawa
excrete *v.* පහ කරනවා paha karanawa
excursion *n.* සෙල්ලම් ගමන sellam gamana
excuse *v.* සමාව දෙනවා samaawa denawa
execute *v.* ක්‍රියාවෙහි යොදනවා kriyaawehi yodanawa
execution *n.* ඉටු කිරීම itu kireema
executive *n.* විධායක widhaayaka
executor *n.* බලකාරයා balakaarayaa
exempt *adj.* විවර්ජනය wiwarjanaya
exercise *n.* අභ්‍යාස abhyaasa
exert *v.* යොදනවා yodanawa
exhale *v.* ප්‍රශ්වාස කරනවා

prashwaasa karanawa

exhaust *v.* හිස් කරනවා his karanawa

exhaustive *adj.* නිරවශේෂ nirawashesha

exhibit *v.* ප්‍රදර්ශනයට තබනවා pradarshanayata thabanawa

exhibition *n.* ප්‍රදර්ශනය pradarshanaya

exhilarate *v.* ප්‍රාණවත් කරනවා praanawath karanawa

exhort *v.* ධෛර්යවත් කරනවා dhairyawath karanawa

exigency *n.* හිදිසි වුවමනාව hadisi wuwamanaawa

exile *n.* විවාසිකයා wiwaasikayaa

exist *v.* තියෙනවා thiyenawa

existence *n.* අස්තිත්වය asthithwaya

exit *n.* නික්ම යාම nikma yaama

exonerate *v.* බරින් නිදහස් කරනවා barin nidahas karanawa

exorbitant *adj.* අසාධාරණ asaadhaaranaya

exotic *adj.* විදේශීය widesheeya

expand *v.* විහිදෙනවා wihidenawa

expanse *n.* විශාල ප්‍රදේශය wishaala pradeshaya

expatriate *n.* සියරටින් නෙරපනවා siyaratin nerapanawa

expect *v.* අපේක්ෂා කරනවා apekshaa karanawa

expectant *adj.* බලාපොරොත්තු වන balaaporoththu wana

expedient *adj.* නුවණට හුරු nuwanata huru

expedite *v.* ඉක්මන් කරනවා ikman karanawa

expedition *n.* කඩිනම්කම kadinamkama

expel *v. t* නෙරපනවා nerapanawa

expend *v.* වියදම් කරනවා wiyadam karanawa

expenditure *n.* විය පැහැදම wiya pahadama

expense *n.* වියදම wiyadama

expensive *adj.* මිල අධික mila adhika

experience *n.* අත්දැකීම athdakeema

experiment *n.* පර්යේෂණය paryeshanaya

expert *n.* ප්‍රවීණයා praweenaya

expertise *n.* ප්‍රවීණතාව praweenathawa

expiate *v.* පව් සමා කරගන්නවා paw sama karagannawa

expire *v.* ඉකුත් වෙනවා ikuth wenawa

expiry *n.* අවසානය awasaanaya

explain *v.* පහදනවා pahadanawa

explicit *adj.* ව්‍යක්ත wyaktha

explode *v.* පුපුරවනවා pupurawanawa

exploit *v. t* වික්‍රමය wickramaya

exploration *n.* ගවේෂනය gaweshanaya

explore *v.* ගවේෂනය කරනවා gaweshanaya karanawa

explosion *n.* පිපිරීම pipireema

explosive *adj.* පුපුරන pupurana

exponent *n.* ප්‍රකාශකයා prakaashakaya

export *v. t.* අපනයනය කරනවා apanayanaya karanawa

expose *v.* අනාවරණය කරනවා anaawaranaya karanawa

exposure *n.* අනාවරණය anaawaranaya

express *v.* කියා සිටිනවා kiya sitinawa

expression *n.* ප්‍රකාශනය prakaashanaya

expressive *adj.* ප්‍රකාශක prakaashaka

expropriate *v.* භුක්තිය පැහැර ගන්නවා bhukthiya pahara gannawa

expulsion *n.* නෙරපීම nerapeema

extant *adj.* විද්‍යාමාන widyaamaana

extend *v.* පතුරුවාලීම pathuruwaaleema

extension *n.* විස්තාරණය wisthaaranaya

extent *n.* ප්‍රමාණය pramaanaya

exterior *adj.* පිටස්තර pitasthara

external *adj.* බාහිර baahira

extinct *adj.* වඳවී ගිය wanda wee giya

extinguish *v.* නිවනවා niwanawa

extirpate *v.* වනසනවා wanasanawa

extort *v.* බලෙන් ලබා ගන්නවා balen laba gannawa

extra *adj.* අතිරේක athireka

extract *v. t* ඇද ගන්නවා ada gannawa

extraction *n.* නිස්සාරණය nissaaranaya

extraordinary *adj.* අසාමාන්‍ය asaamanya

extravagance *n.* ප්‍රමාණය ඉක්මවීම pramaanaya ikmaweema

extravagant *adj.* ප්‍රමාණය ඉක්මවා යන pramaanaya ikmawaa yana

extravaganza *n.* විචිත්‍ර රචනාව wichithra rachanaawa

extreme *adj.* උපරිම uparima

extremist *n.* අන්තවාදියා anthawaadiyaa

extricate *v.* මුදවා හරිනවා nudawaa harinawaa

extrovert *n.* සමාජශීලී samaajasheeli

extrude *v.* නෙරනවා neranawa

exuberant *adj.* බොහෝ ඵල දරන boho pala darana

exude *v.* මද ගහනවා mada gahanawa

eye *n.* ඇස asa

eyeball *n.* ඉංගිරියාව ingiriyaawa

eyesight *n.* දෘෂ්ටිය drushtiya

eyewash *n.* රැවටිල්ල rawatilla

eyewitness *n.* සියැසින් දුටු සාක්ෂිකරු siyasin dutu saakshi

F

fable *n.* උපහැරණය upaharanaya

fabric *n.* චීත්ත cheeththa

fabricate *v.* ගොතනවා gothanawa

fabulous *adj.* කල්පිත kalpitha

facade *n.* මුහුණත muhunatha

face *n.* මුහුණ muhuna

facet *n.* මූණත moonatha

facetious *adj.* සරදමට කැමති saradamata kamathi

facial *adj.* මුහුණ පිළිබඳ වූ muhuna pilibanda wu

facile *adj.* මෘදු mrudu

facilitate *v.* පහසුකම් සලසනවා pahasukam salasanawa

facility *n.* පහසුකම pahasukama

facing *n.* අබිමුව abimuwa

facsimile *n.* නිවැරදි පිටපත niwaradi pitapatha

fact *n.* කාරණාව kaaranaawa
faction *n.* කලහය kalahaya
factitious *adj.* කෘතිම kruthima
factor *n.* සාධකය saadakaya
factory *n.* කර්මාන්තශාලාව karmaan-thashaalaawa
faculty *n.* පීඨය peetaya
fad *n.* පිස්සුව pissuwa
fade *v.i* විවර්ණ වෙනවා wiwarnma wenawa
Fahrenheit *n.* ෆැරන්හයිට් fahrenheit
fail *v.* අසමත් වෙනවා asamath wenawa
failing *n.* පාඩුව paaduwa
failure *n.* අසමත් වීම asamath weema
faint *adj.* ක්ලාන්ත klaantha
fair *adj.* සාධාරණ saadaarana
fairing *n.* ආරක්ෂක සැකිල්ල aarakshaka salakilla
fairly *adv.* තරමක් tharamak
fairy *n.* දේවදූව dewduwa
faith *n.* ශ්‍රද්ධාව shruddaawa
faithful *adj.* ශ්‍රද්ධාවන්ත shrud-daawantha
faithless *adj.* අශ්‍රද්ධාවත් ashrud-dawath
fake *adj.* මායාව maayaawa
falcon *n.* උකුස්සා ukussa
fall *v.* වැටෙනවා watenawa
fallacy *n.* මුළාව mulaawa
fallible *adj.* ප්‍රමාදී pramaadee
fallow *adj.* පුරන් වූ puran wu
false *adj.* බොරු boru
falsehood *n.* බොරුව boruwa
falter *v.* ඇනහිටිනවා anahitinawa
fame *n.* යසස yasasa
familiar *adj.* හොඳින් දන්නා hondin danna
family *n.* පවුල pawula
famine *n.* සාගතය saagathaya
famished *adj.* හාමතේ සිටි haamathe siti
famous *adj.* ප්‍රසිද්ධ prasidda
fan *n.* පංකාව pankaawa
fanatic *n.* සීමාන්තිකයා seemanthikaya
fanciful *adj.* මනඃකල්පිත manakkalpitha
fancy *n.* අරුමෝසම් arumosam
fanfare *n.* කාහලනාදය kaahala-naadaya
fang *n.* දළය dalaya
fantasize *v.* දවල් හීන දකිනවා dawal heena dakinawa
fantastic *adj.* මායාවී maayaawee
fantasy *n.* විචිත්‍ර කල්පනාව wichithra kalpanaawa
far *adv.* ඈත aatha
farce *n.* විහිළුව wihiluwa
fare *n.* ගමන් ගාස්තුව gaman gaasthuwa
farewell *interj.* ආයුබොවන් aayubowan
farm *n.* ගොවිපොළ gowipala
farmer *n.* ගොවියා gowiya
fascia *n.* යකඩ පතුර yakada pathura
fascinate *v.* වශී කරනවා washee karanawa
fascism *n.* ෆැසිස්ට් වාදය pasisit waadaya
fashion *n.* විලාසිතා wilaasitha
fashionable *adj.* විලාසිතාගත wilaasithaagatha
fast *adj.* ඉක්මන් ikman
fasten *v.* තද වෙනවා thada wenawa

fastness *n.* දුර්ගය durgaya
fat *n.* තරබාරු tharabaaru
fatal *adj.* මරණීය maraneeya
fatality *n.* මාරක සිද්ධිය maaraka siddiya
fate *n.* ඉරණම iranama
fateful *adj.* ශාපලත් shaapalath
father *n.* තාත්තා thaaththaa
fathom *n.* බඹ bamba
fatigue *n.* වෙහෙස wehesa
fatuous *adj.* තකතීරු thakatheeru
fault *n.* වැරැද්ද waradda
faulty *adj.* සදෝෂ sados
fauna *n.* සත්ත්ව වර්ගය sathwa wargaya
favour *n.* උපකාරය upakaaraya
favourable *adj.* හිතවත් hithawath
favourite *adj.* ප්‍රියතම priyathama
fax *n.* ෆැක්ස් යන්ත්‍රය fax yanthraya
fear *n.* බිය biya
fearful *adj.* බියකරු biyakaru
fearless *adj.* අභය abhaya
feasible *adj.* සාධ්‍ය saadhya
feast *n.* උත්සවය uthsawa
feat *n.* වික්‍රමය wickramaya
feather *n.* පිහාටුව pihaatuwa
feature *n.* හැඩය hadaya
febrile *adj.* උන සහිත una sahitha
February *n.* පෙබරවාරි pebarawaari
feckless *adj.* දුර්වල durwala
federal *adj.* සාමූහික samoohika
federate *v.* ඒකබද්ධ කරනවා eka-badda karanawa
federation *n.* සමූහාණ්ඩුව samoo-handuwa
fee *n.* ගාස්තුව gaasthuwa
feeble *adj.* දුර්වල durwala
feed *v.* කෑම සපයනවා kaama sapayanawa
feeder *n.* කවන්නා kawanna
feel *v.* දැනෙනවා danenawa
feeling *n.* හැඟීම hangeema
feign *v.* මායම් වෙනවා maayam wenawa
feisty *adj.* මායම් වන maayam wana
felicitate *v.* සතුට පළ කරනවා sathuta pala karanawa
felicitation *n.* අභිනන්දනය abhinan-danaya
felicity *n.* රමණීයත්වය ramanee-yathwaya
fell *v.* බිම හෙළෙනවා bima helanawa
fellow *n.* සහකාරයා sahakaaraya
fellowship *n.* සහායත්වය sahaa-yathwaya
felon *n.* දුෂ්ටයා dushtaya
female *adj.* ස්ත්‍රී sthri
feminine *adj.* ගැහැණු gahanu
feminism *n.* ස්ත්‍රීවාදය sthri waadaya
fence *n.* වැට wata
fencing *n.* කඩු හරඹය kadu harambaya
fend *v.* ආරක්ෂාව සලසගන්නවා aarakshaawa salasagannawa
feng shui *n.* ෆෙන්ග් ෂුයි feng shui
fennel *n.* මහදුරු mahaduru
feral *adj.* ප්‍රචණ්ඩ prachanda
ferment *v.* පිපෙනවා pipenawa
fermentation *n.* පැසවීම pasa-weema
fern *n.* මීවන meewana
ferocious *adj.* දරුණු darunu
ferry *n.* තොට thota
fertile *adj.* සාර saara
fertility *n.* සාරත්වය saarathwaya

fertilize *v.* සාරවත් කරනවා saara-wath karanawa
fertilizer *n.* පොහොර pohora
fervent *adj.* ඉතා උනන්දු ithaa unandu
fervid *adj.* ඉතා උණුසුම් ithaa unusum
fervour *n.* මහත් උනන්දුව mahath unanduwa
fester *v.* විකට නලුවා wikata naluwa
festival *n.* සැණකෙළිය sanakeliya
festive *adj.* ප්‍රීතිමත් preethimath
festivity *n.* උත්සවය uthsawaya
fetch *v.* එක්ක යනවා ekka yanawa
fete *n.* මංගල්‍යය mangalyaya
fetish *n.* මෝඩ භක්තිය moda bhakthiya
fettle *n.* අවස්ථාව awasthaawa
fetus *n.* ගර්භය garbhaya
feud *n.* ආරවුල aarawula
feudalism *n.* වැඩවසම් ක්‍රමය wadawasam kramaya
fever *n.* උණ una
few *adj.* ස්වල්ප swalpa
fey *adj.* අමුතු amuthu
fiancé *n.* ආදරවන්තයා aadara-wanthaya
fiasco *n.* බොරුව boruwa
fibre *n.* තන්තු thanthu
fickle *adj.* අස්ථිර astheera
fiction *n.* ප්‍රබන්ධය prabandaya
fictitious *adj.* අසත්‍ය asathya
fiddle *n.* වීනාව weenaawa
fidelity *adj.* භක්තිය bhakthiya
field *n.* කුඹුර kumbura
fiend *n.* යක්ෂයා yakshaya
fierce *adj.* රෞද්‍ර raudra
fiery *adj.* දැවෙන dawena
fifteen *adj. & n.* පහළොව pahalowa
fifty *adj. & n.* පනහ panaha
fig *n.* අත්තික්කා aththikka
fight *v.t* ගහගන්නවා gahagannawa
fighter *n.* සටන් කරන්නා satan karanna
figment *n.* මිථ්‍යා කතාව mithyaa kathaawa
figurative *adj* රූපික roopika
figure *n.* රූපය roopaya
figurine *n.* රූපිකාව roopikaawa
filament *n.* සූත්‍රිකාව soothrikaawa
file *n.* ගොනුව gonuwa
filings *n.* පිරවුම් pirawum
fill *v.* පුරවනවා purawanawa
filler *n.* පිරවුම pirawuma
filling *n.* පිරවීම piraweema
fillip *n.* පෙළඹවීම pelambaweema
film *n.* චිත්‍රපටය chithrapataya
filter *n.* පෙරණය peranaya
filth *n.* කැළිකසල kalikasala
filtrate *n.* පෙරණය peranaya
fin *n.* වරල warala
final *adj.* අවසාන awasaana
finalist *n.* අවසන් වටයට තේරුණු තැනැත්තා awasan watayata therunu thanaththa
finance *n.* මූල්‍ය moolya
financial *adj.* මුදල් පිළිබඳ mudal pilibanda
financier *n.* ධනපතියා dhanapathiya
find *v.* සොයනවා soyanawa
fine *adj.* සියුම් siyum
finesse *n.* සියුම් දක්ෂකම siyum dakshakama
finger *n.* ඇඟිල්ල angilla
finial *n.* කොත් කැරැල්ල koth karalla
finicky *adj.* ඉතා සුපරීක්ෂාකාරී ithaa

suparikshaakaaree

finish *v.* අහවර කරනවා ahawara karanawa

finite *adj.* සීමිත seemitha

fir *n.* දේවදාර dewadaara

fire *n.* ගින්දර gindara

firewall *n.* ගිනිපවුර ginipawura

firm *adj.* ස්ථිර sthira

firmament *n.* අන්තරික්ෂය antha-reekshanaya

first *adj. & n.* පළමු palamu

first aid *n.* ප්‍රථමාධාර pratha-maadhaara

fiscal *adj.* පොදු දේපලට අයත් podu depalata ayath

fish *n.* මාළුවා maaluwa

fisherman *n.* මාළුකාරයා maalu-kaaraya

fishery *n.* මසුන් අල්ලන තැන masun allana thana

fishy *adj.* මාළුවෙකු වැනි maaluweku wani

fissure *n.* විවරය wiwaraya

fist *n.* අත මිට atha mita

fit *adj.* සුදුසු sudusu

fitful *adj.* අස්ථිර asthira

fitter *n.* සවිකරුවා sawikaruwa

fitting *n.* අනුකූල anukoola

five *adj. & n.* පහ paha

fix *v.* සවි කරනවා sawi karanawa

fixation *n.* සවි කිරීම sawi kireema

fixture *n.* සවිකුරුව sawikuruwa

fizz *v.* සිරි සිරි ගෑම siri siri gaama

fizzle *v.* නිෂ්පල වෙනවා nishpala wenawa

fizzy *adj.* සිරි සිරි හඬ සහිත siri siri handa sahitha

fjord *n.* පටු කලපුව patu kalapuwa

flab *n.* වැනෙන wanena

flabbergasted *adj.* මහත් පුදුමයට පත්වෙනවා mahath pudumayata pathwenawa

flabby *adj.* සවි නැති sawi nathi

flaccid *adj.* වැරුණු waarunu

flag *n.* කොඩිය kodiya

flagellate *v.* කසෙන් තළනවා kasen thalanawa

flagrant *adj.* බරපතල barapathala

flair *n.* විචක්ෂණභාවය wichak-shanabhaawaya

flake *n.* පතුර pathura

flamboyant *adj.* අතිවිචිත්‍ර athi-wichithra

flame *n.* දැල්ල dalla

flammable *adj.* දැවෙනසුලු dawenasulu

flank *n.* පැත්ත paththa

flannel *n.* පැනල් panel

flap *v.* හැපෙනවා hapenawa

flapjack *n.* කුඩා වෙල්ලවැහුම kudaa wellawahuma

flare *n.* ගිනිමැලය ginimalaya

flash *v.* ඇවිලෙනවා awilenawa

flash light *n.* සැණකෙළිය sanakeliya

flask *n.* ප්ලාස්කුව plaaskuwa

flat *adj.* පැතලි pathali

flatten *v.t.* සමතලා වෙනවා samathalaa wenawa

flatter *v.* චාටු බස් කියනවා chaatu bas kiyanawa

flatulent *adj.* බඩේ වාතය පිරුණු bade waathaya pirunu

flaunt *v.* හැසිරෙනවා hasirenawa

flavour *n.* රසය rasaya

flaw *n.* කැලල kalala

flea *n.* මැක්කා makka

flee *v.* පලා යනවා palaayanawa
fleece *n.* ලොම් කැපීම lom kapeema
fleet *n.* වේගවත් wegawath
flesh *n.* මස masa
flex *v.* නමනවා namanawa
flexible *adj.* පහසුවෙන් නැමිය හැකි pahasuwen namiya haki
flexitime *n.* සුනම්‍ය රාජකාරි වේලාවන් sunamya raajakaaree welawan
flick *v.* වෙවුලනවා wewulanawa
flicker *v.t* චංචලනය chanchalanaya
flight *n.* ඉගිලීම igileema
flimsy *adj.* ඉතා තුනී ithaa thunee
flinch *v.* ඇකිලෙනවා akilenawa
fling *v.* දමා ගැසීම damaa gaseema
flint *n.* ඉතා තද ithaa thada
flip *v.* හෙමින් උඩට ගසනවා hemin udata gasanawa
flippant *adj.* වාචාල waachaala
flipper *n.* අවල් පත awal patha
flirt *v.i* විලාස පානවා wilaasa paanawa
flit *v.* ඉගිලෙනවා igilenawa
float *v.* පාවෙනවා paawenawa
flock *n.* රෑන raana
floe *n.* පාවෙන අයිස් කුට්ටිය paawen ais kuttiya
flog *v.* තලනවා thalanawa
flood *n.* ගංවතුර ganwathura
floodlight *n.* ධාරාලෝකය dhaa-raalokaya
floor *n.* බිම bima
flop *v.* වැනි වැනි යනවා wani wani yanawa
floppy *adj.* වැනෙන wanena
flora *n.* තුරුලිය thuruliya
floral *adj.* මලින් කරන ලද malin karana lada
florist *n.* මල්කරු malkaru
floss *n.* සේද රොඩු seda rodu
flotation *n.* ඉපිලුම ipiluma
flounce *v.* අංග වික්ෂේපය anga wikshepaya
flounder *v.* අමාරුවෙන් ක්‍රියා කරනවා amaaruwen kriya karanawa
flour *n.* පිටි piti
flourish *v.* වැජඹෙනවා wajam-benawa
flow *v.i* ප්‍රවාහය prawaahaya
flower *n.* පුෂ්පය pushpaya
flowery *adj.* මලින් ගැවසි malin gawasi
flu *n.* හෙම්බිරිස්සා උණ hembirissa una
fluctuate *v.* අඩු වැඩි වෙනවා adu wadi wenawa
fluent *adj.* කථාවෙහි දක්ෂ kathaawehi daksha
fluff *n.* ලොම් lom
fluid *n.* ද්‍රව drawa
fluke *n.* පැතැල්ල pathalla
fluorescent *adj.* ප්‍රතිදීප්ත prathideeptha
fluoride *n.* ෆ්ලෝරයිඩ් fluoride
flurry *n.* කලබල ගතිය kalabala gathiya
flush *v.* වේගයෙන් වතුර පුරවනවා wegayen wathura purawanawa
fluster *v.* කලබල කරනවා kalabala karanawa
flute *n.* බටනලාව batanalaawa
flutter *v.* වෙව්ලීම wewleema
fluvial *adj.* වතුරු wathuru
flux *n.* ස්‍රාවය sraawaya
fly *v.i* ඉගිලෙනවා igilenawa
foam *n.* පෙණ pena

focal *adj.* නාභිගත naabhigatha
focus *n.* නාභිය naabhiya
fodder *n.* පෝෂ්‍ය pooshya
foe *n.* සතුරා sathura
fog *n.* මීදුම meeduma
foil *v.* බාධා කරනවා baadhaa karanawa
fold *v.t* නමනවා namanawa
foliage *n.* අතු කොළ ආදිය athu kola aadiya
folio *n.* පත් ඉරුව path iruwa
folk *n.* ජනයා janayaa
follow *v.* අනුගමනය කරනවා anugamanaya karanawa
follower *n.* අතවැසියා athawasiya
folly *n.* මෝඩකම modakama
fond *adj.* ප්‍රිය priya
fondle *v.* හුරතල් වෙනවා hurathal wenawa
font *n.* මුද්‍රණ අකුරු වර්ගය mudrana akuru wargaya
food *n.* ආහාරය aahaaraya
fool *n.* මෝඩයා modaya
foolish *adj.* මෝඩ moda
foolproof *adj.* විශ්වාස කටයුතු wishwaasa katayuthu
foot *n.* අඩිය adiya
footage *n.* අඩියාව adiyaawa
football *n.* පාපන්දු paapandu
footing *n.* අවස්ථාව awasthaawa
footling *adj.* පය පමණක් තැබීමට ඉඩ ඇති paya pamanak thabeemata ida athi
for *prep.* සඳහා sandahaa
foray *n.* සටනට යනවා satanata yanawa
forbear *v.* ඉවසනවා iwasanawaa
forbid *v.* තහනම් කරනවා thahanam karanawa
force *n.* බලය balaya
forceful *adj.* ප්‍රබල prabala
forceps *n.* ඩැහි අඬුව dahi anduwa
forcible *adj.* බලහත්කාර bala-hathkaara
fore *adj.* ඉදිරිය idiriya
forearm *n.* යටිබාහුව yatibaahuwa
forebear *n.* මුතුන්මිත්තා muthunmiththa
forecast *v.t* අනාවැකි කියනවා anaawaki kiyanawa
forefather *n.* මුතුන්මිත්තන්ගේ කෙනෙක් muthunmiththange kenek
forefinger *n.* දබර ඇඟිල්ල dabara angilla
forehead *n.* නළල nalala
foregoing *adj.* යට සඳහන් කළ yata sandahan kala
foreign *adj.* විදේශීය widesheeya
foreigner *n.* විදේශිකයා wideshikaya
foreknowledge *n.* අනාගත ඥානය anaagatha gnaanaya
foreleg *n.* ඉස්සරහ ගාතය issaraha gaathaya
foreman *n.* ප්‍රමුඛයා pramukayaa
foremost *adj.* අග්‍ර agra
forename *n.* මුල්නම mulnama
forensic *adj.* අධිකරණ adhikarana
foreplay *n.* ලිංගික සංසර්ගයට පෙර උත්තේජනය lingika sansargayata pera uththejanaya
forerunner *n.* පෙරටුව යන්නා peratuwa yanna
foresee *v.* දැනගන්නවා danagannawa
foresight *n.* පූර්වදර්ශනය poorwa-

darshanaya

forest *n.* කැලෑව kalaawa

forestall *v.* ඉස්සර වෙනවා issara wenawa

forestry *n.* වනවිද්‍යාව wanawi-dyaawa

foretell *v.* දිවැස් කියනවා diwas kiyanawa

forever *adv.* සදහටම sadahatama

foreword *n.* පෙරවදන perawadana

forfeit *v.* අහිමිකරණය ahimika-ranaya

forge *v.t* වංචාකරණය wanchaa-karanaya

forgery *n.* වංචාව wanchaawaa

forget *v.* අමතක කරනවා amathaka karanawa

forgetful *adj.* මතක නැති වන සුලු mathaka nathi wana sulu

forgive *v.* සමාවෙනවා samaa-wenawa

forgo *v.* යමකින් වළකිනවා yamakin walakinawa

fork *n.* ගෑරුප්පුව gaaruppuwa

forlorn *adj.* අනාථ anaatha

form *n.* පෝරමය poramaya

formal *adj.* විධිමත් widimath

formality *n.* නියමය niyamaya

format *n.* ආකෘතිය aakruthiya

formation *n.* නිර්මාණය nirmaanaya

former *adj.* පූර්ව poorwa

formerly *adv.* පෙරාතුව peraathuwa

formidable *adj.* භයානක bhayaa-naka

formula *n.* සූත්‍රය soothraya

formulate *v.* ක්‍රමවත්ව දක්වනවා kramawathwa dakwanawa

forsake *v.* අත්හරිනවා athharinawa

forswear *v.* දිවුරා අත්හරිනවා diwraa athharinawa

fort *n.* කොටුව kotuwa

forte *n.* ශබ්දය උස් කොට shabdaya us kota

forth *adv.* පිටතට pitathata

forthcoming *adj.* අනාගත anaa-gatha

forthwith *adv.* සැණින් sanin

fortify *v.* බලවත් කරනවා balawath karanawa

fortitude *n.* ධෛර්යය dhaiyaya

fortnight *n.* සති දෙකක් sathi dekak

fortress *n.* බලකොටුව balakotuwa

fortunate *adj.* වාසනාවන්ත waasa-naawantha

fortune *n.* වාසනාව waasanaawa

forty *adj.& n.* හතළිහ hathaliha

forum *n.* විනිශ්චයශාලාව winishchayashaalaawa

forward *adv. &adj.* බිය සැක නැති biya saka nathi

fossil *n.* පොසිල posila

foster *v.* ධෛර්යය දෙනවා dhairyaya denawa

foul *adj.* නීතිවිරෝධී neethiwirodi

found *v.* ආරම්භ කරනවා aaramba karanawa

foundation *n.* පදනම padanama

founder *n.* ස්ථාපකයා sthaapakaya

foundry *n.* වාත්තු මඩුව waaththu maduwa

fountain *n.* වතුර මල wathura mala

four *adj.& n.* හතර hathara

fourteen *adj.& n.* දහහතර dahahathara

fourth *adj.& n.* සිව් වැනි siw wani

fowl *n.* කුකුළා kukula

fox *n.* නරියා nariya
foyer *n.* ප්‍රවේශ ශාලාව prawesha shaalaawa
fraction *n.* භාගය bhaagaya
fractious *adj.* කිපෙන සුලු kipena sulu
fracture *v.t* බිඳෙනවා bindenawa
fragile *adj.* පහසුවෙන් බිඳෙන pahasuwen bindena
fragment *n.* කොටස kotasa
fragrance *n.* සුවඳ suwanda
fragrant *adj.* මනා සුවඳැති manaa suwandathi
frail *adj.* දුර්වල durwala
frame *n.* රාමුව raamuwa
framework *n.* සැකිල්ල sakilla
franchise *n.* ඡන්ද බලය chanda balaya
frank *adj.* අවංක awanka
frankfurter *n.* දුම්ගසා පදම් කරන ලද ලිංගුස් dumgasaa padam karana lada lingus
frantic *adj.* උමතු umathu
fraternal *adj.* සහෝදර sahodara
fraternity *n.* සහෝදරත්වය sahoda-rathwaya
fraud *n.* වංචනිකය wanchanikaya
fraudulent *adj.* වංචනික wanchanika
fraught *adj.* සංයුක්ත sanyuktha
fray *v.* කෝලාහලය kolahaalaya
freak *n.* විකාරය wikaaraya
freckle *n.* සමේ දුඹුරු ලපය same dumburu lapaya
free *adj.* ස්වාධීන swaadeena
freebie *n.* ස්වාධීන පුද්ගලයා swaadeena pudgalayaa
freedom *n.* ස්වාධීනත්වය swaadee-nathwaya
freeze *v.* මිදෙනවා midenawa
freezer *n.* ශීතකරණය sheetha-karanaya
freight *n.* ගැල් කුලිය gal kuliya
freighter *n.* බඩු නැව badu nawa
French *adj.* ප්‍රංශ pransha
frenetic *adj.* වියරු වැටුණු wiyaru watunu
frenzy *n.* උන්මාදය unmaadaya
frequency *n.* සංඛ්‍යාතය sanky-aathaya
frequent *adj.* නිතර සිදුවෙන nithara siduwena
fresh *adj.* නැවුම් nawum
fret *v.t.* ගෙවී යන්නට සලස්වනවා gewee yannata salaswanawa
fretful *adj.* නොසන්සුන් nosansun
friable *adj.* පහසුවෙන් කුඩු බවට පත්කළ හැකි pahasuwen kudu bawata pathkala haki
friction *n.* ප්‍රබන්ධය prabandaya
Friday *n.* සිකුරාදා sikuraadaa
fridge *n.* ශීතකරණය sheetha-karanaya
friend *n.* යහළුවා yahaluwa
fright *n.* තිගැස්ම thigasma
frighten *v.* බියකරනවා biyaka-ranawa
frigid *adj.* උණුසුමක් නැති unusumak nathi
frill *n.* රැලි පටිය rali patiya
fringe *n.* වාටිය waatiya
frisk *v.* උඩ පනිනවා uda paninawa
fritter *v.* අපතේ හරිනවා apathe harinawa
frivolous *adj.* නිස්සාර nissaara
frock *n.* ගවුම gawma
frog *n.* ගෙම්බා gemba

frolic *v.i.* සෙල්ලම් කරනවා sellam karanawa

from *prep.* වෙතින් wethin

front *n.* ඉදිරිය idiriya

frontbencher *n.* ඉදිරියෙන් සිටින්න idiriyen sitinna

frontier *n.* දේශසීමාව desha-seemaawa

frost *n.* තුෂාර thushaara

frosty *adj.* අතිශීතල athisheethala

froth *n.* පෙණ pena

frown *v.i* රැවටිල්ල rawatilla

frowsty *adj.* පුස් බැඳුනු pus bandunu

frugal *adj.* සකසුරුවම් වූ sakasu-ruwam wu

fruit *n.* පළතුර palathura

fruitful *adj.* ඵලදායි paladaai

frump *n.* වැරහැලිකාරිය waraha-likaariya

frustrate *v.* භංගකරනවා bhanga-karanawa

fry *v.* බදිනවා bandinawa

fudge *n.* හැල්ල haalla

fuel *n.* ඉන්ධන indhana

fugitive *n.* ක්ෂණික kshanika

fulcrum *n.* ධරය dharaya

fulfil *v.* සපුරනවා sapuranawa

fulfilment *n.* සම්පූර්ණ කිරීම sampoorna kireema

full *adj.* පූර්ණ poorna

fulsome *adj.* නොමන nomana

fumble *v.* අතපත ගානවා athapatha gaanawa

fume *n.* වාෂ්පය waashpaya

fumigate *v.* දුම් කවනවා dum kawanawa

fun *n.* විනෝදය winodaya

function *n.* උත්සවය uthsawaya

functional *adj.* ක්‍රියාකාරිත්වය පිළිබඳ වූ kriyaakaarithwaya pilibanda wu

functionary *n.* නිලධාරියා nilad-haariyaa

fund *n.* අරමුදල aramudala

fundamental *adj.* මූලික moolika

funeral *n.* මළගෙදර malagedara

fungus *n.* පුස් pus

funky *adj.* බියෙන් මිරිකුණ biyen mirikuna

funnel *n.* පුනීලය puneelaya

funny *adj.* හාස්‍ය උපදවන haasya upadawana

fur *n.* මල mala

furious *adj.* කෝපාවිෂ්ට kopaa-wishta

furl *v.* දවටනවා dawatanawa

furlong *n.* හැතැප්ම කාල hathapma kaala

furnace *n.* උඳුන uduna

furnish *v.* පුරවනවා purawanawa

furnishing *n.* ගෙයි ඇති බඩු gei athi badu

furniture *n.* ගෘහ භාණ්ඩ gruha bhaanda

furore *n.* මහත් උනන්දුව mahath unanduwa

furrow *n.* රැල්ල ralla

further *adv.* තවදුරට thawadurata

furthermore *adv.* තවදුරටත් thawaduratath

furthest *adj.& adv.* දුරතම වූ durathama wu

fury *n.* ක්‍රෝධය krodaya

fuse *v.* හා කරනවා haa karanawa

fusion *n.* සංයෝජනය sanyojanaya

fuss *n.* කලබල වෙනවා kalabala wenawa

fussy *adj.* කලබල kalabala

fusty *adj.* පුස් බැඳුනු pus bandunu

futile *adj.* නිරර්ථක nirarthaka

futility *n.* නිෂ්ඵලභාවය nishpalab-haawaya

future *n.* අනාගතය anaagatha

futuristic *adj.* විශේෂ කලා ක්‍රමය wishesha kalaa kramaya

G

gab *v.* වාචාලකම waachaalakama

gabble *v.t.* කටවාචාල කියවනවා katawaachaala kiyawanawa

gadget *n.* යාන්ත්‍රික උපකරණයක් yaanthrika upakaranayak

gaffe *n.* ප්‍රමාදයෙන් වූ වරද pramaadayen wu warada

gag *n.* රවටනවා rawatanawa

gaga *adj.* විකාර wikaara

gaiety *n.* ප්‍රමෝදය pramodaya

gaily *adv.* මහත් ප්‍රීතියෙන් mahath preethiyen

gain *v.* දිනනවා dinanawa

gainful *adj.* වාසි ලැබෙන waasi labena

gait *n.* ගමන gamana

gala *n.* උත්සවය uthsawaya

galaxy *n.* මන්දාකිණිය mandaakiniya

gale *n.* සැර සුළඟ sara sulanga

gall *n.* බලවත් ක්‍රෝධය balawath krodaya

gallant *adj.* නිර්භීත nirbheetha

gallantry *n.* සල්ලාලකම sallalakama

gallery *n.* ගැලරිය galariya

gallon *n.* ගැලුම galuma

gallop *n.* පැන පැනු දුවනවා pana pana duwanawa

gallows *n.* පෝකරය pokaraya

galore *adj.* ඉතා බහුලව ithaa bahulawa

galvanize *v.i.* ගැල්වනයිස් කරනවා galvanize karanawa

gambit *n.* චෙස් ක්‍රීඩාවේ ආරම්භක පිළිවෙලක් chess kreedawe aarambaka piliwelak

gamble *v.* සූදු කෙළිනවා soodu kelinawa

gambler *n.* සූදුකාරයා soodu kaaraya

gambol *v.* පෙම් කෙළිනවා pem kelinawa

game *n.* ක්‍රීඩාව kreedawa

gamely *adj.* අභියෝගයට මුහුණ දෙන්නා වූ abiyogayata muhuna denna wu

gammy *adj.* වයසට ගිය මැහැල්ලක් බඳු වූ wayasata giya mahallak bandu wu

gamut *n.* ස්වර සප්තකය swara sapthakaya

gang *n.* කල්ලිය kalliya

gangling *adj.* මනාව නොවැඩුණු manaawa nowadunu

gangster *n.* මැරයා maraya

gangway *n.* ආසන අතර මාර්ගය aasana athara maargaya

gap *n.* විවරය wiwaraya

gape *v.* ඇනුම aanuma

garage *n.* ගරාජය garaajaya

garb *n.* වේශය weshaya

garbage *n.* කුණු කසල kunu kasala

garble *v.* තමන්ට වුවමනා දේ පමණක් තෝරා ගන්නවා thamanta wuwamanaa de pamanak thora

gannawa
garden *n.* ගෙඋයන geuyana
gardener *n.* උයන්පල්ල uyanpalla
gargle *v.* උගුර සෝදනවා ugura sodanawa
garish *adj.* අතිභූෂිත athibhooshitha
garland *n.* මල් මාලය mal maalaya
garlic *n.* සුදු ලූනු sudu loonu
garment *n.* ඇඳුම anduma
garner *v.* ගබඩා කරනවා gabadaa karanawa
garnet *n.* රතු මැණික් වර්ගයක් rathu manik wargayak
garnish *v.* සරසනවා sarasanawa
garret *n.* අට්ටාලය attaalaya
garrulous *adj.* දොඩමළු dodamalu
garter *n.* මේස් පටිය mes patiya
gas *n.* ගෑස් gaas
gasket *n.* ගෑස් කටුව gaas katuwa
gasp *v.i* පණ අදිනවා pana adinawa
gastric *adj.* ආමාශය පිළිබඳ aamaa-shaya pilibanda
gastronomy *n.* ස්වාදු භෝජනකලාව swaadu bhojanakalaawa
gate *n.* ගේට්ටුව getoowa
gateau *n.* කේක් විශේෂයක් cake wisheshayak
gather *v.* රොක්වෙනවා rokwenawa
gaudy *adj.* අතිභූෂිත athibhooshitha
gauge *n.* මිම්ම mimma
gaunt *adj.* කෙට්ටු kettu
gauntlet *n.* යකඩ අත්වැස්ම yakada athwasma
gauze *n.* දැල් රෙදි dal redi
gawky *adj.* නිවට niwata
gay *adj.* ප්‍රභා සම්පන්න prabhaa-sampanna
gaze *v.* නිරීක්ෂය nireekshanaya
gazebo *n.* ගිම්හා නකුටිය gimhaanakutiya
gazette *n.* ගැසට් පත්‍රය gasat pathraya
gear *n.* ගියරය giyaraya
geek *n.* ලොල් තැනැත්තා lol thanaththa
gel *n.* ජෙලය jelaya
geld *v.* කප්පාදු කරනවා kappaadu karanawa
gem *n.* මැණික manika
gender *n.* ලිංගය lingaya
general *adj.* පොදු podu
generalize *v.* පොදු බවට හරවනවා podu bawata harawanawa
generate *v.* උපදවනවා ,upada-wanawa
generation *n.* පරම්පරාව param-paraawa
generator *n.* උත්පාදකයා uthpaa-dakaya
generosity *n.* සුලභ බව sulabha bawa
generous *adj.* සුලභ sulabha
genesis *n.* උත්පත්තිය uppaththiya
genetic *adj.* ජාන jaana
genial *adj.* සැපදායක sapadaayaka
genius *n.* බුද්ධි ප්‍රභාව buddhi prabhaawa
genteel *adj.* ආචාරශීලි aachaa-rasheeli
gentility *n.* සභ්‍යතාව sabhyathaawa
gentle *adj.* මෘදු mrudu
gentleman *n.* මහතා mahatha
gentry *n.* මහත්වරු mahathwaru
genuine *adj.* අව්‍යාජ awyaaja
geographer *n.* භූගෝලවිද්‍යාඥයා bhoogola widyaagniya

geographical *adj.* භූගෝලීය bhoo-goleeya
geography *n.* භූගෝලය bhoogolaya
geologist *n.* භූවිද්‍යාඥයා bhoo widyaagniya
geology *n.* භූවිද්‍යාව bhoo widyaawa
geometric *adj.* ජ්‍යාමිතික jyaa-mithika
geometry *n.* ජ්‍යාමිතිය jyaamithiya
germ *n.* විෂබීජය wishabeejaya
German *n.* ජර්මන් භාෂාව german baashaawa
germane *adj.* අදාළ වන adaala wana
germinate *v.* පැළ කරනවා pala karanawa
germination *n.* පැළවීම pala weema
gerund *n.* භාවක්‍රියා පද bhaawa-kriyaapada
gestation *n.* ගැබ් දැරීම gab dareema
gesture *n.* ඉඟිය ingiya
get *v.* ලබෙනවා labenawa
geyser *n.* ගීසරය geesaraya
ghastly *adj.* මිනියක් වැනි miniyak wani
ghost *n.* හොල්මන holmana
giant *n.* යෝධයා yodaya
gibber *v.* ප්‍රලාප pralaapa
gibe *v.* ඔච්චම ochchama
giddy *adj.* තෝන්තු වූ thonthu wu
gift *n.* තෑග්ග thaagga
gifted *adj.* තෑගි කරන ලද thaagi karana lada
gigabyte *n.* ගිගා බයිට් gigabyte
gigantic *adj.* අතිවිශාල athi wishaala
giggle *v.t.* මෝඩ සිනහව moda sinahawa
gild *v.* ඔපදමනවා opadamanawa
gilt *adj.* ඔපදැමූ opadamoo
gimmick *n.* කපටිකම kapatikama
ginger *n.* ඉඟුරු inguru
gingerly *adv.* ඉති පරිස්සමෙන් ithi parissamen
giraffe *n.* ජිරාෆ් giraffe
girder *n.* බාල්කය baalkaya
girdle *n.* හවඩිය hawadiya
girl *n.* කෙල්ල kella
girlish *adj.* බාලිකාවකගේ වැනි baalikaawakage wani
giro *n.* ගයිරෝව gairowa
girth *n.* වට ප්‍රමාණය wata pramanaya
gist *n.* සාරාංශය saaranshaya
give *v.* දෙනවා denawa
given *adj.* දෙනලද denalada
glacial *adj.* ග්ලැසියර glaciyara
glacier *n.* හිම නදිය hima nadiya
glad *adj.* ප්‍රසන්න prasanna
gladden *v.* සතුටු කරනවා sathutu karanawa
glade *n.* වනාන්තරය wanaantharaya
glamour *n.* වශීකරණය washee-karanaya
glance *v.i.* බැල්ම හෙළනවා balma helanawa
gland *n.* ග්‍රන්ථිය granthaya
glare *v.i* රවා බලනවා rawaa balanawa
glass *v.t.* වීදුරු වලින් තනන ලද weeduruwalin thanana lada
glaze *v.* ඔප දමනවා opa damanawa
glazier *n.* වීදුරු සවිකරන්නා weeduru sawi karanna

gleam *v.* දිලිසෙනවා dilisenawa

glean *v.* ඇහිඳ ගන්නවා ahinda gannawa

glee *n.* සන්තෝෂය santhoshaya

glide *v.* ලිස්සා යාම lissa yaama

glider *n.* සැහැල්ලු ගුවන් යානය sahallu guwan yaanaya

glimmer *v.* යන්තමින් බැබළෙනවා yanthamin babalenawa

glimpse *n.* ක්ෂණික දර්ශනය kshanika darshanaya

glisten *v.* දිස්නා වැටෙනවා disna watenawa

glitch *n.* උපකරණයක් හදිසියේ ක්‍රියා විරහිත වීම upakaranayak hadisiye kriya wirahitha weema

glitter *v.* ලෙළ දෙනවා lela denawa

gloat *v.* අනුන්ගේ දුකේදී උදම් වෙනවා anunge dukedi udam wenawa

global *adj.* වට wata

globalization *n.* ගෝලීයකරණය goleeyakaranaya

globe *n.* ගෝලය golaya

globetrotter *n.* ලෝකපරිචාරකයා lokaparichaarakaya

gloom *n.* දෝමනස domnasa

gloomy *adj.* අඳුරු සහිත anduru sahitha

glorification *n.* ගෞරව සම්මාන පුද කරන අවස්ථාව gaurawa sammana puda karana awasthaawa

glorify *v.* ගෞරව සම්මාන කරනවා gaurawa sammana karanawa

glorious *adj.* ඉසුරුමත් isurumath

glory *n.* යසස yasasa

gloss *n.* ඔපය opaya

glossary *n.* වාග්මාලාව waagmaa-laawa

glossy *adj.* ඔප ඇති opa athi

glove *n.* අත්වැසුම athwasuma

glow *v.* දිලිසෙනවා dilisenawa

glucose *n.* ග්ලූකෝස් glucose

glue *n.* මැලියම් maliyam

glum *adj.* දුර්මුඛ durmuka

glut *n.* අධිකත්වය adhikathwaya

glutton *n.* කෑදරයා kaadaraya

gluttony *n.* කෑදරකම kaadarakama

glycerine *n.* ග්ලිසරින් glycerin

gnarled *adj.* ගැට සහිත gata sahitha

gnat *n.* හෝපුටා hohaputa

gnaw *v.* දූක් දෙනවා duk denawa

go *v.t* ගමන් කරනවා gaman karanawa

goad *v.* හෙණ්ඩුව henduwa

goal *n.* අරමුණ aramuna

goalkeeper *n.* ගෝල් රකින්නා goal rakinna

goat *n.* එළුවා eluwa

gob *n.* කෙළපිඩ kelapida

gobble *v.* තුලුගසමින් කනවා thalugasamin kanawa

goblet *n.* ගුරු ලෙත්තුව guruleth-thuwa

god *n.* දෙවියා dewiyo

godchild *n.* පිජාදූවා pijaduwa

goddess *n.* දෙව්දූව dewduwa

godfather *n.* ඇපකාර පියා apakaara piya

godly *adj.* ධාර්මික dhaarmika

godmother *n.* ඇපකාර මව apakaara mawa

goggle *n.* ඇස් කරකවනවා as karakawanawa

going *n.* ගමන gamana

gold *n.* රත්තරන් raththaran

golden *adj.* ස්වර්ණමය swarnamaya

goldsmith *n.* රන්කරුවා rankaruwa
golf *n.* ගොල්ෆ් golf
gondola *n.* වැනීසියේ ඔරු වර්ගයක් waneesiye oru wargayak
gong *n.* ඝනය ghanaya
good *adj.* හොඳ honda
goodbye *excl.* ආයුබෝවන් aayubowan
goodness *n.* යහපත්කම yahapathkama
goodwill *n.* කීර්තිනාමය keerthinaamaya
goose *n.* පාත්තයා paaththaya
gooseberry *n.* ගූස්බෙරි gooseberry
gore *n.* කැටි ගැසුනු ලේ kati gasunu le
gorgeous *adj.* ඉති අලංකාර ithi alankaara
gorilla *n.* ගෝරිල්ලා gorilla
gory *adj.* කැටි ගැසුනු ලේ සමඟ kati gasunu le samaga
gospel *n.* ශුභාරංචිය shubaaranchiya
gossip *n.* ඕපාදූප oopaadoopa
gouge *v.* උලුප්පනවා uluppanawa
gourd *n.* ලබු කබල labu kabala
gourmand *n.* කෑදරයා kaadaraya
gourmet *n.* රසඥයා rasangnya
gout *n.* වාදම waadama
govern *v.* රජ කරනවා raja karanawa
governance *n.* පාලනය paalanaya
governess *n.* ගුරුවරිය guruwariya
government *n.* ආණ්ඩුව aanduwa
governor *n.* ආණ්ඩුකාරයා aandukaaraya
gown *n.* ගවුම gawuma
grab *v.* ඩැහැ ගැනීම daha ganeema
grace *n.* ස්තුතිය sthuthiya
graceful *adj.* සුන්දර sundara
gracious *adj.* දයාන්විත dayaanwitha
gradation *n.* ක්‍රමණය kramanaya
grade *n.* ශ්‍රේණිය shreniya
gradient *n.* අනුක්‍රමණය anukramanaya
gradual *adj.* ක්‍රමික kramika
graduate *n.* උපාධිධාරී upaadhidaaree
graffiti *n.* කුරුටු ගී kurutu gee
graft *n.* අල්ලස allasa
grain *n.* ධාන්‍ය dhaanya
gram *n.* ග්‍රෑම් gram
grammar *n.* ව්‍යාකරණ wyaakarana
gramophone *n.* ග්‍රැමෆෝනය gramophonaya
granary *n.* බිස්ස bissa
grand *adj.* විශිෂ්ට wishishta
grandeur *n.* මහිමය mahimaya
grandiose *adj.* මහත් ලෙස පෙනෙන mahath lesa penena
grandmother *n.* ආච්චි aachchi
grange *n.* ග්‍රාමීය නිවාසය graameeya niwaasaya
granite *n.* ග්‍රැනයිට් granite
grant *v.* දීමනාව deemanaawa
granule *n.* ඉතා කුඩා ඇටය ithaa kudaa ataya
grape *n.* මිදි midi
graph *n.* ප්‍රස්තාරය prasthaaraya
graphic *adj.* ප්‍රස්තාර prasthaara
graphite *n.* මිනිරන් miniran
grapple *v.t.* බදාගන්නවා badaagannawa
grasp *v.* අත්වැල athwala
grass *n.* තණකොළ thanakola
grasshopper *n.* තණකොළපෙත්තා thanakolapeththa
grate *v.t* කුඩු කරනවා kudu

karanawa

grateful *n.* ප්‍රසන්න prasanna

grater *n.* අල කැරට් ගාන උපකරණය ala karat gaana upakaranaya

gratification *n.* සන්තෝෂය san-thoshaya

gratify *v.* සතුටු කරනවා sathutu karanawa

grating *n.* කණට අමිහිරි kanata amihiri

gratis *adv. &adj.* නොමිලේ nomile

gratitude *n.* කළගුණ kalaguna

gratuitous *adj.* නොමිලයේ වූ nomilaye wu

gratuity *n.* ත්‍යාගය thyaagaya

grave *n.* සොහොන sohona

gravel *n.* බොරළු boralu

graveyard *n.* සොහොන් බිම sohon bima

gravitas *n.* ඇදගැනීමේ බලය adaganeeme balaya

gravitate *v.* ආකර්ෂණය වෙනවා aakarshanaya wenawa

gravitation *n.* ගුරුත්වාකර්ෂණය guruthwaakarshanaya

gravity *n.* ගුරුත්වාකර්ෂණ බලය guruthwaakarshana balaya

gravy *n.* ඉස්ම isma

graze *v.* ඇහිඳ කනවා ahinda kanawa

grease *n.* ග්‍රීස් grease

great *adj.* මහත් mahath

greatly *adv.* බොහෝසේ boho se

greed *n.* ලෝභය lobhaya

greedy *adj.* ලෝභී lobhee

green *adj. & n.* කොළ පැහැති kola pahathi

greengrocer *n.* එළවළු හා පළතුරු වෙළෙන්දා elawalu haa palathuru welendaa

greenery *v.t.* අලංකාර තුරුලිය alankaara thuruliya

greet *n.* ආචාර කරනවා aachaara karanawa

greeting *n.* ආචාරය aachaaraya

grenade *a.* කුඩා බෝම්බය kuda bombaya

grey *n.* අළු alu

greyhound *n.* සුනඛ විශේෂයක් sunaka wisheshayak

grid *n.* කොටු සැලසුම kotu salasuma

griddle *n.* යකඩ තහඩුව yakada thahaduwa

grief *n.* දුක duka

grievance *n.* දුක් ගැනවිල්ල duk ganawilla

grieve *v.* සෝක කරනවා soka aranawa

grievous *adj.* බරපතල barapathala

grill *v.* වධ කරනවා wadha karanawa

grim *adj.* දරුණු darunu

grime *n.* දැලිකුණු ආදිය dalikunu aadiya

grin *v.* විලිත්තනවා wiliththanawa

grind *v.* අඹරනවා ambaranawa

grinder *n.* ඇඹරුම් යන්ත්‍රය ambarum yanthraya

grip *v.* ඩැහැගන්නවා dahagannawa

gripe *v.* බඩ රිදෙනවා bada ridenawa

grit *n.* වැලි කැට wali kata

groan *v.* ගොරවනවා gorawanawa

grocer *n.* සිල්ලර වෙළෙන්දා sillara welenda

grocery *n.* සිල්ලර කඩය sillara kadaya

groggy *adj.* වෙරි වූ weri wu

groin *n.* බොක්කු සන්ධිය bokku

sandhiya

groom *v.* බලනවා balanawa

groove *n.* දාරය daaraya

grope *v.* සොයාගන්නට වෑයම් කරනවා soyaagannata waayam karanawa

gross *adj.* අශික්ෂිත ashikshitha

grotesque *adj.* අස්වාභාවික asvaa-baawika

grotto *n.* ගුහාව guhaawa

ground *n.* පිට්ටනිය pittaniya

groundless *adj.* අමූලික amoolika

group *n.* කණ්ඩායම kandaayama

grouping *n.* සමූහනය samoohanaya

grout *n.* දියර බදාම diyara badaama

grovel *v.* බිම වැතිරෙනවා bima wathirenawaa

grow *v.i.* වැඩෙනවා wadenawaa

growl *v.* ගොරවනවා gorawanawaa

growth *n.* වර්ධනය wardanaya

grudge *n* එදිරිවාදිකම ediriwaa-dikama

grudging *adj.* එදිරිවාදී ediriwaadee

gruel *n.* කැඳ kanda

gruesome *adj.* භයානක bhayaa-naka

grumble *v.* අවලාද කියනවා awa-laada kiyanawa

grumpy *adj.* අවලාද කියන awalaada kiyana

grunt *v.i.* අමනාපය ප්‍රකාශ කරනවා amanaapaya prakaasha karanawa

guarantee *v.t* වගකියනවා wagaki-yanawa

guarantor *n.* ඇප කාරයා apa kaaraya

guard *v.* ආරක්ෂා කරනවා aaraksha karanawa

guarded *adj.* ආරක්ෂිත aarakshitha

guardian *n.* භාරකරු bhaarakaru

guava *n.* පේර pera

gudgeon *n.* නිවටයා niwataya

guerrilla *n.* ගරිල්ලා garilla

guess *v.i* අනුමාන කරනවා anumaana karanawa

guest *n.* අමුත්තා amuththa

guffaw *n.* කොක්හඬලනවා kokhan-dalanawaa

guidance *n.* අනුශාසනාව anushaa-sanawa

guide *n.* මාර්ගෝපදේශක maarago-padeshaka

guidebook *n.* මාර්ගෝපදේශ ග්‍රන්ථය maaragopadesha grantaya

guild *n.* සංඝය sanghaya

guile *n.* වංචාව wanchaawa

guillotine *n.* ගිලටීනය gilateenaya

guilt *n.* වරද warada

guilty *adj.* වරදකාර waradakara

guise *n.* රැවටිල්ල rawatilla

guitar *n.* ගිටාරය gitaaraya

gulf *n.* බොක්ක bokka

gull *n.* මුහුදු ලිහිණියා muhudu lihiniya

gullet *n.* උගුර ugura

gullible *adj.* වහා රැවටෙන wahaa rawatena

gully *n.* පීල්ල peella

gulp *v.* ඉක්මනින් ගිලිනවා ikmanin gilinawa

gum *n.* මැලියම් maliyam

gun *n.* තුවක්කුව thuwakkuwa

gurdwara *n.* ගුරු දේවතාවා guru dewathaawaa

gurgle *v.* ගරගර ගානවා garagara gaanawa

gust *n.* හිදිසි කෝපය hadisi kopaya

gut *n.* බඩ වැල bada wala
gutsy *adj.* ධෛර්යයවත් dairyawath
gutter *n.* අගල agala
guy *n.* පඹයා pambaya
guzzle *v.* ගිජු ලෙස කනවා giju lesa kanawa
gymnasium *n.* සරඹ ශාලාව saramba shaalawa
gymnast *n.* සරඹයෙහි දක්ෂයා sarambayehi dakshaya
gymnastic *n.* ජිම්නාස්ටික් gymnastic
gynaecology *n.* නාරිවේදය naariwedaya
gypsy *n.* අහිකුණ්ටකයා ahikuntakayaa
gyrate *v.* මණ්ඩලාකාර mandalaakara

H

habit *n.* පුරුද්ද purudda
habitable *adj.* වාසයට සුදුසු vaasayata sudusu
habitat *n.* වාසස්ථානය waasasthaanaya
habitation *n.* වාසය waasaya
habituate *v.t.* පුරුදු කරනවා purudu karanawa
habitué *n.* ගුල්ලා gulla
hack *v.* පෙති ගහනවා pethi gahanawa
hackneyed *adj.* සුලභ sulabha
haemoglobin *n.* හිමොග්ලොබින් himoglobin
haemorrhage *n.* රක්තපාතය rakthapaathaya
haft *n.* මිට mita
hag *n.* මැහැල්ල mahalla
haggard *adj.* වෑරුණු waarunu
haggle *v.* කෙවෙල් කරනවා kewal karanawa
hail *n.* ආමන්ත්‍රණය aamanthranaya
hair *n.* කොණ්ඩය kondaya
haircut *n.* කොණ්ඩා කැපීම konda kapeema
hairstyle *n.* කොණ්ඩා මෝස්තරය konda mostharaya
hairy *adj.* කේශාකාර keshaakara
hajj *n.* වාර්ශික මක්කම වන්දනාව waarshika makkama wandanaawa
halal *adj.* මුස්ලිම් ආගමික නීතිය අනුව මැරූ සතෙකුගේ මස් muslin aagamika neethiya anuwa maroo sathekuge mas
hale *adj.* නිරෝගී nirogee
halitosis *n.* දුර්ගන්ධ ශ්වාසය durganda shwaasaya
hall *n.* ශාලාව shaalawa
hallmark *n.* තථ්‍යාංකය thathyaankaya
hallow *v.* පවිත්‍රභාවයට පමුණුවනවා pawithrabhawayata pamunuwanawa
hallucinate *v.* සිතින් මවාගන්නවා sithin mawaagannawa
halogen *n.* හැලජන් halogen
halt *v.* නවතනවා nawathanawaa
halter *n.* බාන baana
halting *adj.* කොර ගසන kora gasana
halve *v.* දෙකට බෙදෙනවා dekata bedenawa
halyard *n.* කඹ kamba
ham *n.* කලවෙහි පිටුපස kalawehi pitupasa

hamburger *n.* හැම්බර්ගර් hamburger
hamlet *n.* කුඩා ගම kudaa gama
hammer *n.* මිටිය mitiya
hammock *n.* තොටිල්ල thotilla
hamper *n.* ලොකු කුඩය loku kudaya
hamster *n.* කුඩා සතෙක් kudaa sathek
hamstring *n.* කලවේ නහරය kalawe naharaya
hand *n.* අත atha
handbag *n.* අත් බෑගය ath baagaya
handcuff *n.* මාංචුව maanchuwa
handbill *n.* අත් පත්‍රිකාව wth pathrikaawa
handbook *n.* අත්පොත athpotha
handcuff *n.* මාංචුව maanchuwa
handful *n.* මිට mita
handicap *n.* බාධාව baadhaawa
handicapped *n.* අංගවිකල anga wikala
handicraft *n.* හස්ත කර්මාන්ත hastha karmaanthaya
handiwork *n.* යහපත් අත් වැඩ yahapath ath wada
handkerchief *n.* ලේන්සුව lensuwa
handle *v.t* හසුරුවනවා hasuru-wanawa
handout *n.* දීමනාව deemanaawa
handshake *n.* අතට අත දීම athata atha deema
handsome *adj.* කඩවසම් kada-wasam
handy *adj.* හපන් hapan
hang *v.i.* එල්ලෙනවා ellenawa
hangar *n.* අහස් යාත්‍රාංගනය ahas yaathraanganaya
hanger *n.* එල්ලනය ellanaya
hanging *n.* එල්ලෙන ellenawa
hangover *n.* වෙරිමතින් පසුව ඇති වන අසනීප ගතිය werimathin pasuwa athiwana asaneepa gathiya
hank *n.* කැරැල්ල karalla
hanker *v.* ආශා කරනවා aasha karanawa
haphazard *adj.* අහම්බෙන් ඇති වන ahamben athi wana
hapless *adj.* අවාසනාවන්ත awaasanawantha
happen *v.* සිදු වෙනවා sidu wenawa
happening *n.* සිද්ධිය siddiya
happiness *n.* සතුට sathuta
happy *adj.* සතුටු sathutu
harass *v.* වද දෙනවා wada denawa
harassment *n.* හිරිහැර කිරීම hirihara kireema
harbour *n.* වරාය waraaya
hard *adj.* අමාරු amaaru
hard drive *n.* දෘඪ ධාවකය druda dhaawakaya
hardback *n.* ඝන කවර ghana kawara
harden *v.* දැඩි වෙනවා dadi wenawa
hardly *adv.* අමාරුවෙන් amaaruwen
hardship *n.* අමාරුව amaaruwa
hardy *adj.* ශක්තිමත් shakthimath
hare *n.* හාවා haawa
harelip *n.* බෙදුණු තොල bedunu thola
harem *n.* අන්තඃපුර anthakpura
hark *v.* ඇහුම්කන් දෙනවා ahumkan denawaa
harlequin *n.* බහුභූතයා bahuboo-thaya
harm *n.* හිංසාව hinsaawa
harmful *adj.* හිංසාකර hinsaakara
harmless *adj.* අහිංසක ahinsaka

harmonious *adj.* සුමිහිරි sumihiri
harmonium *n.* වාද්‍ය මංජුසාව waadya manjusaawa
harmonize *v.* එකමුතු වෙනවා ekamuthu wenawa
harmony *n.* සමගිය samagiya
harness *n.* අශ්ව ඇඳුම ashwa anduma
harp *n.* වීනාව weenawa
harpy *n.* ගුරුඩා garuda
harrow *n.* දැති පෝරුව dathi poruwa
harrowing *adj.* ළය පැලෙන laya palena
harsh *adj.* කටුක katuka
harvest *n.* අස්වැන්න aswanna
harvester *n.* ගොයම් කපන්නා goyam kapanna
hassle *n.* ආරවුල aarawula
hassock *n.* කුලිච්චම kulichchama
haste *n.* තදියම thadiyama
hasten *v.* ඉක්මන් වෙනවා ikman wenawa
hasty *adj.* වහා කිපෙන wahaa kipena
hat *n.* හිස් වැස්ම his wasma
hatch *n.* දෙබෑ දොරක යටි පළුව debaa doraka yati paluwa
hatchet *n.* අත් පොරොව ath porowa
hate *v.t.* වෛර කරනවා waira karanawa
hateful *adj.* වෛරය ඇති කරන wairaya athi karana
haughty *adj.* අහංකාර ahankaara
haulage *n.* බරැදීම baraadeema
haulier *n.* බර බඩු අදින්නා bara badu adinna
haunch *n.* කෝලය kolaya
haunt *v.* හොල්මන් කරනවා holman karanawa
haunted *adj.* හොල්මන් සහිත holman sahitha
have *v.* තියෙනවා thiyenawa
haven *n.* නැව් තොට naw thota
havoc *n.* මහත් විනාශය mahath winaashaya
hawk *n.* උකුස්සා ukussa
hawker *n.* පොට්ටනිකාරයා pottanikaaraya
hawthorn *n.* ගස් වර්ගයක් gas wargayak
hay *n.* පිදුරු piduru
hazard *n.* උපද්‍රවය upadrawaya
hazardous *adj.* උපද්‍රව සහිත upadrawa sahitha
haze *n.* තුනී මීදුම thunee meeduma
hazy *adj.* නොපැහැදිලි nopahadili
he *pron.* ඔහු ohu
head *n.* හිස hisa
headache *n.* හිසේ රුදාව hise rudaawa
heading *n.* මාතෘකාව maathrukaawa
headlight *n.* ඉදිරිපස ප්‍රධාන පහන idiripasa pradaana pahana
headline *n.* සිරස්තලය sirasthalaya
headmaster *n.* මුල්ගුරු mulguru
headphone *n.* හෙඩ්ෆෝනය hedphonaya
headquarters *n.* මූලස්ථානය moolasthaanaya
headstrong *adj.* හිතුවක්කාර hithuwakkaara
heady *adj.* මුරණ්ඩු murandu
heal *v.* සුව කරනවා suwa karanawa
health *n.* සෞඛ්‍යය saukyaya
healthy *adj.* නිරෝගී nirogee
heap *n.* රාශිය raashiya

hear *v.* ඇසෙනවා asenawa
hearing *n.* ශ්‍රවණය shrawanaya
hearse *n.* මිනී රථය minee rathaya
heart *n.* හදවත hadawatha
heartache *n.* ශෝකය shokaya
heartbreak *n.* දැඩි කම්පාව dadi kampaawa
heartburn *n.* හිතේ වේදනාව hithe wedanaawa
hearten *v.* ධෛර්යමත් වෙනවා dairyamath wenawa
heartening *adj.* කරුණා බරිත karunaa barathi
heartfelt *adj.* හෘදයාංගම hurdayaan-gama
hearth *n.* ලිප lipa
heartless *adj.* අනුකම්පාව නැති anukampaawak nathi
hearty *adj.* උනන්දු unandu
heat *n.* තාපය thaapaya
heater *n.* තාපකය thaapakaya
heath *n.* කනත්ත kanaththa
heathen *n.* අශිෂ්ටයා ashishtaya
heather *n.* කුඩා ගස් වර්ගයක් kudaa gas wargayak
heating *n.* තාපනය thaapanaya
heave *v.* උස්සනවා ussanawa
heaven *n.* දිව්‍ය ලෝකය divya lokaya
heavenly *adj.* දිව්‍යමය divyamaya
heavy *adj.* බර bara
heckle *v.* බාධා කරනවා badha karanawa
hectare *n.* හෙක්ටයාරය hectaraya
hectic *adj.* කලබල සහිත kalabala sahitha
hector *v.* තර්ජනයෙන් බය ගන්වනවා tharjanayen baya ganwanawa
hedge *n.* බඩවැටිය bada watiya
hedonism *n.* සුඛ පරමවාදය sukha paramawaadaya
heed *v.* සලකනවා salakanawaa
heel *n.* විළුඹ wilumba
hefty *adj.* ශක්තිමත් shakthimath
hegemony *n.* ආධිපත්‍යය aadipathya
height *n.* උස usa
heighten *v.* වැඩි කරනවා wadi karanawa
heinous *adj.* සාහසික saahasika
heir *n.* උරුමක්කාරයා urumakkaraya
helicopter *n.* හෙලිකොප්ටරය helicopteraya
heliport *n.* හෙලිකොප්ටර තොටුපොළ helicoptara thotupola
hell *n.* අපාය apaaya
helm *n.* සුක්කානම sukkaanama
helmet *n.* ශිර්ෂකය sheershakaya
help *v.* උදව් කරනවා udau karanawa
helpful *adj.* උපකාරී upakaaree
helping *n.* උපකාරක upakaaraka
helpless *adj.* අසරණ asarana
hem *n.* වාටිය waatiya
hemisphere *n.* අර්ධගෝලය ardagolaya
hen *n.* කිකිළි kikili
hence *adv.* මෙතැන් සිට methan sita
henceforth *adv.* මින් මතු min mathu
henchman *n.* ගෝලයා golaya
henna *n.* හෙනා henaa
henpecked *adj.* දයිතාධීන daithaadeena
hepatitis *adj.* සෙංගමාලය sengamaalaya
heptagon *n.* සප්තාස්‍රය sapthraasaya
her *pron.* ඇයගේ ayage
herald *n.* ප්‍රකාශකයා

prakaashakaya
herb *n.* ඖෂධී aushadee
herculean *adj.* අතිප්‍රබල athiprabhala
herd *n.* රංචුව ranchuwa
here *adv.* මෙහි mehi
hereabouts *adv.* මේ අසල me asala
hereafter *adv.* මෙතැන් පටන් methan patan
hereby *adv.* මෙයින් meyin
hereditary *adj.* සහජ sahaja
heredity *n.* ආරය aaraya
heritage *n.* උරුමය urumaya
hermetic *adj.* වායුරෝධී vaayurodee
hermit *n.* තවුසා thawusa
hermitage *n.* අසපුව asapuwa
hernia *n.* අණ්ඩවාතය andawaathaya
hero *n.* වීරයා weeraya
heroic *adj.* වික්‍රමාන්විත wikramaanwitha
heroine *n.* වීර ස්ත්‍රිය weera sthriya
herpes *n.* විසප්පුව wisappuwa
herring *n.* හුරුල්ලා hurulla
hers *pron.* ඇගේ දේ age de
herself *pron.* ඇගේම age ma
hesitant *adj.* සැක සහිත saka sahitha
hesitate *v.* අනුමාන කරනවා anumaana karanawa
heterogeneous *adj.* විෂමජාතීය wishamajaatheeya
heterosexual *adj.* සමලිංගික නොවන samalingika nowana
hew *v.* හෙළනවා helanawa
hexogen *n.* ෂඩාස්‍රය shadaasraya
heyday *n.* හිස්තැන histhana
hibernate *v.* ශිශිරතරණය කරනවා shishiratharanaya karanawa
hiccup *n.* ඉක්කාව ikkawa
hide *v.t* හැංගෙනවා hangenawa
hideous *adj.* ඉතා අප්‍රසන්න itha aprasanna
hierarchy *n.* ධූරාවලිය dhoorawaliya
high *adj.* උස usa
highlight *v.* ඉස්මතු කිරීම ismathu kireema
highly *adv.* ඉහළින් ihalin
Highness *n.* උසස් බව usas bawa
highway *n.* මහ මඟ maha manga
hijack *v.* ගුවන් කොල්ලකනවා guwan kollakanawa
hike *n.* පයින් ගමන payin gamana
hilarious *adj.* අතිහාස athihaasa
hilarity *n.* ප්‍රහර්ෂය praharshaya
hill *n.* කන්ද kanda
hillock *n.* මිටි කන්ද miti kanda
hilt *n.* මිට mita
him *pron.* ඔහුට ohuta
himself *pron.* ඔහුම ohuma
hinder *v.* වළකනවා walakanawaa
hindrance *n.* අවහිරය avahiraya
hindsight *n.* සිදුවූ දේ දැකීම siduwoo de dakeema
hinge *n.* අසව්ව asawwa
hint *n.* ඉඟිය ingiya
hip *n.* උකුළ ukula
hire *v.t* කුලියට ගන්නවා kuliyata gannawa
hirsute *adj.* දෘඪරෝමී drudaromee
his *adj.* ඔහුගේ ohuge
hiss *v.i* සර සර ගානවා sara sara gaanawa
histogram *n.* ජාල රේඛය jaala rekhaya
historian *n.* ඉතිහාසකාරයා ithihaasakaaraya

historic *adj.* ඓතිහාසික aithihaasika
historical *adj.* පෞරාණික pau-raanika
history *n.* ඉතිහාසය ithihaasaya
hit *v.* ගහනවා gahanawa
hitch *v.* අමුණනවා amunanawa
hither *adv.* මෙතැනට methanata
hitherto *adv.* මෙදක්වා me dakwaa
hive *n.* මී වදය mee wadaya
hoard *n.* නිධානය nidaanaya
hoarding *n.* පුවරු වැට puwaru wata
hoarse *adj.* ගොරෝසු gorosu
hoax *n.* කවට උපාය kawata upaaya
hob *n.* කුඩා රාක්කය kudaa raakkaya
hobble *v.* කුරගානවා kuragaanawa
hobby *n.* විනෝදාංශය winodaan-shaya
hobgoblin *n.* පිශාචයා pishaachaya
hockey *n.* හොකී ක්‍රීඩාව hockey kreedaawa
hoist *v.* ඔසවනවා osawanawa
hold *v.t* අල්ලනවා allanawa
holdall *n.* ලොකු බඩු බෑගය loku badu baagaya
hole *n.* සිදුර sidura
holiday *n.* නිවාඩු දිනය niwaadu dinaya
holistic *adj.* සාකල්‍ය saakalya
hollow *adj.* බොකුටු bokutu
holly *n.* හොලි කොළ holly kola
holmium *n.* හොල්මියම් holmium
holocaust *n.* සමූල ඝාතනය samoola ghaathanaya
hologram *n.* හොලොග්‍රෑමය hologramaya
holster *n.* පිස්තෝල කොපුව pisthola kopuwa
holy *adj.* ශුද්ධ shudda
homage *n.* ප්‍රණාමය pranaamaya
home *n.* නිවස niwasa
homely *adj.* සැපදායක sapadaayaka
homicide *n.* මිනීමරුවා minee-maruwa
homogeneous *adj.* සමජාතීය samajaatheeya
homoeopath *n.* සම ප්‍රතිකාර වෙදියා sama prathikaara wedaya
homeopathy *n.* සමචිකිත්සාව sama chikithsaawa
homogeneous *a.* සමජාතීය samajaatheeya
homophobia *n.* සමව්‍යාධිය sama-wyaadiya
homosexual *n.* සමලිංගික samalingika
honest *adj.* අවංක awanka
honesty *n.* අවංකකම awankakama
honey *n.* මී පැණි mee pani
honeycomb *n.* මී පැණි වදය mee pani wadaya
honeymoon *n.* මධුසමය madhu-samaya
honk *n.* හංසයන්ගේ නාදය hansayange naadaya
honorary *adj.* ගරු garu
honour *n.* ගරුත්වය garuthwaya
honourable *adj.* සම්භාවනීය sambhawaneeya
hood *n.* හිස්වැස්ම hiswasma
hoodwink *v.* රවටනවා rawatanawaa
hoof *n.* කූරය kooraya
hook *n.* කොක්ක kokka
hooked *adj.* කොකු සහිත koku sahitha
hooligan *n.* දාමරිකයා daamarikaya
hoop *n.* වළල්ල walalla

hoopla *n.* වළලු දැමීමේ ක්‍රීඩාව walalu dameeme kreedawa
hoot *n.* හූව hoowa
hoover *n.* හූවරය hoowaraya
hop *v.* පනිනවා paninawa
hop *v.t.* කුන්දු ගහනවා kundu gahanawa
hope *n.* බලාපොරොත්තුව balaporottuwa
hopefully *adv.* බලාපොරොත්තු සහිතව balaporottu sahithawa
hopeless *adj.* නිරපේක්ෂක nirapeksha
horde *n.* රැළ rala
horizon *n.* ක්ෂිතිජය kshithijaya
horizontal *adj.* තිරස් thiras
hormone *n.* හෝමෝනය hormonaya
horn *n.* අං an
hornet *n.* බඹරා bambara
horoscope *n.* කේන්දරය kendaraya
horrendous *adj.* බිහිසුණු bihisunu
horrible *adj.* දරුණු darunu
horrid *adj.* මහත් පිළිකුල් උපදවන mahath pilikul upadawana
horrific *adj.* භයංකර bhayankara
horrify *v.* තැතිගන්වනවා thathigan-wanawaa
horror *n.* සංත්‍රාසය santhraasaya
horse *n.* අශ්වයා ashwayaa
horsepower *n.* අශ්ව බල ashwa bala
horticulture *n.* උද්‍යාන විද්‍යාව udyaana widyaawa
hose *n.* කොට මේස් kota mes
hosiery *n.* මේස් ඇඳුම් mes anduma
hospice *n.* ගිලාන ශාලාව gilaana shalaawa
hospitable *adj.* ආගන්තුක සත්කාරක කරන aaganthuka sathkaara karana
hospital *n.* රෝහල rohala
hospitality *n.* සංග්‍රහය sangrahaya
host *n.* සමූහය samoohaya
hostage *n.* ප්‍රාණ ඇපකරු praana apakaru
hostel *n.* නේවාසිකාගාරය newaasi-kaagaraya
hostess *n.* සත්කාර කරන්නිය sathkaara karanniya
hostile *adj.* සතුරු sathuru
hostility *n.* සතුරුකම sathurukama
hot *adj.* උණුසුම් unusum
hotchpotch *n.* අවුල් ජාලය awul jaalaya
hotel *n.* හෝටලය hotalaya
hound *n.* දඩයම් බල්ලා dadayam balla
hour *n.* පැය paya
house *n.* නිවස niwasa
housewife *n.* ගෘහණිය gruhaniya
housing *n.* නිවාස කටයුතු niwaasa katayuthu
hovel *n.* පැල pala
hover *v.* සුනංගු වෙනවා sunangu wenawa
how *adv.* කෙසේද keseda
however *adv.* කෙසේවුවත් kese wuwath
howl *n.* උඩු බුරනවා udu buralanawa
howler *n.* හඬකරය handakaraya
hub *n.* මධ්‍යස්ථානය madyas-thaanaya
hubbub *n.* කලබලය kalabalaya
huddle *v.* මිරිකී සිටිනවා mirikee sitinawa
hue *n.* පැහැය pahaya

huff *n.* කේන්තිය kenthiya
hug *v.* වැළඳගන්නවා walanda-gannawa
huge *adj.* විශාල wishaala
hulk *n.* විශාල දේ wishaala de
hull *n.* සිවිය siviya
hum *v.* ගුමුගුමුව gumugumuwa
human *adj.* මිනිස් minis
humane *adj.* දයාබර dayaabara
humanism *n.* මානවවාදය maana-wawaadaya
humanitarian *adj.* මානවවාදී maanawawaadi
humanity *n.* මනුෂ්‍යත්වය manus-hyathwaya
humanize *v.* මෘදුබව ඇති කරනවා mrudubawa athi karanawa
humble *adj.* නිහතමානී nihatha-maani
humid *adj.* තෙත thetha
humidity *n.* දියසීරාව diyaseerawa
humiliate *v.* අවමන් කරනවා awaman karanawaa
humility *n.* යටහත් පහත් බව yatahath pahath bawa
hummock *n.* ගොඩැල්ල godalla
humorist *n.* කවටයා kawataya
humorous *adj.* හාස්‍යජනක haasyajanaka
humour *n.* හාස්‍ය haasya
hump *n.* මොල්ලිය molliya
hunch *v.* කලකිරෙනවා kalakire-nawaa
hundred *adj.& n.* සියය siyaya
hunger *n.* කුසගින්න kusaginna
hungry *adj.* කුසගින්නෙන් පෙළෙන kusaginnen pelena
hunk *n.* ලොකු කුට්ටිය loku kuttiya
hunt *v.* දඩයම් කරනවා dadayam karanawaa
hunter *n.* දඩයක්කාරයා dadayak-karaaya
hurdle *n.* තහංචිය thahanchiya
hurl *v.* හෙළනවා helanawaa
hurricane *n.* චණ්ඩමාරුතය chandamaaruthaya
hurry *v.* ඉක්මන් කරනවා ikman karanawa
hurt *v.* රිදවනවා ridawanawa
hurtle *v.* වැදෙනවා wadenawa
husband *n.* ස්වාමියා swaamiya
husbandry *n* කෘෂිකර්මය krushi-karmaya
hush *v.i* නිශ්ශබ්ද වෙනවා nishshabda wenawa
husk *n.* පොත්ත poththa
husky *adj.* ගොරෝසු gorosu
hustle *v.* තදබද කොට පෙරළනවා thadabada kota peralanawa
hut *n.* මඩුව maduwa
hutch *n.* කූඩුව kooduwa
hybrid *n.* දෙමුහුන් demuhun
hydrant *n.* ජලෝද්ගම නළය jalodgama nalaya
hydrate *v.* සජල කරනවා sajala karanawaa
hydraulic *adj.* ද්‍රාව draawa
hydrofoil *n.* හයිඩ්‍රොෆොයිල බෝට්ටුව hydrofoila bottuwa
hydrogen *n.* හයිඩ්‍රජන් hydrogen
hyena *n.* බලු දිවියා balu diwiya
hygiene *n.* ස්වස්ථතාව swastha-thaawa
hymn *n.* භක්ති ගීතිකාව bhakthi geethikaawa
hype *n.* රැවටිල්ල rawatilla

hyper *pref.* අති athi
hyperactive *adj.* අතික්‍රියාශීලි athikriyaasheeli
hyperbole *n.* අතිශයෝක්තිය athishayokthiya
hypertension *n.* අධි ආතතිය adhi aathathiya
hyphen *n.* හයිපනය hyphenaya
hypnosis *n.* මෝහන විද්‍යාව mohana widyaawa
hypnotism *n.* මෝහනය mohanaya
hypnotize *v.* වශී කරනවා washee karanawaa
hypocrisy *n.* කුහක කම kuhaka kama
hypocrite *n.* කෛරාටිකයා kairaa-tikayaa
hypotension *n.* අඩු රුධිර පීඩනය adu rudira peedanaya
hypothesis *n.* කල්පිතය kalpithaya
hypothetical *adj.* කල්පිත kalpitha
hysteria *n.* හිස්ටීරියාව histeeriyaawa
hysterical *adj.* වායු ග්‍රස්ත waayu grastha

I

I *pron.* මම mama
ice *n.* අයිස් ice
iceberg *n.* හිම කුට්ටිය hima kuttiya
ice-cream *n.* අයිස් ක්‍රීම් ice-cream
icicle *n.* හිම කූර hima koora
icing *n.* අයිසිං icing
icon *n.* අයිකනය iconaya
icy *n.* අමනාප සහිත amanaapa sahitha
idea *n.* සංකල්පය sankalpaya
ideal *n.* පරිපූර්ණ paripoorna
ideally *adv.* විඥානවාදී wingna-nawaadee
idealism *n.* පරමාදර්ශවාදය paramaadarshawaadaya
idealist *n.* පරමාදර්ශවාදියා paramaadarshawaadiya
idealistic *adj.* පරමාදර්ශී paramaadarshee
idealize *v.* උත්කෘෂ්ට සේ සලකනවා uthkrushta se salakanawaa
identical *adj.* අනන්‍ය ananya
identification *n.* හැඳුනුම handunuma
identity *n.* හඳුනා ගැනීම handunaaganeema
identity *v.* අනන්‍යතාවය ananyathaawa
ideology *n.* සංකල්ප විද්‍යාව sankalpa widyaawa
idiocy *n.* මුග්ධ බව mugda bawa
idiom *n.* රූඩිය roodiya
idiomatic *adj.* භාෂා රීතියට අයත් bhashaa reethiyata ayath
idiosyncrasy *n.* ස්වචාරය swachaaraya
idiot *n.* මෝඩයා modaya
idiotic *adj.* මුග්ධ mugda
idle *adj.* අලස alasa
idleness *n.* අලසකම alasakama
idler *n.* අලසයා alasayaa
idol *n.* මූර්තිය moorthiya
idolatry *n.* මූර්ති විද්‍යාව moorthi widyaawa
idolize *v.* අතිශයෙන් ගෞරව කරනවා athishayen gaurawa karanawa
idyll *n.* ග්‍රාම කාව්‍යය graama kaawyaya

if *conj.* හොත් hoth
igloo *n.* හිම ගෙය hima geya
igneous *adj.* ගිනි වැනි gini wani
ignite *v.* පත්තු වෙනවා paththu wenawa
ignition *n.* පත්තු වීම paththu weema
ignoble *adj.* අධම adhama
ignominy *n.* අපකීර්තිය apakeerthiya
ignominious *adj.* නීච neecha
ignoramus *n.* මැටි මොළ mati mola
ignorance *n.* නූගත්කම noogath-kama
ignorant *adj.* අඥාන agnaana
ignore *v.* නොසලකා හරිනවා nosalakaa harinawaa
ill *adj.* අසනීප asaneepa
illegal *adj.* නීති විරෝධී neethi wirodi
illegible *adj.* කියවීමට දුෂ්කර kiya-weemata dushkara
illegibility *n.* කියවීමට දුෂ්කර බව kiyaweemata dushkara bawa
illegitimate *adj.* අවජාත awajaatha
illicit *adj.* තහනම් thahanam
illiteracy *n.* නූගත් කම noogath kama
illiterate *n.* නූගත් noogath
illness *n.* අසනීපය asaneepaya
illogical *adj.* තර්කයට එකඟ නැති tharkayata ekanga nathi
illuminate *v.* දීප්තිමත් කරනවා deepthimath karanawaa
illumination *n.* දීප්තිය deepthiya
illusion *v.t.* මුළා කරනවා mulaa karanawaa
illusory *adj.* මායාවී maayawi
illustrate *n.* විදහා පෑම widahaa paama
illustration *n.* නිරූපනය niroopanaya
illustrious *adj.* ශ්‍රීමත් shreemath
image *n.* ප්‍රතිරූපය prathiroopaya
imagery *n.* මනඃකල්පිතය manak-kalpithaya
imaginary *adj.* මනඃකල්පිත manak-kalpitha
imagination *n.* පරිකල්පනය parikal-panaya
imaginative *adj.* චිත්තෝත්පාදික chiththothpaadika
imagine *v.t.* සිතා ගන්නවා sithaa-gannawa
imbalance *n.* අසමබරතාව asama-barathaawa
imbibe *v.* උරා ගන්නවා uraagannawa
imbroglio *n.* ආරවුල aaraula
imbue *v.* සායම් පොවනවා saayam powanawa
imitate *v.* අනුකරණය කරනවා anukaranaya karanawa
imitation *n.* අනුකරණය anuka-ranaya
imitator *n.* අනුකරණය කරන්නා anukaranaya karannaa
immaculate *adj.* නිර්මල nirmala
immanent *adj.* ව්‍යාප්ත vyaaptha
immaterial *adj.* නොවැදගත් nowa-dagath
immature *adj.* ළපටි lapati
immaturity *n.* නොමේරූ බව nomeroo bawa
immeasurable *adj.* අපරිමාණ aparimaana
immediate *adj.* වහා සිදුවන wahaa siduwana
immemorial *adj.* ඉතා පුරාණ ithaa puraana
immense *adj.* අපරිමිත aparimitha

immensity *n.* මහත්වය mahathwaya

immerse *v.* ගිල්වනවා gilwanawaa

immersion *n.* ගිල්වීම gilweema

immigrant *n.* සංක්‍රමණිකයා sankramanikaya

immigrate *v.* සංක්‍රමණය වෙනවා sankramanaya wenawa

immigration *n.* සංක්‍රමණය sankramanaya

imminent *adj.* ඉතා ආසන්න ithaa aasanna

immoderate *adj.* පමණ නොදන්නා pamana nodanna

immodest *n.* අවිනීත awineetha

immodesty *a.* විළිබිය නැති wilibiya nathi

immolate *v.* යාගය පිණිස මරනවා yaagaya pinisa maranawaa

immoral *adj.* අශික්කිත ashikkitha

immorality *n.* දුශ්චරිතය dushcharithaya

immortal *adj.* අමරණීය amaraneeya

immortality *n.* සදාකාලික බව sadaakalika bawa

immortalize *v.* අමරණීය බවට පමුණුවනවා amaraneeya bawata pamunuwanawa

immovable *adv.* අචල achala

immune *adj.* ප්‍රතිශක්ති prathishakthi

immunity *n.* ප්‍රතිශක්තිය prathishakthiya

immunize *v.* ප්‍රතිශක්ති කරනවා prathishakthi karanawa

immunology *n.* ප්‍රතිශක්ති විද්‍යාව prathishakthi widyaawa

immure *v.* සිරකරනවා sirakaranawaa

immutable *adj.* වෙනස් නොවන wenas nowana

impact *n.* බලපෑම balapaama

impair *v.* හානි කරනවා hani karanawaa

impalpable *adj.* ඉතා සියුම් ithaa siyum

impart *v.* බෙදා දෙනවා bedaa denawaa

impartial *adj.* අපක්ෂපාතී apakshapaathee

impartiality *n.* අපක්ෂපාතීත්වය apakshapaatheethwaya

impassable *adj.* දුෂ්කර dushkara

impasse *n.* අවුල් ජාලය awul jaalaya

impassioned *adj.* වේගවත් wegawath

impassive *adj.* ශාන්ත shaantha

impatient *adj.* නොඉවසිලිවන්ත noiwasiliwantha

impeach *v.* දෝෂාරෝපණය කරනවා doshaaropanaya karanawa

impeachment *n.* දෝෂාභියෝගය doshaabhiyogaya

impeccable *adj.* නිර්දෝෂී nirdoshee

impede *v.* වළකනවා walakanawa

impediment *n.* අවහිරය awahiraya

impel *v.* බල කරනවා bala karanawaa

impending *adj.* ළඟදීම සිදුවන langadeema siduwana

impenetrable *adj.* අපාරගම්‍ය apaaragamya

imperative *adj.* අණ දෙන ana dena

imperfect *adj.* අසම්පූර්ණ asampoorna

imperfection *n.* දෝෂය doshaya

imperial *adj.* රාජකීය raajakeeya

imperialism *n.* අධිරාජ්‍යවාදය adhiraajyawaadaya

imperil *v.* අන්තරායට පමුණුවනවා antharaayata pamunuwanawaa
impersonal *adj.* අපුද්ගල apudgala
impersonate *v.* මූර්තිමත් කරනවා moorthimath karanawaa
impersonation *n.* වෙස්වලා ගැනීම weswalaa ganeema
impertinence *n* නොහික්මුනු කම nohikmunu kama
impertinent *adj.* නොහික්මුනු nohikmunu
impervious *adj.* අපාරගම්‍ය apaaragamya
impetuous *adj.* ඉක්මනින් යන ikmanin yana
impetus *n.* වේගය wegaya
impious *adj.* පාපී paapee
implacable *adj.* සමා නොවන samaa nowana
implant *v.* රෝපණය කරනවා ropanaya karanawaa
implausible *adj.* ඇදහිය නොහැකි adahiya nohaki
implement *n.* ආම්පන්න aampanna
implicate *v.* හඟවනවා hangawanawa
implication *n.* ඇඟවීම angaweema
implicit *adj.* නිසැක nisaka
implode *v.* ඇතුළට පුපුරනවා athulata pupuanawaa
implore *v.t.* අයැද සිටිනවා ayada sitinawaa
imply *v.* අඟවනවා angawanawaa
impolite *adj.* අශිෂ්ට ashishta
import *v.* ආනයනය කරනවා aanayanaya karanawaa
importer *n.* ආනයනකරු aanayanakaru
importance *n.* වැදගත්කම wadagathkama
important *adj.* වැදගත් wadagath
impose *v.* රවටනවා rawatanawaa
imposing *adj.* ආනුභාවසම්පන්න aanubhaawasampanna
imposition *n.* රැවටිල්ල rawatilla
impossibility *n.* අශක්‍යතාව ashakyathaawaya
impossible *adj.* නොහැකි nohaki
imposter *n.* ප්‍රතිරූපකයා prathiroopakayaa
impotence *n.* බලහීනකම belaheenakama
impotent *adj.* බලහීන belaheena
impound *v.* කොටු කරනවා kotu karanawaa
impoverish *v.* හිඟමනට බස්සනවා hingamanata bassanawa
impracticable *adj.* අප්‍රයෝජ්‍ය aprayojya
impractical *adj.* ප්‍රායෝගික නොවන mraayogika nowana
impress *v.* සිතට කා වද්දනවා sithata kaa waddanawaa
impression *n.* සංකල්පනාව sankalpanaawa
impressive *adj.* සිත් ගන්නා sith ganna
imprint *v.* කාවද්දනවා kaawaddanawa
imprison *v.* සිර කරනවා sira karanawaa
improbable *adj.* ඉතා අනුමාන ithaa anumaana
improper *adj.* අවිධිමත් awidimath
impropriety *n.* නොහොබිනාකම nohobinaakama
improve *v.* දියුණු කරනවා diyunu karanawaa

improvement *n.* දියුණුව diyunuwa
improvident *adj.* දුර දිග නොබලන dura diga nobalana
improvise *v.* එවලෙමේ තනනවා ewelema thananawaa
imprudent *adj.* අවිචක්ෂණ awichakshana
impudent *adj.* අවිනීත awineetha
impulse *n.* ආවේගය aawegaya
impulsive *adj.* ආවේගී aawegee
impunity *n.* දුර්විපාක නොලබා සිටීම durwipaaka nolabaa siteema
impure *adj.* අපිරිශුද්ධ aparishudda
impurity *n.* අපවිත්‍රතාව apawithrathaawa
impute *v.* ආරූඪ කරනවා aarooda karanawa
in *prep.* තුළ thula
inability *n.* බැරිකම barikama
inaccurate *adj.* සාවද්‍ය saawadya
inaction *n.* අලසකම alasakama
inactive *adj.* අක්‍රිය akriya
inadequate *adj.* මදි වූ madi woo
inadmissible *adj.* බාරගත නොහැකි baaragatha nohaki
inadvertent *adj.* නොසැලකිලි සහිත nosalakili sahitha
inane *adj.* ඉතා මෝඩ ithaa moda
inanimate *adj.* අප්‍රාණික apraanika
inapplicable *adj.* අදාළ නොවන adaala nowana
inappropriate *adj.* නුසුදුසු nusudusu
inarticulate *adj.* නිශ්ශබ්ද nishshabda
inattentive *adj.* කන් නොදෙන kan nodena
inaudible *adj.* නෑසෙන naasena
inaugural *adj.* ආරම්භක aarambaka
inaugurate *v.* අරඹනවා arambanawaa
inauspicious *adj.* අශුභ ashuba
inborn *adj.* සහජ sahaja
inbred *adj.* නෛසර්ගික naisargika
incalculable *adj.* ඉතා විශාල ithaa wishaala
incapable *adj.* අසමර්ථ asamartha
incapacity *n.* අසමත්කම asamathkama
incarcerate *v.* හිරේ දමනවා hire damanawaa
incarnate *adj.* ශරීරයක් නැති shareerayak nathi
incarnation *n.* අවතාරය awatha-araya
incense *n.* සුවඳ suwanda
incentive *n.* ධෛර්යය දීම dairyaya deema
inception *n.* ආරම්භය aarambaya
incest *n.* ව්‍යභිචාරය wyabhichaaraya
inch *n.* අඟල angala
incidence *n.* සිදුවීම siduweema
incident *n.* සිද්ධිය siddiya
incidental *adj.* අනියම් aniyam
incisive *adj.* උග්‍ර ugra
incite *v.* අවුස්සනවා awussanawa
inclination *n.* ආනතිය aanathiya
incline *v.* ඇල කරනවා ala karanawa
include *v.* අඩංගු කරනවා adangu karanawaa
inclusion *n.* අඩංගු කිරීම adangu kireema
inclusive *adj.* ඇතුළු වූ athulu woo
incoherent *adj.* නොගැළපෙන nogalapena
income *n.* ආදායම aadayama
incomparable *adj.* අනුපමේය

anoopameya

incompatible *adj.* පරස්පර විරෝධී paraspara wirodee

incompetent *adj.* අදක්ෂ adaksha

incomplete *adj.* අසම්පූර්ණ asampoorna

inconclusive *adj.* අවිනිශ්චිත awinishchitha

inconsiderate *adj.* සැලකිලිමත් නැති salakilimath nathi

inconsistent *adj.* අස්ථිර asthira

inconsolable *adj.* සැනසිය නොහැකි sanasiya nohaki

inconspicuous *adj.* නොපෙනෙන nopenena

inconvenience *n.* අපහසුව apahasuwa

incorporate *v.* ඇතුලත් කරනවා athulath karanawaa

incorporation *n.* සම්මත කිරීම sammatha kireema

incorrect *adj.* වැරදි waradi

incorrigible *adj.* ඉතා මුරණ්ඩු ithaa murandu

incorruptible *adj.* අදූෂ්‍ය adooshya

increase *v.* වැඩි කරනවා wadi karanawaa

incredible *adj.* විශ්වාස කළ නොකළැකි wishwaasa kala nohaki

increment *n.* වැඩිවීම wadiweema

incriminate *v.i.* චෝදනාවකට අසු කරනවා chodanaawakata asu karanawaa

incubate *v.* බිජු රකිනවා biju rakinawaa

inculcate *v.* උගන්වනවා uganwanawaa

incumbent *adj.* විහාරාධිපති wiharaadhipathi

incur *v.* දරනවා daranawaa

incurable *adj.* අසාධ්‍ය asaadya

incursion *n.* ආක්‍රමණය aakramanaya

indebted *adj.* උපකාර ලැබූ upakaara laboo

indecency *n.* අසභ්‍යතාවය asabyathaawaya

indecent *adj.* අවිනීත awineetha

indecision *n.* දෙගිඩියාව degidiyaawa

indeed *adv.* සැබවින්ම sabawinma

indefensible *adj.* අනාරක්ෂක anaarakshaka

indefinite *adj.* අනියම් aniyam

indemnity *n.* හානි රක්ෂණය haani rakshanaya

indent *v.* කඩතොලු කරනවා kadatholu karanawaa

indenture *n.* ඔප්පුව oppuwa

independence *n.* නිදහස nidahasa

independent *adj.* නිදහස් nidahas

indescribable *adj.* විස්තර නොකළැකි wisthara nokalaki

index *n.* සූචිය suchiya

Indian *n.* ඉන්දීය indeeya

indicate *v.* දක්වනවා dakwanawaa

indication *n.* හැඟවීම hangaweema

indicative *adj.* ප්‍රතීයමාන pratheeyamaana

indicator *n.* දර්ශකය darshakaya

indict *v.* අධි චෝදනා කරනවා adhi chodanaa karanawaa

indictment *n.* අධි චෝදනාව adhi chodanaawa

indifference *n.* වෙනස්කම wenaskama

indifferent *adj.* නොවැදගත්

nowadagath

indigenous *adj.* ස්වදේශීය swadesheeya

indigestible *adj.* පහසුවෙන් නොදිරන pahasuwen nodirana

indigestion *n.* අජීරණය ajeeranaya

indignant *adj.* කුපිත වූ kupitha woo

indignation *n.* කෝපය kopaya

indignity *n.* අවමානය awamaanaya

indigo *n.* ඉන්ඩිගෝ indigo

indirect *adj.* ඍජු නොවන riju nowana

indiscipline *n.* අවිනය awinaya

indiscreet *adj.* අවිචාරක awichaaraka

indiscretion *n.* දුරාචාරය duraachaaraya

indiscriminate *adj.* ව්‍යාකූල wyaakoola

indispensable *adj.* අත්හළ නොහැකි athhala nohaki

indisposed *adj.* නොකැමැති nokamathi

indisputable *adj.* විවාද රහිත wiwaada rahitha

indistinct *adj.* නොපැහැදිලි nopahadili

individual *adj.* පුද්ගලික pudgalika

individualism *n.* පුද්ගලවාදය pudgalawaadaya

individuality *n.* පෞද්ගලිකත්වය paudgalikathwaya

indivisible *adj.* නොබෙදිය හැකි nobediya haki

indolent *adj.* උදාසීන udaseena

indomitable *adj.* ස්ථිර stheera

indoor *adj.* ගෘහස්ථ gruhastha

induce *v.* ප්‍රේරණය කරනවා preranaya karanawa

inducement *n.* පෙළඹවීම pelambaweema

induct *v.* ප්‍රවිෂ්ට කරනවා prawishta karanawaa

induction *n.* ප්‍රේරණය preranaya

indulge *v.* ඉඩ දෙනවා ida denawa

indulgence *n.* අනුෂධෙය anushedhanaya

indulgent *adj.* කාරුණික kaarunika

industrial *adj.* කාර්මික kaarmika

industrious *adj.* කඩිසර kadisara

industry *n.* කර්මාන්තය karmaanthaya

ineffective *adj.* උදාසීන udaaseena

inefficient *adj.* අදක්ෂ adaksha

ineligible *adj.* අයෝග්‍ය ayogya

inequality *n.* වෙනස wenasa

inert *adj.* නිෂ්ක්‍රිය nishkreeya

inertia *n.* අවස්ථිතිය awasthithiya

inescapable *adj.* වැළකිය නොහැකි walakiya nohaki

inevitable *adj.* අනිවාර්ය aniwaarya

inexact *adj.* හරි නැති hari nathi

inexcusable *adj.* සමාව දිය නොහැකි samaawa diya nohaki

inexhaustible *adj.* විපුල wipula

inexorable *adj.* අනුකම්පා රහිත anukampaa rahitha

inexpensive *adj.* මිල අධික නොවන mila adhika nowana

inexperience *n.* පළපුරුදු නැති බව palapurudu nathi bawa

inexplicable *adj.* විසඳිය නොහැකි wisandiya nohaki

inextricable *adj.* බේරිය නොහැකි beriya nohaki

infallible *adj.* නොවරදින nowaradina

infamous *adj.* ඉතා දුෂ්ට itha dushta

infamy *n.* අපකීර්තිය apakeerthiya

infancy *n.* ළදරු විය ladaru wiya

infant *n.* ළදරුවා ladaruwa

infanticide *n.* ළදරු ඝාතනය ladaru ghaathanaya

infantile *adj.* බිළිඳ bilinda

infantry *n.* පාබළ paabala

infatuate *v.* මෝහයෙන් මත් කරනවා mohayen math karanawaa

infatuation *n.* අධික ප්‍රේමය adhika premaya

infect *v.* ලෙඩ බෝකරනවා leda bokaranawaa

infection *n.* ආසාදනය aasadanaya

infectious *adj.* බෝවෙන bowena

infer *v.* අනුමාන කරනවා anumaana karanawaa

inference *n.* නිශ්චය nishchaya

inferior *adj.* පහත් pahath

inferiority *n.* පහත් බව pahath bawa

infernal *adj.* අපාගත apaagatha

infertile *adj.* නිසරු nisaru

infest *v.* රස්කකා උපද්‍රව කරනවා raskakaa upadrawa karanawaa

infidelity *n.* ද්‍රෝහිකම drohikama

infighting *n.* අභ්‍යන්තර ගැටුම් abyanthara gatum

infiltrate *v.* ඇතුළට කාන්දු වෙනවා athulata kaandu wenawa

infinite *adj.* අපරිමිත aparimitha

infinity *n.* අනන්තය ananthaya

infirm *adj.* ගිලන් gilan

infirmity *n.* දුර්වලතාව durwalathaawa

inflame *v.* ගිනි ගහනවා gini gahanawaa

inflammable *adj.* දැල්වෙන සුලු dalwena sulu

inflammation *n.* ප්‍රදාහය pradaahaya

inflammatory *adj.* කුපිත කරවන kupitha karawana

inflate *v.* පුප්පනවා puppanawa

inflation *n.* උද්ධමනය uddamanaya

inflect *v.* නමනවා namanawa

inflexible *adj.* දැඩි dadi

inflict *v.* හානි පමුණුවනවා haani pamunuwanawaa

influence *n.* ආනුභාවය aanubhaawaya

influential *adj.* වැදගත් wadagath

influenza *n.* ප්‍රතිශ්‍යා රෝගය prathishyaa rogaya

influx *n.* ආගමනය aagamanaya

inform *v.* සැල කරනවා sala karanawaa

informal *adj.* අවිධිමත් awidimath

information *n.* තොරතුරු thorathuru

informative *adj.* දක්වන dakwana

informer *n.* ඔත්තුකාරයා oththukaaraya

infrastructure *n.* යටිතල ව්‍යුහය yatithala wyuhaya

infrequent *adj.* දුරාචාරයේ සිදුවන duraachaaraye siduwana

infringe *v.* උල්ලංඝනය කරනවා ullanganaya karanawaa

infringement *n.* උල්ලංඝනය කිරීම ullanganaya kireema

infuriate *v.* උමතු කරනවා umathu karanawaa

infuse *v.* ආවිලනය aawilanaya

infusion *n.* ආසේවනය aasewanaya

ingrained *adj.* පාට කරන ලද paata karana lada

ingratitude *n.* ගුණමකුකම gunamakukama
ingredient *n.* අංගය angaya
inhabit *v.* වාසය කරනවා waasaya karanawaa
inhabitable *adj.* වාසයට සුදුසු waasayata sudusu
inhabitant *n.* නිවැසියා niwasiya
inhale *v.* ආශ්වාස කරනවා aashwaasa karanawaa
inhaler *n.* ආනනකය aananakaya
inherent *adj.* ආවේණික aawenika
inherit *v.* උරුම වෙනවා uruma wenawa
inheritance *n.* උරුමය urumaya
inhibit *v.* තහනම් කරනවා thahanam karanawa
inhibition *n.* තහනම thahanama
inhospitable *adj.* ආගන්තුක සත්කාර නොකරන aaganthuka sathkaara nokarana
inhuman *adj.* නොමිනිස් nominis
inimical *adj.* අමිතුරු amithuru
inimitable *adj.* අද්විතීය adwitheeya
initial *adj.* ආරම්භක aarambaka
initiate *v.* මුල් පුරනවා mul puranawaa
initiative *n.* මුල් පිරීම mul pireema
inject *v.* එන්නත් කරනවා ennath karanawaa
injection *n.* එන්නත ennatha
injudicious *adj.* අවිචාරී awichaari
injunction *n.* නියෝගය niyogaya
injure *v.* තුවාල කරනවා thuwaala karanawaa
injurious *adj.* හිංසක hinsaka
injury *n.* තුවාලය thuwaalaya
injustice *n.* අවනඩුව awanaduwa
ink *n.* තීන්ත theentha
inkling *n.* සැකය sakaya
inland *adj.* රට මැදෙහි වූ rata madehi woo
inmate *n.* පදිංචිකාරයා padinchikaaraya
inmost *adj.* ඉතා අභ්‍යන්තර ithaa abyanthara
inn *n.* තානායම thaanayama
innate *adj.* සහජ sahaja
inner *adj.* ආධ්‍යාත්මික aadyaathmika
innermost *adj.* ඉතා අභ්‍යන්තර ithaa abyanthara
innings *n.* ඉනිම inima
innocence *n.* අහිංසකත්වය ahinsakathwaya
innocent *adj.* අහිංසක ahinsaka
innovate *v.* අමුතු ක්‍රම ඇතිකරනවා amuthu krama athikaranawa
innovation *n.* නවෝත්පාදනය nawothpaadanaya
innovator *n.* නවෝත්පාදක nawothpaadaka
innumerable *adj.* අප්‍රමාණ apramaana
inoculate *v.* එන්නත් කරනවා ennath karanawa
inoculation *n.* ආක්‍රමණය aakramanaya
inoperative *adj.* අවලංගු awalangu
inopportune *adj.* අවස්ථානුකූල නොවූ awasthaanukoola nowoo
inpatient *n.* නොඉවසිලිවන්ත noiwasiliwantha
input *n.* ආදානය aadanaya
inquest *n.* මරණ විමසුම marana wimasuma
inquire *v.* විමසනවා wimasanawa

inquiry *n.* විභාගය wibhaagaya

inquisition *n.* විභාග කිරීම wibhaaga kireema

inquisitive *adj.* ප්‍රශ්න ඇසීමට ලැදි prashna aseemata ladi

insane *adj.* උමතු umathu

insanity *n.* උන්මාදය unmaadaya

insatiable *adj.* ඉතා ගිජු ithaa giju

inscribe *v.* කැටයම් කරනවා katayam karanawaa

inscription *n.* ශිලා ලිපිය shilaa lipiya

insect *n.* කෘමියා krumiyaa

insecticide *n.* කෘමිනාශකය kruminaashakaya

insecure *adj.* අනාරක්ෂිත anaarakshitha

insecurity *n.* අනාරක්ෂිතභාවය anaarakshithabhaawaya

insensible *adj.* සිහිසන් නැති sihisan nathi

inseparable *adj.* වෙනස් නොකළකි wenas nokalaki

insert *v.* ඇතුල් කරනවා athul karanawa

insertion *n.* නිවේශය niweshaya

inside *n.* ඇතුල් පැත්ත athul paththa

insight *n.* දර්ශනය darshanaya

insignificance *n.* වැදගැම්මකට නැති wadagammakata nathi

insignificant *adj.* නොවැදගත් nowadagath

insincere *adj.* වංක wanka

insincerity *adv.* කපටිකම kapatikama

insinuate *v.* ක්‍රමයෙන් විදිනවා kramayen wadinawa

insinuation *n.* ඉංගිතය ingithaya

insipid *adj.* කිවුල් kiwul

insist *v.* බලකර ඉල්ලනවා balakara illanawaa

insistence *n.* බල කිරීම bala kireema

insistent *adj.* වහා කළ යුතු wahaa kala yuthu

insolence *n.* අහංකාරකම ahankaarakama

insolent *adj.* අහංකාර ahankaara

insoluble *adj.* අද්‍රාව්‍ය adraawya

insolvency *n.* බංකොලොත්කම bankolothkama

insolvent *adj.* ණය ගෙවන්නට බැරි naya gewannata bari

inspect *v.* පිරික්සනවා piriksanawaa

inspection *n.* පරීක්ෂාව parikshaawa

inspector *n.* පරීක්ෂකයා parikshakayaa

inspiration *n.* ආශ්වාස කිරීම aashwaasa kireema

inspire *v.* සිත් තුළට කා වද්දනවා sith thulata kaawaddanawa

instability *n.* අස්ථිර බව asthira bawa

install *v.* සවි කරනවා sawi karanawaa

installation *n.* ස්ථාපනය sthaapanaya

instalment *n.* වාරිකය waarikaya

instance *n.* සිද්ධිය siddiya

instant *adj.* ක්ෂණය kshanaya

instantaneous *adj.* ක්ෂණික kshanika

instead *adv.* වෙනුවට wenuwata

instigate *v.* උසි ගන්නනවා usi gannanawa

instil *v.* කා වද්දනවා kaa waddanawa

instinct *n.* ඉව iwa
instinctive *adj.* ඉබේ කෙරෙන ibe kerena
institute *n.* ආයතනය aayathanaya
institution *n.* විද්‍යාලය widyaalaya
instruct *v.* නියම කරනවා niyama karanawaa
instruction *n.* නියමය niyamaya
instructor *n.* උපදේශකයා upade-shakayaa
instrument *n.* උපකරණය upaka-ranaya
instrumental *adj.* තූර්ය භාණ්ඩයකින් උපදින thoorya bhandayakin upadina
instrumentalist *n.* තූර්ය වාදකයා thoorya waadakaya
insubordinate *adj.* අකීකරු akee-karu
insubordination *n.* අකීකරුකම akeekarukama
insufficient *adj.* නොසෑහෙන nosa-ahena
insular *adj.* අගතිගාමී agathigaamee
insulate *v.* තනි කරනවා thani karanawa
insulation *n.* පරිවරණය pariwara-naya
insulator *n.* පරිවාරකය pariwaa-rakaya
insulin *n.* ඉන්සියුලින් insulin
insult *v.t.* නින්දා කරනවා nindaa karanawaa
insupportable *adj.* දැරිය නොහැකි dariya nohaki
insurance *n.* රක්ෂණය rakshanaya
insure *v.* රක්ෂණය කරනවා raksha-naya karanawaa
insurgent *n.* කැරලිකාරයා karalikaa-raya
insurmountable *adj.* නගින්නට බැරි naginnata bari
insurrection *n.* කැරලි කෝලාහලය karali kolaahalaya
intact *adj.* නොඉඳුල් noindul
intake *n.* ඇතුල් වීම athul weema
intangible *adj.* නොපැහැදිලි nopahadili
integral *adj.* පූර්ණ poorna
integrity *n.* සම්පූර්ණත්වය sampoor-nathwaya
intellect *n.* බුද්ධිය buddiya
intellectual *adj.* බුද්ධිමත් buddimath
intelligence *n.* ඥානය gnaanaya
intelligent *adj.* ඥානවන්ත gnaana-wantha
intelligible *adj.* පැහැදිලි pahadili
intend *v.* අදහස් කරනවා adahas karanawaa
intense *adj.* තදබල thadabala
intensify *v.* වැඩි කරනවා wadi karanawaa
intensity *n.* තීව්‍රතාව theewra-thaawa
intensive *adj.* තීව්‍ර theewra
intent *n.* උත්සාහවත් uthsaahawath
intention *n.* අභිප්‍රාය abhipraaya
intentional *adj.* චේතනීය wetha-neeya
interact *v.* අන්‍යෝන්‍ය සේ බලපානවා anyonya se balapaanawa
intercede *v.* මැදිහත් වෙනවා madihath wenawa
intercept *v.* බාධා කරනවා badaa karanawa
interception *n.* අතුරු වරනය athuru waranaya

interchange *v.* අතුරු මාරුව athuru maaruwa

intercom *n.* අභ්‍යන්තරව අදහස් හුවමාරු කර ගැනීම abyantharawa adahas huwamaaru kara ganeema

interconnect *v.* එකිනෙකට සම්බන්ධ කරනවා ekinekata sambanda karanawaa

intercourse *n.* ගමනා ගමනය gama-naagamanaya

interdependent *adj.* එකක් අනෙකට බැඳුනු ekak anekata bandunu

interest *n.* පොලිය poliya

interesting *adj.* සිත්ගන්නා sith-ganna

interface *n.* අතුරු මුහුණත athuru muhunatha

interfere *v.* විරුද්ධ වෙනවා wirudda wenawa

interference *n.* බාධාව badhaawa

interim *n.* තාවකාලික thaawakalika

interior *adj.* අභ්‍යන්තර abyanthara

interject *v.* අතරට දමනවා atharata damanawaa

interlink *v.* යා කරනවා yaa kara-nawaa

interlock *v.* පුට්ටු වෙනවා poottu wenawa

interlocutor *n.* සංවාදකයා sanwaa-dakaya

interloper *n.* අයුතු මැදිහත්වන්නා ayuthu madihathwanna

interlude *n.* අන්තස්ථය anthas-tharaya

intermediary *n.* අතරමැදියා athara-madiya

intermediate *adj.* අතරමැදි athara-madi

interminable *adj.* කෙළවරක් නැති kelawarak nathi

intermission *n.* විවේක කාලය wiweka kaalaya

intermittent *adj.* වරින්වර පවත්නා warinwara pawathnaa

intern *v.* සමාරෝධනය කරනවා samamrodanaya karanawa

internal *adj.* අභ්‍යන්තර abyanthara

international *adj.* අන්තර්ජාතික antharjaathika

internet *n.* අන්තර්ජාලය anthar-jaalaya

interplay *n.* පරස්පර ව්‍යවහාරය paraspara wyawahaaraya

interpret *v.* වෙන භාෂාවකට නගනවා wena bhaashawakata nanga-nawaa

interpreter *n.* පරිවර්තකයා pariwar-thakayaa

interracial *adj.* අන්තර්ජාතිය anthar-jaatheeya

interrelate *v.* එකිනෙකට සම්බන්ධ කරනවා ekinekata sambanda karanawaa

interrogate *v.* ප්‍රශ්න කරනවා prashna karanawaa

interrogative *adj.* ප්‍රශ්නවාචක prashnawaachaka

interrupt *v.* බාධා කරනවා badha karanawa

interruption *n.* බාධාව badhaawa

intersect *v.* ඡේදනය කරනවා chedanaya karanawaa

interstate *n.* අන්තර් රාජ්‍ය anthar raajya

interval *n.* විරාමය wiraamaya

intervene *v.* මැදිවෙනවා madihath-wenawa

intervention *n.* මැදිහත්වීම madiha-thweema

interview *n.* සම්මුඛ පරීක්ෂණය sammukha parikshana

intestine *n.* බඩ වැල bada wala

intimacy *n.* දැඩි මිත්‍රත්වය dadi mithrathwaya

intimate *adj.* ඉතා හිතවත් ithaa hithawath

intimidate *v.* තැතිගන්නවා thathi-gannawa

intimidation *n.* තැතිගැන්වීම thathi-ganweema

into *prep.* තුලට thulata

intolerable *adj.* නොඉවසිය හැකි noiwasiya haki

intolerant *adj.* නොඉවසන noiwa-sana

intone *v.* ස්වර නඟා කියනවා swara nagaa kiyanawa

intoxicate *v.* මත් කරනවා math karanawaa

intoxication *n.* මත් ගතිය math gathiya

intractable *adj.* හික්මිය නොහැකි hikmiya nohaki

intranet *n.* අභ්‍යන්තර සම්බන්ධකම abyanthara sambandakama

intransitive *adj.* අකර්මක akarmaka

intrepid *adj.* වීර weera

intricate *adj.* දුෂ්කර dushkara

intrigue *v.* කුමන්ත්‍රණය kuman-thranaya

intrinsic *adj.* ස්වායත්ත swaayaththa

introduce *v.* හඳුන්වනවා handun-wanawaa

introduction *n.* හැඳින්වීම handin-weema

introductory *adj.* හඳුන්වන handunwana

introspect *v.* අන්තරාවලෝකනය කරනවා antharaawalokanaya karanawaa

introspection *n.* අන්තරාවලෝකනය antharaawalokanaya

introvert *n.* අන්තර්වර්තිකයා antharwarthikayaa

intrude *v.* අනවසරයෙන් ඇතුල් වෙනවා anawasarayen athul wenawa

intrusion *n.* බලෙන් ඇතුල්වීම balen athulweema

intrusive *adj.* ආගන්තුක aagan-thuka

intuition *n.* ප්‍රතිභාව prathibhawa

intuitive *n.* ප්‍රතිභාන prathibhana

inundate *v.* වතුරට යට වෙනවා wathurata yata wenawa

invade *v.* ආක්‍රමණය කරනවා aakramanaya karanawa

invalid *n.* අවලංගු awalangu

invalidate *v.* අවලංගු කරනවා awalangu karanawa

invaluable *adj.* අමිල amila

invariable *adj.* නිත්‍ය nithya

invasion *n.* ආක්‍රමණය aakramanaya

invective *n.* මහත් අපවාදය mahath apawaadaya

invent *v.* නිපදවනවා nipadawanawa

invention *n.* නිපදවීම nipadaweema

inventor *n.* නිමැවුම්කරු nima-wumkaru

inventory *n.* බඩු වට්ටෝරුව badu wattoruwa

inverse *adj.* ප්‍රතිලෝම prathiloma

invert *v.* යටිකුරු කරනවා yatikuru karanawa

invest *v.t.* ආයෝජනය කරනවා aayojanaya karanawa

investigate *v.* විමර්ශනය කරනවා wimarshanaya karanawa

investigation *n.* සමීක්ෂණය sameekshanaya

investment *n.* ආයෝජනය aayojanaya

invigilate *adj.* විභාගාදිය පරීක්ෂා කරනවා wibhaagadiya parikshaa karanawaa

invigilator *n.* සමීක්ෂකයා sameekshakayaa

invincible *adj.* අනභිභවනීය anagibhawaneeya

inviolable *adj.* පීඩා නොකළ යුතු peeda nokala yuthu

invisible *adj.* අදෘශ්‍යමාන adrushyamaana

invitation *n.* ආරාධනාව aaradhanaawa

invite *v.* ආරාධනා කරනවා aaradhana karanawa

inviting *adj.* මනෝහර manohara

invocation *n.* යාතිකාව yaathikawa

invoice *n.* ඉන්වොයිසිය invoiciya

invoke *v.* යදිනවා yadinawaa

involuntary *adj.* ඉබේමේ සිදුවන ibema siduwana

involve *v.* අසු කරනවා asu karanawaa

invulnerable *adj.* පීඩා නොකළැකි peeda nokalaki

inward *adj.* ඇතුල් දෙසට athul desata

irate *adj.* කිපුණු kipunu

ire *n.* උදහස udahasa

iris *n.* කළු ඉංගිරියාව kalu ingiriyaawa

irksome *v.* අප්‍රිය apriya

iron *n.* යකඩ yakada

ironical *adj.* උපහාසාත්මක upahaasathmaka

irony *n.* උත්ප්‍රාසය uthpraasaya

irradiate *v.* රැස් විහිදනවා ras wihidanawa

irrational *adj.* අවිචාරී awichaari

irreconcilable *adj.* පරස්පර විරෝධී paraspara wirodee

irredeemable *adj.* ආපසු නොගෙවිය හැකි aapasu nogewiya haki

irrefutable *adj.* බිඳ හෙළිය නොහැකි binda heliya nohaki

irregular *adj.* අවිධිමත් awidimath

irregularity *n.* අවිධිමත් බව awidimath bawa

irrelevant *adj.* අදාළ නොවූ adaala nowu

irreplaceable *adj.* හිලව් නොකළැකි hilaw nokalaki

irresistible *adj.* අරෝධ්‍ය arodya

irresolute *adj.* අස්ථිර සිත් ඇති asthira sith athi

irrespective *adj.* ගණන් නොගෙන ganan nogena

irresponsible *adj.* වගකීම් රහිත wagakeem rahitha

irreversible *adj.* අප්‍රතිවර්ත aprathiwartha

irrevocable *adj.* වෙනස් නොකළැකි wenas nokalaki

irrigate *v.* වාරිමාර්ග කපනවා waarimaarga kapanawa

irrigation *n.* ජල සම්පාදනය jala samoopadaanaya

irritable *adj.* නොරුස්සන norussana

irritant *n.* උද්දීපකය uddeepakaya

irritate *v.* පීඩා කරනවා peeda karanawa

irruption *n.* බලෙන් ඇතුල්වීම balen athulweema
Islam *n.* ඉස්ලාම් ධර්මය islaam dharmaya
island *n.* දිවයින diwayina
isle *n.* දූපත doopatha
islet *n.* දූව doowa
isobar *n.* සමභාර රේඛාව samba-haara rekhawa
isolate *v.* තනි කරනවා thani kara-nawa
isolation *n.* හුදකලාව hudekalaawa
issue *n.* ඵලය phalaya
it *pron.* එය eya
italic *adj.* ඇල අකුරු ala akuru
itch *v.i.* කසනවා kasanawaa
itchy *adj.* කසන kasana
item *n.* අයිතමය aithamaya
iterate *v.* නැවත නැවත කියනවා nawatha nawatha kiyanawaa
itinerary *n* සංචාරක sanchaaraka
itself *pron.* එයම eyama
ivory *n.* දන්තමය danthamayaa
ivy *n.* ඉත්ත වැල iththa wala

J

jab *v.* දමා අනිනවා damaa aninawa
jabber *v.* දොඩවනවා dodawanawa
jack *n.* කොස් kos
jackal *n.* හිවලා hiwala
jackass *n.* මොට්ටයා mottaya
jacket *n.* හැට්ටය hattaya
jackpot *n.* ලොකුම තෑග්ග lokuma thaagga
Jacuzzi *n.* ජයග්‍රහණය jayagra-hanaya
jade *n.* අබලන් වූ අශ්වයා abalan wu ashwaya
jaded *adj.* තෙහෙට්ටු වූ thehettu wu
jagged *adj.* කඩතොලු ඇති kadatholu athi
jail *n.* හිරගෙදර hiragedara
jailer *n.* හිරගෙයි මුලාදැනියා hiragei muladaniya
jam *v.t.* තෙරපෙනවා therapenawa
jam *n.* පැණි දොසි pani dosi
jamboree *n.* බාලදක්ෂයින් ගේ සැණකෙළිය baaladakshain ge sanakeliya
janitor *n.* මුරකාරයා murakaaraya
January *n.* ජනවාරි janawaari
jar *n.* ජාඩිය jaadiya
jargon *n.* දෙඩවිල්ල dedawilla
jasmine *n.* පිච්ච pichcha
jaundice *n.* කහ උණ kaha una
jaunt *n.* කෙටි විනෝද ගමන keti winoda gamana
jaunty *adj.* ජෙත්තුකාරයා jeththukaara
javelin *n.* හෙල්ලය hellaya
jaw *n.* හක්ක hakka
jay *n.* වාචාලයා wachalaya
jazz *n.* ජෑස් නමැති තූර්ය හා නැටුම් විශේෂය jazz namathi thurya haa natum wisheshaya
jazzy *adj.* විචිත්‍ර wichithra
jealous *adj.* ඊර්ෂ්‍යා සහිත eershya sahitha
jealousy *n.* ඊර්ෂ්‍යාව eershyawa
jeans *n.* ඩෙනිම් කලිසම denim kalisama
jeep *n.* ජීප් රිය jeep riya
jeer *v.* ඇද කරනවා ada karanawa
jelly *n.* ජෙලි jally

jellyfish *n.* ලොඩියා londiya
jeopardize *v.* උවදුරෙහි හෙළනවා uwadurehi helanawa
jeopardy *n.* අනතුර anathura
jerk *n.* ගැස්සීම gasseema
jerkin *n.* සමින් තැනූ කොට කබාය samin thanu kota kabaya
jerry can *n.* ජර්මන් සොල්දාදුවගේ කෑනය german soldaduwage kaanaya
jersey *n.* බැනියම baniyama
jest *n.* විහිළුව vihiluwa
jester *n.* කවටයා kawataya
jet *n.* කළු පිළිඟුව kalu pulinguwa
jet lag *n.* ක්ෂේප ප්‍රමාදය kshepa pramaadaya
jewel *n.* මැණික manika
jeweller *n.* මැණික් වෙළෙන්දා manik welenda
jewellery *n.* ආභරණ aabarana
jibe *n.* උපහාසය upahaasaya
jig *n.* නැටුම් සංගීතය natum sangee-thaya
jiggle *v.* ඉක්මනින් එහා මෙහා යනවා ikmanin eha meha yawanawa
jigsaw *n.* පින්තූර ප්‍රහේලිකාව pinthu-ra prehelikaawa
jingle *n.* කිංකිණි නාදය kinkini naadaya
jinx *n.* අවාසනාව ගෙනෙන දෙය awaasanaawa genena deya
jitters *n.* කලබලය kalabalaya
job *n.* රක්ෂාව rakshaawa
jockey *n.* ඔට්ටුවට අශ්වයන් එළවන්නා ottuwata ashawayan elawannaa
jocose *adj.* කවට kawata
jocular *v.t.* සරදමට කැමති වෙනවා saradamata kamathi wenawa
jog *v.* අවුස්සනවා aussanawa
joggle *v.* ටිකක් සොලවනවා tikak solawanawa
join *v.* සම්බන්ධ කරනවා sambanda karanawa
joiner *n.* වඩුවා waduwa
joint *n.* සරනේරුව saraneruwa
joist *n.* පරාලය paraalaya
joke *n.* විහිළුව vihiluwa
joker *n.* කවටයා kawatayaa
jolly *adj.* ප්‍රසන්න prasanna
jolt *v.t.* හැල හැප්පෙනවා hala happ-penawa
jostle *v.t.* පොරකනවා porakanawa
jot *v.t.* කෙටියෙන් ලියා ගන්නවා ketiyen liyaa gannawa
journal *n.* දින පොත dina potha
journalism *n.* ලේඛන කලාව lekana kalaawa
journalist *n.* පත්‍ර කලා වේදියා pathra kalaa wediyaa
journey *n.* ගමන gamana
jovial *adj.* සෙල්ලක්කාර sellakkaara
joviality *adv.* විනෝදය vinodaya
joy *n.* ප්‍රීතිය preethiya
joyful *adj.* ප්‍රීතිමත් preethimath
joyous *adj.* ප්‍රීතිමත් preethimath
jubilant *adj.* ප්‍රීතියෙන් කුල්මත් වූ preethiyen kulmath wu
jubilation *n.* ජුබිලිය jubiliya
jubilee *n.* ජුබිලිය jubiliya
judge *n.* නඩුකාරයා nadukaaraya
judgement *n.* මතය mathaya
judicial *adj.* අපක්ෂපාති apaksha-paathi
judiciary *n.* අධිකරණය adikaranaya
judicious *adj.* නුවණක්කාර nuwana-

kkaara
judo *n.* ජූඩෝ ක්‍රීඩාව judo kree-daawa
jug *n.* ජෝගුව joguwa
juggle *v.* වංචා කරනවා vanchaa karanawa
juggler *n.* මායාකාරයා maayaa-kaarayaa
juice *n.* යුෂ usha
juicy *adj.* රසවත් rasawath
July *n.* ජූලි මාසය jooli maasaya
jumble *n.* අවුල aula
jumbo *adj.* ජම්බෝව jumbowa
jump *v.i* පනිනවා paninawa
jumper *n.* හැට්ටය hattaya
jumper *n.* ජම්පරය jumperaya
junction *n.* හන්දිය handhiya
juncture *n.* සංගමය sangamaya
June *n.* ජූනි මාසය jooni maasaya
jungle *n.* වනාන්තරය wanantharaya
junior *adj.* ආධුනික aadunika
junior *n.* ආධුනිකයා aadunikaya
junk *n.* සුන්බුන් sunbun
Jupiter *n.* බ්‍රහස්පති brahaspathi
jurisdiction *n.* පාලනය paalanaya
jurisprudence *n.* නීති විද්‍යාව neethi vidyaawa
jurist *n.* නීති වේදියා neethi veediyaa
juror *n.* ජූරි සභාවේ සභිකයා joori sabhawee sabhikayaa
jury *n.* ජූරි සභාව joori sabhawa
just *adj.* යන්තම් yantham
justice *n.* යුක්තිය yukthiya
justifiable *adj.* නිදොස් බව ඔප්පු කළ හැකි nidos bawa oppu kala haki
justification *n.* යුක්තිය yukthiya
justify *v.* නිවැරදි බව දක්වනවා niwaradi bawa dakwanawa
jute *n.* හණ රෙදි hana redhi
juvenile *adj.* බාල baala

K

kaftans *n.* දිග ගවුම් diga gawum
kaleidoscope *n.* බහුරූපේක්ෂය bahuroopekshaya
kangaroo *n.* කැන්ගරු kangaroo
karaoke *n.* පටිගත කළ සංගීතයට ගී ගැයීම patigatha kala sangee-thayata gee gayeema
karate *n.* කරාටේ karate
karma *n.* කර්මය karmaya
kebab *n.* ගින්නෙන් පිසගන්නා ලද මස් ginnen pisaganna lada mas
keel *n.* නැව් තලය naw thalaya
keen *adj.* මුවහත් muwahath
keenness *n.* උනන්දුව unanduwa
keep *v.* තබනවා thabanawa
keeper *n.* භාරකරු bhaarakaru
keeping *n.* තබාගැනීම thabaa-ganeema
keepsake *n.* සිහිවටන තෑග්ග sihiwa-tana thaagga
keg *n.* කුඩා පීප්පය kudaa peeppaya
kennel *n.* බලු කූඩුව balu kooduwa
kerb *n.* ගැටි බැම්ම gati bamma
kerchief *n.* රෙදි කඩ redi kada
kernel *n.* මදය madaya
kerosene *n.* භූමි තෙල් boomi thel
ketchup *n.* උපස්කරය upaskaraya
kettle *n.* කේතලය kethalaya
key *n.* යතුර yathura
keyboard *n.* යතුරු පුවරුව yathuru puwaruwa
keyhole *n.* යතුරු කපොල්ල yathuru

kapolla

kick *v.* පයින් ගසනවා payin gasanawaa

kid *n.* ළමයා lamayaa

kidnap *v.* පැහැරගෙන යනවා paharagena yanawaa

kidney *n.* වකුගඩුව wakugaduwa

kill *v.* මිනී මරනවා minee maranawaa

killing *n.* ප්‍රාණඝාතය praanaghaathaya

kiln *n.* උළු පෝරණුව ulu poranuwa

kilo *n.* සහස්‍ර sahasra

kilobyte *n.* කිලෝබයිටය kilobitaya

kilometre *n.* කිලෝමීටරය kilomeetaraya

kilt *n.* දණ දක්වා වැටෙන කොට සාය dana dakwaa watena kota saaya

kimono *n.* කිමෝනෝව kimonowa

kin *n.* නෑදෑ පිරිස naadaa pirisa

kind *n.* කාරුණික kaarunika

kindergarten *n.* බාලාංශය baalanshaya

kindle *v.* අවුළුවනවා awuluwanawaa

kindly *adv.* කරුණාවෙන් karunaawen

kinetic *adj.* ගතිවිෂයක gathiwishayaka

king *n.* රජ raja

kingdom *n.* රාජධානිය raajadhaniya

kink *n.* බොකුටුව bokutuwa

kinship *n.* ඥාතීත්වය gnaatheethwaya

kiss *v.t.* හාදු දෙනවා haadu denawa

kit *n.* කට්ටලය kattalaya

kitchen *n.* මුළුතැන්ගෙය muluthangeya

kite *n.* සරුංගලය sarungalaya

kith *n.* මිත්‍රයෝ mithrayo

kitten *n.* බළල් පැටියා balal patiya

kitty *n.* බළල් පැටියා balal patiya

knack *n.* හුරුබුහුටි බව hurubuhuti bawa

knacker *v.* වැඩකට නැති අසුන් මිලට ගෙන මරා මස් විකුණන්නෝ wadakata nathi asun milata gena maraa mas wikunanno

knave *n.* අණ්ඩපාල andapaala

knead *v.* කලවම් කරනවා kalawam karanawaa

knee *n.* දණහිස danahisa

kneel *v.* දණගසනවා danagasanawaa

knickers *n.* කොට කලිසම kota kalisama

knife *n.* පිහිය pihiya

knight *n.* නයිට්වරයා naitwaraya

knighthood *n.* නයිට් පදවිය nait padawiya

knit *v.* ගොතනවා gothanawaa

knob *n.* අගුල් බෝලය agul bolaya

knock *v.* ගැස්සුම gassuma

knot *n.* ගැටය gataya

knotty *adj.* ගැටලු gatalu

know *v.* දන්නවා dannawa

knowing *adj.* දැනුම් තේරුම් ඇති danum therum athi

knowledge *n.* දැනුම danuma

knuckle *n.* මිටෙන් පහර දෙනවා miten pahara denawa

kosher *adj.* නිවැරදි niwaradi

kudos *n.* කීර්තිය keerthiya

kung fu *n.* කුංෆු චීන සටන් ක්‍රමය kungfu cheena satan kramaya

L

label *n.* ලේබලය lebalaya
labial *adj.* තොල් පිලිබඳ වූ thol pilibanda woo
laboratory *n.* රසායනාගාරය rasaa-yanagaaraya
laborious *adj.* මහන්සියෙන් කළ යුතු mahansiyen kala yuthu
labour *n.* කම්කරු kamkaru
labourer *n.* කුලී වැඩකාරයා kulee wadakaaraya
labyrinth *n.* වංකගිරිය wankagiriya
lace *n.* රේන්දය rendaya
lacerate *v.* තැනින් තැන ඉරනවා thanin thanin iranawaa
lachrymose *adj.* කඳුළු වගුරු වන kandulu wagurawana
lack *n.* හිඟව පවතිනවා hingawa pawathinawa
lackey *n.* දාසයා daasaya
lacklustre *adj.* නිෂ්ප්‍රභ nishprabha
laconic *adj.* ලුහුඬු luhundu
lacquer *n.* ලැකර් lakar
lacrosse *n.* පන්දු ක්‍රීඩා විශේෂයක් pandu kreeda wisheshayak
lactate *v.* කිරි එරනෙවා kiri erenawa
lactose *n.* කිරි වල ඇති සීනි kiri wala athi seeni
lacuna *n.* ගර්තය garthaya
lacy *adj.* ලේස් වැනි lase wani
lad *n.* ගැටවරයා gatawaraya
ladder *n.* ඉණිමග inimaga
laden *n.* පීඩිත වූ peeditha woo
ladle *n.* කිණිස්ස kinissa
lady *n.* ආර්යාව aaaryaawa
ladybird *n.* කුරුමිණියා kuruminiya
lag *v.* විලම්බය wilambaya
lager *n.* බීර විශේෂයක් beera wisheshayak
laggard *n.* අලසයා alasayaa
lagging *n.* විලම්බනය wilambanayaa
lagoon *n.* කළපුව kalapuwa
lair *n.* තිප්පොල thippola
lake *n.* විල wila
lamb *n.* බැටළුවා bataluwa
lambast *v.* පහර දෙනවා pahara denawa
lame *adj.* කොර kora
lament *n.* ලතෝනි දෙනවා lathoni denawa
lamentable *adj.* ශෝචනීය shocha-neeya
laminate *v.* තුනී තහඩු යෙදීම thunee thahadu yedeema
lamp *n.* පහන pahana
lampoon *v.* නින්දාලාපය nindaa-laapaya
lance *n.* ලන්සය lansaya
lancer *n.* ශල්‍යධරයා shalyadharaya
lancet *n.* ශලාකාව shalaakawa
land *n.* ඉඩම idama
landing *n.* ගොඩ බැසීම goda baseema
landlady *n.* ගෙවල් හිමිකාරිය gewal himikaariya
landlord *n.* ගෙවල් හිමියා gewal himiya
landscape *n.* භූමි දර්ශනය bhoomi darshanaya
lane *n.* වීථිය weethiya
language *n.* භාෂාව bhaashaawa
languid *adj.* සෙමින් යන semin yana
languish *v.* නිකරුණේ කල් ගෙවනවා nikarune kal gewanawa
lank *adj.* හීන්දෑරි heendaari

lanky *adj.* හීන්දෑරි heendaari
lantern *n.* ලන්තෑරුම lanthaaruma
lap *n.* ඇකය akaya
lapse *n.* අවලංගු වෙනවා awalangu wenawa
lard *n.* ඌරු තෙල් ooru thel
larder *n.* ආහාර ගබඩාව aahara gabadaawa
large *adj.* විශාල wishaala
largesse *n.* පරිත්‍යාගය parith-yaagaya
lark *n.* විහිළුව wihiluwa
larva *n.* දළඹුවා dalambuwa
larynx *n.* ස්වරාලය swaraalaya
lasagne *n.* ආහාර වර්ගයක් aahara wargayak
lascivious *adj.* කාමුක kaamuka
laser *n.* ලේසර් කිරණ laser kirana
lash *v.* කස පටිය kasa patiya
lashings *n.* ගොඩක් godak
lass *n.* ගැටිස්සි gatissi
last *adj.* අවසාන awasaana
lasting *adj.* කල් පවත්නා kal pawath-naa
latch *n.* අගුල agula
late *adj.* පරක්කු parakku
lately *adv.* මෑතදී maathadee
latent *adj.* ආනුශයික aanushayika
lath *n.* රීප්පය reeppaya
lathe *n.* ලියන පට්ටලය liyana pattalaya
lather *n.* සබන් පෙන saban pena
latitude *n.* අක්ෂාංශය akshaanshaya
latrine *n.* වැසිකිළිය wasikiliya
latte *n.* අපරදිග aparadiga
latter *adj.* අපර apara
lattice *n.* ගරාදිය garaadiya
laud *v.* ගුණකීර්තිය gunakeerthiya
laudable *adj.* ප්‍රශංසනීය prashansaneeya
laugh *v.* සිනහව sinahawa
laughable *adj.* හාස්‍යජනක haasyajanaka
laughter *n.* හාස්‍යය haasyaya
launch *v.* දියත් කරනවා diyath karanawaa
launder *v.* රෙදි අපුල්ලා මදිනවා redi apulla madinawa
launderette *n.* කාසි යොදා රෙදි සෝදාගත හැකි රෙදි සෝදන kaasi yoda redi sodaagatha haki redi sodana
laundry *n.* ඇපුල්ලුම් පොළ apullum pola
laurel *n.* ජය පත්‍රය jaya pathraya
laureate *n.* සම්මානනීය samma-naneeya
lava *n.* ලාවා lava
lavatory *n.* වැසිකිළිය wasikiliya
lavender *n.* ලැවෙන්ඩර් lavender
lavish *adj.* අධික ලෙස වියදම් කරන adhika lesa wiyadam karana
law *n.* නීතිය neethiya
lawful *adj.* නීත්‍යානුකූල neethyaa-nukoola
lawless *adj.* නොපනත් nopanath
lawn *n.* තණකොළ සහිත පිට්ටනිය thanakola saha pittaniya
lawyer *n.* නීතිවේදියා neethiwediya
lax *adj.* ලිහිල් lihil
laxative *n.* ආරෙචකය aarechakaya
laxity *n.* තද නැති බව thada nathi bawa
lay *v.* දිගා කරනවා digaa karanawaa
layer *n.* ස්තරය stharaya
layman *n.* ගිහියා gihiyaa

laze *v.* අලසකමින් කල් ගෙවෙනවා alasakamin kal gewanawa

lazy *adj.* කම්මැලි kammali

leach *v.* ක්ෂයවනවා kshayawanawaa

lead *n.* මූලිකත්වය moolikathwaya

lead *v.* මෙහෙයවනවා meheyawanaya

leaden *adj.* ඊයම් වලින් තැනූ eeyam walin thanu

leader *n.* නායකයා naayakaya

leadership *n.* නායකත්වය naayakathwaya

leaf *n.* කොළය kolaya

leaflet *n.* පත්‍රිකාව pathrikaawa

league *n.* සමගිය samagiya

leak *v.* කාන්දු වීම kaandu weema

leakage *n.* කාන්දුව kaanduwa

lean *v.* හේත්තු වෙනවා heththu wenawa

leap *v.* පැන පැන යනවා pana pana yanawaa

learn *v.* ඉගෙනගන්නවා igenagannawa

learned *adj.* උගත් ugath

learner *n.* පුහුණු වන්නා puhunu wanna

learning *n.* ඉගෙනීම igeneema

lease *n.* කල් බද්ද kal badda

leash *n.* රැහැන rahana

least *adj.& pron.* ඉතා අඩු ithaa adu

leather *n.* පදම් කල හම padam kala hama

leave *v.t.* පිටවෙනවා pitawenawaa

lecture *n.* දේශනය deshanaya

lecturer *n.* දේශකයා deshakayaa

ledge *n.* පටු රාක්කය patu raakkaya

ledger *n.* ලෙජරය lejaraya

leech *n.* කූඩැල්ලා koodalla

leek *n.* ලීක්ස් leeks

left *n.* වම wama

leftist *n.* වාමපක්ෂිකයා waamapakshikayaa

leg *n.* කකුල kakula

legacy *n.* උරුමය urumaya

legal *adj.* නීතිමය nwwthimaya

legality *n.* නීතියට එකඟ බව neethiyata ekanga bawa

legalize *v.* නීත්‍යානුකූල neethyaanukoola

legend *n.* පුරාවෘත්තය purawurthaya

legendary *adj.* මිත්‍යා mithya

leggings *n.* සමට ඇලෙන කලිසම samata alena kalisama

legible *adj.* කියවීමට පැහැදිලි kiyaweemata pahadili

legion *n.* මහා හමුදාව mahaa hamudaawa

legislate *v.* නීතිගත කරනවා neethigatha karanawaa

legislation *n.* නීති පැනවීම neethi panaweema

legislative *adj.* ව්‍යවස්ථාදායක wyawasthaadaayaka

legislator *n.* නීති සම්පාදකයා neethi sampaadakaya

legislature *n.* ව්‍යවස්ථාදායකය wyawasthaadaayakaya

legitimacy *n.* නීත්‍යානුකූලභාවය neethyaanukoolabhaawaya

legitimate *adj.* ශාස්ත්‍රසම්මත shaasthrasammatha

leisure *n.* විවේක කාලය wiweka kaalaya

leisurely *adj.* විවේකීව wiwekeewa

lemon *n.* දෙහි dehi

lemonade *n.* දෙහි පෝසා dehi ponsaa
lend *v.* කුලියට දෙනවා kuliyata denawaa
length *n.* දිග diga
lengthy *adj.* දිගටි digati
leniency *n.* මෘදු බව mrudu bawa
lenient *adj.* මොළොක් molok
lens *n.* කාචය kaachaya
lentil *n.* කරල් බෝග karal boga
Leo *n.* සිංහ රාශිය sinha raashiya
leopard *n.* දිවියා diwiyaa
leper *n.* ලාදුරු රෝගියා laaduru rogiya
leprosy *n.* ලාදුරු රෝගය laduru rogaya
lesbian *n.* සම ලිංගික සේවනය කරන ස්ත්‍රිය sama lingika sewanaya karana sthriya
less *adj. & pron.* අඩු adu
lessee *n.* බදුකරු badukaru
lessen *v.* තුනී වෙනවා thunee wenawa
lesser *adj.* වඩා අඩු වූ wadaa adu woo
lesson *n.* පාඩම paadama
lessor *n.* බදු හිමියා badu himiyaa
lest *conj.* යමක් නොවෙන පිණිස yamak nowana pirisa
let *v.* ඉඩ දෙනවා ida denawa
lethal *adj.* මාරක maaraka
lethargic *adj.* කුසීත kuseetha
lethargy *n.* අලස බව alasa bawa
letter *n.* ලියුම liyuma
level *n.* මට්ටම mattama
lever *n.* ලීවරය leewaraya
leverage *n.* උත්තෝලනය යෙදීමෙන් ලැබෙන බලය uththolanaya yedeemen labena balaya
levity *n.* නොසැලකිලිවන්තකම nosalakiliwanthakama
levy *v.* අයබදු ආදිය ලබාගන්න ayabadu aadiya labaaganna
lewd *adj.* සල්ලාල sallaala
lexical *adj.* ශබ්දකෝෂයක් වැනි shabdakoshayak wani
lexicon *n.* අකාරාදිය akaaradiya
liability *n.* බැර bara
liable *adj.* වගකිව යුතු wagakiwa yuthu
liaise *v.* සම්බන්ධීකරණය කරනවා sambandeekaranaya karanawa
liaison *n.* සම්බන්ධය sambandaya
liar *n.* බොරුකාරයා borukaaraya
libel *n.* අපවාදය apawaadaya
liberal *adj.* නිදහස් මතධාරී nidahas mathadaaree
liberate *v.* මුදනවා mudanawaa
liberation *n.* නිදහස nidahasa
liberator *n.* විමුක්තිදායකයා wimukthidaayakayaa
liberty *n.* ස්වාධීනතාව swadeena-thaawaya
libido *n.* කාමරාගය kaamaraagaya
Libra *n.* තුලා රාශිය thulaa raashiya
librarian *n.* පුස්තකාලාධිපති pustha-kaalaadhipathi
library *n.* පුස්තකාලය pusthakaalaya
licence *n.* අවසරපත්‍රය awasara-pathraya
licensee *n.* බලපත්‍රයක් ලත් තැනැත්තා balapathrayak lath thanaththa
licentious *adj.* අනාචාර anaachaara
lick *v.* ලෙවිනවා lowinawa
lid *n.* වැස්ම wasma

lie *v.* වැතිරෙනවා wathirenawa
liege *n.* යටත් වැසියා yatath wasiya
lien *n.* උකස ukasa
lieu *n.* හිලව්ව hilawwa
lieutenant *n.* උසස් නිලධාරියෙකුගේ දෙවෙනියා usas niladaariyekuge deweniyaa
life *n.* ජීවය jeewaya
lifeless *adj.* අජීව ajeewa
lifelong *adj.* දිවිහිමි diwihimi
lift *v.t.* උස්සා ගෙන යනවා ussagena yanawaa
ligament *n.* අස්ථිබන්ධය asthibandaya
light *n.* ආලෝකය aalokaya
lighten *v.* එළිය කරනවා eliya karanawaa
lighter *n.* බත්තල baththala
lighting *n.* ආලෝකනය aalokanaya
lightly *adv.* සැහැල්ලු sahallu
lightening *n.* අකුණ akuna
lignite *n.* ලිග්නයිට් lignite
like *prep.* ලෙස lesa
likeable *adj.* ප්‍රිය priya
likelihood *n.* වියහැකි බව wiyahaki bawa
likely *adj.* වියහැකි wiyahaki
liken *v.* සමාන කරනවා samaana karanawaa
likeness *n.* සමානකම samaanakama
likewise *adv.* එසමෙ esema
liking *n.* රුචිය ruchiya
lilac *n.* පළ නිල් පාට pala nil paata
lily *n.* උපුල් upul
limb *n.* අංගය angaya
limber *v.* පහසුවෙන් නැමෙනවා pahasuwen namenawa
limbo *n.* පාතාල ලෝකය paathaala lokaya
lime *n.* දෙහි dehi
limelight *n.* යශෝප්‍රභාව yashoprabhaawa
limerick *n.* හාස පද්‍යය haasa padyaya
limit *n.* මායිම maayima
limitation *n.* සීමාව seemawa
limited *adj.* සීමා සහිත seemasahitha
limousine *n.* මෝටර් රථ විශේෂයක් motor ratha wishashayak
limp *v.* කොර ගසනවා kora gasanawaa
line *n.* පේළිය peliya
lineage *n.* පෙළපත pelapatha
linen *n.* හණ රෙදි hana redi
linger *v.* හැසිරෙනවා hasirenawa
lingerie *n.* කොමු පිළි komu pilee
lingo *n.* දියුණු නොවූ භාෂාව diyunu nowoo bhaashaawa
lingua *n.* ජිහ්වය jeehwaya
lingual *n.* ජිහ්වා jeehwa
linguist *adj.* වාග්වේදී waagwedee
linguistic *adj.* භාෂාමය bhaashaamaya
lining *n.* පෝරුව poruwa
link *n.* පුරුක puruka
linkage *n.* බැඳීම bandeema
linseed *n.* හණ ඇට hana ataya
lintel *n.* වා කවුළුව waa kawuluwa
lion *n.* සිංහයා sinhaya
lip *n.* තොල thola
liposuction *n.* මේද උරාගැනීම meda uraaganeema
liquefy *v.* දිය කරනවා diya karanawaa
liquid *n.* දියර diyara

liquidate *v.* ණය තුරුස් බේරනවා naya thurus beranawa

liquidation *n.* අවසානය awasaanaya

liquor *n.* මත්පැන් mathpan

lisp *n.* ගොතය gothaya

lissom *adj.* පහසුවෙන් හැරවිය හැකි අඟපසඟ ඇති pahasuwen harawiya haki angapasanga athi

list *n.* ලැයිස්තුව laisthuwa

listen *v.* අහනවා ahanawaa

listener *n.* අසන්නා asanna

listless *adj.* උදාසීන udaseena

literal *adj.* පදගතාර්ථ padagathaartha

literary *adj.* සාහිත්‍යමය saahithyamaya

literate *adj.* සාක්ෂර saakshara

literature *n.* සාහිත්‍යය saahithyaya

lithe *adj.* සුනම්‍ය sunamya

litigant *n.* නඩුකියන්නා nadukiyannaa

litigate *v.* නඩුකියනවා nadu kiyanawaa

litigation *n.* නඩු මාර්ගයෙන් අරෝකීම nadu maargen aro keema

litre *n.* ලීටරය leetaraya

litter *n.* රොඩු ගොඩ rodu goda

little *adj.* පොඩි podi

live *v.* ජීවත් වෙනවා jeewath wenawa

livelihood *n.* ජීවිකාව jeewikaawa

lively *adj.* උනන්දු unandu

liven *v.* අලංකාර කරනවා alankaara karanawaa

liver *n.* අක්මාව akmaawa

livery *n.* ඉක්මනින් තරහ යන ikmanin tharaha yana

living *n.* වාසය waasaya

lizard *n.* කටුස්සා katussa

load *n.* උසුලන බර usulana bara

loaf *n.* ගෙඩිය gediya

loan *n.* ණය naya

loath *adj.* නොකැමති nokamathi

loathe *v.* පිළිකුල් කරනවා pilikul karanawaa

loathsome *adj.* ඉතා අප්‍රසන්න ithaa aprasanna

lobby *n.* ප්‍රවේශ ශාලාව prawesha shaalawa

lobe *n.* පෙනහැල්ලේ එක් කොටසක් penahalle ek kotasak

lobster *n.* පොකිරිස්සා pokirissa

local *adj.* දේශීය desheeya

locale *n.* සිද්ධිය වූ ස්ථානය siddiya woo sthaanaya

locality *n.* පළාත palaatha

localize *v.* පැතිරෙන්න නොදී වළකනවා pathirenna nodee walakanawaa

locate *v.* පිහිටුවනවා pihituwanawaa

location *n.* පිහිටීම pihiteema

lock *n.* අගුල agula

locker *n.* කුඩා අල්මාරිය kudaa almaariya

locket *n.* මාලපෙත්ත maalapeththa

locomotion *n.* සංචරණය sancharanaya

locomotive *n.* ජංගමක jangamaka

locum *n.* ආදේශකයා aadeshakaya

locus *n.* පථය pathaya

locust *n.* පළඟැටියා palangatiya

locution *n.* කථා විලාශය katha wilaashaya

lodge *n.* වාඩිය waadiya

lodger *n.* නවාතැන්කාරයා

nawaathankaaraya

lodging *n.* ලැගුම laguma

loft *n.* අට්ටාලය attaalaya

lofty *adj.* උඩඟු udangu

log *n.* ලොම්බුව lombuwa

logarithm *n.* ලඝුගණකය laguganakaya

logic *n.* තර්කශාස්ත්‍රය tharkashaasthraya

logical *adj.* තර්කානුකූල tharkanukoola

logistics *n.* මනා සංවිධානය manaa sanwidaanaya

logo *n.* ලාංඡනය laanchanaya

loin *n.* තුනටිය thunatiya

loiter *v.* ගැවසෙනවා gawasenawaa

loll *v.* කම්මැලිව ඉන්නවා kammaliwa innawa

lollipop *n.* රස කැවිල්ල rasa kawilla

lolly *n.* සීනි බෝලය seeni bolaya

lone *adj.* හුදකලා වූ hidakalaa woo

loneliness *n.* හුදකලාව hudakalaawa

lonely *adj.* හුදකලා hudakalaa

loner *n.* තනිව වසන්නා thaniwa wasanna

lonesome *adj.* පාළු paalu

long *adj.* දිග diga

longevity *n.* දීර්ඝායුෂ deergaayusha

longing *n.* දොළදුක doladuka

longitude *n.* දේශාන්තර රේඛාව deshaanthara rekhaawa

loo *n.* වැසිකිළිය wasikiliya

look *v.* බලනවා balanawa

look *n* බැල්ම balma

lookalike *n.* එක සමාන දෙකක් eka samaana dekak

loom *n.* අලුව aluwa

loop *n.* දරනුව daranuwa

loose *adj.* බුරුල් burul

loosen *v.* බුරුල් වෙනවා burul wenawa

loot *n.* කොල්ලය kollaya

lop *v.* කොට කර දමනවා kota kara damanawaa

lope *v.* පැන පැන දුවනවා pana pana duwanawaa

lopsided *adj.* පැත්තකට බර paththakata bara

lord *n.* ස්වාමියා swaamiya

lordly *adj.* අහංකාර ahankaara

lore *n.* තොරතුරු thorathuru

lorry *n.* ලොරිය loriya

lose *v.* නැති වෙනවා nathi wenawa

loss *n.* අලාබය alaabaya

lot *pron.* ගොඩ goda

lotion *n.* දියරය diyaraya

lottery *n.* ලොතරැයිය lotharayya

lotus *n.* නෙළුම neluma

loud *adj.* ඝෝෂා සහිත gosha sahitha

lounge *v.* හාන්සි වී සිටිනවා haansi wee sitinawa

lounge *n.* හාන්සි වෙන සෝපාව haansi wena sopaawa

louse *n.* උකුණා ukunaa

lousy *adj.* උකුණන් ඇති ukunan athi

lout *n.* ජඩයා jadaya

Louvre *n.* ලූවරය loowaraya

lovable *adj.* ආදරණීය aadaraneeya

love *n.* ආදරය aadaraya

lovely *adj.* මනහර manahara

lover *n.* පෙම්වතා pemwatha

low *adj.* පහත් pahath

lower *adj.* වඩා පහත් wadaa pahath

lowly *adj.* පහත් pahath

loyal *adj.* ගැති gathi

loyalist *n.* ගැත්තා gaththa
lozenge *n.* ලොසින්ජරය losinjaraya
lubricant *n.* ලිහිසි තෙල් lihisi thel
lubricate *v.* ස්නේහක දමනවා snehaka damanawaa
lubrication *n.* ස්නේහනය snehaya
lucent *adj.* දීප්තිමත් deepthimath
lucid *adj.* අවිකල awikala
lucidity *adv.* සුබෝධත්වය suboda-thwaya
luck *n.* වාසනාව waasanaawa
luckless *adj.* අවාසනාවන්ත awaasa-naawantha
lucky *adj.* වාසනාවන්ත waasa-naawantha
lucrative *adj.* වාසි ඇති waasi athi
lucre *n.* ධනය danaya
ludicrous *adj.* හාස්‍යජනක has-yajanaka
luggage *n.* ගමන්බඩු gamanbadu
lukewarm *adj.* ඇල් මැරුණු al marunu
lull *v.* නළවනවා nalawanawaa
lullaby *n.* දරු නැළවිල්ල daru nalawilla
luminary *n.* ප්‍රසිද්ධ උගතා prasidda ugathaa
luminous *adj.* දිලිසෙන dilisena
lump *n.* වැදැල්ල wadalla
lunacy *n.* උන්මාදය unmaadaya
lunar *adj.* චන්ද්‍ර chandra
lunatic *n.* උන්මත්තකයා unman-thakayaa
lunch *n.* දවල් කෑම dawal kaama
luncheon *n.* දවල් කෑම dawal kaama
lung *n.* පෙනහැල්ල penahalla
lunge *n.* ඉදිරියට පැනීම idiriyata paneema
lurch *n.* දුෂ්කරතාව dushkarathaawa
lure *v.* ආකර්ෂණය aakarshanaya
lurid *adj.* මලානික malaanika
lurk *v.* රැක සිටිනවා raka sitinawa
luscious *adj.* අතිමධුර athimadhura
lush *adj.* සාරවත් saarawath
lust *n.* රාගය raagaya
lustful *adj.* රාගික raagika
lustre *n.* කාන්තිය kaanthiya
lustrous *adj.* කාන්තිමත් kaanthi-math
lusty *adj.* ප්‍රබල prabala
lute *n.* වීණාව weenawa
luxuriant *adj.* සාරවත් saarawath
luxurious *adj.* ඉතා සැපවත් ithaa sapawath
luxury *n.* සුඛෝපභෝගී sukhopa-bogee
lychee *n.* ලෙවකන්නා lewakannaa
lymph *n.* දිය diya
lynch *n.* ආක්‍රමික දණ්ඩනය aakra-mika dandanaya
lyre *n.* වීණා විශේෂයක් weenaa wisheshayak
lyric *n.* ගායනා කළ හැකි gaayanaa kala haki
lyrical *adj.* අතිශය වර්ණනාත්මක athishaya warnanaathmaka
lyricist *n.* ගීත රචකයා geetha rachakayaa

M

macabre *adj.* ඝෝර gora
machine *n.* යන්ත්‍රය yanthraya
machinery *n.* යන්ත්‍ර සූත්‍ර yanthra

soothra

macho *adj.* පිරිමියෙකුගේ දැඩි බව pirimiyekuge dadi bawa

mackintosh *n.* වැහි කබාය wahi kabaaya

mad *adj.* සිහිවිකල් sihi wikal

madam *n.* නෝනා nonaa

madcap *adj.* පිස්සු හටන pissu hatana

Mafia *n.* මාෆියා සංවිධානය maafiya sanwidaanaya

magazine *n.* සඟරාව sangaraawa

magenta *n.* දම්පාට තද රතු dampaata thada rathu

magic *n.* මායම් maayam

magician *n.* විජ්ජාකාරයා wijjakaaraya

magisterial *adj.* සාටෝප saatopa

magistrate *n.* මහේස්ත්‍රාත් mahesthraath

magnanimous *adj.* උදාර udaara

magnate *n.* ප්‍රධානියා pradaaniya

magnet *n.* චුම්බකය chumbakaya

magnetic *adj.* චුම්බක chumbaka

magnetism *n.* චුම්බකත්වය chumbakathwaya

magnificent *adj.* විශිෂ්ට wishishta

magnify *v.* විශාලනය කරනවා wishaalanaya karanawaa

magnitude *n.* ප්‍රමාණය pramaanaya

magpie *n.* පොල්කිච්චා polkichcha

mahogany *n.* මැහෝගනී mahogany

mahout *n.* ඇත්ගොව්වා athgowwa

maid *n.* වැඩකාරී wadakaaree

maiden *n.* ළමිස්සි lamissi

mail *n.* තැපෑල thapaala

mail order *n.* තැපෑලෙන් ඇණවුම් කිරීම thapaalen anawum kireema

maim *v.* බලය අඩු කරනවා balaya adu karanawaa

main *adj.* ප්‍රධාන pradaana

mainstay *n.* මුඛ්‍ය ප්‍රතිෂ්ඨාව mukya prathishtaawa

maintain *v.* නඩත්තු කරනවා nadaththu karanawaa

maintenance *n.* නඩත්තුව nadaththuwa

maisonette *n.* කුඩා නිවස kudaa niwasa

majestic *adj.* තේජවන්ත thejawantha

majesty *n.* තේජස thejasa

major *adj.* ප්‍රධාන pradaana

majority *n.* බහුතරය bahutharaya

make *v.* සාදනවා saadanawa

make-up *n.* අංග රාග anga raaga

making *n.* සෑදීම saadeema

maladjusted *adj.* සම්පූර්ණයෙන් නොගැළපුණු sampoornayen nogalapunu

maladministration *n.* නොමනා පාලනය nomanaa paalanayana

malady *n.* රෝගය rogaya

malaise *n.* සනීප නැති බව saneepa nathi bawa

malaria *n.* මැලේරියාව malariawa

malcontent *n.* අසන්තුෂ්ට asanthushta

male *n.* පිරිමි pirimi

malediction *n.* දෙස් තැබීම des thabeema

malefactor *n.* අපරාධකාරයා aparaadakaaraya

malformation *n.* විකෘතිය wikurthiya

malfunction *v.* ක්‍රමවත්ව ක්‍රියා

නොකිරීම kramawathwa kriya nokireema

malice *n.* ද්වේශය dweshaya

malicious *adj.* දුෂ්ට සිතැති dushta sithathi

malign *adj.* සතුරු sathuru

malignant *adj.* මාරක maaraka

mall *n.* ලී මිටිය lee mitiya

malleable *adj.* හික්මවිය හැකි hikmawiya haki

mallet *n.* අතකොළුව athakoluwa

malnutrition *n.* මන්දපෝෂණය mandaposhanaya

malpractice *n.* දුරාචාරය duraachaaraya

malt *n.* යව yawa

maltreat *v.* හිංසා කරනවා hinsa karanawa

mammal *n.* ක්ෂීරපායී සතා ksheerapai sathaa

mammary *adj.* තනය පිළිබඳ thanaya pilibanda

mammon *n.* ධන ලෝභය dhana lobhaya

mammoth *n.* යෝධ yoda

man *n.* මිනිසා minisaa

manage *v.* පාලනය කරනවා paalanaya karanawa

manageable *adj.* පාලනය කළ හැකි paalanaya kala haki

management *n.* කළමණාකරණය kalamanaakaranaya

manager *n.* කළමණාකරු kalamanaakaru

managerial *adj.* කළමණාකාර kalamanaakaara

mandate *n.* බලපත්‍රය balapathraya

mandatory *adj.* පාලනය කරනු ලබන paalanaya karanu labana

mane *n.* කේශර keshara

manful *adj.* නිර්භීත nirbheetha

manganese *n.* මැංගනීස් manganese

manger *n.* ගව ඔරුව gava oruwa

mangle *v.* තලා පොඩි කරනවා thalaa podi karanawaa

mango *n.* අඹ amba

manhandle *n.* අඩත්තේට්ටම් කරනවා adaththettam karanawaa

manhole *n.* මනුබිල manubila

manhood *n.* පිරිමිකම pirimikama

mania *n.* උමතුව umathuwa

maniac *n.* උන්මත්තකයා unmanthakayaa

manicure *n.* කරප්‍රසාධනය karaprasaadanaya

manifest *adj.* පැහැදිලි pahadali

manifestation *n.* පහළවීම pahala weema

manifesto *n.* අධිප්‍රකාශය adiprakaashaya

manifold *adj.* නානාවිධ nanaawida

manipulate *v.* මෙහෙයවනවා meheyawanawa

manipulation *n.* මෙහෙයවීම meheyaweema

mankind *n.* මානව වර්ගයා maanawa wargayaa

manly *adj.* පුරුෂාකාර purushaakaara

manna *n.* නිරූපිකාව niroopikaawa

mannequin *n.* රූපවතී roopawathee

manner *n.* ආකාරය aakaraya

mannerism *n.* විශේෂ විලාසය wishesha wilaasaya

manoeuvre *n.* උපක්‍රමය upakramaya

manor *n.* නින්දගම nindagama

manpower *n.* මිනිස් බලය minis balaya
mansion *n.* මන්දිරය mandiraya
mantel *n.* දුම් කවුළුව dum kauluwa
mantle *n.* වැස්ම wasma
mantra *n.* මන්ත්‍රය manthraya
manual *adj.* අත්පොත athpotha
manufacture *v.* නිර්මාණය කරනවා nirmaanaya karanawa
manufacturer *n.* නිපදවන්නා nipada-wanna
manumission *n.* වහල් බවින් නිදහස් කිරීම wahal bawin nidahas kireema
manure *n.* පොහොර pohora
manuscript *n.* අත් පිටපත ath pita-patha
many *adj.* බහුල bahula
map *n.* සිතියම sithiyama
maple *n.* මේපල් දැව maple dawa
mar *v.* නරක් කරනවා narak kara-nawa
marathon *n.* මැරතන් marathon
maraud *v.* කොල්ලකනවා kollaka-nawa
marauder *n.* කොල්ලකාරයා kollaka-araya
marble *n.* ටීක් බෝලය teek bolaya
march *n.* මාර්තු marthu
march *v.* පෙළපාළි යනවා pelapaali yanawaa
mare *n.* වෙළඹ welamba
margarine *n.* මාගරින් maagarin
margin *n.* දාරය daaraya
marginal *adj.* අද්දර පිහිටි addara pihiti
marigold *n.* දාස්පෙති daaspethi
marina *n.* නිකේතන වරාය nikethama wraaya
marinade *n.* මැරිනේඩය marinadaya
marinate *v.* මස් පදම් කරනවා mas padam karanawa
marine *adj.* මුහුදු muhudu
mariner *n.* නැවියා nawiya
marionette *n.* රූකඩය rookadaya
marital *adj.* විවාහ wiwaaha
maritime *adj.* මුහුදුබඩ muhudubada
mark *n.* සළකුණ salakuna
marker *n.* ලකුණු තබන්නා lakunu thabanna
market *n.* වෙළෙඳපල welandapala
marketing *n.* අලෙවිකරණය alewika-ranaya
marking *n.* ලකුණු කිරීම lakunu kireema
marksman *n.* දක්ෂ කුරුමාණම්කාරයා daksha kurumaanamkaaraya
marl *n.* පස pasa
marmalade *n.* දොඩම් ජෑම් dodam jam
maroon *n.* දුඹුරට හුරු රතු පාට dum-burata huru rathu paata
marquee *n.* විශාල මඩුව wishaala maduwa
marriage *n.* විවාහය wiwaahaya
marriageable *adj.* විවාහ වීමට සුදුසු wiwaaha weemata sudusu
marry *v.* කසාද බඳිනවා kasaada bandinawa
Mars *n.* අඟහරු ග්‍රහයා angaharu grahayaa
marsh *n* වගුර wagura
marshal *n.* සේනාධිපතියා senaa-dipathiya
marshmallow *n.* අනෝදා anodaa
marsupial *n.* සපෝටිකයා sepaa-

tikaya
mart *n.* වෙළෙඳාම්පොළ welan-daampola
martial *adj.* රණකාමී ranakaamee
martinet *n.* නීති රීතින් තදින් හසුරුවන්නා neethi reethi thadin hasuruwanna
martyr *n.* මෘතවීරයා mruthaweeraya
martyrdom *n.* ප්‍රාණත්‍යාගය praa-nathyaagaya
marvel *v.i* පුදුම වෙනවා puduma wenawa
marvellous *adj.* අසිරිමත් asirimath
Marxism *n.* මාක්ස්වාදය maak-swaadaya
marzipan *n.* රසකැවිලි වර්ගයක් rasakawili wargayak
mascara *n.* ඇස්පිහාටු ආලේපය aspihaatu alepaya
mascot *n.* මංගල වස්තුව mangala wasthuwa
masculine *adj.* බලවත් balawath
mash *v.t* වසඟ කරනවා wasanga karanawa
mask *n.* වෙස් මුහුණ wes muhuna
masochism *n.* ස්වපීඩාකාමය swapeedakaamaya
mason *n.* පෙදරේරුවා pedareruwa
masonry *n.* මේසන් වැඩ mason wada
masquerade *n.* කෝලම් නටනවා kolam natanawaa
mass *n.* ස්කන්ධය skandaya
massacre *n.* සංහාරය sanhaaraya
massage *n.* පණිවිඩය paniwidaya
masseur *n.* සම්බාහකයා samba-hakayaa
massive *adj.* විශාල wishaala
mast *n.* කුඹ ගස kumba gasa
master *n.* ස්වාමියා swaamiyaa
mastermind *n.* මහ මොළකාරයා maha molakaaraya
masterpiece *n.* අග්‍රකෘතිය agra-kruthiya
mastery *n.* පාලනය paalanaya
masticate *v.* හපනවා hapanawaa
masturbate *v.* ලිඟුව අතින් පිරිමැද ලිංගික උත්තේජනය ලබනවා linguwa athin pirimada uththejanaya labanawaa
mat *n.* පැදුර padura
matador *n.* ගොන් පොරකාරයා gon pora kaaraya
match *n.* තරඟය tharangaya
matchmaker *n.* ගිනිකූරු සාදන්නා ginikooru saadanna
mate *n.* සහකාරයා sahakaaraya
material *n.* ද්‍රව්‍යමය dravyamaya
materialism *n.* ද්‍රව්‍යවාදය dravya-waadaya
materialize *v.* සිද්ධ වෙනවා sidda wenawa
maternal *adj.* මව් maw
maternity *n.* මාතෘත්වය maathruthwaya
mathematical *adj.* ගණිත ganitha
mathematician *n.* ගණිතඥයා ganithagnanayaa
mathematics *n.* ගණිතය ganithaya
matinee *n.* පස්වරු දර්ශනය paswaru darshanaya
matriarch *n.* මාතෘමූලික maathroo moolika
matricide *n.* මව මැරීම mawa mareema
matriculate *v.* විශ්වවිද්‍යාලයකට ඇතුල් වෙනවා

wishwawidyaalayakata athul wenawa

matriculation *n.* විශ්වවිද්‍යාලයකට ඇතුල්වීම wishwawidyaalayakata athul weema

matrimonial *adj.* වෛවාහික waiwaahika

matrimony *n.* සරණ මංගල්‍යය sarana mangalyaya

matrix *n.* න්‍යාසය nyaasaya

matron *n.* පාලිකාව paalikaawa

matter *n.* පදාර්ථය padaarthaya

mattress *n.* මෙට්ටය mettaya

mature *adj.* මුහුකුරා ගිය muhukuraa giya

maturity *n.* පරිණතවීම parinatha weema

maudlin *adj.* වැදගම්මකට නැති wadagammakata nathi

maul *v.* තළා පෙළා දමනවා thalaa pelaa damanawaa

maunder *v.* වල්වටාරම් දොඩවනවා walwataaram dodawanawaa

mausoleum *n.* සොහොන් ගැබ sohon gaba

maverick *n.* නිරීක්ෂණය nireek-shanaya

maxim *n.* සිද්ධාන්තය siddanthaya

maximize *v.* උපරිමය කරනවා uparimaya karanawaa

maximum *n.* උපරිමය uparimaya

May *n.* මැයි මාසය mai maasaya

may *v.* අවසරය awasaraya

maybe *adv.* ඇතැම්විට atham wita

mayhem *n.* ගසා බරපතල ලෙස තුවාල කිරීම gasaa barapathala lesa thuwaala kireema

mayonnaise *n.* මයොනේස් mayon-naise

mayor *n.* නගරාධිපති nagaraadipathi

maze *n.* වංකගිරිය wankagiriya

me *pron.* මම mama

mead *n.* මධු madhu

meadow *n.* දෙනිය deniya

meagre *adj.* ස්වල්ප swalpa

meal *n.* භෝජනය bojanaya

mealy *adj.* පිටි සහිත piti sahitha

mean *v.* හඟවනවා hangawanawaa

meander *v.* ඉබාගාතේ යනවා ibaagaathe yanawaa

meaning *n.* අර්ථය arthaya

means *n.* විධිය widiya

meantime *adv.* අතරතුර කාලය atharathura kaalaya

meanwhile *adv.* අතරවාරේ atharawaare

measles *n.* සරම්ප sarampa

measly *adj.* වැදගම්මකට නැති wadagammakata nathi

measure *v.* මනිනවා maninawa

measure *a.* මැනීම maneema

measured *adj.* ස්ථිර stheera

measurement *n.* මිම්ම mimma

meat *n.* මස් mas

mechanic *n.* යාන්ත්‍රිකයා yaan-thrikaya

mechanical *adj.* යාන්ත්‍රික yaanthrika

mechanics *n.* යාන්ත්‍ර විද්‍යාව yaanthra widyaawa

mechanism *n.* යාන්ත්‍රණය yaanthranaya

medal *n.* පදක්කම padakkama

medallion *n.* විශාල පදක්කම wid-shaala padakkama

medallist *v.i.* පදක්කම් ලැබූ තැනැත්තා padakkam laboo thanaththa

meddle *v.* අවුල් කරනවා awul karanawaa

media *n.* මාධ්‍යය maadyaya

median *adj.* මධ්‍යස්ථ madyastha

mediate *v.* මැදිහත් වෙනවා madihath wenawa

mediation *n.* බේරුම් කිරීම berum kireema

medic *n.* වෛද්‍යවරයා waidyawarayaa

medical *adj.* වෛද්‍ය waidya

medication *n.* බෙහෙත behetha

medicinal *adj.* ලෙඩ සුව කරන leda suwa karana

medicine *n.* ඖෂධ aushada

medieval *adj.* මධ්‍යකාලීන madyakaleena

mediocre *adj.* සාමාන්‍ය saamanya

mediocrity *n.* අවිශිෂ්ටතාව awishtathaawa

meditate *v.* භාවනා කරනවා bhaawana karanawa

mediation *n.* මැදිහත් වීම madihath weema

meditative *adj.* භාවනාමය bhaawanaamaya

Mediterranean *adj.* මධ්‍යධරණී madyadharanee

medium *n.* මාධ්‍යය maadyaya

medley *n.* මිශ්‍ර සංගීතය mishra sangeethaya

meek *adj.* විනීත wineetha

meet *v.* හමුවෙනවා hamuwenawa

meeting *n.* රැස්වීම rasweema

mega *adj.* මහා mahaa

megabyte *n.* මෙගා බයිට් megabyte

megahertz *n.* මෙගා හර්ට්ස් megahertz

megalith *n.* මහා ශාලාව mahaa shaalawa

megalithic *adj.* පාෂාණ වැනි විශාල paashaana wani wishaala

megaphone *n.* මෙගාෆෝනය megaphonaya

megapixel *n.* මෙගාපික්සලය megapixalaya

melamine *n.* ප්ලාස්ටික් විශේෂයක් plastic wisheshayak

melancholia *n.* විෂාදතාව wishaadathaawa

melancholy *n.* නිර්වේදය nirwedaya

melange *n.* සංකරය sankaraya

meld *n.* සුස්වර suswara

melee *n.* අවුල් සහිත සටන awul sahitha satana

meliorate *v.* අවුල් වෙනවා awul wenawa

mellow *adj.* මොළොක් molok

melodic *adj.* ස්වර මාධූර්යයට සම්බන්ධ swara maaduryayata sambanda

melodious *adj.* කනට මිහිරි kanata mihiri

melodrama *n.* උද්වේග නාට්‍යය udwega naatyaya

melodramatic *adj.* අතිනාට්‍යමය athinaatyamaya

melody *n.* තාලය thaalaya

melon *n.* කොමඩු komadu

melt *v.* දිය වෙනවා diya wenawa

member *n.* සාමාජිකයා saamajikaya

membership *n.* සාමාජිකත්වය saamajikathwaya

membrane *n.* පටලය patalaya

memento *n.* ස්මාරකය smaarakaya

memo *n.* ඥාප gnaapa

memoir *n.* නිබන්ධය nibandaya

memorable *adj.* සිහිකටයුතු sihika-tayuthu

memorandum *n.* මතක සටහන් mathaka satahan

memorial *n.* අනුස්මරණය anusma-ranaya

memory *n.* මතකය mathakaya

menace *n.* තර්ජනය tharjanaya

mend *v.* අලුත්වැඩියා කරනවා aluth-wadiya karanawa

mendacious *adj.* බොරු boru

mendicant *adj.* හිඟන්න hinganna

menial *adj.* අධම adama

meningitis *n.* අවෘතිදාහය awurthi-daahaya

menopause *n.* ආර්තවාභාවය aartha-waabaawaya

menstrual *adj.* ඔසප්වීම පිළිබඳ osapweema pilibanda

menstruation *n.* ඔසප්වීම osap weema

mental *adj.* මානසික maanasika

mentality *n.* මානසිකත්වය maanasi-kathwaya

mention *v.* සැල කරනවා sala karanawaa

mentor *n.* උපදේශකයා upadesha-kayaa

menu *n.* මෙනුව menuwa

mercantile *adj.* වාණිජ waanija

mercenary *adj.* මුදල් පතා mudal pathaa

merchandise *n.* වෙළෙඳ බඩු welanda badu

merchant *n.* වෙළෙන්දා welenda

merciful *adj.* අනුකම්පා සහගත anu-kampaasahagatha

mercurial *adj.* අස්ථිර asthira

mercury *n.* රසදිය rasadiya

mercy *n.* අනුකම්පාව anukampaawa

mere *adj.* තනි thani

meretricious *adj.* ව්‍යාජ අලංකාරයෙන් රවටන wyaaja alankaarayen rawatana

merge *v.* සංයුක්ත කරනවා sanyuktha karanawa

merger *n.* සංයෝගය sanyogaya

meridian *n.* මධ්‍ය රේඛාව madya rekhawa

merit *n.* කුසලතාව kusalathaawa

meritorious *adj.* කුසල් සහිත kusal sahitha

mermaid *n.* දිය කිඳුරිය diya kin-duriya

merry *adj.* සිනහ උපදවන sinaha upadawana

mesh *n.* දැල dala

mesmeric *adj.* වශීකෘත washee-krutha

mesmerize *v.* වශී කරනවා washee karanawaa

mess *n.* අවුල awula

message *n.* පණිවිඩය paniwidaya

messenger *n.* පණිවිඩකරු pani-widakaru

messiah *n.* ක්‍රිස්තුන් වහන්සේ kristhun wahanse

messy *adj.* අපිරිසිදු apirisidu

metabolism *n.* පරිවෘත්තිය pari-wurthiya

metal *n.* ලෝහ loha

metallic *adj.* ලෝහමය lohamaya

metallurgy *n.* ලෝහවිද්‍යාව loha widyaawa

metamorphosis *n.* රූපාන්තරය

roopanthara

metaphor *n.* රූපකය roopakaya

metaphysical *adj.* අභිධර්මය පිළිබඳ වූ abhidarmaya pilibanda woo

metaphysics *n.* අභිධර්මය abhidarmaya

mete *v.* බෙදා දෙනවා beda denawa

meteor *n.* උල්කා පාතය ulkaapathaya

meteoric *adj.* උල්කා පාතයක් වැනි ulkaapaathayak wani

meteorology *n.* කාලගුණ විද්‍යාව kaalaguna widyaawa

meter *n.* මීටරය meetaraya

method *n.* පිළිවෙල piliwela

methodical *adj.* විධිමත් widimath

methodology *n.* විධි විද්‍යාව widi widyaawa

meticulous *adj.* බිය සැක ඇති biya saka athi

metre *n.* විරිත wiritha

metric *adj.* මීටර ක්‍රමය meetara kramaya

metrical *adj.* පද්‍යමය padyamaya

metropolis *n.* අගනුවර aganuwara

metropolitan *adj.* රාජධානිය පිළිබඳ වූ raajadaaniya pilibanda woo

mettle *n.* ශක්තිය shakthiya

mettlesome *n.* ශක්ති සම්පන්න shakthi sampanna

mew *v.* බළලෙකු මෙන් හඬනවා balaleku men handanawaa

mews *n.* අස්හල ashala

mezzanine *n.* බිම් මහල හා පළමු මහල අතර මහල bim mahala haa palamu mahala athara

miasma *n.* විෂවානය wishawaanaya

mica *n.* මයිකා mayikaa

microbiology *n.* ක්ෂුද්‍ර විද්‍යාව kshudra widyaawa

microchip *n.* සූක්ෂ්ම චිපය sookshma chipaya

microfilm *n.* සූක්ෂ්ම චිත්‍රපටය sookshma chithrapatiya

micrometer *n.* මයික්‍රෝ මීටරය micromeetaraya

microphone *n.* මයික්‍රෝ ෆෝනය microphonaya

microprocessor *n.* ක්ෂුද්‍ර සකසනය kshudra sakasanaya

microscope *n.* අන්වීක්ෂය anweekshaya

microscopic *adj.* සූක්ෂ්ම sookshma

microsurgery *n.* සූක්ෂ්ම ශල්‍යකර්මය sookshma shailakarmaya

microwave *n.* සූක්ෂ්ම තරංග sookshma tharanga

mid *adj.* මැද mada

midday *n.* මද්දහනය maddahanaya

middle *adj.* මධ්‍යම madyama

middleman *n.* අතරමැදියා atharamadiya

middling *adj.* මධ්‍යම තරමේ madyama tharame

midget *n.* කුරුට්ටා kurutta

midnight *n.* මධ්‍යම රාත්‍රිය madyama raathriya

midriff *n.* සිරුරේ මධ්‍යභාගය sirure madyabhaagaya

midst *adj.* අතර athara

midsummer *adj.* මධ්‍යගිම්හානය madyagimhaanaya

midway *adv.* පාර මැද paara mada

midwife *n.* වින්නඹුව winnambuwa

might *v.* වික්‍රම කරනවා wikrama karanawaa

mighty *adj.* වික්‍රාන්ත wikraantha

migraine *n.* මයිග්‍රේන් migrain
migrant *n.* සංක්‍රමිකයා sankramikaya
migrate *v.* සංක්‍රමණය වෙනවා sankramanaya wenawa
migration *n.* සංක්‍රමණය sankramanaya
mild *adj.* මෘදු mrudu
mile *n.* සැතැප්ම sathapma
mileage *n.* සැතැප්ම ගණන sathapma ganana
milestone *n.* සැතැප්ම කණුව sathapma kanuwa
milieu *n.* වටපිටාව watapitaawa
militant *adj.* යුද්ධකාමී yuddakaamee
militant *n.* යුද්ධකාමියා yuddakaamiya
military *adj.* යුද්ධ හමුදාව yudda hamudaawa
militate *v.* යමෙකුට විරුද්ධව පවතිනවා yamekuta wiruddawa pawathinawaa
militia *n.* උප හමුදාව upa hamudaawa
milk *n.* කිරි kiri
milkshake *n.* කිරි වලින් සෑදූ පානයක් kiri walin saadoo paanayak
milky *adj.* කිරි මුසු kiri musu
mill *n.* මෝල mola
millennium *n.* සහස්‍රවර්ෂය sahasrawarshaya
millet *n.* මෙනේරි meneri
milligram *n.* මිලිග්‍රෑමය miligraamaya
millimetre *n.* මිලිමීටරය milimeetaraya
milliner *n.* කාන්තා ඇඳුම් සාදන්නා kaantha andum saadanna
million *n.* මිලියනය miliyanaya
millionaire *n.* දසලක්ෂපතියා dasalakshapathiya
millipede *n.* කංකුන්ඩා kankundaa
mime *n.* නාඩගම naadagama
mime *n.* ප්‍රහසනය prahasanaya
mimic *n.* අභිරූපික abhiroopika
mimicry *n.* සරදම saradama
minaret *n.* ප්‍රාසාදශෘංගය praasadashaangaya
mince *v.* අඩු කොට දක්වනවා adu kota dakwanawaa
mind *n.* මනස manasa
mindful *adj.* සැලකිලි සහිත salakili sahitha
mindless *adj.* අඥාන agnaana
mine *pron.* මගේ mage
mine *n.* පතල pathala
miner *n.* පතල්කරුවා pathalkaruwa
mineral *n.* ඛනිජ වර්ග kanija warga
mineralogy *n.* ඛනිජ විද්‍යාව kanija widyaawa
minestrone *n.* එළවළු මිශ්‍රිත සුප් elawalu mishritha sup
mingle *v.* මිශ්‍ර වෙනවා mishra wenawa
mini *adj.* ක්ෂුද්‍ර kshudra
miniature *adj.* ක්ෂුද්‍රරූපී kshudraroopee
minibus *n.* කුඩා බසය kuda basaya
minicab *n.* කුඩා කාර් විශේෂයක් kudaa car wisheshayak
minim *n.* බින්දුව binduwa
minimal *adj.* අවම awama
minimize *v.* කුඩා කොට දක්වනවා kudaa kota dakwanawaa
minimum *n.* අවමය awamaya
minion *n.* වල්ලභයා wallabaya

miniskirt *n.* කුඩා සාය kudaa saaya
minister *n.* ඇමති amathi
ministerial *adj.* අමාත්‍ය amaathya
ministry *n.* අමාත්‍යාංශය amaathyaanshaya
mink *n.* මුගටියාගේ ලොම් mugatiyaage lom
minor *adj.* සුළු sulu
minority *n.* සුළුතරය sulutharaya
minster *n.* ප්‍රධාන දේවස්ථානය pradaana dewasthaanaya
mint *n.* මිංචි minchi
minus *prep.* සෘණ rina
minuscule *adj.* කුඩා අකුරු kuda akuru
minute *n.* මිනිත්තුව miniththuwa
minute *adj.* ඉතා කුඩා ithaa kuda
minutely *adv.* සූක්ෂ්ම ලෙස sookshma lesa
minx *n.* අවිනීත කෙල්ල awineetha kella
miracle *n.* ආශ්චර්ය aashcharya
miraculous *adj.* ආශ්චර්යජනක aashcharyajanaka
mirage *n.* මිරිඟුව miringuwa
mire *n.* හෙල hela
mirror *n.* කණ්ණාඩිය kannadiya
mirth *n.* විනෝදය winodaya
mirthful *adj.* ප්‍රමෝදජනක pramodajanaka
misadventure *n.* අහේතුව ahethuwa
misalliance *n.* නුසුදුසු විවාහය nusudusu wiwaahaya
misapply *v.* වැරදි ලෙස යොදනවා waradi lesa yodanawaa
misapprehend *v.* වරදවා වටහා ගන්නවා waradawaa watahaa gannawa
misapprehension *n.* වරදවා තේරුම් ගැනීම waradawaa thrrum ganeema
misappropriate *v.* අයුතු ලෙස අත්කරගන්නවා ayuthu lesa athkaragannawa
misappropriation *v.* අවනතුකර ගන්නවා awanathukara gannawaa
misbehave *v.* අවකල් ක්‍රියාවේ යෙදෙනවා awakal kriyaawe yedenawaa
misbehaviour *n.* අවකල් ක්‍රියාව awakal kriyaawa
misbelief *n.* මිථ්‍යා විශ්වාසය mithyaa wishwaasaya
miscalculate *v.* වැරදි ලෙස ගණන් හදනවා waradi lesa ganan hadanawa
miscalculation *n.* අවගණනය awagananaya
miscarriage *n.* ගබ්සාව gabsaawa
miscarry *v.* වරදිනවා waradinawaa
miscellaneous *adj.* සංකීර්ණ sankeerna
mischance *n.* අහේතුව ahethuwa
mischief *n.* දඟය dangaya
mischievous *adj.* දඟ danga
misconceive *v.* වරදවා වටහා ගන්නවා waradawaa watahaa gannawaa
misconception *n.* දුර්මතය durmathaya
misconduct *n.* දුරාචාරය duraachaaraya
misconstrue *v.* වරදවා තේරුම් ගන්නවා waradawaa thrrum gannawaa
miscreant *n.* තක්කඩිය thakkadiya
misdeed *n.* අපරාධය aparaadaya

misdemeanour *n.* අනාචාරය anaachaaraya

misdirect *v.* නොමඟ යවනවා nomanga yawanawaa

miser *n.* මසුරා masura

miserable *adj.* කාලකණ්ණියා kaalakanniya

miserly *adj.* මසුරු masuru

misery *n.* කාලකණ්ණිකම kaalakan-nikama

misfire *v.* වකුරු වෙනවා wakuru wenawa

misfit *n.* අයෝග්‍ය වූ දෙය ayogya woo deya

misfortune *n.* අවාසනාව awaasa-naawa

misgive *v.* සිත වැරදි අදහස්වලින් පිරෙනවා sitha waradi adahas walin pirenawa

misgiving *n.* සැකය sakaya

misguide *v.* නොමඟ යනවා nomanga yanawaa

mishandle *v.* අඩත්තේට්ටම් කරනවා adaththettam karanawaa

mishap *n.* අකරතැබ්බය akaratha-bbaya

misinform *v.* වැරදි තොරතුරු සපයනවා waradi thorathuru sapayanawaa

misinterpret *v.* වැරදි අර්ථය සපයනවා waradi arthaya sapayanawaa

misjudge *v.* වැරදි ලෙස වටහා ගන්නවා waradi lesa watahaagannawa

mislay *v.* වැරදි තැනක තබනවා waradi thanaka thabanawaa

mislead *v.* මුළා කරනවා mulaa karanawa

mismanagement *n.* අවපාලනය awapaalanaya

mismatch *n.* අයෝග්‍ය ගැළපීම ayogya galapeema

misnomer *n.* අවනාමය awa-naamaya

misplace *v.* වැරදි තැනක තබනවා waradi thanaka thabanawaa

misprint *n.* මුද්‍රණ දෝෂය mudrana doshaya

misquote *v.* වැරදි ලෙස උපුටා ගන්නවා waradi lesa uputaagannawaa

misread *v.* වරදවා කියවනවා wara-dawaa kiyawanawaa

misrepresent *v.* වරදවා විස්තර කරනවා waradawaa wisthara karanawaa

misrule *n.* දුෂ්ට පාලනය dushta paalanaya

miss *v.* අත්හරිනවා athharinawaa

miss *n.* වැරදීම waradeema

missile *n.* මිසයිලය misailaya

missing *adj.* නැතිවුණු nathiwunu

mission *n.* පරමාර්ථය paramaar-thaya

missionary *n.* ධර්මදූතයා darma doothaya

missive *n.* සන්දේශය sandesyaha

misspell *v.* අකුරු වරදවා ලියනවා akuru waradawaa liyanawa

mist *n.* මීදුම meeduma

mistake *n.* දෝෂය doshaya

mistaken *adj.* වැරදුණු waradunu

mistletoe *n.* සරසිලිවලට යොදන වැල් වර්ගයක් sarasiliwalata yodana wal wargayak

mistreat *v.* නරක විධියට සළකනවා naraka widiyata salakanawaa

mistress *n.* ස්වාමිදුව swaamiduwa

mistrust *v.* අවිශ්වාසය

awishwaasaya

misty *adj.* නොපැහැදිලි nopahadili

misunderstand *v.* වරදවා වටහා ගන්නවා waradawaa watahaa gannawa

misunderstanding *n.* වරදවා වටහා ගැනීම waradawaa watahaa ganeema

misuse *v.* පීඩා කරනවා peeda karanawaa

mite *n.* පොඩ්ඩා podda

mitigate *v.* සැහැල්ලු කරනවා sahallu karanawaa

mitigation *n.* ලිහිල් කිරීම lihil kireema

mitre *n.* මයිටරය maitaraya

mitten *n.* අත්මේස් athmes

mix *v.* මිශ්‍ර කරනවා mishra karanawaa

mixer *n.* මිශ්‍රකය mishrakaya

mixture *n.* සංයෝගය sanyogaya

moan *n.* වැළපෙනවා walapenawaa

moat *n.* අගල agala

mob *n.* කලහකාරී පිරිස kalahakaaree pirisa

mobile *adj.* ජංගම jangama

mobility *n.* සචලතාව sachalathaawa

mobilize *v.* කඳවා පුහුණු කරනවා kandawaa puhunu karanawaa

mocha *n.* අනර්ඝ කෝපි anargha kopi

mock *v.* සරදම් කරනවා saradam karanawaa

mockery *n.* සරදම saradama

modality *n.* ප්‍රකාරතාව prakaarathaawa

mode *n.* මාදිරිය maadiriya

model *n.* මොස්තරය mostharaya

modem *n.* මොඩමය modamaya

moderate *adj.* මධ්‍යම madyama

moderation *n.* සංයමය sanyamaya

moderator *n.* ප්‍රමාණකය pramaanakaya

modern *adj.* නවීන naweena

modernity *n.* නවීනභාවය naweenabhaawaya

modernize *v.* නවීකරණය කරනවා naweekaranaya karanawaa

modernism *n.* නූතනවාදය noothanawaadaya

modest *adj.* නිරහංකාර nirahankaara

modesty *n.* විනීතභාවය wineethabhaawaya

modicum *n.* ස්වල්පය swalpaya

modification *n.* වෙනස් කිරීම wenas kireema

modify *v.t.* වෙනස් කරනවා wenas karanawaa

modish *adj.* පන්නයට pannayata

modulate *v.* උස් පහත් කරනවා us pahath karanawaa

module *n.* මොඩියුලය modiyulaya

moil *v.* බොහෝ වෙහෙසෙ වෙනවා boho wehesa wenawa

moist *adj.* තෙත thetha

moisten *v.* තෙත් වෙනවා theth wenawaa

moisture *n.* තෙතමනය thethamanaya

moisturize *v.* තෙත් කරනවා theth karanawa

molar *n.* මුවල mawula

molasses *n.* උක් පැණි uk pani

mole *n.* මුවලය mawulaya

molecular *adj.* අණුක anuka

molecule *n.* අණුව anuwa

molest *v.* හිරිහැර කරනවා hirihara karanawa

molestation *n.* හිරිහැරය hiriharaya

mollify *v.* මෘදු කරනවා mrudu karanawa

molten *adj.* විලීන wileena

moment *n.* මොහොත mohotha

momentary *adj.* ක්ෂණික kshanika

momentous *adj.* බාරදූර baaradoora

momentum *n.* ගතිබලය gathibalaya

monarch *n.* අධිපතියා adhipathiya

monarchy *n.* රාජාණ්ඩුව raajaanduwa

monastery *n.* ආරාමය aaraamaya

monastic *adj.* ආශ්‍රමික ashramika

monasticism *n.* ශ්‍රමණ වෘත්තිය shramana wurthiya

Monday *n.* සඳුදා sanduda

monetarism *n.* මුදල් පරිපාලනය mudal paripaalanaya

monetary *adj.* මූල්‍යමය moolyamaya

money *n.* මුදල් mudal

monger *n.* වෙළෙන්දා welendaa

mongoose *n.* මුගටියා mugatiya

mongrel *n.* කලවම් kalawam

monitor *n.* ප්‍රධාන ශිෂ්‍යයා pradhaana shishyayaa

monitory *adj.* අවවාදාත්මක awawaadaathmaka

monk *n.* භික්ෂුව bhikshuwa

monkey *n.* වඳුරා wanduraa

mono *n.* එකක් ekak

monochrome *n.* ඒකවර්ණ ekawarna

monocle *n.* තනි කාචය thani kaachaya

monocular *adj.* ඒකාක්ෂි ekaakshee

monody *n.* මියගිය කෙනෙකු වෙනුවෙන් ලියැවුණු විලාප ගීය miyagiya keneku wenuwen liyawunu,wilaapa geeya

monogamy *n.* ඒකවිවාහය eka wiwaahaya

monogram *n.* අක්ෂරසංකරය aksharasankaraya

monograph *n.* නිබන්ධය nibhandaya

monolatry *n.* ඒකල ekala

monolith *n.* තනි ශෛල thani saila

monologue *n.* ආත්මගතය aathmagathaya

monophonic *adj.* ශබ්ද සම්ප්‍රේෂණයේදී එක චැනලයක් භාවිත කරන shabda sampreshanayedi eka chanalayak bhaawithaa karana

monopolist *n.* ඒකාධිකාරී පුද්ගලයා ekadhikaaree pudgalaya

monopolize *v.* ඒකාධිකාරී වෙනවා ekaadhikaaree wenawa

monopoly *n.* තනි අයිතිය thani aithiya

monorail *n.* තනිපීල්ල thanipeella

monosyllable *n.* ඒකාක්ෂර පද ekaakshara pada

monotheism *n.* ඒකදේවවාදය ekadewawaadaya

monotheist *n.* ඒකදේවවාදියා ekadewawaadiya

monotonous *adj.* නීරස neerasa

monotony *n.* ඒකාකාර භාවය ekakaara bhaawaya

monsoon *n.* මෝසම mosama

monster *n.* රාක්ෂයා raakshaya

monstrous *n.* අතිවිශාල athi

wishaala
monstrous *adj.* භයානක bhayaa-naka
montage *n.* සමෝධානය samod-haanaya
month *n.* මාසය maasaya
monthly *adj.* මාස්පතා maaspatha
monument *n.* ස්මාරකය smaa-rakaya
monumental *adj.* ස්මාරක smaaraka
moo *v.* උම්බෑ ගානවා umbaa gaanawa
mood *n.* මනෝභාවය manobhaa-waya
moody *adj.* නොසන්සුන් nosansun
moon *n.* හඳ handa
moonlight *n.* හඳපාන handapaana
moor *n.* මහ දෙණිය maha deniya
moorings *n.* නැව නැවැත්වීම nawa nawathweema
moot *adj.* සැක සහිත saka sahitha
mop *n.* බූසිය boosiya
mope *v.* කනස්සල්ලෙන් සිටිනවා kanassallen sitinawa
moped *n.* මෝටරයෙන් දුවන බයිසිකලය motarayen duwana baisikalaya
moraine *n.* හිමපතනය නිසා කඩා වැටෙන කොටස hima pathanaya nisaa kadaa watena kotasa
moral *adj.* සදාචාර sadaachaaraya
morale *n.* චිත්ත ධෛර්යය chiththa dhairyaya
moralist *n.* සදාචාරවාදියා sadaa-chaarawaadiyaa
morality *n.* සදාචාරය sadaa-chaaraya
moralize *v.* සදාචාරය ගැන කතා කරනවා sadachaaraya gana katha karanawa
morass *n.* වගුර wagura
morbid *adj.* අකල්‍ය akalya
morbidity *adv.* සිතෙහි දූෂිතභාවය sithehi dooshitha bhaawaya
more *n.* අධික adhika
moreover *adv.* තවදුරටත් thawadu-ratath
morganatic *adj.* මෝෂරිය පිළිබඳ වූ moshariya pilibanda woo
morgue *n.* මෝචරිය mochariya
moribund *adj.* අබලන් වූ abalan wu
morning *n.* උදෑසන udaasana
moron *n.* මහ මෝඩයා maha modaya
morose *adj.* මූසල moosala
morphine *n.* නිදි බෙහෙත් nidi beheth
morphology *n.* රූපවිද්‍යාව roopa widyaawa
morrow *n.* පසු දින pasu dina
morsel *n.* ඇබිත්ත abiththa
mortal *adj.* මැරෙනසුලු marenasulu
mortality *n.* මරණ ප්‍රමාණය marana pramaanaya
mortar *n.* වංගෙඩිය wangediya
mortgage *n.* උකස ukasa
mortgagee *n.* උකස්හිමියා ukas himiyaa
mortgagor *n.* උකස්කරු ukaskaru
mortify *v.* තරහ කරනවා tharaha karanawa
mortuary *n.* මතකාගාරය mathakaa-gaaraya
mosaic *n.* විචිත්‍ර wichithra
mosque *n.* මුස්ලිම් දේවස්ථානය muslim dewasthaanaya

mosquito *n.* මදුරුවා maduruwaa
moss *n.* දියසෙවෙල diyasewala
most *n.* ඉතා ithaa
mote *n.* දූවිලි පොද doowili poda
motel *n.* නවාතැන්පොළ nawaa-thanpola
moth *n.* සලබයා salabaya
mother *n.* අම්මා amma
mother *n.* මව mawa
motherboard *n.* මව් පුවරුව maw puwaruwa
motherhood *n.* මාතෘත්වය maathru-thwaya
mother-in-law *n.* නැන්දම්මා nandamma
motherly *adj.* මවක වැනි mawaka wani
motif *n.* ගුරු අරුත guru arutha
motion *n.* සෙලවීම selaweema
motionless *adj.* නිශ්චල nishchala
motivate *v.* පොළඹනවා polam-banawa
motivation *n.* පෙළඹවීම pelam-baweema
motive *n.* ක්‍රියා කරවන kriyaa karawana
motley *adj.* විවිධාකාර wiwid-haakaara
motor *n.* මෝටරය motaraya
motorcycle *n.* මෝටර් සයිකලය motar saikalaya
motorist *n.* මෝටර් රථ පදවන්නා motar ratha padawanna
motorway *n.* මෝටර්රිය මඟ motar riya samaga
mottle *n.* පාට ගානවා paata gaanawa
motto *n.* ආදර්ශ පාඨය aadarsha paataya
mould *n.* ආදර්ශය aadarshaya
moulder *v.* දිරායනවා diraayanawa
moulding *n.* වාත්තු කිරීම waaththu kireema
moult *v.* පිහාටු හැලෙනවා pihaatu halenawa
mound *n!* ගොඩැල්ල godalla
mount *v.* සවිකරනවා sawi karanawa
mountain *n.* කන්ද kanda
mountaineer *n.* කඳුකර වැසියා kandukara wasiya
mountaineering *n.* කඳුකර kandukara
mountainous *adj.* කඳු සහිත kandu sahitha
mourn *v.* වැලපෙනවා walapenawaa
mourner *n.* ශෝකවන්නා shoka-wanna
mournful *adj.* දුක්මුසු dukmusu
mourning *n.* දුක් වන duk wana
mouse *n.* මීයා meeya
mousse *n.* මූස් moos
moustache *n.* උඩු රැවුල udu rawla
mouth *n.* කට kata
mouthful *n.* කට පුරා kata puraa
movable *adj.* සචල sachala
move *v.* සලිත වෙනවා salitha wenawa
movement *n.* සෙලවීම selaweema
mover *n.* යෝජනාකරු yojanaakaru
movies *n.* චිත්‍රපට chithrapata
moving *adj.* සසල sasala
mow *v.* කපනවා kapanawa
mozzarella *n.* මොසරැල්ලා mozzarella
much *pron.* බොහෝ boho
mucilage *n.* මැලියම් maliyam

muck *n.* ගොම පොහොර goma pohora
mucous *adj.* සෙම් සහිත sem sahitha
mucus *n.* සොටු ආදිය sotu aadiya
mud *n.* මඩ mada
muddle *v.* අවුල් කරනවා awul karanawa
muesli *n.* පළතුරු හා ධාන්‍ය එකට මිශ්‍ර කරගත් ආහාරයක් palathuru haa dhaanya ekata mishra karagath dhaanyak
muffin *n.* රොටී වර්ගයක් rotee wargayak
muffle *v.* ඔතා ගන්නවා othaa gannawa
muffler *n.* නිහඬකරය nihandakaraya
mug *n.* පුකුරුව pukooruwa
muggy *adj.* උණුසුම් තෙත් unusum theth
mulatto *n.* නීග්‍රෝ සුදු යන දෙවර්ගයේ මව්පියන්ගේ උපන්තාන neegro sudu yana dewargaye mawpiyange upan thana
mulberry *n.* මල්බෙරි mulberry
mule *n.* කොටළුවා kotaluwa
mulish *adj.* හිතුවක්කාර hithuwakkaara
mull *v.* සිතා මතා බලනවා sithaamathaa balanawa
mullah *n.* ඉස්ලාම් ධර්මයේ විශේෂඥයා islam dharmaye wisheshagniya
mullion *n.* ජනේල පොල්ල janela polla
multicultural *adj.* බහුසංස්කෘතික bahu sanskruthika
multifarious *adj.* අනේක ප්‍රකාර aneka prakaara
multiform *adj.* බහුරූපී bahu roopi
multilateral *adj.* අංශ බහුල ansha bahula
multimedia *n.* බහු මාධ්‍ය bahu maadya
multiparous *adj.* බහුධාරී bahudhaaree
multiple *adj.* ගුණාකාර gunaakaara
multiplex *n.* අනේක aneka
multiplication *n.* ගුණකිරීම guna kireema
multiplicity *n.* විවිධත්වය wiwidhathwaya
multiply *v.* ගුණ කරනවා guna karanawa
multitude *n.* සමූහය samoohaya
mum *n.* අම්මා amma
mumble *v.* කොඳුරනවා konduranawa
mummer *n.* කෝලම්කාරයා kolamkaaraya
mummify *v.* මිනිය බෙහෙත් ගල්වා සංරක්ෂණය කරනවා miniya beheth galwaa sanrakshanaya karanawa
mummy *n.* මමිය mamiya
mumps *n.* කම්මුල්ගාය kammulgaaya
munch *v.* තොලුගානවා tholugaanawa
mundane *adj.* ලෞකික lowi
municipal *adj.* නාගරික naagarika
municipality *n.* නගර සභාව nagara sabhaawa
munificent *adj.* උදාර udaara
muniment *n.* ලේඛනාගාරය lekanaagaaraya
munitions *n.* යුද්ධෝපකරණ yuddhopakarana
mural *n.* බිතු සිතුවම bithu sithuwama
murder *n.* මිනීමැරුම mineemaruma

murderer *n.* මිනීමරුවා minee-maruwa
murk *n.* අඳුර andura
murky *adj.* දුමාරයෙන් යුත් duma-rayen yuth
murmur *v.* මතුරනවා mathuranawa
muscle *n.* මස්පිඬුව maspiduwa
muscovite *n.* මොස්කව් නගරයේ වැසියා moscov nagaraye wasiya
muscular *adj.* ශක්තිමත් shak-thimath
muse *n.* ධ්‍යානය dhyaanaya
museum *n.* කෞතුකාගාරය kauthu-kaagaaraya
mush *n.* තලප thalapa
mushroom *n.* බිම්මල bimmala
music *n.* සංගීතය sangeethaya
musical *adj.* කනට ප්‍රිය kanata priya
musician *n.* සංගීතඥයා sangeeth-gniya
musk *n.* කස්තුරි kasthuri
musket *n.* තුවක්කුව thuwakkuwa
musketeer *n.* තුවක්කු ගත් භටයා thuwakku gath bhataya
Muslim *n.* මුස්ලිම් ජාතිකයා muslim jaathikaya
muslin *v.* මස්ලින් muslin
mussel *n.* මට්ටියා mattaya
must *v.* අවශ්‍ය වෙනවා awashya wenawa
mustang *n.* හීලෑ නොකළ අශ්වයා heelaa nokala ashwaya
mustard *n.* අබ aba
muster *v.* උපදවා ගන්නවා upadawa gannawa
musty *adj.* ඉතා පරණ ithaa parana
mutable *adj.* චපල chapala
mutate *v.* වෙනස්වීමට භාජනය වෙනවා wenasweemata bhaajanaya wenawa
mutation *n.* විකෘතිය wikurthiya
mutative *v.* විකෘති වෙනවා wikurthi wenawa
mute *adj.* නිශ්ශබ්ද nishshabda
mutilate *v.* අංගච්ඡේදනය කරනවා angachedanaya karanawa
mutilation *n.* විකලනය wikalanaya
mutinous *adj.* කැරලිකාර karali-kaara
mutiny *n.* කැරලි ගැසීම karali gaseema
mutter *v.* කොඳුරනවා konduranawa
mutton *n.* එළුමස් elumas
mutual *adj.* පොදු podu
muzzle *n.* හොම්බ homba
muzzy *adj.* පටලැවුණු patalawunu
my *adj.* මගේ mage
myalgia *n.* මයල්ජියා myalgia
myopia *n.* දුර නොපෙනීම dura nopeneema
myopic *adj.* දුර නොපෙනෙන dura nopenena
myosis *n.* මයොසිය mayosiya
myriad *n.* ගණන් නැති ganan nathi
myrrh *n.* සුවඳ ලාටු suwanda laatu
myrtle *n.* සදාහරිත ශාකයක් sadaa-haritha shaakayak
myself *pron.* මම ම mama ma
mysterious *adj.* අභිරහස් abhirahas
mystery *n.* අභිරහස abhirahasa
mystic *n.* මුනිවරයා muniwaraya
mystical *adj.* ගුප්ත guptha
mysticism *n.* පරමවිඥානය parama-wignanaya
mystify *v.* ව්‍යාකූල කරනවා

wyaakoola karanawa

mystique *n.* ගූඪ gooda

myth *n.* මිත්‍යාව mithyaawa

mythical *adj.* පුරාණෝක්තිගත puraanokthigatha

mythological *adj.* පුරාණෝක්ති puraanokthi

mythology *n.* මිත්‍යා කථා සමූහය mithyaa kathaa samoohaya

N

nab *v.* පැන අල්ලා ගන්නවා pana alla gannawa

nabob *nabob* මහා ධනවතා mahaa dhanawatha

nacho *n.* නැකෝ nacho

nadir *n.* ඉතා පහත් තැන ithaa pahath thana

nag *v.t.* දිගින් දිගට විවේචනය කරනවා digin digata wiwechanaya karanawa

nail *n.* ඇණය anaya

naivety *n.* බොළඳකම bolandakama

naked *adj.* නිරුවත් niruwath

name *n.* නම nama

namely *n.* එනම් enam

namesake *n.* එම නමම ඇති ema namama athi

nanny *n.* ළමයාගේ කිරි මව lamayaage kiri mawa

nap *n.* අඩ නින්ද ada ninda

nape *n.* බෙල්ලේ පසුපැත්ත belle pasupaththa

naphthalene *n.* කපුරු බෝල kapuru bola

napkin *n.* අත්පිස්නාව athpisnaawa

nappy *n.* ඉණකඩ inakada

narcissism *n.* ආත්මරාගය aathmaraagaya

narcissus *n.* මානෙල් වැනි මල් ගසක් maanel wani mal gasak

narcotic *n.* මත්ද්‍රව්‍ය mathdrawya

narrate *v.* කියාගෙන යනවා kiyaa-gena yanawa

narration *n.* කියා දීම kiyaa deema

narrative *n.* කතාන්දරය kathaan-daraya

narrator *n.* කථිකයා kathikaya

narrow *adj.* පටු patu

nasal *adj.* නාසික naasika

nascent *adj.* ආරම්භක aarambhaka

nasty *adj.* පිළිකුල් සහිත pilikul sahitha

natal *adj.* උත්පත්තිය පිළිබඳ uthpath-thiya pilibanda

natant *adj.* ප්ලව plawa

nation *n.* ජාතිය jaathiya

national *adj.* ජාතික jaathika

nationalism *n.* ජාතිවාදය jaathi-waadaya

nationalist *n.* දේශාභිමානියා deshaabhimaaniya

nationality *n.* පුරවැසිභාවය purawa-sibhaawaya

nationalization *n.* ජනසතු කිරීම janasathu kireema

nationalize *v.* ආණ්ඩුවේ පාලනයට පවරා ගන්නවා aanduwe paalanayata pawaraa gannawa

native *n.* ස්වදේශීය swadesheeya

nativity *n.* උත්පත්තිය uthpaththiya

natty *adj.* කඩිම kadima

natural *adj.* ස්වාභාවික swab-haawika

naturalist *n.* ස්වභාව විද්‍යාව swabhaawa widyaawa

naturalize *v.* පුරවැසිකම දෙනවා purawasikama denawa

naturalization *n.* ජාති ප්‍රවේශනය jaathi praweshanaya

naturally *adv.* ස්වාභාවයෙන් swab-haawayen

nature *n.* ස්වභාවය swabhaawaya

naturism *n.* ස්වභාව්‍යය swabhaawya

naughty *adj.* දඟකාර dangakaara

nausea *n.* ඔක්කාරය okkaaraya

nauseate *v.* පිළිකුල ඇතිවෙනවා pilikula athiwenawa

nauseous *adj.* පිළිකුල් සහිත pilikul sahitha

nautical *adj.* නාවුක naawuka

naval *adj.* නාවික naawika

nave *n.* රිය නැබ riya naba

navigable *adj.* නාව්‍ය naawya

navigate *v.* නැව් යවනවා nawi yawanawa

navigation *n.* යාත්‍රණය yaath-ranaya

navigator *n.* නැව් පදවන්නා naw padawanna

navy *n.* නාවික හමුදාව naawika hamudaawa

nay *adv.* නැහැ naha

near *adv.* අසල asala

nearby *adv.* අවට awata

near *v.i.* ළං වෙනවා lan wenawa

nearest *adj.* සමීපතම same-pathama

nearly *adv.* කිට්ටුවෙන් kittuwen

neat *adj.* පිරිසිදු pirisidu

nebula *n.* පටලය patalaya

nebulous *adj.* නොපැහැදිලි nopahadili

necessarily *adv.* අවශ්‍යයම awashyama

necessary *adj.* අවශ්‍ය awashya

necessitate *v.* අවශ්‍ය වෙනවා awashya wenawa

necessity *n.* අවශ්‍යතාව awashya-thaawa

neck *n.* බෙල්ල bella

necklace *n.* මාලය maalaya

necklet *n.* කුඩා මාලය kudaa maalaya

necromancy *n.* භූත විද්‍යාව bhootha widyaawa

necropolis *n.* විශාල සුසානභූමිය wishaala susaanabhoomiya

nectar *n.* මල් පැණි mal pani

nectarine *n.* රසවත් ඵල වර්ගයක් rasawath pala wargayak

need *v.* අවශ්‍යතාව awashyathaawa

needful *adj.* අවශ්‍ය awashya

needle *n.* ඉඳිකට්ට idikatta

needless *adj.* නුවුවමනා nuwu-wamana

needy *adj.* ඕනෑ oonaa

nefarious *adj.* දරුණු darunu

negate *v.* නිෂේධනය කරනවා nished-hanaya karanawa

negation *n.* නිෂේධනය nished-hanaya

negative *adj.* ඍණාත්මක rinaath-maka

negativity *n.* ඍණතාවය rinathaa-waya

neglect *v.* පැහැර හරිනවා pahara harinawa

negligence *n.* නොසැලකිල්ල nosalakilla

negligent *adj.* නොසැලකිලි සහිත

nasalakili sahitha

negligible *adj.* ඉතා සුලු itha sulu

negotiable *adj.* ගිවිසගත හැකි giwisagatha haki

negotiate *v.* කතිකා කරනවා kathikaa karanawa

negotiation *n.* කතිකාව kathikaawa

negotiator *n.* සාකච්ඡා කරන්නා saakachchaa karanna

negress *n.* නොසැලකීම nosalakeema

negro *n.* නීග්‍රෝ neegro

neigh *n.* හේෂාරාවය heshaaraawaya

neighbour *n.* අසල්වැසියා asalwasiya

neighbourhood *n.* අසල්වැසියෝ asalwasiyo

neighbourly *adj.* අසල්වාසී asalwaasee

neither *adj.* දෙකින් එකක්වත් නොවෙන dekin ekakwath nowena

nemesis *n.* පළිගැනීම paliganeema

neoclassical *adj.* නව සම්ප්‍රදායික nawa sampradaaika

Neolithic *adj.* නවශිලා nawashila

neon *n.* නියොන් වායුව neon waayuwa

neophyte *n.* ආධුනිකයා aadhunikaya

nephew *n.* බෑනා baana

nepotism *n.* ඥාතිවාදය gnaathiwaadaya

Neptune *n.* මුහුදට අධිපති දෙවියා muhudata adhipathi dewiyo

nerd *n.* මෝඩ පුද්ගලයෙක් moda pudgalayek

Nerve *n.* හපන්කම hapankama

nerveless *adj.* ශක්තියෙන් අඩු shakthiyen adu

nervous *adj.* ඉක්මනින් කලබල වන ikmanin kalabala wana

nervy *adj.* චංචලභාවයෙන් සිටින chanchalabhaawayen sitina

nescience *n.* අවිද්‍යාව awidyaawa

nest *n.* කැදැල්ල kadalla

nestle *v.* තුරුල් වෙනවා thurul wenawa

nestling *n.* කුරුළු පැටියා kurulu patiya

net *n.* දැල dala

nether *adj.* පහළ pahala

netting *n.* දැල් රෙදි ගෙතීම dal redi getheema

nettle *n.* තරහ අවුස්සනවා tharaha awussanawa

network *n.* ජාලය jaalaya

neural *adj.* ස්නායු snaayu

neurologist *n.* ස්නායු විද්‍යාඥයා snaayu widyaagnaya

neurology *n.* ස්නායු විද්‍යාව snaayu widyaawa

neurosis *n.* ස්නායු රෝගය snaayu rogaya

neurotic *adj.* ස්නායුව්‍යාධික snaayu-wyaadhika

neuter *adj.* නපුංසක napunsaka

neutral *adj.* උදාසීන udaaseena

neutralize *v.* උදාසීන කරනවා udaaseena karanawa

neutron *n.* නියුට්‍රෝනය neutronaya

never *adv.* කවදාවත් නැති kawadaawath nathi

nevertheless *adv.* එසේනමුත් ese namuth

new *adj.* නව nawa

newly *adv.* අලුතෙන් aluthen

news *n.* පුවත් puwath

next *adj.* මීළඟ meelanga
nexus *n.* සම්බන්ධය sambandaya
nib *n.* තුඩ thuda
nibble *v.* ලෑටි ගහනවා laati gaha-nawa
nice *adj.* මන mana
nicety *n.* සියුම් බව siyum bawa
niche *n.* සුදුසු ස්ථානය sudusu sthaanaya
nick *n.* සිදුර sidura
nickel *n.* නිකල් nikal
nickname *n.* විකට නාමය wikata naamaya
nicotine *n.* නිකොටින් nicotine
niece *n.* ලේලි leli
niggard *n.* මසුරා masuraa
niggardly *adj.* මසුරු masuru
nigger *n.* කල්ලා kalla
niggle *v.* පටු ලෙස විවේචනය කරනවා patu lesa wiwechanaya kara-nawa
nigh *adv.* ළඟ langa
night *n.* රැය raya
nightingale *n.* රෑ කොවුලා raa kowla
nightmare *n.* නපුරු සිහිනය napuru sihinaya
nightie *n.* රෑ ඇඳුම raa anduma
nihilism *n.* ශුන්‍යවාදය shoonya-waadaya
nil *n.* ශුන්‍යය shoonya
nimble *adj.* කඩිසර kadisara
nimbus *n.* ප්‍රභා මණ්ඩලය prabhaa-mandalaya
nine *adj. & n.* නවය nawaya
nineteen *adj. & n.* දහ නවය daha nawaya
nineteenth *adj. & n.* දහ නව වැනි daha nawa wani
ninetieth *adj. & n.* අනූවැනි anuwani
ninth *adj. & n.* නව වැනි nawa wani
ninety *adj. & n.* අනූව anoowa
nip *v.* වැඩීම නතර කරනවා wadeema nathara karanawa
nipple *n.* තනපුඩුව thanapuduwa
nippy *adj.* ශීතල sheethala
nirvana *n.* නිවන niwana
nitrogen *n.* නයිට්‍රජන් nitrogen
no *adj.* නැත natha
nobility *n.* උදාරභාවය udaarab-haawaya
noble *adj.* ආර්ය aarya
nobleman *n.* වංශාධිපතියා wan-shaadhipathiya
nobody *pron.* කිසිවෙක් නැති kisiwek nathi
nocturnal *adj.* නිශාචර nishaachara
nod *v.* කිරා වැටෙනවා kira watenawa
node *n.* ගැටය gataya
noise *n.* ශබ්දය shabdaya
noisy *adj.* කෑ ගසන kaa gasana
nomad *n.* එඬේරා endera
nomadic *adj.* සංචාරක sanchaaraka
nomenclature *n.* නාමකරණය naamakaranaya
nominal *adj.* නාමික naamika
nominate *v.* නම් කරනවා nam karanawa
nomination *n.* නාම යෝජනාව naama yojanaawa
nominee *n.* නාමිකයා naamikaya
non-alignment *n.* අපිළිවෙළ apiliwela
nonchalance *n.* උදාසීනකම udaa-seenakama
nonchalant *adj.* උදාසීන udaaseena
nonconformist *n.* අනනුකූල

පුද්ගලයා ananukoola pudgalaya
none *pron.* කිසිවෙක් නැත kisiwek nathi
nonentity *n.* සොක්කා sokka
nonplussed *adj.* ධනාත්මක නොවන dhanaathmaka nowana
nonetheless *a.* කෙසේවුවත් kese wuwath
nonpareil *adj.* අසහාය asahaaya
nonplussed *adj.* ධනාත්මක නොවන dhanaathmaka nowana
nonsense *n.* විකාර wikaara
nonstop *adj.* අඛණ්ඩ akanda
noodles *n.* නූඩ්ල්ස් noodles
nook *n.* මුල්ල mulla
noon *n.* මධ්‍යාහ්නය madyaahanaya
noose *n.* තොණ්ඩුව thonduwa
nor *conj.&adv.* ත් නැත th natha
Nordic *adj.* නෝඩික nodika
norm *n.* නියමය niyamaya
normal *adj.* සාමාන්‍ය saamanya
normalcy *n.* සාමාන්‍යත්වය saama-nyathwaya
normalize *v.* යථා තත්වයට පත්කරනවා yathaa thathwayata path karanawa
normative *adj.* ප්‍රාමාණික praa-maanika
north *n.* උතුර uthura
northerly *adj.* උතුරෙහි uthurehi
northern *adj.* උතුරු uthuru
nose *n.* නාසය naasaya
nostalgia *n.* සාංකාව saankaawa
nostril *n.* නාස් පුඩුව naas puduwa
nostrum *n.* රහස් බෙහෙත rahas behetha
nosy *adj.* විමසිලිමත් wimasilimath
not *adv.* නැත natha
notable *adj.* සිහිකළ යුතු sihikala uthu
notary *n.* නොතාරිස් nothaaris
notation *n.* ප්‍රස්තාරය prasthaaraya
notch *n.* කට්ටය kattaya
note *n.* සටහන satahana
notebook *n.* සටහන් පොත satahan potha
noted *adj.* සටහන් කළ satahan kala
noteworthy *adj.* සැලකිය යුතු salakiya uthu
nothing *pron.* කිසිත් නැති බව kisith nathi bawa
notice *n.* දැන්වීම danweema
noticeable *adj.* ප්‍රකට prakata
noticeboard *n.* දැන්වීම් පුවරුව danweem puwaru
notifiable *adj.* දැනුම්දිය යුතු danum diya uthu
notification *n.* දැනුම්දීම danum-deema
notify *v.* දැනුම් දෙනවා danum-denawa
notion *n.* සංකල්පනය sankalpanaya
notional *adj.* කාල්පනික kaalpanika
notoriety *n.* අපකීර්තිය apakeerthiya
notorious *prep.* කුප්‍රකට kuprakata
notwithstanding *prep.* එතකුදු වුවත් ethakudu wuwath
nougat *n.* රසකැවිලි විශේෂයක් rasakawili wisheshayak
nought *n.* බින්දුව binduwa
noun *n.* නාමපදය naamapadaya
nourish *v.* පෝෂ්‍ය කරනවා poshya karanawa
nourishment *n.* පෝෂණය posha-naya
novel *n.* නවකතාව nawakathaawa

novelette *n.* කෙටි නවකතාව keti nawakathaawa

novelist *n.* නවකතාකරු nawaka-thaakaru

novelty *n.* අලුත් දෙ aluth de

november *n.* නොවැම්බර් මාසය november maasaya

novice *n.* ආධුනිකයා aadhunikaya

now *adv.* දැන් dan

nowhere *adv.* කොහෙවත් නැත kohewath natha

noxious *adj.* හානිකර haanikara

nozzle *n.* තුඩ thuda

nuance *n.* සියුම් වූ වෙනස siyum wu wenasa

nubile *a.* විවාහයට සුදුසු wiwaa-hayata sudusu

nuclear *adj.* න්‍යෂ්ටික nyashtika

nucleus *n.* න්‍යෂ්ටිය nyashtiya

nude *adj.* නග්න nagna

nudge *v.* හෙමින් ඇනීම hemin aneema

nudist *n.* දිගම්බරයා digambaraya

nudity *n.* නිරුවත niruwatha

nudge *v.* හෙමින් ඇනීම hemin aneema

nugatory *adj.* නිෂ්ඵල nishpala

nugget *n.* පිඩ pida

nuisance *n.* කරච්චලය karach-chalaya

null *adj.* අභිශුන්‍ය abhishoonya

nullification *n.* ශුන්‍ය කිරීම shunya kireema

nullify *v.* අහෝසි කරනවා ahosi karanawa

numb *adj.* හැඟීම් නොදැනෙන hangeem nodanena

number *n.* අංකය ankaya

numberless *adj.* අසංඛ්‍ය asankya

numeral *n.* සංඛ්‍යාංකය sankyaanka

numerator *n.* ලවය lawaya

numerical *adj.* සංඛ්‍යාත්මක sankyaathmaka

numerous *adj.* බොහෝ boho

nun *n.* භික්ෂුණී bhikshunee

nunnery *n.* කන්‍යා මඩම kanyaa madama

nuptial *adj.* වෛවාහික waiwaahika

nurse *n.* හෙදිය hediya

nursery *n.* බාලාංශය baalaanshaya

nurture *v.* ඇතිදැඩි කරනවා athidadi karanawa

nut *n.* මුරිච්චිය murichchiya

nutrient *n.* පෝෂකය poshakaya

nutrition *n.* පෝෂණය poshanaya

nutritious *adj.* පෝෂයදායි posha-daayee

nutritive *adj.* පෝෂ්‍ය poshya

nutty *adj.* ගෙඩි සහිත gedi sahitha

nuzzle *v.* සෙමින් නාසයෙන් පිරිමදිනවා semin naasayen pirimadinawa

nylon *n.* නයිලෝන් nylon

nymph අප්සරාව apsaraawa

O

oaf *n.* මෝඩයා modaya

oak *n.* ඕක් ගස oak gasa

oar *n.* හබල habala

oasis *n.* ක්ෂෙමභූමිය kshemab-hoomiya

oat *n.* ධාන්‍ය වර්ගයක් dhaanya wargayak

oath *n.* දිවුරුම diwuruma

oatmeal *n.* ඕට් පිටි ooti piti

obduracy *n.* මුරණ්ඩුකම murandukama

obdurate *adj.* මුරණ්ඩු murandu

obedience *n.* කීකරුකම keekarukama

obedient *adj.* කීකරු keekaru

obeisance *n.* ප්‍රණාමය pranaamaya

obesity *n.* තරබාරුකම tharabaarukama

obese *adj.* තරබාරු tharabaaru

obey *v.* අවනත වෙනවා awanatha wenawa

obfuscate *v.* අඳුරු කරනවා anduru karanawa

obituary *n.* අවමංගල awamangala

object *n.* වස්තුව wasthuwa

objection *n.* විරුද්ධත්වය wiruddhathwaya

objectionable *adj.* ප්‍රතිරෝධ්‍ය pathirodya

objective *adj.* පරමාර්ථය paramaarthaya

objectively *adv.* පරමාර්ථමය paramaarthamaya

oblation *n.* යාගය yaagaya

obligated *adj.* පොරොන්දු වූ porondu woo

obligation *n.* පොරොන්දුව poronduwa

obligatory *adj.* අනිවාර්ය aniwaarya

oblige *v.* අනුග්‍රහ කරනවා anugraha karanawa

obliging *adj.* කරුණාවන්ත karunaawantha

oblique *adj.* ඇලවූ ala wu

obliterate *v.* මකා දමනවා makaa damanawa

obliteration *n.* මකා දැමීම makaa dameema

oblivion *n.* අභාවය abhaawaya

oblivious *adj.* අනවධානයෙන් යුක්ත anawadhaanayen yuktha

oblong *adj.* දිගටි digati

obloquy *n.* නින්දාව nindaawa

obnoxious *adj.* අප්‍රිය apriya

obscene *adj.* අශිෂ්ට ashishta

obscenity *n.* කැතකම kathakama

obscure *adj.* අප්‍රකට aprakata

obscurity *n.* අප්‍රසිද්ධිය aprasiddhiya

observance *n.* අනුස්මරණය anusmaranaya

observant *adj.* සෝදිසි සහිත sodisi sahitha

observation *n.* නිරීක්ෂණය nireekshanaya

observatory *n.* නිරීක්ෂණාගාරය nireekshanaa gaaraya

observe *v.* නිරීක්ෂණය කරනවා nireekshanaya karanawaa

obsess *v.* සිත තුළ බලපානවා sitha thula balapaanawaa

obsession *n.* සිත තුළ බලපෑම sitha thula balapaama

obsolescent *adj.* යල් පැනපු yal panapu

obsolete *adj.* අභාවයට ගිය abhawayata giya

obstacle *n.* අවහිරය awahiraya

obstinacy *n* හිතුවක්කාරකම hithuwakkaara kama

obstinate *adj.* හිතුවක්කාර hithuwakkaara

obstruct *v.* වළක්වනවා walakwanawaa

obstruction *n.* බාධාව bhaadhaawa

obstructive *adj.* අවහිර සහිත

awahira sahitha

obtain *v.* ලබා ගන්නවා labaa gannawaa

obtainable *adj.* ලබා ගත හැකි lbaagatha haki

obtrude *v.* බල ප්‍රවේශය bala praweshaya

obtuse *adj.* මන්දබුද්ධික manda buddika

obverse *n.* ප්‍රතිවෘත්තය prathiwurthaya

obviate *v.* වළක්වනවා walakwanawaa

obvious *adj.* පැහැදිලි pahadili

occasion *n.* අවස්ථාව awasthaawa

occasional *adj.* ආගන්තුක aaganthuka

occasionally *adv.* ඇතැම්විට athamwita

occident *n.* අපරදිග aparadiga

occidental *adj.* ප්‍රතීචීන prathiweena

occlude *v.* නවතනවා nawathanawaa

occult *n.* ගුප්ත guptha

occupancy *n.* පදිංචි කාලය padinchi kaalaya

occupant *n.* නිලය දරන්නා nilaya daranna

occupation *n.* ජීවනෝපාය jeewanopaaya

occupational *adj.* වෘත්තීය wurththeeya

occupy *v.* ගන්නවා gannawa

occur *v.* සිදු වෙනවා sidu wenawaa

occurrence *n.* සිද්ධිය siddhiya

ocean *n.* සමුද්‍රය samudraya

oceanic *adj.* සාගරික saagarika

octagon *n.* අට පට්ටම ata pattama

octave *n.* අෂ්ටකය ashtakaya

octavo *n.* අෂ්ට පත්‍රක ashtaka pathraka

October *n.* ඔක්තෝබර් මාසය october maasaya

octogenarian *n.* අසූවයස්කාරයා asoo wayas kaarayaa

octopus *n.* බූවල්ලා boowallaa

octroi *n.* කඩයිම් බද්ද kadaim baddha

ocular *adj.* අක්ෂිය akshiya

odd *adj.* අමුතු amuthu

oddity *n.* විකාරය wikaaraya

odds *n.* වාසි අවාසි waasi awaasi

ode *n.* ගීත කාව්‍යය geetha kaawyaya

odious *adj.* නින්දිත ninditha

odium *n.* ද්වේෂය dweshaya

odorous *adj.* සුවඳ හමන suwanda hamana

odour *n.* ගන්ධය ghandaya

odyssey *n.* ත්‍රාසජනක දිග ගමන thraasajanaka dhiga gamana

of *prep.* ගේ ge

off *adv.* ඉවතට iwathata

offence *n.* අමනාපය amanaapaya

offend *v.* වරද කරනවා warada karanawaa

offender *n.* වරදකරු waradakaru

offensive *adj.* අපරාධ aparaadha

offer *v.* පුදනවා pudhanawaa

offering *n.* පූජාව poojaawa

office *n.* කාර්යාලය kaaryaalaya

officer *n.* නිලධාරියා niladhaariyaa

official *adj.* නිලයට අයත් nilayata ayath

officially *adv.* නිලබලයෙන් nila balayen

officiate *v.* පවත්වන pawathwana
officious *adj.* කලබල සහිත kalabala sahitha
offset *v.* පාඩුව පිරිමසනවා paaduwa pirimasinawaa
offshoot *n.* අංකුරය ankuraya
offshore *adj.* අක් වෙරළ ak werala
offside *adj.* අනෙක් පැත්ත anek paththa
offspring *n.* දරුවා daruwaa
oft *adv.* බොහෝ විට boho wita
often *adv.* නිතර nithara
ogle *v.* ඔරවනවා orawanawaa
oil *n.* තෙල් thel
oil *a.* තෛලය thailaya
oily *adj.* තෙල් වැනි thel wani
ointment *n.* ආලේපනය aalepanaya
okay *adj.* හරි hari
old *adj.* මහලු mahalu
oligarchy *n.* රදල ආණ්ඩුව radhala aanduwa
olive *n.* රට වෙරළු rata weralu
Olympic *adj.* ඔලිම්පික් olimpik
omelette *n.* ඔම්ලට් omlet
omen *n.* පෙර නිමිත්ත pera nimiththa
ominous *adj.* අසුභ ashuba
omission *n.* මඟ හැරීම maga hareema
omit *v.* අත්හරිනවා ath harinawaa
omnibus *n.* පොදු රථය podu rathaya
omnipotence *n.* සර්වශක්තිය sarwa shakthiya
omnipotent *adj.* සර්වබලධාරී sarwa baladharee
omnipresence *n.* සර්වව්‍යාප්තිය sarwa wiyaapthiya
omnipresent *adj.* සර්වව්‍යාපී sarwa wiyaapee
omniscience *n.* සර්වඥතාව sarwagnathaawa
omniscient *adj.* සර්වඥ sarwagna
on *prep.* මත matha
once *adv.* වරක් warak
one *n.* & *adj.* එක eka
oneness *n.* එකඟබව ekanga bawa
onerous *adj.* බාරදූර baara doora
oneself *pron.* තමා thamaa
onion *n.* ලූණු loonu
onlooker *n.* බලා සිටින්නා balaa sitinna
only *adv.* පමණක් pamanak
onomatopoeia *n.* ශබ්දානුකරණය shabdaanukaranaya
onset *n.* ආක්‍රමණය aakramanaya
onslaught *n.* වේගයෙන් පහරදීම wegayen paharadeema
ontology *n.* සාරාර්ථ විද්‍යාව saaraartha vidyaawa
onus *n.* බර වගකීම bara wagakeema
onward *adv.* ඉදිරියට යන idiriyata yana
onyx *n.* අගස්ති වර්ගයක් agasthi wargayak
ooze *v.i.* වෑස්සෙනවා waassenawaa
opacity *n.* පාරාන්ධතාව paarandhathaawa
opal *n.* අග්නිමාණික්‍යය agni maanikyaya
opaque *adj.* පාරාන්ධ paaraandha
open *adj.* විවෘත wiwurtha
opening *n.* ආරම්භය aarambhaya
openly *adv.* එළිපිට elipita
opera *n.* ඔපෙරාව operaawa
operate *v.* සැලසෙනවා salasenawaa

operation *n.* සත්කම sathkama
operational *adj.* ක්‍රියාකාරිත්වය kriyaakaarithwaya
operative *adj.* ක්‍රියාත්මක kriyaa-thmaka
operator *n.* ක්‍රියා කරවන්නා kriyaa karawannaa
opine *v.* සිතනවා sithanawaa
opinion *n.* මතය mathaya
opium *n.* අබිං abin
opponent *n.* විරුද්ධවාදියා wiruddawaadhiyaa
opportune *adj.* කාලෝචිත kaalo-chitha
opportunism *n.* චපලයා chapalayaa
opportunity *n.* අවස්ථාව awas-thaawa
oppose *v.* විරුද්ධ වෙනවා wiruddha wenawaa
opposite *adj.* විරුද්ධ wiruddha
opposition *n.* විරෝධය wirodhaya
oppress *v.* හිංසා කරනවා hinsaa karanawaa
oppression *n.* හිංසා කිරීම hinsaa kireema
oppressive *adj.* පීඩාකාරී peedaa kaaree
oppressor *n.* පෙළෙන්නා pelennaa
opt *v.* තෝරා ගන්නවා thoraa gannawaa
optic *adj.* නෛතික naithika
optician *n.* දෘෂ්ටි විශේෂඥයා drushti wisagnayaa
optimism *n.* ශුභවාදය shuba waadaya
optimist *n.* ශුභවාදී shuba waadee
optimistic *adj.* සර්වශුභවාදී sarwa shuba waadee
optimize *v.* යහපත් දේ තෝරා ගන්නවා yahapath de thora gannawaa
optimum *adj.* ප්‍රශස්ත prashashtha
option *n.* විකල්පය wikalpaya
optional *adj.* විකල්ප wikalpa
opulence *n.* සමෘද්ධිය samurdiya
opulent *adj.* ධනවත් dhanawath
or *conj.* හෝ ho
oracle *n.* දිවැස් කීම diwas keema
oracular *adj.* දූරදර්ශී dhoora dharshee
oral *adj.* වාචික waachika
orally *adv.* වාචිකව waachikawa
orange *n.* තැඹිලි thambili
oration *n.* දේශනාව deshanaawa
orator *n.* කථිකයා kathikayaa
oratory *n.* කුඩා පල්ලිය kudaa palliya
orb *n.* ගෝලය golaya
orbit *n.* කක්ෂය kakshaya
orbital *adj.* කක්ෂීය kaksheeya
orchard *n.* පලතුරු වත්ත palathuru wattha
orchestra *n.* වාද්‍ය වෘන්දය waadya wrundaya
orchestral *adj.* වාද්‍ය වෘන්දයකට සම්බන්ධ waadya wrundayakata sambanda
orchid *n.* උඩවැඩියා udawadia
ordeal *n.* දිව්‍යය diwyya
order *n.* පිළිවෙළ piliwela
orderly *adj.* ක්‍රමික kramika
ordinance *n.* ව්‍යවස්ථාව wiyawas-thaawa
ordinarily *adv.* සාමාන්‍යයෙන් saamaanyayen
ordinary *adj.* සාමාන්‍ය saamaanya
ordnance *n.* යුද්ධෝපකරණ yuddo-pakarana

ore *n.* ලෝපස් lo pas
organ *n.* අවයවය awayawaya
organic *adj.* කාබනික kaabanika
organism *n.* ජීවියා jeeviyaa
organization *n.* සංවිධානය sar:wid-haanaya
organize *v.* සංවිධානය කරනවා sanwidhaanaya karanawaa
orgasm *n.* සූරතාන්තය soorathaan-thaya
orgy *n.* අසංවර උත්සවය asanwara uthsawaya
orient *n.* පෙරදිග වැසියා peradiga wasiyaa
oriental *adj.* පෙරදිග peradiga
orientate *v.* දිශානතිය සොයනවා dishaanathiya soyanawaa
origami *n.* ඔරිගාමි origaamee
origin *n.* ආරම්භය aarambaya
original *adj.* මුල් mul
originality *n.* නවතාව nawathaawa
originate *v.* උපදවනවා upada-wanawaa
originator *n.* උත්පාදකයා uthpaa-dakayaa
ornament *n.* පළඳනාව palan-danaawa
ornamental *adj.* අලංකාරවත් alnkaarawath
ornamentation *n.* අලංකාරය alankaaraya
ornate *adj.* අලංකෘත alankruta
orphan *n.* අනාථයා anaathayaa
orphanage *n.* අනාථ නිවාසය anaatha niwaasaya
orthodox *adj.* ශාස්ත්‍රීය shasthreeya
orthodoxy *n.* සාධර්මිකතාවය saa-darmikathaawaya
orthopaedics *n.* විකලාංග චිකිත්සාව wikalaanga chikithsaawa
oscillate *v.* පැද්දෙනවා paddenawaa
oscillation *n.* දෝලනය dolanaya
ossify *v.* සවි වෙනවා sawi wenawaa
ostensible *adj.* පිටට දක්වන pitata dakwana
ostentation *n.* පුරාජේරුව puraa-jeruwa
osteopathy *n.* අස්ථි විද්‍යාව asthi vidyaawa
ostracize *v.* පිටුවහල් කරනවා pituwahal karanawaa
ostrich *n.* පැස්බරා pasbaraa
other *adj. & pron.* අනෙක් anek
otherwise *adv.* නැතහොත් nathahoth
otiose *adj.* අලස alasa
otter *n.* මස්කාවා maskaawaa
ottoman *n.* තුර්කි thurki
ounce *n.* අවුන්සය awunsaya
our *adj.* අපගේ apage
ourselves *pron.* අපි ම api ma
oust *v.* නෙරපනවා nerapanawaa
out *adv.* පිටත pitatha
outbid *v.* වැඩි මිලට ඉල්ලනවා wadi milata illanawa
outboard *adj.* වාහනයකින් පිටතට යොමු වූ waahanayakin pitathata yomu woo
outbreak *n.* පැතිරීම pathireema
outburst *n.* කෝලාහලය kolaa-halaya
outcast *n.* චණ්ඩාලයා chandaalaya
outclass *v.* ඉහළ පංතියකට අයත් වෙනවා ihala panthiyakata ayath wenawaa
outcome *n.* විපාකය wipaakaya

outcry *n.* කෑමොර ගැසීම kaamora gaseema

outdated *adj.* යල් පැනගිය yal panagiya

outdo *v.* පරදිනවා paradinawaa

outdoor *adj.* එළිමහන් elimahan

outer *adj.* බාහිර baahira

outfit *n.* කට්ටලය kattalaya

outgoing *adj.* පිටවී යන pita wee yana

outgrow *v.* අත්හරිනවා athharinawaa

outhouse *n.* ගේ ළඟ මඩුව ge langa maduwa

outing *n.* විනෝද චාරිකාව winoda chaarikawa

outlandish *adj.* පුදුමාකාර pudu-maakara

outlast *v.* කල් පවතිනවා kal pawa-thinawaa

outlaw *n.* සාහසික අපරාධකාරයා saahasika aparaadhakaaraya

outlay *n.* වියදම wiyadama

outlet *n.* පිටවීමේ මඟ pitaweeme manga

outline *n.* මායිම maayima

outlive *v.* දීර්ඝායු ලබනවා deeryaagu labanawaa

outlook *n.* පෙනීම peneema

outlying *adj.* දුර පිහිටි dura pihiti

outmoded *adj.* පරණ තාලේ parana thaale

outnumber *v.* ගණනින් අධික වෙනවා gananin adika wenawaa

outpatient *n.* බාහිර රෝගී baahira rogee

outpost *n.* ඈත මුරපොළ atha murapola

output *n.* නිමැවුම nimawuma

outrage *n.* මැරවරකම marawa-rakama

outrageous *adj.* සාහසික saahasika

outrider *n.* අසුපිට නැඟ යන asupita nanga yana

outright *adv.* මුළුමනින්ම mulu-maninma

outrun *v.* ඉක්මවා යනවා ikmawaa yanawa

outset *n.* මුල mula

outshine *v.* දීප්තිමත්ව බැබළෙනවා deepthimathwa babalenawaa

outside *n.* බාහිර baahira

outsider *n.* පිටස්තරයා pitastharayaa

outsize *adj.* ඕනෑවට වඩා විශාල onaawata wdaa wishaala

outskirts *n.* ළඟ පාත langa paatha

outsource *v.* පිටතට දෙනවා pita-thata denawa

outspoken *adj.* ඍජුව කතාකරන rijuwa kathaakarana

outstanding *adj.* විශිෂ්ට wishishita

outstrip *v.* ඉස්සර වෙනවා issara wenawaa

outward *adj.* පිටස්තර pitasthara

outwardly *adv.* මතුපිටින් mathupitin

outweigh *v.* වඩා බරපතලව පවතිනවා wadaa barapathalawa pawathinawaa

outwit *v.* හපන්කමින් රවටනවා hapankamin rawatanawaa

oval *adj.* ඕවලය owalaya

ovary *n.* ඩිම්බකෝෂය dimbakoshaya

ovate *adj.* අණ්ඩාකාර andaakara

ovation *n.* ප්‍රීතිඝෝෂාව preethi-goshaawa

oven *n.* උඳුන unduna

over *prep.* උඩින් udin

overact *v.* අතිධාවනයෙන් ක්‍රියා කරනවා athidhaawanayen kriyaakaranawaa
overall *adj.* සමස්ත samastha
overawe *v.* භය කර යමක් ලබා ගන්නවා baya kara yamak labaagannawa
overbalance *v.* සමබර නැතිවෙනවා samabara nathiwenawaa
overbearing *adj.* අහංකාර ahan-kaara
overblown *adj.* වැඩියෙන් පිම්බුණු wadiyen pimbunu
overboard *adv.* යාත්‍රාවෙන් yaathraawen
overburden *v.* අධික බර පටවනවා adhika bara patawanawaa
overcast *adj.* අඳුරු වූ anduru woo
overcharge *v.* අධි ආරෝපණය adhi aaropanaya
overcoat *n.* උඩ කබාය uda kabaawa
overcome *v.* පරදවනවා parade-wanawaa
overdo *v.* අධික ලෙස වෙහෙසෙනවා adhika lesa wehesenawaa
overdose *n.* වැඩිකොට දක්වනවා wadikota dakwanawaa
overdraft *n.* අයිරාව ayiraawa
overdraw *v.* බෙගල් කියනවා begal kiyanawaa
overdrive *n.* අති වේග athi wega
overdue *adj.* කල් පැනපු kal panapu
overestimate *v.* අධිතක්සේරු කරනවා adhithakseru karanawaa
overflow *v.* උතුරනවා uthuranawaa
overgrown *adj.* අධික ලෙස වැඩුණු adhika lesa wadunu
overhaul *v.* පසුකර යනවා pasukara yanawaa
overhead *adv.* උඩින් පිහිටි udin pihiti
overhear *v.* අහම්බෙන් ඇහෙනවා ahamben ahenawaa
overjoyed *adj.* ප්‍රීතියෙන් පිනාගිය preethiyen pinagiya
overlap *v.* එක පිට එක වැටීම eka pita eka wateema
overleaf *adv.* අනෙක් පස anek pasa
overload *v.* වැඩි බර පටවනවා wadi bara patawanawaa
overlook *v.* උඩින් බලනවා udin balanawaa
overly *adv.* අධික ලෙස adhika lesa
overnight *adv.* රාත්‍රියෙහි raa-thriyehi
overpass *n.* ගුවන් පාලම guwan paalama
overpower *v.* බලයෙන් යටත් කරගන්නවා balayen yatath karagannawa
overrate *v.* අධික අගයක් අත්වනවා adhika agayak athwanawa
overreach *v.* වරද්ද ගන්නවා waradda gannawa
overreact *v.* වැඩි ප්‍රතිචාරයක් දක්වනවා wadi prathichaarayak dakwanawaa
override *v.* පාගාගෙන යනවා paagaagena yanawaa
overrule *v.* ප්‍රතික්ෂේප කරනවා prathikshepa karanawaa
overrun *v.* කාලය ඉක්මවනවා kaalaya ikmawanawaa
overseas *adv.* එතෙර ethera
oversee *v.* පාලනය කරනවා paalanaya karanawaa
overseer *n.* කංකානම kankaanama
overshadow *v.* යමෙකුගේ උසස්කම

මුවා කරනවා yamekuge usaskama muwaakaranawaa

overshoot *v.* ඉලක්කය ඉක්මවා විදිනවා ilakkaya ikmawaa widinawaa

oversight *n.* ප්‍රමාදය pramaadaya

overspill *n.* පිටාර ගැලීම pitaara galeema

overstep *v.* සීමාව ඉක්මවා යනවා deema ikmawaa yanawaa

overt *adj.* ප්‍රකට prakata

overtake *v.* ඉස්සර වෙනවා issara wenawaa

overthrow *v.* පරාජය කරනවා paraajaya karanawaa

overtime *n* අතිකාලය athikaalaya

overtone *n.* උපරිතානය upari-thaanaya

overture *n.* ප්‍රාරම්භ වාදනාව praarambha waadanaawa

overturn *v.* පරදවනවා parada-wanawaa

overview *n.* දළ විශේෂණය dala wisheshanaya

overweening *adj.* අහංකාර ahankaara

overwhelm *v.* විනාශ කරනවා winaasha karanawaa

overwrought *adj.* වෙහෙසුණු wehesunu

ovulate *v.* ඩිම්බ මෝචනය වෙනවා dimba mochanaya wenawaa

owe *n.* ණයව සිටිනවා nayawaa sitinawaa

owing *adj.* අය වියයුතු aya wiyayuthu

owl *n.* බකමූණා bakamoona

own *adj. & pron.* සිය siya

owner *n.* හිමිකරුවා himikaruwaa

ownership *n.* හිමිකම himikama

ox *n.* උසභ usabha

oxide *n.* ඔක්සයිඩය oxidaya

oxygen *n.* ඔක්සිජන් වායුව oxygen waayuwa

oyster *n.* බලේල bella

ozone *n* ඕසෝන් ස්ථරය ozone stharaya

P

pace *n.* ඇවිදීමේ වේගය awideeme wegaya

pacemaker *n.* දුවන්නා duwanna

pacific *n.* සමාදානයට කැමති samaa-daanayata kamathi

pacifist *n.* සාමවාදියා saama waadiyaa

pacify *v.* සංසිඳවනවා sansin-dawanawaa

pack *n.* කුට්ටම kuttama

package *n.* පැකේජය pakejaya

packet *n.* පැකට්ටුව pakattuwa

packing *n.* ඇසුරුම asuruma

pact *n.* පොරොන්දුව poronduwa

pad *n.* තුනී පැතලි කොට්ටය thunee pathali kottaya

padding *n.* පිරවුම piriuma

paddle *n.* හබල habala

paddock *n.* මැඩියා madiyaa

padlock *n.* ඉබියතුර ibi yathura

paddy *n.* වී wee

paediatrician *n.* බාල චිකිත්සක baala chikithsaka

paediatrics *n.* බාල චිකිත්සාව baala chikithsaawa

paedophile *n.* ළමයින් සමඟ කාමයෙහි

යෙදෙන්නා lamaing samaga kaamayehi yedennaa

pagan *n.* අශිෂ්ටයා ashishtayaa

page *n.* පිටුව pituwa

pageant *n.* සංදර්ශනය sandarshanaya

pageantry *n.* උත්සවශ්‍රීය uthsawasreeya

pagoda *n.* ස්තූපය sthuupaya

pail *n.* කුඩා බාල්දිය kudaa baaldiya

pain *n.* වේදනාව wedanaawa

painful *adj.* වේදනා සහිත wedanaa sahitha

painkiller *n.* වේදනා නාශකය wedanaa naashakaya

painstaking *adj.* වේදනාකාරී wedanaakaaree

paint *n.* තීන්ත theentha

painter *n.* සිත්තරා siththaraa

painting *n.* සිතුවම sithuwama

pair *n.* යුගලය yugalaya

paisley *n.* සුවිශේෂ නිමැවුම් ලක්ෂණ ඇති suwishesha nimawum lakshana athi

pal *n.* යාළුවා yaaluwaa

palace *n.* මාළිගාව maaligaawa

palatable *adj.* කෑමට ප්‍රිය kaamata priya

palatal *adj.* තාලුජ thaaluja

palate *n.* රුචිය ruchiya

palatial *adj.* මාලිගාවක් වැනි maaligaawak wani

pale *adj.* සුදුමැලි sudumali

palette *n.* වර්ණ පලකය warna palakaya

paling *n.* වැට wata

pall *n.* ඝන වැස්ම ghana wasma

pallet *n.* පැදුර padura

palm *n.* අත්ල athla

palmist *n.* හස්ත රේඛා ශාස්ත්‍රය hastha rekaa shasthraya

palmistry *n.* සාමුද්‍රිකා saamudrikaa

palpable *adj.* ස්පර්ශ කළ හැකි sparsha kala haki

palpitate *v.* ස්පන්දනය වෙනවා spandanaya wenawaa

palpitation *n.* ස්පන්දනය spandanaya

palsy *n.* අංශභාගය anshabaagaya

paltry *adj.* ඉතා සුළු ithaa sulu

pamper *v.* වැඩි සැප දෙනවා wadi sapa denawaa

pamphlet *n.* පත්‍රිකාව pathrikaawa

pamphleteer *n.* පත්‍රිකා රචනය pathrikaa rachanaya

pan *n.* ඇතිලිය athiliya

panacea *n.* සියලු ලෙඩට බෙහෙත siyalu ledata behetha

panache *n.* ආඪ්‍යතාව aadyathaawaya

pancake *n.* ලැවරිය lawariya

pancreas *n.* අග්න්‍යාසය agniyasaya

panda *n.* පැන්ඩා pandaa

pandemonium *n.* මහා කෝලාහලය mahaa kolaahalaya

pane *n.* වීදුරු තහඩුව weeduru thahaduwa

panegyric *n.* ගුණවර්ණනාව guna warnanaawa

panel *n.* මණ්ඩලය mandalaya

pang *n.* මහත් දුක mahath duka

panic *n.* සංත්‍රාසය santhraasaya

panorama *n.* සමස්ත දර්ශනය samastha darshakaya

pant *v.* හති දමනවා hathi damanawaa

pantaloon *n.* කෝලම kolamaa

pantheism *n.* සර්ව දේවවාදය sarwa dewawaadaya

pantheist *adj.* සර්වේශ්වරවාදියා sarweshwara waadiya

panther *n.* අඳුන් දිවියා andun diwiyaa

panties *n.* කාන්තා යටඇඳුම් kaanthaa yata andum

pantomime *n.* අභිරූපණය abhiroopanaya

pantry *n.* කෑම තබන ගබඩාව kaama thabana thana

pants *n.* කලිසම් kalisama

papacy *n.* පාප් පදවිය paap pradawiya

papal *adj.* පාප් paap

paper *n.* කඩදාසිය kadadaasiya

paperback *n.* කඩදාසි බැම්ම සමග kadadaasi bamma samaga

par *n.* සම sama

parable *n.* උපමා කථාව upamaa kathaawa

parachute *n.* පැරෂූටය parashootaya

parachutist *n.* පැරෂූට් භටයා parashoot batayaa

parade *n.* පෙළපාළිය pelapaaliya

paradise *n.* පාරාදීසය paaraadeesaya

paradox *n.* විරුද්ධාභාසය wiruddhaa baasaya

paradoxical *adj.* විරෝධාභාසය wiroddha baasaya

paraffin *n.* පැරෆින් තෙල් parafin thel

paragon *n.* උතුම් දර්ශනය uthum darshanaya

paragraph *n.* ඡේදය chedaya

parallel *n.* සමාන්තර samaanthara

parallelogram *n.* සමාන්තරාස්රය samaantharaasraya

paralyse *v.* කොර කරනවා kora karanawaa

paralysis *n.* අංශභාගය ansha baagaya

paralytic *adj.* අංශබාග රෝගියා anshabaaga rogiya

paramedic *n.* අනුපූරක වෛද්‍ය සේවකයා anupuuraka waidya sewakayaa

parameter *n.* පරාමිතිය paramithiya

paramount *adj.* පරමතම paramithiya

paramour *n.* සොර අඹුව sora ambuwa

paraphernalia *n.* මෙවලම් mewalama

paraphrase *v.* සන්න කරනවා sanna karanawa

parasite *n.* පරපුටුවා paraputuwa

parasol *n.* සත satha

parcel *n.* පාර්සලය paarsalaya

parched *adj.* වියළි wiyali

pardon *n.* සමාව samaawa

pardonable *adj.* සමා කළ හැකි samaa kala haki

pare *v.* සසිනවා sasinawa

parent *n.* පියා හෝ මව piyaa ho mawa

parentage *n.* පෙළපත pelapatha

parental *adj.* ස්නේහවන්ත snehawantha

parenthesis *n.* වරහන් යෙදූ කොටස warahan yedu kotasa

pariah *n.* නීචයා neechaya

parish *n.* වසම wasama

parity *n.* සමානත්වය samaa-

nathwaya
park *n.* උද්‍යානය udyaanaya
parky *adj.* උද්‍යානමය udyaanamaya
parlance *n.* භාෂා ව්‍යවහාරය bhaa-shaa wyawahaaraya
parley *n.* කතා බහ kathaa baha
parliament *n.* පාර්ලිමේන්තුව paar-limenthuwa
parliamentarian *n.* මන්ත්‍රීමණ්ඩලයේ සාමාජිකයා manthreemanda-laye saamaajikaya
parliamentary *adj.* පාර්ලිමේන්තුවට අයත් paarlimenthuwata ayath
parlour *n.* සාලය saalaya
parochial *adj.* පරදේශීය parade-sheeya
parody *n.* සරදම saradama
parole *n.* මුර වචනය mura wachanaya
parricide *n.* පිතෘ ඝාතක peethru ghaathaka
parrot *n.* ගිරවා girawa
parry *v.* පහර වළකනවා pahara walakanawa
parse *v.* ව්‍යාකරණ විග්‍රහ කරනවා wyaakarana wigraha karanawa
parsimony *n.* මසුරුකම masuru-kama
parson *n.* පළාතක් භාර දේවගැතිතුමා palaathak bhaara dewagathi-thuma
part *n.* කොටස kotasa
partake *v.* හවුල් වෙනවා hawul wenawa
partial *adj.* අසම්පූර්ණ asampoorna
partiality *n.* ඇල්ම alma
participate *v.* සහභාගි වෙනවා sahabhaagee wenawa
participant *n.* සහභාගිව ක්‍රියා කරන්නා sahabhaageewa kriyaa karanna
participation *n.* සහභාගිත්වය sahib-haageethwaya
particle *n.* අංශුව anshuwa
particular *adj.* සුවිශේෂී suwi-sheshee
parting *n.* වෙන් කිරීම wen kireema
partisan *n.* පාක්ෂික paakshika
partition *n.* වෙන් කිරීම wen kireema
partly *adv.* පංගුවක් panguwak
partner *n.* හවුල්කරු hawulkaru
partnership *n.* හවුල් ව්‍යාපාරය hawul wyaapaaraya
party *n.* සාදය saadaya
pass *v.* සමත් වෙනවා samath wenawa
passable *adj.* තරමක් සතුටුදායක tharamak sathutudaayaka
passage *n.* එගොඩ වීම egoda weema
passenger *n.* මගියා magiya
passing *adj.* අස්ථිර astheera
passion *n.* රාගය raagaya
passionate *adj.* සරාගී saraagi
passive *adj.* අක්‍රිය akreeya
passport *n.* ගමන් බලපත්‍රය gaman bala pathraya
past *adj.* යටගිය yata giya
pasta *n.* පිටි මෝලිය piti moliya
paste *n.* තලපය thalapaya
pastel *n.* පැස්ටල් pastel
pasteurized *adj.* පැස්ටරීකරණය කළ pastareekaranaya kala
pastime *n.* විනෝදාංශය winodaan-shaya
pastor *n.* පාදිලි උන්නාන්සේ paadili

unnaanse

pastoral *adj.* ගැමි gami

pastry *n.* පිටි කෑම piti kaama

pasture *n.* තණබිම thana bima

pasty *n.* පිටි සහිත piti sahitha

pat *v.* අතින් තට්ටු කරනවා athin thattu karanawa

patch *n.* අණ්ඩය andaya

patchy *adj.* අණ්ඩ සහිත anda sahitha

patent *n.* පේටන්ට් බලපත්‍රය patent balapathraya

paternal *adj.* පිය පස piya pasa

paternity *n.* පිතෘත්වය peethruthwaya

path *n.* මඟ manga

pathetic *adj.* ශෝකජනක shokajanaka

pathology *n.* ව්‍යාධිවේදී wyaadhiwedee

pathos *n.* කරුණා රසය karunaa rasaya

patience *n.* ඉවසීම iwaseema

patient *adj.* ඉවසිලිවන්ත iwasiliwantha

patient *n.* රෝගියා rogiya

patio *n.* නිවසකට යාබදව ඇති වහලක් නැති කොටස niwasakata yaabadawa athi wahalak nathi kotasa

patisserie *n.* කැවිලි වෙළෙන්දාගේ සාප්පුව kawili welendaage saappuwa

patriarch *n.* කුලදෙටුවා kuladetuwa

patricide *n.* පියා මැරීම piyaa mareema

patrimony *n.* පිය උරුමය piya urumaya

patriot *n.* ජාතිමාමකයා jaathimaamakayaa

patriotic *adj.* දේශමාමක deshamaamaka

patriotism *n.* දේශප්‍රේමය deshapremaya

patrol *v.* මුර සංචාරය කරනවා mura sanchaara karanawa

patron *n.* ආරක්ෂකයා aarakshakaya

patronage *n.* අනුග්‍රහය anugrahaya

patronize *v.* උපකාර කරනවා upakaara karanawa

pattern *n.* රටාව rataawa

patty *n.* පස්තෑලය pasthaalaya

paucity *n.* හිඟකම hingakama

paunch *n.* බඩ bada

pauper *n.* හිඟන්නා hinganna

pause *n.* විරාමය wiraamaya

pave *v.* බිම ගල් ගඩොල් ආදිය අතුරනවා bima gal gadol aadiya athuranawa

pavement *n.* පදිකවේදිකාව padikawedikaawa

pavilion *n.* මණ්ඩපය mandapaya

paw *n.* අණ්ඩ anda

pawn *n.* උකස ukasa

pawnbroker *n.* උකස් බඩු ගන්නා ukas badu ganna

pay *v.* ගෙවනවා gewanawa

payable *n.* ගෙවිය හැකි gewiya haki

payee *n.* ආදායකයා aadaayakaya

payment *n.* ගාස්තුව gaasthuwa

pea *n.* රට මෑ rata maa

peace *n.* සාමය saamaya

peaceable *adj.* සමාදානයට කැමති samaadaanayata kamathi

peaceful *adj.* සාමකාමී saamkaamee

peach *n.* පීච් නම් පළතුර peach nam

palathura
peacock *n.* මොණරා monara
peahen *n.* සෙබඩ sebada
peak *n.* තුඩ thuda
peaky *adj.* ලෙඩින් ledin
peal *n.* ගර්ජනාව garjanaawa
peanut *n.* රටකජු ratakaju
pear *n.* පෙයර් pear
pearl *n.* මුතු ඇටය muthu ataya
peasant *n.* පිටිසර වැසියා pitisara wasiya
peasantry *n.* ගොවි ජනයා gowi janaya
pebble *n.* ගල් කැටය gal kataya
pecan *n.* ගෙඩි විශේෂයක් gedi wisheshayak
peck *v.i.* ඇහිඳ කනවා ahinda kanawa
peculiar *adj.* අමුත් amuth
pedagogue *n.* අහංකාර උගතා ahankaara ugathaa
pedagogy *n.* ශික්ෂණ ශාස්ත්‍රය shikshana shaasthraya
pedal *n.* පිදිකය padikaya
pedant *n.* උගත්කමින් අහංකාරව සිටින්නා ugathkamin ahankaara-wa sitinna
pedantic *adj.* පණ්ඩිතමානී panditha-maanee
peddle *v.* ගෙවල් ගානේ බඩු විකුණමින් යනවා gewal gaane badu wiku-namin yanawa
pedestal *n.* පාදස්තලය paadas-thalaya
pedestrian *n.* පිදිකයා padikaya
pedicure *n.* පා වල නියපොතු හැඩගැන්වීම paa wala niyapothu hadaganweema
pedigree *n.* ගෝත්‍රය gothraya
pedlar *n.* තොරොම්බල්කාරයා thorombalkaaraya
pedometer *n.* පාදමානය paadamaa-naya
peek *v.* හොරෙන් බලනවා horen balanawa
peel *n.* පොත්ත poththa
peep *v.* එබිකම් කරනවා ebikam karanawa
peer *n.* වංශාධිපතියා wanshaadhi-pathiyaa
peer *v.* එබිකම් කරනවා ebikam karanawa
peerage *n.* රදළ පෙළ radala pela
peerless *adj.* අසමසම asamasama
peg *n.* කොක්ක kokka
pejorative *adj.* අවමානාත්මක awamaanaathmaka
pelican *n.* කරවැල් කොකා karawal kokaa
pellet *n.* උණ්ඩය undaya
pelmet *n.* තිර නෙරුව thira neruwa
pelt *v.* එල්ල කරනවා ella karanawa
pelvis *n.* ශ්‍රෝණිය shroniya
pen *n.* පෑන paana
penal *adj.* දණ්ඩන dandana
penalize *v.* දඬුවම් කරනවා dandu-wam karanawaa
penalty *n.* දඬුවම danduwama
penance *n.* තපස thapasa
penchant *n.* ළැදිකම ladikama
pencil *n.* පැන්සල pansala
pendant *n.* පැන්ඩනය pandanaya
pendent *adj.* එල්ලා වැටෙන ella watena
pending *adj.* විසඳීමට තිබෙන wisandeemata thibena

pendulum *n.* අවලම්භය awalambhaya
penetrate *v.* විනිවිද යනවා winiwida yanawa
penetration *n.* විනිවිද යෑම winiwida yaama
penguin *n.* පෙන්ගුයින් penguin
peninsula *n.* අර්ධද්වීපය ardhadweepaya
penis *n.* ශිශ්නය shishnaya
penitent *adj.* පසුතැවෙන pasuthawena
penniless *adj.* ඉතා දිළිඳු ithaa dilindu
penny *n.* පැන්සය pansaya
pension *n.* විශ්‍රාම වැටුප wishraama watupa
pensioner *n.* විශ්‍රාමිකයා wishraamikaya
pensive *adj.* කල්පනාවෙහි යෙදුණු kalpanaawehi yedunu
pentagon *n.* පංචාස්‍රය panchaasraya
penthouse *n.* උපගෘහය upagrahaya
penultimate *adj.* උපාන්ත upaantha
people *n.* ජනයා janaya
pepper *n.* ගම්මිරිස් gammiris
peppermint *n.* පෙපමින්ට් peppermint
peptic *adj.* දිරවිය හැකි dirawiya haki
per *prep.* විසින් wisin
perambulate *v.t.* එහා මෙහා යනවා ehaa mehaa yanawa
perceive *v.* දකිනවා dakinawa
perceptible *adj.* තේරුම්ගත හැකි therumgatha haki
percentage *n.* ප්‍රතිශතය prathishathaya
perceptible *adj.* දැකිය හැකි dakiya haki
perception *n.* දැකීම dakeema
perceptive *adj.* ප්‍රත්‍යක්ෂ ඥානය හා සබැඳි prathyaksha gnaanaya haa sabandi
perch *n.* පර්චස් එක perchas eka
percipient *adj.* ප්‍රතිග්‍රාහක prathigraahaka
percolate *v.* වැස්සෙනවා wassenawa
percolator *n.* පෙරහන perahana
perdition *n.* විනාශය winaashaya
perennial *adj.* නිරන්තර niranthara
perfect *adj.* පරිපූර්ණ paripoorna
perfection *n.* පරිපූර්ණත්වය paripoornathwaya
perfidious *adj.* ද්‍රෝහී drohee
perforate *v.* සිදුරු කරනවා siduru karanawa
perforce *adv.* බලහත්කාරයෙන් balahathkaarayen
perform *v.* රඟදෙනවා rangadenawa
performance *n.* රඟ දැක්වීම ranga dakweema
performer *n.* රඟපාන්නා rangapaanna
perfume *n.* සුවඳ විලවුන් suwanda wilawun
perfume *adv.* සුගන්ධය sugandhaya
perfunctory *adj.* නොසැලකිලිමත්ව ක්‍රියා කරන nosalakilimathwa kriyaa karana
perhaps *adv.* සමහරවිට samahara wita
peril *n.* මහත් අනතුර mahath anathura
perilous *adj.* උපද්‍රව සහිත

upadrawa sahitha

period *n.* කාල පරිච්ඡේදය kaala parichchedaya

periodic *adj.* ආවර්තිත aawarthitha

periodical *adj.* කලින් කල සිදුවන kalin kala siduwana

periphery *n.* පර්යන්තය paryanthaya

perish *v.* වැනසෙනවා wanasenawa

perishable *adj.* ඉක්මනින් නරක් වන ikmanin narak wana

perjure *v.* දිවුරා බොරු කියනවා diwuraa boru kiyanawa

perjury *n.* දිවුරා බොරු කීම diwraa boru keema

perk *v.* අහංකාර ලෙස හැසිරෙනවා ahankaara lesa hasirenawa

perky *adj.* උඩඟු udangu

permanence *n.* ස්ථිරත්වය stheera-thwaya

permanent *adj.* ස්ථිර stheera

permeable *adj.* පාරගම්‍ය paara-gamya

permissible *adj.* අවසර දිය හැකි awasara diya haki

permission *n.* අවසරය awasaraya

permissive *adj.* ඉඩඇති ida athi

permit *v.* අවසර දෙනවා awasara denawa

permutation *n.* සංකරණය sanka-ranaya

pernicious *adj.* ඝාතක ghaathaka

perpendicular *adj.* ලම්බක lamb-haka

perpetrate *v.* වරදක් කරනවා wara-dak karanawa

perpetual *adj.* නිරන්තර niranthara

perpetuate *v.t.* චිරස්ථායි කරනවා chirasthaai karanawa

perplex *v.* සැක උපදවනවා saka upadawanawa

perplexity *n.* විමතිය wimathiya

perquisite *n.* අතිරේක ලාභය athireka laabhaya

perry *n.* බීම වර්ගයක් beema wargayak

persecute *v.* හිංසා කරනවා hinsaa karanawa

persecution *n.* හිංසා කිරීම hinsaa kireema

perseverance *n.* උත්සාහය uthsaahaya

persevere *v.i.* නොපසුබටව කරනවා nopasubatawa karanawa

persist *v.* නොනැසී පවතිනවා nonasee pawathinawa

persistence *n.* පැවැත්ම pawathma

persistent *adj.* නොනැසී පවත්නා nonasee pawathnaa

person *n.* පුද්ගලයා pudgalaya

persona *n.* කථක kathaka

personage *n.* උත්තමයා uththamaya

personal *adj.* පුද්ගලික pudgalika

personality *n.* පෞරුෂය paurshaya

personification *n.* පුද්ගලීකරණය pudgaleekaranaya

personify *v.* පුද්ගලීකරණය කරනවා pudgaleekaranaya karanawaa

personnel *n.* සේවක මණ්ඩලය sewaka mandalaya

perspective *n.* පර්යාලෝකය paryaalokaya

perspicuous *adj.* නිරවුල් nirawul

perspiration *n.* ස්වේදනය swe-danaya

perspire *v.t.* දාඩිය දමනවා daadiya damanawa

persuade *v.* නම්මා ගන්නවා namm gannawa

persuasion *n.* පෙළඹවීම pelambaweema

pertain *v.* අදාළව පවතිනවා adaalawa pawathinawa

pertinent *adj.* උචිත uchitha

perturb *v.* වික්ෂිප්තභාවයට පමුණුවනවා wikshipthabhaawayata pamunuwanawa

perusal *n.* පරීක්ෂාකාරීව කියවීම pareekshaakaareewa kiyaweema

peruse *v.* පරීක්ෂාවෙන් කියවා බලනවා pareekshaawen kiyawaa balanawa

pervade *v.* ව්‍යාප්ත වෙනවා wyaaptha wenawa

perverse *adj.* මුරණ්ඩු murandu

perversion *n.* දුරාචාරය duraachaaraya

perversity *n.* අගතිය agathiya

pervert *v.* මුලා කරනවා mulaa karanawa

pessimism *n.* සර්වශුභවාදය sarwashubhawaadaya

pessimist *n.* සර්වශුභවාදිය sarwashubhawaadiya

pessimistic *adj.* සර්වශුභවාදී sarwashubhawaadee

pest *n.* වසංගතය wasangathaya

pester *v.* හිරිහැර කරනවා hirihara karanawa

pesticide *n.* ක්‍රිමිනාශක ද්‍රව්‍යය kruminaashaka drawya

pestilence *n.* වසංගත රෝගය wasangatha rogaya

pet *n.* සුරතල surathala

petal *n.* මල් පෙත්ත mal peththa

petite *adj.* පුංචි punchi

petition *n.* පෙත්සම pethsama

petitioner *n.* පෙත්සම්කරු pethsamkaru

petrify *v.* ගල්වෙනවා gal wenawa

petrol *n.* පෙට්‍රල් petrol

petroleum *n.* පෙට්‍රෝලියම් petroleum

petticoat *n.* යටගවුම yatagawma

pettish *adj.* කේන්ති යන kenthi yana

petty *adj.* නොවැදගත් nowadagath

petulance *n.* වහා ඇවිස්සෙන බව wahaa awissena bawa

petulant *adj.* නොරිස්සුම් ගති ඇති norissum gathi athi

phantom *n.* අවතාරය awathaaraya

pharmaceutical *adj.* ඖෂධ aushadha

pharmacist *n.* බෙහෙත් වෙළෙන්දා beheth welendaa

pharmacy *n.* ඖෂධාගාරය aushadhaagaaraya

phase *n.* අවධිය awadhiya

phenomenal *adj.* ආශ්චර්යවත් aashcharyawath

phenomenon *n.* ආශ්චර්ය aashcharya

phial *n.* කුප්පිය kuppiya

philanthropic *adj.* පරාර්ථකාමී paraarthakaamee

philanthropist *n.* පරාර්ථකාමියා paraarthakaamiyaa

philanthropy *n.* පරාර්ථකාමීභාවය paraarthakaameebhaawaya

philately *n.* මුද්දර එකතු කිරීම muddara ekathu kireema

philological *adj.* වාග්විද්‍යාත්මක waag widyaathmaka

philologist *n.* වාග්විද්‍යාඥයා waag widyaagniya

philology *n.* වාග්විද්‍යාව waag widyaawa

philosopher *n.* දාර්ශනිකයා daarshanikaya
philosophical *adj.* දර්ශනය පිළිබඳ වූ darshanaya pilibanda wu
philosophy *n.* දර්ශනය darshanaya
phlegmatic *adj.* සමේ අධික sem adhika
phobia *n.* භීතිකාව bheethikaawa
phoenix *n.* පීනික්ෂියා peenikshiya
phone *n.* බණුව banuwa
phonetic *adj.* ශබ්දයන් පිළිබඳ shabdayan pilibandawa
phosphate *n.* ෆොස්ෆේට් phosphate
phosphorus *n.* ෆොස්ෆරස් phosphorus
photo *n.* සේයාව seyaawa
photocopy *n.* ඡායා පිටපත chaayaa pitapatha
photograph *n.* ඡායාරූපය chaayaa-roopaya
photographer *n.* ඡායාරූප ශිල්පියා chaayaaroopa shilpiya
photographic *adj.* ඡායාරූප chaa-yaaroopa
photography *n.* ඡායාරූප ශිල්පය chaayaaroopa shilpaya
photostat *n.* ඡායා ස්ථිති chaa-yaasthithi
phrase *n.* වාක්‍ය ඛණ්ඩය waakya kandaya
phraseology *n.* පද රචනාව pada rachanaawa
physical *adj.* භෞතික bhauthika
physician *n.* චිකිත්සකයා chikith-sakayaa
physics *n.* භෞතික විද්‍යාව bhau-thika widyaawa
physiognomy *n.* මුහුණුවර muhu-nuwara
physiotherapy *n.* කායික චිකිත්සාව kaaika chikithsaawa
physique *n.* දේහය dehaya
pianist *n.* පියානෝ වාදකයා piyaano waadakaya
piano *n.* පියානෝව piaanowa
piazza *n.* ගොඩනැගිලි වලින් වට වූ චතුරස්‍ර වීදිය godanagili walin wata wu chathurasra weediya
pick *v.* තෝරා ගන්නවා thoragannawa
picket *n.* මුරපොළ murapola
pickings *n.* ඇහිඳගත් දේ 'ahindagath de
pickle *n.* අච්චාරු achchaaru
picnic *n.* සෙල්ලම් ගමන sellam gamana
pictograph *n.* චිත්‍ර ප්‍රස්තාරය chithra prasthaaraya
pictorial *adj.* චිත්‍රාත්මක chithraathmaka
picture *n.* පින්තූරය pinthooraya
picturesque *adj.* දර්ශනීය darsha-neeya
pie *n.* පක්ෂි වර්ගයක් pakshee wargayak
piece *n.* කැබැල්ල kaballa
piecemeal *adv.* ටික ටික tika tika
pier *n.* කණුව kanuwa
pierce *v.* සිදුරු කරනවා siduru karanawa
piety *n.* ශ්‍රද්ධාව shruddhaawa
pig *n.* ඌරා uraa
pigeon *n.* පරෙවියා parewiyaa
pigeonhole *n.* කුඩා කූඩුව kudaa kooduwa
piggery *n.* ඌරු මඩුව uru maduwa
pigment *n.* සායම saayama
pigmy *n.* ඉතා සුළු ithaa sulu

pike *n.* හෙල්ලය hellaya
pile *n.* රාශිය raashiya
pilfer *v.* සුළු හොරකම් කරනවා sulu horakam karanawa
pilgrim *n.* වන්දනාකරු wandanaakaru
pilgrimage *n.* වන්දනා ගමන wandanaa gamana
pill *n.* බෙහෙත් ගුලිය beheth guliya
pillar *n.* ස්ථම්භය sthambhaya
pillow *n.* කොට්ටය kottaya
pilot *n.* ගුවන් නියමුවා guwan niyamuwa
pimple *n.* කුරුලෑව kurulaawa
pimple *n.* කුරුලෑව kurulaawa
pin *n.* අල්පෙනෙත්ත alpeniththa
pincer *n.* අඬුව anduwa
pinch *v.* කොනිත්තනවා koniththanawa
pine *v.* දුකින් පසු වෙනවා dukin pasu wenawa
pineapple *n.* අන්නාසි annasi
pink *adj.* රෝස පාට rosa paata
pinnacle *n.* කොත kotha
pinpoint *v.* ඉතා සියුම් ඉලක්කය ithaa siyum ilakkaya
pint *n.* පනිට්ටුව panittuwa
pioneer *n.* පුරෝගාමියා purogaamiya
pious *adj.* බැතිමත් bathimath
pipe *n.* නළය nalaya
pipette *n.* පිපෙට්ටුව pipettuwa
piquant *adj.* සිත් ගන්නා sith ganna
pique *n.* කේන්තිය kenthiya
piracy *n.* මුහුදු කොල්ලය muhudu kollaya
pirate *n.* මුහුදු කොල්ලකරු muhudu kollakaru
pistol *n.* පිස්තෝලය pistholaya
piston *n.* පිස්ටනය pistanaya
pit *n.* වළ wala
pitch *n.* තාරතාව thaarathaawa
pitcher *n.* කෙණ්ඩිය kendiya
piteous *adj.* කණගාටුදායක kanagaatudaayaka
pitfall *n.* බොරු වළ boru wala
pitiful *adj.* කාලකණ්ණි kaalakanni
pitiless *adj.* අකාරුණ්‍ය akaarunya
pity *n.* දයාව dayaawa
pivot *n.* කේන්ද්‍රය kendraya
pivotal *adj.* ප්‍රධාන pradhaana
pixel *n.* පික්සලය pixalaya
pizza *n.* පීසා pizza
placard *n.* පලක්කට්ටුව palakkattuwa
placate *v.* සතුටුකරවා ගන්නවා sathutukarawaa gannawa
place *n.* ස්ථානය sthaanaya
placement *n.* ස්ථාපනය sthaapanaya
placid *adj.* සෞම්‍ය saumya
plague *n.* මහාමාරිය mahaamaariya
plain *adj.* සරල sarala
plaintiff *n.* පැමිණිලිකරු paminilikaru
plaintive *adj.* දුක්මුසු dukmusu
plait *n.* ගෙතුම gethuma
plan *n.* සැලැස්ම salasma
plane *n.* තලය thalaya
planet *n.* ග්‍රහලෝකය grahalokaya
planetary *adj.* ග්‍රහ graha
plank *n.* පුවරුව puwaruwa
plant *n.* පැළය palaya
plantain *n.* කෙසෙල් kesel
plantation *n.* වගාව wagaawa
plaque *n.* ඵලකය palakaya
plaster *n.* ප්ලාස්තරය palastharaya
plastic *n.* ප්ලාස්ටික් plastic

plate *n.* පිඟාන pingaana
plateau *n.* සානුව saanuwa
platelet *n.* රුධිර පට්ටිකාව rudhira pattikaawa
platform *n.* වේදිකාව wedikaawa
platinum *n.* ප්ලැටිනම් platinum
platonic *adj.* ක්‍රියාවෙන් කාමුක නොවූ kriyaawen kaamuka nowu
platoon *n.* පාබල හමුදා කණ්ඩය paabala hamudaa kandaya
platter *n.* ලොකු තැටිය loku thatiya
plaudits *n.* ප්‍රශංසා prashansaa
plausible *adj.* ව්‍යාජ wyaaja
play *v.i.* සෙල්ලම් කරනවා sellam karanawa
playground *n.* ක්‍රීඩා පිටිය kreeda pitiya
playwright *n.* නාටක රචක naataka rachaka
player *n.* ක්‍රීඩකයා kreedakaya
plaza *n.* සාප්පු සංකීර්ණය saappu sankeernaya
plea *n.* කන්නලව්ව kannalaw
plead *v.* ආයාචනා කරනවා aayaa-chanaa karanawa
pleasant *adj.* ප්‍රසන්න prasanna
pleasantry *n.* විහිළු තහළු wihilu thahalu
please *v.* සතුටු වෙනවා sathutu wenawa
pleasure *n.* සතුට sathuta
pleat *n.* රැලි දමනවා rali damanawa
plebeian *adj.* සාමාන්‍ය saamanya
plebiscite *n.* ජනමත විමසුම jana-matha wimasuma
pledge *n.* ප්‍රතිඥාව prathignaawa
plenty *pron.* බහුල බව bahula bawa
plethora *n.* රාශිය raashiya
pliable *adj.* කීකරු keekaru
pliant *adj.* පහසුවෙන් නැමෙන pahasuwen namena
pliers *n.* කුඩා අඬුව kudaa anduwa
plight *n.* අවස්ථාව awasthaawa
plinth *n.* කයිරුව kairuwa
plod *v.* බොහෝ මහන්සියෙන් ඇවිදිනවා boho mahansiyen awidinawa
plot *n.* කුමන්ත්‍රණය kumanthranaya
plough *n.* නගුල nagula
ploughman *n.* හාන තැනැත්තා haana thanaththaa
ploy *n.* කූටෝපාය kootopaaya
pluck *v.* කඩනවා kadanawa
plug *n.* පේනුව penuwa
plum *n.* වියලි මිදි wiyali midi
plumage *n.* පිහාටු රස pihaatu rasa
plumb *v.* ගැඹුර බලනවා gambura balanawa
plumber *n.* ජල නල කාර්මිකයා jala nala kaarmikayaa
plume *n.* වේගයෙන් වැටීම wegayen wateema
plummet *v.* වේගයෙන් පහතට වැටෙනවා wegayen pahatha watenawa
plump *adj.* ඍජු riju
plunder *v.* පැහැර ගන්නවා pahara gannawa
plunge *v.* සූදු කෙළිනවා soodu kelinawa
plural *adj.* බහු වචන bahu wachana
plurality *n.* බහුත්වය bahulathwaya
plus *prep.* සමඟ samaga
plush *n.* සේද රෙදි වර්ගයක් seda redi wargayak
ply *n.* ලෑල්ල laalla
pneumatic *adj.* වායව waayawa

pneumonia *n.* නියුමෝනියාව neumoniaawa

poach *v.* හොරෙන් දඩයම් කරනවා horen dadayam karanawa

pocket *n.* පසුම්බිය pasumbiya

pod *n.* කරල karal

podcast *n.* කරල් ඉවතලෑම karal iwathalaama

podium *n.* කුඩා වේදිකාව kudaa wedikaawa

poem *n.* කාව්‍යය kaawya

poet *n.* කවියා kawiyaa

poetry *n.* කාව්‍ය සංග්‍රහය kaawya sangrahaya

poignancy *n.* බලවත් කණගාටුව balawath kanagaatuwa

poignant *adj.* සැර sara

point *n.* තුඩ thuda

pointing *n.* කුස්තුර වැසීම kusthura waseema

pointless *adj.* නිෂ්ඵල nishpala

poise *n.* තැන්පත්කම thanpathkama

poison *n.* විෂ wisha

poisonous *adj.* විෂ සහිත wisha sahitha

poke *v.* ඔබා බලනවා obaa balanawa

poker *n.* උඳුන් කූර undun koora

poky *adj.* ඇහුරුණු ahurunu

polar *adj.* ධ්‍රැවික drawika

pole *n.* ධ්‍රැවය drawaya

polemic *n.* විවාදය wiwaadaya

police *n.* පොලීසිය poleesiya

policeman *n.* පොලිස්කාරයා polis-kaaraya

policy *n.* ප්‍රතිපත්තිය prathipaththiya

polish *n.* ඔපය opaya

polite *adj.* ශිෂ්ට shishta

politeness *n.* ආචාරසම්පන්නකම aachaarasampannakama

politic *adj.* දූරදර්ශී dooradarshee

political *adj.* දේශපාලන deshapaalana

politician *n.* දේශපාලනඥයා deshapaalagniyaa

politics *n.* දේශපාලනය deshapaalanaya

polity *n.* ආණ්ඩුක්‍රමය aandu-kramaya

poll *n.* ඡන්දය chandaya

pollen *n.* රේණු renu

pollster *n.* ජනමත විමසන්නා janamatha wimasanna

pollute *v.* කෙලෙසනවා kelasanawa

pollution *n.* දූෂණය dooshanaya

polo *n.* අශ්වාරෝහකයන්ගේ පන්දු ක්‍රීඩාව ashwaarohakayange pandu kreedaawa

polyandry *n.* බහුපතික්‍රමය bahu-pathikramaya

polygamous *adj.* බහුවිවාහික bahu wiwaahika

polygamy *n.* බහුවිවාහය bahu wiwaahaya

polyglot *adj.* බහුභාෂා bahu bhaashaa

polygraph *n.* බහුරේඛය bahu rekaya

polytechnic *n.* බහුතාක්ෂණික bahu thaakshanika

polytheism *n.* බහුදේවවාදය bahudewawaadaya

polytheistic *adj.* බහුදේවවාදියා bahudewawaadiyaa

pomegranate *n.* දෙළුම් delum

pomp *n.* අලංකාරය alankaaraya

pomposity *n.* උඩඟුකම udan-gukama

pompous *adj.* ආඩම්බර aadambaraya

pond *n.* පොකුණ pokuna

ponder *v.* ඕනෑකමින් සිතා බලනවා onaakamin sithaa balanawa

pontiff *n.* පාප්තුමා paapthumaa

pony *n.* පෝනියා poniyaa

pool *n.* දිය කඩිත්ත diya kadiththa

poor *adj.* දුප්පත් duppath

poorly *adv.* අසනීප ගති ඇති asaneepa gathi athi

pop *v.* හදිසියෙන් එනවා hadisiyen enawa

pope *n.* පාප් වහන්සේ paap wahanse

poplar *n.* ගස් විශේෂයක් gas wisheshayak

poplin *n.* පොප්ලින් poplin

populace *n.* මහජනයා mahajanaya

popular *adj.* ජනප්‍රිය janapriya

popularity *n.* ජනප්‍රසාදය janaprasaadaya

popularize *v.* ජනතාව අතර ප්‍රකට කරනවා janathaawa athara prakata karanawa

populate *v.* ජනගහනය ඇති කරනවා janagahanaya athi karanawa

population *n.* ජනගහනය janagahanaya

populous *adj.* ජනාකීර්ණ janaakeerna

porcelain *n.* පෝසිලේන් porcelain

porch *n.* ද්වාරමණ්ඩලය dwaaramandalaya

porcupine *n.* ඉත්තෑවා iththaawaa

pore *n.* විවරය wiwaraya

pork *n.* ඌරු මස් uru mas

pornography *n.* කාමෝද්දීපන රචනය kaamoddeepana rachanaya

porridge *n.* කැඳ kanda

port *n.* තොටුපළ thotupala

portable *adj.* අතේ ගෙන යා හැකි athe gena yaa haki

portage *n.* ඔසවා ගෙන යෑම osawaa gena yaama

portal *n.* වාසල් රාමුව waasal raamuwa

portend *v.* පෙර නිමිති දක්වනවා pera nimithi dakinawa

portent *n.* පෙරනිමිත්ත peranimiththa

porter *n.* දොරටුපාල doratupaala

portfolio *n.* අමාත්‍යධුරය amaathyadhooraya

portico *n.* ද්වාරමණ්ඩලය dwaaramandalaya

portion *n.* දායාදය daayaadaya

portrait *n.* චිත්‍රය chithraya

portraiture *n.* චිත්‍ර කලාව chithra kalaawa

portray *v.* නිරූපණය කරනවා niroopanaya karanawa

portrayal *n.* නිරූපණය niroopanaya

pose *v.* පෙන්වන ආකාරය penwana aakaaraya

posh *adj.* ලක්ෂණ lakshana

posit *v.* ප්‍රකාශ කරනවා prakaasha karanawaa

position *n.* තත්වය thathwaya

positive *adj.* ධනාත්මක dhanaathmaka

possess *v.* අයිතිව සිටිනවා aithiwa sitinawa

possession *n.* දේපළ depala

possessive *adj.* ස්වාමිත්වය දක්වන swaamithwaya dakwana

possibility *n.* හැකියාව hakiyaawa

possible *adj.* විය හැකි wiya haki
post *n.* තානාන්තරය thaanaan-tharaya
postage *n.* තැපැල් ගාස්තුව thapal gaasthuwa
postal *adj.* තැපැල් thapal
postcard *n.* තැපැල් පත thapal patha
postcode *n.* තැපැල් කේතය thapal kethaya
poster *n.* පෝස්ටරය posteraya
posterior *adj.* පසු භාගයෙහි පිහිටි pasu bhaagayehi pihiti
posterity *n.* සංහිතිය sanhathiya
postgraduate *n.* පශ්චාත් උපාධි pashchaath upaadhi
posthumous *adj.* මළ පසු mala pasu
postman *n.* තැපැල්කරු thapalkaru
postmaster *n.* තැපැල් ස්ථානාධිපති thapal sthaanaadhipathi
postmortem *n.* ශවපරීක්ෂණය shawapareekshanaya
postoffice *n.* තැපැල් කාර්යාලය thapal kaaryaalaya
postpone *v.* කල් දමනවා kal damanawa
postponement *n.* කල් දැමීම kal dameema
postscript *n.* පසු වදන pasu wadana
posture *n.* ඉරියව්ව iriyawwa
pot *n .* සැළිය saliya
potato *n.* අල ala
potency *n.* ශක්තිය shakthiya
potent *adj.* සමර්ථ samartha
potential *adj.* විභව wibhawa
potentiality *n.* විභවතාව wibhawa-thaawa
potter *v.* අත පත ගගා සිටිනවා atha patha gagaa sitinawa
pottery *n.* කුඹල් කර්මාන්තය kumbal karmaanthaya
pouch *n.* කුඩා මල්ල kudaa malla
poultry *n.* කුකුළු ගණය kukulu ganaya
pounce *v.* හිල් කරනවා hil karanawa
pound *n.* පවුම pawuma
pour *v.* වක්කරනවා wakkaranawa
poverty *n.* දුප්පත්කම duppathkama
powder *n.* කුඩු kudu
power *n.* බලය balaya
powerful *adj.* ප්‍රබල prabala
practicability *n.* ප්‍රායෝගිකත්වය praayogikathwaya
practicable *adj.* ප්‍රායෝගික praayogika
practical *adj.* ප්‍රායෝගීය praayo-geeya
practice *n.* පුහුණුව puhunuwa
practise *v.* පුරුදු වෙනවා purudu wenawa
practitioner *n.* වෘත්තිකයා wurthi-kaya
pragmatic *adj.* උපයෝගික upayogika
pragmatism *n.* උපයෝගිකතාවාදය upayogikathaawaadaya
praise *v.t.* ප්‍රශංසා කරනවා prashan-saa karanawa
praline *n.* සීනිවලින් සාදන ද්‍රව්‍යයක් seeniwalin saadana drawyak
pram *n.* අත දරුවන් තබා තල්ලුකරන රථය atha daruwan thabaa thallukarana rathaya
prank *n.* සමච්චලය samachchalaya
prattle *v.* බොළඳ බස් bolanda bas
pray *v.* යදිනවා yadinawa

prayer *n.* යාච්ඤාව yaachgnaawa
preach *v.* අවවාද කරනවා awawaada karanawa
preacher *n.* දේශකයා deshakayaa
preamble *n.* ප්‍රාරම්භය praarambhaya
precarious *adj.* අස්ථිර astheera
precaution *n.* පූර්වෝපාය poorwopaaya
precautionary *adj.* ආරක්ෂක aarakshaka
precede *v.* කලින් සිදුවෙනවා kalin sidu wenawa
precedence *n.* ඉස්සරවීම issara weema
precedent *n.* පූර්වාදර්ශය poorwaadarshaya
precept *n.* ශික්ෂාව shikshaawa
precinct *n.* සීමාව seemaawa
precious *adj.* මාහැඟි maahangi
precipitate *v.* අවක්ෂේප කරනවා awakshepa karanawa
précis *n.* සාරය saaraya
precise *adj.* සියුම් siyum
precision *n.* සුනම්‍යතාව sunamyathaawa
precognition *n.* පූර්වඥානය poorwagnaanaya
precondition *n.* පූර්ව කොන්දේසිය poorwa kondesi
precursor *n.* පුරෝගාමියා purogaamiyaa
predator *n.* විලෝපියා wilopiyaa
predecessor *n.* පූර්වගාමියා poorwagaamiyaa
predestination *n.* දෛවය dhaiwaya
predetermine *v.* කලින් නියම කරනවා kalin niyama karanawa
predicament *n.* අසීරු තත්වය aseeru thathwaya
predicate *n.* කියන ලද්ද kiyana ladda
predict *v.* දිවැස් කියනවා diwas kiyanawa
prediction *n.* අනාවැකිය anaawakiya
predominance *n.* ප්‍රබලතර බව prabalathara bawa
predominant *adj.* අතිප්‍රමුඛ athipramukha
predominate *v.* ප්‍රමුඛතම වෙනවා pramukhathama wenawa
pre-eminence *n.* විශිෂ්ටතාවය wishishtathaawaya
pre-eminent *adj.* විශිෂ්ට wishishta
pre-empt *v.* පළමුව භුක්තිය ගන්නවා palamuwa bhukthiya gannawaa
prefabricated *adj.* කෘතිමව නිර්මාණය කළ krutheemawa nirmaanaya kala
preface *n.* භූමිකාව bhoomikaawa
prefect *n.* ශිෂ්‍ය නායකයා shishya naayakaya
prefer *v.* වඩා කැමති වෙනවා wadaa kamathi wenawaa
preference *n.* මනාපය manaapaya
preferential *adj.* වැඩි කැමැත්තක් දක්වන wadi kamaththak dakwana
preferment *n.* උසස්වීම usasweema
prefix *n.* උපසර්ගය upasargaya
pregnancy *n.* ගැබ් ගැනීම gab ganeema
pregnant *adj.* ගැබ්බර gabbara
prehistoric *adj.* ඉතා පුරාණ ithaa puraana
prejudge *v.* අගතියට යනවා agathiyata yanawaa

prejudice *n.* අගතිය agathiya
prejudicial *adj.* අගතිගාමී agathi-gaamee
prelate *n.* නායක හිමි naayaka himi
preliminary *adj.* ප්‍රාථමික praathamika
prelude *n.* පූර්විකාව poorwikaawa
premarital *adj.* විවාහයට පෙර wiwaahayata pera
premature *adj.* අකල් akal
premeditate *v.* කලින් සැලසුම් කරනවා kalin salasum karanawaa
premeditation *n.* පූර්වමර්ශනය poor-wamarshanaya
premier *adj.* අග්‍ර agra
premiere *n.* ප්‍රමුඛ pramukha
premise *n.* ප්‍රතිඥාව prathignaawa
premises *n.* පරිශ්‍රය parishraya
premium *n.* වාරිකය waarikaya
premonition *n.* නොදැනුම noda-numa
preoccupation *n.* පූර්වනියුක්තිය poorwaniyukthiya
preoccupy *v.* යොදවනවා yoda-wanawaa
preparation *n.* සූදානම soodaanama
preparatory *adj.* මූලික moolika
prepare *v.* සූදානම් වෙනවා soodanam wenawa
preponderance *n.* අධිකත්වය adikathwaya
preponderate *v.* බලයෙන් අධිකව පවතිනවා balayen adhikawa pawathinawaa
preposition *n.* නිපාත nipaatha
prepossessing *adj.* සිත් ගන්නා sith ganna
preposterous *adj.* විපරීත wiparitha
prerequisite *n.* අවශ්‍ය awashya
prerogative *n.* පරමාධිකාරය para-maadhikaaraya
presage *v.* අශුභ නිමිති පෙනෙනවා ashuba nimithi penenawaa
prescience *n.* පූර්වඥානය poor-wagnaanaya
prescribe *v.* නියම කරනවා niyama karanawaa
prescription *n.* බෙහෙත් වට්ටෝරුව beheth wattoruwa
presence *n.* පැමිණීම pamineema
present *adj.* පැමිණි pamini
present *n.* ත්‍යාගය thyaagaya
present *v.* ඉදිරිපත් කරනවා idiripath karanawaa
presentation *n.* ඉදිරිපත් කිරීම idiripath kireema
presently *adv.* දැනට danata
preservation *n.* සංරක්ෂණය sanrakshanaya
preservative *n.* සංරක්ෂණ sanrakshana
preserve *v.* ආරක්ෂා කරනවා aarakshaa karanawaa
preside *v.* මුලසුන දරනවා mulasuna daranawaa
president *n.* ජනපති janapathi
presidential *adj.* ජනපති පිළිබඳ වූ janapathi pilibanda woo
press *v.* ඔබනවා obanawaa
pressure *n.* පීඩනය peedanaya
pressurize *v.* පීඩනයට ලක් කරනවා peedanayata lak karanawaa
prestige *n.* කීර්තිය keerthiya
prestigious *adj.* ගෞරවාන්විත gaurawaanwitha
presume *v.* සිතා ගන්නවා sithaa gannawa

presumption *n.* සිතිවිල්ල sithiwilla
presuppose *v.* හැඟෙනවා hangenawaa
presupposition *n.* ආකල්පනය aakalpanaya
pretence *n.* බොරුවට ඇඟවීම boruwata angaweema
pretend *v.* බොරු කරනවා boru karanawaa
pretension *n.* ව්‍යාජය wyaajaya
pretentious *adj.* ව්‍යාජක wyaajaka
pretext *n.* රැවටිල්ල rawatilla
prettiness *n.* අලංකාරය alankaaraya
pretty *adj.* ලක්ෂණ lakshana
pretzel *n.* විස්කෝතු වර්ගයක් wiskothu wargayak
prevail *v.* දිනනවා dinanawaa
prevalence *n.* ව්‍යාප්තිය wyaapthiya
prevalent *adj.* ව්‍යාප්ත wyaaptha
prevent *v.* වළක්වනවා walakwanawaa
prevention *n.* වැළැක්වීම walakweema
preventive *adj.* වළක්වන walakwana
preview *n.* පෙරහුරුව perahuruwa
previous *adj.* පූර්ව poorwa
prey *n.* ගොදුර godura
price *n.* මිල mila
priceless *adj.* අමිල amila
prick *v.* අනිනවා aninawaa
prickle *n.* කටුව katuwa
pride *n.* මානය maanaya
priest *n.* පැවිද්දා pawidda
priesthood *n.* පූජකභාවය poojakabhaawaya
prim *adj.* කල එළි ඇති kala eli athi
primacy *n.* ප්‍රථමතාව prathamathaawa
primal *adj.* මූලික moolika
primarily *adv.* ප්‍රාථමිකව praathamikawa
primary *adj.* ප්‍රාථමික praathamika
primate *n.* අග්‍රරාජගුරු ප්‍රසාදිතන agraraajaguru prasaadithana
prime *adj.* ශ්‍රේෂ්ඨ shreshta
primer *n.* හෝඩි පොත hodi potha
primeval *adj.* ආදිතම aadithama
primitive *adj.* ආදිකල්පික aadikalpika
prince *n.* කුමාරයා kumaaraya
princely *adj.* රාජකීය raajakeeya
princess *n.* කුමාරිය kumaariya
principal *adj.* ප්‍රධාන pradaana
principal *n.* විදුහල්පති widuhalpathi
principle *n.* නියමය niyamaya
print *v.* මුද්‍රණය කරනවා mudranaya karanawa
printout *n.* මුද්‍රිතය mudrithaya
printer *n.* මුද්‍රණ යන්ත්‍රය mudrana yanthraya
prior *adj.* පූර්ව poorwa
priority *n.* ප්‍රමුඛතාව pramukhathaawa
priory *n.* තාපසාරාමය thaapasaaraamaya
prism *n.* ප්‍රිස්මය prismaya
prison *n.* සිරගෙදර siragedara
prisoner *n.* සිරකරුවා sirakaruwa
pristine *adj.* නොකිලිටි nokiliti
privacy *n.* පෞද්ගලිකත්වය paudgalikathwaya
private *adj.* පුද්ගලික pudgalika
privation *n.* අගහිඟකම agahingakama
privatize *v.* පුද්ගලීකරණය කරනවා

pudgaleekaranaya karanawaa

privilege *n.* වරප්‍රසාදය waraprasaadaya

privy *adj.* ගුප්ත guptha

prize *n.* තෑග්ග thaagga

pro *n.* ප්‍ර pra

proactive *adj.* වඩාත් කාර්යශීලි wadath kaaryasheeli

probability *n.* සම්භාවිතාවය sambhaawithaya

probable *adj.* සම්භව්‍ය sambhawya

probably *adv.* පෙනෙන හැටියට penena hatiyata

probate *n.* පරිවාසය pariwaasaya

probation *n.* කෙනෙකුගේ ගතිගුණ kenekuge gathiguna

probationer *n.* පරිවාසිකයා pariwaasikayaa

probe *n.* වගවිභාගය waga wibhaagaya

probity *n.* අවංකකම awankakama

problem *n.* ගැටලුව gataluwa

problematic *adj.* සැක සහිත saka sahitha

procedure *n.* පටිපාටිය patipaatiya

proceed *v.* ඉදිරියට යනවා idiriyata yanawaa

proceedings *n.* කාර්ය වාර්තාව kaarya waarthaawa

proceeds *n.* ලබන මුදල් labana mudal

process *n.* ක්‍රියාවලිය kriyaawaliya

procession *n.* පෙරහැර perahara

proclaim *v.* හෙළි කරනවා heli karanawaa

proclamation *n.* නිවේදනය niwedanaya

proclivity *n.* ඇල්ම alma

procrastinate *v.* අතපසු කරනවා athapasu karanawaa

procrastination *n.* අතපසු කිරීම athapasu kireema

procreate *v.* උපදවනවා upadawanawaa

procure *v.* සලසනවා salasanawaa

procurement *n.* සම්පාදනය sampaadanaya

prod *v.* පොළඹවනවා polambawanawaa

prodigal *adj.* නාස්ති කරන naasthi karana

prodigious *adj.* ආශ්චර්ය aashcharya

prodigy *n.* අද්භූත දේ adbhootha de

produce *v.* නිෂ්පාදනය කරනවා nishpaadanaya karanawaa

producer *n.* නිෂ්පාදකයා nishpaadakaya

product *n.* නිෂ්පාදිතය nishpaadithaya

production *n.* නිෂ්පාදනය nishpaadanaya

productive *adj.* ඵලදායී phaladayee

productivity *n.* පලදායිතාව paladayithaawa

profane *adj.* ලෞකික laukika

profess *v.* පළ කරනවා pala karanawaa

profession *n.* වෘත්තිය wurthiya

professional *adj.* වෘත්තිමය wurthimaya

professor *n.* මහාචාර්යවරයා mahaachaaryawarayaa

proficiency *n.* ප්‍රවීනතාව praweenathaawa

proficient *adj.* දක්ෂ daksha

profile *n.* පැතිකඩ pathikada

profit *n.* ලාභය laabhaya
profitable *adj.* ලාභ උපදවන laabha upadawana
profiteering *n.* ගිනි කාම gini kaama
profligacy *n.* අශීලාචාරකම ashee-laachaarakama
profligate *adj.* දුරාචාර duraa-chaaraya
profound *adj.* අධික adhika
profundity *n.* අධිකත්වය adhika-thwaya
profuse *adj.* නොමසුරු nomasuru
profusion *n.* බහුල bahula
progeny *n.* ප්‍රජාව prajaawa
prognosis *n.* විග්‍රහය wigrahaya
prognosticate *v.* පෙනේ කියනවා pena kiyanawaa
programme *n.* වැඩසටහන wada-satahana
progress *n.* දියුණුව diyunuwa
progressive *adj.* දියුණු වන diyunu wana
prohibit *v.* වළක්වනවා walak-wanawaa
prohibition *n.* තහනම thahanama
prohibitive *adj.* බාධක baadaka
project *n.* ව්‍යාපෘතිය wyaapruthiya
projectile *n.* ප්‍රක්ෂිප්තය prak-shipthaya
projection *n.* ප්‍රක්ෂේපනය prak-shepanaya
projector *n.* ප්‍රක්ෂේපකය prak-shepaya
prolapse *n.* පහත වැටීම pahatha wateema
proliferate *v.* ප්‍රගුණනා වෙනවා pragunana wenawaa
proliferation *n.* ප්‍රගුණනය pragunanaya
prolific *adj.* බොහෝ පල දරන boho pala darana
prologue *n.* ප්‍රස්තාවනාව prasthaa-wanaawa
prolong *v.* දික් කරනවා dik karanawaa
prolongation *n.* දික් කිරීම dik kireema
promenade *n.* සක්මන් මළුව sakman maluwa
prominence *n.* ප්‍රසිද්ධිය prasiddiya
prominent *adj.* මතු වී පෙනෙන mathu wee penena
promiscuous *adj.* කලවම් kalawam
promise *n.* පොරොන්දුව poronduwa
promising *adj.* බලාපොරොත්තු සහිත balaaporoththu sahitha
promote *v.* උසස් කරනවා usas karanawaa
promotion *n.* උසස් වීම usas weema
prompt *v.* උනන්දු කරනවා unandu karanawaa
prompter *n.* සිහිකරු sihikaru
promulgate *v.* ප්‍රසිද්ධ කරනවා prasidda karanawaa
prone *adj.* යමක් දෙසට නැවුණු yamak desata nawunu
pronoun *n.* සර්වනාමය sarwa-naamaya
pronounce *v.* උච්චාරණය කරනවා uchcharanaya karanawaa
pronunciation *n.* උච්චාරණය uchcharanaya
proof *n.* සාක්ෂිය saakshiya
prop *n.* කුරුව karuwa
propaganda *n.* ප්‍රචාරක කටයුතු prachaaraka katayuthu
propagate *v.* බෝකරනවා bo

karanawaa

propagation *n.* ප්‍රචාරණය praachaaranaya

propel *v.* දුවවනවා duwawanawaa

propeller *n.* නෞකා ප්‍රේරකය naukaa prerakaya

proper *adj.* ඔබින obina

property *n.* දේපළ depala

prophecy *n.* අනාගත වාක්‍යය anaagatha waakyaya

prophesy *v.* අනාවැකි කියනවා anaawaki kiyanawaa

prophet *n.* ඍෂිවරයා rishiwarayaa

prophetic *adj.* අනාගතය හෙළි කරන anaagathaya heli karana

propitiate *v.* සතුටු කරනවා sathutu karanawaa

proportion *n.* සමානුපාතය samaanupaathaya

proportional *adj.* සමානුපාතික samaanupaathika

proportionate *adj.* සමප්‍රමාණ samapramaana

proposal *n.* යෝජනාව yojanaawa

propose *v.* යෝජනා කරනවා yojanaa karanawaa

proposition *n.* ප්‍රස්තුතය prasthuthaya

propound *v.* තෙරුම් කර දෙනවා therum kara denawa

proprietary *adj.* හිමිකාර himikaara

proprietor *n.* හිමියා himiyaa

propriety *n.* සුදුසුකම sudusukama

prorogue *v.* සභාව විසුරුවා හරිනවා sabhaawa wisuruwa harinawaa

prosaic *adj.* අවිශිෂ්ට awishishta

prose *n.* ගද්‍ය රචනාව gadya rachanaawa

prosecute *v.* පරිශීලනය කරනවා parisheelanaya karanawaa

prosecution *n.* පැමිණිල්ල paminilla

prosecutor *n.* නඩු පවරන්නා nadu pawaranna

prospect *n.* අපේක්ෂාව apekshaawa

prospective *adj.* අනාගත anaagatha

prospectus *n.* පූර්ව නිවේදනය poorwa niwedanaya

prosper *v.* දියුණු වෙනවා diyunu wenawaa

prosperity *n.* සමෘද්ධිය samurdiya

prosperous *adj.* සසිරි sasiri

prostate *n.* පුරස්ථිතය purasthithaya

prostitute *n.* ගණිකාව ganikaawa

prostitution *n.* ගණිකා වෘත්තිය ganikaa wurthiya

prostrate *adj.* දිගා වී සිටින digaa wee sitina

prostration *n.* බලක්ෂය වීම balakshaya weema

protagonist *n.* ප්‍රධානියා pradaaniya

protect *v.* ආරක්ෂා කරනවා aarakshaa karanawaa

protection *n.* ආරක්ෂාව aarakshaawa

protective *adj.* ආරක්ෂිත aarakshitha

protectorate *n.* ආරක්ෂිතය aarakshithaya

protein *n.* ප්‍රෝටීන proteena

protest *n.* විරුද්ධත්වය wiruddathwaya

protestation *n.* ඒකාන්ත ප්‍රකාශය ekaantha prakaashaya

protocol *n.* මූලපත්‍රය moolapathraya

prototype *n.* මූලරූපය moolaroopaya

protracted *adj.* බොහෝ කල් ගතවන boho kal gathawana
protractor *n.* කෝණමානය kona-maanaya
protrude *v.* නෙරනවා neranawaa
proud *adj.* ආඩම්බර aadambara
prove *v.* ඔප්පු කරනවා oppu karanawaa
provenance *n.* නිදානය nidaanaya
proverb *n.* පිරුළ pirula
proverbial *adj.* ඉතා ප්‍රකට ithaa prakata
provide *v.* සපයනවා sapayanawaa
providence *n.* දුරදිග බැලීම duradiga baleema
provident *adj.* දූරදර්ශී dooradarshee
providential *adj.* දෛව පිහිටෙන් වූ dewa pihiten woo
province *n.* පළාත palaatha
provincial *adj.* පළාත් pathaath
provision *n.* සූදානම soodanama
provisional *adj.* තාවකාලික thaa-wakaalika
proviso *n.* කොන්දේසිය kondesiya
provocation *n.* කුපිත කිරීම kupitha kireema
provocative *adj.* කුපිත කරවන kupitha karawana
provoke *v.* අවුස්සනවා awussanawa
prowess *n.* පරාක්‍රමය paraa-kramaya
proximate *adj.* කිට්ටු kittu
proximity *n.* කිට්ටුව kittuwa
proxy *n.* බලපත්‍රය balapathraya
prude *n.* ලජ්ජාකාරයා lajjaakaaraya
prudence *n.* නුවණක්කාර බව nuwa-nakkara bawa
prudent *adj.* විචක්ෂණ wichakshana
prudential *adj.* නුවණක්කාර nuwa-nakkaara
prune *n.* වියළි ඵල වර්ගයක් wiyali phala wargayak
pry *v.* අමාරුවෙන් අරිනවා amaaruwen arinawaa
psalm *n.* දේව ස්තෝත්‍රය dewa sthothraya
pseudo *adj.* ව්‍යාජ wyaaja
pseudonym *n.* ව්‍යාජ නාමය wyaaja naamaya
psyche *n.* ආත්මය aathmaya
psychiatrist *n.* මනෝචිකිත්සකයා mano chikithsakayaa
psychiatry *n.* මානසික maanasika
psychic *adj.* ආධ්‍යාත්මික aadyaa-thmika
psychological *adj.* මනෝ mano
psychologist *n.* මනෝවිද්‍යාඥයා mano widyaagnaya
psychology *n.* මනෝවිද්‍යාව mano widyaawa
psychopath *n.* මනෝව්‍යාධිය mano wyaadiya
psychosis *n.* මනෝවිකාරය mano wikaaraya
psychotherapy *n.* මනෝරෝග චිකිත්සාව mano roga chikithsaawa
pub *n.* අවන්හල awanhala
puberty *n.* මල්වරවීම malwara weema
pubic *adj.* පොදු podu
public *adj.* රාජ්‍ය raajya
publication *n.* ප්‍රකාශනය prakaa-shanaya
publicity *n.* ප්‍රචාරය prachaaraya
publicize *v.* ප්‍රසිද්ධියට පමුණුවනවා prasiddiyata pamunuwanawaa

publish *v.* ප්‍රකාශ කරනවා prakaasha karanawaa

publisher *n.* ප්‍රකාශකයා prakaa-shakayaa

pudding *n.* පුඩිම pudima

puddle *n.* මඩ කඩිත්ත mada kadiththa

puerile *adj.* බොළඳ bolanda

puff *n.* හුස්ම හෙළීම husma heleema

puffy *adj.* ඉදිමුණු idimunu

pull *v.* අදිනවා adinawaa

pulley *n.* කප්පිය kappiya

pullover *n.* උඩුකය වසන ඇඳුමකි udukaya wasana andumaki

pulp *n.* පල්පය palpaya

pulpit *n.* ධර්මාසනය dharmaa-sanaya

pulsar *n.* අඳුරු තාරකාව anduru thaarakaawa

pulsate *v.* නාඩි වැටෙනවා naadi watenawa

pulsation *n.* ස්පන්දනය spandanaya

pulse *n.* ස්පන්දය spandaya

pummel *v.* මිට මොළවා ගසනවා mita molawaa gasanawaa

pump *n.* පොම්පය pompaya

pumpkin *n.* වට්ටක්කා wattakka

pun *n.* ශ්ලේෂය shleshaya

punch *v.* හිල් කරනවා hil karanawaa

punctual *adj.* කාලානුගත kaala-nugatha

punctuality *n.* නියමිත වේලාවට වැඩ කිරීම niyamitha welawaata wada kireema

punctuate *v.* විරාම තබනවා wiraama thabanawaa

punctuation *n.* විරාම ලකුණු wiraa-ma lakunu

puncture *n.* කුඩා සිදුර kuda sidura

pungency *n.* කටුක බව katuka bawa

pungent *adj.* අමිහිරි amihiri

punish *v.* දඬුවම් කරනවා danduwam karanawaa

punishment *n.* දඬුවම danduwama

punitive *adj.* දණ්ඩනීය dandaneeya

punter *n.* ඔට්ටු අල්ලන්නා ottu allanna

puny *adj.* ඉතා දුර්වල itha durwala

pup *n.* බලු කුක්කා balu kukkaa

pupil *n.* ශිෂ්‍යයා shishyayaa

puppet *n.* රූකඩය rookadaya

puppy *n.* බලු පැටවා balu patawaa

purblind *adj.* අවිචක්ෂණ awichak-shana

purchase *v.* මිලට ගන්නවා milata gannawaa

pure *adj.* ශුද්ධ shudda

purgation *n.* විමොචනය wimo-chanaya

purgative *adj.* විරේකය wirekaya

purgatory *n.* පීඩා ස්ථානය peeda sthaanaya

purge *v.* විරේක කරනවා wireka karanawa

purification *n.* ශුද්ධිය shuddiya

purify *v.* ශුද්ධ කරනවා shudda karanawaa

purist *n.* භාෂා ශුද්ධි වාදියා bhaashaa shuddi waadiya

puritan *n.* අසභ්‍ය දේ අතිශයින් පිළිකුල් කරන asabya de athishayin pilikul karana

puritanical *adj.* අසභ්‍ය දේ අතිශයින් පිළිකුල් කරන asabya de athi-shayin pilikul karana

purity *n.* ශුද්ධිය shuddiya

purple *n.* දම් පාට dam paata
purport *v.* අරමුණු කරනවා aramunu karanawaa
purpose *n.* අරමුණ aramuna
purposely *adv.* ඕනෑ වටම onaawatama
purr *v.* සතුට දක්වනවා sathuta dakwanawaa
purse *n.* පසුම්බිය pasumbiya
purser *n.* නැවේ මුදල් භාරකාරයා nawe mudal bhaarakarayaa
pursuance *n.* ක්‍රියාවෙහි යෙදීම kriyaawehi yedeema
pursue *v.* එළවා ගෙන යනවා elawaagena yanawaa
pursuit *n.* පරිශීලනය parisheelanaya
purvey *v.* ආහාර පානාදිය සපයනවා aahara paanadiya sapayanawaa
purview *n.* සීමාව seemawa
pus *n.* සැරව sarawa
push *v.* තල්ලු කරනවා thallu karanawaa
pushy *adj.* උද්‍යෝගීමත් udyogee-math
puss *n.* බළලා balalaa
put *v.* දමනවා damanawaa
putative *adj.* උත්ප්‍රේක්ෂීය uthprek-sheeya
putrid *adj.* දුගඳ හමන duganda hamana
puzzle *v.t.* ව්‍යාකූල කරනවා wyaa-koola karanawaa
pygmy *n.* වාමනයා waamanaya
pyjamas *n.* පිජාමා pijaama
pyorrhoea *n.* දත්මුල් දියව යෑම dathmul diyawa yaama
pyramid *n.* පිරමීඩය pirameedaya
pyre *n.* චිතකය chithakaya
pyromania *n.* දහනෝන්මාදය daha-nonmaadaya
python පොළඟා polangaa

Q

quack *n* බොරු කාරයා boru kaarayaa
quackery *n.* බොරු වෙදකම boru wedakama
quad *n.* සිව්බිඩි siwbidi
quadrangle *a.* චතුරස්රය chathu-rasraya
quadrangular *n.* චතුරස්රාකාර chathrasraakaara
quadrant *n.* වෘත්තපාදය wurtha paadaya
quadrilateral *n.* චතුර්භුජය chathur boojaya
quadruped *n.* සිව්පාවා siwpaawaa
quadruple *adj.* චතුර්ගුණ chathur-guna
quadruplet *n.* සිව් නිඹුල්ලු siw nimbullu
quaff *v.* උගුරට දකෙට බොනවා ugurata dekata bonawaa
quail *n.* වටුවා watuwaa
quaint *adj.* චමත්කාරී chama-thkaaree
quaintly *adv.* චමත්කාරී ලෙස chamathkaaree lesa
quake *v.* හෙල්ලුම් කනවා hellum kanawaa
quaker *n.* අහිංසක විනය පරමාර්ථ කොටගත් ක්‍රිස්තියානි නිකාය ahinsaka winaya paramaartha

kotagath kristhiyaani nikaaya

qualification *n.* සුදුසුකම sudusukama

qualify *v.* සුදුසුකම් ලබනවා sudusukam labanawaa

qualitative *adj.* ගුණාත්මක gunaathmaka

quality *n.* ගුණය gunaya

qualm *n.* හිදිසි අසනීප ගතිය hadisi asaneepa gathiya

quandary *n.* දෙගිඩියාව degidiyaawa

quango *n.* අඩක් රාජ්‍ය අංශයට අයත් රාජ්‍ය ආයතන වලින් මූල්‍යාධාර adak raajya anshayata ayath raajya aayathana walin moolyaadaara

quantify *v.* ප්‍රමාණාත්මක කරනවා pramaanathmaka karanawaa

quantitative *adj.* ප්‍රමාණාත්මක pramaanaathmaka

quantity *n.* ප්‍රමාණය pramaanaya

quantum *n.* සුදුසු ප්‍රමාණය sudusu pramaanaya

quarantine *n.* නිරෝධායනය nirodhaayanaya

quark *n.* මූලික අංශුවක කොටස moolika anshuwaka kotasa

quarrel *n.* කලකෝලාහලය kalakolaahalaya

quarrelsome *adj.* කලහකාරී kalahakaaree

quarry *n.* ගල්වල gal wala

quart *n.* නැළිය naliya

quarter *n.* කාල kaala

quarterly *adj.* තුන්මසකට වරක් වූ thun masakata warak wu

quartet *n.* චතුරංගිකය chathurangikaya

quartz *n.* තිරුවාණ thiruwaana

quash *v.* අවලංගු කරනවා awalangu karanawaa

quaver *v.* වෙව්ලමින් කතා කරනවා wewlamin kathaa karanawaa

quay *n.* වරාය වේදිකාව waraaya wedikaawa

queasy *adj.* ඔක්කාරයට එන okkaarayata ena

queen *n.* රැජිණ rajina

queer *adj.* අමුතු ගති ඇති amuthu gathi athi

quell *v.* සමනය කරනවා samanaya karanawaa

quench *v.* නිවනවා niwanawaa

querulous *adj.* වැරදි සොයන waradi soyana

query *n.* ප්‍රශ්නය prashnaya

quest *n.* ගවේෂනය gaweshanaya

question *n.* ප්‍රශ්නය prashnaya

questionable *adj.* සැක සහිත saka sahitha

questionnaire *n.* ප්‍රශ්න මාලාව prashna maalaawa

queue *n.* පෝලිම polima

quibble *n.* චක්‍රෝර්ථිය chakkrorthiya

quick *adj.* කඩිසර kadisara

quicken *v.* ඉක්මන් කරනවා ikman karanawaa

quickly *adv.* ඉක්මනට ikmanata

quid *n.* ව්‍යාපදේශය wiyaapadeshaya

quiescent *adj.* ශාන්ත shaantha

quiet *adj.* නිශ්චල nischala

quieten *v.* නිශ්චල වෙනවා nischala wenawaa

quietetude *n.* නිශ්චල වූ nischala wu

quiff *n.* කූර koora

quilt *n.* ඇතිරිල්ල athirilla

quilted *adj.* මැද යමක් අහුරා රෙදි

දෙපෙටක් එකට මහන ලද mada yamak ahuraa redhi depatak ekata maheema

quin *n.* පහ බැගින් වූ paha bagin wu

quince *n.* කුඩා ඇඹුල් ගෙඩි වර්ගයක් kudaa ambul gedi wargayak

quinine *n.* ක්විනීන් kwinaeen

quintessence *n.* ඉතා උසස් තත්වය itha usas thathwaya

quip *n.* උපහාසය upahaasaya

quirk *n.* උපහාස වැකිය upahaasa wakiya

quit *v.* අත්හරිනවා ath harinawaa

quite *adv.* මුළුමනින්ම mulumaninma

quits *adj.* සම බව sama bawa

quiver *v.* වෙව්ලනවා wewlanawaa

quixotic *adj.* උදාර udaara

quiz *n.* ප්‍රහේලිකාව prahelikaawa

quizzical *adj.* ප්‍රශ්නාර්ථවත් prash-naarthawath

quondam *adj.* ආදී aadee

quorum *n.* ගණපූරණය gana-poornaya

quota *n.* නියම කොටස niyama kotasa

quotation *n.* නියම කළ මිල niyama kala mila

quote *v.* ගෙන හැර දක්වනවා gena hara dakwanawaa

quotient *n.* ඵලය phalaya

R

rabbit *n.* හාවා haawaa

rabble *n.* නොහික්මුණු රංචුව nohik-munu ranchuwa

rabid *adj.* උමතු umathu

rabies *n.* ජලභීතිකා රෝගය jalab-heethika rogaya

race *n.* තරඟ දිවීම tharanga diweema

race *v.* තරඟයට දුවනවා tharangayata duwanawa

racial *adj.* ජාතිවාදී jaathiwaadi

racialism *n.* ජාතිවාදය jaathiwaadaya

rack *n.* රාක්කය raakkaya

racket *n.* පිත්ත piththa

racketeer *n.* වංචාකාරයා wancha-kaaraya

racy *adj.* රසවත් rasawath

radar *n.* රේඩාර් කිරණ radar kirana

radial *adj.* අරීය areeya

radiance *n.* දීප්තිය deepthiya

radiant *adj.* කාන්තිමත් kaanthimath

radiate *v.* පැතිරෙනවා pathirenawa

radiation *n.* විකිරණය wikiranaya

radical *adj.* විප්ලවවාදී wiplawawaadi

radio *n.* ගුවන් විදුලිය guwan widuliya

radioactive *adj.* විකිරණශීලි wikira-nasheeli

radiography *n.* විකිරණ රේඛනය wikirana rekhanaya

radiology *n.* විකිරණවේදය wikiranawedaya

radish *n.* රාබු raabu

radium *n.* රේඩියම් radium

radius *n.* අරය araya

raffle *n.* ලොතරැයිය lotharayiya

raft *n.* පහුර pahura

rag *n.* වැරහැල්ල warahalla

rage *n.* වියරුව wiyaruwa

ragged *adj.* වැරහැලි ඇඳගත් warahali andagath

raid *n.* වැටලීම wataleema
rail *n.* රේල් පීල්ල rail peella
railing *n.* ගරාදි වැට garaadi wata
raillery *n.* උපහාසය upahaasaya
railway *n.* දුම්රිය මග dumriya maga
rain *n* වර්ෂාව warshaawa
rainbow *n.* දේදුන්න dedunna
raincoat *n.* වැහි කබාය wahi kabaaya
rainfall *n.* වර්ෂා පතනය warshaa-pathanaya
rainforest *n.* වැසි වනාන්තරය wasi wanantharaya
rainy *adj.* වැසි සහිත wasi sahitha
raise *v.* ඉහල දමනවා ihala damanawa
raisin *n.* වියලි මුද්‍රික ඵල wiyali mudrika phala
rake *n.* රේක්කය rekkaya
rally *n.* රැලිය raliya
ram *n.* තිරළුවා thireluwa
ramble *v.* වැල්වටාරම් දොඩවනවා walwataaram dodawanawa
ramification *n.* අතු විහිදීම athu wihideema
ramify *v.* අතු විහිදෙනවා athu wihidenawa
ramp *n.* පල්ලම pallama
rampage *v.* බැණ වදිනවා bana wadinawa
rampant *adj.* ඉවසුම් නැති iwasum nathi
rampart *n.* ආරක්ෂාව aarakshaawa
ramshackle *adj.* ගරා වැටුණු garaa watunu
ranch *n.* විශාල ගොවිපළ wishaala gowipala
rancid *adj.* මුඩු mudu
rancour *n.* බද්ධ වෛරය baddha wairaya
random *adj.* අහඹු ලෙස ahambu lesa
range *n.* පරාසය paraasaya
ranger *n.* උයන්පල්ලා uyanpalla
rank *n.* පදවිය padawiya
rank *v.* පෙළට තබනවා pelata thabanawa
rankle *v.* සිතේ පෑසවනවා shithe pasawanawa
ransack *v.* කොල්ලකනවා kola-kanawa
ransom *n.* වන්දිය wandiya
rant *v.* වල්පල් දොඩවනවා walpal dodawanawa
rap *v.* තට්ටු කරනවා thattu karanawa
rapacious *adj.* ඉතා ගිජු ithaa giju
rape *v.* කන්‍යා දූෂණය කරනවා kanyaa dooshanaya kranawa
rapid *adj.* ශීඝ්‍ර sheegra
rapidity *n.* ඉක්මන් බව ikman bawa
rapier *n.* දෙපැත්ත කැපෙන සිහින් කඩුව depaththa kapena sihin kaduwa
rapist *n.* දූෂණය කරන්නා doo-shanaya karannaa
rapport *n.* සබඳතාව sabandathaawa
rapprochement *n.* නැවතත් මිත්‍ර වීම nawathath mithra weema
rapt *adj.* නිමග්න nimagna
rapture *n.* අධික ප්‍රීතිය adhika preethiya
rare *adj.* දුර්ලභ durlabha
raring *adj.* ඕනෑකම් ඇති onaakam athi
rascal *n.* තක්කඩියා thakkadiyaa
rash *adj.* කුෂ්ට kushta
rasp *n.* රාස්පුව raaspuwa

raspberry *n.* ඔච්චමට කියන පදයක් ochchamata kiyana padayak
rat *n.* මීයා meeya
ratchet *n.* දැති රෝදය dathi rodaya
rate *n.* ශීඝ්‍රතාව sheegrathaawa
rather *adv.* වැඩියෙන් wadiyen
ratify *v.* ස්ථිර කරනවා sthira kara-nawa
rating *n.* ඇගයුම agayuma
ratio *n.* අනුපාතය anupaathaya
ration *n.* පංගුව panguwa
rational *adj.* පරිමේය parimeeya
rationale *n.* තාර්කිකත්වය thaarki-kathwaya
rationalism *n.* බුද්ධිවාදය buddhi-waadaya
rationalize *v.* සාධාරණ බව දක්වනවා saadhaarana bawa dakwanawa
rattle *v.* කියවනවා kiyawanawa
raucous *adj.* කර්කශ karkasha
ravage *v.t.* විනාශ කරනවා winasha karanawa
rave *v.* දොඩවනවා dodawanada
raven *n.* බොහෝ බඩගිනි ඇති boho badagini athi
ravenous *adj.* ඉතා කෑදර ithaa kaadara
ravine *n.* ගිරිකඳුර girikandura
raw *adj.* අමු amu
ray *n.* කිරණය kiranaya
raze *v.* මකා දමනවා makaa damanawa
razor *n.* දැලි පිහිය dali pihiya
reach *v.* සේන්දු වෙනවා sendu wenawa
react *v.* ප්‍රතික්‍රියා කරනවා prathikriyaa karanawa
reaction *n.* ප්‍රතික්‍රියාව prathi-kriyaawa
reactionary *adj.* ප්‍රතිගාමී prathi-gaami
reactor *n.* ප්‍රතික්‍රියාකාරකය prathi-kriyaakaarakaya
read *v.* කියවනවා kiyawanawa
reader *n.* කියවන්නා kiyawanna
readily *adv.* පහසුවෙන් pahasuwen
reading *n.* කියවීම kiyaweema
readjust *v.* ප්‍රතිසමායෝග වනවා prathisamaayoga wanawa
ready *adj.* ළැදි ladi
reaffirm *v.* යළි ප්‍රතිඥා දෙනවා yali prathigna denawa
real *adj.* තාත්වික thaathwika
realism *n.* යථාර්තවාදියා yathaar-thawaadiya
realistic *adj.* තාත්වික thaathwika
reality *n.* යථාර්ථය yathaarthaya
realization *n.* සාක්ෂාත්කරණය saak-shaathkaranaya
realize *v.* අවබෝධ කරනවා awa-bodha karanawa
really *adv.* සැබැවින්ම sabawinma
realm *n.* විෂය wishaya
ream *n.* රීම reema
reap *v.* කපනවා kapanawa
reaper *n.* ගොයම් කපන්නා goyam kapanna
reappear *v.* නැවත මතුවෙනවා nawatha mathuwenawa
reappraisal *n.* නැවත මිල කිරීම naeatha mila kireema
rear *n.* පිටුපස pitupasa
rearrange *v.* නැවත අසුරනවා nawatha asuranawa
reason *n.* හේතුව hethuwa
reasonable *adj.* සාධාරණ

sadhaarana
reassess *v.* නැවත අගය කරනවා nawatha agaya karanawa
reassure *v.* සනසවනවා sana-sawanawa
rebate *n.* ප්‍රතිදානය prathidaanaya
rebel *v.* කැරලි ගසනවා karali gasanawa
rebellion *n.* කැරැල්ල karalla
rebellious *adj.* කැරලිකාර kara-likaara
rebirth *n.* පුනර්භවය punarbhawaya
rebound *v.* ආපසු පනිනවා aapasu paniawa
rebuff *v.* තරවටු කරනවා tharawatu karanawaa
rebuild *v.* නැවත සාදනවා nawatha saadanawa
rebuke *v.* තරවටු කරනවා tharawatu karanawaa
rebuke *v.t.* චෝදනා කරනවා chodana karanawa
recall *v.* මෙනෙහි කරනවා menehi karanawa
recap *v.* නැවත හුසුකරගැනීම nawatha hasukaraganeema
recapitulate *v.* සාරාංශය දක්වනවා saranshaya dakwanawa
recapture *v.* නැවත අල්ලා ගන්නවා nawatha allagannawa
recede *v.* පසු බසිනවා pasu basinawa
receipt *n.* කුවිතාන්සිය kuwithaansiya
receive *v.* ලැබෙනවා labenawa
receiver *n.* ග්‍රාහකයා graahakayaa
recent *adj.* මෑත maatha
recently *adv.* නොබෝදා nobodaa
receptacle *n.* ග්‍රාහකය graahakaya
reception *n.* පිළිගැනීම piliganeema
receptionist *n.* පිළිගැනීමේ නිලධාරිනී piliganeeme niladhaarini
receptive *adj.* සුඛග්‍රාහී sukha-graahee
recess *n.* විරාමය wiraamaya
recession *n.* පසු බැසීම pasu baseema
recessive *adj.* පසු බසින pasu basina
recharge *v.* නැවත ආරෝපණය කරනවා nawatha aaropanaya karanawa
recipe *n.* වට්ටෝරුව wattoruwa
recipient *n.* ප්‍රතිග්‍රාහකයා prathi-graahakayaa
reciprocal *adj.* පරස්පරය para-sparaya
reciprocate *v.* පරස්පර කරනවා paraspara karanawa
recital *n.* සංගීතය sangeethaya
recite *v.* ගායනා කරනවා gaayanaa karanawa
reckless *adj.* සාහසික saahasika
reckon *v.t.* සලකනවා salakanawa
reclaim *v.* බේරා ගන්නවා bera-gannawa
reclamation *n.* බේරා ගැනීම beraa ganeema
recline *v.* ඇල කරනවා ala karanawa
recluse *n.* තාපසයා thaapasayaa
recognition *n.* හඳුන්වාදීම handunwaa deema
recognize *v.i.* හඳුනා ගන්නවා handunaagannawaa
recoil *v.* පසු බසිනවා pasu basinawa
recollect *v.* නැවත මතක් කරනවා nawatha mathak karanawa
recollection *n.* අනුස්මරණය anusmaranaya

recommend *v.* නිර්දේශ කරනවා nirdesha karanawa

recommendation *n.* නිර්දේශය nirdeshaya

recompense *v.* ගෙවනවා gewanawa

reconcile *v.* සමඟි වෙනවා samangi wenawa

reconciliation *n.* සංසන්දනය sansandanaya

recondition *v.* අලුත්වැඩියා කර සකස් කරගන්නවා aluthwadiyaa kara sakas karagannawa

reconsider *v.* යළි සළකා බලනවා yali salakaa balanawa

reconstitute *v.* නැවත සකස් කරනවා nawatha sakas karanawa

reconstruct *v.* නැවත ගොඩනගනවා nawatha godanaganawa

record *n.* වාර්තාව waarthaawa

recorder *n.* රෙකෝඩය rekodaya

recount *v.* නැවත ගණිනවා nawatha ganinawa

recoup *v.* හිලව් කරනවා hilaw karanawa

recourse *n.* උපාය upaaya

recover *v.* ආපසු ලබාගන්නවා aapasu labaagannawa

recovery *n.* ආපසු ලබාගැනීම aapasu labaaganeema

recreate *v.* නැවත සාදාගන්නවා nawatha saadagannawa

recreation *n.* විනෝදය winodaya

recrimination *n.* ප්‍රතිචෝදනා prathichodanaa

recruit *v.* බඳවා ගන්නවා bandawaa gannawa

rectangle *n.* සෘජුකෝණාස්‍රය rijukonaasraya

rectangular *adj.* සෘජුකෝණාස්‍ර rijukonaasra

rectification *n.* සෘජුකරණය riju-karanaya

rectify *v.* සෘජු කරනවා riju karanawa

rectitude *n.* සෘජු භාවය riju bhaawaya

rectum *n.* ගුද මාර්ගය guda maargaya

recumbent *adj.* ඇලවූ ala wuu

recuperate *v.* සුවය ලබනවා suwaya labanawa

recur *v.* නැවත සිද්ධ වෙනවා nawatha siddha wenawa

recurrence *n.* පුනරාවර්තනය punaraawarthanaya

recurrent *adj.* පුනරාවර්තන punaraawarthana

recycle *v.* ප්‍රතිචක්‍රීකරණය prathichakreekaranaya

red *adj.* රතු rathu

reddish *adj.* මදක් රතුවූ madak rathu wuu

redeem *v.* මුදා හරිනවා mudaa harinawa

redemption *n.* නිදහස් කිරීම nidahas kireema

redeploy *v.* නැවත මෙහෙයවනවා nawatha meheyawanawa

redolent *adj.* සුගන්ධි sugandhi

redouble *v.* වඩා බලවත් වෙනවා wadaa balawath wenawa

redoubtable *adj.* භයජනක bhayajanaka

redress *v.* සහන සලසනවා sahana salasanawa

reduce *v.* අඩු කරනවා adu karanawa

reduction *n.* අඩු කිරීම adu kireema

reductive *adj.* අඩුතර aduthata

redundancy *n.* අධිකත්වය adhika-thwaya
redundant *adj.* අධික adhika
reef *n.* ඉල්ලම illama
reek *v.* ගඳ ගහනවා ganda gahanwa
reel *n.* පටය pataya
refer *v.* සඳහන් කරනවා sandahan karanawa
referee *n.* තීරකයා theerakayaa
reference *n.* යොමුව yomuwa
referendum *n.* ජනවිචාරණය jana wichaaranaya
refill *v.* නැවත පුරවනවා nawatha purawanawa
refine *v.* පිරිසිදු කරනවා pirisidu karanwa
refinement *n.* ලාලිත්‍යය laalithya
refinery *n.* පට්ටලය pattalaya
refit *v.* අලුතෙන් සපයනවා aluthen sapayanawa
reflect *v.* පරාවර්තනය වෙනවා paraawarthanaya wenawa
reflection *n.* ඡායාව chaayaawa
reflective *adj.* පරාවර්තක paraa-warthaka
reflex *n.* ප්‍රතිරූපය prathiroopaya
reflexive *adj.* පරාවර්තී parawarthee
reflexology *n.* පරාවර්තී විද්‍යාව parawarthee widyaawa
reform *v.* ප්‍රතිසංස්කරණය කරනවා prathisanskaranaya karanawa
reformation *n.* ප්‍රතිසංස්කරණය prathisanskaranaya
reformer *n.* ප්‍රතිසංස්කාරකයා prathi-sanskarakaya
refraction *n.* වර්තනය warthanaya
refrain *v.t.* වළකිනවා walakinawa
refresh *v.* වෙහෙස නිවනවා wehesa niwanawa
refreshment *n.* වෙහෙස නිවීම we-hesa niweema
refrigerate *v.* ශීත කරනවා sheetha karanawa
refrigeration *n.* ශීතනය shee-thanaya
refrigerator *n.* ශීතකරණය shee-thakaranaya
refuge *n.* සරණ sarana
refugee *n.* අනාථයා anaathayaa
refulgence *adj.* දීප්තිමත්කම deepthimathkama
refulgent *adj.* දීප්තිමත් deepthimath
refund *v.* මුදල් ආපසු දෙනවා mudal aapasu denawa
refund *v.* මුදල් ආපසු දෙනවා mudal aapasu denawa
refurbish *v.* යළි ඔප දමනවා yali opa damanawa
refusal *n.* ප්‍රතික්ෂේප කිරීම prathik-shepa kireema
refuse *v.* ප්‍රතික්ෂේප කරනවා prathikshepa karanawa
refuse *n.* නොවටිනා කොටස nowatinaa kotasa
refutation *n.* නිෂ්ප්‍රභ කිරීම nish-prabha kireema
refute *v.* වැරදි බව ඔප්පු කරනවා waradi bawa oppu karanawa
regain *v.* නැවත ලබාගන්නවා nawatha labaagannawa
regal *adj.* රාජකීය raajakeeya
regard *v.* තකනවා thakanawa
regarding *prep.* සම්බන්ධයෙන් sambandhayen
regardless *adv.* නොසලකා nosalakaa
regenerate *v.* නැවත ප්‍රකෘතිමත්

කරනවා nawatha prakurthimath karanawa

regeneration *n.* පුනර්ජනනය punarjananaya

regent *n.* රාජ්‍යාධිකාරී raajyaad-hikaaree

reggae *n.* රෙගේ සංගීතය regei sangeethaya

regicide *n.* රාජඝාතකයා raaja ghaathakayaa

regime *n.* රාජ්‍ය පාලනය raajya paalanaya

regiment *n.* රෙජිමේන්තුව regi-menthuwa

region *n.* කලාපය kalaapaya

regional *adj.* ප්‍රාදේශික praa-deshika

register *n.* නාම ලේඛනය naama lekhanaya

registrar *n.* රෙජිස්ට්‍රාර් registraar

registration *n.* ලියාපදිංචිය liyaa-padinchiya

registry *n.* රෙජිස්ට්‍රාර් කාර්යාලය registraar kaaryaalaya

regress *v.* පිරිහෙනවා pirihenawa

regret *n.* පසුතැවිල්ල pasuthawilla

regrettable *adj.* ශෝචනීය shocha-neeya

regular *adj.* ක්‍රමානුකූල kramaa-nukoola

regularity *n.* සමමිතිය samamithiya

regularize *v.* නිවැරදි බවට පමුණුවනවා niwaradi bawata pamunuwanawa

regulate *v.* හසුරුවනවා hasuru-wanawa

regulation *n.* ව්‍යවස්ථාව wyawas-thaawa

regulator *n.* පාලකය paalakaya

rehabilitate *v.* පුනරුත්ථාපනය කරනවා punuruththaapanaya karanawa

rehabilitation *n.* පුනරුත්ථාපනය punuruththaapanaya

rehearsal *n.* පෙරහුරුව perahuruwa

rehearse *v.* පෙරහුරු කරනවා pera-huru karanawa

reign *v.* රාජ්‍යය කරනවා raajya karanawa

reimburse *v.* ගිය වියදම දෙනවා giya wiyadam denawa

rein *n.* තෝන් ලණුව thon lanuwa

reincarnate *v.* නැවත ඉපදෙනවා nawatha ipadenawaa

reinforce *v.* බලය වැඩි කරනවා balaya wadi karanawa

reinforcement *n.* වඩා ඇඩි කිරීම wadaa dadi kireema

reinstate *v.* පුනස්ථාපනය කිරීම punasthaapanaya kireema

reinstatement *n.* පුනස්ථාපනය punasthaapanaya

reiterate *v.* නැවත නැවත කියනවා nawatha nawatha kiyawanawa

reiteration *n.* නැවත නැවත කීම nawatha nawatha keema

reject *v.* ප්‍රතික්ෂේප කරනවා prathik-shepa karanawa

rejection *n.* ප්‍රතික්ෂේපය prathik-shepaya

rejoice *v.* ප්‍රමුදිත කරනවා pramu-ditha karanawa

rejoin *v.* නැවත සම්බන්ධ කරනවා nawatha sambandha karanawa

rejoinder *n.* ප්‍රති උත්තරය prathi uththaraya

rejuvenate *v.* තිරිහන් වෙනවා thirihan wenawa

rejuvenation *n.* තිරිහන් වීම thirihan

weema

relapse *v.* නරක අතට හැරෙනවා naraka athata harenawa

relate *v.* සම්බන්ධ වෙනවා sambandha wenawa

relation *n.* සම්බන්ධය sambandhaya

relationship *n.* සබැඳියාව sabandiyawa

relative *adj.* සම්බන්ධී sambandhee

relativity *n.* සාපේක්ෂතාව saapekshathaawa

relax *v.* නිස්කලංකව ඉන්නවා niskalankawa innawa

relaxation *n.* විශ්‍රාමය wishraamaya

relay *n.* ප්‍රතිප්‍රචාරය prathiprachaaraya

release *v.* අත හරිනවා atha harinawa

relegate *v.* නියම කරනවා niyama karanawa

relent *v.* අනුකම්පාව දක්වනවා anukampaawa dakwanawa

relentless *adj.* නිර්දය nirdaya

relevance *n.* අදාළතාව adaalathaawa

relevant *adj.* උචිත uchitha

reliable *adj.* විශ්වාස කළ හැකි wishwaasa kala haki

reliance *n.* විශ්වාසය wishwaasaya

relic *n.* ධාතුව dhaathuwa

relief *n.* සහනය sahanaya

relieve *v.* පැහැරගන්නවා pahara gannawa

religion *n.* ආගම aagama

religious *adj.* ආගමික aagamika

relinquish *v.* අත් හරිනවා ath harinawa

relish *v.* ආශා කරනවා aashaa karanawa

relocate *v.* අලුත් තැනකට යනවා aluth thanakata yanawaa

reluctance *n.* අමනාපය amanaapaya

reluctant *adj.* නොකැමැති nokamathi

rely *v.* විශ්වාසය තබනවා wishwaasaya thabanawa

remain *v.* ඉතුරු වෙනවා ithuru wenawa

remainder *n.* අවශේෂය awasheshaya

remains *n.* සුන්බුන් sunbun

remand *v.* හිරබාරයේ තබනවා hirabaaraye thabanawa

remark *v.* සටහන් කරගන්නවා satahan karagannawa

remarkable *adj.* අපූර්ව apoorwa

remedial *adj.* ප්‍රතිකාර්මික prathikaarmika

remedy *n.* ප්‍රතිකර්මය prathikarmaya

remember *v.* මතක තබා ගන්නවා mathaka thabaagannawa

remembrance *n.* අනුස්මරණය anusmaranaya

remind *v.* මතක් කරනවා mathak karanawa

reminder *n.* මතක් කිරීම mathak kireema

reminiscence *v.* පිළිසමරනවා pilisamaranawa

reminiscent *adj.* සිහිකරවන sihikarawana

remiss *adj.* ප්‍රමාද pramaada

remission *n.* සමාව දීම sammawa deema

remit *n.* නගනවා naganawa

remittance *n.* ප්‍රේරණය preranaya

remnant *n.* සෙස්ස sessa

remonstrate *v.* තරවටු කරනවා tharawatu karanawaa
remorse *n.* පසුතැවිල්ල pasuthawilla
remote *adj.* ඈත aatha
removable *adj.* ඉවත් කළ හැකි iwath kala haki
removal *n.* ඉවත් කිරීම iwath kireema
remove *v.* ඉවත් කරනවා iwath karanawa
remunerate *v.* ප්‍රති උපකාර කරනවා prathi upakaara karanawa
remuneration *n.* ප්‍රතිඵලය prathipalaya
remunerative *adj.* ඵලදායි paladaayi
renaissance *n.* පුනරුදය punaru-daya
render *v.* සලකනවා salakanawa
rendezvous *n.* රහස් හමුව rahas hamuwa
renegade *n.* ද්‍රෝහියා drohiyaa
renew *v.* අලුත්වැඩියා කරනවා aluthwadiyaa karanawa
renewal *adj.* ප්‍රතිසංස්කරණය prathisanskaranaya
renounce *v.t.* සම්බන්ධය ප්‍රතික්ෂේප කරනවා sambandhaya prathikshepa karanawa
renovate *n.* අලුත්වැඩියා කරනවා aluthwadiyaa karanawa
renovation *n.* අලුත්වැඩියාව aluthwadiyaawa
renown *n.* කීර්තිය keerthiya
renowned *adj.* කීර්තිමත් keer-thimath
rent *n.* කුලිය kuliya
rental *n.* බදු කුලිය badu kuliya
renunciation *n.* අත් හැරීම ath hareema
reoccur *v.* නැවත එනවා nawatha enawa
reorganize *v.* ප්‍රතිසංවිධානය prathi-sanwidhanaya
repair *v.* පිළිසකර කරනවා pilisakara karanawa
repartee *n.* මුඛරි ප්‍රතිඋත්තරය mukhari prathiuththaraya
repatriate *v.* නැවත සියරටට පමුණුවනවා nawatha siyaratata pamunuwanawa
repatriation *n.* නැවත සියරටට පැමිණීම nawatha siyaratata pamineema
repay *v.* ආපසු දෙනවා aapasu denawa
repayment *n.* ආපසු ගෙවීම aapasu geweema
repeal *v.* අස් කරනවා as karanawa
repeat *v.* නැවත කරනවා nawataha karanawa
repel *v.* විකර්ෂණය කරනවා wikarshanaya karanawa
repellent *adj.* විකර්ෂකය wikarshakaya
repent *v.* පසුතැවිලි වෙනවා pasuthawili wenawa
repentance *n.* සන්තාපය santhaa-paya
repentant *adj.* පසුතැවිලි වූ pasu-thawili wuu
repercussion *n.* දෝංකාරය don-kaaraya
repetition *n.* පුනරාවර්තනය puna-raawarthanaya
replace *v.* ප්‍රතිස්ථාපනය කරනවා prathisthaapanaya karanawa
replacement *n.* ආදේශනය aade-shanaya

replay *v.* නැවත විකාශය කරනවා nawatha wikaashaya karanawa

replenish *v.* නැවත පුරවනවා nawatha purawanawa

replete *adj.* පරිපූර්ණ paripoorna

replica *n.* ප්‍රතිරූපය prathiroopaya

replicate *v.* ප්‍රචලිත කරනවා prachalitha karanawa

reply *v.* පිළිතුරු දෙනවා pilithuru denawa

report *v.* වාර්තා කරනවා waarthaa karanawa

reportage *n.* සිදුවීම් විස්තරය siduweema wishtharaya

reporter *n.* වාර්තාකරු waarthaa karu

repose *n.* විශ්‍රාමය wishraamaya

repository *n.* කෝෂය koshaya

repossess *v.* නැවත භුක්තිය ලබා ගන්නවා nawatha bhukthiya labaa gannawa

reprehensible *adj.* ගර්හා කළ යුතු garbhaa kala yuthu

represent *v.* පෙනී සිටිනවා penee sitinawa

representation *n.* ආදර්ශය aadarshaya

representative *adj.* නියෝජිත niyojitha

repress *v.* යටපත් කරනවා yatapath karanawaa

repression *n.* අවරෝධනය awarodhanaya

reprieve *v.* දඬුවම අත්හිටවනවා daduwama athhitawanawa

reprimand *v.* තරවටු කරනවා tharawatu karanawaa

reprint *v.* නැවත මුද්‍රණය කරනවා nawatha mudranaya karanawa

reprisal *n.* පළි ගැනීම pali ganeema

reproach *v.* අවලාද කියනවා awalaada kiyanawa

reproach *n.* අවලාද awalaada

reproduce *v.* නැවත උපදවනවා nawataha upadawanawa

reproduction *n.* ප්‍රජනනය prajananaya

reproductive *adj.* ප්‍රජනන prajanana

reproof *n.* තරවටුව tharawatuwa

reprove *v.* බණිනවා baninawa

reptile *n.* උරගයා uragayaa

republic *n.* ජනරජය janarajaya

republican *adj.* ජනරජ janaraja

repudiate *v.* ප්‍රතික්ෂේප කරනවා prathikshepa karanawa

repudiation *n.* ප්‍රතික්ෂේප කිරීම prathikshepa kireema

repugnance *n.* විරෝධය wirodhaya

repugnant *adj.* විරුද්ධ wiruddha

repulse *v.* ප්‍රතික්ෂේපය prathikshepaya

repulsion *n.* විකර්ෂණය wikarshanaya

repulsive *adj.* ඉතා කැත ithaa katha

reputation *n.* ප්‍රසිද්ධිය prasiddhiya

repute *n.* කීර්තිය keerthiya

request *n.* ඉල්ලීම illeema

requiem *n.* මෘතශාන්තිකර්මය mruthashaanthikarmaya

require *v.* අවශ්‍ය වෙනවා awashya wenawaa

requirement *n.* අවශ්‍යතාවය awashyathaawaya

requisite *adj.* අවශ්‍ය awashya

requisite *n.* අවශ්‍ය දෙය awashya deya

requisition *n.* කොන්දේසිය kondesiya

requite *v.t.* ප්‍රතිදානය කරනවා prathidanaya karanawa

rescind *v.* අවලංගු කරනවා awalangu karanawa

rescue *v.* බේරා ගන්නවා beragannawa

research *n.* පර්යේෂණය paryeshanaya

resemblance *n.* අනුහාරය anuhaaraya

resemble *v.* සමානව සිටිනවා samaanawa sitinawa

resent *v.* අප්‍රිය කරනවා apriya karanawa

resentment *n.* අමනාපය amanaapaya

reservation *n.* වෙන් කිරීම wen kireema

reserve *v.* වෙන් කරනවා wen karanawa

reservoir *n.* ජලාශය jalaashaya

reshuffle *v.* කලවම් කරනවා kalawam karanawa

reside *v.* පදිංචිව සිටිනවා padinchiwa sitinawa

residence *n.* වාසස්ථානය waasasthaanaya

resident *n.* නිවැසි niwasi

residential *adj.* පදිංචියට සුදුසු padinchiyata sudusu

residual *adj.* ශේෂ්‍ය sheshya

residue *n.* ශේෂය sheshaya

resign *v.* අස් වෙනවා as wenawa

resignation *n.* අස්වීමේ ලියවිල්ල as weeme liyawilla

resilient *adj.* ප්‍රත්‍යස්ථ prathyastha

resist *v.* විරෝධය පානවා wirodhaya paanawa

resistance *n.* ප්‍රතිරෝධය prathirodhaya

resistant *adj.* යටත් නොවන yatath nowana

resolute *adj.* තිරසාර thirasaara

resolution *n.* විභේදනය wibhedanaya

resolve *v.* විසඳෙනවා wisandenawa

resonance *n.* අනුනාදය anunaadaya

resonant *adj.* අනුනාදක anunaadaka

resonate *v.* අනුනාද වෙනවා anunaada wenawa

resort *n.* සේවනය sewanaya

resound *v.* රැව්දෙනවා rawdenawa

resource *n.* උපක්‍රමය upakramaya

resourceful *adj.* උපාය දක්ෂ upaaya daksha

respect *n.* ගුරුත්වය garuthwaya

respectable *adj.* වැදගත් wadagath

respectful *adj.* විනීත wineetha

respective *adj.* අනුපිළිවෙළට anupiliwelata

respiration *n.* ශ්වසනය shwasanaya

respirator *n.* ශ්වාසකය shwaasakaya

respire *v.* හුස්ම ගන්නවා husma gannawa

respite *n.* නැවතිල්ල nawathilla

resplendent *adj.* ඒකාලෝක ekaaloka

respond *v.* ප්‍රතිචාර දක්වනවා prathichaara dakwanawa

respondent *n.* වගඋත්තරකරු wagauththarakaru

response *n.* ප්‍රතිචාරය prathichaaraya

responsibility *n.* වගකීම wagakeema

responsible *adj.* වගකිය යුතු wagakiya yuthu

responsive *adj.* වහා පළෙඹෙන wahaa pelambena

rest *v.* විවේක ගන්නවා wiweka gannawa

restaurant *n.* ආපන ශාලාව aapana shaalaawa

restaurateur *n.* ආපන ශාලාවෙහි පාලකයා aapana shaalaawehi paalakayaa

restful *adj.* ශාන්ත shaantha

restitution *n.* වන්දි ගෙවීම wandi geweema

restive *adj.* අවිනීත awineetha

restoration *adj.* ප්‍රතිසංස්කරණය prathisanskaranaya

restore *v.* නැවත සකස් කරනවා nawatha sakas karanawa

restrain *v.* අවහිර කරනවා awahira karanawa

restraint *n.* අවහිරය awahiraya

restrict *n.* සීමා කිරීම seema kireema

restriction *n.* තහනම thahanama

restrictive *adj.* බාධක baadhaka

result *n.* ප්‍රතිඵලය prathipalaya

resultant *adj.* සම්ප්‍රයුක්ත sam-prayuktha

resume *v.* නැවත අරඹනවා nawatha arambanawa

resumption *n.* ආරම්භ කිරීම aarambha kireema

resurgence *a.* පුනර්ජීවනය punarjeewanaya

resurgent *adj.* නැවත නැගී සිටින nawatha nagee sitina

resurrect *v.* ඉදිරිපත් කරනවා idiripath karanawa

retail *n.* සිල්ලරට විකුණනවා sillarata wikunanawaa

retailer *n.* සිල්ලර වෙළෙන්දා sillara welendaa

retain *v.i.* අල්ලා ගන්නවා allaaga-nnawa

retainer *n.* සේවකයා sewakayaa

retaliate *v.* පළිගන්නවා paligannawa

retaliation *n.* පළි ගැනීම pali ganeema

retard *v.* බාධා කරනවා badhaa karanawa

retardation *n.* මන්දනය mandanaya

retarded *adj.* ආබාධිත aabaadhitha

retch *v.* ඔක්කාර කරනවා okkaara karanawa

retention *n.* ධාරණය dhaaranaya

retentive *adj.* දරා සිටින daraa sitina

rethink *v.* යළි තක්සේරුව yali thakseruwa

reticent *adj.* කුලෑටි kulaati

retina *n.* දෘෂ්ටි විතානය drushti withaanaya

retinue *n.* පිරිවර ජනයා piriwara janayaa

retire *v.* විශ්‍රාම ගන්නවා wishraama gannawa

retirement *n.* විශ්‍රාමය wish-raamaya

retiring *adj.* ඉතා විනීත ithaa wineetha

retort *v.* කට ගහනවා kata gahanawa

retouch *v.* වඩා හොඳ කරනවා wadaa honda karanawa

retrace *v.t.* නැවත සොයා යනවා nawatha soyaa yanawa

retract *v.* වරද පිළිගන්නවා warada piligannawa

retread *v.* නැවත පුරවන ලද ටයරය nawatha purawana lada tayaraya

retreat *v.t.* ඇලව තිබෙනවා alawa thibenawa

retrench *v.* වියදම අඩු කරනවා wiyadama adu karanawa

retrenchment *n.* වියදම අඩු කිරීම wiyadama adu kireema

retrial *n.* නැවත විමසීම nawatha wimaseema

retribution *n.* විපාකය wipaakaya

retrieve *v.* සොයා ලබාගන්නවා soyaa labagannawa

retriever *n.* වෙඩි වැදුණු සතුන් සොයාගෙන යන්නා wedi wadunu sathun soyaagena yannaa

retro *adj.* ආපසු aapasu

retroactive *adj.* පූර්වකාරී poorwakaaree

retrograde *adj.* ප්‍රතිගාමී prathigaamee

retrospect *n.* ප්‍රත්‍යාවලෝකනය prathyaawalokanaya

retrospective *adj.* ප්‍රත්‍යාවලෝකන prathyaawalokana

return *v.* පෙරළා එනවා peralaa enawaa

return *n.* ආපසු එවුම aapasu ewuma

reunion *n.* නැවත හමුවීම nawatha hamuweema

reunite *v.* ආපසු සමගි වෙනවා aapasu samagi wenawaa

reuse *v.* නැවත භාවිතා කරනවා nawatha bhaawithaa karanawa

revamp *v.* හරිගස්සනවා harigassanawa

reveal *v.* හෙළි කරනවා heli karanawa

revel *v.* අතිශයෙන් ප්‍රීති වෙනවා athishayin preethi wenawa

revelation *n.* හෙළිදරව්ව helidarawwa

revenge *n.* පළි ගැනීම pali ganeema

revenue *n.* ආදායම aadaayama

reverberate *v.* ගිගුම් දෙනවා gigum denawa

revere *v.* ගරු කරනවා garu karanawa

revered *adj.* සම්මානිත sammanitha

reverence *n.* සම්මානය sammanaya

reverend *adj.* පූජ්‍ය poojya

reverent *adj.* විනීත wineetha

reverential *adj.* භක්තිමත් bhakthimath

reverie *n.* චින්තනය chinthanaya

reversal *n.* වෙනස් වීම wenas weema

reverse *v.* පස්ස ගහනවා passa gahanawa

reversible *adj.* ප්‍රතිවර්ත්‍ය prathiwarthya

revert *v.* ආපසු පැමිණෙනවා aapasu paminenawa

review *n.* විමර්ශනය wimarshanaya

revile *v.* නින්දා කරනවා nindaa karanawa

revise *v.* සංශෝධනය කරනවා sanshodhanaya karanawa

revision *n.* සංශෝධනය sanshodhanaya

revival *n.* පුනර්වනය punarwanaya

revivalism *n.* පුනර්වනවාදය punarwanawaadaya

revive *v.* පණ පිහිටුවනවා pana pihituwanawa

revocable *adj.* අහෝසි කළ හැකි ahosi kala haki

revocation *n.* අහෝසි කිරීම ahosi

kireema

revoke *v.* අවලංගු කිරීම awalangu kireema

revolt *v.* කැරලි ගසනවා karali gasanawa

revolution *n.* විප්ලවය wiplawaya

revolutionary *adj.* විප්ලවවාදී wiplawa waadee

revolutionize *v.* විප්ලවීකරණය wiplaweekaranaya

revolve *v.* පරිභ්‍රමණය වෙනවා paribhramanaya wenawaa

revolver *n.* පිස්තෝලය pistholaya

revulsion *n.* පිළිකුල pilikula

reward *n.* තෑග්ග thaagga

rewind *v.* නැවත ඔතනවා nawatha othanawa

rhapsody *n.* ව්‍යාකූල ප්‍රබන්ධය wyaakoola prabandhaya

rhetoric *n.* අලංකාර ශාස්ත්‍රය alankaara shaasthraya

rhetorical *adj.* උපමා උපමේය සහිත upamaa upameya sahitha

rheumatic *adj.* වාත waatha

rheumatism *n.* රක්තවාතය rakthawaathaya

rhinoceros *n.* රයිනෝසිරස් rhinoceros

rhodium *n.* රෝඩියම් rhodium

rhombus *n.* රොම්බසය rombasaya

rhyme *n.* එළිසමය elisamaya

rhythm *n.* රිද්මය ridmaya

rhythmic *adj.* රිද්මයානුකූල ridmayaanukoola

rib *n.* ඉළ ඇටය ila ataya

ribbon *n.* පීත්ත පටිය peeththa patiya

rice *n.* බත් bath

rich *adj.* පොහොසත් pohosath

richly *adv.* උසස් අන්දමින් usas andamin

richness *n.* සමෘද්ධිය samurdhiya

rick *n.* ගොයම් කොළය goyam kolaya

rickets *n.* ග්‍රහනිය grahaniya

rickety *adj.* වැනෙන wanena

rickshaw *n.* රික්ෂෝ රථය rikshaw rathaya

rid *v.* ඉවත් කරනවා iwath karanawa

riddance *n.* ඉවත් කිරීම iwath kireema

riddle *n.* ප්‍රහේලිකාව prahelikaawa

riddled *adj.* ප්‍රහේලිකා ගත කළ prahelikaagatha kala

ride *v.* පැදගෙන යනවා padagena yanawa

rider *n.* ආරෝහකයා aarohakayaa

ridge *n.* වැටිය watiya

ridicule *n.* උපහාසය upahaasaya

ridiculous *adj.* හාස්‍ය haasya

rife *adj.* බහුල bahula

rifle *n.* රයිෆලය rifalaya

rifle *v.* කොල්ලකනවා kollakanawa

rift *n.* විවරය wiwaraya

rig *v.* පෙරුම් පුරනවා perum puranawa

rigging *n.* නැවේ ආම්පන්න nawe aampanna

right *adj.* නිවැරදි niwaradi

right *n* දකුණ dakuna

righteous *adj.* යහපත් yahapath

rightful *adj.* නියම niyama

rigid *adj.* තද thada

rigmarole *n.* හැල්ල haalla

rigorous *adj.* තදබල thadabala

rigour *n.* දැඩි බව dadi bawa

rim *n.* විල්ල willa
ring *n.* මුද්ද mudda
ring *v.* නාද කරනවා naada karanawa
ringlet *n.* කුඩා මුද්ද kudaa mudda
ringworm *n.* වට පණුවා wata panuwaa
rink *n.* ලිහිසි ක්‍රීඩා සඳහා ආවුරු පෙත lihisi kreedaa sandahaa aawuru petha
rinse *v.* පිරිසිදු දියෙහි සෝදනවා pirisidu diyehi sodanawa
riot *n.* කැරැල්ල karalla
rip *v.* ඉරනවා iranawa
ripe *adj.* ඉදුණු idunu
ripen *v.* ඉදවනවා idawanawa
riposte *n.* පහර දීම pahara deema
ripple *n.* කුඩා දියරැල්ල kudaa diyaralla
rise *v.* ඉහළ යනවා ihala yanawa
risible *adj.* සිනාසීමට කැමති sinaseemata kamathi
rising *n.* උද්ගමය udgamanaya
risk *n.* අවදානම awadaanama
risky *adj.* අවදානම් සහිත awadaa-nam sahitha
rite *n.* විධිය widhiya
ritual *n.* පිළිවෙත piliwetha
rival *n.* සතුරු sathuru
rivalry *n.* විරෝධය wirodhaya
riven *n.* පැළුණු palunu
river *n.* ගඟ ganga
rivet *n.* රිවට් කරනවා rivert karanawa
rivulet *n.* දොළ dola
road *n.* පාර paara
road works *n.* පාර පිළිබඳ කටයුතු paara pilibanda katayuthu
roadworthy *adj.* ගමනට සුදුසු gamanata sudusu
roadster *n.* සාමාන්‍ය ගමනට සුදුසු වාහනය saamaanya gamanata sudusu waahanaya
roam *v.* ඉබාගාතේ යනවා ibaagaathe yanawa
roar *n.* ගර්ජනය garjanaya
roar *v.* ගොරවනවා gorawanawa
roast *v.* කර කරනවා kara karanawa
rob *v.* මංකොල්ල කනවා mankol-lakanawa
robber *n.* මංකොල්ලකාරයා mankol-lakaarayaa
robbery *n.* මංකොල්ලය mankollaya
robe *n.* ලෝගුව loguwa
robot *n.* රොබෝව robowa
robust *adj.* ශක්තිමත් shakthimath
rock *n.* ගල gala
rocket *n.* රොකට්ටුව rockettuwa
rocky *adj.* ගල් සහිත gal sahitha
rod *n.* පොල්ල polla
rodent *n.* කාන්නකයා kaannakayaa
rodeo *n.* ගවයන් ගාල් කිරීම gawayan gaal kireema
roe *n.* කුරංගයා kurangayaa
rogue *n.* මැරයා marayaa
roguery *n.* හොරමැරකම horama-rakama
roguish *adj.* මැර mara
roister *v.* වෙරි වී කෑගසමින් යනවා weri wee kaagasamin yanawaa
role *n.* භූමිකාව bhoomikawa
roll *v.i.* පෙරළෙනවා peralanawa
roll *n.* රෝලර් roller
roll-call *n.* නම් කැඳවීම nam kandaweema
roller *n.* රෝලර් roller
rollercoaster *n.* රෝලර්කෝස්ටරය rollercoasteraya

romance *n.* ප්‍රේම වෘත්තාන්තය prema wruthaanthaya
romantic *adj.* ශෘංගාර shrungaara
romp *v.* පෙම්කෙළිනවා pemkelinawa
roof *n.* වහළය wahalaya
roofing *n.* වහලේ අඩුවැඩිය wahale aduwadiya
rook *n.* වංචාකාරයා wanchaa-kaaraya
rookery *n.* කපුටන් ලගින තැන kaputan lagina thana
room *n.* කාමරය kaamaraya
roomy *adj.* ඉඩපාඩු ඇති idapaadu athi
roost *n.* කුරුළු රැල kurulu rala
rooster *n.* කුකුළා kukulaa
root *n.* මුල mula
rooted *adj.* මුල් බැසගත් mul basagath
rope *n.* ලණුව lanuwa
rosary *n.* රෝස උයන rosa uyana
rose *n.* රෝස මල rosa mala
rosette *n.* සෙව්වන්දිය sewwandiya
roster *n.* මුර ලැයිස්තුව mura layisthuwa
rostrum *n.* වේදිකාව wedikaawa
rosy *adj.* රෝස පාට rosa pata
rot *v.* කුණු වෙනවා kunu wenawa
rota *n.* මුර ලැයිස්තුව mura layisthuwa
rotary *adj.* පරිභ්‍රම paribhrama
rotate *v.* කරකැවෙනවා karaka-wenawa
rotation *n.* කරකැවීම karakaweema
rote *n.* පුරුද්ද purudda
rotor *n.* භ්‍රමකය bhramakaya
rotten *adj.* කුණුවූ kunu wuu
rouge *n.* සුවඳ පුයර මිශ්‍රණයක් suwanda puyara mishranayak
rough *adj.* රළු ralu
roulette *n.* තිත්කුරුව thithkuruwa
round *adj.* වටකුරු watakuru
roundabout *n.* වටරවුම watara-wuma
rounded *adj.* වටකුරු watakuru
roundly *adv.* නිර්භයවම nirbhayawa
rouse *v.* අවුස්සනවා awussanawa
rout *n.* ගෝට්ටිය gottiya
route *n.* මාර්ගය maargaya
routine *n.* දිනචර්යාව dinacharyaawa
rove *v.* ඉබාගාතේ යනවා ibaagaathe yanawa
rover *n.* මූදු කොල්ලකාරයා moodu kollakaarayaa
roving *adj.* මූදු කොල්ලකන moodu kollakana
row *n.* පෙළ pela
rowdy *adj.* මැරවර marawara
royal *n.* රාජකීය raajakeeya
royalist *n.* රාජ පාක්ෂිකයා raaja paakshikaya
royalty *n.* රාජවංශය raaja wanshaya
rub *n.* පිසදැමීම pisa dameema
rub *v.* පිරිමදිනවා pirimadinawa
rubber *n.* රබර් rubber
rubbish *n.* කසල kasala
rubble *n.* සක්ක ගල් sakka gal
rubric *n.* මාතෘකා පාඨය mathrukaa paataya
ruby *n.* රතුකැට rathu kata
rucksack *n.* ගමන් මල්ල gaman malla
ruckus *n.* ගොණු gonu
rudder *n.* සුක්කානම sukkaanama
rude *adj.* නපුරු napuru
rudiment *n.* ආකෘතිය aakruthiya

rudimentary *adj.* අසම්පූර්ණ asam-poorna
rue *v.* පසුතැවෙනවා pasutha-wenawaa
rueful *adj.* පසුතැවිලි වෙන pasu-thawili wena
ruffian *n.* මැරවරයා marawarayaa
ruffle *v.* අවුල් කරනවා awul karanawa
rug *n.* පලස palasa
rugby *n.* රග්බි ක්‍රීඩාව rugby kreedaawa
rugged *adj.* සමතලා නොවූ samathalaa nowuu
ruin *n.* විනාශය winaashaya
ruinous *adj.* විනාශකාරී winaa-shakaaree
rule *n.* නීතිය neethiya
rule *v.* පාලනය කරනවා paalanaya karanawa
ruler *n.* කෝදුව koduwa
ruling *n.* අධිපති adhipathi
rum *n.* රම් rum
rumble *v.* ගොරවනවා gorawanawa
rumbustious *adj.* චණ්ඩ chanda
ruminant *n.* වමාරා කන wamaaraa kana
ruminate *v.* වමාරා කනවා wamaaraa kanawaa
rumination *n.* වමාරා කෑම wamaa-raa kaama
rummage *v.* අවුස්සා සොයනවා awussaa soyanawa
rummy *n.* කාඩ් ක්‍රීඩාවක් card kreedaawak
rumour *n.* කටකතාව katakathaawa
rumple *v.* බොකුටු කරනවා bokutu karanawa
rumpus *n.* ආරාවුල aarawula
run *n.* දිවීම diweema
run *v.* දුවනවා duwanawa
runaway *adj.* පලා යන්නා palaayannaa
rundown *adj.* දුර්වල durwala
runway *n.* ගුවන් යානා ධාවනපථය guwan yaanaa dhaawana pathaya
rung *n.* ඉණිමං පෙත්ත iniman peththa
runnel *n.* දොළ dola
runner *n.* ධාවකයා dhaawakayaa
runny *adj.* ගලන galana
rupture *v.t.* භේද වෙනවා bheda wenawa
rural *adj.* ගම්බද gambada
ruse *n.* ප්‍රයෝගය prayogaya
rush *v.* වේගයෙන් යනවා wegayen yanwa
rusk *n.* විස්කෝතු වර්ගයක් wiskothu wargayak
rust *n.* මලකඩ malakada
rustic *adj.* පිටිසර pitisara
rusticate *v.* පිටිසරබදව ජීවත් වෙනවා pitisarabadawa jeewath wenawa
rustication *n.* පිටිසරබදව ජීවත් වීම pitisarabadawa jeewath weema
rusticity *n.* පිටිසරකම pitisarakama
rustle *v.* සර සර ගානවා sara sara gaanawa
rusty *adj.* මල බැඳුණු mala bandunu
rut *n.* මද කාලය mada kaalaya
ruthless *adj.* අනුකම්පා නැති anukampaa nathi
rye *n.* රයි rye

S

Sabbath *n.* උපෝස්ථ දිනය upostha dinaya

sabotage *v.* කඩාකප්පල් කරනවා kdaakappal karanawaa

sabre *n.* වකුටු කඩුව wakutu kaduwa

saccharin *n.* සැකරින් sakarin

saccharine *adj.* සැකරින් සහිත sakarin sahitha

sachet *n.* ඉතා කුඩා මල්ල ithaa kudaa malla

sack *n.* ගෝනිය goniya

sack *v.* පහ කරනවා paha karanawaa

sacrament *n.* සංස්කාරය sanskaaraya

sacred *adj.* සුපිරි ශුද්ධ supiri shuddha

sacrifice *n.* කැප කිරීම kapa kireema

sacrifice *v.* බිලි පුදනවා bili pudanawaa

sacrificial *adj.* යාගය පිළිබඳ yaagaya pilibanda

sacrilege *n.* කෙලෙසීම kelaseema

sacrilegious *adj.* අපරාධගත aparaadagatha

sacrosanct *adj.* නොකෙලෙසිය යුතු nokelesiya yuthu

sad *adj.* දුක් මුසු duk musu

sadden *v.* දුක් උපදවනවා duk upadawanawaa

saddle *n.* සෑදලය saadalaya

saddler *n.* සෑදල තනන්නා saadala thanannaa

sadism *n.* ක්‍රූර කමට ඇති ප්‍රිය බව kroora kamata athi priya bawa

sadist *n.* පරපීඩා ප්‍රීතිය විඳින්නා para peedaa preethiya windinna

safari *n.* දඩයමේ යාම dhadayame yaama

safe *adj.* සුරක්ෂිත surakshitha

safe *n.* සේප්පුව seppuwa

safeguard *n.* සුරක්ෂිතතාවය surakithaawaya

safety *n.* පරෙස්සම paressama

saffron *n.* කහ kaha

sag *v.* මැදින් එල්ලා වැටෙනවා madin ellaa watenawaa

saga *n.* ආඛ්‍යාතය aakyathaya

sagacious *adj.* විචක්ෂණ wichakshana

sagacity *n.* විචක්ෂණ භාවය wichakshana bhaawaya

sage *n.* ප්‍රඥාවන්තයා pragnaawanthayaa

sage *adj.* ප්‍රාඥ praagna

sail *n.* යාත්‍රා ගමන yaathraa gamana

sail *v.* යාත්‍රා කරනවා yaathraa karanawaa

sailor *n.* නාවිකයා naavikayaa

saint *n.* සාන්තවරයා saanthawarayaa

saintly *adj.* අධි භක්තිමත් adhi bakthimath

sake *n.* කාරණය kaaranaya

salable *adj.* විකිණිය හැකි wikiniya haki

salad *n.* සලාදය salaadaya

salary *n.* වැටුප watupa

sale *n.* අලෙවිය alewiya

salesman *n.* අලෙවි කරු alewi karu

salient *adj.* ඉතා වැදගත් itha wadhagath

saline *adj.* ලුණු ඇති lunu athi

salinity *n.* ලවණතාව lawanathaawa

saliva *n.* කෙළ kela

sallow *adj.* පඬුවන් panduwan

sally *n.* වාග් ප්‍රහාරය waag prahaaraya

salmon *n.* සමන් මාළුව saman maaluwaa

salon *n.* අමුත්තන් පිළිගන්න ශාලාව amuththan piliganna shaalaawa

saloon *n.* බාබර් සාප්පුව baabar saappuwa

salsa *n.* නර්තන විලාශයක් narthana wilaashayak

salt *n.* ලුණු lunu

salty *adj.* ලුණු මිශ්‍ර lunu misra

salutary *adj.* වැඩ දායක wada dhaayaka

salutation *n.* ආචාරය aachaaraya

salute *n.* ආචාර කරනවා aachaara karanawaa

salvage *v.* බේරා ගන්නවා beraa gannawaa

salvation *n.* යමකින් ගැලවීමේ මාර්ගය yamakin galaweeme maargaya

salver *n.* කුඩා බන්දේසිය kudaa bandesiya

salvo *n.* ඔල්වර හඬ olvara handa

Samaritan *n.* සමාරිය පලාතේ වාසියා samaariya palaathe vasia

same *adj.* සම sama

sample *n.* නියැදිය niyadiya

sampler *n.* ආදර්ශ ගෙත්තම aadarsha geththama

sanatorium *n.* සුකස්ථානය sukasthaanaya

sanctification *n.* පවිත්‍ර කිරීම pawithra kireema

sanctify *v.* සිද්ධස්ථානයක් බවට පමුණුවනවා siddasthaanayak bawata pamunuwanawaa

sanctimonious *adj.* බොරු සිල් අඟනවා boru sil angawana

sanction *v.* එකඟ වෙනවා ekanga wenawaa

sanctity *n.* ශුද්ධවන්තකම shudda-wanthakama

sanctuary *n.* සිද්ධස්ථානය siddasthaanaya

sanctum *n.* ඉතා විවේක ස්ථානය ithaa wiweka sthaanaya

sand *n.* වැලි weli

sandal *n.* සඳුන් sandun

sandalwood *n.* සඳුන් ගස sandun gasa

sander *n.* වැලි පත් අල්ලනය wali path allanaya

sandpaper *n.* වැලි කඩදාසි wali kadadhaasi

sandwich *n.* සැන්ඩ්විච් sandwich

sandy *adj.* වැලි සහිත weli sahitha

sane *adj.* යුක්ති සහගත yukthi sahagatha

sangfroid *n.* විපතේදී නොසැලීම wipathedee nosaleema

sanguinary *adj.* ලේ වැගිරීම් සහිත le wagareem sahitha

sanguine *adj.* අපේක්ෂා සහිත apeksha sahitha

sanitarium *n.* රෝගීන් සඳහා වූ සත්කාරාගාරය rogeen sandahaa wu sathkaaraagaaraya

sanitary *adj.* සනීපාරක්ෂාව saneepaarakshaka

sanitation *n.* සෞඛ්‍ය ආරක්ෂාව saukya aarakshaawa

sanitize *v.* සනීපාරක්ෂාව සලසනවා saneepaarakshawa salasanawaa

sanity *n.* සිහි විපරම sihi wiparama
sap *n.* සාරය saaraya
sapling *n.* ලපටි ගස lapati gasa
sapphire *n.* නිල් කැටය nil kataya
sarcasm *n.* ව්‍යාජ ප්‍රශංසාව wiyaaja prasansaawa
sarcastic *adj.* ව්‍යාජෝක්තියෙන් යුත් wiyaajokthiyen yuth
sarcophagus *n.* ගල් මිනී පෙට්ටිය gal minee pettiya
sardonic *adj.* නින්දා සහගත nindaa sahagatha
sari *n.* සාරිය saariya
sartorial *adj.* ඇඳුම් මැහීම පිළිබඳ andum maheema pilibanda
sash *n.* ඉසෙ පලඳින පටිය ise palandina patiya
Satan *n.* සාතන් saathan
satanic *adj.* යක්ෂයා පිළිබඳ yakshayaa pilibanda
Satanism *n.* සාතන් පිදීම saathn pideema
satchel *n.* කූර පයිය koora paiya
sated *adj.* තෘප්තියට පත් කළ thrupthiyata path kala
satellite *n.* චන්ද්‍රිකාව chandrikaawa
satiable *adj.* තෘප්‍ය thrupya
satiate *v.* සන්තෘප්ත වෙනවා santhruptha wenawaa
satiety *n.* තෘප්ත ස්වභාවය thruptha swabhaawaya
satin *n.* පැත්තෙන් දිලිසෙන පට රෙදි paththen dilisena pata redhi
satire *n.* හාස්‍යය haasyaya
satirical *adj.* උපහාසාත්මක upahaasaathmaka
satirist *n.* උපහාස රචකයා upahaasa rachakayaa
satirize *v.* උපහාසයට ලක් කරනවා upahaasayata lak karanawaa
satisfaction *n.* සතුටු කිරීම sathutu kireema
satisfactory *adj.* සතුටුදායක sathutudaayaka
satisfy *v.* සනසෙනවා sanasenawaa
saturate *v.* සන්තෘප්ත කරනවා santhruptha karanawaa
saturation *n.* සන්තෘප්ත වීම santhruptha weema
Saturday *n.* සෙනසුරාදා senasuraadaa
saturnine *adj.* මන්දබුද්ධික manda buddhika
sauce *n.* ආනම aanama
saucer *n.* පීරිසිය peerisiya
saucy *adj.* අවිනීත awineetha
sauna *n.* හුමාල ස්නානය humaala snaanaya
saunter *v.* රොන්දේ යනවා ronde yanawaa
sausage *n.* සොසේජස් sosegas
savage *adj.* වනචර wanachara
savagery *n.* වනචාරීත්වය wanachaareethwaya
save *v.* ඉතිරි කරනවා ithiri karanawaa
savings *n.* ඉතිරි කරගත් මුදල් ithiri karagath mudhal
saviour *n.* ගැලවුම් කරුවා galawum karuwaa
savour *v.t.* ආස්වාදය aaswaadaya
savoury *adj.* රස බර rasa bara
saw *n.* කියත kiyatha
saw *v.* ඉරනවා irenawaa
sawdust *n.* කියත් කුඩු kiyath kudu
saxophone *n.* සැක්සෆෝනය

saksaponaya

say *n.* කියමන kiyamana

saying *n.* කීම keema

scab *n.* තුවාලයේ කබල thuwaalaye kabala

scabbard *n.* කඩු කොපුව kadu kopuwa

scabies *n.* පණු හොරි panu hori

scabrous *adj.* ගොරහැඩි gorahadi

scaffold *n.* එල්ලුම් ගස ellum gasa

scaffolding *n.* පලංචිය palanchiya

scald *v.* පුළුස්සනවා pulussanawaa

scale *n.* තරාදිය tharaadiya

scallop *n.* බීක්කුව beekkuwa

scalp *n.* ශීර්ෂ චර්මය sheersha chrmaya

scam *n.* කූට උපක්‍රමය koota upakkramaya

scamp *n.* වැදගැම්මකට නැති තැනැත්තා wadagammakata nathy thanaththaa

scamper *v.t.* බයෙන් දුවනවා bhayen duwanawaa

scan *v.* පිරිලෝකනය කරනවා parilokanaya karanawaa

scanner *n.* පිරිලෝකනය parilokanaya

scandal *n.* අපකීර්තිය apakeerthiya

scandalize *v.* සිත් වේදනා කරනවා sith wedanaa karanawaa

scant *adj.* හිඟ hinga

scanty *adj.* ප්‍රමාණ නොවන pramaana nowana

scapegoat *n.* බිල්ලා billa

scar *n.* කැළල kalala

scarce *adj.* දුර්ලභ durlaba

scarcely *adv.* යාන්තමින් yaanthamin

scare *v.* මහත් බය mahath bhaya

scarecrow *n.* පඹයා pambayaa

scarf *n.* උතුරු සළුව uthuru saluwa

scarlet *n.* ලෝහිත වර්ණය lohitha warnaya

scarp *n.* කන්දේ බෑවුම kande baawuma

scary *adj.* බය උපදවන bhaya upadawana

scathing *adj.* රෞද්‍ර raudra

scatter *v.* විසිරෙනවා wisirenawaa

scavenge *v.* කසල ඉවත් කරනවා kasala iwath karanawaa

scenario *n.* නාට්‍යයකට අංක පරිච්ඡේදවල කෙටුම්පත naatyayaka anka parichchedawala ketum-patha

scene *n.* දර්ශනය darshanaya

scenery *n.* ස්වාභාවික දර්ශනය swab-haawika darshanaya

scenic *adj.* සොබාදහම පිළිබඳ වූ sobaadahama pilibanda wu

scent *n.* සුවඳ suwanda

sceptic *n.* අවිශ්වාසයා awiswaasiyaa

sceptical *adj.* සැක ඇති saka athi

sceptre *n.* ආධිපත්‍යය aadipathyaya

schedule *n.* න්‍යාය පත්‍රය niyaaya pathraya

schematic *adj.* ක්‍රමානුරූප kramaa-nuroopa

scheme *n.* යෝජනා ක්‍රමය yojanaa kramaya

schism *n.* සංඝ භේදය sanga bedaya

schizophrenia *n.* හීනෝන්මාදය heennonmaadhaya

scholar *n.* ශාස්ත්‍රධරයා shash-thradharayaa

scholarly *adj.* විද්වත් widhwath

scholarship *n.* ශිෂ්‍යත්වය shisyathwaya

scholastic *adj.* විද්‍යා ස්ථානයන් පිළිබඳ වූ vidyaa sthaanayan pilibanda wu

school *n.* පාසල paasala

sciatica *n.* ශ්‍රෝණිත රක්තය sronitha rakthaya

science *n.* විද්‍යාව vidyaawa

scientific *adj.* විද්‍යානුකූල vidyaa-nukoola

scientist *n.* විද්‍යාඥයා vidyagnayaa

scintillating *adj.* දීප්තිමත් deep-thimath

scissors *n.* කතුර kathura

scoff *v.i.* සමච්චල් කරනවා samach-chal karanawaa

scold *v.* බැණ වදිනවා bana wadhi-nawaa

scoop *n.* ලොකු හැඳ loku handa

scooter *n.* ස්කූටරය skootaraya

scope *n.* අවකාශය awakaashaya

scorch *v.* මතුපිටින් දවනවා mathu-pitin dhawanawaa

score *n.* වාසිය waasiya

score *v.* ලකුණු ලබා ගන්නවා lakunu labaa gannawaa

scorer *n.* ගණන් ලකුණු කරන්නා ganan lakunu karannaa

scorn *n.* අවමානය awamaanaya

scornful *adj.* උදාරම් udaaram

scorpion *n.* ගෝනුස්සා gonussaa

Scot *v.* ගෙවීමක් කරනවා geveemak karanawaa

scot-free *adv.* සිය කැමැත්තෙන් කරන siya kamaththen karana

scoundrel *n.* දුර්ජනයා durjanayaa

scour *v.* සෙදී යනවා sedee yanawaa

scourge *n.* වසංගතය wasangathaya

scout *n.* බාල දක්ෂයා baala dakshayaa

scowl *n.* රවා බැලීම rawaa baleema

scrabble *v.* හූරනවා hooranawaa

scraggy *adj.* කෙට්ටු kettu

scramble *v.* බඩගා යනවා badagaa yanawaa

scrap *n.* කැබැල්ල kaballa

scrape *v.* සූරා දමනවා sooraa damanawaa

scrappy *adj.* මනාව සකස් නොවූ manaawa sakas nowu

scratch *v.t.* පහුරු ගානවා pahuru gaanawaa

scrawl *v.* කුරුටු ගානවා kurutu gaanawaa

scrawny *adj.* කැහැටු kahatu

screech *n.* යටිගිරියෙන් කෑගැසීම yatigiriyen kaagaseema

scream *v.* බෙරිහන් දෙනවා berihan denawaa

screech *n.* යටිගිරියෙන් කෑගැසීම yatigiriyen kaagaseema

screed *n.* හෑල්ල haalla

screen *n.* තිරය thiraya

screw *n.* ඉස්කුරුප්පු ඇණය iskuruppu anaya

screwdriver *n.* ඉස්කුරුප්පු නියන iskuruppu niyana

scribble *v.* ඉක්මනින් කැතට ලියනවා ikmanin kathata liyanawaa

scribe *n.* රචකයා rachakayaa

scrimmage *n.* කෝලාහලය kolahalaya

scrimp *v.* ලෝභකම් කරනවා lobakam karanawaa

script *n.* පිටපත pitapatha

scripture *n.* ආගමික ධර්ම ග්‍රන්ථය aagamika dharma granthaya

scroll *n.* ලියවැල liyawala
scrooge *n.* ලෝභයා lobayaa
scrub *v.* අතුල්ලනවා athullanawaa
scruffy *adj.* අශෝභන ashobana
scrunch *v.* විකා කනවා wikaa kanawaa
scruple *n.* ඩිංගිත්ත dingiththa
scrupulous *adj.* සාවධාන saawad-haana
scrutinize *v.* සියුම් ලෙස පරීක්ෂා කරනවා siyum lesa pareekshaa karanawaa
scrutiny *n.* සියුම් පරීක්ෂාව siyum pareekshaawa
scud *v.* වේගයෙන් යාත්‍රා කරනවා wegayen yaathraa karanawaa
scuff *v.* දෙපා අද්දමින් ගමන් කරනවා depaa addhamin gaman karanawaa
scuffle *n.* පොරය poraya
sculpt *v.* කැටයම් කරනවා katayam karanawaa
sculptor *n.* මූර්ති ශිල්පියා moorthi shilpiyaa
sculptural *adj.* මූර්තිමය moor-thimaya
sculpture *n.* මූර්තිය moorthiya
scum *n.* පෙණ pena
scurrilous *adj.* අසභ්‍ය asabya
scythe *n.* ලොකු දෑකැත්ත loku daakaththa
sea *n.* මුහුද muhudha
seagull *n.* මුහුදු ලිහිණියා muhudu lihiniyaa
seal *n.* මුද්‍රාව mudraawa
sealant *n.* කාඳු වළක්වන ද්‍රව්‍යය kaandu walakwana drauyaya
seam *n.* සන්ධිය sandhiya
seamless *adj.* වාටි මූට්ටු රහිත waati moottu rahitha
seamy *adj.* මූට්ටුවේ යට පැත්ත පෙනෙන moottuwe yata paththa penena
sear *v.* කර්ශක බවට පත්කරනවා karshaka bawata pathkaranawaa
search *v.* සෝදිසි කරනවා sodisi karanawaa
seaside *n.* මුහුදු ආශ්‍රිත ප්‍රදේශය muhudha aasritha pradeshaya
season *n.* සමය samaya
seasonable *adj.* යෝග්‍ය yogya
seasonal *adj.* සාමයික saamaika
seasoning *n.* තෙම්පරාදුව thempa-raaduwa
seat *n.* ආසනය aasanaya
seating *n.* ඇති ආසන ප්‍රමාණය athi aasana pramaanaya
secede *v.* නොපමාව අස් වෙනවා nopamaawa as wenawaa
secession *n.* අස්වීම asweema
seclude *v.* හුදකලා වීම hudakalaa wenawaa
secluded *adj.* හුදකලාව තබනවා hudakalaawa thabanawaa
seclusion *n.* හුදකලා වාසය hudakalaa waasaya
second *adj.* දෙවැනි dewani
secondary *adj.* ද්විතීය dwitheeya
secrecy *n.* රහස්‍යතාවය rahasya-thaawaya
secret *adj.* අප්‍රකට aprakata
secretariat *n.* මහ ලේකම් කාර්යාලය maha lekam kaaryaalaya
secretary *n.* ලේකම් lekam
secrete *v.* සංගවනවා sanga-wanawaa

secretion *n.* ස්‍රාවය sraawaya
secretive *adj.* ගුප්ත guptha
sect *n.* නිකාය nikaaya
sectarian *adj.* නිකායික nikaaika
section *n.* කාණ්ඩය kaandaya
sector *n.* කේන්ද්‍ර ඛණ්ඩය kendra khandaya
secular *adj.* ලෞකායත්ත lokaayaththa
secure *adj.* සුරක්ෂිත surakshitha
security *n.* ආරක්ෂාව aarakshaawa
sedan *n.* දොළාව dolaawa
sedate *adj.* සන්සුන් sansun
sedation *n.* ශමනය shamanaya
sedative *n.* වේදනා නාශකය wedanaa naashakaya
sedentary *adj.* වාඩි වී කරන waadi wee karana
sediment *n.* රොන් මඩ ron mada
sedition *n.* රාජ ද්‍රෝහිකම raaja drohikama
seditious *adj.* කැරලි ඇතිකරවන karali athikarawana
seduce *v.* නොමඟ යවනවා nomaga yawanawaa
seduction *n.* දූෂණය dooshanaya
seductive *adj.* මුළා කරනවා mulaa karawana
sedulous *adj.* උද්‍යෝගී udyogee
see *v.* පෙනෙවා penawaa
seed *n.* බීජ beeja
seedy *adj.* මැලවුණු malawunu
seek *v.i.* ලබාගන්නට උත්සහ කරනවා labaagannata uthsaaha karanawaa
seem *v.* පෙනී යනවා penee yanawaa
seemly *adj.* විනීත wineetha
seep *v.* තෙත බහිනවා thetha bahinawaa
seer *n.* මුනිවරයා muniwarayaa
see-saw *n.* ඉහළ පහළ යාම ihala pahala yaama
segment *n.* ඡේදය chedaya
segregate *v.* වෙන්කොට තබනවා wenkota thabanawaa
segregation *n.* වෙන්කර තැබීම wenkara thabeema
seismic *adj.* භූමිකම්පා පිළිබඳ වූ boomikampaa pilibanda wu
seize *v.* අත් කරගන්නවා ath karagannawaa
seizure *n.* අල්ලා ගැනීම allaa ganeema
seldom *adv.* කලාතුරකින් kalaathurakin
select *v.* තෝරනවා thoranawaa
selection *n.* තෝරාගැනීම thoraaganeema
selective *adj.* තෝරිය හැකි theriya haki
self *n.* තමා thamaa
selfish *adj.* ආත්මාර්ථකාමී aathmaarthakaamee
selfless *adj.* පරාර්ථකාමී paraarthakaamee
self-made *adj.* ස්වොත්සාහයෙන් දියුණු වූ swaothsaahayen diyunu wu
sell *v.* විකුණනවා wikunanawaa
seller *n.* විකුණන්නා wikunannaa
selvedge *n.* රෙද්දේ වියන ලද වාටිය reddhe wiyana lada waatiya
semantic *adj.* අර්ථ විචාරය සම්බන්ධ artha wichaaraya sambanda
semblance *n.* ආකාරය aakaaraya
semen *n.* ශුක්‍ර ධාතුව shukra dhaa-

thuwa
semester *n.* විශ්ව විද්‍යාලයේ වර්ෂාර්ධය wishwa vidyaalaye warshaardhaya
semicircle *n.* අර්ධ වෘත්තය ardha wurthaya
semicolon *n.* තිත් කොමාව thith komaawa
seminal *adj.* ශුක්‍ර පිළිබඳ shukra pilibanda
seminar *n.* සම්මන්ත්‍රණය sammanthranaya
semitic *adj.* සැමිටික් වර්ගයට අයත් samitik wargayata ayath
senate *n.* උත්තර මන්ත්‍රණ සභාව uththara manthrana sabhaawa
senator *n.* උත්තර මන්ත්‍රී uththara manthree
senatorial *adj.* උත්තර මන්ත්‍රී පිළිබඳ uththara manthree pilibanda
send *v.* පිටත් කරනවා pitath karanawaa
senile *adj.* වියපත් wiyapath
senility *n.* මහලු බව mahalu bawa
senior *adj.* ජ්‍යෙෂ්ඨ jeshta
seniority *n.* ජ්‍යෙෂ්ඨත්වය jeshtathwaya
sensation *n.* සංවේදනය sanwedanaya
sensational *adj.* සංවේගාත්මක sanwegaathmaka
sensationalize *v.* සංවේදනය වූ sanwedanaya wu
sense *n.* දැනීමේ ශක්තිය daneeme shakthiya
senseless *adj.* මෝඩ moda
sensibility *n.* සංවේදීතාවය sanwedeethaawaya
sensible *adj.* සිහි නුවණ ඇති sihi nuwana athi
sensitive *adj.* සංවේදී sanwedee
sensitize *v.* සංවේදී කරනවා sanwedee karanawaa
sensor *n.* උත්තේජකය වෙනස්වීම මනින උපකරණය uththejakaya wenasweema manina upakaranaya
sensory *adj.* ඉන්ද්‍රිය සම්බන්ධ indreeya sambanda
sensual *adj.* කාමුක kaamuka
sensualist *n.* කාමුකයා kaamukayaa
sensuality *n.* කාමුක බව kaamuka bawa
sensuous *adj.* අනුරාගී anuraagee
sentence *n.* වාක්‍යය waakyaya
sententious *adj.* ගාම්භීර gaambeera
sentient *adj.* හැඟීම් දැනෙන hangeem danena
sentiment *n.* හැඟීම hangeema
sentimental *adj.* රසාත්මක rasaathmaka
sentinel *n.* මුර කරන භටයා mura karana batayaa
sentry *n.* කාවල kaawala
separable *adj.* වෙන් කළ හැකි wen kala haki
separate *v.* වෙන් වෙනවා wen wenawaa
separation *n.* වෙන්වීම wen weema
separatist *n.* බෙදුම් වාදියා bedum waadiyaa
sepsis *n.* පැසවනවා pasawanawaa
September *n.* සැප්තැම්බර් මාසය sapthambar maasaya
septic *adj.* පැසවූ pasawu
sepulchral *adj.* සොහොනේ පිළිබඳ sohon pilibanda

sepulchre *n.* සොහොන් ගෙය sohon geya
sepulture *n.* භූමදාන කෘත්‍යය boomadaana kruthyaya
sequel *n.* විපාකය wipaakaya
sequence *n.* අනුපිළිවෙළ anupiliwela
sequential *adj.* අනුගාමික anugaamika
sequester *v.* තුරන් කරනවා thuran karanawaa
serene *adj.* සන්සුන් sansun
serenity *n.* ශාන්ත භාවය shaantha baawaya
serf *n.* ප්‍රවේණි දාසයා praweni daasayaa
serge *n.* ලොම් රෙදි වර්ගයක් lom reddhi wargayak
sergeant *n.* සැරයන් sarayan
serial *adj.* කාණ්ඩ වශයෙන් වූ kaanda washayen wu
serialize *v.* කොටස් වශයෙන් පළ කරනවා kotas washayen pala karanawaa
series *n.* පෙළ pela
serious *adj.* කල්පනාවෙහි යෙදුණු kalpanaawehi yedunu
sermon *n.* දේශනාව deshanaawa
sermonize *v.* දේශනා කරනවා deshanaa karanawaa
serpent *n.* සර්පයා sarpayaa
serpentine *adj.* සර්පාකාර sarpaakaara
serrated *adj.* දැති සහිත dathi sahitha
servant *n.* මෙහෙකරුවා mehekaruwaa
serve *v.* ගැතිකම් කරනවා gathikam karanawaa
server *n.* කුඩා බන්දේසිය kudaa bandesiya
service *n.* සේවය sewaya
serviceable *adj.* වැඩට ගත හැකි wadata gatha haki
serviette *n.* අත්පිස්නාව ath pisnaawa
servile *adj.* දාසයෙකු වැනි daasayeku wani
servility *n.* දාස භාවය daasa baawaya
serving *n.* සේවා සපයනවා sewaa sapayanawaa
sesame *n.* තල thala
session *n.* සැසිය sasiya
set *v.* ගළපනවා galapanawaa
set *n* කට්ටලය kattalaya
settee *n.* ජෝඩු පුටුව jodu putuwa
setter *n.* දඩයම් බලු වර්ගයක් dhadayam balu wargayak
setting *n.* වටපිටාව wataapitaawa
settle *v.* නිරවුල් කරනවා niraul karanawaa
settlement *n.* නිරවුල් කිරීම niraul kireema
settler *n.* පදිංචිකාරයා padinchi kaarayaa
seven *adj. & n.* හත hatha
seventeen *adj. & n.* දහ හත daha hatha
seventeenth *adj. & n.* දහ හත්වෙනි daha hathweni
seventh *adj. & n.* හත්වෙනි hathweni
seventieth *adj. & n.* හැත්තෑ වෙනි haththaa weni
seventy *adj. & n.* හැත්තෑව haaththaawa
sever *v.* සිඳිනවා sindinawaa
several *adj. & pron.* කිහිපයක් kihipayak

severance *n.* කපා වෙන් කිරීම kapaa wen kireema
severe *adj.* රළු ralu
severity *n.* දරුණුකම darunukama
sew *v.* මහනවා mahanawaa
sewage *n.* කැලි කසල kali kasala
sewer *n.* කසල කාණුව kasala kaanuwa
sewerage *n.* කසල කාණු ක්‍රමය kasala kaanu kramaya
sex *n.* ස්ත්‍රී පුරුෂ භාවය sthree purusha baawaya
sexism *n.* ස්ත්‍රී පුරුෂ භාවය නිසා වෙනස්කම් කිරීම sthree purusha baawaya nisaa wenaskam kireema
sexton *n.* දේවස්ථාන මෙහෙකරුවා dewasthaana mehekaruwaa
sextuplet *n.* සය දරු උපතක දරුවෙක් saya daru upathaka daruwek
sexual *adj.* ලිංගික lingika
sexuality *n.* ලිංගිකතාව lingika-thaawa
sexy *adj.* කාමුක kaamuka
shabby *adj.* කසිකබල් kasikabal
shack *n.* කුඩා ගෙපැළ kuda gepala
shackle *n.* මාංචු maanchu
shade *n.* අඳුර andura
shade *v.* අඳුරු කරනවා anduru karanawaa
shadow *n.* සෙවණැල්ල sewanalla
shadow *a.* සෙයාව seyawa
shadowy *adj.* සෙවණ ඇති sewana athi
shady *adj.* සැක සහිත saka sahitha
shaft *n.* දණ්ඩ dhanda
shag *n.* පෙඳෙ සහිත දියකාවා pende sahitha diyakaawaa
shake *v.* හොලවනවා holawanawaa
shaky *adj.* අස්ථිර asthira
shall *v.* අනාගතය දක්වන උපකාරක ක්‍රියා පදයක් anaagathaya dakwana upakaaraka kriyaa padayak
shallow *adj.* නොගැඹුරු nogamburu
sham *n.* රැවටිල්ල rawatilla
shamble *v.* අවලක්ෂණ ලෙස ඇවිදිනවා awalakshana lesa awidinawaa
shambles *n.* සතුන් මරණ ස්ථානය sathun marana sthaanaya
shame *n.* ලැජ්ජාව lajjaawa
shameful *adj.* නින්දා සහගත nindaa sahagatha
shameless *adj.* නිර්ලජ්ජ nirlajja
shampoo *n.* හිස සේදීම hisa sedeema
shank *n.* කෙණ්ඩය kendaya
shanty *n.* පැල pala
shape *n.* හැඩය hadaya
shapeless *adj.* හැඩයක් නැති hadayak nathi
shapely *adj.* හොඳ හැඩහුරුකමක් ඇති honda hadahurukama athi
shard *n.* කැබිලිත්ත kabiliththa
share *n.* කොටස kotasa
shark *n.* මෝරා mora
sharp *adj.* මුවහත් muwahath
sharpen *v.* මුවහත් කරනවා muwa-hath karanawaa
sharpener *n.* මුවහත් කරන උපකරණය muwahath karana upakaranaya
shatter *v.t.* කුඩු පට්ටම් වෙනවා kudu pattam wenawaa
shattering *adj.* කුඩු පට්ටම් කරනවා

kudu pattam karanawaa

shave *v.* රැවුල බානවා raula baanawaa

shaven *adj.* මුඩු mudu

shaving *n.* මුඩු කිරීම mudu kireema

shawl *n.* සළුව saluwa

she *pron.* ඇය aya

sheaf *n.* ගොයම් මිටිය goyam mitiya

shear *v.* ලොම් කපනවා lom kapanawaa

sheath *n.* හනස්ස hanassa

shed *n.* මඩුව maduwa

sheen *n.* දිස්නය disnaya

sheep *n.* බැටළුවා bataluwaa

sheepish *adj.* බියසුලු biyasulu

sheer *adj.* ඍජු ridju

sheet *n.* ඇතිරිල්ල athirilla

shelf *n.* රාක්කය raakkaya

shell *n.* කට්ට katta

shelter *n.* ඉඳුම් හිටුම් indum hitum

shelve *v.* රාක්කයේ තබනවා raakkaye thabanawaa

shepherd *n.* එඬේරා enderaa

shield *n.* පළිහ paliha

shift *v.* එහා මෙහා කරනවා ehaa mehaa karanawaa

shiftless *adj.* අලස alasa

shifty *adj.* චපල chapala

shimmer *v.* දිලිසෙනවා dilisenawaa

shin *n.* කකුලේ ඇටය kakule ataya

shine *v.* බැබලෙනවා babalenawaa

shingle *n.* වහළට යොදන ලී උළු කැටය wahalata yodana lee ulu kataya

shiny *adj.* වළාකුළු නැති walaakulu nathi

ship *n.* නැව nawa

shipment *n.* නැවේ බඩු තොගය nawe badu thogaya

shipping *n.* නාවික කටයුතු naawika katayuthu

shipwreck *n.* නැව් දියබත් වීම naw diyabath weema

shipyard *n.* නැව් තනන ස්ථානය naw thanana sthaanaya

shire *n.* එංගලන්තයේ කොරළය engalanthaye koralaya

shirk *v.* කොන් වෙනවා kon wenawaa

shirker *n.* මඟ හරින්නා maga harinna

shirt *n.* කමිසය kamisaya

shiver *v.* වෙව්ලනවා wewlanawaa

shoal *n.* මාලු රැන maalu raana

shock *n.* තිගැස්ම thigasma

shock *v.* කම්පා කරනවා kampaa karanawaa

shocking *adj.* මහත් සංවේගය උපදනවා mahath sanwegaya upadawana

shoddy *adj.* කමකට නැති kamakata nathi

shoe *n.* සපත්තුව sapaththuwa

shoestring *n.* සපත්තු බඳින පටිය sapaththu bandina patiya

shoot *v.* වෙඩි තියනවා wedi thiyanawaa

shooting *n.* දඩයම් කරනවා dhadayam karanawaa

shop *n.* සාප්පුව saappuwa

shopkeeper *n.* සාප්පුකාරයා saappukaarayaa

shoplifting *n.* සාප්පු බඩු හොරකම් කිරීම saappu badu horakam kireema

shopping *n.* මිලයට ගත් බඩු milayata gath badu

shore *n.* වෙරළ werala
short *adj.* කොට kota
shortage *n.* අඩු ප්‍රමාණය adu pramaanaya
shortcoming *n.* අඩු ලුහුඬුකම adu luhundukama
shortcut *n.* කෙටි පාර keti paara
shorten *v.* කොට වෙනවා kota wenawaa
shortfall *n.* අඩුව aduwa
shortly *adv.* ඉතා ඉක්මනින් itha ikmanin
should *v.* කළ යුතු වෙනවා kala yuthu wenawaa
shoulder *n.* උරහිස urahisa
shout *v.i.* බෙරිහන් දෙනවා berihan denawaa
shove *v.* බලෙන් තල්ලු කරනවා balen thallu karanawaa
shovel *n.* සවල sawala
show *v.* දක්වනවා dakwanawaa
showcase *n.* බඩු දැකිය හැකි අල්මාරිය badu dakiya haki almaariya
showdown *n.* බලය පෙන්වනවා balaya penwanawaa
shower *n.* නොකඩවා ලැබෙන ආශිර්වාද nokadawaa labena aasheerwaada
showy *adj.* සාටෝප saatopa
shrapnel *n.* උණ්ඩ කැබලි unda kabali
shred *n.* හීන් පටිය heen patiya
shrew *n.* දබරකාර ස්ත්‍රී dabarakaara sthree
shrewd *adj.* සිහි නුවණැති sihi nuwanathi
shriek *v.* විගඩම් කරනවා wigadam karanawa
shrill *adj.* කර්කශ karkasha
shrine *n.* පූජනීය වස්තුව poojaneeya wasthuwa
shrink *v.* ඇකිලෙනවා akilenawaa
shrinkage *n.* ඇකිලීම akileema
shrivel *v.* ඇකිලී රැලි වැටෙනවා akilee rali watenawaa
shroud *n.* ආවරණය aawaranaya
shrub *n.* පඳුර pandura
shrug *v.* උරහිස් උස්සනවා urahis ussanawaa
shudder *v.* වෙව්ලනවා wewlanawaa
shuffle *v.t.* කලවම් කරනවා kalawam karanawaa
shun *v.t.* යමකින් ඉවත සිටිනවා yamakin iwathwa sitinawaa
shunt *v.* අයින් කරනවා ain kara-nawaa
shut *v.* වහනවා wahanawaa
shutter *n.* පියන piyana
shuttle *n.* හරස් දණ්ඩ haras dhanda
shuttlecock *n.* බැඩ්මින්ටන් ක්‍රීඩාවේ ශටලය badmintan kreedaawe shatalaya
shy *adj.* කුලෑටි kulaati
sibilant *adj.* ඌෂ්මාක්ෂර ooshmaak-shara
sibling *n.* සහෝදරයා හෝ සහෝදරී sahodaraya ho sahodaree
sick *adj.* අසනීප වූ asaneepa wu
sickle *n.* දෑකැත්ත daakaththa
sickly *adj.* ලෙඩ ඇති leda athi
sickness *n.* අසනීපය asaneepaya
side *n.* පැත්ත paththa
sideline *n.* අපරදාන කටයුතු apradaana katayuththa
siege *n.* බලකොටු ආදිය වැටලීම balakotu aadiya watalaama

siesta *n.* මධ්‍යහ්න නිද්‍රාව madyahna nidraawa

sieve *n.* පෙනේරය peneraya

sift *v.* හලනවා halanawaa

sigh *v.i.* සුසුම් ලනවා susum lanawaa

sight *n.* පෙනීම peneema

sighting *n.* විසිතුරු දර්ශනය wisithuru darshanaya

sightseeing *n.* විසිතුරු නැරඹීම wisithuru narabeemma

sign *n.* සළකුණ salakuna

signal *n.* සංඥාව sangnaawa

signatory *n.* අත්සන් තබන්නා athsan thabanna

signature *n.* අත්සන athsana

significance *n.* අභිප්‍රාය abhipraaya

significant *n.* අර්ථ සහිත artha sahitha

signification *n.* වැදගත්කම wadagathkama

signify *v.* දන්වනවා danwanawaa

silence *n.* නිශ්ශබ්දතාවය nisshabdathaawaya

silencer *n.* සයිලන්සරය sailansaraya

silent *adj.* නිසොල්මන් nisolman

silhouette *n.* ඡායා දර්ශකය chaayaa darshakaya

silicon *n.* සිලිකන් silikan

silk *n.* සේද seda

silken *adj.* පටනූලෙන් තැනූ patanoolen thanu

silkworm *n.* සේද පණුවා seda panuwaa

silky *adj.* සේද වැනි seda wani

sill *n.* එලිපත්ත elipaththa

silly *adj.* තකතිරු thakathiru

silt *n.* රොන් මඩ ron mada

silver *n.* රිදී ridee

similar *adj.* සමානතාවය samaanathwaya

similarity *n.* සමානතාවය samaanathwaya

simile *n.* උපමාව upamaawa

simmer *v.* මද ගින්නේ තැම්බෙනවා mada ginne thambanawaa

simper *v.* නියවනවා niyawanawaa

simple *adj.* සරල sarala

simpleton *n.* නිවටයා niwatayaa

simplicity *n.* චාම් කම chaam kama

simplification *n.* සරල කිරීම sarala kireema

simplify *v.* සුලු කරනවා sulu karanawaa

simulate *v.* බොරු වෙස් ගන්නවා boru wes gannawaa

simultaneous *adj.* සමකාලික samakaalika

sin *n.* පව pawa

since *prep.* පටන් patan

sincere *adj.* අවංක awanka

sincerity *n.* අවංක කම awanka kama

sinecure *n.* වැඩ නැතිව පඩි ලැබෙන රැකියාව wada nathiwa padi labena rakiyaawa

sinful *adj.* පාපකාරී paapakaaree

sing *v.* සින්දු කියනවා sindu kiyanawaa

singe *v.* යන්තම් දවනවා yantham dawanawaa

singer *a.* ගායකයා gaayakayaa

single *adj.* තනි thani

singlet *n.* යට කමිසය yata kamisaya

singleton *n.* තනි දෙයක් thani deyak

singular *adj.* ඒක වචන eka waachana

singularity *n.* අසාමාන්‍යතාවය asaamaanyathaawaya
singularly *adv.* පුදුම ලෙස puduma lesa
sinister *adj.* වාමෙහි වූ wamehi wu
sink *v.* මැඩපවත්වනවා madapawathwanawaa
sink *n.* සෝරෝව් බේසම sorow besama
sinner *n.* පව් කාරයා paw kaarayaa
sinuous *adj.* වංගු සහිත wangu sahitha
sinus *n.* සැරව සහිත වණය sarawa sahitha wanaya
sip *v.* ටික ටික බොනවා tika tika bonawaa
siphon *n.* සයිෆනය saipanaya
sir *n.* ගෞරව සහිත ආමන්ත්‍රණයේදී යොදන පදය gaurawa sahitha aamanthranayedee yodana padaya
siren *n.* දිය රකුසී diya rakusee
sissy *n.* ගෑණියක් වගේ තරුණ gaaniyak wage tharuna
sister *n.* සහෝදරී sahodaree
sisterhood *n.* ස්ත්‍රීන්ගේ සමාජය sthreenge samaajaya
sisterly *adj.* සහෝදරියක් වැනි sahodariyak wani
sit *v.* ඉඳගන්නවා indagannawaa
site *n.* භූමි භාගය boomi baagaya
sitting *n.* සභා වාරය sabhaa waaraya
situate *v.* පිහිටුවනවා pihituwanawa
situation *n., a* අවස්ථාව awasthaawa
six *adj.& n.* හය haya
sixteen *adj. & n.* දහසය dahasaya
sixteenth *adj. & n.* දහසය වැනි dahasaya wani
sixth *adj. & n.* හයවැනි hayawani
sixtieth *adj. & n.* හැට වෙනි hata weni
sixty *adj. & n.* හැට hata
size *n.* ප්‍රමාණය pramaanaya
sizeable *adj.* තරමක් ලොකු tharamak loku
sizzle *v.* කරවෙනවා karawenawaa
skate *n.* මඩුවා maduwaa
skateboard *n.* හිම මත ලිස්සන පුවරුව hima matha lissana puwaruwa
skein *n.* නූල් කැරැල්ල nool karalla
skeleton *n.* ඇට සැකිල්ල ata sakilla
sketch *n.* ලුහුඬු සටහන luhundu satahana
sketchy *adj.* කටු සටහනින් පමණක් දැක්වෙන katu satahanin pamanak dakwena
skew *v.* ඇල වෙනවා ala wenawa
skewer *n.* මස් කූර mas koora
ski *n.* හිම සපත්තුව hima sapaththuwa
skid *v.* ඇලට ලිස්සා යනවා aleta lissa yanawaa
skilful *adj.* සූක්ෂම sookshama
skill *n.* දක්ෂකම dakshakama
skilled *adj.* සමත් samath
skim *v.* පෙන ඉවත් කරනවා pena iwath karanawaa
skimp *adj.* ලෝභකම් පානවා lobakam paanawaa
skin *n.* සම sama
skinny *adj.* ඉතා කෙට්ටු itha kettu
skip *v.* නොසලකා හරිනවා nosalakaa harinawaa
skipper *n.* නැවේ කප්පිත්තා nawe

kappiththa

skirmish *n.* සුලු සටන sulu satana

skirt *n.* සාය saaya

skirting *n.* සාය රෙදි saaya redhi

skit *n.* උපහාස රචනාව upahaasa rachanaawa

skittish *adj.* දඟකාර dangakaara

skittle *n.* පැරදීම paradeema

skull *n.* හිස් කබල his kabala

sky *n.* අහස ahasa

skylight *n.* වහළ කවුළුව wahala kauluwa

skyscraper *n.* ගගනචුම්බිතය gagana chumbithaya

slab *n.* පැතලි තහඩුව pathali thahaduwa

slack *adj.* බුරුල burula

slacken *v.* බුරුල දෙනවා burula denawaa

slag *n.* ලෝහ බොර loha bora

slake *v.t.* සංසිඳුවනවා sansindu-wanawaa

slam *v.* තදින් වසනවා thadin wasanawaa

slander *n.* අපවාදය apawaadaya

slanderous *adj.* අපවාදාත්මක apawaadaathmaka

slang *n.* ග්‍රාම්‍ය ව්‍යවහාරය graamya wiyawahaaraya

slant *v.* ඇලෙට තබනවා aleta thabanawaa

slap *v.t.* අතුල් පහර දෙනවා athul pahara denawaa

slash *v.* කස පහර දෙනවා kasa pahara denawaa

slat *n.* ලෝහ පතුර loha pathura

slate *n.* ශිලා පුවරුව shilaa puwaruwa

slattern *n.* මූසලී moosalee

slatternly *adj.* කුණු තැවරුණු kunu thawarunu

slaughter *n.* සත්ව ඝාතනය sathwa ghaathanaya

slave *n.* වහල wahalaa

slavery *n.* වහල්කම wahalkama

slavish *adj.* වහලෙකු වැනි wahaleku wani

slay *v.* වනසනවා wanasanawaa

sleaze *n.* පහත් වැඩ කරන්නා pahath wada karanna

sleazy *adj.* ජරාව සහිත jaraawa sahitha

sledge *n.* ලොකු මිටිය loku mitiya

sledgehammer *n.* කුළුගෙඩිය kulugediya

sleek *adj.* මටසිලිටු matasilitu

sleep *n.* නින්ද ninda

sleeper *n.* නිදන්නා nidannaa

sleepy *adj.* නිදිබර nidibara

sleet *n.* හිම වැස්ස hima wassa

sleeve *n.* ඇඳුමේ අත andume atha

sleigh *n.* හිම යානය hima yaanaya

sleight *n.* අතින් කරන ව්‍යාජ උපාය athin karana wiyaaja upaaya

slender *adj.* හීන්දෑරි heendaari

sleuth *n.* සතෙකු ගිය පාර satheku giya paara

slice *n.* පෙත්ත peththa

slick *adj.* සිනිඳු sinidu

slide *v.* රූටනවා rootanawaa

slight *adj.* ස්වල්ප swalpa

slightly *adv.* යන්තම් yantham

slim *adj.* කෘශ krusha

slime *n.* සෙවෙල sewala

slimy *adj.* සෙවෙල සහිත sewala sahitha

sling *n.* කඹය kambaya
slink *v.* අතුරු දහන් වෙනවා athurudahan wenawaa
slip *v.* ලිස්සනවා lissanawaa
slipper *n.* සෙරෙප්පුව sereppuwa
slippery *adj.* ලිස්සන lissana
slit *v.t.* දිගට ඉරනවා digata iranawaa
slither *v.* ලිස්සා ගෙන යනවා lissa-gena yanawaa
slob *n.* මෝඩයා modayaa
slobber *v.* කටින් කෙළ හලනවා katin kela halanawaa
slogan *n.* සටන් පාඨය satan paataya
slope *v.* ඇලව තිබෙන්නට සලස්වනවා alawa thibennata salaswanawaa
sloppy *adj.* පිළිවෙළකට නැති piliwelakata nathy
slot *n.* කට්ටය kattaya
sloth *n.* ඉතා අලස itha alasa
slothful *adj.* කම්මැලි kammali
slouch *v.* හිස හා උරහිස් එල්ලී වැටෙන සේ වාඩිවී සිටිනවා hisa haa urahis ellee watena se waadiwee sitinawaa
slough *n.* සර්පයාගේ හැව sarpa-yaage hawa
slovenly *adj.* කැත සිරිත් ඇති katha sirith athi
slow *adj.* මන්දගාමී mandagaamee
slowly *adv.* සෙමින් semin
slowness *n.* වේගය මද කම wegaya mada kama
sludge *n.* ගොහොඩු මඩ gohodu mada
slug *n.* හම් බෙල්ලා ham bella
sluggard *n.* කුසීතයා kuseethayaa
sluggish *adj.* හොඳු මාන්දු hondu maandu
sluice *n.* සොරොව්ව sorowwa
slum *n.* මුඩුක්කුව mudukkuwa
slumber *v.* යටවී තිබෙනවා yata wee thibenawaa
slump *v.* පිරිහානියට පත්වෙනවා parihaaniyata pathwenawaa
slur *v.* පැටලෙනවා patalenawaa
slurp *v.* තලු ගසනවා thalu gasanawaa
slush *n.* දිය සහිත මඩ diya sahitha mada
slushy *adj.* මඩ සහිත mada sahitha
slut *n.* අධම ස්ත්‍රී adhama sthree
sly *adj.* දඟ සහිත danga sahitha
smack *n.* රස දැනෙනවා rasa danenawaa
small *adj.* පොඩි podi
smallpox *n.* මසූරි masuri
smart *adj.* දැකුම්කළු dakumkalu
smarten *v.* සරසනවා sarasanawaa
smash *v.* සුන්බුන් කරනවා sunbun karanawaa
smashing *adj.* උත්කෘෂ්ට uthkrushta
smattering *n.* සුලු දැනීම sulu daneema
smear *v.* තවරනවා thawarenawaa
smell *n.* ගඳ සුවඳ දැනීම ganda suwanda daneema
smelly *adj.* ගඳ ගහන ganda gahana
smidgen *n.* ඇබිත්ත abiththa
smile *v.* මද ලෙස හිනා වෙනවා mada lesa hinaawenawaa
smirk *v.* බොරුවට සිනහ වෙනවා boruwata sinaha wenawaa
smith *n.* ආචාරියා aachaariyaa
smock *n.* පිටගවුම pitagauma
smog *n.* මීදුම සහ දුම මිශ්‍ර පටලය meeduma saha duma misra

patalaya

smoke *n.* දුම duma

smoky *adj.* දුම් සහිත dum sahitha

smooch *v.* දුම් පිට කරනවා dum pita karanawaa

smooth *adj.* සුමට sumata

smoothie *n.* සුමට වූ sumata wu

smother *v.* හුස්ම හිර කරනවා husma hira karanawaa

smoulder *v.* වෛරය සිත යට ලියනවා wairaya sitha yata liyalanawaa

smudge *v.* බොඳ වෙනවා bonda wenawaa

smug *adj.* ආත්ම තෘප්තිය aathma thruptha

smuggle *v.* හොර බඩු ජාවාරම් කරනවා hora badu jaawaaram karanawaa

smuggler *n.* හොර බඩු ජාවාරම් කාරයා hora badu jaawaaram kaarayaa

snack *n.* සුළු කෑම sulu kaama

snag *n.* අකරතැබ්බය akarathabbaya

snail *n.* ගොලුබෙල්ලා golubella

snake *n.* නාගයා naagayaa

snap *v.* කඩා ගන්නවා kadaa gannawaa

snapper *n.* මාලු විශේෂයක් maalu wisheshayak

snappy *adj.* වහා කිපෙන wahaa kipena

snare *n.* උගුල ugula

snarl *v.* ගොරවනවා gorawanawaa

snarl *v.t.* දත් නියවා ගොරවනවා dath niyawaa gorawanawaa

snatch *v.* ඩැහැ ගන්නවා dahagan-nawaa

snazzy *adj.* හැඩ hada

sneak *v.* කේලාම් කියනවා kelaam kiyanawaa

sneaker *n.* කැන්වස් පාවහන් kanvas paawahan

sneer *n.* විරිත්තීම wiriththeema

sneeze *v.i.* කිඹුහුන් අරිනවා kimbu-hun arinawaa

snide *adj.* ප්‍රෝඩාකාර prodaakaara

sniff *v.* සිඹ බලනවා simba balanawaa

sniffle *v.* පුසුඹ බලනවා pusunmba balanawaa

snigger *n.* අවඥාවෙන් සිනාසීම awagnaawen sinaaseema

snip *v.* කතුරකින් කපනවා kathurakin kapanawaa

snipe *v.* දුර සැඟවී වෙඩි තියනවා dura sangawee wedi thiyanawaa

snippet *n.* කුඩා කැබැල්ල kudaa kaballa

snob *n.* බොරු අහංකාරකාරයා boru ahankaarakaarayaa

snobbery *n.* පුහු වැඩ puhu wada

snobbish *adj.* බොරු උසස්කම් දක්වනවා boru usaskam dakwana

snooker *n.* බිලියඩ් ක්‍රීඩාව biliyad kreedaawak

snooze *n.* මඳ වෙලාවක් නිදීම mada welaawak nideema

snore *n.* නින්දෙන් ගෙරවීම ninden geraweema

snort *n.* මහ හඬින් නාසයෙන් හුස්ම පිට කිරීම maha handin naasayen husma pita kireema

snout *n.* හොම්බ homba

snow *n.* හිම hima

snowball *n.* හිම ගුලි hima guli

snowy *adj.* හිම සහිත hima sahitha

snub *v.* ඇනුම්පද කියනවා anumpada kiyanawaa

snuff *v.* දුම් කුඩු උරනවා dum kudu uranawaa

snuffle *v.* අමාරුවෙන් නහයෙන් හුස්ම ගන්නවා amaaruwen nahayen husma gannawaa

snug *adj.* හොඳින් ආවරණය වූ hondin aawaranaya wu

snuggle *v.* තුරුල්ව සිටිනවා thurulwa sitinawaa

so *adv.* ඒනිසා enisaa

soak *v.* බී ගන්නවා bee gannawaa

soap *n.* සබන් saban

soapy *adj.* සබන් මුසු saban musu

soar *v.i.* අහසට පියාසර කරනවා ahasata piyaasara karanawaa

sob *v.* ඉකි ගසනවා iki gasanawaa

sober *adj.* සිහිසුන් ඇති sihisun athi

sobriety *n.* සන්සුන්කම sansunkama

soccer *n.* පාපන්දු paapandu

sociability *n.* සුවචකම suwacha-kama

sociable *adj.* සමාජශීලි samaa-jasheeli

social *adj.* සමාජය පිළිබඳ වූ samaa-jaya pilibanda wu

socialism *n.* සමාජවාදය samaaja-waadaya

socialist *n. & adj.* සමාජවාදියා samaajawaadiyaa

socialize *v.* පොදු අයිතියට පවරනවා podu aithiyata pawaranawaa

society *n.* සංගමය sangamaya

sociology *n.* සමාජ විද්‍යාව samaaja vidyaawa

sock *n.* කොට මේස් kota mes

socket *n.* කෙවෙනිය keveniya

sod *n.* පිඩැල්ල pidalla

soda *n.* සෝඩා sodaa

sodden *adj.* අධික ලෙස පෙඟුනු adika lesa pengunu

sodomy *n.* පුන් මෛථුනය pun maithoonaya

sofa *n.* සෝපාව sopaawa

soft *adj.* සුමුදු sumudu

soften *v.* මෘදු වෙනවා mrudu wenawaa

soggy *adj.* ඉතා තෙත ithaa thetha

soil *n.* පස් pas

sojourn *n.* තාවකාලික පදිංචිය thaawakaalika padinchiya

solace *n.* අස්වැසිල්ල aswasilla

solar *adj.* සූර්ය පිළිබඳ sooryaa pilibanda

solder *n.* පෑස්සීමට යොදන ඊයම් paasseemata yodana iyam

soldier *n.* යුධ භටයා yudha batayaa

sole *n.* යටි පතුල yati pathula

solely *adv.* තනිකරම thanikarama

solemn *adj.* ඉතා සන්සුන් ithaa sansun

solemnity *n.* සංවේගය sanwegaya

solemnize *v.* චාරිත්‍රානුකූලව සිදුකරනවා chaarithraanukoolawa sidukara-nawaa

solicit *v.* අයැද සිටිනවා ayada sitinawaa

solicitation *n.* ආයාචනය aaya-chanaya

solicitor *n.* නීතිඥයා neetheegnayaa

solicitous *adj.* උත්සුක uthsuka

solicitude *n.* මහත් සැලකිල්ල mahath salakilla

solid *adj.* ඝන ghana

solidarity *n.* සමූහත්වය samoo-hathwaya

soliloquy *n.* තනියම කතා කිරීම

thaniyama katha kireema

solitaire *n.* තනිව කරන ක්‍රීඩාව thaniwa karana kreedaawa

solitary *adj.* ඒකීය ekeeya

solitude *n.* හුදකලා වාසය hudakalaa waasaya

solo *n.* ඒකල ekala

soloist *n.* ඒකල වාදකයා ekala waadakaya

solubility *n.* ද්‍රාව්‍යතාව draawya-thaawa

soluble *adj.* ද්‍රාව්‍ය draawya

solution *n.* ද්‍රාවණය draawanaya

solve *v.* විසඳනවා wisandanawaa

solvency *n.* ණය ගෙවිය හැකි බව naya gewiya haki bawa

solvent *n.* ද්‍රාවකය draawakaya

sombre *adj.* දීප්තියක් නැති deepthiyak nathi

some *adj.* සමහරක් samaharak

somebody *pron.* කවුද කෙනෙක් kaudo kenek

somehow *adv.* කෙසේ හෝ kese ho

someone *pron.* යමෙක් yamek

somersault *n.* කරණම karanama

somnolent *adj.* නිසිමත වූ nisimatha woo

something *pron.* කිසිවක් kisiwak

somewhat *adv.* යම් ප්‍රමාණයක් yam pramaanayak

somewhere *adv.* යම්කිසි තැනක yamkisi thanaka

somnambulism *n.* නින්දෙන් ඇවිදීම ninden awideema

somnambulist *n.* නින්දෙන් ඇවිදින්නා ninden awidinnaa

somnolence *n.* නිදිමත nidimatha

somnolent *adj.* නිදිමත වූ nidimatha woo

son *n.* පුතා puthaa

song *n.* ගීතය geethaya

songster *n.* ගායකයා gaayakaya

sonic *adj.* ශබ්දයට සම්බන්ධ shabdayata sambanda

sonnet *n.* ලුහුඬු පද්‍යය luhundu padyaya

sonority *n.* ඝෝෂාව goshaawa

soon *adv.* ඉක්මනින් ikmanin

soot *n.* දැලි dali

soothe *v.* සනසනවා sanasanawaa

sophism *n.* විතණ්ඩවාදය withan-dawaadaya

sophist *n.* විතණ්ඩවාදිය withan-dawaadiya

sophisticate *n.* නරක් කිරීම narak kireema

sophisticated *adj.* අතිපණ්ඩිත athipanditha

sophistication *n.* විදග්ධතාව widagdathaawa

soporific *adj.* නිදි ඇති කරන nidi athi karana

sopping *adj.* තෙතබරි thethabari

soppy *adj.* ඉතා තෙත් වූ ithaa theth woo

sorbet *n.* අයිස් දැමූ සරු වත් ais damoo saruwath

sorcerer *n.* මන්ත්‍රකාරයා manthrakaarayaa

sorcery *n.* හූනියම hooniyama

sordid *adj.* අධම adama

sore *adj.* වේදනා සහිත wedana sahitha

sorely *adv.* තදබල thadabala

sorrow *n.* සන්තාපය santhaapaya

sorry *adj.* කණගාටු වන kanagaatu

wana

sort *n.* වර්ගය wargaya

sortie *n.* කඳවුරෙන් බැ ස ගො ස් පහරදීම kandawuren basa gos pahara-deema

sough *v.* සීත්කා රය කරනවා swwthkaaraya karanawa

soul *n.* ආත්මය aathmaya

soulful *adj.* බලවත් හැඟීම් ඇති balawath hangeem athi

soulless *adj.* අනා ත්ම anaathma

soul mate *n.* සහකරු sahakaru

sound *n.* ශබ්දය shabdaya

soundproof *adj.* හඬ වළක්වනවා handa walakwana

soup *n.* සූපය soopaya

sour *adj.* ඇඹුල් ambul

source *n.* ප්‍රභා වය prabhawaya

souse *v.* පො ඟවනවා pongawa-nawaa

south *n.* දකුණ dakuna

southerly *adj.* දකුණු දිගින් dakunu digin

southern *adj.* දකුණු dakunu

souvenir *n.* සිහිවටනය sihiwatanaya

sovereign *n.* මහරජ maharaja

sovereignty *n.* ස්ව යෛරී භා වය swairee bhaawaya

sow *n.* ඊරි eeri

spa *n.* වතුර උල්පත wathura ulpatha

space *n.* අවකා ශය awakaashaya

spacious *adj.* ඉඩකඩ ඇති idakada athi

spade *n.* ඉස්කො ප්පය iskoppaya

spam *n.* ස්පෑ ම් spam

span *n.* අවධිය awadiya

Spaniard *n.* ස්පඤ්ඤ ජාතිකයා spaanna jaathikayaa

spaniel *n.* සුනඛ විශේෂයක් sunaka wisheshayak

Spanish *n.* ස්පා ඤ්ඤ spaanna

spank *v.* අල්ලෙන් තට්ටමට ගහනවා allen thattamata gahanawaa

spanking *adj.* කිදිම kadima

spanner *n.* මුරිච්චි යතුර murichchi yathura

spare *adj.* අමතර amathara

sparing *adj.* මසුරු masuru

spark *n.* ගිනි පුපුර gini pupura

sparkle *v.* දිලිසෙනවා dilisenawaa

sparkling *n.* දීප්තිමත් deepthimath

sparrow *n.* ගේ කුරු ල්ලා ge kurulla

sparse *adj.* දුරින් දුර පිහිටි durin dura pihiti

spasm *n.* ආන්දෝලනය aando-lanaya

spasmodic *adj.* අස්ථිර asthira

spastic *adj.* මොළයේ ආබා ධයකින් පෙලෙන molaye aabadayakin pelena

spat *n.* කෙළ ගැසුවා kela gasuwaa

spate *n.* හදිසි ගලා ඒම hadisi gala ema

spatial *adj.* අවකා ශය පිළිබඳ awakaashaya pilibanda

spatter *v.* විහිදෙනවා wihidenawaa

spawn *v.* බිජු දමනවා biju damanawaa

spay *v.* ඩිම්බකෝෂය ඉවත් කරනවා dimbakosha iwath karanawaa

speak *v.* කතා කරනවා kathaa karanawaa

speaker *n.* කථිකයා kathikayaa

spear *n.* හෙල්ලය hellaya

spearhead *n.* තෝමරතලය thomarathalaya

spearmint *n.* මිංචි පැළය minchi palaya
special *adj.* විශේෂ wishesha
specialist *n.* විශේෂඥයා wisheshagnayaa
speciality *n.* විශේෂත්වය wisheshathwaya
specialization *n.* විශේෂඥභාවය wisheshagnabhaawaya
specialize *v.* විශිෂ්ට වෙනවා wishi-shta wenawaa
species *n.* විශේෂය wisheshaya
specific *adj.* විශිෂ්ට wishishta
specification *n.* විශේෂ නියමය wishesha niyamaya
specify *v.* විශේෂණය කරනවා wisheshanaya karanawaa
specimen *n.* නිදර්ශකය nidarshakayaa
specious *adj.* සැබෑ සේ පෙනෙන sabaa se penena
speck *n.* බිඳ binda
speckle *n.* ලපය lapaya
spectacle *n.* කණ්ණාඩිය kannaadiya
spectacular *adj.* විශිෂ්ට wishishta
spectator *n.* නරඹන්නා narambanna
spectral *adj.* භූතාකාර bhoothaakara
spectre *n.* අවතාරය awathaaraya
spectrum *n.* වර්ණාවලිය warnaa-waliya
speculate *v.* අනුමාන කරනවා anumaana karanawaa
speculation *n.* අනුමාන කල්පනාව anumaana kalpanaawa
speech *n.* කතාව kathaawa
speechless *adj.* නිශ්ශබ්ද nish-shabda
speed *n.* වේගය wegaya
speedway *n.* අධිවේග මාර්ගය adhi-wega maargaya
speedy *adj.* වේගවත් wegawath
spell *v.t.* අක්ෂරවින්‍යාසය දක්වනවා akshara winyaasaya dakwana-waa
spellbound *adj.* විස්මිත wismitha
spelling *n.* අක්ෂරවින්‍යාසය akshara winyaasaya
spend *v.* වියදම් කරනවා wiyadam karanawaa
spendthrift *n.* නාස්තිකාරයා naasthi-kaaraya
sperm *n.* ශුක්‍රාණුව shukraanuwa
sphere *n.* ගෝලය golaya
spherical *n.* ගෝලාකාර golaakara
spice *n.* කුළු බඩුව kulu baduwa
spicy *adj.* රසවත් rasawath
spider *n.* මකුළුවා makuluwaa
spike *n.* කටුව katuwa
spiky *adj.* උලක් වැනි ulak wani
spill *v.* ඉහිරෙනවා ihirenawaa
spillage *n.* අපතේ යාම apathe yaama
spin *v.* කරකැවෙනවා karakawenawa
spinach *n.* නිවිති niwithi
spinal *adj.* කොඳු ඇටය පිළිබඳ kondu ataya pilibanda
spindle *n.* ඉද්ද idda
spindly *adj.* දිගටි digati
spine *n.* කොඳු ඇටය kondu ataya
spineless *adj.* පණ නැති pana nathi
spinner *n.* නූල් කටින්නා nool katinna
spinster *n.* අවිවාහික ස්ත්‍රිය awi-waahika sthriya
spiral *adj.* දඟර වූ dangara woo
spire *n.* කොත kotha

spirit *n.* ස්ප්‍රීතුව spreethuwa
spirited *adj.* සැර sara
spiritual *adj.* ආධ්‍යාත්මික adyaathmika
spiritualism *n.* භූත විද්‍යාව bhootha widyaawa
spiritualist *n.* භූත විද්‍යාඥයා bhootha widyagnayaa
spirituality *n.* ආධ්‍යාත්මිකතාවය aadyaathmikathaawaya
spit *n.* දිග මුදුතුඩුව diga muduthuduwa
spite *n.* එදිරිය ediriya
spiteful *adj.* කුඩුකෙඩු kudukedu
spittle *n.* කෙළ kela
spittoon *n.* පසික්කම pasikkama
splash *v.* වගුරනවා waguruwanawaa
splatter *v.* සට පට ගා වැලනෙවා sata pata gaa watenawaa
splay *v.* හන්දි පන්නවා handi paninawaa
spleen *n.* ප්ලීහය pleehaya
splendid *adj.* තේජස්වී thejaswee
splendour *n.* තේජස thejasa
splenetic *adj.* ඉක්මනින් කිපෙන ikmanin kipena
splice *v.* පුරුද්දනවා puruddanawaa
splint *n.* පතුර pathura
splinter *n.* කීර keera
split *v.* පලනවා palanawaa
splutter *v.* පුපුරමින් කතා කරනවා pupuramin kathaa karanawaa
spoil *v.* නරක් වෙනවා narak wenawaa
spoiler *n.* කොල්ලකාරයා kolakaaraya
spoke *n.* ගරාඩිය garaadiya
spokesman *n.* නියෝජිතයා niyojithayaa
sponge *n.* ඉස්පන්ජිය ispanjiya
sponsor *n.* අනුග්‍රාහකයා anugraahakayaa
sponsorship *n.* අනුග්‍රාහකත්වය anugraahakathwaya
spontaneity *n.* නිරායාසය niraayaasaya
spontaneous *adj.* ස්වයංසිද්ධ swayansidda
spool *n.* බීරලුව beeraluwa
spoon *n.* හැන්ද handa
spoonful *n.* පුරා හැන්දක් puraa handak
spoor *n.* ඉව පාර iwa paara
sporadic *adj.* විරල wirala
spore *n.* බීජාණුව beejaanuwa
sport *n.* ක්‍රීඩාව kreedaawa
sporting *adj.* සෙල්ලමට කැමති sellamata kamathi
sportive *adj.* සෙල්ලක්කාර sellakkaara
sportsman *n.* ක්‍රීඩකයා kreedakayaa
spot *n.* පල්ලම pallama
spotless *adj.* නිර්මල nirmala
spousal *n.* විවාහ සිද්ධිය wiwaaha siddiya
spouse *n.* භාර්යාව bhaaryaawa
spout *n.* පිහිල්ල pihilla
sprain *v.t.* උළුක්කු වෙනවා ulukku wenawaa
sprat *n.* හාල්මැස්සා haalmassaa
sprawl *v.* වැතිරෙනවා wathirenawaa
spray *n.* හිරිකඩ hirikada
spread *v.* පැතිරෙනවා pathirenawaa
spreadsheet *n.* පැතුරුම් පත pathurum patha

spree *n.* සල්ලාලකම් sallalalakam
sprig *n.* රිකිල්ල rikilla
sprightly *adj.* කඩිසර kadisara
spring *v.* පනිනවා paninawaa
sprinkle *v.i.* ඉසිනවා isinawaa
sprinkler *n.* වතුර මල wathura mala
sprinkling *n.* ඉසීම iseema
sprint *v.* වේගයෙන් ටික දුරක් දුවනවා wegayen tika durak duwanawaa
sprinter *n.* කෙටි දුර ධාවකයා keti dura dhaawakayaa
sprout *v.* වැවෙනවා wawenawaa
spry *adj.* හුරුබුහුටි hurubuhuti
spume *n.* පෙණ pena
spur *n.* පොරෝ කටුව pora katuwa
spurious *adj.* බොරු boru
spurn *v.* පයින් ගසා ඉවතලනවා payin gasaa iwathalanawaa
spurt *v.* වේගයෙන් නික්මෙනවා wegayen nikmenawaa
sputum *n.* කෙළ kela
spy *n.* ඔත්තුකාරයා oththukaaraya
squabble *n.* සණ්ඩුව sanduwa
squad *n.* භට රංචුව bhata ranchuwa
squadron *n.* භට කණ්ඩායම bhata kandaayama
squalid *adj.* දීන deena
squall *n.* හඬ නගා ඇඬීම handa nangaa andeema
squander *v.* නාස්ති කරනවා naasthi karanawaa
square *n.* සමචතුරස්රය samacha-thurasraya
squash *v.* මිරිකා පොඩිකරනවා mirikaa podikaranawaa
squat *v.i.* ඇනතියා ගන්නවා anathiyaa gannawaa
squawk *v.* තදින් හඬලනවා thadin handalanawaa
squeak *n.* උස් හීන් හඬ us heen handa
squeal *n.* බියෙන් නගන හඬ biyen nagana handa
squeeze *v.* මිරිකනවා mirikanawaa
squib *n.* රතිඤ්ඤය rathinnaya
squid *n.* දැල්ල dalla
squint *v.* වපර ලෙස බලනවා wapara lesa balanawaa
squire *n.* සහචරයා sahacharayaa
squirm *v.* පණුවන් මෙන් දඟලනවා panuwan men dangalanawaa
squirrel *n.* ලේනා lena
squirt *v.* වේගයෙන් දිය විදිනවා wegayen diya widinawaa
squish *v.* මිරිකනවා mirikanawaa
stab *v.* පිහියෙන් අනිනවා pihiyen aninawaa
stability *n.* ස්ථායිතාවය sthaai-thaawa
stabilization *n.* ස්ථායිකරණය sthaaikaranaya
stabilize *v.* තහවුරු කරනවා thahawuru karanawaa
stable *adj.* ස්ථායි sthaai
stable *n.* ඉස්තාලය isthaalaya
stack *n.* කැටිය katiya
stadium *n.* ක්‍රීඩාංගනය kreedaan-ganaya
staff *n.* කාර්ය මණ්ඩලය kaarya mandalaya
stag *n.* ගෝනා gonaa
stage *n.* වේදිකාව wedikaawa
stagecoach *n.* අශ්ව කෝච්චිය ashwa kopchchiya
stagger *v.* මහත් විශ්මයට පමුණුවනවා mahath wishmayata pamunuwa-nawaa

staggering *adj.* ඉතා විශාල ithaa wishaala

stagnant *adj.* ගලා නොයන galaa noyana

stagnate *v.* පල් වෙනවා pal wenawa

stagnation *n.* පල් වීම pal weema

staid *adj.* සන්සුන් sansun

stain *v.t.* කෙලෙසනවා kelesanawaa

stair *n.* පඩිපෙල padipela

staircase *n.* ආරෝහණය aarohanaya

stake *n.* ඔට්ටුව ottuwa

stale *adj.* පල් වූ pal woo

stalemate *n.* ස්ථම්භනය sthambhanaya

staleness *n.* පිලුණු බව pilunu bawa

stalk *n.* නටුව natuwa

stalker *n.* පීඩා කරනවා peeda karannaa

stall *n.* සල්පිල salpila

stallion *n.* කප්පාදු නොකළ අශ්වයා kappadu nokala ashwayaa

stalwart *adj.* ශක්ති සම්පන්න shakthi sampanna

stamen *n.* රේණුව renuwa

stamina *n.* සවි බලය sawi balaya

stammer *v.* ගොත ගසනවා gotha gasanawaa

stamp *n.* මුද්දරය muddaraya

stamp *v.* මුද්‍රා තබනවා mudraa thabanawaa

stampede *n.* කුලප්පු වීම kulappu weema

stance *n.* ඉරියව්ව iriyawwa

stanchion *n.* රුකුල rukula

stand *v.* සිටගෙන සිටිනවා sitagena sitinawaa

standard *n.* සම්මතය sammathaya

standardization *n.* ප්‍රමිත කිරීම pramitha kireema

standardize *v.* ප්‍රමිත කරනවා pramitha karanawaa

standing *n.* සිටීම siteema

standpoint *n.* ප්‍රතිඵලය prathipaththiya

standstill *n.* නැවතී සිටීම nawathee siteema

stanza *n.* ශ්ලෝකය shlokaya

staple *n.* අමු ද්‍රව්‍ය amu drawya

staple *v.* වවනවා wawanawaa

stapler *n.* ස්ටපේලරය stapelaraya

star *n.* තරුව tharuwa

starch *n.* පිෂ්ටය pishtaya

starchy *adj.* කැඳ සහිත kanda sahitha

stare *v.* රවා බලනවා rawaa balanawaa

stark *adj.* දරදඬු daradandu

starlet *n.* නවක නිළිය nawaka niliya

startling *n.* පුදුම සහිත puduma sahitha

starry *adj.* තරු වැනි tharu wani

start *v.* අරඹනවා arambanawaa

starter *n.* ආරම්භකයා aarambakayaa

startle *v.* බය ගන්වනවා baya ganwawaa

starvation *n.* හාමත haamatha

starve *v.* පෝෂණය නොකොට සිටිනවා poshanaya nokota sitinawaa

stash *v.* සඟවා තබනවා sangawaa thabanawaa

state *n.* තත්වය thaththwaya

stateless *adj.* පුරවැසිභාවය නොමැති purawasibhaawaya nomathi

stately *adj.* උදාර udaara
statement *n.* ප්‍රකාශය prakaashaya
statesman *n.* උසස් දේශපාලඥයා usas deshapaalagnayaa
static *adj.* ස්ථිතික sthithika
statically *adv.* ස්ථිතිමය sthithimaya
station *n.* නැවතුම nawathuma
stationary *adj.* ස්ථාවර sthaawara
stationer *n.* ලිපිද්‍රව්‍ය වෙළෙන්දා lipidrawya welendaa
stationery *n.* ලිපිද්‍රව්‍ය lipidrawya
statistical *adj.* සංඛ්‍යානය sankyaana
statistician *n.* සංඛ්‍යානලේඛනඥයා sankyaalekanagnya
statistics *n.* සංඛ්‍යානය sankyaanaya
statuary *n.* ප්‍රතිමා කලාව prathimaa kalaawa
statue *n.* ප්‍රතිමාව prathimaawa
statuesque *adj.* පිළිමයක් වැනි pilimayak wani
statuette *n.* කුඩා පිළිමය kudaa pilimaya
stature *n.* උස ප්‍රමාණය usa pramaanaya
status *n.* තරාතිරම tharaathirama
statute *n.* ව්‍යවස්ථාව wywasthaawa
statutory *adj.* ව්‍යවස්ථානුකූල wyawasthaanukoola
staunch *adj.* කාන්දු රහිත kaandu rahitha
stave *n.* කවියක පදය kaviyaka padaya
stay *v.* නතර වෙනවා nathara wenawaa
stead *n.* ස්ථානය sthaanaya
steadfast *adj.* අචල achala
steadiness *n.* ස්ථිර ගතිය stheera gathiya
steady *adj.* වෙනස් නොවී පවත්නා wenas novee pawathnaa
steak *n.* මාළු කුට්ටිය maalu kuttiya
steal *v.* සොරා කනවා soraa kanawaa
stealth *n.* රහස්කම rahaskama
stealthily *adv.* හෙමින් සීරුවේ hemin seeruwe
stealthy *adj.* සඟවා කියනවා sangawaa kiyana
steam *n.* හුමාලය humaalaya
steamer *n.* දුම් නැව dum nawa
steed *n.* ජවසම්පන්න අශ්වයා jawasampanna ashwaya
steel *n.* වානේ waane
steep *adj.* අධික බෑවුම් ඇති adika baawum athi
steeple *n.* පල්ලියේ උස් කොත palliye us kotha
steeplechase *n.* බාධක අශ්ව දිවුම baadaka ashwa diwuma
steer *v.* සුක්කානම අල්ලනවා sukkaanama allanawaa
stellar *adj.* තාරකා පිළිබඳ වූ thaarakaa pilibanda wu
stem *n.* නටුව natuwa
stench *n.* මහත් දුර්ගන්ධය mahath durgandaya
stencil *n.* හැඩ අච්චුව hada achchuwa
stenographer *n.* ලඝු ලේඛකයා laghu lekakayaa
stenography *n.* ලඝු ලේඛනය laghu lekanaya
stentorian *adj.* අධි ගාම්භීර හඬ adhi gambeera handa
step *n.* පියවර piyawara

steppe *n.* පතන pathana
stereo *n.* ත්‍රිමාන thrimaana
stereophonic *adj.* ත්‍රිමාන ධ්වනික thrimaana dwanika
stereoscopic *adj.* ත්‍රිමානේක්ෂ thrimaaneksha
stereotype *n.* ඒකායක රූපය ekaayaka roopaya
sterile *adj.* වඳ wanda
sterility *n.* වඳ බව wanda bawa
sterilization *n.* ජීවානුහරණය jeevaa-nuharanaya
sterilize *v.* ජීවානුහරණය කරනවා jeevaanuharanaya karanawaa
sterling *n.* රන් පවුම ran pauma
stern *adj.* දයාවක් නැති dayaawak nathi
sternum *n.* උරෝස්ථිය urosthiya
steroid *n.* විටමින් හා හෝමෝන අඩංගු සංයෝගයක් vitamin haa homona adangu sanyogayak
stertorous *adj.* ගොරවනවා gora-wana
stethoscope *n.* වෙද නළාව weda nalaawa
stew *n.* ඉස්ටු istu
steward *n.* ආවතේවකාරයා aawathe-wakaarayaa
stick *n.* පොල්ල polla
sticker *n.* ස්ටිකරය stikaraya
stickleback *n.* කුඩා මාලුවෙක් kudaa maaluwek
stickler *n.* රීතියට වැඩ කරන්නා reethiyata wada karannaa
sticky *adj.* ඇලෙන alena
stiff *adj.* දරදඬු daradandu
stiffen *v.* දැඩි වෙනවා dadi wenawaa
stifle *v.* මැඩ පවත්වනවා mada pawathwanawaa
stigma *n.* කළල kalala
stigmata *n.* කලංකය kalankaya
stigmatize *v.* ගර්හා කරනවා garbha karanawaa
stile *n.* කඩුල්ල kadulla
stiletto *n.* හිල් කටුව hil katuwa
still *adj.* නිසොල්මන් nisolman
stillborn *n.* මැරී උපන් maree upan
stillness *n.* නිසංසලතාව nisansala thaawa
stilt *n.* බොරු කකුල boru kakula
stilted *adj.* උඩඟු udangu
stimulant *n.* බල වචන bala wachana
stimulate *v.* බල වඩනවා bala wadanawaa
stimulus *n.* ප්‍රබෝධකය prabo-dakaya
sting *n.* දළය dalaya
stingy *adj.* මසුරු masuru
stink *v.* පල් වෙනවා pal wenawaa
stint *n.* කුම්මැහිකම් කරනවා kumma-hikam karanawaa
stipend *n.* වැටුප watupa
stipple *v.* තිත් යොදා කටයම් කරනවා thith yoda katayam karanawaa
stipulate *v.* නියම කරනවා niyama karanawaa
stipulation *n.* නියමය niyamaya
stir *v.* හැඳි ගානවා handi gaanawaa
stirrup *n.* පාපටිය paapatiya
stitch *n.* මැහුම mahuma
stitch *v.* මහනවා mahanawaa
stock *n.* තොගය thogaya
stockbroker *n.* ව්‍යාපාර වස්තු තැරැව්කාරයා wiyapaara wasthu tharawkaarayaa

stockade *n.* දඬු වට dandu wata
stocking *n.* දිග මේස් diga mes
stockist *n.* වෙළෙන්දා welendaa
stocky *adj.* තරබාරු tharabaaru
stoic *n.* උදාසීන udaaseena
stoke *v.* ඉන්ධන යොදනවා indana yodanawaa
stoker *n.* ඉන්ධන යොදන්නා indana yodannaa
stole *n.* කාන්තා සාටකය kaanthaa saatakaya
stolid *adj.* දරදඬු darandhadu
stomach *n.* බඩ bada
stomp *n.* ජෑස් සංගීතය jaas sangeethaya
stone *n.* ගල gala
stony *adj.* ගල් සහිත gal sahitha
stooge *n.* පණ්දම pandamaa
stool *n.* කොලොම්බුව kolombuwa
stoop *v.* එබෙනවා ebenawaa
stop *v.* නවත්වනවා nawathwanawaa
stoppage *n.* නැවතිල්ල nawathilla
stopper *n.* ඇබය abaya
storage *n.* ගබඩා ගාස්තුව gabadaa gaasthuwa
store *n.* ගබඩාව gabadaawa
storey *n.* සොල්දර තට්ටුව soldara thattuwa
stork *n.* කොකා kokaa
storm *n.* කුණාටුව kunaatuwa
stormy *adj.* කුණාටු සහිත kunaatu sahitha
story *n.* කතාන්දරය kathaadaraya
stout *adj.* ස්ථූල sthoola
stove *n.* ලිප lipa
stow *v.* ගබඩා කරනවා gabadaa karanawaa
straddle *v.* දෙගිඩියෙන් සිටිනවා degidiyaawen sitinawaa
straggle *v.* ඉබාගාතේ යනවා ibaagaathe yanawaa
straggler *n.* ඉබාගාතේ යන තැනැත්තා ibaagaathe yana thanaththa
straight *adj.* සිරස් siras
straighten *v.* දිග හරිනවා diga hrinawaa
straightforward *adj.* අවංක awanka
straightway *adv.* වහාම wahaama
strain *v.* වෙහෙසීමෙන් දුර්වල වෙනවා weheseemen durwala wenawaa
strain *n.* මහත් වෙහෙස mahath wehesa
strained *adj.* පීඩනයට ලක්වූ peedanayata lakwu
strait *n.* ඉතා අමාරු අවස්ථාව ithaa amaaru awasthaawa
straiten *v.i.* අමාරුවට පත් කරනවා amaaruwata path karanawaa
strand *v.* වෙරළට වද්දනවා weralata waddanawaa
strange *adj.* අමුතු amuthu
stranger *n.* අමුත්තා amuththa
strangle *v.* හුස්ම හිර කරනවා husma hira karanawaa
strangulation *n.* බෙල්ල මිරිකා මැරීම bella mirikaa mareema
strap *n.* පටිය patiya
strapping *adj.* පටියෙන් තැළීම patiyen thaleema
stratagem *n.* කූට උපාය koota upaaya
strategic *adj.* යුද්ධෝපාය පිළිබඳ වූ yuddhopaya pilibanda wu
strategist *n.* සේනා හැසිරවීමේ සමර්ථය senaa hasiraweeme samarthayaa
strategy *n.* සටන් කිරීමේ ශාස්ත්‍රය

satan kireeme shasthraya
stratify *v.* සවි වෙනවා savi wenawaa
stratum *n.* ස්ථරය stharaya
straw *n.* පිදුරු ගහ piduru gaha
strawberry *n.* ස්ට්‍රෝබෙරි stroberi
stray *v.* මංමුලා වී යනවා man mulaa wee yanawaa
streak *n.* වයිරම wairama
streaky *adj.* වයිරම් වැටුණු wairam watunu
stream *n.* දියපාර diyapaara
streamer *n.* රශ්මි කදම්භය rashmi kadambaya
streamlet *n.* කුඩා ඇළ kudaa ela
street *n.* වීදිය veediya
strength *n.* හයිය haiya
strengthen *v.* වඩා ශක්තිමත් කරනවා wadaa shakthimath karanawaa
strenuous *adj.* පරිශ්‍රමයෙන් කළයුතු parisramayen kalayuthu
stress *n.* ආතතිය aathathiya
stress *v.t.* බර කොට කියවනවා bara kota kiyanawaa
stretch *v.* වැඩි කරනවා wadi karanawaa
stretch *n.* වැඩි කොට දැක්වීම wadi kota dakweema
stretcher *n.* ගිලන් මැස්ස gilan massa
strew *v.* විසුරනවා wisuranawaa
striation *n.* වයිරම wairama
stricken *adj.* දුක්ඛිත dukkitha
strict *adj.* බුරුලක් නැති burulak nathi
strictly *adv.* නීති මතින් neethi mathin
stricture *n.* බරපතල චෝදනාව barapathala chodanaawa
stride *v.* ඈතින් තබමින් යනවා aathin paya thabamin yanawaa
strident *adj.* අමිහිරි amihiri
strife *n.* ආරවුල aaraula
strike *v.* වර්ජනය warjanaya
striker *n.* වර්ජකයා warjakayaa
striking *adj.* ප්‍රහාරික prahaarika
string *n.* කෙන්ද kenda
stringency *n.* තදබල ගතිය thadabala gathiya
stringent *adj.* තදබල thadabala
stringy *adj.* කෙඳි සහිත kendi sahitha
strip *v.t.* ගළවා දමනවා galawaa damanawaa
stripe *n.* ඉර ira
stripling *n.* ගැටයා gatayaa
stripper *n.* ඉවත් කරන්න iwath karanna
strive *v.* දඟලනවා dangalanawaa
strobe *n.* පරිභ්‍රමණ මානය paribramana maanaya
stroke *n.* හදිසි ආබාධය hadisi aabaadaya
stroll *v.* සක්මන් කරනවා sakman karanawaa
strong *adj.* සවිමත් sawimath
stronghold *n.* බල කොටුව bala kotuwa
strop *n.* පිහි මදින පටිය pihi madina patiya
stroppy *adj.* ඉක්මනින් කෝප වන ikmanin kopa wana
structural *adj.* ව්‍යුහාත්මක wiyu-haathmaka
structure *n.* සැකිල්ල sakillla
strudel *n.* උඩුඟු udangu
struggle *v.* බොහෝ සේ දඟලනවා boho se dangalanawaa

strum *v.* නීරස ලෙස වාදනය කරනවා neerasa lesa waadanaya karanawaa

strumpet *n.* වෛශ්‍යාව weshyaawa

strut *n.* මුක්කුව mukkuwa

stuart *adj.* ආධාරකයක් අවශ්‍ය aadarakayak awashya

stub *n.* කොටේ හැපෙනවා kote hapenawaa

stubble *n.* රැවුල් කොට සහිත raul kota sahitha

stubborn *adj.* ඇට්ටර attara

stucco *n.* බදාමය badaamaya

stud *n.* පොහොට්ටුව pohottuwa

stud *v.* ගැවසී සිටිනවා gawasee sitinawaa

student *n.* ශිෂ්‍යයා shishyayaa

studio *n.* චිත්‍රාගාරය chithraa-gaaraya

studious *adj.* ඉගෙනීමෙහි ලැදි වූ igeneemehi ladi wu

study *n.* ඉගෙනීම igeneema

study *v.* ඉගෙන ගන්නවා igena gannawaa

stuff *n.* අඩු වැඩිය adu wadiya

stuffing *n.* පුරවන ද්‍රව්‍යය purawana drauyaya

stuffy *adj.* පටු කල්පනා සහිත patu kalpanaa sahitha

stultify *v.* තකතිරු කම දක්වනවා thakathirukama dakwanawaa

stumble *v.* පැකිළෙනවා pakilenawaa

stump *n.* විකට් කණුව wikat kanuwa

stun *v.* තෝන්තු කරනවා thonthu karanawaa

stunner *n.* තෝන්තු කරන්නා thonthu karanna

stunning *adj.* ඉස්තරම් istharam

stunt *v.* අමාරු ක්‍රියා කිරීම amaaru kriyaa kireema

stupefy *v.* සිහි මුලා කරනවා sihi mulaa karanawaa

stupendous *adj.* ආශ්චර්ය සම්පන්න aascharya sampanna

stupid *adj.* සිහි විකල sihi wikala

stupidity *n.* ගොන් කම gon kama

stupor *n.* සිහි මුලා බව sihi mulaa bawa

sturdy *adj.* හැඩි දැඩි hadi dadi

stutter *v.* ගොත ගසනවා gotha gasanawaa

sty *n.* ඌරු කොටුව ooru kotuwa

stygian *adj.* අපායෙහි වැනි apaayehi wani

style *n.* මෝස්තරය mostharaya

stylish *adj.* හොඳට ඇඳ පැළඳගත් hondata anda palandagath

stylist *n.* විලාසිතා ප්‍රිය කරන්නා wilaasithaa priya karanna

stylistic *adj.* ශෛලිගත shailigatha

stylized *adj.* ශෛලිගත වූ shailigatha wu

stylus *n.* පන්හිඳ panhinda

stymie *v.* දුෂ්කර අවස්ථාව dushkara awasthaawa

styptic *adj.* ලේ නවත්වන බෙහෙත le nawathwana behetha

suave *adj.* සිත් ගන්නා sith ganna

subaltern *n.* උප ප්‍රධාන මුලාදැනියා upa pradaana mulaadaniyaa

subconscious *adj.* සිතෙහි අප්‍රකටව පවතින sithehi aprakatawa pawathnaa

subcontract *v.* උප කොන්ත්‍රාත්තුව upa konthraththuwa

subdue *v.* ආන් බාන් කරනවා aan baan karanawaa

subedit *v.* මුද්‍රණය සඳහා ලිපි සකස් කරනවා mudranaya sandahaa lipi sakas karanawa

subject *n.* විශ්වය wishaya

subjection *n.* යටත් කිරීම yatath kireema

subjective *adj.* විෂයාත්මක wishayaathmaka

subjudice *adj.* විනිශ්චයට භාජනය වී ඇති winishchayata baajanaya wee athi

subjugate *v.* පාලනයට පත් කරනවා paalanayata path karanawaa

subjugation *n.* යටත් කර ගැනීම yatath kara ganeema

subjunctive *adj.* අසම්භාව්‍ය asambaawya

sublet *v.t.* දෙවනුව කුලියට දෙනවා dewanuwa kuliyata denawaa

sublimate *v.* පිරිසිදු බවට පමුණුවනවා pirisidu bawata pamunuwanawaa

sublime *adj.* පරමෝත්කෘෂ්ට paramothkrushta

subliminal *adj.* භවාංග bhawaanga

submarine *n.* සබ්මැරීනය sambareenaya

submerge *v.* කිඳා බහිනවා kindaa bahinawaa

submerse *v.* නිමග්න nimagna

submersible *adj.* ගිල්විය හැකි gilviya haki

submission *n.* යටහත් ප්‍රකාශය yatahath prakaasaya

submissive *adj.* යටහත් පහත් yatahath pahath

submit *v.* යොමනවා yomanawaa

subordinate *adj.* වඩා පහත් wadaa pahath

subordination *n.* අධරායනය adharaayanaya

suborn *v.* වරදට පොළඹවනවා waradata polambawanawaa

subscribe *v.* සම්මාදම් දෙනවා sammaadam denawaa

subscript *adj.* යටි ලකුණු yati lakunu

subscription *n.* සම්මාදම sammaadama

subsequent *adj.* යමකට පසුව සිදුවනවා yamakata pasuwa siduwana

subservience *n.* අවනත භාවය awanatha baawaya

subservient *adj.* ඉතා යටහත් itha yatahath

subside *v.* යටහත් වෙනවා yatahath wenawa

subsidiary *adj.* උපාංගය upangaya

subsidize *v.* මුදලින් උපකාර කරනවා mudalin upakaara karanawaa

subsidy *n.* සහනාධාරය sahanaadaaraya

subsist *v.* යැපෙනවා yapenawaa

subsistence *n.* යැපීම yapeema

subsonic *adj.* උපධ්වනි upadwani

substance *n.* සාරය saaraya

substantial *adj.* සාරානුකූල saaraanukoola

substantially *adv.* සනාථ කළ හැකි sanaatha kala haki

substantiate *v.* සනාථ කරනවා sanaatha karanawaa

substantiation *n.* කරුණු ඉදිරිපත් කිරීම karunu idiripath kireema

substantive *adj.* ස්වාදීන swaadeena

substitute *n.* ආදේශකය aadeshakaya

substitution *n.* ආදේශය aadeshaya

subsume *v.* උපග්‍රහනය කරනවා upagrahanaya karanawaa

subterfuge *n.* ප්‍රයෝගය prayogaya

subterranean *adj.* පොළොව යට පිහිටි polawa yata pihiti

subtitle *n.* උපශීර්ෂය upa sheershaya

subtle *adj.* දුර්බෝධ durboda

subtlety *n.* ඉතා සියුම් වෙනස ithaa siyun wenasa

subtotal *n.* උප මුලු ගණන upa mulu ganana

subtract *v.* අඩු කරනවා adu karanawaa

subtraction *n.* අඩු කිරීම adu kireema

subtropical *adj.* අර්ධ නිවර්තන arda nivarthana

suburb *n.* උප නගරය upa nagaraya

suburban *adj.* නගරාසන්න nagaraasanna

suburbia *n.* නගර බද පෙදෙස හා එහි වැසියෝ nagara bada pedese ha ehi wasiyo

subversion *n.* විප්ලවය wiplawaya

subversive *adj.* විනාසදායක winaasadaayaka

subvert *v.i.* විපයාසය wipayaasaya

subway *n.* උමං මග uman maga

succeed *v.* සඵල කර ගන්නවා sapala kara gannawaa

success *n.* සඵලත්වය sapalathwaya

successful *adj.* සඵල sapala

succession *n.* අනුක්‍රමය anukramaya

successive *adj.* පිළිවෙළින් ආ piliwelin aa

successor *n.* අනුප්‍රාප්තිකයා anupraapthikayaa

succinct *adj.* සංක්ෂිප්ත sankshiptha

succour *n.* සහාය sahaaya

succulent *adj.* රසපිරුණු rasa pirunu

succumb *v.* වසඟ වෙනවා wasanga wenawaa

such *adj.* එවැනි ewani

suck *v.* උරා බොනවා uraa bonawaa

sucker *n.* උරා බොන්නා uraa bonnaa

suckle *v.* තන බුරුල්ලෙන් කිරි පොවනවා thana burullen kiri powanawaa

suckling *n.* කිරි දරුවා kiri daruwaa

suction *n.* උරා ඇදගැනීම uraa adaganeema

sudden *adj.* ක්ෂණික kshanika

suddenly *adv.* හදිසියෙන්ම hadisiyenma

Sudoku *n.* ජපන් ක්‍රීඩාවක් japan kreedaawak

sue *v.t.* නඩු කියනවා nadu kiyanawaa

suede *n.* පදම් කළ එළු හම padam kala elu hama

suffer *v.i.* විඳිනවා windinawaa

sufferance *n.* අවසරය awasaraya

suffice *v.* සෑහෙනවා saahenawaa

sufficiency *n.* පුළුවන්කම puluwankama

sufficient *adj.* සෑහෙන පමණවූ saahena pamana wu

suffix *n.* උපසර්ගය upasargaya

suffocate *v.* හුස්ම හිර වෙනවා husma hira wenawaa

suffocation *n.* හුස්ම හිර කිරීම husma hira kireema

suffrage *n.* කැමැත්ත ප්‍රකාශ කිරීම kamaththa prakasha kireema

suffuse *v.* සෑම තැන පැතිරෙනවා sama thana pathirenawaa
sugar *n.* සීනි seeni
suggest *v.* යෝජනා කරනවා yojanaa karanawaa
suggestible *adj.* යෝජනා වලට විවෘත yojanaa walata wiwurtha
suggestion *n.* යෝජනාව yojanaawa
suggestive *adj.* යමක් අඟවනවා yamak angawana
suicidal *adj.* ආත්ම නාශක aathma naashaka
suicide *n.* සියදිවි නසා ගැනීම siya diwi nasaa ganeema
suit *n.* ඇඳුම් කට්ටලය andum kattalaya
suitability *n.* යෝග්‍යතාවය yogyathaawaya
suitable *adj.* සුදුසු sudusu
suite *n.* අරුමෝසම් බඩු කට්ටලය arumosam badu kattalaya
suitor *n.* විවාහ බස් ඉල්ලන්නා wiwaaha bas illanna
sulk *v.* බුම්ම ගන්නවා bummaa gannawaa
sullen *adj.* බුම්මගෙන සිටින bum-maagena sitina
sully *v.* දූර්වර්න කරනවා durwarna karanawaa
sulphur *n.* ගන්දගම් gendagam
sultana *n.* වියළි මුද්දරප්පලම් wiyali muddarappalam
sultry *adj.* සුළං නැති sulan nathi
sum *n.* මුලු එකතුව mulu ekathuwa
summarily *adv.* වහාම wahaama
summarize *v.* සාරාංශ කරනවා saaransha karanawaa
summary *n.* සාරාංශය saaranshaya
summer *n.* ගිම්හානය gimhaanaya
summit *n.* මස්තකය masthakaya
summon *v.* කැඳවනවා kandawanawaa
summons *n.* සිතාසිය sithaasiya
sumptuous *adj.* මහත් අලංකාරයෙන් යුත් mahath alankaarayen yuth
sun *n.* ඉර ira
sun *v.* සැඩ කිරණ sada kirana
sundae *n.* අයිස් ක්‍රීම් වර්ගයක් ice kreem wargayak
Sunday *n.* ඉරිදා iridaa
sunder *v.* වියෝග කරනවා wiyoga karanawaa
sundry *adj.* විවිධ wiwidha
sunken *adj.* ගිල්වනු ලැබූ gilwanu labu
sunny *adj.* හිරු එළිය ඇති hiru eliya athi
super *adj.* සුපිරි supiri
superabundance *adj.* අති විපුලතාවය athi wipulathaawa
superabundant *adj.* අති විපුල athi wipula
superannuation *n.* විශ්‍රාම පාරිතෝෂිකය wisraama paarithoshikaya
superb *adj.* ශ්‍රේෂ්ඨ shreshta
supercharger *n.* බල වර්ධකය bala wardakaya
supercilious *adj.* නොසැලකිලි සහිත nosalakili sahitha
superficial *adj.* නොගැඹුරු nogamburu
superficiality *n.* නොගැඹුරු බව nogamburu bawa
superfine *adj.* ඉස්තරම් istharam
superfluity *n.* අධිකත්වය adhika-thwaya

superfluous *adj.* වැඩිමනත් wadimanath
superhuman *adj.* අති මානුෂික athi maanushika
superimpose *v.* අධිස්ථාපනය කරනවා adhisthaapanaya karanawaa
superintend *v.* පාලනය කරනවා paalanaya karanawaa
superintendence *n.* පාලනය paala-naya
superintendent *n.* පාලකයා paala-kayaa
superior *adj.* උත්තරීතර uththa-reethara
super**iority** *n.* ශ්‍රේෂ්ඨත්වය shresh-tathwaya
superlative *adj.* අති ශ්‍රේෂ්ඨ athi shreshta
supermarket *n.* සුපිරි වෙළෙඳසැල supiri welandasala
supernatural *adj.* අධි ස්වාභාවික adhi swaabaawika
superpower *n.* සුපිරි බලවතා supuri balawathaa
superscript *adj.* උඩුකුරු udukuru
supersede *v.* අවලංගු කරනවා awalangu karanawaa
supersonic *adj.* අති ධ්වනික athi dwanika
superstition *n.* මිථ්‍යා ඇදහීම mithyaa adaheema
superstitious *adj.* අන්ධ විශ්වාස ඇති anda wiswaasa athi
superstore *n.* සුපිරි සාප්පුව supiri saappuwa
supervene *v.* පසුව සිදුවෙනවා pasuwa siduwenawaa
supervise *v.* අධීක්ෂණය කරනවා adeekshanaya karanawaa
supervision *n.* අධීක්ෂණය adeekshanaya
supervisor *n.* අධීක්ෂක adeekshaka
supper *n.* සන්ධ්‍යා භෝජනය sandya bojanaya
supplant *v.* වෙනුවට පත් කරනවා wenuwata path karanawaa
supple *adj.* සුනම්‍ය sunamya
supplement *n.* ඌන පූර්ණය oona poornaya
supplementary *adj.* ඌන පූරකය oona poorakaya
suppliant *n.* බැගෑපත්ව ඉල්ලනවා bagaapathwa illanna
supplicate *v.* ආයාචනා කරනවා aayaachnaa karanawwa
supplier *n.* සපයන්නා sapayannaa
supply *v.* සපයා දීම sapayaa deema
support *v.* ආධාර කරනවා aadhaara karanawaa
support *n.* අත් උදව්ව ath udauwa
suppose *v.* කල්පනා කරනවා kalpanaa karanawaa
supposition *n.* කල්පනාව kalpa-naawa
suppository *n.* යෝනියේ හෝ ගුද මාර්ගයේ දියවීමට දමන බෙහෙත් yoniye ho guda maargaye diyaweemata damana beheth
suppress *v.* ඔබනවා obanawaa
suppression *n.* මර්ධනය mar-danaya
suppurate *v.* සාරය හැදෙනවා saaraya hadenawaa
supremacy *n.* ආධිපත්‍යය aadhi-pathyaya
supreme *adj.* අති උත්තම athi uththama
surcharge *n.* වැඩිපුර අය කරන

ගාස්තුව wadipura aya karana gaasthuwa
sure *adj.* නිසැක nisaka
surely *adv.* නිසැකවම nisakawama
surety *n.* ඇපකරු apakaru
surf *n.* රළ rala
surface *n.* මතුපිට mathu pita
surfeit *n.* අති තෘප්තිය athi thrupthiya
surge *n.* සැඩ වතුර sada wathura
surgeon *n.* ශල්‍ය වෛද්‍ය shalya waidya
surgery *n.* ශල්‍යකර්මය shalya-karmaya
surly *adj.* පරුෂ parusha
surmise *v.t.* නිකම් සිතනෙවා nikam sithenawaa
surmount *v.* අමාරු ජයගන්නවා amaaru jayagannawaa
surname *n.* පෙළපත් නම pelapath nama
surpass *v.* ඉක්මවා යනවා ikmawaa yanawaa
surplus *n.* වැඩිපුර වූ wadipura wu
surprise *n.* විස්මය wismaya
surreal *adj.* විස්මකුරු wismakuru
surrealism *n.* අතාත්විකවාදය athaa-thwikawaadaya
surrender *v.* අයිතිය අත්හරිනවා aithiya ath harinawaa
surrender *n.* යටත් වීම yatath weema
surreptitious *adj.* රහසින් කරන ලද rahasin karana lada
surrogate *n.* ප්‍රතිනිහිතය prathini-hithaya
surround *v.* වටලනවා watalanawaa
surroundings *n.* අවට පිහිටි දේ awata pihiti de
surtax *n.* අධි බද්ද adhi baddha
surveillance *n.* මුර කිරීම mura kireema
survey *v.t.* මනිනවා maninawaa
surveyor *n.* මිනින්දෝරුවා minin-doruwaa
survival *n.* නොනැසී ඉතිරි වීම nonasee ithiri weema
survive *v.* නොමැරී බේරෙනවා nomaree berenawaa
susceptible *adj.* අවනත වනවා awanatha wana
suspect *v.* සැක කරනවා saka karanawaa
suspect *n* සැකකරු sakakaru
suspend *v.* තාවකාලිකව අත්හිටුවනවා thaawakaalikawa athhituwa-nawaa
suspense *n.* අවිනිශ්චිත භාවය awinischitha baawaya
suspension *n.* එල්ල තැබීම ella thabeema
suspicion *n.* සැක සිතීම saka sitheema
suspicious *adj.* සැක සහිත saka sahitha
sustain *v.* දරා සිටිනවා daraa sitinawaa
sustainable *adj.* පෝෂිත කළ හැකි poshitha kala haki
sustenance *n.* පෝෂණය posha-naya
suture *n.* අස්ථිසිකනය asthisikanaya
svelte *adj.* සිඟිති ශරීරයක් ඇති singithi shareerayak athi
swab *n.* ඝන පුළුන් රොඩ ghana pulun roda
swaddle *v.* රෙදි වලින් තද කොට දමනවා reddhi walin thada kota

damanawaa

swag *n.* සොරාගත් බඩු soraagath badu

swagger *v.* පුරසාරම් දොඩනවා purasaaram dhodanawaa

swallow *v.* ගිල ගන්නවා gila gannawaa

swamp *n.* වගුර wagura

swan *n.* හංසයා hansayaa

swank *v.* පුරසාරම purasaarama

swanky *v.* ජෙත්තුකාරයා jeththu-kaara

swap *v.* හුවමාරු කරගන්නවා huwamaaru karagannawaa

swarm *n.* කෘමි රැළ krumi rala

swarthy *adj.* කළු පැහැති kalu pahathi

swashbuckling *adj.* මැරවරකම් කරනවා marawarakam karanawaa

swat *v.* තලනවා thalanawaa

swathe *n.* වෙළුම weluma

sway *v.* පැද්දෙනවා paddenawaa

swear *v.* දිව්රනවා diwranawaa

sweat *n.* දහඩිය dahadiya

sweater *n.* ඝන කමිසය ghana kamisaya

sweep *v.* අතුගානවා athugaanawaa

sweeper *n.* පිසදමන්නා pisada-mannaa

sweet *adj.* පැණි රස ඇති pani rasa athi

sweet *n.* පැණි රස කෑම pani rasa kaama

sweeten *v.* පැණි රස කරනවා pani rasa karanawaa

sweetheart *n.* සෙනෙහෙවන්තිය senehewanthiya

sweetmeat *n.* අවුල awulu

sweetener *n.* රස ගැන්වන දේ rasa ganwana de

sweetness *n.* මිහිරි බව mihiri bawa

swell *v.* ඉදිමෙනවා idimenawaa

swell *n.* වැඩි වීම wadi weema

swelling *n.* ඉදිමුම idimuma

swelter *v.* පීඩා විඳිනවා peeda windinawaa

swerve *v.* වැරදි මඟ හැසිරෙනවා waradi maga hasirenawaa

swift *adj.* යුහුසුලු yuhusulu

swill *v.* සෝදා හැරීම sodaa hareema

swim *v.* පීනනවා peenanawaa

swimmer *n.* පීනන්නා peenannaa

swindle *v.* මහත් වංචාව mahath wanchaawa

swindler *n.* මහත් වංචාකාරයා mahath wancha kaarayaa

swine *n.* ඌරා ooraa

swing *n.* ඔන්චිල්ලාව onchillaawa

swing *v.* පැද්දෙනවා paddenawaa

swingeing *adj.* පැද්දුම padduma

swipe *v.* හොරෙන් පහර ගන්නවා horen pahara gannawaa

swirl *v.* කසනේ පහර ගන්නවා kasen pahara denawaa

swish *adj.* සිත්කාරයා sithkaaraya

switch *n.* වැහැරුව waharuwa

swivel *v.* බඹරය කැරකෙනවා bambaraya karakawenawaa

swoon *v.* ක්ලාන්ත වෙනවා klaantha wenawaa

swoop *v.* හදිස්සියේ පැන අල්ලා ගන්නවා hadisiyen pana alla gannawaa

sword *n.* කඩුව kaduwa

sybarite *n.* සැපට ගිජු තැනැත්තා sapata giju thanaththa

sycamore *n.* විශාල ගස් වෙසෙස wishaala gas wesesa

sycophancy *n.* කයිවාරු දෙඩීම kaiwaaru dhedeema

sycophant *n.* කයිවාරු දොඩවන්නා kaiwaaru dhodanna

syllabic *adj.* අක්ෂර සම්බන්ධ akshara sambanda

syllable *n.* අක්ෂරය aksharaya

syllabus *n.* විෂය මාලාව wishaya maalaawa

syllogism *n.* අනුමාන වාක්‍යය anumaana waakyaya

sylph *n.* අප්සරාව apsaraawa

sylvan *adj.* වනයෙහි වූ wanayehi wu

symbiosis *n.* සහවනය sahawanaya

symbol *n.* ලක්ෂණය lakshanaya

symbolic *adj.* සංකේතාත්මක sanke-thaathmaka

symbolism *n.* ලක්ෂණ පද්ධතිය lakshana paddathiya

symbolize *v.* සම්මිතිය sammithiya

symmetrical *adj.* සමමිතික sama-mithika

symmetry *n.* අනුකූලතාව anukoo-lathaawa

sympathetic *adj.* දයාවන්ත dayaa-wantha

sympathize *v.* අනුකම්පා වෙනවා anukampaa wenawaa

sympathy *n.* කණගාටුව kana-gaatuwa

symphony *n.* තූර්ය සංවාදය thoorya sanwaadaya

symposium *n.* දාර්ශනිකයන්ගේ සම්භාෂණය dharshanikayange sambaashanaya

symptom *n.* රෝග ලක්ෂණය roga lakshanaya

symptomatic *adj.* නිමිති වශයෙන් දකින nimithi washayen dakina

synchronize *v.* එකවිට සිදුවෙනවා ekawita siduwenawaa

synchronous *adj.* එකවිට සිදුවෙන ekawita siduwana

syndicate *n.* වෙළෙඳ මණ්ඩලය welanda mandalaya

syndrome *n.* සහ ලක්ෂණය saha lakshanaya

synergy *n.* සහ ක්‍රියාව saha kriyaawa

synonym *n.* සමානාර්ථ පදය samaanaartha padaya

synonymous *adj.* තුල්‍යාර්ථික thulyaarthika

synopsis *n.* සාර සංග්‍රහය sara sangrahaya

syntax *n.* වාක්‍ය වින්‍යාසය waakya vinyaasaya

synthesis *n.* සංශ්ලේෂණය sansh-leshnaya

synthesize *v.* සංශ්ලේෂණය කරනවා sanshleshnaya karanawaa

synthetic *adj.* සංයෝගාත්මක sanyogaathmaka

syringe *n.* සිරින්ජරය sirinjaraya

syrup *n.* පැණිය paniya

system *n.* ක්‍රියා පිළිවෙළ kriyaa piliwela

systematic *adj.* ක්‍රමානුකූල kramaanukoola

systematize *v.* ක්‍රමානුකූල සේ සකස් කරනවා kramaanukoola se sakas karanawaa

systemic *adj.* ශරීර පද්ධතිය හෝ අවයව පද්ධතියට සම්බන්ධ shareera paddathiyata ho awayawa paddathiyata sambanda

T

tab *n.* කුඩා තීරුව kuda theeruwa
table *n.* මේසය mesaya
tableau *n.* චිත්‍රාභිනය chitrabhinaya
tablet *n.* පෙත්ත peththa
tabloid *n.* කුඩා ප්‍රමාණයේ පුවත්පත kuda pramaanaye puwathpatha
taboo *n.* තහංචිය thahanchiya
tabular *adj.* තලස්ථ thalastha
tabulate *v.* වගු කරනවා wagu karanawaa
tabulation *n.* වගු මඟින් දැක්වීම wagu magin dakweema
tabulator *v.* නොලියන ලද පලකය noliyana lada palakaya
tachometer *n.* භ්‍රමවේග මානය bramawega maanaya
tacit *adj.* හඬ නොනගන handa nonagana
taciturn *adj.* කතා කිරීමට නොකැමති katha kireemata nokamathy
tack *n.* නූල් ඇද මැහීම nool ada maheema
tackle *v.t.* පොරෝ බදනවා pora badanawaa
tacky *adj.* ඇලෙනසුලු alena sulu
tact *n.* ස්ථානෝචිත ප්‍රඥාව sthano-chitha pragnawa
tactful *adj.* නුවණක්කාර nuwana-kkaara
tactic *n.* උපාය upaaya
tactician *n.* උපාය දක්ෂයා upaaya dakshayaa
tactical *adj.* උපාය පිළිබඳ වූ upaaya pilibanda wu
tactile *adj.* ස්පර්ශක විෂය sparshaka wishaya
tag *n.* යමක අමුණන ලද yamaka amunana laddha
tail *n.* වලිගය waligaya
tailor *n.* ඇඳුම් මහන andum mahanna
taint *v.* කෙලෙසනවා kelesanawaa
take *v.* ගෙනයනවා genayanawaa
takeaway *n.* රැගෙන යනවා ragena yanawaa
takings *n.* ආදායම aadaayama
talc *n.* තලාතු මිනිරන් thalaathu miniran
tale *n.* කතන්දරය kathandaraya
talent *n.* කුසලතාවය kusala-thaawaya
talented *adj.* නිපුන nipuna
talisman *n.* යන්ත්‍රය yanthraya
talk *v.* කතාව kathawa
talkative *adj.* මුකරි mukari
tall *adj.* උස usa
tallow *n.* සත්ව තෙල් sathwa thel
tally *n.* ගණන ganana
talon *n.* පක්ෂීන්ගේ නිය paksheenge niya
tamarind *n.* සියඹලා siyambalaa
tambourine *n.* රබාන rabaana
tame *adj.* හීලෑ heela
tamely *adv.* හීලෑ නොකලකි heela nokalaki
tamp *v.* ඔබා තද කරනවා obaa thada karanawaa
tamper *v.* අතපත ගානවා athapatha gaanawaa
tampon *n.* කපු පුළුන් ගුලිය kapu pulun guliya
tan *n.* දුඹුරු වර්ණය dumburu warnaya
tandem *n.* දෙතුන් දෙනෙකු යන බයිසිකලය dethun deneku yana

baisikalaya

tang *n.* සැර රසය sara rasaya

tangent *n.* ස්පර්ශ රේඛාව sparsha rekaawa

tangerine *n.* ජමනාරං jamanaaran

tangible *adj.* ස්පර්ශය දැනෙන sparshaya danena

tangle *v.t.* පටලවනවා patala-wanawaa

tank *n.* ටැංකිය tankiya

tanker *n.* තෙල් පටවන නැව thel patawana nawa

tanner *n.* පැන්ස හයේ කාසිය pansa haye kaasiya

tannery *n.* පදම් කරන ලද padam karana lada

tantalize *v.* ලැබිය නොහැකි දේ පෙන්වා හිරිහැරයට පත් කරනවා labiya nohaki de penwaa hiriharayata path karanawaa

tantamount *adj.* තුල්‍ය thulya

tantrum *n.* හදිසි කෝපය hadisi kopaya

tap *n.* කරාමය karaamaya

tapas *n.* ටැප tapa

tape *n.* පටිය patiya

tape *v.i.* පටු තීරුවකින් වෙලෙනවා patu theeruwakin welanawaa

taper *v.* ක්‍රමයෙන් හීන වෙනවා kramayen heen wenawaa

tapestry *n.* විචිත්‍ර ජවනිකාව wichi-thra jawanikaawa

tappet *n.* නැවතීම් සහිත චලනයක් ලබා දෙන කමිය nawatheem sahitha chalanayak laba dena kamiya

tar *n.* තාර thaara

tardy *adj.* සුනංගු sunangu

target *n.* ඉලක්කය ilakkaya

tariff *n.* ගාස්තු ලේඛනය gaasthu lekanaya

tarn *n.* ගිරි විල giri wila

tarnish *v.* දිස්නය අඩු වෙනවා disnaya adu wenawaa

tarot *n.* කාර්ඩ් 78කින් යුත් ක්‍රීඩාවක් kaard 78kin yuth kreedaawak

tarpaulin *n.* ඉටිරෙදි itiredhi

tart *n.* වේශ්‍යාව weshyaawa

tartar *n.* නපුරා napuraa

task *n.* දුෂ්කර කටයුත්ත dushkara katayuththa

tassel *n.* පොහොට්ටුව pohottuwa

taste *n.* රසය rasaya

taste *v.* රස විඳිනවා rasa windinawaa

tasteful *adj.* රසවත් rasawath

tasteless *adj.* නීරස neerasa

tasty *adj.* ඉතා රසවත් itha rasawath

tatter *n.* වැරහැල්ල warahalla

tattle *n.* ඕපා දූප opaa doopa

tattoo *n.* පච්චය pachchaya

tatty *adj.* බාල ඇඳුම් baala andum

taunt *n.* සරදම saradama

taut *adj.* තදකොට ඇඳින ලද thadakota andina landa

tavern *n.* සුරා සල suraa sala

tawdry *adj.* උවමනා නැති අලංකාර සහිත uwamanaa nathi alankaara sahitha

tax *n.* බද්ද baddha

taxable *adj.* බදු ගෙවිය යුතු badu gewiya uthu

taxation *n.* අය බදු ගැනීම aya baddhu ganeema

taxi *n.* කුලී රථය kulee rathaya

taxi *v.* කුලී රථයෙන් යනවා kulee rathayen yanawaa

taxonomy *n.* විද්‍යාවේ වර්ගීකරණය vidyaawe wargeekaranaya

tea *n.* තේ the
teach *v.* උගන්නනවා ugannanawaa
teacher *n.* ගුරුවරයා guruwarayaa
teak *n.* තේක්ක thekka
team *n.* කණ්ඩායම kandaayama
tear *v.* කඳුලු වැහෙනවා kandulu waahenawaa
tear *n.* කඳුලු kandulu
tearful *adj.* ශෝකී shokee
tease *v.* සරදම් කරනවා saradam karanawaa
teat *n.* සූප්පුව sooppuwa
technical *adj.* කාර්මික kaarmika
technicality *n.* තාක්ෂණිකත්වය thaakshanikathwaya
technician *n.* කාර්මික ශිල්පියා kaarmika shilpiyaa
technique *n.* ශිල්ප කර්මය shilpa kramaya
technological *adj.* තාක්ෂණවේදීය thaakshanawedee
technologist *n.* කර්මාන්ත kar-maantha shilpiya
technology *n.* තාක්ෂණය thak-shanaya
tedious *adj.* වෙහෙස ඇති කරන wehesa athi karana
tedium *n.* පරිශ්‍රමය parissramaya
teem *v.* ඉතා ගහනව පවතිනවා itha gahanawa pawathinawaa
teenager *n.* ගැටවරයා gatawarayaa
teens *adj.* ගැටවර gatawara
teeter *v.* වැනෙනවා wanenawaa
teethe *v.* දත් එනවා dath enawaa
teetotal *adj.* අමද්‍යප amaddyapa
teetotaller *n.* මත්පැන් නොබොන්නා mathpan nobonna
telecast *v.t.* විකාශනය vikaashnaya
telecommunications *n.* විදුලි සංදේශය widuli sandeshanaya
telegram *n.* විදුලි පුවත widuli puwatha
telegraph *n.* විදුලි ලිපිය widuli lipiya
telegraphic *adj.* විදුලි ලිපි හා සම්බන්ධ widuli lipi ha sambanda
telegraphy *n.* විදුලි ලිපි යැවීමේ ක්‍රමය widuli lipi yaweeme kramaya
telepathic *adj.* පරචිත්ත ඥානය පිළිබඳ වූ para chiththa gnanaya pilibanda wu
telepathist *n.* පරචිත්ත ඥානය ඇති තැනැත්තා para chiththa gnanaya athi thanaththa
telepathy *n.* පරචිත්ත ඥානය para chiththa gnanaya
telephone *n.* දුරකතනය duraka-thanaya
teleprinter *n.* දුර ලිපි මුද්‍රණ යන්ත්‍රය dura lipi mudrana yanthrya
telescope *n.* දුරදක්නය duradaknaya
teletext *n.* ටෙලිටෙක්ස්ට් teletext
televise *v.* විකාශය කරනවා wikaashaya karanawaa
television *n.* රූපවාහිනිය roopawaahiniya
tell *v.* කියනවා kiyanawaa
teller *n.* ගණකයා ganakayaa
telling *adj.* සිත්ගන්න sithganna
telltale *adj.* ඕපාදූපකාරයා opadu-pakaaraya
temerity *n.* සාහසිකත්වය saha-sikathaawa
temper *n.* තරහ ගතිය tharaha gathiya
temperament *n.* ප්‍රකෘති ස්වභාවය prakurthy swabaawaya

temperamental *adj.* මනෝඩීන manodeena

temperance *n.* මත්පැනින් වෙන්වීම mathpanin wenweema

temperate *adj.* සම ශීත උෂ්ණ දේශගුණය sama sheetha ushna deshagunaya

temperature *n.* උෂ්ණත්වය ushna-thwaya

tempest *n.* චණ්ඩ මාරුතය chanda maaruthaya

tempestuous *adj.* මහත් කුණාටු සහිත mahath kunaatu sahitha

template *n.* අච්චුව achchuwa

temple *n.* පන්සල pansala

tempo *n.* තාලයේ වේගය thalaye wegaya

temporal *adj.* ලෞකික විනයට අයත් laukika winayata ayath

temporary *adj.* තාවකාලික thaa-wakaalika

temporize *v.* කල් ගන්නවා kal gannawaa

tempt *v.* වරද කිරීමට පොළඹවනවා warada kireemata polamban-nawaa

temptation *n.* පෙළඹවීම pelam-baweema

tempter *n.* වරදෙහි පොළඹවනවා waradehi polambawanna

ten *adj. & adv.* දහය dahaya

tenable *adj.* නොබිඳිය හැකි nobin-diya haki

tenacious *adj.* තදින් ඇලී සිටින thadin alee sitina

tenacity *n.* ස්ථිර භාවය stheera bhaawaya

tenancy *n.* බදු ගෙන සිටීම badhu gena siteema

tenant *n.* බදුකාරයා badhu kaarayaa

tend *v.* ආධාර වෙනවා aadaara wenawaa

tendency *n.* හුරුකම hurukama

tendentious *adj.* අගති සහිත agathi sahitha

tender *adj.* සියුමැලි siyumali

tender *n.* ටෙන්ඩරය tendaraya

tendon *n.* ස්නායු බද්ධය snaayu baddhaya

tenement *n.* බද්දට ගත් ඉඩම baddhata gath idama

tenet *n.* පිළිගත් මතය piligath mathaya

tennis *n.* ටෙනිස් ක්‍රීඩාව tenis kreedaawa

tenor *n.* සංගීතයේ මධ්‍යම නාදය sangeethaye madyama naadaya

tense *adj.* අමාරුවෙන් ඉවසා සිටින amaaruwen iwasaa sitina

tensile *adj.* දිගට ඇදිය හැකි digata adiya haki

tension *n.* ආතතිය aathathiya

tent *n.* කූඩාරම koodaarama

tentacle *n.* ග්‍රාහිකාව graahikaawa

tentative *adj.* අස්ථිර asthira

tenterhook *n.* රෙදි ඇදීමට යොදන රාමුවෙහි යෙදූ කොකු redi adeemata yodana raamuwehi yedu koku

tenth *adj. & n.* දසවෙනි dasaweni

tenuous *adj.* සියුම් siyum

tenure *n.* භුක්තිය bukthiya

tepid *adj.* අල් මැරුණු al marunu

term *n.* වාරය waaraya

termagant *n.* චණ්ඩි ගැහැනිය chandi gahaniya

terminal *adj.* පර්යන්ත paryantha

terminate *v.* කෙළවර කරනවා kela-wara karanawaa

termination *n.* කෙළවර kelawara

terminological *adj.* පාරිභාෂිත ශබ්ද මාලාවට අයත් paaribaashika shabda maalaawata ayath

terminology *n.* පාරිභාෂිත ශබ්ද මාලාව paaribaashika shabda maalaawa

terminus *n.* ගමනාන්තය gamana-anthaya

termite *n.* වේයා weyaa

terrace *n.* තට්ටු ගෙය thattu geya

terracotta *n.* රතට පිළිස්සූ rathata pilissoo

terrain *n.* බිම් පෙදෙස bim pedesa

terrestrial *adj.* පොළොවෙහි පවතින polawehi pawathnaa

terrible *adj.* භයානක bayaanaka

terrier *n.* කුඩා බලු වර්ගයක් kudaa balu wargayak

terrific *adj.* අති විශාල athi wishaala

terrify *v.* බිය ගන්නවනවා biya gannanawaa

territorial *adj.* භෞමික baumika

territory *n.* භූමි ප්‍රදේශය boomi pradeshaya

terror *n.* භීෂණය beeshanaya

terrorism *n.* ත්‍රස්තවාදය thrastha-waadaya

terrorist *n.* ත්‍රස්තවාදියා thrastha-waadiyaa

terrorize *v.* බිහිසුණු ක්‍රියා කරනවා bihisunu kriyaa karanawaa

terry *n.* බිහිසුණු පුද්ගලයා bihisunu pudgalayaa

terse *adj.* සංක්ෂිප්ත sankshiptha

tertiary *adj.* තෘතීයික thrutheeika

test *n.* පරීක්ෂාව pareekshaawa

testament *n.* අන්තිම කැමති පත්‍රය anthima kamathi pathraya

testate *adj.* අන්තිම කැමති පත්‍රයක් ලියා ඇති anthima kamathi pathrayak liya athi

testicle *n.* අණ්ඩය andaya

testify *v.* සාක්ෂි දෙනවා saakshi denawaa

testimonial *n.* සාක්ෂාත් කරනවා saakshaath kaaraya

testimony *n.* සාක්ෂිය saakshiya

testis *n.* වෘෂණය wrushanaya

testosterone *n.* පුරුෂ හෝමෝනයක් purusha homonayak

testy *adj.* වහා කිපෙන waha kipena

tetchy *adj.* නුරුස්සන nurussana

tether *v.t.* දිගෙලි කරනවා digeli karanawaa

text *n.* වගන්තිය waganthiya

textbook *n.* පාඨ ග්‍රන්ථය paata granthaya

textual *adj.* පාඨ පිළිබඳ paata pilibanda

textile *n* රෙදි පිළි redi pili

textual *adj.* පාඨ පිළිබඳ paata pilibanda

texture *n.* වියමන wiyamana

thank *v.* ප්‍රශංසා කරනවා prasansaa karanawaa

thankful *adj.* ස්තුතිවන්ත sthuthi-wantha

thankless *adj.* කළගුණ නොදන්න kala guna nodannaa

that *pron. & adj.* අරක araka

thatch *n.* සෙවිලි කිරීම sewili kireema

thaw *v.* හිම දියවෙනවා hima diyawenawa

the *adj.* රාශියකින් එකක් වෙන්කිරීම පිණිස නාම පදයක මුලට යොදන

වචනය rashiyakin ekak wenki-reema pinisa naama padayaka mulata yodana wchanaya

theatre *n.* රඟහල rangahala

theatrical *adj.* නාට්‍ය පිළිබඳ naatya pilibanda

theft *n.* සොරකම් sorakam

their *adj.* ඔවුන්ගේ ounge

theism *n.* දේව වාදය dewa waadaya

them *pron.* ඔවුන්ට ounta

thematic *adj.* තේමාත්මක themaathmaka

theme *n.* තේමාව themaawa

themselves *pron.* ඔවුන්ම ounma

then *adv.* එවර ewara

thence *adv.* එතැන් සිට ethan sita

theocracy *n.* දේවාධිරාජ්‍යය dewaadiraajyaya

theodolite *n.* ද්වි කෝණමානය dwi konamaanaya

theologian *n.* දේවධර්මදරයා dewadharmadarayaa

theology *n.* දේවධර්ම ශාස්ත්‍රය dewadharma shashthraya

theorem *n.* සිද්ධාන්තය siddaanthaya

theoretical *adj.* සිද්ධාන්තික siddanthika

theorist *n.* සිද්ධාන්තවාදියා siddanthawaadiyaa

theorize *v.* සිද්ධාන්ත ඉදිරිපත් කරනවා siddantha idiripath karanawaa

theory *n.* න්‍යාය niyaaya

theosophy *n.* බ්‍රහ්මවිද්‍යාව brahma vidyaawa

therapeutic *adj.* රෝග නාශක පිළියම roga naashaka piliyama

therapist *n.* ප්‍රතිකාර කරන්නා prathikaara karanna

therapy *n.* ප්‍රතිකාරය prathikaaraya

there *adv.* එහේ ehe

thermal *adj.* උෂ්ණ තාප විෂයක ushna thaapa vishayaka

thermodynamics *n.* තාප ගති විද්‍යාව thaapa gathi vidyaawa

thermometer *n.* උෂ්ණත්වමානය ushnathwamaanaya

thermos *n.* උණු වතුර බෝතලය unu wathura bothalaya

thermosetting *adj.* තාප ස්ථාපන thaapa sthaapana

thermostat *n.* තාප පාලකය thaapa paalakaya

thesis *n.* නිබන්ධනය nibandanaya

they *pron.* ඔවුන් owun

thick *adj.* ඝන ghana

thicken *v.* ඝන වෙනවා ghana wenawaa

thicket *n.* වන ලැහැබ wana lahaba

thief *n.* හොර hora

thigh *n.* කලවය kalawaya

thimble *n.* දිදාලය didaalaya

thin *adj.* තුනී thunee

thing *n.* දෙය deya

think *v.* හිතනවා hithanawaa

thinker *n.* තුනී thunee

third *adj.* තුන්වැනි thunwani

thirst *n.* පිපාසාව pipaasaawa

thirsty *adj.* පිපාසිත pipaasitha

thirteen *adj.* & *n.* දහතුන dahathuna

thirteen *adj.* & *n.* දහතුන්වෙනි dahathunweni

thirteenth *adj.* & *n.* දහතුන්වෙනිය dahathunwenia

thirtieth *adj.* & *n.* තිස්වෙනි thisweni

thirtieth *adj.* & *n.* තිස්වෙනි thisweni

thirty *adj.* & *n.* තිහ thiha

thirty *adj. & n.* තිහ thiha
this *pron.& adj.* මේක meka
thistle *n.* කටු සහිත පැළෑටිය katu sahitha palatiya
thither *adv.* ඒතනට ethanata
thong *n.* හම් පටිය ham patiya
thorn *n.* කට්ට katta
thorny *adj.* කටු සහිත katu sahitha
thorough *adj.* විශිෂ්ට wishishta
thoroughfare *n.* පොදු පාර podu paara
though *conj.* එහෙත් eheth
thoughtful *adj.* කල්පනා සහිත kalpanaa sahitha
thoughtless *adj.* නොසැලකිලිවන්ත nosalakiliwantha
thousand *adj. & n.* දහස dahasa
thrall *n.* දාසයා daasayaa
thrash *v.* තඩි බානවා thadi baa-nawaa
thread *n.* නූල noola
threat *n.* තර්ජනය tharjanaya
threaten *v.* තරවටු කරනවා tharawatu karanawaa
three *adj. & n.* තුන thuna
thresh *v.* ගොයම් පාගනවා goyam paaganawaa
threshold *n.* ඒළිපත elipatha
thrice *adv.* තුන් වරක් thun warak
thrift *n.* සකසුරුවම sakasuruwama
thrifty *adj.* සකසුරුවම් සහිත sakasuruwam sahitha
thrill *n.* බලවත් ප්‍රීතිය balawath preethiya
thriller *n.* ත්‍රාස කතාව thraasa kathaawa
thrive *v.* සඵල වෙනවා sapala wenwaa
throat *n.* උගුර ugura
throaty *adj.* ගොරෝසු gorosu
throb *v.* ගැහෙනවා gahenawaa
throes *n.* චිත්ත සන්තා chiththa santhaa
throne *n.* සිහසුන sihasuna
throng *n.* රැස් කකා සිටින සමූහය ras kakaa sitina samoohaya
throttle *n.* ඉන්ධන පාලකයා indana paalakaya
through *prep. &adv.* අතරෙන් atharen
throughout *prep.* මුළුල්ලෙහි mulullehi
throw *v.* විසි කරනවා visi karanawaa
thrush *n.* උල්ලෝගම ullogama
thrust *v.* තෙරපනවා therapanawaa
thud *n.* බොල් හඬ bol handa
thug *n.* මැරවරයා marawarayaa
thumb *n.* මාපට ඇඟිල්ල maapata angilla
thunder *n.* අකුණ akuna
thunderous *adj.* මහත් ශබ්ද ඇති mahath shabda athi
Thursday *n.* බ්‍රහස්පතින්දා brahaspathindaa
thus *adv.* මෙලෙස melesa
thwart *v.* නිෂ්ප්‍රභා කරනවා nish-prabaa karanawaa
thyroid *n.* තයිරොයිඩ් ග්‍රන්ථිය thyroid granthiya
tiara *n.* කුඩා ඔටුන්න kudaa otunna
tick *n.* හරි ලකුණ hari lakuna
ticket *n.* ප්‍රවේශ පත්‍රය prawesha pathraya
ticking *n.* මෙට්ට රෙදි metta redhi
tickle *v.* හැකිති කවනවා hankithi kawanawaa
ticklish *adj.* කිති ඇති kithi athi

tidal *adj.* වඩදිය බාදිය පිළිබඳ වූ wadadiya baadiya pilibanda wu

tiddly *n.* වඩදිය බාදිය ඇතිවන wadadiya baadiya athiwana

tide *n.* වඩදිය බාදිය wadadiya baadiya

tidings *n.* ආරංචි aaranchi

tidiness *n.* පිරිසිදුකම pirisidukama

tidy *adj.* නිසි පිළිවෙළට තබාගත් nisi piliwalata thabaagath

tie *v.* ගැට ගසනවා gata gasanawaa

tie *n.* කර පටිය kara patiya

tied *adj.* බඳින ලද bandina lada

tier *n.* ගෙවල් පේළිය gewal peliya

tiger *n.* කොටියා kotiyaa

tight *adj.* තද thada

tighten *v.* තද කරනවා thada karanawaa

tile *n.* උළු ulu

till *prep.* තුරු thuru

tiller *n.* ගොවිතැන් කරනවා govithan karanawaa

tilt *v.* ඇල වෙනවා ala wenawaa

timber *n.* ලී lee

time *n.* වේලාව welaawa

timely *adj.* කාලානුරූප kaalaanurupa

timid *adj.* බියසුලු biyasulu

timidity *n.* බයාදුකම bayaadukama

timorous *adj.* බයාදු bayaadu

tin *n.* බෙලෙක් belek

tincture *n.* බෙහෙත් වතුර මිශ්‍රණය beheth wathura misranaya

tinder *n.* වහා ගිනි ගන්නා දේ wahaa gini ganna de

tinge *n.* ස්වල්ප මිශ්‍රණය swalpa misranaya

tingle *n.* සියුම් වේදනාවක් දැනෙනවා siyum wedanaawak danenawaa

tinker *v.* ලෝහ භාණ්ඩ අලුත්වැඩියා කරන්නා loha baanda aluthwadiya karanna

tinkle *v.* ටින් ටින් ගානවා tin tin gaanawaa

tinsel *n.* සරුව පිත්තල saruwa piththala

tint *n.* මන්ද වර්ණය manda warnaya

tiny *adj.* ඉතා කුඩා itha kudaa

tip *n.* හෝඩුවාව hoduwaawa

tipple *v.* නිතර මත්පැන් බොනවා nithara mathpan bonawaa

tipster *n.* තොරතුරු සපයන්නා thorathuru sapayanna

tipsy *n.* වෙරි වූ weri wu

tiptoe *v.* පාද ඇඟිලිවල අග paada angiliwala aga

tirade *n.* නොකඩවා කරන බැන වැදීම nokadawaa karana bana wadeema

tire *v.* වෙහෙසෙනවා wehasenawaa

tired *adj.* වෙහෙසුණු wehesunu

tireless *adj.* වෙහෙස නොදැනෙන wehesa nodanena

tiresome *adj.* වෙහෙස ඇති කරන wehasa athi karana

tissue *n.* ඉතා සියුම් වියමන itha siyum wiyamana

titanic *adj.* අති විශාල athi wishaala

titbit *n.* රස කෑම කැබැල්ල rasa kama kaballa

tithe *n.* පොඩිත්තා podiththa

titillate *v.* කිති කවනවා kithi kawanawaa

titivate *v.* ජෙත්තු වෙනවා jeththu wenawaa

title *n.* මාතෘකාව maathrukaawa

titled *adj.* පටබැඳි නමක් ඇති patabandi namak athi

titular *adj.* නාම මාත්‍ර naama maathra
to *prep.* දක්වා dakwaa
toad *n.* ගෙමැඩියා gemadia
toast *n.* සව්දිය sawdiya
toaster *n.* කර කරන යන්ත්‍රය kara karana yantraya
tobacco *n.* දුම් කොළ dum kola
today *adv.* අද ada
toddle *v.* පිය නගනවා piya naga-nawaa
toddler *n.* සිඟිත්තා singiththa
toe *n.* පයේ ඇඟිල්ල paye angilla
toffee *n.* ටොෆිය topiya
tog *n.* පුරුක puruka
toga *n.* පුරාණ රෝමන්වරුන්ගේ ඇඳුම puraana romanwarunge anduma
together *adv.* එකවර ekawara
toggle *n.* පුරුක puruka
toil *v.i.* නියැලෙනවා niyalenawa
toilet *n.* වැසිකිළිය wasikiliya
toiletries *n.* සාදන කාමරයට අවශ්‍ය දේ saadana kaamarayata awashya de
toils *n.* උගුල ugula
token *n.* නිමිත්ත nimiththa
tolerable *adj.* ඉවසිය හැකි iwasiya haki
tolerance *n.* ඉවසිල්ල iwasillla
tolerant *adj.* ඉවසිලිමත් iwasilimath
tolerate *v.* යමක් ඉවසනවා yamak iwasanawaa
toleration *n.* සාධාරණත්වය saadaa-ranathwaya
toll *n.* රේන්දය rendaya
tomato *n.* තක්කාලි thakkaali
tomb *n.* සොහොන් ගෙය sohon geya
tomboy *n.* පිරිමි දරුවෙකු ලෙස හැසිරෙන ගැහැණු දරුවා pirimi daruweku lasa hasirena gahanu daruwaa
tome *n.* විශාල පොත wishaala potha
tomfoolery *n.* මෝඩ හැසිරීම moda hasireema
tomorrow *adv.* හෙට heta
ton *n.* ටොන් එක ton eka
tone *n.* හඬ handa
toner *n.* ටෝනරය tonaraya
tongs *n.* දිග අඬුව diga anduwa
tongue *n.* දිව diwa
tonic *n.* ශක්තිජනක පානය shak-thijanaka paanaya
tonight *adv.* අද රෑ ada raa
tonnage *n.* ටොන් ගණන ton ganana
tonne *n.* කිලෝග්‍රෑම් 1000 kilo gram 1000
tonsil *n.* සෙම් ගෙඩි sem gedi
tonsure *n.* කෙස් මුඩු කිරීම kes mudu kireema
too *adv.* එසමෙ esema
tool *n.* මෙවලම mewalama
tooth *n.* දත datha
toothache *n.* දත් කැක්කුම dath kakkuma
toothless *adj.* දත් නැති dath nathi
toothpaste *n.* දත් බෙහෙත් dath beheth
toothpick *n.* දත් කූර dath koora
top *n.* මුදුන muduna
topaz *n.* පුෂ්පරාගය pushparaaga
topiary *n.* පඳුරු කොට කර කපා හැඩ ගැන්වීම panduru kota kara kapaa hada ganweema
topic *n.* විෂය ක්ෂේත්‍රය wishaya sheshthraya
topical *adj.* කාලෝචිත kaalochitha

topless *adj.* නිරාවරිත උඩු කය niraawaritha udu kain

topographer *n.* භූ ලක්ෂණ සිතියම්කරු boo lakshna sithiyam-karu

topographical *adj.* භූ ලක්ෂණ සහිත boo lakshana sahitha

topography *n.* භූමි විස්තර boomi wistharaya

topping *n.* මුදුන් පිරිය mudun piriya

topple *v.* පෙරළී වැටෙනවා peralee watenawaa

tor *n.* කුඩා කන්ද kudaa kanda

torch *n.* විදුලි පන්දම widuli pandama

toreador *n.* ගොන්පොර කාරයා gonpora kaaraya

torment *n.* වද වේදනාව wada wedanaawa

tormentor *n.* වධකයා wadakayaa

tornado *n.* ටොනේඩෝ කුණාටුව tornado kunaatuwa

torpedo *n.* දිය යට නළ බෝම්බය diya yata nala bombaya

torpid *adj.* උනන්දුවක් නැති unan-duwak nathy

torrent *n.* ජල ප්‍රවාහය jala pra-waahaya

torrential *adj.* වේගයෙන් ගලා යන wegayen galaa yana

torrid *adj.* උෂ්ණාධික usnaadika

torsion *n.* ව්‍යවර්තනය wyawarthanaya

torso *n.* කවන්ධය kawandaya

tort *n.* අලාභහානි කිරීමේ වරද alaabahaani kireeme warada

tortoise *n.* ඉබ්බා ibba

tortuous *adj.* වංක wanka

torture *n.* බලවත් හිංසාව balawath hinsaawa

toss *v.* උඩ විසි කරනවා uda wisi karanawaa

tot *n.* මත්පැන් පොද mathpan poda

total *adj.* සම්පූර්ණ sampoorna

total *n.* මුලු එකතුව mulu ekathuwa

totalitarian *adj.* ඒකාධිපති රාජ්‍යය ekaadipathy rajaya

totality *n.* සමස්ථය samasthaya

tote *v.* ඔට්ටු ඇල්ලීමේ ක්‍රමය ottu alleeme kramaya

totter *v.* දුර්වලව පිහිටා තිබෙනවා durwalawa pihitaa thibenawaa

touch *v.* ස්පර්ශ වෙනවා sparsha wenawaa

touching *adj.* අනුකම්පාව දනවන anukampaawa danawana

touchy *adj.* ඉක්මනින් අමනාප වෙන ikmanin amanaapa wena

tough *adj.* දරදඬු daradandu

toughen *v.* දැඩි වෙනවා dhadi wenawaa

toughness *n.* ශක්තතාව shakthathaawa

tour *n.* චාරිකාව chaarikaawa

tourism *n.* සංචාරක ව්‍යාපාරය sanchaaraka wiyaapaaraya

tourist *n.* සංචාරක sancharakaya

tournament *n.* තරඟාවලිය tharan-gaawaliya

tousle *v.* කෙස් අවුල් කරනවා kes awul karanawaa

tout *v.* ඔත්තු සොයනවා oththu soyanawaa

tow *v.* කඹයකින් ඇදගෙන යනවා kambayakin adagena yanawaa

towards *prep.* දෙසට desata

towel *n.* තුවාය thuwaaya

towelling *n.* තුවා රෙදි thuwaa redhi

tower *n.* අටල්ල atalla

town *n.* නගරය nagaraya

township *n.* නියම් ගම niyam gama

toxic *adj.* ධූලක dhoolaka

toxicology *n.* විෂ විද්‍යාව visha vidyaawa

toxin *n.* විෂබීජ vishabeeja

toy *n.* කෙළි බඩුව keli baduwa

trace *v.t.* සළකුණු කර ගන්නවා sala-kunu kara gannawaa

traceable *adj.* සළකුණු කර ගත හැකි salakunu kara gatha haki

tracing *n.* අනු රේඛණය anu reka-naya

track *n.* පා සටහන paa satahana

tracksuit *n.* පීළි ඇඳුම් කට්ටලය peeli andum kattalaya

tract *n.* යාය yaaya

tractable *adj.* හික්මවිය හැකි hikmawiya haki

traction *n.* ඇදගෙන යාම adagena yaama

tractor *n.* ට්‍රැක්ටරය tractaraya

trade *n.* කර්මාන්තය karmaanthaya

trademark *n.* වෙළෙඳ ලකුණ welanda lakuna

trader *n.* වෙළෙන්දා welendaa

tradesman *n.* කඩකාරයා kadakaarayaa

tradition *n.* සම්ප්‍රදාය sampradaaya

traditional *adj.* සම්ප්‍රදායික sam-pradaaika

traditionalist *n.* සම්ප්‍රදාය වාදියා sampradaaya waadiyaa

traduce *v.* අපකීර්තියට පත් කරනවා apakeerthiyata path karanawaa

traffic *n.* රථ ගමනා ගමනය ratha gamanaagamanaya

trafficker *n.* ගමනා ගමනය gama-naagamanaya

trafficking *n.* හොර ජාවාරම hora jaawaarama

tragedian *n.* ශෝකාන්ත නාට්‍යයෙහි කතෘ shokaantha naatyayehi kathroo

tragedy *n.* ඛේදවාචකය kedha-waachakaya

tragic *adj.* ඛේදාන්ත kedhaantha

trail *n.* ඉව පාර iwa paara

trailer *n.* දිගට වැදෙන වල digata wadena wala

train *n.* දුම්රිය dumriya

train *v.* පුහුණු වෙනවා puhunu wenawaa

trainee *n.* පුහුණුව ලබනවා puhunuwa labannaa

trainer *n.* පුහුණු කරන්නා puhunu karannaa

training *n.* පුහුණුව ලබන්නා puhunuwa labannaa

traipse *v.* අමාරුවෙන් ඇවිදින්නා amaruwen awidinawaa

trait *n.* ගතිය gathiya

traitor *n.* ද්‍රෝහියා drohiyaa

trajectory *n.* ගමන් පථය gaman pathaya

tram *n.* ට්‍රැම් රථය tram rathaya

trammel *v.* අවහිර කරනවා awahira karanawaa

tramp *v.* ශබ්ද නගමින් ඇවිදිනවා shabda nagamin awidinawaa

trample *v.* මඩනවා madanawaa

trampoline *n.* කරණම් ගැසීමට භාවිතා කරන රාමුවක සවිකළ කැන්වස් රෙද්ද karanam gaseemata bhaawitha karana raamuwaka sawikala kanvas reddha

trance *n.* දහන dahana

tranquil *adj.* ශාන්ත shaantha

tranquillity *n.* උපශමය upashamaya

tranquillize *v.* නිසංසල කරනවා nisansala karanawaa

transact *v.* ගනුදෙනු වල යෙදෙනවා ganudenu wala yedenawaa

transaction *n.* ගනුදෙනුව ganudenuwa

transatlantic *adj.* අත්ලාන්තික් සාගරය හරහා athlaanthik saagaraya harahaa

transceiver *n.* සම්ප්‍රේෂණ හා ග්‍රාහක ගුවන් විදුලි යන්ත්‍රය sampreshana haa graahaka guwan widuli yanthraya

transcend *v.* ඉක්මවා යනවා ikmawaa yanawaa

transcendent *adj.* ශ්‍රේෂ්ට shreshta

transcendental *adj.* ලෝකෝත්තර lokoththara

transcontinental *adj.* මහද්වීපයක් පුරා පතල mahadweepayak puraa pathala

transcribe *v.* පිටපත් කරනවා pitapath karanawaa

transcript *n.* පිටපත pitapatha

transcription *n.* පිටපත් කිරීම pitapath kireema

transfer *v.* මාරු කරනවා maaru karanawaa

transferable *adj.* මාරු කළ හැකි maaru kala haki

transfiguration *n.* ශ්‍රේෂ්ට රූපාන්තරය shreshta roopaantharaya

transfigure *v.* විශිෂ්ටත්වයට පමුණුවනවා wishishtathwayata pamunuwanawaa

transform *v.* පෙනුම වෙනස් කරනවා penuma wenas karanawaa

transformation *n.* විපරිනාමය wiparinaamaya

transformer *n.* පරිනාමකය parinaamakaya

transfuse *v.* පාරවිලනය කරනවා paarawilanaya karanawaa

transfusion *n.* පාරවිලනය paarawilanaya

transgress *v.* උල්ලංඝනය කරනවා ullanganaya karanawaa

transgression *n.* උල්ලංඝනය ullanganaya

transient *adj.* අනිත්‍ය anithya

transistor *n.* ට්‍රාන්සිස්ටරය transistaraya

transit *n.* තැනකින් තැනකට යාම thanakin thanakata yaama

transition *n.* සංක්‍රමණය sankramanaya

transitive *adj.* සකර්මක sakarmaka

transitory *adj.* අස්ථිර asthira

translate *v.* පරිවර්තනය කරනවා pariwarthanaya karanawaa

translation *n.* පරිවර්තනය pariwarthanaya

transliterate *v.* අක්ෂර පරිවර්තනය කරනවා akshara pariwarthanaya karanawaa

translucent *adj.* ආලෝකය විනිවිද වැටෙන aalokaya winiwidha watena

transmigration *n.* සංසරණය sansaranaya

transmission *n.* සම්ප්‍රේෂණය sampreshanaya

transmit *v.* සම්ප්‍රේෂණය කරනවා sampreshanaya karanawaa

transmitter *n.* සම්ප්‍රේෂකය sampreshakaya

transmute *v.* තත්වාන්තරකරණය කරනවා thathwaantharakaranaya karanawaa

transparency *n.* විනිවිද පෙනීම winiwidha peneema

transparent *adj.* පාරදෘශ්‍ය paaradrushya

transpire *v.* ශරීරයේ සිදුරු වලින් පිටවෙනවා shareeraye siduru walin pitawenawaa

transplant *v.* පැළ සිටවනවා pala sitawanawaa

transport *v.* ප්‍රවාහනය කරනවා prawaahanaya karanawaa

transportation *n.* ප්‍රවාහනය prawaahanaya

transporter *n.* විශාල ප්‍රවාහක වාහනයක් wishaala prawaahaka waahanayak

transpose *v.* ස්ථාන මාරු කරනවා sthaana maaru karanawaa

transsexual *n.* මානසික අතින් විරුද්ධ ලිංගයට නැඹුරු වූ maanasika athin wirudda lingayata namburu wu

transverse *adj.* හරහට වැටුණු harahata watunu

transvestite *n.* විරුද්ධ ලිංගික පක්ෂයේ ඇඳුම් අඳින wiruddha lingika pakshaye andum andinnaa

trap *n.* උගුල ugula

trapeze *n.* ට්‍රැපීසය trapezaya

trash *n.* ලට පට lata pata

trauma *n.* සිතෙහි ඇතිවන කම්පනය sithehi athiwana kampanaya

travel *v.* ගමන් යනවා gaman yanawaa

traveller *n.* ගමන් කරනවා gaman karannaa

travelogue *n.* චිත්‍ර ආධාරයෙන් ගමන් විස්තරයක් දක්වමින් කරන කතාව chithra aadhaarayen gaman wistharayak dakwamin karana kathaawa

traverse *v.* හරස් කපනවා haras kapanawaa

travesty *n.* විකාරය wikaaraya

trawler *n.* ට්‍රෝලර් යාත්‍රාව trolar yaathraawa

tray *n.* තැටිය thatiya

treacherous *adj.* විශ්වාසය නොතිබිය හැකි wiswaasaya nothabiya haki

treachery *n.* විශ්වාසය කඩ කිරීම wiawaasaya kada kireema

treacle *n.* පැණි pani

tread *v.* අඩි තබා යනවා adi thabaa yanawaa

treadle *n.* පා පොල්ල paa polla

treadmill *n.* පාදයෙන් ක්‍රියා කරවන යන්ත්‍රය paadayen kriya karawana yanthraya

treason *n.* රාජ ද්‍රෝහීත්වය raaja droheethwaya

treasure *n.* නිධානය nidhaanaya

treasurer *n.* භාණ්ඩාගාරික bhaan-daagaarika

treasury *n.* භාණ්ඩාගාරය bhaan-daagaaraya

treat *v.* සංග්‍රහ කරනවා sangraha karanawaa

treatise *n.* නිබන්ධය nibandaya

treatment *n.* ප්‍රතිකාරය prathi-kaaraya

treaty *n.* සන්ධානය sandaanaya

treble *adj.* තුන් ගුණයක් වූ thun gunayak wu

tree *n.* ගස gasa
trek *n.* අමාරු දිග ගමන amaaru diga gamana
trellis *n.* ගරාදි වැට garaadi wata
tremble *v.* සසල වෙනවා sasala wenawaa
tremendous *adj.* ලොකු හපන් loku hapan
tremor *n.* වෙව්ලුම wewluma
tremulous *adj.* සැලෙන salena
trench *n.* අගල agala
trenchant *adj.* ඇනුම්පද සහිත anumpada sahitha
trend *n.* නැඹුරුතාවය namburuthaawaya
trendy *adj.* ජෙත්තුකාරයා jeththukaara
trepidation *n.* චකිතය chakithaya
trespass *v.* අනවසරයෙන් තැනකට ඇතුල් වෙනවා anawasarayen thanakata athul wenawaa
tress *n.* කෙස් රොද kes roda
trestle *n.* පලන්චිය palanchiya
trial *n.* අත්හදා බැලීම athhadaa baleema
triangle *n.* ත්‍රිකෝණය thrikonaya
triangular *adj.* ත්‍රිකෝණාකාර thrikonaakaara
triathlon *n.* තුන් ඉසව් මළල තරඟය thun isaw malala tharanga
tribal *adj.* ගෝත්‍රික gothrika
tribe *n.* පෙළපත pelapatha
tribulation *n.* මහත් විපත mahath wipatha
tribunal *n.* විනිශ්චය සභාව winishchaya sabhaawa
tributary *n.* අතු ගඟ athu ganga
tribute *n.* ගුණ කතාව guna kathaawa
trice *n.* ක්ෂණය kshanaya
triceps *n.* ත්‍රිමූර්ධකය thrimoodahkaya
trick *n.* උපාය upaaya
trickery *n.* ප්‍රෝඩාව prodaawa
trickle *v.* වැක්කෙරෙනවා wakkerenawaa
trickster *n.* ප්‍රයෝගකාරයා prayogakaarayaa
tricky *adj.* පරිස්සමෙන් කළ යුතු parissamen kala yuthu
tricolour *n.* ත්‍රිවර්ණ thriwarna
tricycle *n.* රෝද තුනේ බයිසිකලය roda thune baicikalaya
trident *n.* ත්‍රිශූලය thrishoolaya
trier *n.* උත්සාහවන්තයා uthsaahawanthayaa
trifle *n.* සුලු දේ sulu de
trigger *n.* තුවක්කුවේ කොක්ක thuwakkuwe kokaa
trigonometry *n.* ත්‍රිකෝණමිතිය thrikonamithiya
trill *n.* කම්පා වන ලෙස නගන ශබ්දය kampaa wana lesa nagana shabdaya
trillion *adj & n.* දස දහස් ප්‍රකෝටිය dasa dahas prakotiya
trilogy *n.* තුන් ඈඳුනු කෘතිය thun andunu kruthiya
trim *v.* කොට කරනවා kota karanawaa
trimmer *n.* කපටියා kapatiyaa
trimming *n.* සැරසිල්ල sarasilla
trinity *n.* ත්‍රිත්වය thrithwaya
trinket *n.* නොවටිනා දේ nowatinaa de
trio *n.* තුන් කට්ටුව thun kattuwa
trip *v.* පැකිළ වැටෙනවා pakila

watenawaa

tripartite *adj.* ත්‍රෛපාක්ෂික thrai paakshika

triple *n.* කොටස් තුනක් ඇති kotas thunak athi

triplet *n.* තුන් පද කවිය thun pada kaviya

triplicate *adj.* පිටපත් තුනකින් යුත් pitapath thunakin yuth

tripod *n.* කකුල් තුනේ පුටුව kakul thune putuwa

triptych *n.* ත්‍රිපංගු භූෂණය thripangu booshanaya

trite *adj.* යල් පැනපු yal panapu

triumph *n.* විශිෂ්ට ජයග්‍රහණය wishishta jayaggrahanaya

triumphal *adj.* උත්සව සහිත uthsawa sahitha

triumphant *adj.* ජය ලත් jaya lath

trivet *n.* කකුල් තුනේ කුඩා කනප්පුව kakul thune kudaa kanappuwa

trivia *n.* අගයක් නැති දේවල් agayak nathi dewal

trivial *adj.* නොවැදගත් nowadagath

troll *n.* අඟුටුමිට්ටා angutumittaa

trolley *n.* ට්‍රොලිය troliya

troop *n.* භට කණ්ඩායම bhata kandaayama

trooper *n.* අශ්වාරෝහක බටයා ashwaarohaka bhatayaa

trophy *n.* කුසලානය kusalaanaya

tropic *n.* නිවර්තනය niwarthanaya

tropical *adj.* උෂ්ණ කලාපයට අයත් ushna kalaapayata ayath

trot *v.* ළඟ ළඟ පා තබමින් දුවනවා langa langa paa thabamin duwanawaa

trotter *n.* වේගයෙන් ඇවිදිනවා wegayen awidinawaa

trouble *n.* කරදරය karadaraya

troubleshooter *n.* කරදර සමථයකට පත්කරනවා karadara samathayakata pathkaranna

troublesome *adj.* කරුමක්කාර karumakkaara

trough *n.* සතුන්ගේ කෑම ඔරුව sathunge kama oruwa

trounce *v.* බැට දෙනවා bata denawa

troupe *n.* කණ්ඩායම kandaayama

trousers *n.* කලිසම kalisama

trousseau *n.* මනාලියගේ ඇඳුම් කට්ටලය manaaliyage andum kattalaya

trout *n.* මිරිදිය මාළු වර්ගයක් miridiya maalu wargayak

trowel *n.* මේසන් හැන්ද mesan handa

troy *n.* රන් රිදී මිනුම් ඒකක ක්‍රමය ran ridhee minum ekaka kramaya

truant *n.* අලසයා alasayaa

truce *n.* තාවකාලික සහනය thaawa-kaalika sahanaya

truck *n.* ගනුදෙනු කිරීම ganudenu kireema

trucker *n.* දුර බඩු ගෙනයන ලොරි රියදුරා dura badu genayana lori riyaduraa

truculent *adj.* දබරයට කැමති dabarayata kamathi

trudge *v.* අමාරුවෙන් ඇවිදිනවා amaaruwen awidinawaa

true *adj.* සත්‍ය sathya

truffle *n.* සුවඳ හතු suwanda hathu

trug *n.* මහත් තරඟය mahath tharangaya

truism *n.* කවුරුත් දන්නා සත්‍ය kauruth dannaa sathyaya

trump *n.* තුරුම්පුව thurumpuwa
trumpet *n.* හොරනෑව horanaawa
truncate *v.* මුදුනෙන් කපා දමනවා mudunen kapaa damanawaa
truncheon *n.* මුගුර mugura
trundle *v.* පෙරළීගෙන යනවා peraleegena yanawaa
trunk *n.* සොඬවැල sondawala
truss *n.* පිදුරු මිටිය piduru mitiya
trust *n.* විශ්වාසය wishwaasaya
trustee *n.* භාරකාරයා bhaarakaarayaa
trustful *adj.* දැඩි විශ්වාසය ඇති dhadi wishwaasaya athi
trustworthy *adj.* විශ්වසනීය wishwasaneeya
trusty *adj.* පක්ෂපාතී pakshapaathi
truth *n.* ඇත්ත aththa
truthful *adj.* සත්‍යවාදී sathyawaadee
try *v.* වෑයම් කරනවා waayam karanawaa
trying *adj.* වෙහෙසෙන wehesena
tryst *n.* සංකේතය sankethaya
tsunami *n.* උදම් රළ udam rala
tub *n.* බෝට්ටුව bottuwa
tube *n.* නළය nalaya
tubercle *n.* කුඩා ගැටය kudaa gataya
tuberculosis *n.* ක්ෂය රෝගය kshaya rogaya
tubular *adj.* නළයක් වැනි nalayak wani
tuck *v.* රැලි දමනවා rali damanawaa
Tuesday *n.* අඟහරුවාදා angaharuwaadaa
tug *v.* ඇදගෙන යනවා adhagena yanawaa
tuition *n.* අමතර ඉගැන්වීම amathara iganweema
tulip *n.* මල් වර්ගයක් mal wargayak
tumble *v.* හදිසියෙන් වැටෙනවා hadisiyen watenawaa
tumbler *n.* තම්බලේරුව thambaleruwa
tumescent *adj.* ඉදිමුණු idimunu
tumour *n.* තඩිස්සිය thadissiya
tumult *n.* කෝලාහලය kolaahalaya
tumultuous *adj.* මහත් ශබ්ද සහිත mahath shabda sahitha
tun *n.* ලොකු පීප්පය loku peeppaya
tune *n.* තනුව thanuwa
tuner *n.* තූර්ය නාද සකස් කරනවා thoorya naada sakas karannaa
tunic *n.* කබාය kabaaya
tunnel *n.* බිංගෙය bingeya
turban *n.* සුම්බාරය sumbaraya
turbid *adj.* මඩ සහිත mada sahitha
turbine *n.* ජල රෝදය jala rodaya
turbocharger *n.* ටර්බෝ ආරෝපකය terbo aaropakaya
turbulence *n.* දාමරිකකම daamarikakama
turbulent *adj.* දාමරික daamarika
turf *n.* තණපිඩැල්ල thana pidalla
turgid *adj.* ඉදිමුණු idimunu
turkey *n.* කලුකුමා kalukumaa
turmeric *n.* කහ kaha
turmoil *n.* ආරවුල aaraula
turn *v.* හැරීම hareema
turner *n.* ලියන වඩුවා liyana waduwaa
turning *n.* විවර්ත wiwartha
turnip *n.* එළවළු වර්ගයක් elawalu wargayak
turnout *n.* අවහැරවුම awaharawuma

turnover *n.* පිරිවැටුම piriwatuma

turpentine *n.* ටර්පන්ටයින් tapantain

turquoise *n.* නිල් මැණික nil manika

turtle *n.* කැස්බෑවා kasbaawaa

tusk *n.* දළය dalaya

tussle *n.* දබරය dabaraya

tutelage *n.* ආරක්ෂාව aarakshaawa

tutor *n.* උපදේශකයා upadesha-kayaa

tutorial *n.* පන්ති පදනම panthi paadama

tuxedo *n.* කබා වර්ගයක් kabaa wargayak

tweak *v.* කොනහා හියයනේ අදිනවා konahaa haiyen adinawaa

twee *adj.* කුරුළු හඬ kurulu handa

tweed *n.* ලොම් රෙදි වර්ගයක් lom redhi wargayak

tweet *v.* පක්ෂියා හඬනවා pakshiyaa handanawaa

tweeter *n.* සියුම් හඬ සඳහා වූ විකා ශන යන්ත්‍රය siyum handa sandahaa wu shabda wikaashana yanthraya

tweezers *n.* කුඩා අඬුව kudaa anduwa

twelfth *adj.&n.* දොළොස්වෙනි dolosweni

twelfth *adj.&n.* දොළොස්වෙනි dolosweni

twelve *adj.&n.* දොළහ dolaha

twentieth *adj.&n.* විසිවෙනි wisiweni

twentieth *adj.&n.* විසිවෙනි wisiweni

twenty *adj.&n.* විස්ස wissa

twice *adv.* දෙවරක් dewarak

twiddle *v.* ඇඟිලි කඩනවා angili kadanawaa

twig *n.* රිකිල්ල rikilla

twilight *n.* ගොම්මන් වෙලාව gomman welaawa

twin *n.* නිවුන් niwun

twine *n.* දඟරය dangaraya

twinge *n.* දැවිල්ල dawilla

twinkle *v.* දීප්තිමත්ව බබළනවා deepthimathwa babalanawaa

twirl *v.* ඉක්මනින් වටේ කැරකෙනවා ikmanin wate karakawanawaa

twist *v.* දඟ දමනවා danga damanawaa

twitch *v.* නහර ගැහෙනවා nahara gahenawaa

twitter *v.* චර චර ගානවා chara chara gaanawaa

two *adj.&n.* දෙක deka

twofold *adj.* උභය ubaya

tycoon *n.* ධනපති ව්‍යාපාරිකයා dhanapathi wiyaapaarikayaa

type *n.* වර්ගය wargaya

typesetter *n.* අච්චු අකුරු අමුණන්නා achchu akuru amunannaa

typhoid *n.* උණ සන්නිපාතය una sannipaathaya

typhoon *n.* ටයිෆූන් typhoon

typhus *n.* බෝවන උණ රෝගයක් bowana una rogayak

typical *adj.* ප්‍රකෘති prakurthi

typify *v.* සංකේතවත් කරනවා sankethawath karanawaa

typist *n.* යතුරු ලියන්නා yathuru liyannaa

tyrannize *v.* භය ගන්වා පාලනය කරනවා bhaya ganwaa paalanaya karanawaa

tyranny *n.* දුෂ්ට පාලනය dhushta paalanaya

tyrant *n.* දුෂ්ට රජා dhushta raja

tyre *n.* ටයරය tayaraya

U

ubiquitous *adj.* සෑම තැනම පවත්නා saama thanama pawathnaa

udder *n.* සතුන්ගේ තන බුරුල්ල sathunge thana burulla

ugliness *n.* අසුන්දරත්වය asunda-rathaawaya

ugly *adj.* අවලක්ෂණ awalakshana

ulcer *n.* වණ වූ තුවාලය wana wu thuwaalaya

ulterior *adj.* දුරින් පිහිටි durin pihiti

ultimate *adj.* ඉතා දුරින් පිහිටි itha durin pihiti

ultimately *adv.* අවසානයේදී awasaanayedee

ultimatum *n.* අන්තිම යෝජනාව anthima yojanaawa

ultra *pref.* අධික adika

ultramarine *n.* අති නීල වර්ණය athi neela warnaya

ultrasonic *adj.* අති ධ්වනික athi dwanika

ultrasound *n.* අති ධ්වනිය athi dwaniya

umber *n.* සායමක් ලෙස භාවිතා කරන යපස් saayamak lesa bhawithaa karana yapas

umbilical *adj.* නාභියට සම්බන්ධ naabhiyata sambanda

umbrella *n.* කුඩය kudaya

umpire *n.* විනිශ්චයකරුවා winish-chakaruwaa

unable *adj.* නොහැකි nohaki

unanimity *a.* සම්මුතිය sammuthiya

unaccountable *adj.* හේතුව කිව නොහැකි hethuwa kiwa nohaki

unadulterated *adj.* අමිශ්‍ර amisra

unalloyed *adj.* මාත්තුව අඩු නැති maaththuwa adu nathi

unanimous *adj.* සමගි සම්පන්න samagi sampanna

unarmed *adj.* නිරායුධ niraauda

unassailable *adj.* දෝෂාරෝපණය කළ නොහැකි doshaaropanaya kala nohaki

unassuming *adj.* උඩඟු නොවූ undangu nowu

unattended *adj.* අප්‍රාප්ත apraaptha

unavoidable *adj.* වැළැක්විය නොහැකි walakwiya nohaki

unaware *adj.* නොදැනුවත් nodanuwath

unbalanced *adj.* අඩමාන adamaana

unbelievable *adj.* විශ්වාස කළ නොහැකි wiswaasa kala nohaki

unbend *v.* නැම්ම අරිනවා namma arinawaa

unborn *adj.* නූපන් noopan

unbridled *adj.* සීමාවක් නැති seemaawak nathi

unburden *v.* බර ඉවත් කරනවා bara iwath karanawaa

uncalled *adj.* නොඇමතූ noamathoo

uncanny *adj.* තේරුම් ගැනීමට දුෂ්කර therum ganeemata dushkara

unceremonious *adj.* උත්සවශ්‍රීයක් නොමැති uthsawasreeyak nomathi

uncertain *adj.* සැක සහිත saka sahitha

uncharitable *adj.* අකරුණාවන්ත akarunaawantha

uncle *n.* මාමා maamaa

unclean *adj.* අපිරිසිදු apirisidu

uncomfortable *adj.* අපහසු apahasu

uncommon *adj.* දුර්ලභ durlaba

uncompromising *adj.* ඉතා දැඩි itha dhady

unconditional *adj.* කොන්දේසි රහිත kondesi rahitha

unconscious *adj.* සිහි නැති sihi nathi

uncouth *adj.* අශෝභන ashobana

uncover *v.* වැස්ම ඉවත් කරනවා wasma iwath karanawaa

unctuous *adj.* තෙල් ආකාර thel aakara

undeceive *v.* මුළා නොකරනවා mulaa nokaranawaa

undecided *adj.* තීරණයකට නොපැමිණි theeranayakata nopamini

undeniable *adj.* සැකයක් නොමැති sakayak nomathi

under *prep.* යටින් yatin

underarm *adj.* කිහිල්ලෙහි kihillehi

undercover *adj.* හොර රහසේ hora rahase

undercurrent *n.* යට සැඩ පහර yata sada pahara

undercut *v.* යටින් කපා හරිනවා yatik kapaa harinawaa

underdog *n.* දුර්වලයා durwalayaa

underestimate *v.* අඩුවෙන් තක්සේරු කරනවා aduwen thakseru karanawaa

undergo *v.* යමක් කරවගන්නවා yamak karawaagannawaa

undergraduate *n.* උපාධි ශිෂ්‍යයා upaadi shishyayaa

underground *adj.* පොළොවෙ යට පිහිටි polowa yata pihiti

underhand *adj.* වංක wanka

underlay *n.* හොර ප්‍රතිප්‍රචාරය hora prathiprachaaraya

underline *v.t.* යටින් ඉරි අඳිනවා yatin iri andinawaa

underling *n.* යටතේ සිටින්නා yatathe sitinna

undermine *v.* යටින් හාරා බිඳිනවා yatin haaraa bindinawaa

underneath *prep.* පහළ pahala

underpants *n.* යට කලිසම yata kalisama

underpass *n.* යටින් ගමන් කිරීමට ඇති පාර yatin gaman kireemata athi paara

underprivileged *adj.* වරප්‍රසාද නොලත් warapprasaada nolath

underrate *v.* අඩුවෙන් මිල තක්සේරු කරනවා aduwen mila thakseru karanawa

underscore *v.* යටින් ඉරි අඳිනවා yatin iri andinawaa

undersigned *n.* යට අත්සන් කළ yata athsan kala

understand *v.t.* තේරුම් ගන්නවා therum gannawaa

understanding *n.* තේරුම් ගැනීම therum ganeema

understate *v.* අඩු කර දක්වනවා adu kara dakwanawaa

undertake *v.* යමක් කිරීමට භාරගන්නවා yamak kireemata baaragannawaa

undertaker *n.* අවමංගල්‍යය අධ්‍යක්ෂක awamangalyaya adyakshaka

underwear *n.* යට ඇඳුම් yata andum

underworld *n.* පාතාල ලෝකය paathaala lokaya
underwrite *v.* ප්‍රතිරක්ෂණය කරනවා prathirakshanaya karanawaa
undesirable *adj.* අනිෂ්ට anishta
undo *v.* නිෂ්ප්‍රභා කරනවා nishpraba karanawaa
undoing *n.* විනාශය winaashaya
undone *adj.* නොකරන ලද nokarana lada
undress *v.* ඇඳුම් ලිහනවා andum lihanawaa
undue *adj.* නොනිසි nonisi
undulate *v.* තරංග නැගෙනවා tharanga nagenawaa
undying *adj.* අමරණීය amaraneeya
unearth *v.* පාදනවා paadanawaa
uneasy *adj.* අපහසු apahasu
unemployable *adj.* රැකියාවට නුසුදුසු rakiyaawata nusudusu
unemployed *adj.* රක්ෂාව නැති rakshaawa nathi
unending *adj.* කෙළවරක් නැති kelawarak nathi
unequalled *adj.* අසහාය asahaaya
uneven *adj.* සමතලා නැති samathalaa nathi
unexceptionable *adj.* නිරවද්‍ය niravadya
unexceptional *adj.* අසාමාන්‍ය නොවූ asaamaanya nowu
unexpected *adj.* අනපේක්ෂිත anapekshitha
unfailing *adj.* නොවරදින nowa-radina
unfair *adj.* අසාධාරණ asaadaarana
unfaithful *adj.* ද්‍රෝහී drohee
unfit *adj.* අභව්‍ය abawya
unfold *v.* ක්‍රමයෙන් එළිදරව් වෙනවා kramayen elidaraw wenawaa
unforeseen *adj.* කලින් නොදුටු kalin nudutu
unforgettable *adj.* අමතක කල නොහැකි amathaka kala nohaki
unfortunate *adj.* අවාසනාවන්ත awaasanaawantha
unfounded *adj.* අභූත abootha
unfurl *v.* දිග හරිනවා diga harinawaa
ungainly *adj.* අශෝභන ashobana
ungovernable *adj.* මැඩපැවැත්විය නොහැකි madapawathwiya nohaki
ungrateful *adj.* ගුණමකු gunamaku
unguarded *adj.* රැකවලක් නැති rakawalak nathi
unhappy *adj.* අසතුටු asathutu
unhealthy *adj.* ලෙඩ සහිත leda sahitha
unheard *adj.* අශ්‍රැත ashrutha
unholy *adj.* අපිරිශුද්ධ aparishuddha
unification *n.* එක්සත් කිරීම eksath kireema
uniform *adj.* එක සේ පවත්නා eka se pawathnaa
unify *v.* එක්සත් කරනවා eksath karanawaa
unilateral *adj.* ඒකාංශ ekaansha
unimpeachable *adj.* නිර්මල nirmala
uninhabited *adj.* ජන ශූන්‍ය jana shunya
union *n.* සංගමය sangamaya
unionist *n.* වෘත්තීය සමිතියේ සාමාජිකයා wurtheeya samithiye saamaajikayaa
unique *adj.* අසමසම asamasama
unisex *adj.* ස්ත්‍රී පුරුෂ දෙපක්ෂයටම සරිලන sthree purusha

depakshayatama sarilana

unison *n.* ස්වර සංවාදය swara sanwaadaya

unit *n.* ඒකකය ekakaya

unite *v.* සමගි කරනවා samagi karanawaa

unity *n.* සමගිය samagiya

universal *adj.* සර්ව sarwa

universality *adv.* සර්ව සාධාරණත්වය sarwa saadaanarathwaya

universe *n.* විශ්වය wishwaya

university *n.* විශ්වවිද්‍යාලය vishwa vidyaalaya

unjust *adj.* අයුතු ayuthu

unkempt *adj.* හිස නොපීරූ hisa nopeeru

unkind *adj.* අකාරුණික akaarunika

unknown *adj.* නාඳුනන nandunana

unleash *v.* වරදට ඉඩ හරිනවා waradata ida harinawaa

unless *conj.* මිස misa

unlike *prep.* අසමාන asamaana

unlikely *adj.* අසම්භාවය asambaawaya

unlimited *adj.* සීමා රහිත seemaa-rahitha

unload *v.* බඩු බානවා badu baanawaa

unmanned *adj.* මිනිසුන් සේවයේ නොයෙදෙන minisun sewaye noyedena

unmask *v.* වෙස්මුහුණ ගලවනවා wesmuhuna galawanawaa

unmentionable *adj.* නොකිය හැකි nokiya haki

unmistakable *adj.* වැරදිය නොහැකි waradiya nohaki

unmitigated *adj.* කිසි අඩුපාඩුවක් නැති kisi adupaaduwak nathi

unmoved *adj.* නොසැලෙන nosalena

unnatural *adj.* අස්වාභාවික aswaabaawika

unnecessary *adj.* අනවශ්‍ය anawshya

unnerve *v.* හිත චංචල කරනවා hitha chanchala karanawaa

unorthodox *adj.* අසත්‍යලබ්ධික asathyalabdika

unpack *v.* ගලවනවා galawanawaa

unpleasant *adj.* හිරිකිත hirikitha

unpopular *adj.* ජනප්‍රිය නොවූ janappriya nowu

unprecedented *adj.* පෙර නොදුටු විරූ pera nodutu wiroo

unprepared *adj.* සූදානම් නොවූ soodanam nowu

unprincipled *adj.* ප්‍රතිපත්තියක් නැති prathipaththiyak nathi

unprofessional *adj.* වෘත්තීය නොවන wurtheeya nowana

unqualified *adj.* සුදුසුකම් නැති sudusukam nathi

unreasonable *adj.* යුතුකම් නොසළකන yuthukam nosalakana

unreliable *n* විශ්වාස කළ නොහැකි wishwaasa kala nohaki

unreserved *adj.* විශේෂයෙන් වෙන් නොකළ wisheshayen wen nokala

unrest *n.* නොසන්සුන් බව nosansun bawa

unrivalled *adj.* සම නොකළැකි sama nokalaki

unruly *adj.* මුරණ්ඩු murandu

unscathed *adj.* අනතුරු නොලැබ anathuru nolaba

unscrupulous *adj.* කිසි ප්‍රතිපත්තියක්

නැති kisi prathipaththiyak nathi
unseat *v.* ආසනයෙන් පහ කරනවා aasanayen paha karanawaa
unselfish *adj.* ආත්මාර්ථකාමී නොවන aathmaarthakaamee nowana
unsettle *v.* කලබල කරනවා kalabala karanawaa
unshakeable *adj.* සෙළවිය නොහැකි selawiya nohaki
unskilled *adj.* අදක්ෂ adaksha
unsocial *adj.* සමාජශීලී නොවන samaajasheelee nowana
unsolicited *adj.* සිය කැමැත්තෙන් දෙන ලද siya kamaththen dena lada
unstable *adj.* චපල chapala
unsung *adj.* ප්‍රශංසා නොලැබූ prasansaa nolabu
unthinkable *adj.* අචින්ත්‍ය achinthya
untidy *adj.* අපිරිසිදු apirisudu
until *prep.* තුරු thuru
untimely *adj.* අකාල akaala
untold *adj.* නොකියන ලද nokiyana lada
untouchable *adj.* ස්පර්ශ කළ නොහැකි sparsha kala nohaki
untoward *adj.* අපහසු apahasu
unusual *adj.* අසාමාන්‍ය asaa-maanya
unutterable *adj.* වචනයෙන් කිව නොහැකි wachanayen kiwa nohaki
unveil *v.* වැස්ම ඉවත් කරනවා wasma iwath karanawaa
unwarranted *adj.* බලයක් නොමැති balayak nomathi
unwell *adj.* අසනීප asaneepa
unwilling *adj.* නොකැමති nokamathi
unwind *v.* ඒතීම ලිහනවා etheema lihanawaa
unwise *adj.* අඥාන agnana
unwittingly *adv.* ඕනෑ නැති කම onaa nathi kama
unworldly *adj.* අලෞකික alaukika
unworthy *adj.* අයෝග්‍ය ayogya
up *adv.* උඩට udata
upbeat *adj.* ශුභවාදී shubawaadee
upbraid *adj.* අවලාද කරනවා awalaada karanawaa
upcoming *adj.* එමින් පවතින emin pawathina
update *v.* යාවත්කාල කරනවා yaawathkaala karanawaa
upgrade *v.* උසස් කරනවා usas karanawaa
upheaval *n.* මහත් කම්පාව mahath kampaawa
uphold *v.* වාවනවා waawanawaa
upholster *v.* ගෙදරකට අවශ්‍ය ඇඳන් පුටු ආදිය සපයනවා gedarakata awshyaya andan putu aadiya sapayanawaa
upholstery *n.* ගෘහභාණ්ඩ සැපයීම gruhabhanda sapayeema
uplift *v.* අභිවෘද්ධිය abhiwurdiya
upload *v.* උඩුගත කිරීම udugatha karanawaa
upper *adj.* වඩා ඉහළින් පිහිටි wadaa ihalin pihiti
upright *adj.* ඍජු riju
uprising *n.* කැරැල්ල karalla
uproar *n.* කලබගෑනී kalabagaanee
uproarious *adj.* කලහකාරී kala-hakaaree
uproot *v.* මුලින් උපුටනවා mulin uputanawaa
upset *v.* අවුල් කරනවා awul karanawaa

upshot *n.* අවසාන සිද්ධිය awasaana siddhiya
upstart *n.* අලුත් පොහොසතා aluth pohosatha
upsurge *n.* හදිසි නැගීම hadisi nageema
upturn *n.* දියුණුව diyunuwa
upward *adv.* උඩ අතට uda athata
urban *adj.* නාගරික naagarika
urbane *adj.* සභ්‍ය sabya
urbanity *n.* ආචාරශීලී භාවය achaarasheelee bhawaya
urchin *n.* කොල්ලා kolla
urge *v.* පොළඹවනවා polam-bawanawaa
urgent *adj.* හදිසි hadisi
urinal *n.* මූත්‍රා භාජනය moothraa bhajanaya
urinary *adj.* මූත්‍රා පිළිබඳ වූ moothra pilibanda wu
urinate *v.* මූත්‍රා කරනවා moothraa karanawaa
urine *n.* මූත්‍රා moothraa
urn *n.* පුකුරුව pukuruwa
usable *adj.* වැඩට යෙදිය හැකි wadata yediya haki
usage *n.* භාවිතාව bhawithaawa
use *v.t.* පාවිච්චි කරනවා pawichchi karanawaa
useful *adj.* වැඩදායක wadadhayaka
useless *adj.* වැඩකට නැති wadakata nathi
user *n.* ප්‍රයෝජන ගන්නා prayojana ganna
usher *n.* ප්‍රවේශකයා praweshakayaa
usual *adj.* නිතර සිදුවන nithara siduwana
usually *adv.* පුරුදු පරිදි purudu paridi
usurp *v.* පහර ගන්නවා pahara gannawaa
usurpation *n.* පහර ගැනීම pahara ganeema
usury *n.* අධික පොලිය adika poliya
utensil *n.* ගෙදර දොර භාජන gedara dora bhajana
uterus *n.* ගර්භාශය garbashaya
utilitarian *adj.* උපයෝගිතාවාදියා upayogithaawaadiyaa
utility *n.* උපයෝගිතාවය upayo-githaawaya
utilization *n.* ප්‍රයෝජ්‍යකරණය prayojyakaranaya
utilize *v.* ප්‍රයෝජන කරනවා prayojana gannawaa
utmost *adj.* ඉතා හැකි itha haki
utopia *n.* මනෝරාජ්‍යය mano raajyaya
utopian *adj.* කල්පිත kalpitha
utter *adj.* අත්‍යන්ත aththyantha
utterance *n.* උච්චාරණය uch-chaaranaya
uttermost *adj.* & *n.* ඉතා දුර itha dura

V

vacancy *n.* පුරප්පාඩුව purappaduwa
vacant *adj.* හිස් his
vacate *v.* අත්හැර යනවා athhara yanawaa
vacation *n.* නිවාඩුව niwaaduwa
vaccinate *v.* එන්නත් කරනවා ennath karanawaa
vaccination *n.* අත් විදීම ath

wideema
vaccine *n.* එන්නත ennatha
vacillate *v.* තීරණයකට නොපැමිණ සිතනවා theeranayakata nopamina sitinawaa
vacillation *n.* අවිනිශ්චිත භාවය avinishchitha baawaya
vacuous *adj.* අමන amana
vacoom *n.* රික්තය rikthakaya
vagabond *n.* පාධඩයා padhadayaa
vagary *n.* විකාර කල්පනාව wikaara kalpanaawa
vagina *n.* යෝනි මාර්ගය yoni maargaya
vagrant *n.* නන්නත්තාරේ ඇවිදිනවා nannaththare awidinna
vague *adj.* අනුමාන anumaana
vagueness *n.* නොපැහැදිලි බව nopahadili bawa
vain *adj.* අහංකාර ahankaara
vainglorious *adj.* ආඩම්බර adambara
vainly *adv.* නිෂ්ඵල ලෙස nishpala lesa
valance *n.* වඩිම්බු ලෑල්ල wadimbu lalla
vale *n.* මිටියාවත mitiyaawatha
valediction *n.* සමුගැනීම samuganeema
valency *n.* සංයුජතාව sanyujathaawaya
valentine *n.* ප්‍රේම නිමිත්ත prema nimiththa
valet *n.* ආවතේව කාරයා aawathewa kaarayaa
valetudinarian *n.* ආතුරයා aathurayaa
valiant *adj.* වික්‍රමාන්විත wickramaanwitha
valid *adj.* වලංගු walangu
validate *v.* වලංගු කරනවා walangu karanawaa
validity *n.* වලංගු බව walangu bawa
valise *n.* ගමන් මල්ල gaman malla
valley *n.* නිම්න භූමිය nimna boomiya
valour *n.* පරාක්‍රමය parakkramaya
valuable *adj.* වටිනා watinaa
valuation *n.* තක්සේරුව thakseruwa
value *n.* අගය agaya
valve *n.* කපාටය kapaataya
vamp *n.* මෝහිනී mohinee
vampire *n.* පිසාචයා pisachayaa
van *n.* වෑන් රිය van riya
vandal *n.* ම්ලේච්ඡයා mlechchayaa
vandalize *v.* විනාශ කරනවා vinasa karanawaa
vane *n.* හුළං පෙත්ත hulan peththa
vanguard *n.* යුධ පෙරමුණෙහි වූ සේනාව yuda peramunehi wu senaawa
vanish *v.* අතුරු දහන් වෙනවා athurudahan wenawaa
vanity *n.* නිස්සාර භාවය nissaara baawaya
vanquish *v.* අභිබවනවා abhibhawanawaa
vantage *n.* වාසිය waasiya
vapid *adj.* කමකට නැති kamakata nathy
vaporize *v.* හුමාලය බවට හැරෙනවා humalaya bawata harenawaa
vapour *n.* වාෂ්පය washpaya
variable *adj.* වෙනස් වන wenas wana
variance *n.* වෙනස wenasa
variant *n.* විචල්‍යය wichalya
variation *n.* වෙනස්වීම

wenasweema

varicose *adj.* නහර ඉදිමුණු nahara idimunu

varied *adj.* විවිධ wiwida

variegated *adj.* විචිත්‍ර wichithra

variety *n.* විවිධත්වය wiwidhathwaya

various *adj.* වෛවර්ණ waiwaa-ranna

varlet *n.* නිවටයා nivatayaa

varnish *n.* වානිෂ් varnish

vary *v.* වෙනස්ව පවතිනවා wenaswa pawathinawaa

vascular *adj.* සනාල sanaala

vase *n.* මල් බඳුන mal banduna

vasectomy *n.* වාසෙක්තම් ශල්‍යකර්මය wasektham shalya-karmaya

vassal *n.* දාසයා daasayaa

vast *adj.* අපරිමාණ aparimaana

vaudeville *n.* විවිධ ප්‍රසංගය wiwidha prasangaya

vault *n.* ගුහාව guhaawa

vaunted *adj.* පාරට්ටු කරනවා paa-rattu karanawaa

veal *n.* වහු මස් wahu mas

vector *n.* දෛශිකය daishikaya

veer *n.* නැඹුරු වෙනවා namburu wenawaa

vegan *n.* මස් මාලු නොකන mas maalu nokannaa

vegetable *n.* එළවලු elawalu

vegetarian *n.* එළවලු වලින් පමණක් යුත් elawalu walin pamanak uth

vegetate *v.* කම්මැලි කමින් ජීවත් වෙනවා kammali kamen geewath wenawaa

vegetation *n.* ගහ කොළ gaha kola

vegetative *adj.* වර්ධක wardaka

vehement *adj.* තද පරුෂ thada parusha

vehicle *n.* රථ වාහන ratha wahana

vehicular *adj.* රථ වාහන පිළිබඳ ratha waahana pilibanda

veil *n.* මුහුණු වැස්ම muhunu wasma

vein *n.* ශිරාව shiraawa

velocity *n.* ප්‍රවේගය prawegaya

velour *n.* වියු විල්ලුද wiyu willuda

velvet *n.* විල්ලුද willuda

velvety *adj.* විල්ලුද වැනි willuda wani

venal *adj.* මිලයට ගත හැකි milayata gatha haki

venality *n.* දූෂිත භාවය dushitha bawaya

vend *v.* විකුණනවා wikunanawaa

vendetta *n.* බද්ධ වෛරය baddha wairaya

vendor *n.* වෙළෙන්දා welendaa

veneer *n.* තුනී ලැලි පතුර thunee lali pathura

venerable *adj.* පූජ්‍ය poojya

venerate *v.* ගරු කරනවා garu karanawaa

veneration *n.* මහත් භක්තිය mahath bakthiya

venetian *adj.* වැනිසියානු wane-siyaanu

vengeance *n.* වන්දිය wandiya

vengeful *adj.* එදිරි පිරිමසින ediri pirimasina

venial *adj.* සමාවිය හැකි samaawiya haki

venom *n.* හිංසා කිරීමේ ආශාව hinsaa kireeme ashaawa

venomous *adj.* කුඩුකෙඩු kudukedu

venous *adj.* ශිරා පිළිබඳ වූ shiraa pilibanda wu

vent *n.* කුඩා විවරය kudaa wiwaraya
ventilate *v.* වාතාශ්‍රය ලැබීමට සලස්වනවා waathaasraya labeemata salaswanawaa
ventilation *n.* වාතාශ්‍රය waathaasraya
ventilator *n.* වා කවුළුව waa kauluwa
venture *n.* දුෂ්කර කටයුත්ත dushkara katayuththa
venturesome *adj.* අවධානමට මුහුණ දෙන awadaanamata muhuna dena
venue *n.* ස්ථානය sthanaya
veracious *adj.* සත්‍යවාදී sathyawaadee
veracity *n.* සත්‍යවාදී භාවය sathyawaadee baawaya
veranda *n.* ආලින්දය aalindaya
verb *n.* ක්‍රියා පදය kriyaa padaya
verbal *adj.* කට වචනයෙන් කියන ලද kata wachanayen kiyana lada
verbally *adv.* මුඛ වාක්‍යයෙන් mukha waakyayen
verbalize *v.* වචනයෙන් කියනවා wachanayen kiyanawaa
verbatim *adv.* වචන අනුසාරයෙන් wachana anusaarayen
verbiage *n.* වචන බහුල්‍යය wachana bahulyaya
verbose *adj.* දිගින් දිගට කතා කරන digin digata katha karana
verbosity *n.* වාග් බහුල්‍යය waag bahulyaya
verdant *adj.* ලපටි lapati
verdict *n.* තීන්දුව theenduwa
verge *n.* අද්දර addara
verification *n.* හරි වැරදි බැලීම hari waradi baleema
verify *v.* ස්ථිර කරනවා stheera karanawaa
verily *adv.* සැබැවින්ම sabawinma
verisimilitude *n.* ඇත්ත වාගේ පෙනීම aththa waage peneema
veritable *adj.* නියම niyama
verity *n.* ධර්මය darmaya
vermillion *n.* සාදිලිංගම් හා රතු පාට saadilingam hi rathu paata
vermin *n.* පළිබෝධකයෝ palibodakayo
vernacular *n.* ස්ව භාෂාව swa baashaawa
vernal *adj.* වසන්ත wasantha
versatile *adj.* හුරු බුහුටි huru buhuti
versatility *n.* බහුශ්‍රැත භාවය bahusrutha baawaya
verse *n.* පද්‍ය padya
versed *adj.* ප්‍රවීණ praweena
versification *n.* කාව්‍ය රචනය kaawya rachanaya
versify *v.* පද බඳිනවා pada bandinawaa
version *n.* අනුවාදය anuwaadaya
verso *n.* පොතෙහි වම් පිටුව pothehi wam pituwa
versus *prep.* එදිරිව ediriwa
vertebra *n.* කොඳු ඇටයේ පුරුකය kondu etaye purukaya
vertebrate *n.* පෘෂ්ට වංශිකයා prushta wansikayaa
vertex *n.* මුදුන muduna
vertical *adj.* සිරස් siras
vertiginous *adj.* කරකැවිලි ඇති කරන karakawili athi karana
vertigo *n.* හිසේ කරකැවිල්ල hise karakawilla
verve *n.* ප්‍රාණවත් භාවය pranawath

baawaya

very *adv.* බොහෝ boho

vesicle *n.* හමේ කුඩා බිබිල hame kuda bibila

vessel *n.* ලේ නහරය le naharaya

vest *n.* බැනියම baniyama

vestibule *n.* වාහල්කඩ waahalkada

vestige *n.* ලාංඡනය laanchanaya

vestment *n.* පොරෝණාව poronaawa

vestry *n.* අයබදු ගෙවන්නන්ගේ නියෝජිත පිරිස ayabadu gewannange niyojitha pirisa

veteran *n.* බොහෝ පළපුරුදු ඇති boho palapurudu athi

veterinary *adj.* පශු වෛද්‍ය කර්මය පිළිබඳ pashu waidya karmaya pilibanda

veto *n.* නිශේධ බලය nisheda balaya

vex *v.* හිත රිදනවා hitha ridawa-nawaa

vexation *n.* හිරිහැරය hiriharaya

via *prep.* මගින් magin

viable *adj.* ජීව්‍ය jeewya

viaduct *n.* බෝක්කු පාර bokku paara

vial *n.* කුප්පිය kuppiya

viands *n.* භෝජන bojana

vibe *n.* කම්පනය kampanaya

vibrant *adj.* දෙදරන dedarana

vibraphone *n.* සංගීත භාණ්ඩයක් sangeetha baandayak

vibrate *v.* වේගයෙන් ගැහෙනවා wegayen gahenawaa

vibration *n.* වෙව්ලීම wewleema

vibrator *n.* කම්පන කාරකය kampana kaarakaya

vicar *n.* ප්‍රදේශයක් භාර දේවගැති තැන pradeshayak baara dewagathi thana

vicarious *adj.* පරාර්ථය පිණිස වූ paraarthaya pinisa wu

vice *n.* දුරාචාරය duraacharaya

viceroy *n.* ප්‍රතිරාජය prathiraajayaa

vice-versa *adv.* අනෙක් අතට anek athata

vicinity *n.* වටපිටාව watapitaawa

vicious *adj.* සාවද්‍ය saawadya

vicissitude *n.* පෙරළීම peraleema

victim *n.* වංචාවකට හසු වූ තැනැත්තා wanchaaawakata hasu wu thanaththa

victimize *n.* විපතට හෙළනවා wipa-thata helanawaa

victor *n.* ජයග්‍රාහකයා jayaggraa-hakayaa

victorious *adj.* නොපැරදුණු nopara-dunu

victory *n.* ජයග්‍රහනය jayaggra-hanaya

victualler *n.* කෑම සපයන්නා kama sapayannaa

victuals *n.* ආහාර පාන aahaara paana

video *n.* වීඩියෝ කිරීම video kireema

vie *v.* තරංග කරනවා tharanga kara-nawaa

view *n.* දර්ශනය darshanaya

vigil *n.* නිදි මැරීම nidi mareema

vigilance *n.* මුර කිරීම mura kireema

vigilant *adj.* අවදිව සිටින awadiwa sitina

vignette *n.* ලියවැල liyawala

vigorous *adj.* ප්‍රබල prabala

vigour *n.* ශක්තිය shakthiya

Viking *n.* නාවික වෙළෙන්දා naavika welendo

vile *adj.* අදම adama

vilify *v.* අපවාද කරනවා apawaada karanawaa
villa *n.* පිටිසර ලොකු ගෙය pitisara loku geya
village *n.* ගම gama
villager *n.* ගම්වාසියා gamvasia
villain *n.* සාහසිකයා sahasikayaa
vindicate *v.* අපකීර්තියෙන් වළකනවා apakeerthiyen walakwanawaa
vindication *n.* නිදොස් කිරීම nidos kireema
vine *n.* මිදි වැල midhi wala
vinegar *n.* විනාකිරි vinaakiri
vintage *n.* මිදි නෙලන කාලය midhi nelana kaalaya
vintner *n.* වයින් වෙළෙන්දා wain welendaa
vinyl *n.* ප්ලාස්ටික් විශේෂයක් plastic wisheshayak
violate *v.* කඩ කරනවා kada karanawaa
violation *n.* උල්ලංඝනය කරනවා ullanganaya kireema
violence *n.* සැහැසිකම sahasikama
violent *adj.* සැහැසි sahasi
violet *n.* දම් පාට dam paata
violin *n.* වයලීනය wayaleenaya
violinist *n.* වයලීන වාදකයා wayaleena waadakaya
virago *n.* කට හැකරි kata hakari
viral *adj.* වයිරසයක් නිසා ඇතිවන wairasayak nisa athiwena
virgin *n.* කන්‍යාව kanyaawa
virginity *n.* කන්‍යා භාවය kanya baawaya
virile *adj.* පුරුෂ ශක්තියෙන් යුත් purusha shakthiyen uth
virility *n.* පුරුෂ ශක්තිය purusha shakthiya
virtual *adj.* තාත්වික thaathwika
virtue *n.* සුචරිතය sucharithaya
virtuous *adj.* ධර්මිෂ්ට darmishta
virulence *n.* ප්‍රචණ්ඩතාවය prachandathaawaya
virulent *adj.* බොහෝ විෂ සහිත boho wisa sahitha
virus *n.* වයිරසය vairasaya
visa *n.* වීසා පත්‍රය visa pathraya
visage *n.* මුහුණුවර muhunuwara
viscid *adj.* උකු uku
viscose *n.* විස්කෝස් රෙදි viscose reddhi
viscount *n.* උසස් පන්තියේ වංශාධිපතිවරයෙක් usas panthiye wanshadipathiwarayek
viscountess *n.* ආධිපාද දේවිය aadipaada dewiya
viscous *adj.* ඇලෙන සුලු alena sulu
visibility *n.* දෘශ්‍යතාවය drushyathaawaya
visible *adj.* පෙනෙන penena
vision *n.* සංකල්පය sankalpaya
visionary *adj.* කාල්පනික kaalpanika
visit *v.* බැලීම පිණිස යනවා baleema pinisa yanawaa
visitation *n.* දීර්ඝ වෙහෙසකර චාරිකාව deerga wehesakara charikaawa
visitor *n.* ආගන්තුකයා aaganthukaya
visor *n.* මුකවාඩම mukawaadama
vista *n.* දර්ශන පථය dharshana pathaya
visual *adj.* පෙනීම පිළිබඳ වූ peneema pilibanda wu
visualize *v.* මවා ගන්නවා mawaa gannawaa
vital *adj.* ජීවත් වීමට අවශ්‍ය jeewath

weemata awashya

vitality *n.* මහත් උනන්දුව mahath unanduwa

vitalize *v.* ප්‍රාණවත් කරනවා pranawath karanawaa

vitamin *n.* විටමින් vitamin

vitiate *v.* නිෂ්ප්‍රභ කරනවා nishpraba karanawaa

viticulture *n.* මිදි වැවීමේ ශාස්ත්‍රය midhi waweeme shasthraya

vitreous *adj.* කාචමය kaachamaya

vitrify *v.* වීදුරු බවට හරවනවා weeduru bawata harawanawaa

vitriol *n.* ගිනි වතුර gini wathura

vituperation *n.* දෝෂ කීම dos keema

vivacious *adj.* සෙල්ලක්කාර sellakkaara

vivacity *n.* ප්‍රසන්නතාවය prasanna thaawaya

vivarium *n.* සත්ව කොටුව sathwa kotuwa

vivid *adj.* පැහැදිලිව පෙනෙන pahadiliwa penena

vivify *v.* උනන්දු කරනවා unandu karanawaa

vixen *n.* දුෂ්ට ස්ත්‍රී dushta sthree

vocabulary *n.* වචන මාලාව wachana maalaawa

vocal *adj.* කටහඬින් කරනු ලබන katahandin karanu labana

vocalist *n.* ගායකයා gaayakayaa

vocalize *v.* ස්වර යොදා කියනවා swara yodaa kiyanawaa

vocation *n.* රක්ෂාව rakshaawa

vociferous *adj.* ඝෝෂාකාර goshaakaara

vogue *n.* චරිතය charithraya

voice *n.* කට හඬ kata handa

voicemail *n.* හඬ ලිපිය handa lipiya

void *adj.* අවලංගු awalangu

voile *n.* සැහැල්ලු කපු පිළි sahallu kapu pili

volatile *adj.* ඉක්මනින් වෙනස්වීම ikmanin wenasweema

volcanic *adj.* ගිනි කඳු වැනි gini kandu wani

volcano *n.* ගිනි කන්ද gini kanda

volition *n.* සංකල්පය sankalpaya

volley *n.* වෙඩි මුරය wedi muraya

volt *n.* වෝල්ට් විදුලි ඒකකය volt widuli ekakaya

voltage *n.* වෝල්ටීයතාවය volteeyathaawaya

voluble *adj.* වාචාල waachaala

volume *n.* ශබ්ද ප්‍රමාණය shabda pramaanaya

voluminous *adj.* අතිවිශාල athi wishala

voluntarily *adv.* ස්වේච්ඡාවෙන් swechchaawen

voluntary *adj.* සිය කැමැත්තෙන් කරන siya kamaththen karana

volunteer *n.* ස්වේච්ඡා සේවක swechcha sewaka

voluptuary *n.* සල්ලාලයා sallaalaya

voluptuous *adj.* කාමුක kaamuka

vomit *v.* වමනය wamanaya

voodoo *n.* හදි හූනියම් hadhi hooniyam

voracious *adj.* කෑදර kaadara

vortex *n.* සුළි හුළඟ suli hulanga

votary *n.* බැතිමතා bathimatha

vote *n.* ඡන්දය දෙනවා chandaya denawaa

voter *n.* ඡන්ද දායකයා chanda daayakayaa

votive *adj.* බාර ඔප්පු කරන baara oppu karana

vouch *v.* සහතික කරනවා sahathika karanawaa

voucher *n.* වවුචරය vaucharaya

vouchsafe *v.* අනුග්‍රහය දක්වනවා anuggrahaya dakwanawaa

vow *n.* ගිවිසුම givisuma

vowel *n.* ප්‍රාණ අක්ෂරය praana aksharaya

voyage *n.* යාත්‍රාව yaathraawa

voyager *n.* සමුද්‍ර යාත්‍රිකයා samudra yaathrikayaa

vulcanize *v.* වොල්කනයිස් කරනවා volkanais karanawaa

vulgar *adj.* අශ්ශීල ashsheela

vulgarian *n.* අශිෂ්ට පුද්ගලයා ashishta pudgalayaa

vulgarity *n.* අශිෂ්ටත්වය ashish-tathwaya

vulnerable *adj.* අනතුරට භාජනය විය හැකි anathurata baajana wiya haki

vulpine *adj.* කපටි kapati

vulture *n.* ඉතා කෑදරයා itha kaada-rayaa

W

wacky *adj.* පිස්සු pissu

wad *n.* පොරුව poruwa

waddle *v.* ගාටනවා gaatanawaa

wade *v.* වතුරේ බස යනවා wathure basa yanawaa

wader *n.* දිය කුරුල්ලා diya kurulla

wadi *n.* මළ දොළ mala dola

wafer *n.* කතෝලිකයන්ගේ සත්ප්‍රසාද පූප පත්ත katholikayange sathprasaada poopa peththa

waffle *v.* සම්පප්‍රලාප දොඩවනවා sampapralaapa dhodawanawaa

waft *v.* කොඩියක් වනනවා kodiyak wananawaa

wag *v.* එහෙ මෙහෙ වැනෙනවා eha meha wanenawaa

wage *n.* වේතනය wethanaya

wager *n.* & *v.* ඔට්ටුව ottuwa

waggle *v.* වැනෙනවා wanenawaa

wagon *n.* රෝද හතරේ කරත්තය roda hathare karaththaya

wagtail *n.* වෙරළ වටුවා werala watuwaa

waif *n.* අනාථ දරුවා anaatha daruwaa

wail *n.* ලතෝනිය lathoniya

wain *n.* වාහනය waahanaya

wainscot *n.* බිත්ති ජනේලය biththi janelaya

waist *n.* ඉඟ inga

waistband *n.* ඉඟ පටිය inga patiya

waistcoat *n.* යට කබාය yata kabaaya

wait *v.* පමා වෙනවා pamaa wena-waa

waiter *n.* භෝජනාගාර සේවකයා bojanaagaara sewakayaa

waitress *n.* හෝටල් සේවිකාව hotal sewikaawa

waive *v.* අයිතිවාසිකම් අතහරිනවා aithiwaasikam athaharinawaa

wake *v.* අවදිවෙනවා awadiwenawaa

wakeful *adj.* නොනිදා සිටින nonidaa sitina

waken *v.* කූද්දනවා kooddanawaa

walk *v.* ඇවිදිනවා awidinawaa

wall *n.* බිත්තිය biththiya
wallaby *n.* කුඩා සතෙක් kuda sathek
wallet *n.* පසුම්බිය pasumbiya
wallop *v.* තඩි බානවා thadi baanawaa
wallow *v.* මඩේ ලගිනවා made laginawaa
wally *n.* ප්‍රාකාරය praakaraya
walnut *n.* ගස් වර්ගයක් gas wargayak
walrus *n.* මුහුදු ඇතා muhudu atha
waltz *n.* වෝල්ස් නැටුම waltz natuma
wan *adj.* සුදුමැලි sudumali
wand *n.* යෂ්ටිය yashtiya
wander *v.* දඩාවතේ යනවා dhadaawathe yanawaa
wane *v.* වරනවා waranawaa
wangle *v.* කඩා ගන්නවා kadaa gannawaa
want *v.* උවමනා කරනවා uwamanaa karanawaa
wanting *adj.* ආශා කරනවා asha karana
wanton *adj.* නොහික්මුණු nohikmunu
war *n.* යුද්ධය yuddaya
warble *v.* කුරුලු නාද නද දෙනවා kurulu naada nada denawaa
warbler *n.* සින්දු කියන කුරුල්ලා sindu kiyana kurullaa
ward *n.* වාට්ටුව waattuwa
warden *n.* ශිෂ්‍ය නිවාසයේ ආධිපත්‍යය shishya nivaasaye adipathiyaa
warder *n.* හිරකරුවන් භාරව සිටින hirakaruwan baarawa sitinnaa
wardrobe *n.* ඇඳුම් ආයිත්තම් andum aaiththam
ware *n.* වෙළෙඳ බඩු welanda badu
warehouse *n.* බඩු ගබඩාව badu gabadaawa
warfare *n.* රණකාමියා ranakaamaya
warlike *adj.* සටන්කාමී satankaamee
warm *adj.* උෂ්ණ ushna
warmth *n.* උණුසුම unusuma
warn *v.* අනතුරු අඟවනවා anathuru angawanawaa
warning *n.* අවවාදය awawaadaya
warp *v.* ඇකිලෙනවා akilenawaa
warrant *n.* වරෙන්තුව warenthuwa
warrantor *n.* වගකියන්නා wagakiyannaa
warranty *n.* වගකීම wagakeema
warren *n.* හා ගුල haa gula
warrior *n.* රණශූරයා rana shooraya
wart *n.* කර ගැටය kara gataya
wary *adj.* පිරිස්සම් සහිත parissam sahitha
wash *v.* සෝදනවා sodanawaa
washable *adj.* සේදිය හැකි sediya haki
washer *n.* අපුල්ලනවා apullannaa
washing *n.* සේදීම sedeema
wasp *n.* දෙබරා debaraa
waspish *adj.* ඉක්මනින් තරහා යන ikmanin tharahaa yana
wassail *n.* සුරාපානෝත්සවය suraapaanothsawaya
wastage *n.* අපතේ යන ප්‍රමාණය apathe yana pramaanaya
waste *v.* නාස්තිකරනවා naasthikaranawaa
wasteful *adj.* නාස්තිකාර naasthikaara
watch *v.* පරීක්ෂාවෙන් බලා හිඳිනවා pareekshawen balaa hindinawaa
watchful *adj.* පරීක්ෂාකාරී pareekshakaari

watchword *n.* මුරපදය murapadaya
water *n.* වතුර wathura
water *n.* වතුර wathura
waterfall *n.* දිය ඇල්ල diya alla
watermark *n.* දිය සළකුණ diya salakuna
watermelon *n.* දිය කොමඩු diya komadu
waterproof *adj.* දිය කාන්දු නොවන diya kaandu nowana
watertight *adj.* වතුර නොවදින wathura nowadina
watery *adj.* දියාරු diyaaru
watt *n.* විදුලි බලය පිළිබඳ මිම්මක් widuli balaya pilibanda mimmak
wattage *n.* වොටේයතාවය woteeya-thaawaya
wattle *n.* වරිච්චිය warichchiya
wave *v.* රැලි ගසනවා rali gasanawaa
waver *v.* දෙගිඩියා වෙනවා degidiyaa wenawaa
wavy *adj.* රැළි සහිත rali sahitha
wax *n.* ඉටි iti
way *n.* සිරිත siritha
waylay *v.* මංකොල්ලකනවා mankol-lakanawaa
wayward *adj.* හිතුවක්කාර hithuwak-kaara
we *pron.* අපි api
weak *adj.* දුර්වල durwala
weaken *v.* අබලන් වෙනවා abalan wenawaa
weakling *n.* නිවටයා niwatayaa
weakness *n.* දුර්වලත්වය durwalath-waya
weal *n.* යහපත yahapatha
wealth *n.* වත් පොහොසත්කම wath pohosathkama
wealthy *adj.* පොහොසත් pohosath
wean *v.* කිරි වරනවා kiri waranawaa
weapon *n.* ආයුධය ayudaya
wear *v.* පළඳිනවා palandinawaa
wearisome *adj.* වෙහෙස උපදනවා wehesa upadawana
weary *adj.* වෙහෙසට පත් wehesata path
weasel *n.* මුගටියා mugatiyaa
weather *n.* කාලගුණය kaalagunaya
weave *v.* වියනවා wiyanawaa
weaver *n.* වියන්නා wiyannaa
web *n.* දැල dala
webby *adj.* දැල් සහිත dal sahitha
webpage *n.* වෙබ් පිටුව web pituwa
website *n.* වෙබ් අඩවිය web adawiya
wed *v.* කරකාර බඳිනවා karakaara bandinawaa
wedding *n.* විවාහ මංගල්යය wiwaaha mangallaya
wedge *n.* කූඤ්ඤය koonnaya
wedlock *n.* විවාහ බන්ධනය wiwaaha bandanaya
Wednesday *n.* බදාදා badaadaa
weed *n.* වල් පැළැටිය wal palatiya
week *n.* සතිය sathiya
weekday *n.* සතියේ දවස sathiye dawasa
weekly *adj.* සතිපතා sathipatha
weep *v.* වැලපෙනවා walapenawaa
weepy *adj.* හැඬීමට ආසන්න handee-mata asanna
weevil *n.* ගුල්ලා gulla
weigh *v.* බර බලනවා bara bala-nawaa
weight *n.* බර bara
weighting *n.* බර තැබීම bara thabeema

weightlifting *n.* බර එසවීමේ ක්‍රීඩාව bara esaweeme kreedaawa
weighty *adj.* බරපතල barapathala
weir *n.* අමුණ amuna
weird *adj.* අද්භූත adbootha
welcome *n.* ආදරයෙන් පිළිගන්නවා adarayen piliganeema
weld *v.* පාස්සනවා paassanawa
welfare *n.* සුභ සාධනය suba sadhanaya
well *adv.* සනීපෙන් saneepen
well *n.* ළිඳ linda
wellington *n.* දිග රබර් සපත්තුව diga rabar sapaththuwa
welt *n.* ශරීරයේ කැළල shareeraye kalala
welter *n.* අවුල aula
wen *n.* ඉන්න inna
wench *n.* ගැටිස්සී gatissee
wend *v.* පසුකොට යනවා pasukota yanawaa
west *n.* බටහිර batahira
westerly *adv.* බටහිරින් batahirin
western *adj.* අපරදිග aparadiga
westerner *n.* යුරෝපීය ජාතිකයා yuropeeya jathikaya
westernize *v.* බටහිර පන්නයට හැඩ ගැසෙනවා batahira pannayata hada gasenawaa
wet *adj.* තෙත thetha
wetness *n.* තෙතමනය thethama-naya
whack *v.* පහර දෙනවා pahara denawaa
whale *n.* තල්මසා thalmasa
whaler *n.* තල්මසුන් මරන්නා thlmasun marannaa
whaling *n.* තල්මසුන් මැරීම thalmasun mareema
wharf *n.* රේගුව reguwa
wharf age *n.* රේගු ගාස්තුව regu gaasthuwa
what *pron. & adj.* මොකක් mokak
whatever *pron.* මොකවත් mokawath
wheat *n.* තිරිඟු thiringu
wheaten *adj.* තිරිඟු වලින් සාදන ලද thiringu walin saadana lada
wheedle *v.* චාටු බස් කියනවා chaatu bas kiyanawaa
wheel *n.* රෝදය rodaya
wheeze *v.* සද්දෙට හුස්ම ගන්නවා saddeta husma gannawaa
whelk *n.* කුඩා බෙල්ලන් වර්ගයක් kuda belllan wargayak
whelm *v.* යට කරනවා yata karanawaa
whelp *n.* පෝතකයා pothakayaa
when *adv.* කවදා kawadaa
whence *adv.* කොහි සිට kohi sita
whenever *conj.* හැමවිටම hama witama
where *adv.* කොතන kothana
whereabouts *adv.* උඩ බිම uda bima
whereas *n.* නමුත් namuth
whet *v.* උනන්දු කරනවා unandu karanawaa
whether *conj.* නමුත් namuth
whey *n.* කිරි මෝරු kiri moru
which *pron. & adj.* කොයි koi
whichever *pron.* කොයිකත් koikath
whiff *n.* ලේශය leshaya
while *n.* මොහොත mohotha
whilst *conj.* එහෙත් eheth
whim *n.* හිදිසි ආසාව hadisi aasaawa
whimper *v.* ඉකි බිඳිමින් හඬනවා iki

bindimin handanawaa
whimsical *adj.* හිතුමතයේ ක්‍රියා කරන hithumathaye kriyaa karana
whimsy *n.* හිතුමතය hithumathaya
whine *n.* අඳෝනාව andonaawa
whinge *v.* මැසිවිලි කිරීම masiwili kireema
whinny *n.* මන්දහේෂාව mandaheshaawa
whip *n.* කසය kasaya
whir *n.* වේගයෙන් කරකැවීමෙන් ඇතිවන ශබ්දය wegayen karakaweemen athiwana shabdaya
whirl *v.* වේගයෙන් කැරකෙනවා wegayen karakawenawaa
whirligig *n.* වේගයෙන් කැරකෙන කෙළි බඩුවක් wegayen karakena keli baduwak
whirlpool *n.* දිය සුළිය diya suliya
whirlwind *n.* වායු ගුල්මය waayu gulmaya
whirr *v.* හඬ නගමින් කරකවනවා handa nagamin karakawanawaa
whisk *v.* වේගයෙන් ඉවත යනවා wegayen iwathwa yanawaa
whisker *n.* බළල් රැවුල් ගස් balal raul gas
whisky *n.* විස්කි නම් මත්පැන් වර්ගයක් whisky nam mathpan wargayak
whisper *v.* මුමුණනවා mumunanawaa
whist *n.* කඩදාසි සෙල්ලමක් kadadaasi sellamak
whistle *n.* පිඹින කුඩා නළාව pimbina kudaa nalaawa
whit *n.* ඉතා කුඩා ප්‍රමාණය itha kuda pramaanaya
white *adj.* සුදු sudu
whitewash *n.* සුදු හුණු ගානවා sudu hunu gaanawaa
whither *adv.* කොයි දෙසට koi desata
whiting *n.* සුදු පිරියම sudu piriyama
whittle *v.* ක්‍රමයෙන් කපා හරිනවා kramayen kapaa harinawaa
whiz *v.* වේගයෙන් වායුව හරහා යන දෙයකින් නගන ශබ්දය wegayen waayuwa harahaa yana deyakin nagana shabdaya
who *pron.* කවුද kauda
whoever *pron.* කවුරු හරි kauru hari
whole *adj.* ඔක්කොම okkoma
whole-hearted *adj.* මුලු හිතින් කරනු ලබන mulu hithin karanu labana
wholesale *n.* තොග වෙළඳාම thoga welandaama
wholesaler *n.* තොග වෙළෙන්දා thoga welendaa
wholesome *adj.* සනීපදායක saneepadaayaka
wholly *adv.* සම්පූර්ණයෙන්ම sampurnayenma
whom *pron.* කාටද kaatada
whoop *n.* ඔල්වර හඬ olvara handa
whopper *n.* ගජබින්නය gaja binnaya
whore *n.* වෛශ්‍යාව waishyaawa
whose *adj. & pron.* කාගෙද kaageda
why *adv.* ඇයි ay
wick *n.* පහන් තිරය pahan thiraya
wicked *adj.* පාපිෂ්ඨ paapishta
wicker *n.* වේවැල් wewal
wicket *n.* කඩුල්ල kadulla
wide *adj.* පැතිරුනු pathirunu
widen *v.* පළල් කරනවා palal karanawaa
widespread *adj.* පැතිරුනු pathirunu
widow *n.* වැන්දඹු ස්ත්‍රිය wandambu

sthriya

widower *n.* වැන්දඹු පුරුෂයා wan-dambu purushayaa

width *n.* පළල palala

wield *v.* ලෙලවනවා lelawanawaa

wife *n.* බිරිඳ birinda

wig *n.* බොරු කොණ්ඩය boru kondaya

wiggle *v.* පණුවෙකු මෙන් දඟලනවා panuweku men dangalanawaa

Wight *n.* පුද්ගලයා pudgalayaa

wigwam *n.* රතු ඉන්දියන් කාරයන්ගේ කුඩාරම rathu indiyan kaarayange kudaarama

wild *adj.* වනචාරී wanachaaree

wilderness *n.* වල් බිහිවූ ඉඩම wal bihiwu idama

wile *n.* කපටිකම kapatikama

wilful *adj.* මුරණ්ඩු murandu

will *v.* අධිෂ්ඨාන කරනවා adishtaana karanawaa

willing *adj.* සිය කැමැත්තෙන් කරන siya kamaththen karana

willingness *adj.* කැමැත්ත kamaththa

willow *n.* ගස් වර්ගයක් gas wargayak

wily *adj.* ප්‍රයෝගකාර prayogakaara

wimble *n.* කාන්තා තොප්පියක් kaantha thoppiyak

wimple *n.* මධ්‍ය කාලීන කාන්තා තොප්පියක් madya kaaleena kaanthaa thoppiyak

win *v.* ජය ගන්නවා jaya gannawaa

wince *v.* වේදනාවෙන් ඇකිලෙනවා wedanaawen akilenawaa

winch *n.* දබරය dabaraya

wind *n.* සුළඟ sulanga

windbag *n.* වාචාලයා waachaalaya

winder *n.* ඔතනය othanaya

windlass *n.* කරකවා ඔසවන යන්ත්‍රය karakawaa osawana yanthraya

windmill *n.* සුළං මෝල sulan mola

window *n.* ජනේලය janelaya

windy *adj.* සුළං සහිත sulan sahitha

wine *n.* වයින් wine

winery *n.* වයින් සාදන තැන wine saadana thana

wing *n.* පියාපත piyaapatha

wink *v.* ඇසිපිය ගහනවා asi piya gahanawaa

winkle *n.* කාවාටියා kaawaatiya

winner *n.* ජයග්‍රාහකයා jayaggraa-hakayaa

winning *adj.* සිත් ගන්නා sith gannaa

winnow *v.* හුළං කරනවා hulan karanawaa

winsome *adj.* මනරම් manaram

winter *n.* ශීත ඍතුව sheetha irthuwa

wintry *adj.* ශීත සුළඟ ඇති sheetha sulang athi

wipe *v.* පිසිනවා pisinawaa

wire *n.* කම්බිය kambiya

wireless *adj.* කම්බි නැති kambi nathi

wiring *n.* විදුලි රැහැන් ඇදීම widuli rahan adeema

wisdom *n.* ප්‍රඥාව pragnawa

wise *adj.* නුවණ ඇති nuwana athi

wish *v.* ප්‍රාර්ථනාව prarthanaawa

wishful *adj.* ප්‍රාර්ථනා කරන prarthanaa karana

wisp *n.* රොද roda

wisteria *n.* නිල් හෝ දම් පාට මල් ඇති ලතා විශේෂයක් nil ho dam pata mal athi latha wisheshayak

wistful *adj.* කල්පනාවෙන් බර වූ kalpanawen bara wu

wit *n.* හාස්‍ය රසය hasya rasaya
witch *n.* මායාකාරිය mayaakaariya
witchcraft *n.* මායා කර්මය mayaa karmaya
witchery *n.* මෝහනය mohanaya
with *prep.* සමඟ Samaga
withal *adv.* තවද thawada
withdraw *v.* අස් කර ගන්නවා as kara gannawa
withdrawal *n.* ඉවත් කර ගැනීම iwath kara ganeema
withe *n.* බන් වැල ban wala
wither *v.* තැවෙනවා thawenawa
withhold *v.* නොදී වළකනවා nodee walakanawa
within *prep.* ඇතුළත athulatha
without *prep.* පිටත pitatha
withstand *v.* යටත් නොවී සිටින yatath novee sitinawa
witless *adj.* අඥාන agnaana
witness *n.* සාක්ෂිකාරයා saakshi-karaya
witter *v.* සිනහ උපදවනවා sinaha upadawanawaa
witticism *n.* සිනහ උපදවන කියමන sinaha upadawana kiyamana
witty *adj.* කවට kawata
wizard *n.* මන්ත්‍රකාරයා manthra-karaya
wizened *adj.* ජරාවට ගියා jaraawata giya
woad *n.* නිල්වන් ආලේපයක් nilwan aalepayak
wobble *v.* පැත්තෙන් පැත්තට වැනෙනවා paththen paththata wanenawa
woe *n.* විපත wipatha
woeful *adj.* ඉතා දුක්මුසු ithaa dukmusu
wok *n.* තාච්චිය thaachchiya
wold *n.* ගස් කොළන් නැති හුණු ගල් ප්‍රදේශය gas kolan nathi hunu gal pradeshaya
wolf *n.* වෘකයා wurkayaa
woman *n.* ස්ත්‍රිය sthriya
womanhood *n.* ස්ත්‍රීත්වය sthreethwaya
womanize *v.* සල්ලාල ලෙස හැසිරෙනවා sallala lesa hasire-nawa
womb *n.* ගර්භාෂය garbaashaya
wonder *v.* පුදුමය pudumaya
wonderful *adj.* පුදුම සහිත puduma sahitha
wondrous *adj.* පුදුම එළවනසුලු puduma elawanasulu
wonky *adj.* වැනෙන wanena
wont *n.* සිරිත siritha
wonted *adj.* පුරුදු purudu
woo *v.* ආශා කරනවා ashaa karanawa
wood *n.* දැව dawa
wooded *adj.* ගස් කොළන් සහිත gas kolan sahitha
wooden *adj.* ලීයෙන් තැනූ leeyen thanu
woodland *n.* වන ලැහැබ wana lahaba
woof *n.* වෘකයා ගේ බුරුම් හඬ wurkayange birum handa
woofer *n.* විශාල ශබ්ද විකාශන යන්ත්‍රය wishaala shabda wikaashana yanthraya
wool *n.* ලොම් රෙදි lom redi
woollen *adj.* ලොමින් සෑදූ lomin sadu
woolly *adj.* ලොම් සහිත lom sahitha

woozy *adj.* සිහි මඳ sihi manda
word *n.* වචනය wachanaya
wording *n.* වචන යෙදූ අන්දම wachana yedu andama
wordy *adj.* බොහෝ වචන ඇති boho wachana athi
work *n.* කාර්යය kaaryaya
workable *adj.* වැඩට ගත හැකි wadata gatha haki
workaday *adj.* වැඩ කරන දිනය wada karana dinaya
worker *n.* සේවකයා sevakaya
working *n.* වැඩ කිරීම wada kireema
workman *n.* කර්මාන්තකරුවා karmanthakaruwa
workmanship *n.* කාර්මිකත්වය kaar-mikathwaya
workshop *n.* වැඩපොළ wadapola
world *n.* ලෝකය lokaya
worldly *adj.* ලෞකික laukika
worm *n.* පණුවා panuwa
wormwood *n.* කොහොඹ kohomba
worried *adj.* කනස්සලු වූ kanassalu woo
worrisome *adj.* කනස්සල්ලෙන් kanassallen
worry *v.* වද වෙනවා wada wenawa
worse *adj.* වඩා නරක ලෙස wada naraka lesa
worsen *v.* වඩාත් නරක වෙනවා wadaath naraka wenawa
worship *n.* වැඳීම wandeema
worshipper *n.* ආගම අදහන්නා aagama adahanna
worst *adj.* ඉතා නරක itha naraka
worsted *n.* රෙදි වර්ගයක් redi wargayak
worth *adj.* වටිනා watinaa
worthless *adj.* නොවටින nowatina
worthwhile *adj.* ප්‍රයෝජන සහිත prayojana sahitha
worthy *adj.* සුදුසු sudusu
would *v.* විය හැකි වෙනවා wiya haki wenawa
would-be *adj.* විය හැකි wiya haki
wound *n.* තුවාලය thuwaalaya
wrack *n.* විනාශය winaashaya
wraith *n.* අවතාරය awathaaraya
wrangle *n.* අඬදබර කරනවා andadabara karanawa
wrap *v.* ඔතනවා othanawa
wrapper *n.* වැස්ම wasma
wrath *n.* කෝපය kopaya
wreak *v.* පළිගන්නවා pali gannawa
wreath *n.* මල් වඩම mal wadama
wreathe *v.* වටේ දවටනවා wate dawatanawaa
wreck *n.* නෞකා භංගය naukaab-hangaya
wreckage *n.* සුන්බුන් sunbun
wrecker *n.* කඩා බිඳ දමන්නා kada binda damanna
wren *n.* නාවුක හමුදාවේ සේවිකාව nawuka hamudaawe sewikaawa
wrench *v.* ඇද ගැනීම ada ganeema
wrest *v.* බලෙන් පැහැරගන්නවා balen paharagannawa
wrestle *v.* පොරබදිනවා porabadinawa
wrestler *n.* මල්ලවයා mallawaya
wretch *n.* කාලකණ්ණියා kaala-kanniya
wretched *adj.* ඉතා අවාසනාවන්ත ithaa awaasanaawantha
wrick *v.* පෙරළා දමනවා peralaa damanawa

wriggle *v.* ඇඹරෙනවා ambarenawa
wring *v.* මහත් සේ රිදවනවා mahath se ridawanawa
wrinkle *n.* ඉඟිය ingiya
wrinkle *n.* කපටිකම kapatikama
wrist *n.* මැණික් කටුව manik katuwa
writ *n.* ආඥා පත්‍රය aagnaa pathraya
write *v.* ලියන්න liyanna
writer *n.* ලේඛකයා lekakaya
writhe *v.* වේදනාවෙන් ඇඹරෙනවා wedanawen ambarenawa
writing *n.* ලිවීම liweema
wrong *adj.* වැරදි waradi
wrongful *adj.* වැරදි සහිත waradi sahitha
wry *adj.* ඇද වූ ada wu

X

xenon *n.* බරැති නිෂ්ක්‍රිය වායුවක් barathi nishkreeya waayuwak
xenophobia *n.* විදේශිකයන් නුරුස්නා බව wideshikayan nurusnaa bawa
Xerox *n.* සෙරොක්ස් පිටපත් කරණය xerox pitapathkaranaya
Xmas *n.* නත්තල naththala
x-ray *n.* x කිරණය x kiranaya
xylophagous *adj.* ක්සයිලෆාගස් xylophagous
xylophilous *adj.* ක්සයිලෆිලස් xylophilous
xylophone *n.* ක්සයිලෆෝනය xylophonaya

Y

yacht *n.* කුඩා යාත්‍රාව kuda yaathraawa
yachting *n.* යාත්‍රා කිරීම yaathra kireema
yachtsman *n.* ද්‍රෝණි පදවන්නා droni padawanna
yak *n.* තිබ්බතයේ යක් ගවයා thibbathaye yak gawaya
yam *n.* වැලක අලය walaka alaya
yap *v.* බුරනවා buranawa
yard *n.* යාරය yaaraya
yarn *n.* කැටි නූල් kati nool
yashmak *n.* මුස්ලිම් කතුන් පොදු ස්ථාන වලදී අඳින මුහුණු වැස්ම muslim kathun podu sthana waladee andina muhunu wasma
yaw *v.* මඟ වැරදී හැරෙනවා maga waradee harenawa
yawn *v.* ඈනුම් අරිනවා aanum arinawa
year *n.* වර්ෂය warshaya
yearly *adv.* වාර්ෂික warshika
yearn *v.* ප්‍රාර්ථනා කරනවා prarthana karanawa
yearning *n.* ප්‍රාර්ථනාව prarthanawa
yeast *n.* පැසවීමේ ක්‍රියාවලියට සම්බන්ධ දිලීර වර්ගයක් pasaweeme kriyawaliyata sambanda dileera wargayak
yell *n.* මොරදෙනවා moradenawa
yellow *adj.* කහ පාට kaha paata
yelp *n.* උඩු බුරනවා udu buranawa
Yen *n.* ජපානයේ මුදල් ඒකකය japanaye mudal ekakaya
yeoman *n.* සුළු ඉඩම් හිමි ගොවියා sulu idam himi goviya

yes *excl.* එසයේ eseya
yesterday *adv.* ඊයේදවස iye dawasa
yet *adv.* තවම thawama
yeti *n.* හිමාලයේහිම මිනිසා himalaye hima minisa
yew *n.* යූ ගස yew gasa
yield *v.* උපයා දෙනවා upayaa denawa
yob *n.* වැස්ම wasma
yodel *v.* ස්විස් කුඳුකර වාසීන්ගේ ගායන ක්‍රමයක් swiss kandukara waasinge gaayana kramayak
yoga *n.* යෝග අභ්‍යාස ක්‍රමය yoga abyaasa kramaya
yogi *n.* යෝග ක්‍රම පිළිපදින්නා yoga krama pilipadinna
yogurt *n.* කිරි වලින් සාදන කෑමක් kiri walin sadana kaamak
yoke *n.* ඉඟ inga
yokel *n.* පිටිසරයා pitisaraya
yolk *n.* කහමදය kahamadaya
yonder *adj.* අර පෙනෙන තැන ara penena thana
yonks *n.* ඈත පෙනෙන aatha penena
yore *n.* ආදි කාලය aadi kaalaya
you *pron.* ඔබ oba
young *adj.* යෞවුන් yowun
youngster *n.* ගැටවරයා gatawaraya
your *adj.* ඔබගේ obage
yourself *pron.* නුඹම numbama
youth *n.* තාරුණ්‍යය thaarunyaya
youthful *adj.* තරුණ tharuna
yowl *n.* සතෙකු වේදනාවෙන් කෑ ගැසීම satheku wedanawen kaa ga-seema
yummy *adj.* ප්‍රණීත praneetha

Z

zany *adj.* මොට්ටයා mottaya
zap *v.* පහර දෙනවා pahara denawa
zeal *n.* උද්‍යෝගය udyogaya
zealot *n.* අධික ලෙස උනන්දු වන්නා adika lesa unandu wannaa
zealous *adj.* අතිශය උද්‍යෝගී athishaya udyogi
zebra *n.* සීබ්‍රා zebra
zebra crossing *n.* පදිකයන් මාරු වන තැන padikayan maru vena thana
zenith *n.* ඉතා උස තැන ithaa us thana
zephyr *n.* මඳ පවන mada pawana
zero *adj.* ශුන්‍යය shunyaya
zest *n.* අභිරුචිය abhiruchiya
zigzag *n.* වංගු සහිත wangu sahitha
zilch *n.* වංගුව wanguwa
zinc *n.* තුත්තනාගම් thuththanagam
zing *n.* සින්ග් හඬ zing handa
zip *n.* මහත් වේගය mahath wegaya
zircon *n.* මැණික් වර්ගයක් manik wargayak
zither *n.* තත් සහිත තූර්ය භාණ්ඩයක් thath sahitha thurya baandayak
zodiac *n.* රාශි චක්‍රය raashi chkraya
zombie *n.* පිල්ලිය pilliya
zonal *adj.* කලාපීය kalapeeya
zone *n.* කලාපය kalaapaya
zoo *n.* සත්වෝද්‍යානය sathwo-dyaanaya
zoological *adj.* සත්වවිද්‍යා sathwa vidyaa

zoologist *n.* සත්ව විද්‍යාවෙහි විශේෂඥයා sathwa vidyaavehi vishesagnaya

zoology *n.* සත්ව විද්‍යාව sathwa vidyaawa

zoom *v.* ශීඝ්‍ර ආරෝහණය sheegra aarohanaya

SINHALESE-ENGLISH

A

aaryaawa ආර්යාව *n.* lady
aabaadhitha ආබාධිත *adj.* retarded
aabadaya ආබාධය *n.* ailment
aabarana ආභරණ *n.* jewellery
aachaara dharma ආචාර ධර්ම *n.* ethical
aachaara karanawa ආචාර කරනවා *v.* bow
aachaara karanawa ආචාර කරනවා *n.* greet
aachaara karanawaa ආචාර කරනවා *n.* salute
aachaara neethiya ආචාර නීතිය *n.* etiquette
aachaara samaachaarayehi yedunu ආචාර සමාචාරයෙහි යෙදුණු *adj.* ceremonious
aachaara widhiya ආචාර විධිය *n.* ethos
aachaarasampannakama ආචාරසම්පන්නකම *n.* politeness
aachaarasheelee ආචාරශීලි *adj.* courteous
aachaarasheeli ආචාරශීලි *adj.* complaisant
aachaarasheeli ආචාරශීලි *adj.* debonair
aachaarasheeli ආචාරශීලි *adj.* genteel
aachaaraya ආචාරය *n.* greeting
aachaaraya ආචාරය *n.* salutation
aachaariyaa ආචාරියා *n.* smith
aacharasheeli nowu ආචාරශීලි නොවූ *adj.* amoral
aachchi ආච්චි *n.* grandmother
aadaanaagaaraya ආදාහනාගාරය *n.* crematorium
aadaara wenawaa ආධාර වෙනවා *v.* tend
aadaayakaya ආදායකයා *n.* payee
aadaayama ආදායම *n.* revenue
aadaayama ආදායම *n.* takings
aadahanaya ආදාහනය *n.* cremation
aadahanaya karanawa ආදාහනය කරනවා *v.* cremate
aadambara ආඩම්බර *adj.* proud
aadambarakaaraya ආඩම්බරකාරයා *adj.* cavalier
aadambaraya ආඩම්බර *adj.* pompous
aadanaya ආදානය *n.* input
aadarakayak awashya ආධාරකයක් අවශ්‍ය *adj.* stuart
aadaraneeya ආදරණීය *adj.* amiable
aadaraneeya ආදරණීය *adj.* beloved
aadaraneeya ආදරණීය *adj.* lovable
aadarawanthaya ආදරවන්තයා *n.* fiancé
aadaraya ආදරය *n.* love
aadarsha geththama ආදර්ශ ගෙත්තම *n.* sampler
aadarsha paataya ආදර්ශ පාඨය *n.* motto
aadarshanaya ආදර්ශනය *n.* demonstration
aadarshanaya karanawa ආදර්ශනය කරනවා *v.* demonstrate
aadarshaya ආදර්ශය *n.* mould
aadarshaya ආදර්ශය *n.* representation
aadayama ආදායම *n.* income
aadee ආදි *adj.* quondam
aadeshakaya ආදේශකයා *n.* locum

aadeshakaya ආදේශකය *n.* substitute
aadeshanaya ආදේශනය *n.* replacement
aadeshaya ආදේශය *n.* substitution
aadhaanagraahiya ආධානග්‍රාහියා *n.* bigot
aadhaanawa ආධානය *n.* dogma
aadhaara karanawaa ආධාර කරනවා *v.* support
aadhaaraya ආධාරය *n.* backing
aadhipathyaya ආධිපත්‍යය *n.* supremacy
aadhunikaya ආධුනිකයා *n.* neophyte
aadhunikaya ආධුනිකයා *n.* novice
aadi kaalaya ආදි කාලය *n.* yore
aadikalpika ආදිකල්පික *adj.* primitive
aadipaada dewiya ආධිපාද දේවිය *n.* viscountess
aadipathya ආධිපත්‍යය *n.* hegemony
aadipathyaya ආධිපත්‍යය *n.* sceptre
aadithama ආදිතම *adj.* primeval
aadiwasika ආදිවාසික *adj.* aboriginal
aadiya ආදිය *adv.* et cetera
aadunika ආධුනික *adj.* junior
aadunikaya ආධුනිකයා *n.* amateur
aadunikaya ආධුනිකයා *n.* junior
aadyaathmika ආධ්‍යාත්මික *adj.* inner
aadyaathmika ආධ්‍යාත්මික *adj.* psychic
aadyaathmikathaawaya ආධ්‍යාත්මිකතාවය *n.* spirituality
aadyathaawaya ආඪ්‍යතාවය *n.* panache
aagama ආගම *n.* doctorate
aagama ආගම *n.* religion
aagama adahanna ආගම අදහන්නා *n.* worshipper
aagamanaya ආගමනය *n.* influx
aagamika ආගමික *adj.* religious
aagamika dharma granthaya ආගමික ධර්ම ග්‍රන්ථය *n.* scripture
aaganthuka ආගන්තුක *adj.* occasional
aaganthuka ආගන්තුක *adj.* intrusive
aaganthuka sathkaara karana ආගන්තුක සත්කාරක කරන *adj.* hospitable
aaganthuka sathkaara nokarana ආගන්තුක සත්කාර නොකරන *adj.* inhospitable
aaganthukaya ආගන්තුකයා *n.* visitor
aagnaa pathraya ආඥා පත්‍රය *n.* writ
aahaara paana ආහාර පාන *n.* victuals
aahaaraya ආහාරය *n.* diet
aahaaraya ආහාරය *n.* food
aahara gabadaawa ආහාර ගබඩාව *n.* larder
aahara paanadiya sapayanawaa ආහාර පානාදිය සපයනවා *v.* purvey
aahara pilibanda upades denna ආහාර පිළිබඳ උපදෙස් දෙන්නා *n.* dietitian
aahara wargayak ආහාර වර්ගයක් *n.* lasagne
aakaaraya ආකාරය *n.* semblance
aakaasha thalaya ආකාශ තලය *n.* aerospace
aakalana ආකලන *n.* additive
aakalpanaya ආකල්පනය *n.* presupposition

aakalpaya ආකල්පය *n.* attitude
aakaraya ආකාරය *n.* manner
aakarshanaya ආකර්ෂණය *v.* attract
aakarshanaya ආකර්ෂණය *v.* lure
aakarshanaya wenawa ආකර්ෂණය වෙනවා *v.* gravitate
aakasha sanchaaraya ආකාශ සංචාරය *n.* aviation
aakoolathwaya ආකූලත්වය *n.* complication
aakramanaya ආක්‍රමණය *n.* incursion
aakramanaya ආක්‍රමණය *n.* inoculation
aakramanaya ආක්‍රමණය *n.* invasion
aakramanaya ආක්‍රමණය *n.* onset
aakramanaya karanawa ආක්‍රමණය කරනවා *v.* invade
aakramaniyaka ආක්‍රමණිකයා *n.* aggressor
aakramika dandanaya ආක්‍රමික දණ්ඩනය *n.* lynch
aakruthiya ආකෘතිය *n.* format
aakruthiya ආකෘතිය *n.* rudiment
aakyathaya ආඛ්‍යාතය *n.* saga
aalepanaya ආලේපනය *n.* balm
aalepanaya ආලේපය *v.* daub
aalepanaya ආලේපනය *n.* ointment
aalindaya ආලින්දය *n.* atrium
aalindaya ආලින්දය *n.* veranda
aalokanaya ආලෝකනය *n.* lighting
aalokaya ආලෝකය *n.* light
aalokaya winiwidha watena ආලෝකය විනිවිද වැටෙන *adj.* translucent
aamaashaya pilibanda ආමාශය පිළිබඳ *adj.* gastric
aamanthranaya ආමන්ත්‍රණය *n.* hail
aamawaathaya harinawa ආමවාතය හරිනවා *v.* blub
aamaya ආමය *n.* dyspepsia
aamlikathaawaya ආම්ලිකතාවය *n.* acidity
aampanna ආම්පන්න *n.* equipment
aampanna ආම්පන්න *n.* implement
aan baan karanawaa ආන් බාන් කරනවා *v.* subdue
aanama ආනම *n.* sauce
aananakaya ආනනකය *n.* inhaler
aanandaya ආනන්දය *n.* delectation
aanandaya ආනන්දය *n.* ecstasy
aanathiya ආනතිය *n.* inclination
aanayanakaru ආනයනකරු *n.* importer
aanayanaya karanawaa ආනයනය කරනවා *v.* import
aandinawa ආඳිනවා *v.* attach
aandinawaa ආඳිනවා *v.* copulate
aandolanaya ආන්දෝලනය *n.* spasm
aandoo ඇඳූ *adj.* articulate
aandukaaraya ආණ්ඩුකාරයා *n.* governor
aandukramaya ආණ්ඩුක්‍රමය *n.* polity
aandum ඇඳුම් *n.* attire
aanduwa ආණ්ඩුව *n.* government
aanduwe paalanayata pawaraa gannawa ආණ්ඩුවේ පාලනයට පවරා ගන්නවා *v.* nationalize
aangnawa ආඥාව *n.* behest
aanubhaawasampanna ආනුභාවසම්පන්න *adj.* imposing
aanubhaawaya ආනුභාවය *n.*

influence
aanum arinawa ඈනුම් අරිනවා *v.* yawn
aanuma ඈනුම *v.* gape
aanushayika ආනුශයික *adj.* latent
aapadawa ආපදාව *n.* calamity
aapana shaalaawa ආපන ශාලාව *n.* restaurant
aapana shaalaawehi paalakayaa ආපන ශාලාවෙහි පාලකයා *n.* restaurateur
aapana shaalawa ආපන ශාලාව *n.* cafe
aapassata ema ආපස්සට ඒම *n.* backlash
aapasu ආපසු *adj.* backward
aapasu ආපසු *adj.* retro
aapasu denawa ආපසු දෙනවා *v.* repay
aapasu ewuma ආපසු එවුම *n.* return
aapasu geweema ආපසු ගෙවීම *n.* repayment
aapasu labaaganeema ආපසු ලබා ගැනීම *n.* recovery
aapasu labaagannawa ආපසු ලබා ගන්නවා *v.* recover
aapasu nogewiya haki ආපසු නොගෙවිය හැකි *adj.* irredeemable
aapasu paminenawa ආපසු පැමිණෙනවා *v.* revert
aapasu paneema ආපසු පැනීම *v.* bounce
aapasu paniawa ආපසු පනිනවා *v.* rebound
aapasu samagi wenawaa ආපසු සමගි වෙනවා *v.* reunite
aaraadhanaawa ආරාධනාව *n.* courtship
aaraamaya ආරාමය *n.* monastery
aaradhana karanawa ආරාධනා කරනවා *v.* invite
aaradhanaawa ආරාධනාව *n.* invitation
aaraksha karanawa ආරක්ෂා කරනවා *v.* guard
aarakshaa kala haki ආරක්ෂා කළ හැකි *adj.* defensible
aarakshaa karanawa ආරක්ෂා කරනවා *v.* defend
aarakshaa karanawaa ආරක්ෂා කරනවා *v.* preserve
aarakshaa karanawaa ආරක්ෂා කරනවා *v.* protect
aarakshaawa ආරක්ෂාව *n.* bulwark
aarakshaawa ආරක්ෂාව *n.* protection
aarakshaawa ආරක්ෂාව *n.* rampart
aarakshaawa ආරක්ෂාව *n.* security
aarakshaawa ආරක්ෂාව *n.* tutelage
aarakshaawa salasagan-nawa ආරක්ෂාව සලසගන්නවා *v.* fend
aarakshaka ආරක්ෂක *n.* defence
aarakshaka ආරක්ෂක *adj.* defensive
aarakshaka ආරක්ෂක *adj.* precautionary
aarakshaka pirisa ආරක්ෂක පිරිස *n* bodyguard
aarakshaka salakilla ආරක්ෂක සැකිල්ල *n.* fairing
aarakshaka walallak yodagena ආරක්ෂක වලල්ලක් යොදගෙන ඉන්නවා *v.* entrench
aarakshakaya ආරක්ෂකයා *n.* curator
aarakshakaya ආරක්ෂකයා *n.* patron

aarakshakayaa ආරක්ෂකයා *n.* custodian
aarakshitha ආරක්ෂිත *adj.* guarded
aarakshitha ආරක්ෂිත *adj.* protective
aarakshithaya ආරක්ෂිතය *n.* protectorate
aaramba karanawa ආරම්භ කරනවා *v.* found
aarambaka ආරම්භක *adj.* inaugural
aarambaka ආරම්භක *adj.* initial
aarambakayaa ආරම්භකයා *n.* starter
aarambaya ආරම්භය *n.* beginning
aarambaya ආරම්භය *n.* debut
aarambaya ආරම්භය *n.* inception
aarambaya ආරම්භය *n.* origin
aarambha kireema ආරම්භ කිරීම *n.* resumption
aarambhaka ආරම්භක *adj.* elementary
aarambhaka ආරම්භක *adj.* nascent
aarambhaya ආරම්භය *n.* opening
aaranchi ආරංචි *n.* tidings
aaraula ආරවුල *n.* imbroglio
aaraula ආරවුල *n.* strife
aaraula ආරවුල *n.* turmoil
aarawula ආරවුල *n.* feud
aarawula ආරවුල *n.* hassle
aarawula ආරවුල *n.* rumpus
aaraya ආරය *n.* heredity
aarechakaya ආරෙචකය *n.* laxative
aarohakayaa ආරෝහකයා *n.* rider
aarohanaya ආරෝහණය *n.* staircase
aarooda karanawa ආරූඪ කරනවා *v.* impute
aaropanaya ආරෝපණය *n.* charge
aaropanaya karanawa ආරෝපණය කරනවා *v.* charge
aarthawaabaawaya ආර්තවාභාවය *n.* menopause
aarthika ආර්ථික *adj.* economic
aarthika widyaawa ආර්ථික විද්‍යාව *n.* economics
aarthikaya ආර්ථිකය *n.* economy
aarukku peliya ආරුක්කු පෙළිය *n.* arcade
aarukkuwa ආරුක්කුව *n.* arch
aarya ආර්ය *adj.* noble
aaryaawa ආර්යාව *n.* dame
aasaathmika අසාත්මික *adj.* allergic
aasaathmikathawaya අසාත්මිකතාවය *n.* allergy
aasadanaya ආසාදනය *n.* infection
aasana athara maargaya ආසන අතර මාර්ගය *n.* gangway
aasanaya ආසනය *n.* seat
aasanayen paha karanawaa ආසනයෙන් පහ කරනවා *v.* unseat
aasathmika kaarakaya ආසාත්මික කාරකය *n.* allergen
aasawanaya karanawa ආසවනය කරනවා *v.* distil
aascharya sampanna ආශ්චර්ය සම්පන්න *adj.* stupendous
aasewanaya ආසේවනය *n.* infusion
aasha karanawa ආශා කරනවා *v.* hanker
aashaa karanawa ආශා කරනවා *v.* covet
aashaa karanawa ආශා කරනවා *v.* relish
aashaawa ආශාව *n.* desire
aashcharya ආශ්චර්ය *n.* miracle
aashcharya ආශ්චර්ය *n.*

phenomenon

aashcharya ආශ්චර්ය *adj.* prodigious

aashcharyajanaka ආශ්චර්යජනක *adj.* miraculous

aashcharyawath ආශ්චර්යවත් *adj.* p henomenal

aashirwaada karanawa ආශිර්වාද කරනවා *v.* bless

aashirwaadaathmaka ආශිර්වාදාත්මක *adj.* charismatic

aashirwaadaya ආශිර්වාදය *n.* blessing

aashwaasa karanawaa ආශ්වාස කරනවා *v.* inhale

aashwaasa kireema ආශ්වාස කිරීම *n.* inspiration

aashwaasha praashwaasa karanawa ආශ්වාස ප්‍රාශ්වාස කරනවා *v.* breathe

aasiri ආසිරි *n.* benediction

aasiyaanuwa ආසියානුවා *adj.* Asian

aaswaadaya ආස්වාදය *v.t.* savour

aatha ඈත *adv.* afar

aatha ඈත *adj.* distant

aatha ඈත *adv.* far

aatha ඈත *adj.* remote

aatha penena ඈත පෙනෙන *n.* yonks

aathathiya ආතතිය *n.* stress

aathathiya ආතතිය *n.* tension

aathin paya thabamin yanawaa ඇතින් තබමින් යනවා *v.* stride

aathma charithaya ආත්ම චරිතය *n.* autobiography

aathma naashaka ආත්ම නාශක *adj.* suicidal

aathma thruptha ආත්ම තෘප්තිය *adj.* smug

aathma wishwasaya ආත්ම විශ්වාසය *n.* aplomb

aathmaarthakaamee ආත්මාර්තකාමී *adj.* selfish

aathmaarthakaamee nowana ආත්මාර්තකාමී නොවන *adj.* unselfish

aathmagathaya ආත්මගතය *n.* monologue

aathmaraagaya ආත්මරාගය *n.* narcissism

aathmaya ආත්මය *n.* ego

aathmaya ආත්මය *n.* psyche

aathmaya ආත්මය *n.* soul

aathurayaa ආතුරයා *n.* valetudinarian

aawaranaya ආවරණය *n.* cladding

aawaranaya ආවරණය *n.* shroud

aawarna අවර්ණ *n.* colourless

aawarthitha ආවර්තිත *adj.* periodic

aawathewa kaarayaa ආවතේව කාරයා *n.* valet

aawathewakaarayaa ආවතේවකාරයා *n.* steward

aawathewakaru ආවතේවකරු *n.* chamberlain

aawegaya ආවේගය *n.* impulse

aawegee ආවේගී *adj.* impulsive

aawenika ආවේණික *adj.* inherent

aawilanaya ආවිලනය *v.* infuse

aawurthibheethikaawa ආවෘතිභීතිකාව *n.* claustrophobia

aayaachanaa karanawa ආයාචනා කරනවා *v.* plead

aayaachanaya ආයාචනය *v. t.* entreaty

aayaachnaa karanawwa ආයාචනා

කරනවා *v.* supplicate
aayachanaya ආයාචනය *n.* solicitation
aayathanaya ආයතනය *n.* institute
aayojanaya ආයෝජනය *n.* investment
aayojanaya karanawa ආයෝජනය කරනවා *v.t.* invest
aayubowan ආයුබෝවන් *interj.* farewell
aayubowan ආයුබෝවන් *excl.* goodbye
aayusha ganana ආයුෂ ගණක *n.* actuary
aba අබ *n.* mustard
abalan wenawaa අබලන් වෙනවා *v.* weaken
abalan wu අබලන් වූ *adj.* decrepit
abalan wu අබලන් වූ *adj.* moribund
abalan wu ashwaya අබලන් වූ අශ්වයා *n.* jade
abawya අභව්‍ය *adj.* unfit
abaya ඇබය *n.* stopper
abbagaathayaa අබ්බගාතයා *n.* cripple
abbahi weema ඇබ්බැහි වීම *n.* addiction
abhaawapraptha අභාවප්‍රාප්ත *adj.* deceased
abhaawaya අභාවය *n.* oblivion
abhawayata giya අභාවයට ගිය *adj.* obsolete
abhaya අභය *adj.* fearless
abheesaaree wenawa අභිසාරී වෙනවා *v.* converge
abhibhawanawaa අභිබවනවා *v.* vanquish
abhidarmaya අභිධර්මය *n.* metaphysics
abhidarmaya pilibanda woo අභිධර්මය පිළිබඳ වූ *adj.* metaphysical
abhilashaya අභිලාෂය *n.* ambition
abhimatha අභිමත *adj.* arbitrary
abhimatha අභිමත *adj.* desirable
abhimathakaranaya අභිමතකරණය *v.* customize
abhinandanaya අභිනන්දනය *n.* felicitation
abhiniweshanaya අභිනිවේශනය *n.* bigotry
abhipraaya අභිප්‍රාය *n.* intention
abhipraaya අභිප්‍රාය *n.* significance
abhirahas අබිරහස් *adj.* mysterious
abhirahasa අබිරහස *n.* mystery
abhiroopanaya අභිරූපණය *n.* pantomime
abhiroopika අභිරූපික *n.* mimic
abhiruchiya අභිරුචිය *n.* appetite
abhiruchiya අභිරුචිය *n.* zest
abhishaapa karanawa අභිශාප කරනවා *v.* denounce
abhishoonya අභිශූන්‍ය *adj.* null
abhiwurdiya අභිවෘද්ධිය *v.* uplift
abhiyachana අභියාචනාව *v.t.* appeal
abhiyoga karanawa අභියෝග කරනවා *v.* dare
abhiyogaya අභියෝගය *n.* challenge
abhyaasa අභ්‍යාස *n.* exercise
abimuwa අබිමුව *n.* facing
abin අබිං *n.* opium
abiththa ඇබිත්ත *n.* acolyte
abiththa ඇබිත්ත *n.* morsel
abiththa ඇබිත්ත *n.* smidgen
abiyogayata muhuna denna wu අභියෝගයට මුහුණ දෙන්න වූ *adj.*

gamely

abootha අභූත *adj.* unfounded

abyanthara අභ්‍යන්තර *adj.* interior

abyanthara අභ්‍යන්තර *adj.* internal

abyanthara gatum අභ්‍යන්තර ගැටුම් *n.* infighting

abyanthara sambandakama අභ්‍යන්තර සම්බන්ධකම *n.* intranet

abyantharawa adahas huwa-maaru kara ganeema අභ්‍යන්තරව අදහස් හුවමාරු කර ගැනීම *n.* intercom

acetate ඇසිටේට් *n.* acetate

acetone ඇසිටෝන් *n.* acetone

achaarasheelee bhawaya ආචාරශීලී භාවය *n.* urbanity

achala අචල *adj.* constant

achala අචල *adv.* immovable

achala අචල *adj.* steadfast

achchaaru අච්චාරු *n.* pickle

achchu akuru amunannaa අච්චු අකුරු අමුණන්නා *n.* typesetter

achchuwa අච්චුව *n.* template

achinthya අචින්ත්‍ය *adj.* unthinkable

actinium ඇක්ටිනියම් *n.* actinium

ada අද *adv.* today

ada ganeema ඇද ගැනීම *n.* attraction

ada ganeema ඇද ගැනීම *v.* wrench

ada gannawa ඇද ගන්නවා *v.* contort

ada gannawa ඇද ගන්නවා *v.t.* extract

ada karanawa ඇද කරනවා *v.* jeer

ada ninda අඩ නින්ද *n.* nap

ada raa අද රෑ *adv.* tonight

ada wu ඇද වූ *adj.* wry

adaala අදාළ *adj.* applicable

adaala nowana අදාළ නොවන *adj.* inapplicable

adaala nowu අදාළ නොවූ *adj.* irrelevant

adaala wana අදාළ වන *adj.* germane

adaalathaawa අදාළතාව *n.* relevance

adaalawa pawathinawa අදාළව පවතිනවා *v.* pertain

adaganeeme balaya ඇදගැනීමේ බලය *n.* gravitas

adagena yaama ඇදගෙන යාම *n.* traction

adahas karanawa අදහස් කරනවා *v.* contemplate

adahas karanawaa අදහස් කරනවා *v.* intend

adahas wimasanawa අදහස් විමසනවා *v.* consult

adaheema ඇදහීම *n.* cult

adaheema ඇදහීම *n.* devotion

adahilla ඇදහිල්ල *n.* creed

adahiya nohaki ඇදහිය නොහැකි *adj.* implausible

adahiya yuthu ඇදහිය යුතු *adj.* credible

adairyaya karanawa අධෛර්යය කරනවා *v.* deject

adairyaya kireema අධෛර්යය කිරීම *n.* dejection

adak raajya anshayata ayath raajya aayathana walin moolyaadaara අඩක් රාජ්‍ය අංශයට අයත් රාජ්‍ය ආයතන වලින් මූල්‍යාධාර *n.* quango

adaksha අදක්ෂ *adj.* amateurish

adaksha අදක්ෂ *adj.* incompetent

adaksha අදක්ෂ *adj.* inefficient

adaksha අදක්ෂ *adj.* unskilled
adama අධම *adj.* menial
adama අධම *adj.* sordid
adama අදම *adj.* vile
adamaana අඩමාන *adj.* unbalanced
adamaanaya අඩමානය *n. &v.* conjecture
adambara ආඩම්බර *adj.* vainglorious
adangu de අඩංගු දේ *n.* component
adangu karanawaa අඩංගු කරනවා *v.* include
adangu kireema අඩංගු කිරීම *n.* inclusion
adanguwa thibenawa අඩංගුව තිබෙනවා *v.t.* contain
adaninda අඩනින්ද *v. i* doze
adarayen piliganeema ආදරයෙන් පිළිගන්නවා *n.* welcome
adasanda අඩසඳ *n.* crescent
adata ඇදට *adv.* awry
adaththettam karanawaa අඩත්තේට්ටම් කරනවා *n.* manhandle
adaththettam karanawaa අඩත්තේට්ටම් කරනවා *v.* mishandle
adawal අඩවල් *adv.* ajar
adbhootha de අද්භූත දේ *n.* prodigy
adbootha අද්භූත *adj.* weird
addara අද්දර *n.* verge
addara pihiti අද්දර පිහිටි *adj.* marginal
adeekshaka අධීක්ෂක *n.* supervisor
adeekshanaya අධීක්ෂණය *n.* supervision
adeekshanaya karanawaa අධීක්ෂණය කරනවා *v.* supervise
adena ඇදෙන *adj.* elastic
adenawa ඇදෙනවා *v.* dilate
adewawaadiya අදේවවාදියා *n.* atheist
adhagena yanawaa ඇදගෙන යනවා *v.* tug
adhairyaya karanawaa අධෛර්ය කරනවා *v.* discourage
adhama අධම *adj.* abject
adhama අධම *adj.* despicable
adhama අධම *adj.* ignoble
adhama sthree අධම ස්ත්‍රී *n.* slut
adhamaya අධමයා *n.* cad
adharaayanaya අධරායනය *n.* subordination
adhi අධි *prep.* above
adhi aaropanaya අධි ආරෝපණය *v.* overcharge
adhi aathathiya අධි ආතතිය *n.* hypertension
adhi baddha අධි බද්ද *n.* surtax
adhi bakthimath අධි භක්තිමත් *adj.* saintly
adhi chodanaa karanawaa අධි චෝදනා කරනවා *v.* indict
adhi chodanaawa අධි චෝදනාව *n.* indictment
adhi gambeera handa අධි ගාම්භීර හඬ *adj.* stentorian
adhi swaabaawika අධි ස්වාභාවික *adj.* supernatural
adhika අධික *adj.* excessive
adhika අධික *n.* more
adhika අධික *adj.* profound
adhika අධික *adj.* redundant
adhika agayak athwanawa අධික අගයක් අත්වනවා *v.* overrate
adhika bara patawanawaa අධික බර පටවනවා *v.* overburden
adhika lesa අධික ලෙස *adv.* overly

adhika lesa wadunu අධික ලෙස වැඩුණු *adj.* overgrown

adhika lesa wehesenawaa අධික ලෙස වෙහෙසෙනවා *v.* overdo

adhika lesa wiyadam karana අධික ලෙස වියදම් කරන *adj.* lavish

adhika preethiya අධික ප්‍රීතිය *n.* rapture

adhika premaya අධික ප්‍රේමය *n.* infatuation

adhikaariya අධිකාරිය *n.* authority

adhikarana අධිකරණ *adj.* forensic

adhikathwaya අධිකත්වය *n.* glut

adhikathwaya අධිකත්වය *n.* profundity

adhikathwaya අධිකත්වය *n.* redundancy

adhikathwaya අධිකත්වය *n.* superfluity

adhikawa අධිකව *adj.* deep

adhikawa pawathinawa අධිකව පවතිනවා *v.i.* abound

adhimurjaawa අධිමූර්ඡාව *n.* coma

adhineethigna අධිනීතිඥ *n.* advocate

adhineethignia අධිනීතිඥයා *n.* barrister

adhipathi අධිපති *n.* ruling

adhipathiya අධිපතියා *n.* monarch

adhiraajya අධිරාජ්‍යය *n.* empire

adhiraajyawaadaya අධිරාජ්‍යවාදය *n.* imperialism

adhiraajyaya අධිරාජ්‍යයා *n.* emperor

adhiraaniya අධිරාණිය *n.* empress

adhishoshanaya karanawa අධිශෝෂණය කරනවා *v.* adsorb

adhishtaanaya අධිෂ්ඨානය *v. t* determination

adhisthaapanaya karanawaa අධිස්ථාපනය කරනවා *v.* superimpose

adhithakseru karanawaa අධිතක්සේරු කරනවා *v.* overestimate

adhiwega maargaya අධිවේග මාර්ගය *n.* speedway

adhyaapanaya අධ්‍යාපනය *n.* education

adhyakshaka අධ්‍යක්ෂක *n.* director

adi gaseema අඩි ගැසීම *n.* binge

adi thabaa yanawaa අඩි තබා යනවා *v.* tread

adika අධික *pref.* ultra

adika baawum athi අධික බෑවුම් ඇති *adj.* steep

adika lesa pengunu අධික ලෙස පෙඟුණු *adj.* sodden

adika lesa unandu wannaa අධික ලෙස උනන්දු වන්නා *n.* zealot

adika poliya අධික පොලිය *n.* usury

adikaranaya අධිකරණය *n.* judiciary

adikathwaya අධිකත්වය *n.* preponderance

adinawa අදිනවා *v. t* drag

adinawaa අදිනවා *v.* pull

adiprakaashaya අධිප්‍රකාශය *n.* manifesto

adishtaana karanawaa අධිෂ්ඨාන කරනවා *v.* will

adiya අඩිය *n.* bottom

adiya අඩිය *n.* foot

adiyaawa අඩියාව *n.* footage

adooshya අදූෂ්‍ය *adj.* incorruptible

adraawya අද්‍රාව්‍ය *adj.* insoluble

adrushyamaana අදෘශ්‍යමාන *adj.* invisible

adu අඩු *adj. & pron.* less
adu kara dakwanawaa අඩු කර දක්වනවා *v.* understate
adu karanawa අඩු කරනවා *v.* deduct
adu karanawa අඩු කරනවා *v.* reduce
adu karanawaa අඩු කරනවා *v.* subtract
adu kireema අඩු කිරීම *n.* abbreviation
adu kireema අඩු කිරීම *n.* deduction
adu kireema අඩු කිරීම *n.* reduction
adu kireema අඩු කිරීම *n.* subtraction
adu kota dakwanawaa අඩු කොට දක්වනවා *v.* mince
adu luhundukama අඩු ලුහුඬුකම *n.* shortcoming
adu paaduwa අඩු පාඩුව *n.* defect
adu pramaanaya අඩු ප්‍රමාණය *n.* shortage
adu rudira peedanaya අඩු රුධිර පීඩනය *n.* hypotension
adu wadi wenawa අඩු වැඩි වෙනවා *v.* fluctuate
adu wadiya අඩු වැඩිය *n.* stuff
adu wenawa අඩු වෙනවා *v.* decrease
adu wenawa අඩු වෙනවා *v.* diminish
adu wenawa අඩු වෙනවා *n.* ebb
aduthata අඩුතර *adj.* reductive
aduwa අඩුව *n.* shortfall
aduwen mila thakseru karanawa අඩුවෙන් මිල තක්සේරු කරනවා *v.* underrate
aduwen thakseru karanawaa අඩුවෙන් තක්සේරු කරනවා *v.* underestimate
adwitheeya අද්විතීය *adj.* inimitable
adyaathmika ආධ්‍යාත්මික *adj.* spiritual
aga අග *n.* acme
agaadha අගාධ *adj.* abysmal
agahingakama අගහිඟකම *n.* privation
agala අගල *n.* ditch
agala අගල *n.* gutter
agala අගල *n.* moat
agala අගල *n.* trench
aganaa අගනා *adj.* enviable
aganuwara අගනුවර *n.* capital
aganuwara අගනුවර *n.* metropolis
agasthi අගස්ති *n.* agate
agasthi wargayak අගස්ති වර්ගයක් *n.* onyx
agathi sahitha අගති සහිත *adj.* biased
agathi sahitha අගති සහිත *adj.* tendentious
agathigaamee අගතිගාමී *adj.* insular
agathigaamee අගතිගාමී *adj.* prejudicial
agathiya අගතිය *n.* bias
agathiya අගතිය *n.* perversity
agathiya අගතිය *n.* prejudice
agathiyata yanawaa අගතියට යනවා *v.* prejudge
agaurawaya අගෞරවය *n.* disrespect
agaya අගය *n.* value
agaya aduweema අගය අඩුවීම *n.* depreciation
agaya karanawa අගය කරනවා *v.* admire
agaya kireema අගය කිරීම *n.* admiration

agaya kota salakanawa අගය කොට සළකනවා *v.* appreciate
agayak nathi dewal අගයක් නැති දේවල් *n.* trivia
agayanawa අගයනවා *v. i* evaluate
agayuma ඇගයුම *n.* assessment
agayuma ඇගයුම *n.* rating
age de ඇගේදේ *pron.* hers
age ma ඇගේම *pron.* herself
agnaana අඥාන *adj.* ignorant
agnaana අඥාන *adj.* mindless
agnaana අඥාන *adj.* witless
agnana අඥාන *adj.* unwise
agni maanikyaya අග්නිමාණික්‍යය *n.* opal
agniyasaya අග්න්‍යාසය *n.* pancreas
agosthu අගෝස්තු *n* August
agra අග්‍ර *adj.* foremost
agra අග්‍ර *adj.* premier
agrakruthiya අග්‍රකෘතිය *n.* masterpiece
agraraajaguru prasaadithana අග්‍රරාජගුරු ප්‍රසාදිතන *n.* primate
agul bolaya අගුල් බෝලය *n.* knob
agula අගුල *n.* latch
agula අගුල *n.* lock
aguna kiyanawa අගුණ කියනවා *v.* detract
ahakata harawanawa අහකට හරවනවා *v. t* divert
ahakin අහකින් *adj.* aloof
ahamben ahenawaa අහම්බෙන් ඇහෙනවා *v.* overhear
ahamben athi wana අහම්බෙන් ඇති වන *adj.* haphazard
ahambu අහඹු *adj.* accidental
ahambu lesa අහඹු ලෙස *adj.* random
ahanawaa අහනවා *v.* listen
ahankaara අහංකාර *adj.* bossy
ahankaara අහංකාර *adj.* haughty
ahankaara අහංකාර *adj.* insolent
ahankaara අහංකාර *adj.* lordly
ahankaara අහංකාර *adj.* overbearing
ahankaara අහංකාර *adj.* overweening
ahankaara අහංකාර *adj.* vain
ahankaara lesa hasirenawa අහංකාර ලෙස හැසිරෙනවා *v.* perk
ahankaara ugathaa අහංකාර උගතා *n.* pedagogue
ahankaarakama අහංකාරකම *n.* insolence
ahankaaraya අහංකාරය *n.* arrogance
ahankaaraya අහංකාරය *n.* egotism
ahas kambiya අහස් කම්බිය *n.* aerial
ahas yaanaya අහස් යානය *n.* aircraft
ahas yaathraanganaya අහස් යාත්‍රාංගනය *n.* hangar
ahasa අහස *n.* sky
ahasata piyaasara karanawaa අහසට පියාසර කරනවා *v.i.* soar
ahawara karanawa අහවර කරනවා *v.* finish
ahethuwa අහේතුව *n.* misadventure
ahethuwa අහේතුව *n.* mischance
ahikuntakayaa අහිකුණ්ඨකයා *n.* gypsy
ahimi karanawa අහිමි කරනවා *v.* confiscate
ahimi karanawa අහිමි කරනවා *v.* deprive
ahimi karanawa අහිමි කරනවා *v.* dispossess

ahimi kireema අහිමි කිරීම *n.* confiscation

ahimikaranaya අහිමිකරණය *v.* forfeit

ahinda gannawa ඇහිඳ ගන්නවා *v.* glean

ahinda kanawa ඇහිඳ කනවා *v.* graze

ahinda kanawa ඇහිඳ කනවා *v.i.* peck

ahindagath de ඇහිඳගත් දේ *n.* pickings

ahinsaka අහිංසක *adj.* harmless

ahinsaka අහිංසක *adj.* innocent

ahinsaka winaya paramaartha kotagath kristhiyaani nikaaya අහිංසක විනය පරමාර්ථ කොටගත් ක්‍රිස්තියානි නිකාය *n.* quaker

ahinsakathwaya අහිංසකත්වය *n.* innocence

aho අහෝ *conj.* alas

ahosi kala haki අහෝසි කළ හැකි *adj.* revocable

ahosi karanawa අහෝසි කරනවා *v.t* abolish

ahosi karanawa අහෝසි කරනවා *v.* nullify

ahosi kireema අහෝසි කිරීම *n.* revocation

ahumkan denawaa ඇහුම්කන් දෙනවා *v.* hark

ahurunu ඇහුරුණු *adj.* poky

ain karanawaa අයින් කරනවා *v.* shunt

ais damoo saruwath අයිස් දැමූ සරුවත් *n.* sorbet

aithamaya අයිතමය *n.* item

aithi wenawa අයිති වෙනවා *v.* belong

aithihaasika ඓතිහාසික *adj.* historic

aithiwa sitinawa අයිතිව සිටිනවා *v.* possess

aithiwaasikam athaharinawaa අයිතිවාසිකම් අතහරිනවා *v.* waive

aithiwasikam අයිතිවාසිකම් *n.* belongings

aithiya අයිතිය *v.* claim

aithiya ath harinawaa අයිතිය අත්හරිනවා *v.* surrender

ajeeranaya අජීරණය *n.* indigestion

ajeewa අජීව *adj.* lifeless

ak werala අක් වෙරළ *adj.* offshore

akaala අකාල *adj.* untimely

akaaradi අකාරාදි *adj.* alphabetical

akaaradiya අකාරාදිය *n.* lexicon

akaarunika අකාරුණික *adj.* unkind

akaarunya අකාරුණ්‍ය *adj.* pitiless

akal අකල් *adj.* premature

akalya අකල්‍ය *adj.* morbid

akamathi wenawa අකමැති වෙනවා *v.* dislike

akanda අඛණ්ඩ *adj.* continual

akanda අඛණ්ඩ *adj.* continuous

akanda අඛණ්ඩ *adj.* nonstop

akarathabbaya අකරතැබ්බය *n.* dilemma

akarathabbaya අකරතැබ්බය *n.* mishap

akarathabbaya අකරතැබ්බය *n.* snag

akarmaka අකර්මක *adj.* intransitive

akarunaawantha අකරුණාවන්ත *adj.* uncharitable

akaya ඇකය *n.* lap

akeekaru අකීකරු *adj.* disobedient

akeekaru අකීකරු *adj.* insubordinate

akeekaru wenawa අකීකරු වෙනවා *v.* defy

akeekaru wenawa අකීකරු වෙනවා *v.* disobey

akeekarukama අකීකරු කම *n.* insubordination

akilee rali watenawaa ඇකිලී රැලි වැටෙනවා *v.* shrivel

akileema ඇකිලීම *n.* shrinkage

akilenawa ඇකිලෙනවා *v.* flinch

akilenawaa ඇකිලෙනවා *v.* shrink

akilenawaa ඇකිලෙනවා *v.* warp

akkaraya අක්කරය *n.* acre

akmaawa අක්මාව *n.* liver

akramika අක්‍රමික *adj.* anomalous

akramikathawaya අක්‍රමිකතාව *n.* anomaly

akreeya අක්‍රිය *adj.* passive

akriya අක්‍රිය *adj.* inactive

aksha danda අක්ෂ දණ්ඩ *n.* axle

akshaanshaya අක්ෂාංශය *n.* latitude

akshara pariwarthanaya karanawaa අක්ෂර පරිවර්තනය කරනවා *v.* transliterate

akshara sambanda අක්ෂර සම්බන්ධ *adj.* syllabic

akshara winyaasaya අක්ෂර වින්‍යාසය *n.* spelling

akshara winyaasaya dakwanawaa අක්ෂර වින්‍යාසය දක්වනවා *v.t.* spell

aksharasankaraya අක්ෂරසංකරය *n.* monogram

aksharaya අක්ෂරය *n.* syllable

akshaya අක්ෂය *n.* axis

akshiya අක්ෂිය *adj.* ocular

akuna අකුණ *n.* bolt

akuna අකුණ *n.* lightening

akuna අකුණ *n.* thunder

akuru amunanna අකුරු අමුණන්න *n.* compositor

akuru waradawaa liyanawa අකුරු වරදවා ලියනවා *v.* misspell

akusalaya අකුසලය *n* demerit

al marunu ඇල් මැරුණු *adj.* lukewarm

al marunu ඇල් මැරුණු *adj.* tepid

ala ඇළ *n.* canal

ala අල *n.* potato

ala akuru ඇල අකුරු *adj.* italic

ala hadaya ඇල හැඩය *n.* bevel

ala karanawa ඇල කරනවා *v.* incline

ala karanawa ඇල කරනවා *v.* recline

ala karat gaana upakaranaya අල කැරට් ගාන උපකරණය *n.* grater

ala wenawa ඇල වෙනවා *v.* skew

ala wenawaa ඇල වෙනවා *v.* tilt

ala wu ඇලවූ *adj.* oblique

ala wuu ඇලවූ *adj.* recumbent

alaabahaani kireeme warada අලාභහානි කිරීමේ වරද *n.* tort

alaabaya අලාබය *n.* loss

alaabhaya අලාභය *v. t.* decrement

alankaara අලංකාර *adj.* beautiful

alankaara karanawa අලංකාර කරනවා *v.* beautify

alankaara karanawa අලංකාර කරනවා *adj.* elaborate

alankaara karanawaa අලංකාර කරනවා *v.* liven

alankaara kramaya අලංකාර ක්‍රමය *n.* decor

alankaara nowoo shabda rasaya අලංකාර නොවූ ශබ්ද රසය *v.* alliterate

alankaara shaasthraya අලංකාර ශාස්ත්‍රය *n.* rhetoric

alankaara thuruliya අලංකාර

කුරුලිය *v.t.* greenery

alankaaraya අලං කා රය *n.* elegance

alankaaraya අලං කා රය *n.* ornamentation

alankaaraya අලං කා රය *n.* pomp

alankaaraya අලං කා රය *n.* prettiness

alankruta අලං කෘ ත *adj.* ornate

alasa අලස *adj.* idle

alasa අලස *adj.* otiose

alasa අලස *adj.* shiftless

alasa bawa අලස බව *n.* lethargy

alasakama අලසකම *n.* idleness

alasakama අලසකම *n.* inaction

alasakamin kal gewanawa අලසකමින් කල් ගෙවනවා *v.* laze

alasayaa අලසයා *n.* idler

alasayaa අලසයා *n.* laggard

alasayaa අලසයා *n.* truant

alaukika අලෞකික *adj.* unworldly

alawa thibenawa ඇලව තිබෙනවා *v.t.* retreat

alawa thibennata salaswanawaa ඇලව තිබේනට සලස්වනවා *v.* slope

alaya ඇලය *n.* cant

albamaya ඇල්බමය *n* album

aleema ඇලීම *n.* adherence

aleema ඇලීම *n.* cohesion

alena ඇලෙන *adj.* clammy

alena ඇලෙන *adj.* cohesive

alena ඇලෙන *adj.* sticky

alena sulu ඇලෙනසුලු *adj.* tacky

alena sulu ඇලෙනසුලු *adj.* viscous

alenawa ඇලෙනවා *n.* addict

aleta lissa yanawaa ඇලෙට ලිස්සා යනවා *v.* skid

aleta thabanawaa ඇලෙට තබනවා *v.* slant

alewi karu අලෙවි කරු *n.* salesman

alewikaranaya අලෙවිකරණය *n.* marketing

alewiya අලෙවිය *adj.* disposable

alewiya අලෙවිය *n.* sale

alfa ඇල්ෆා *n.* alpha

aligatapera අලිගැටපේර *n.* avocado

alingika අලිංගික *adj.* asexual

alla ganeema අල්ල ගැනීම *n.* apprehension

alla gannawa අල්ල ගන්නවා *v.* catch

alla gannawa අල්ල ගන්නවා *v.* clench

allaa ganeema අල්ල ගැනීම *n.* seizure

allaagannawa අල්ල ගන්නවා *v.i.* retain

allaagatha nohaki අල්ල ගත නොහැකි *adj.* elusive

allaasaya අල්ල සය *n.* euphoria

allagath අල්ල ගත් *n.* captive

allanawa අල්ලනවා *v.t* hold

allasa අල්ලස *v. t.* bribe

allasa අල්ලස *n.* graft

alleema ඇල්ලීම *v.* capture

allen thattamata gahanawaa අල්ලෙන් තට්ටමට ගහනවා *v.* spank

alma ඇල්ම *n.* partiality

alma ඇල්ම *n.* proclivity

almaariya අල්මාරිය *n.* cabinet

alnkaarawath අලං කා රවත් *adj.* ornamental

alpeniththa අල්පෙනෙත්ත *n.* pin

altharaya අල්තා රය *n.* altar

alu අළු *n.* ash

alu අළු *n.* grey

aluminium ඇලුමිනියම් *n.* aluminium

alunu ඇලුණු *adj.* addicted
aluth de අලුත් දේ *n.* novelty
aluth pohosatha අලුත් පොහොසතා *n.* upstart
aluth thanakata yanawaa අලුත් තැනකට යනවා *v.* relocate
aluthen අලුතෙන් *adv.* newly
aluthen sapayanawa අලුතෙන් සපයනවා *v.* refit
aluthin අලුතින් *adv.* afresh
aluthwadiya karanawa අලුත්වැඩියා කරනවා *v.* mend
aluthwadiyaa kara sakas karagannawa අලුත්වැඩියා කර සකස් කරගන්නවා *v.* recondition
aluthwadiyaa karanawa අලුත්වැඩියා කරනවා *v.* renew
aluthwadiyaa karanawa අලුත්වැඩියා කරනවා *n.* renovate
aluthwadiyaawa අලුත්වැඩියාව *n.* renovation
aluwa ඇලුව *n.* loom
aluyama අලුයම *n.* dawn
ama ඇම *n.* bait
amaaru අමාරු *adj.* hard
amaaru diga gamana අමාරු දිග ගමන *n.* trek
amaaru jayagannawaa අමාරු ජයගන්නවා *v.* surmount
amaaru kriyaa kireema අමාරු ක්‍රියා කිරීම *v.* stunt
amaaruwa අමාරුව *n.* hardship
amaaruwata path karanawaa අමාරුවට පත් කරනවා *v.i.* straiten
amaaruwen අමාරුවෙන් *adv.* hardly
amaaruwen arinawaa අමාරුවෙන් අරිනවා *v.* pry
amaaruwen awidinawaa අමාරුවෙන් ඇවිදිනවා *v.* trudge
amaaruwen iwasaa sitina අමාරුවෙන් ඉවසා සිටින *adj.* tense
amaaruwen kriya karanawa අමාරුවෙන් ක්‍රියා කරනවා *v.* flounder
amaaruwen nahayen husma gannawaa අමාරුවෙන් නහයෙන් හුස්ම ගන්නවා *v.* snuffle
amaathya අමාත්‍ය *adj.* ministerial
amaathyaanshaya අමාත්‍යාංශය *n.* ministry
amaathyadhooraya අමාත්‍යධුරය *n.* portfolio
amaddyapa අමධ්‍යප *adj.* teetotal
amana අමන *adj.* vacuous
amanaapa sahitha අමනාප සහිත *n.* icy
amanaapaya අමනාපය *n.* disapproval
amanaapaya අමනාපය *n.* dudgeon
amanaapaya අමනාපය *n.* offence
amanaapaya අමනාපය *n.* reluctance
amanaapaya අමනාපය *n.* resentment
amanaapaya prakaasha karanawa අමනාපය ප්‍රකාශ කරනවා *v.i.* grunt
amanaya අමනයා *n.* berk
amaraneeya අමරණීය *adj.* immortal
amaraneeya අමරණීය *adj.* undying
amaraneeya bawata pamunuwanawa අමරණීය බවට පමුණුවනවා *v.* immortalize
amaruwen awidinawaa අමාරුවෙන් ඇවිදින්නා *v.* traipse
amathaka kala nohaki අමතක කල

නොහැකි *adj.* unforgettable
amathaka karanawa අමතක කරනවා *v.* forget
amathanawa අමතනවා *v.* call
amathara අමතර *adj.* additional
amathara අමතර *adj.* spare
amathara deya අමතර දෙය *n.* adjunct
amathara iganweema අමතර ඉගැන්වීම *n.* tuition
amathi ඇමති *n.* minister
amba අඹ *n.* mango
ambaranawa අඹරනවා *v.* grind
ambarenawa ඇඹරෙනවා *v.* wriggle
ambarum yanthraya ඇඹරුම් යන්ත්‍රය *n.* grinder
ambul ඇඹුල් *adj.* sour
ambul rasathi ඇඹුල් රසැති *adj.* citric
ambusamiyanse jeewath wenawa අඹුසැමියන් සේ ජීවත් වෙනවා *v.* cohabit
amihiri අමිහිරි *adj.* cloying
amihiri අමිහිරි *adj.* pungent
amihiri අමිහිරි *adj.* strident
amila අමිල *adj.* invaluable
amila අමිල *adj.* priceless
amisra අමිශ්‍ර *adj.* unadulterated
amithuru අමිතුරු *adj.* inimical
amlaya අම්ලය *n.* acid
amma අම්මා *n.* mother
amma අම්මා *n.* mum
amoolika අමූලික *adj.* groundless
ampiyaraya ඇම්පියරය *n.* ampere
amu අමු *adj.* raw
amu drawya අමු ද්‍රව්‍ය *n.* staple
amula අමුල *adj.* baseless
amuna අමුණ *n.* embankment
amuna අමුණ *n.* weir
amunanawa අමුණනවා *v.* append
amunanawa අමුණනවා *v.* hitch
amunuma ඇමුණුම *n.* attachment
amurthaya අමෘතය *n.* ambrosia
amuth අමුත් *adj.* peculiar
amuththa අමුත්තා *n.* guest
amuththa අමුත්ත *n.* stranger
amuththan piliganna shaalaawa අමුත්තන් පිළිගන්න ශාලාව *n.* salon
amuthu අමුතු *adj.* fey
amuthu අමුතු *adj.* odd
amuthu අමුතු *adj.* strange
amuthu gathi athi අමුතු ගති ඇති *adj.* queer
amuthu krama athikaranawa අමුතු ක්‍රම ඇතිකරනවා *v.* innovate
amuthuwen අමුතුවෙන් *adv.* anew
an අං *n.* horn
an sathu karanawa අන් සතු කරනවා *v.i.* alienate
an thattuwa අං තට්ටුව *n.* antler
ana dena අණ දෙන *adj.* imperative
ana denna අණ දෙන්නා *n.* commandant
ana hitinawa ඇන හිටිනවා *v.* cease
ana karanawa අණ කරනවා *adj.* dictate
anaachaara අනාචාර *adj.* licentious
anaachaaraya අනාචාරය *n.* adultery
anaachaaraya අනාචාරය *n.* misdemeanour
anaagatha අනාගත *adj.* forthcoming
anaagatha අනාගතය *n.* future
anaagatha අනාගත *adj.* prospective
anaagatha gnaanaya අනාගත ඥානය *n.* foreknowledge
anaagatha waakyaya අනාගත වාක්‍යය *n.* prophecy

anaagathaya dakwana upakaaraka kriyaa padayak අනා ගතය දක්වන උපකා රක ක්‍රියා පදයක් *v.* shall

anaagathaya heli karana අනා ගතය හෙළි කරන *adj.* prophetic

anaarakshaka අනා රක්ෂක *adj.* indefensible

anaarakshitha අනා රක්ෂිත *adj.* insecure

anaarakshithabhaawaya අනා රක්ෂිතභා වය *n.* insecurity

anaatha අනා ථ *adj.* forlorn

anaatha daruwaa අනා ත දරු වා *n.* waif

anaatha niwaasaya අනා ථ නිවා සය *n.* orphanage

anaathayaa අනා ථයා *n.* orphan

anaathayaa අනා ථයා *n.* refugee

anaathma අනා ත්ම *adj.* soulless

anaawaki kiyanawa අනා වැකි කියනවා *v.t* forecast

anaawaki kiyanawaa අනා වැකි කියනවා *v.* prophesy

anaawakiya අනා වැකිය *n.* prediction

anaawaranaya අනා වරණය *n.* discovery

anaawaranaya අනා වරණය කරනවා *v.* elicit

anaawaranaya අනා වරණය *n.* exposure

anaawaranaya karanawa අනා වරණය කරනවා *v.* detect

anaawaranaya karanawa අනා වරණය කරනවා *v.* expose

anaayaasa maranaya අනා යා ස මරණය *n.* euthanasia

anagibhawaneeya අනගිභවනීය *adj.* invincible

anahitinawa ඇන්හිටිනවා *v.* falter

analas අනලස් *adj.* assiduous

ananthaya අනන්තය *n.* infinity

ananukoola pudgalaya අනනුකූල පුද්ගලයා *n.* nonconformist

ananya අනන්‍ය *adj.* identical

ananyathaawa අනන්‍යතා වය *v.* identity

anapekshitha අනපේක්ෂිත *adj.* unexpected

anargha kopi අනර්ඝ කෝපි *n.* mocha

anathiyaa gannawaa ඇන්තියා ගන්නවා *v.i.* squat

anathura අනතුර *n.* danger

anathura අනතුර *n.* jeopardy

anathurata baajana wiya haki අනතුරට භා ජනය විය හැකි *adj.* vulnerable

anathuru angawanawaa අනතුරු අඟවනවා *v.* warn

anathuru nolaba අනතුරු නොලැබ *adj.* unscathed

anathuru sahitha අනතුරු සහිත *adj.* adventurous

anathurudaayaka අනතුරු දායක *adj.* dangerous

anathuruwa අනතුරු ව *prep.* after

anawadhaanayen yuktha අනවධා නයෙන් යුක්ත *adj.* oblivious

anawasarayen athul wenawa අනවසරයෙන් ඇතුල් වෙනවා *v.* intrude

anawasarayen thanakata athul wenawaa අනවසරයෙන් තැනකට ඇතුල් වෙනවා *v.* trespass

anawashya අනවශ්‍ය *adj.* dispensable

anawasthitha අනවස්ථිත *adj.* discursive
anawshya අනවශ්‍ය *adj.* unnecessary
anaya ඇණය *n.* nail
anda ඇඳ *n.* bed
anda අන්ධ *adj.* blind
anda අණ්ඩ *n.* paw
anda athirilla ඇඳ ඇතිරිල්ල *n.* duvet
anda bhaawaya අන්ධ භාවය *n.* blindness
anda sahitha අණ්ඩ සහිත *adj.* patchy
anda wiswaasa athi අන්ධ විශ්වාස ඇති *adj.* superstitious
andaakara අණ්ඩාකාර *adj.* ovate
andadabara karanawa අඬදබර කරනවා *n.* wrangle
andamanda karanawa අන්දමන්ද කරනවා *v.* disorientate
andanawaa අඬනවා *v.* cry
andapaala අණ්ඩපාල *n.* knave
andawaathaya අණ්ඩවාතය *n.* hernia
andaya අණ්ඩය *n.* patch
andaya අණ්ඩය *n.* testicle
andeema ඇඬීම *n.* cry
andehi ඇඳෙහි *n.* abeyance
andhakaaraya අන්ධකාරය *n.* darkness
andinawa අඳිනවා *n.* apparel
andinawa අඳිනවා *v.* draw
andinna අඳින්න *n.* drawer
andiri neethiya ඇඳිරි නීතිය *n.* curfew
andirige ඇඳිරිගෙ *n.* dungeon
andonaawa අඳෝනාව *n.* whine
andum ඇඳුම් *n.* clothing
andum ඇඳුම් *n.* costume
andum aaiththam ඇඳුම් ආයිත්තම් *n.* wardrobe
andum andinawa ඇඳුම් අඳිනවා *v.* clothe
andum kattalaya ඇඳුම් කට්ටලය *n.* accoutrement
andum kattalaya ඇඳුම් කට්ටලය *n.* suit
andum lihanawaa ඇඳුම් ලිහනවා *v.* undress
andum mahanna ඇඳුම් මහන්නා *n.* tailor
andum maheema pilibanda ඇඳුම් මැහීම පිළිබඳ *adj.* sartorial
andum paladum ඇඳුම් පැළඳුම් *v.* caparison
andum raamuwa ඇඳුම් රාමුව *n.* drawback
anduma ඇදුම *n.* asthma
anduma ඇඳුම *v.* dress
anduma ඇඳුම *n.* garment
andume atha ඇඳුමේ අත *n.* sleeve
andumin sarasunu ඇඳුමින් සැරසුණු *adj.* clad
andun diwiyaa අඳුන් දිවියා *n.* panther
andunanna අඳුනන්නා *n.* acquaintance
andura අඳුර *n.* murk
andura අඳුර *n.* shade
anduru අඳුරු *adj.* dark
anduru අඳුරු *adj.* dim
anduru අඳුරු *adj.* dismal
anduru karanawa අඳුරු කරනවා *v.* obfuscate
anduru karanawaa අඳුරු කරනවා *v.* shade
anduru sahitha අඳුරු සහිත *adj.*

gloomy
anduru thaarakaawa අඳුරු තාරකාව *n.* pulsar
anduru wenawa අඳුරු වෙනවා *v.* blur
anduru wenawaa අඳුරු වෙනවා *v.* darken
anduru woo අඳුරු වූ *adj.* overcast
anduwa අඬුව *n.* pincer
anek අනෙක් *adj. & pron.* other
anek athata අනෙක් අතට *adv.* vice-versa
anek pasa අනෙක් පස *adv.* overleaf
anek paththa අනෙක් පැත්ත *adj.* offside
aneka අනේක *n.* multiplex
aneka prakaara අනේක ප්‍රකාර *adj.* multifarious
anga badda ඇඟ බද්ද *n.* capitation
anga raaga අංග රාග *n.* make-up
anga wikala අංගවිකල *n.* handicapped
anga wikshepaya අංගවික්ෂේපය *v.* flounce
angachedanaya karanawa අංගච්ඡේදනය කරනවා *v.* mutilate
angaharu grahayaa අඟහරු ග්‍රහයා *n.* Mars
angaharuwaadaa අඟහරුවාදා *n.* Tuesday
angala අඟල *n.* inch
anganaya අංගනය *n.* courtyard
angasama අංගසම *adj.* congruent
angawanawa අඟවනවා *v.* connive
angawanawaa අඟවනවා *v.* imply
angaweema ඇඟවීම *n.* implication
angaya අංගය *n.* ingredient
angaya අංගය *n.* limb
angili kadanawaa ඇඟිලි කඩනවා *v.* twiddle
angilla ඇඟිල්ල *n.* finger
angula අඟුල *n.* canoe
anguru අඟුරු *n.* charcoal
anguru aakaraya අඟුරු ආකරය *n.* colliery
angutumittaa අඟුටුමිට්ටා *n.* troll
anik අනික් *adj.* another
aninawaa අනිනවා *v.* prick
anishta අනිෂ්ට *adj.* undesirable
anithya අනිත්‍ය *adj.* transient
aniwaarya අනිවාර්ය *adj.* compulsive
aniwaarya අනිවාර්ය *adj.* inevitable
aniwaarya අනිවාර්ය *adj.* obligatory
aniya අඹිය *n.* acne
aniyam අනියම් *adj.* incidental
aniyam අනියම් *adj.* indefinite
anka අංක *adj.* digital
anka widyaawa අංකවිද්‍යාව *n.* arithmetic
ankaya අංකය *n.* digit
ankaya අංකය *n.* number
ankuraya අංකුරය *n.* bud
ankuraya අංකුරය *n.* offshoot
annasi අන්නාසි *n.* pineapple
anodaa අනෝදා *n.* marshmallow
anodaya ඇනෝඩය *n.* anode
anoo paan piti ඇනූ පාන් පිටි *n.* dough
anoopameya අනූපමේය *adj.* incomparable
anoowa අනූව *adj. & n.* ninety
ansha baagaya අංශභාගය *n.* paralysis
ansha bahula අංශ බහුල *adj.* multilateral
anshabaaga rogiya අංශභාග

රෝගියා *adj.* paralytic
anshabaagaya අංශභාගය *n.* palsy
anshakaya අංශකය *n.* degree
anshuwa අංශුව *n.* particle
antanaawa ඇන්ටනාව *n.* antenna
anthakpura අන්තඃපුර *n.* harem
anthar raajya අන්තර් රාජ්‍ය *n.* interstate
antharaawalokanaya අන්තරාවලෝකනය *n.* introspection
antharaawalokanaya karanawaa අන්තරාවලෝකනය කරනවා *v.* introspect
antharaayata pamunuwanawaa අන්තරායට පමුණුවනවා *v.* endanger
antharaayata pamunuwanawaa අන්තරායට පමුණුවනවා *v.* imperil
anthareekshanaya අන්තරීක්ෂය *n.* firmament
anthargathaya අන්තර්ගතය *n.* content
antharjaalaya අන්තර්ජාලය *n.* internet
antharjaatheeya අන්තර්ජාතිය *adj.* interracial
antharjaathika අන්තර්ජාතික *adj.* international
antharwarthikayaa අන්තර්වර්තිකයා *n.* introvert
anthastharaya අන්තස්ථය *n.* interlude
anthawaadiyaa අන්තවාදියා *n.* extremist
anthima kamathi pathraya අන්තිම කැමති පත්‍රය *n.* testament
anthima kamathi pathrayak liya athi අන්තිම කැමති පත්‍රයක් ලියා ඇති *adj.* testate
anthima yojanaawa අන්තිම යෝජනාව *n.* ultimatum
anu rekanaya අනු රේඛණය *n.* tracing
anubadda අනුබද්ධ *adj.* concomitant
anubadda අනුබද්ධ *v.* conjugate
anubadda karanawa අනුබද්ධ කරනවා *v.* affiliate
anubadda kireema අනුබද්ධ කිරීම *n.* affiliation
anubadda pradaahaya අනුබද්ධ ප්‍රදාහය *n.* appendicitis
anubaddaya අනුබද්ධය *n.* appendix
anubala denawa අනුබල දෙනවා *n.* abhorrence
anubala nodena අනුබල නොදෙන *n.* disincentive
anubalaya අනුබලය *n.* aegis
anudanuma අනුදැනුම *n.* assent
anudatha karanawa අනුදත කරනවා *v.* endorse
anugaamee අනුගාමී *adj.* consecutive
anugaamee අනුගාමී *adj.* consequent
anugaamika අනුගාමික *adj.* sequential
anugamanaya karanawa අනුගමනය කරනවා *v.* follow
anuggrahaya dakwanawaa අනුග්‍රහය දක්වනවා *v.* vouchsafe
anugraahakathwaya අනුග්‍රාහකත්වය *n.* sponsorship
anugraahakayaa අනුග්‍රාහකයා *n.* sponsor
anugraha karanawa අනුග්‍රහ කරනවා *v.* oblige
anugrahaya අනුග්‍රහය *n.* patronage
anuhaaraya අනුහාරය *n.*

resemblance
anuka අණුක *adj.* molecular
anukampaa karanawa අනුකම්පා කරනවා *v.* commiserate
anukampaa nathi අනුකම්පා නැති *adj.* ruthless
anukampaa rahitha අනුකම්පා රහිත *adj.* inexorable
anukampaa wenawaa අනුකම්පා වෙනවා *v.* sympathize
anukampaasahagatha අනුකම්පා සහගත *adj.* merciful
anukampaawa අනුකම්පා ව *n.* compassion
anukampaawa අනුකම්පා ව *n.* mercy
anukampaawa dakwanawa අනුකම්පා ව දක්වනවා *v.* relent
anukampaawa danawana අනුකම්පා ව දනවන *adj.* touching
anukampaawak nathi අනුකම්පා ව නැති *adj.* heartless
anukaranaya අනුකරණය *n.* imitation
anukaranaya karanawa අනුකරණය කරනවා *v.* imitate
anukaranaya karannaa අනුකරණය කරන්නා *n.* imitator
anukoola අනුකූල *n.* fitting
anukoolathaawa අනුකූලතා ව *n.* symmetry
anukramanaya අනුක්‍රමණය *n.* gradient
anukramaya අනුක්‍රමය *n.* succession
anukramayen අනුක්‍රමයෙන් *adv.* consecutively
anumaana අනුමාන *adj.* vague
anumaana kalpanaawa අනුමාන කල්පනා ව *n.* speculation
anumaana karanawa අනුමාන කරනවා *v. t* estimate
anumaana karanawa අනුමාන කරනවා *v.i* guess
anumaana karanawa අනුමාන කරනවා *v.* hesitate
anumaana karanawaa අනුමාන කරනවා *v.* infer
anumaana karanawaa අනුමාන කරනවා *v.* speculate
anumaana waakyaya අනුමාන වාක්‍යය *n.* syllogism
anumatha karanawa අනුමත කරනවා *v.* accede
anumatha karanawa අනුමත කරනවා *v.* acquiesce
anumatha karanawa අනුමත කරනවා *v.* approve
anumatha kireema අනුමත කිරීම *n.* acquiescence
anumathaya අනුමතය *n.* consent
anumathiya අනුමැතිය *n.* approval
anumpada kiyanawaa ඇනුම්පද කියනවා *v.* snub
anumpada sahitha ඇනුම්පද සහිත *adj.* trenchant
anunaada wenawa අනුනාද වෙනවා *v.* resonate
anunaadaka අනුනාදක *adj.* resonant
anunaadaya අනුනාදය *n.* resonance
anunge dukedi udam wenawa අනුන්ගේ දුකේදී උදම් වෙනවා *v.* gloat
anupaathaya අනුපාතය *n.* ratio
anupiliwela අනුපිළිවෙළ *n.* sequence
anupiliwelata අනුපිළිවෙළට *adj.*

respective
anupitapatha අනුපිටපත *adj.* duplicate
anupooraka අනුපූරක *adj.* complementary
anupoorakaya අනුපූරකය *n.* complement
anupraapthikayaa අනුප්‍රාප්තිකයා *n.* successor
anuprasaaya අනුප්‍රාසය *n.* alliteration
anupuuraka waidya sewakayaa අනුපූරක වෛද්‍ය සේවකයා *n.* paramedic
anuraagaya අනුරාගය *n.* ardour
anuraagee අනුරාගී *adj.* sensuous
anuroopa අනුරූප *adj.* consistent
anuroopathaawa අනුරූපතාව *n.* correspondence
anushaasanawa අනුශාසනාව *n.* guidance
anushedhanaya අනුෂේධය *n.* indulgence
anusmaranaya අනුස්මරණය *n.* commemoration
anusmaranaya අනුස්මරණය *n.* memorial
anusmaranaya අනුස්මරණය *n.* observance
anusmaranaya අනුස්මරණය *n.* recollection
anusmaranaya අනුස්මරණය *n.* remembrance
anuwa අනුව *adv.* according
anuwa අණුව *n.* molecule
anuwaadaya අනුවාදය *n.* version
anuwani අනූවැනි *adj.* & *n.* ninetieth
anuwarthanaya අනුවර්තනය *n.* adaptation
anwartha naamaya අන්වර්ථ නාමය *n.* alias
anweekshaya අන්වීක්ෂය *n.* microscope
anyonya se balapaanawa අන්‍යෝන්‍ය සේ බලපානවා *v.* interact
apa kaaraya ඇපකාරයා *n.* guarantor
apaagatha අපාගත *adj.* infernal
apaaragamya අපාරගම්‍ය *adj.* impenetrable
apaaragamya අපාරගම්‍ය *adj.* impervious
apaaya අපාය *n.* hell
apaayehi wani අපායෙහි වැනි *adj.* stygian
apagaamikaya අපගාමිකයා *adj.* deviant
apagamanaya wenawa අපගමනය වෙනවා *v.* deviate
apage අපගේ *adj.* our
apaharanaya අපහරණය *v.* abet
apahasu අපහසු *adj.* cumbersome
apahasu අපහසු *adj.* uncomfortable
apahasu අපහසු *adj.* uneasy
apahasu අපහසු *adj.* untoward
apahasuwa අපහසුව *n.* discomfort
apahasuwa අපහසුව *n.* inconvenience
apahasuwata path karanawa අපහසුවට පත් කරනවා *v.* embarrass
apakaara mawa ඇපකාර මව *n.* godmother
apakaara piya ඇපකාර පියා *n.* godfather
apakaru ඇපකරු *n.* surety
apakeerthiya අපකීර්තිය *n.*

dishonour

apakeerthiya අපකීර්තිය *n.* disrepute

apakeerthiya අපකීර්තිය *n.* ignominy

apakeerthiya අපකීර්තිය *n.* infamy

apakeerthiya අපකීර්තිය *n.* notoriety

apakeerthiya අපකීර්තිය *n.* scandal

apakeerthiyata path karanawaa අපකීර්තියට පත් කරනවා *v.* traduce

apakeerthiyen walakwanawaa අපකීර්තියෙන් වළකනවා *v.* vindicate

apakshapaathee අපක්ෂපාතී *adj.* impartial

apakshapaatheethwaya අපක්ෂපාතීත්වය *n.* impartiality

apakshapaathi අපක්ෂපාත *adj.* disloyal

apakshapaathi අපක්ෂකාති *adj.* judicial

apalekanaya අපලේඛනය *n.* blacklist

apanayanaya karanawa අපනයනය කරනවා *v. t.* export

apara අපර *adj.* latter

aparaada sahaayaka අපරාධ සහායක *n.* accomplice

aparaadagatha අපරාධගත *adj.* sacrilegious

aparaadakaaraya අපරාධකාරයා *n.* malefactor

aparaadaya අපරාධය *n.* misdeed

aparaadha අපරාධ *adj.* offensive

aparaadhakaruwa අපරාධකරුවා *n.* criminal

aparaadhawedaya අපරාධවේදය *n.* criminology

aparaadya අපරාධය *n.* crime

aparadiga අපරදිග *n.* latte

aparadiga අපරදිග *n.* occident

aparadiga අපරදිග *adj.* western

aparikshaakaaree අපරීක්ෂාකාරී *adj.* careless

aparimaana අපරිමාණ *adj.* immeasurable

aparimaana අපරිමාණ *adj.* vast

aparimitha අපරිමිත *adj.* immense

aparimitha අපරිමිත *adj.* infinite

aparishudda අපිරිශුද්ධ *adj.* impure

aparishuddha අපිරිශුද්ධ *adj.* unholy

apasaranaya wenawa අපසරණය වෙනවා *v.* diverge

apasmaaraya අපස්මාරය *n.* epilepsy

apathe harinawa අපතේ හරිනවා *v.* fritter

apathe yaama අපතේ යාම *n.* spillage

apathe yana pramaanaya අපතේ යන ප්‍රමාණය *n.* wastage

apawaada අපවාද *n.* aspersions

apawaada karanawaa අපවාද කරනවා *v.* vilify

apawaadaathmaka අපවාදාත්මක *adj.* slanderous

apawaadaya අපවාදය *n.* libel

apawaadaya අපවාදය *n.* slander

apawath wu අපවත් වූ *adj.* defunct

apawithra thathwaya nathi karanawa අපවිත්‍ර තත්වය නැතිකරනවා *v.* decontaminate

apawithrathaawa අපවිත්‍රතාව *n.* impurity

apaya ඇපය *n.* bail

apeksha sahitha අපේක්ෂා සහිත *adj.* sanguine

apekshaa karanawa අපේක්ෂා කරනවා *v.* expect

apekshaawa අපේක්ෂාව *n.* prospect

apekshakaya අපේක්ෂකයා *n.* aspirant
apekshakaya අපේක්ෂකයා *n.* candidate
apekshawa අපේක්ෂාව *n.* anticipation
api අපි *pron.* we
api ma අපි ම *pron.* ourselves
apicharmaya අපිචර්මය *n.* epidermis
apiliwela අපිළිවෙළ *n.* non-alignment
apirisidu අපිරිසිදු *adj.* messy
apirisidu අපිරිසිදු *adj.* unclean
apirisudu අපිරිසිදු *adj.* untidy
apohosathkama අපොහොසත්කම *n.* disability
apoorwa අපූර්ව *adj.* remarkable
apple ඇපල් *n.* apple
apple sura ඇපල් සුරා *n.* cider
apraanika අප්‍රාණික *adj.* inanimate
apraaptha අප්‍රාප්ත *adj.* unattended
apradaana katayuththa අප්‍රධාන කටයුතු *n.* sideline
aprahitha අප්‍රතිහත *adj.* dauntless
aprakata අප්‍රකට *adj.* obscure
aprakata අප්‍රකට *adj.* secret
apramaadee අප්‍රමාදී *adj.* earnest
apramaana අප්‍රමාණ *adj.* innumerable
aprasanna අප්‍රසන්න *adj.* disagreeable
aprasiddhiya අප්‍රසිද්ධිය *n.* obscurity
aprathiwartha අප්‍රතිවර්ත *adj.* irreversible
aprayojya අප්‍රයෝජ්‍ය *adj.* impracticable
aprikanu අප්‍රිකානු *adj.* African
apriya අප්‍රිය *n.* disgust
apriya අප්‍රිය *v.* irksome
apriya අප්‍රිය *adj.* obnoxious
apriya bawa අප්‍රිය බව *n.* antipathy
apriya karanawa අප්‍රිය කරනවා *v.* detest
apriya karanawa අප්‍රිය කරනවා *v.* resent
apsaraawa අප්සරාව nymph
apsaraawa අප්සරාව *n.* sylph
apudgala අපුද්ගල *adj.* impersonal
apullannaa අපුල්ලනවා *n.* washer
apullum pola ඇපුල්ලුම් පොළ *n.* laundry
ara penena thana අර පෙනෙන තැන *adj.* yonder
araabi අරාබි *n.* Arabian
araabi අරාබි *n.* Arabic
araabiya අරාබියා *n.* Arab
araajikathwaya අරාජිකත්වය *n.* anarchy
aragalaya අරගලය *n.* conflict
araka අරක *pron. & adj.* that
aralanawa ඇරලනවා *n.* escort
arambanawa අරඹනවා *v.* begin
arambanawaa අරඹනවා *v.* commence
arambanawaa අරඹනවා *v.* inaugurate
arambanawaa අරඹනවා *v.* start
arambeema ඇරඹීම *n.* commencement
aramudala අරමුදල *n.* fund
aramuna අරමුණ *n.* aim
aramuna අරමුණ *n.* goal
aramuna අරමුණ *n.* purpose
aramunak nathi අරමුණක් නැති *adj.* aimless

aramunu karanawaa අරමුණු කරනවා *v.* purport
araya අරය *n.* radius
arbudaya අර්බුදය *n.* crisis
arctic ආක්ටික් *adj.* Arctic
arda nivarthana අර්ධ නිවර්තන *adj.* subtropical
ardagolaya අර්ධගෝලය *n.* hemisphere
ardha wurthaya අර්ධ වෘත්තය *n.* semicircle
ardhadweepaya අර්ධද්වීපය *n.* peninsula
areeya අරීය *adj.* radial
arlwaraya අර්ල්වරයා *n.* earl
arodya අරෝධ්‍ය *adj.* irresistible
artha dakwanawa අර්ථ දක්වනවා *v.* define
artha piriheema අර්ථ පිරිහීම *n.* bathos
artha sahitha අර්ථ සහිත *n.* significant
artha wichaaraya sambanda අර්ථ විචාරය සම්බන්ධ *adj.* semantic
arthaya අර්ථය *n.* meaning
aruchiya අරුචිය *n.* anorexia
aruchiya අරුචිය *n.* disfavour
aruchiya අරුචිය *n.* distaste
arumosam අරුමෝසම් *n.* fancy
arumosam badu kattalaya අරුමෝසම් බඩු කට්ටලය *n.* suite
as bandinawa ඇස් බඳිනවා *v.* blindfold
as kara gannawa අස් කර ගන්නවා *v.* withdraw
as karakawanawa ඇස් කරකවනවා *n.* goggle
as karanawa අස් කරනවා *v.* dismiss
as karanawa අස් කරනවා *v.* repeal
as weeme liyawilla අස්වීමේ ලියවිල්ල *n.* resignation
as wenawa අස් වෙනවා *v.* resign
asa ඇස *n.* eye
asaadaarana අසාධාරණ *adj.* unfair
asaadhaaranaya අසාධාරණ *adj.* exorbitant
asaadya අසාධ්‍ය *adj.* incurable
asaamaanya අසාමාන්‍ය *adj.* unusual
asaamaanya nowu අසාමාන්‍ය නොවූ *adj.* unexceptional
asaamaanyathaawaya අසාමාන්‍යතතාවය *n.* singularity
asaamanya අසාමාන්‍ය *adj.* abnormal
asaamanya අසාමාන්‍ය *adj.* extraordinary
asaara අසාර *adj.* barren
asaarthaka wenawa අසාර්ථක වෙනවා *v.i* abort
asabya අසභ්‍ය *adj.* scurrilous
asabya de athishayin pilikul karana අසභ්‍ය දේ අතිශයින් පිළිකුල් කරන *n.* puritan
asabya de athishayin pilikul karana අසභ්‍ය දේ අතිශයින් පිළිකුල් කරන *adj.* puritanical
asabyathaawaya අසභ්‍යතාවය *n.* indecency
asahaaya අසහාය *adj.* nonpareil
asahaaya අසහාය *adj.* unequalled
asala අසල *prep.* by
asala අසල *adv.* near
asalwaasee අසල්වාසී *adj.* neighbourly
asalwasiya අසල්වැසියා *n.*

neighbour
asalwasiyo අසල්වැසියෝ *n.* neighbourhood
asamaana අසමාන *prep.* unlike
asamabarathaawa අසමබරතාව *n.* imbalance
asamagiya අසමගිය *n.* discord
asamartha අසමර්ථ *adj.* incapable
asamasama අසමසම *adj.* peerless
asamasama අසමසම *adj.* unique
asamath weema අසමත් වීම *n.* failure
asamath wenawa අසමත් වෙනවා *v.* fail
asamathkama අසමත්කම *n.* incapacity
asambaawaya අසම්භාවය *adj.* unlikely
asambaawya අසම්භාව්‍ය *adj.* subjunctive
asamodagam අසමෝදගම් *n.* aniseed
asampeedanaya karanawa අසම්පීඩනය කරනවා *v.* decompress
asampoorna අසම්පූර්ණ *adj.* deficient
asampoorna අසම්පූර්ණ *adj.* imperfect
asampoorna අසම්පූර්ණ *adj.* incomplete
asampoorna අසම්පූර්ණ *adj.* partial
asampoorna අසම්පූර්ණ *adj.* rudimentary
asaneepa අසනීප *adj.* ill
asaneepa අසනීප *adj.* unwell
asaneepa gathi athi අසනීප ගති ඇති *adv.* poorly
asaneepa wu අසනීප වූ *adj.* sick
asaneepaya අසනීපය *n.* illness
asaneepaya අසනීපය *n.* sickness
asankaya අසංඛය *adj.* countless
asankya අසංඛ්‍යය *adj.* numberless
asanna අසන්න *v.* ask
asanna අසන්නා *n.* listener
asanthushta අසන්තුෂ්ට *n.* malcontent
asanwara uthsawaya අසංවර උත්සවය *n.* orgy
asanwihitha අසංවිහිත *adj.* disorganized
asapuwa අසපුව *n.* hermitage
asarana අසරණ *adj.* adrift
asarana අසරණ *adj.* destitute
asarana අසරණ *adj.* helpless
asathuta අසතුට *n.* displeasure
asathuten sitina අසතුටෙන් සිටින *adj.* disgruntled
asathutu අසතුටු *adj.* cheerless
asathutu අසතුටු *adj.* unhappy
asathutu bawa අසතුටු බව *n.* dissatisfaction
asathutu karanawa අසතුටු කරනවා *v.* displease
asathya අසත්‍ය *adj.* erroneous
asathya අසත්‍ය *adj.* fictitious
asathya prakaashaya අසත්‍ය ප්‍රකාශය *n.* canard
asathyalabdika අසත්‍යලබ්ධික *adj.* unorthodox
asawwa අසව්ව *n.* hinge
asbastos ඇස්බැස්ටෝස් *n.* asbestos
aseemitha අසීමිත *adj.* boundless
aseeru අසීරු *adj.* arduous
aseeru අසීරු *adj.* difficult
aseeru thathwaya අසීරු තත්වය *n.* predicament
asena ඇසෙන *adj.* audible

asenawa ඇසෙනවා *v.* hear
asha karana ආශා කරනවා *adj.* wanting
ashaa karanawa ආශා කරනවා *v.* woo
ashaareerika අශාරීරික *adj.* disembodied
ashakyathaawaya අශක්‍යතාව *n.* impossibility
ashala අස්හල *n.* mews
asheelaachaarakama අශීලාචාරකම *n.* profligacy
ashikkitha අශික්කිත *adj.* immoral
ashikshitha අශික්ෂිත *adj.* abominable
ashikshitha අශික්ෂිත *adj.* gross
ashishta අශිෂ්ට *adj.* impolite
ashishta අශිෂ්ට *adj.* obscene
ashishta pudgalayaa අශිෂ්ට පුද්ගලයා *n.* vulgarian
ashishtathwaya අශිෂ්ටත්වය *n.* vulgarity
ashishtaya අශිෂ්ටයා *n.* heathen
ashishtayaa අශිෂ්ටයා *n.* pagan
ashobana අශෝභන *adj.* bedraggled
ashobana අශෝභන *adj.* scruffy
ashobana අශෝභන *adj.* uncouth
ashobana අශෝභන *adj.* ungainly
ashramika ආශ්‍රමික *adj.* monastic
ashruddawath අශ්‍රද්ධාවත් *adj.* faithless
ashrutha අශ්‍රැත *adj.* unheard
ashsheela අශ්ශීල *adj.* vulgar
ashtaka pathraka අෂ්ට පත්‍රක *n.* octavo
ashtakaya අෂ්ටකය *n.* octave
ashuba අශුභ *adj.* inauspicious
ashuba අසුභ *adj.* ominous
ashuba nimithi penenawaa අශුභ නිමිති පෙනෙනවා *v.* presage
ashwa anduma අශ්ව ඇඳුම *n.* harness
ashwa bala අශ්ව බල *n.* horsepower
ashwa kopchchiya අශ්ව කෝච්චිය *n.* stagecoach
ashwaarohaka අශ්වාරෝහක *adj.* equestrian
ashwaarohaka bhatayaa අශ්වාරෝහක බටයා *n.* trooper
ashwaarohakayange pandu kreedaawa අශ්වාරෝහකයන්ගේ පන්දු ක්‍රීඩාව *n.* polo
ashwayaa අශ්වයා *n.* horse
ashwayaage as wasum අශ්වයාගේ ඇස් වැසුම් *n.* blinkers
asi piya gahanawaa ඇසිපිය ගහනවා *v.* wink
asipiya gahanawa ඇසිපිය ගහනවා *v.* blink
asirimath අසිරිමත් *adj.* marvellous
asoo wayas kaarayaa අසූවයස්කාරයා *n.* octogenarian
asoowa අසූව *adj. & n.* eighty
asphatika අස්ඵටික *adj.* amorphous
aspihaatu alepaya ඇස්පිහාටු ආලේපය *n.* mascara
assa liweema අසා ලිවීම *n.* dictation
asse අස්සේ *adv.* between
asthaai karanawa අස්ථායි කරනවා *v.* destabilize
astheera අස්ථිර *adj.* erratic
astheera අස්ථිර *adj.* fickle
astheera අස්ථිර *adj.* passing
astheera අස්ථිර *adj.* precarious
asthi vidyaawa අස්ථි විද්‍යාව *n.* osteopathy

asthibandaya අස්ථිබන්ධය *n.* ligament
asthira අස්ථිර *adj.* dubious
asthira අස්ථිර *adj.* fitful
asthira අස්ථිර *adj.* inconsistent
asthira අස්ථිර *adj.* mercurial
asthira අස්ථිර *adj.* shaky
asthira අස්ථිර *adj.* spasmodic
asthira අස්ථිර *adj.* tentative
asthira අස්ථිර *adj.* transitory
asthira bawa අස්ථිර බව *n.* instability
asthira sith athi අස්ථිර සිත් ඇති *adj.* irresolute
asthisikanaya අස්ථිසිකනය *n.* suture
asthithwaya අස්තිත්වය *n.* existence
astigmatisama ඇස්ටිග්මැටිසම *n.* astigmatism
asu karanawa අසු කරනවා *v. t.* entrap
asu karanawaa අසු කරනවා *v.* involve
asundarathaawaya අසුන්දරත්වය *n.* ugliness
asupita nanga yana අසුපිට නැ ග යන *n.* outrider
asuruma ඇසුරු ම *n.* packing
asvaabaawika අස්වා භාවික *adj.* grotesque
aswaabaawika අස්වා භාවික *adj.* unnatural
aswanna අස්වැන්න *n.* harvest
aswaseema අස්වැසීම *n.* consolation
aswasilla අස්වැසිල්ල *n.* solace
asweema අස්වීම *n.* secession
ata අට *adj. & n.* eight
ata pattama අට පට්ටම *n.* octagon
ata sahitha ඇට සහිත *adj.* bony
ata sakilla ඇට සැකිල්ල *n.* skeleton
atalla අටල්ල *n.* tower
ataya ඇටය *n.* bone
ath baagaya අත් බෑගය *n.* handbag
ath hareema අත් හැරීම *n.* renunciation
ath harinawa අත් හරිනවා *v.* relinquish
ath harinawaa අත්හරිනවා *v.* omit
ath harinawaa අත්හරිනවා *v.* quit
ath karagannawaa අත් කරගන්නවා *v.* seize
ath pisnaawa අත් පිස්නා ව *n.* serviette
ath pitapatha අත් පිටපත *n.* manuscript
ath porowa අත් පොරොව *n.* hatchet
ath udauwa අත් උදව්ව *n.* support
ath wideema අත් විදීම *n.* vaccination
atha අත *n.* hand
atha daruwan thabaa thallukarana rathaya අත දරු වන් තබා තල්ලුකරන රථය *n.* pram
atha harinawa අත හරිනවා *v.* release
atha mita අත මිට *n.* fist
atha murapola ඈත මුරපොළ *n.* outpost
atha patha gagaa sitinawa අත පත ගගා සිටිනවා *v.* potter
athaathwikawaadaya අතාත්විකවාදය *n.* surrealism
athakoluwa අතකොලුව *n.* mallet
atham wita ඇතැම් විට *adv.* maybe
athamwita ඇතැම්විට *adv.* occasionally
athapasu karanawaa අතපසු කරනවා *v.* procrastinate

athapasu kireema අතපසු කිරීම *n.* procrastination
athapasu woo wada අතපසු වූ වැඩ *n.* backlog
athapatha gaanawa අතපත ගානවා *v.* fumble
athapatha gaanawaa අතපත ගානවා *v.* tamper
athara අතර *adj.* midst
atharamadi අතරමැදි *adj.* intermediate
atharamadiya අතරමැදියා *n.* intermediary
atharamadiya අතරමැදියා *n.* middleman
atharata damanawaa අතරට දමනවා *v.* interject
atharathura අතරතුර *prep.* during
atharathura kaalaya අතරතුර කාලය *adv.* meantime
atharawaare අතරවාරේ *adv.* meanwhile
athare අතරේ *prep.* amid
atharehi අතරෙහි *prep.* among
atharen අතරෙන් *prep. &adv.* through
athata atha deema අතට අත දීම *n.* handshake
athawasiya අතවැසියා *n.* apprentice
athawasiya අතවැසියා *n.* follower
athdakeema අත්දැකීම *n.* experience
athe gena yaa haki අතේ ගෙන යා හැකි *adj.* portable
atheesaara අතීසාරය *n.* dysentery
atheethaahrutha අතීතාහෘත *adj.* atavistic
athgowwa ඇත්ගොව්වා *n.* mahout
athhadaa baleema අත්හදා බැලීම *n.* trial
athhala nohaki අත්හළ නොහැකි *adj.* indispensable
athhara yanawaa අත්හැර යනවා *v.* vacate
athharinawa අත්හරිනවා *adj.* abashed
athharinawa අත්හරිනවා *v.* forsake
athharinawaa අත්හරිනවා *v.* miss
athharinawaa අත්හරිනවා *v.* outgrow
athhitaweema අත්හිටවීම *v.i* abide
athi අති *pref.* hyper
athi aasana pramaanaya ඇති ආසන ප්‍රමාණය *n.* seating
athi daksha අති දක්ෂ *n.* ace
athi dwanika අති ධ්වනික *adj.* supersonic
athi dwanika අති ධ්වනික *adj.* ultrasonic
athi dwaniya අති ධ්වනිය *n.* ultrasound
athi maanushika අති මානුෂික *adj.* superhuman
athi neela warnaya අති නීල වර්ණය *n.* ultramarine
athi padamata ඇති පදමට *adj.* enough
athi shreshta අති ශ්‍රේෂ්ට *adj.* superlative
athi thrupthiya අති තෘප්තිය *n.* surfeit
athi uththama අති උත්තම *adj.* supreme
athi wega අති වේග *n.* overdrive
athi wipula අති විපුල *adj.* superabundant
athi wipulathaawa අති විපුලතාවය *adj.* superabundance

athi wishaala අතිවිශාල *adj.* gigantic
athi wishaala අතිවිශාල *n.* monstrous
athi wishaala අතිවිශාල *adj.* terrific
athi wishaala අතිවිශාල *adj.* titanic
athi wishala අතිවිශාල *adj.* voluminous
athibhooshitha අතිභූෂිත *adj.* garish
athibhooshitha අතිභූෂිත *adj.* gaudy
athidadi karanawa ඇතිදැඩි කරනවා *v.* nurture
athidhaawanayen kriyaakaranawaa අතිධාවනයෙන් ක්‍රියා කරනවා *v.* overact
athihaasa අතිහාස *adj.* hilarious
athikaalaya අතිකාලය *n* overtime
athikriyaasheeli අතික්‍රියාශීලි *adj.* hyperactive
athikshudaawa අතික්ෂුධාව *n.* bulimia
athiliya ඇතිලිය *n.* pan
athimadhura අතිමධුර *adj.* luscious
athin karana wiyaaja upaaya අතින් කරන ව්‍යාජ උපාය *n.* sleight
athin thattu karanawa අතින් තට්ටු කරනවා *v.* pat
athinaatyamaya අතිනාට්‍යමය *adj.* melodramatic
athipanditha අතිපණ්ඩිත *adj.* sophisticated
athiprabhala අතිප්‍රබල *adj.* herculean
athipramukha අතිප්‍රමුඛ *adj.* predominant
athireema ඇතිරීම *n.* bedding
athireka අතිරේක *adj.* extra
athireka laabhaya අතිරේක ලාභය *n.* perquisite
athirekaya අතිරේකය *n.* addendum
athirekaya අතිරේකය *n.* excess
athirilla ඇතිරිල්ල *n.* quilt
athirilla ඇතිරිල්ල *n.* sheet
athishain preethimath karanawa අතිශයින් ප්‍රීතිමත් කරනවා *v.* enrapture
athishaya udyogi අතිශය උද්‍යෝගී *adj.* zealous
athishaya warnanaathmaka අතිශය වර්ණනාත්මක *adj.* lyrical
athishayen gaurawa karanawa අතිශයෙන් ගෞරව කරනවා *v.* idolize
athishayin preethi wenawa අතිශයෙන් ප්‍රීති වෙනවා *v.* revel
athishayokthiya අතිශයෝක්තිය *n.* hyperbole
athisheethala අතිශීතල *adj.* frosty
athiwichithra අතිවිචිත්‍ර *adj.* flamboyant
athiwishaala අතිවිශාල *adj.* enormous
athkara gannawa අත්කර ගන්නවා *v.* acquire
athla අත්ල *n.* palm
athlaanthik saagaraya harahaa අත්ලාන්තික් සාගරය හරහා *adj.* transatlantic
athmes අත්මේස් *n.* mitten
athola අතොල *n.* atoll
athpisnaawa අත්පිස්නාව *n.* napkin
athpolasan deema අත්පොළසන් දීම *n.* applause
athpolasan deema අත්පොළසන් දීම *v.* clap
athpotha අත්පොත *n.* handbook
athpotha අත්පොත *adj.* manual
athrupthiya අතෘප්තිය *n.* discontent

athsan thabanna අත්සන් තබන්නා *n.* signatory
athsana අත්සන *n.* signature
aththa අත්ත *n.* branch
aththa ඇත්ත *n.* truth
aththa waage peneema ඇත්ත වාගේ පෙනීම *n.* verisimilitude
aththikarama අත්තිකාරම *n.* advance
aththikka අත්තික්කා *n.* fig
aththyantha අත්‍යන්ත *adj.* utter
athu ganga අතු ගංගා *n.* tributary
athu kola aadiya අතු කොළ ආදිය *n.* foliage
athu wihideema අතු විහිදීම *n.* ramification
athu wihidenawa අතු විහිදෙනවා *v.* ramify
athugaanawaa අතුගානවා *v.* sweep
athul desata ඇතුල් දෙසට *adj.* inward
athul karanawa ඇතුල් කරනවා *v.* insert
athul pahara denawaa අතුල් පහර දෙනවා *v.t.* slap
athul paththa ඇතුල් පැත්ත *n.* inside
athul weema ඇතුල් වීම *n.* admission
athul weema ඇතුල් වීම *n.* entrance
athul weema ඇතුල් වීම *n.* intake
athul wenawa ඇතුල් වෙනවා *v.* enter
athulata kaandu wenawa ඇතුළට කාන්දු වෙනවා *v.* infiltrate
athulata pupuanawaa ඇතුළට පුපුරනවා *v.* implode
athulath karanawa ඇතුළත් කරනවා *v.* admit
athulath karanawaa ඇතුලත් කරනවා *v.* incorporate
athulath weema ඇතුලත් වීම *n.* admittance
athulatha ඇතුළත *prep.* within
athullanawaa අතුල්ලනවා *v.* scrub
athulu woo ඇතුළු වූ *adj.* inclusive
athuru kaama අතුරු කෑම *n.* brunch
athuru maaruwa අතුරු මාරුව *v.* interchange
athuru mathiwaranawa අතුරු මැතිවරණය *n.* by-election
athuru muhunatha අතුරු මුහුණත *n.* interface
athuru waranaya අතුරු වරනය *n.* interception
athurudahan wenawa අතුරුදහන් වෙනවා *v.* disappear
athurudahan wenawaa අතුරුදහන් වෙනවා *v.* slink
athurudahan wenawaa අතුරුදහන් වෙනවා *v.* vanish
athurupasa අතුරුපස *n.* dessert
athwala අත්වැල *n.* banisters
athwala අත්වැල *v.* grasp
athwasuma අත්වැසුම *n.* glove
athwenawa අත්වෙනවා *v.t.* accrue
athyantha warnanawa අත්‍යන්ත වර්ණනාව *n.* accolade
athyawashya අත්‍යවශ්‍ය *adj.* essential
atlas ඇට්ලස් *n.* atlas
attaalaya අට්ටාලය *n.* garret
attaalaya අට්ටාලය *n.* loft
attalaya අට්ටාලය *n.* bastion
attara ඇට්ටර *adj.* stubborn
atuwa අටුව *n.* attic
atuwa අටුව *n.* barn

aula අවුල *n.* jumble
aula අවුල *n.* welter
aushada ඖෂධ *n.* medicine
aushadaya ඖෂධය *n.* drug
aushadee ඖෂධී *n.* herb
aushadha ඖෂධ *adj.* pharmaceutical
aushadhaagaaraya ඖෂධාගාරය *n.* pharmacy
aussanawa අවුස්සනවා *v.* jog
australiaanu ඕස්ට්‍රේලියානු *n.* Australian
autographaya ඔටෝග්‍රාෆය *n.* autograph
avahiraya අවහිරය *n.* hindrance
avavaadaya අවවාදය *n.* advice
avinishchitha baawaya අවිනිශ්චිත භාවය *n.* vacillation
awaasanaawa අවාසනාව *n.* misfortune
awaasanaawa genena deya අවාසනාව ගෙනෙන දෙය *n.* jinx
awaasanaawantha අවාසනාවන්ත *adj.* luckless
awaasanaawantha අවාසනාවන්ත *adj.* unfortunate
awaasanawantha අවාසනාවන්ත *adj.* hapless
awaasiya අවාසිය *n.* detriment
awaasiya අවාසිය *n.* disadvantage
awabodha karanawa අවබෝධ කරනවා *v.* realize
awabodhaya අවබෝධය *n.* comprehension
awadaanam අවදානම් *adj.* critical
awadaanam sahitha අවදානම් සහිත *adj.* risky
awadaanama අවදානම *n.* risk
awadaanamata muhuna dena අවදානමට මුහුණ දෙන *adj.* venturesome
awadhaanagraahee අවධානග්‍රාහී *adj.* demanding
awadhaaranaya අවධාරණය *n.* emphasis
awadhaaranaya karanawa අවධාරණය කරනවා *v.* emphasize
awadhanaya අවධානය *n.* attention
awadhiya අවධිය *n.* phase
awadi karanawa අවදි කරනවා *v.* awaken
awadi wenawa අවදි වනවා *v.* arouse
awadiwa sitina අවදිව සිටින *adj.* vigilant
awadiwenawaa අවදිවෙනවා *v.* wake
awadiya අවධිය *n.* span
awagananaya අවගණනය *n.* miscalculation
awagnaawen sinaaseema අවඥාවෙන් සිනාසීම *n.* snigger
awagnawa අවඥාව *n.* affront
awaharawuma අවහැරවුම *n.* turnout
awahira karanawa අවහිර කරනවා *v.* constrict
awahira karanawa අවහිර කරනවා *v.* restrain
awahira karanawaa අවහිර කරනවා *v. t.* debar
awahira karanawaa අවහිර කරනවා *v.* trammel
awahira sahitha අවහිර සහිත *adj.* obstructive
awahira yedeema අවහිර යෙදීම *n.* blockade
awahiraya අවහිරය *n.* barricade
awahiraya අවහිරය *n.* blockage
awahiraya අවහිරය *n.* congestion

awahiraya අවහිරය *n.* impediment
awahiraya අවහිරය *n.* obstacle
awahiraya අවහිරය *n.* restraint
awajaatha අවජාත *adj.* illegitimate
awakaashaya අවකාශය *n.* scope
awakaashaya අවකාශය *n.* space
awakaashaya pilibanda අවකාශය පිළිබඳ *adj.* spatial
awakal kriyaawa අවකල් ක්‍රියාව *n.* misbehaviour
awakal kriyaawe yedenawaa අවකල් ක්‍රියාවේ යෙදෙනවා *v.* misbehave
awakshepa karanawa අවක්ෂේප කරනවා *v.* precipitate
awal patha අවල් පත *n.* flipper
awalaada අවලාද *n.* reproach
awalaada karanawaa අවලාද කරනවා *adj.* upbraid
awalaada kiyana අවලාද කියන *adj.* grumpy
awalaada kiyanawa අවලාද කියනවා *v.* grumble
awalaada kiyanawa අවලාද කියනවා *v.* reproach
awalakshana අවලක්ෂණ *adj.* ugly
awalakshana karanawa අවලක්ෂණ කරනවා *v.* deform
awalakshana lesa awidinawaa අවලක්ෂණ ලෙස ඇවිදිනවා *v.* shamble
awalamaa අවලමා *adj.* delinquent
awalambhaya අවලම්භය *n.* pendulum
awalangoo woo අවලංගු වූ *adj.* antiquated
awalangu අවලංගු *adj.* inoperative
awalangu අවලංගු *n.* invalid
awalangu අවලංගු *adj.* void
awalangu karanawa අවලංගු කරනවා *v.* abolition
awalangu karanawa අවලංගු කරනවා *v.* cancel
awalangu karanawa අවලංගු කරනවා *v.* invalidate
awalangu karanawa අවලංගු කරනවා *v.* rescind
awalangu karanawaa අවලංගු කරනවා *v.* quash
awalangu karanawaa අවලංගු කරනවා *v.* supersede
awalangu kireema අවලංගු කිරීම *n.* cancellation
awalangu kireema අවලංගු කිරීම *v.* revoke
awalangu wenawa අවලංගු වෙනවා *n.* lapse
awalassana අවලස්සන *adj.* clumsy
awama අවම *adj.* minimal
awamaana අවමාන *adj.* contemptuous
awamaana tharjana අවමාන තර්ජන *n.* blackmail
awamaanaathmaka අවමානාත්මක *adj.* pejorative
awamaanaya අවමානය *n.* contempt
awamaanaya අවමානය *n.* disgrace
awamaanaya අවමානය *n.* indignity
awamaanaya අවමානය *n.* scorn
awamaanayata path wenawa අවමානයට පත් වෙනවා *v.* condescend
awaman kara අවමන් කරා *v.* degrade
awaman karanawa අවමන් කරනවා *v.* demean

awaman karanawa අවමන් කරනවා *v.* despise
awaman karanawaa අවමන් කරනවා *v.* humiliate
awaman kireema අවමන් කිරීම *n.* abbey
awaman labanawa අවමන් ලබනවා *v.* denigrate
awamangala අවමංගල *n.* obituary
awamangalyaya adyakshaka අවමංගල්‍යය අධ්‍යක්ෂක *n.* undertaker
awamaya අවමය *n.* minimum
awanaamaya අවනාමය *n.* misnomer
awanaduwa අවනඩුව *n.* injustice
awanambuwa අවනම්බුව *v.* discredit
awanatha baawaya අවනත භාවය *n.* subservience
awanatha wana අවනත වෙනවා *adj.* susceptible
awanatha weema අවනත වීම *n.* allegiance
awanatha wenawa අවනත වෙනවා *v.* obey
awanathukara gannawaa අවනතුකර ගන්නවා *v.* misappropriation
awanhala අවන්හල *n.* pub
awanka අවංක *adj.* bonafide
awanka අවංක *adj.* devout
awanka අවංක *adj.* frank
awanka අවංක *adj.* honest
awanka අවංක *adj.* straightforward
awanka අවංක *adj.* sincere
awanka kama අවංක කම *n.* sincerity
awankakama අවංකකම *n.* candour
awankakama අවංකකම *n.* honesty
awankakama අවංකකම *n.* probity
awapaalanaya අවපාලනය *n.* mismanagement
awapaathaya අවපාතය *n.* depression
awarodakaya අවරෝධකය *n.* buffer
awarodakaya අවරෝධකය *n.* bumper
awarodhanaya අවරෝධනය *n.* repression
awasaana අවසාන *adj.* final
awasaana අවසාන *adj.* last
awasaana siddhiya අවසාන සිද්ධිය *n.* upshot
awasaanaya අවසානය *n.* expiry
awasaanaya අවසානය *n.* liquidation
awasaanayedee අවසානයේදී *adv.* ultimately
awasaanayedi අවසානයේදී *adv.* eventually
awasan watayata therunu thanaththa අවසන් වටයට තේරුණු තැනැත්තා *n.* finalist
awasara denawa අවසර දෙනවා *v.* permit
awasara diya haki අවසර දිය හැකි *adj.* permissible
awasarapathraya අවසරපත්‍රය *n.* licence
awasaraya අවසරය *v.* may
awasaraya අවසරය *n.* permission
awasaraya අවසරය *n.* sufferance
awasheshaya අවශේෂය *n.* remainder
awashoshanaya karanawa අවශෝෂණය කරනවා *v.* absorb
awashya අවශ්‍යය *adj.* necessary
awashya අවශ්‍යය *adj.* needful

awashya අවශ්‍ය *n.* prerequisite
awashya අවශ්‍ය *adj.* requisite
awashya deya අවශ්‍ය දෙය *n.* requisite
awashya wenawa අවශ්‍ය වෙනවා *v.* must
awashya wenawa අවශ්‍ය වෙනවා *v.* necessitate
awashya wenawaa අවශ්‍ය වෙනවා *v.* require
awashyama අවශ්‍යම *adv.* necessarily
awashyathaawa අවශ්‍යතාව *n.* demand
awashyathaawa අවශ්‍යතාව *n.* necessity
awashyathaawa අවශ්‍යතාව *v.* need
awashyathaawaya අවශ්‍යතාවය *n.* requirement
awasihiya අවිසිහිය *n.* amnesia
awasthaanukoola nowoo අවස්ථානුකූල නොවූ *adj.* inopportune
awasthaawa අවස්ථාව *n.* chance
awasthaawa අවස්ථාව *n.* fettle
awasthaawa අවස්ථාව *n.* footing
awasthaawa අවස්ථාව *n.* occasion
awasthaawa අවස්ථාව *n.* opportunity
awasthaawa අවස්ථාව *n.* plight
awasthaawa අවස්ථාව *n., a* situation
awasthithiya අවස්ථිතිය *n.* inertia
awata අවට *adv.* nearby
awata pihiti de අට පිහිටි දේ *n.* surroundings
awathaaraya අවතාරය *n.* incarnation
awathaaraya අවතාරය *n.* phantom
awathaaraya අවතාරය *n.* spectre
awathaaraya අවතාරය *n.* wraith
awathala අවතල *adj.* concave
awawaada karanawa අවවාද කරනවා *v.* preach
awawaadaathmaka අවවාදාත්මක *adj.* cautionary
awawaadaathmaka අවවාදාත්මක *adj.* monitory
awawaadaya අවවාදය *n.* caution
awawaadaya අවවාදය *n.* warning
awayawaya අවයවය *n.* organ
awichaaraka අවිචාරක *adj.* indiscreet
awichaari අවිචාරි *adj.* injudicious
awichaari අවිචාරී *adj.* irrational
awichakshana අවිචක්ෂණ *adj.* imprudent
awichakshana අවිචක්ෂණ *adj.* purblind
awideeme wegaya ඇවිදීමේ වේගය *n.* pace
awidimath අවිධිමත් *adj.* improper
awidimath අවිධිමත් *adj.* informal
awidimath අවිධිමත් *adj.* irregular
awidimath bawa අවිධිමත් බව *n.* irregularity
awidinawaa ඇවිදිනවා *v.* walk
awidu bawa durukaranawa අවිදු බව දුරු කරනවා *v.* demystify
awidyaawa අවිද්‍යාව *n.* nescience
awihala අවිහල *n.* arsenal
awikala අවිකල *adj.* lucid
awilagath ඇවිලගත් *adj.* aflame
awilenawa ඇවිලෙනවා *v.* flash
awinaya අවිනය *n.* indiscipline
awineetha අවිනීත *adj.* cheeky
awineetha අවිනීත *n.* immodest
awineetha අවිනීත *adj.* impudent

awineetha අවිනීත *adj.* indecent
awineetha අවිනීත *adj.* restive
awineetha අවිනීත *adj.* saucy
awineetha kella අවිනීත කෙල්ල *n.* minx
awinischitha baawaya අවිනිශ්චිත භාවය *n.* suspense
awinishchitha අවිනිශ්චිත *adj.* inconclusive
awishishta අවිශිෂ්ට *adj.* prosaic
awishtathaawa අවිශිෂ්ටතාව *n.* mediocrity
awishwaasa අවිශ්වාස *adj.* deceptive
awishwaasaya අවිශ්වාසය *n.* disbelief
awishwaasaya අවිශ්වාසය *n.* distrust
awishwaasaya අවිශ්වාසය *v.* mistrust
awiswaasiyaa අවිශ්වාසය *n.* sceptic
awitili karanawa ඇවිටිලි කරනවා *v.* deprecate
awiwaahaka bhaaryaawa අවිවාහක භාර්යාව *n.* concubine
awiwaahika sthriya අවිවාහික ස්ත්‍රිය *n.* spinster
awiweki අවිවේකී *adj.* busy
awul jaalaya අවුල් ජාලය *n.* hotchpotch
awul jaalaya අවුල් ජාලය *n.* impasse
awul karagannawa අවුල් කරගන්නවා *v.* bungle
awul karanawa අවුල් කරනවා *v.* complicate
awul karanawa අවුල් කරනවා *v.* confuse
awul karanawa අවුල් කරනවා *v.* disarrange
awul karanawa අවුල් කරනවා *v.* dislocate
awul karanawa අවුල් කරනවා *v.* muddle
awul karanawa අවුල් කරනවා *v.* ruffle
awul karanawaa අවුල් කරනවා *v.* meddle
awul karanawaa අවුල් කරනවා *v.* upset
awul sahitha satana අවුල් සහිත සටන *n.* melee
awul swabhaawaya අවුල් ස්වභාවය *n.* disarray
awul wenawa අවුල් වෙනවා *adj.* bemused
awul wenawa අවුල් වෙනවා *v.* meliorate
awula අවුල *n.* confusion
awula අවුල *n.* mess
awulata pathweema අවුලට පත්වීම *v.* disconcert
awulu අවුල *n.* sweetmeat
awuluwanawaa අවුළුවනවා *v.* kindle
awunsaya අවුන්සය *n.* ounce
awurthidaahaya අවුර්තිදාහය *n.* meningitis
awussaa soyanawa අවුස්සා සොයනවා *v.* rummage
awussanawa අවුස්සනවා *v.* exasperate
awussanawa අවුස්සනවා *v.* incite
awussanawa අවුස්සනවා *v.* provoke
awussanawa අවුස්සනවා *v.* rouse
awyaaja අව්‍යාජ *adj.* artless
awyaaja අව්‍යාජ *adj.* genuine
ay ඇයි *adv.* why
aya ඇය *pron.* she

aya baddhu ganeema අය බදු ගැනීම *n.* taxation
aya wiyayuthu අය වියයුතු *adj.* owing
ayabadu aadiya labaaganna අයබදු ආදිය ලබා ගන්න *v.* levy
ayabadu gewannange niyojitha pirisa අයබදු ගෙවන්නන්ගේ නියෝජිත පිරිස *n.* vestry
ayada sitinawaa අයැද සිටිනවා *v.t.* implore
ayada sitinawaa අයැද සිටිනවා *v.* solicit
ayadinawa අයදිනවා *v.* beg
ayadinawa අයදිනවා *v.* beseech
ayadumkaruwa අයදුම්කරුවා *n.* applicant
ayadumkaruwa අයදුම්කරුවා *n.* examinee
ayage ඇයගේ *pron.* her
ayahapath අයහපත් *adj.* bad
ayakami අයකැමි *n.* cashier
ayath wenawa අයත් වෙනවා *v.* comprise
ayawaya lekanaya අයවැය ලේඛනය *n.* budget
ayiraawa අයිරාව *n.* overdraft
ayithi karaganeema අයිති කරගැනීම *n.* appropriation
ayogya අයෝග්‍ය *adj.* ineligible
ayogya අයෝග්‍ය *adj.* unworthy
ayogya galapeema අයෝග්‍ය ගැළපීම *n.* mismatch
ayogya woo deya අයෝග්‍ය වූ දෙය *n.* misfit
ayogyathaawa අයෝග්‍යතාව *n.* disqualification
ayudaya ආයුධය *n.* weapon
ayuthu අයුතු *adj.* unjust
ayuthu lesa athkaragannawa අයුතු ලෙස අත්කරගන්නවා *v.* misappropriate
ayuthu madihathwanna අයුතු මැදිහත්වන්නා *n.* interloper
ayuthu prayojana gannawa අයුතු ප්‍රයෝජන ගන්නවා *v.* abuse

B

baa gaanawa බෑ ගානවා *v. i* bleat
baabar saappuwa බාබර් සාප්පුව *n.* saloon
baadaka බාධක *adj.* prohibitive
baadaka ashwa diwuma බාධක අශ්ව දිවුම *n.* steeplechase
baadakaya බාධකය *n.* barrier
baadha karanawa බාධා කරනවා *v.* counteract
baadha karanawa බාධා කරනවා *v.* deter
baadhaa karanawa බාධා කරනවා *v.* disturb
baadhaa karanawa බාධා කරනවා *v.* foil
baadhaawa බාධාව *n.* handicap
baadhaka බාධක *adj.* restrictive
baagannawa බාගන්නවා *v.* download
baagaya බෑගය *n.* bag
baahira බාහිර *adj.* cosmetic
baahira බාහිර *adj.* external
baahira බාහිර *adj.* outer
baahira බාහිර *n.* outside
baahira rogee බාහිර රෝගී *n.*

outpatient
baahuwa බාහුව *n.* arm
baala බාල *adj.* juvenile
baala andum බාල ඇඳුම් *adj.* tatty
baala chikithsaawa බාලචිකිත්සාව *n.* paediatrics
baala chikithsaka බාලචිකිත්සක *n.* paediatrician
baala dakshayaa බාල දක්ෂයා *n.* scout
baala kireema බාල කිරීම *n.* adulteration
baalaanshaya බාලාංශය *n.* nursery
baaladakshain ge sanakeliya බාලදක්ෂයින් ගේ සැණකෙලිය *n.* jamboree
baalanshaya බාලාංශය *n.* kindergarten
baalikaawakage wani බාලිකාවකගේ වැනි *adj.* girlish
baalkaya බාල්කය *n.* girder
baana බාන *n.* halter
baana බෑනා *n.* nephew
baappa බාප්පා *adj.* avuncular
baara doora බාරදූර *adj.* onerous
baara kireema බාර කිරීම *n.* consignment
baara oppu karana භාර ඔප්පු කරන *adj.* votive
baaradoora බාරදූර *adj.* momentous
baaragatha nohaki බාරගත නොහැකි *adj.* inadmissible
babalana බබළන *adj.* brilliant
babalanawa බබළනවා *v.* brighten
babaleema බැබළීම *n.* blaze
babalenawaa බැබලෙනවා *v.* shine
baboon බැබූන් *n.* baboon
bacon බේකන් *n.* bacon
bacteria බැක්ටීරියා *n.* bacteria
bada බඩ *n.* bowel
bada බඩ *n.* paunch
bada බඩ *n.* stomach
bada ridenawa බඩ රිදෙනවා *v.* gripe
bada wala බඩ වැල *n.* gut
bada wala බඩ වැල *n.* intestine
bada watiya බඩවැටිය *n.* hedge
badaa gannawa බදා ගන්නවා *v.* cuddle
badaa karanawa බාධා කරනවා *v.* intercept
badaadaa බදාදා *n.* Wednesday
badaagannawa බදාගන්නවා *v.* clasp
badaagannawa බදාගන්නවා *v.t.* grapple
badaamaya බදාමය *n.* stucco
badagaa yanawaa බඩගා යනවා *v.* scramble
badagaama බඩගෑම *v.* crawl
badawadilla බඩවැඩිල්ල *n.* benefice
baddha බද්ද *n.* tax
baddha wairaya බද්ධ වෛරය *n.* rancour
baddha wairaya බද්ධ වෛරය *n.* vendetta
baddhata gath idama බද්දට ගත් ඉඩම *n.* tenement
bade kakkuma බඩේ කැක්කුම *n.* colic
bade waathaya pirunu බඩේ වාතය පිරුණු *adj.* flatulent
badha karanawa බාධා කරනවා *v.* heckle
badha karanawa බාධා කරනවා *v.* interrupt
badhaa karanawa බාධා කරනවා *v.* retard

badhaawa බා ධා ව *n.* interference
badhaawa බා ධා ව *n.* interruption
badhu gena siteema බදු ගෙන සිටීම *n.* tenancy
badhu kaarayaa බදු කා රයා *n.* tenant
badmintan kreedaawe shatalaya බැ ඩ්මින්ටන් ක්‍රීඩා වේ ශටලය *n.* shuttlecock
badminton බැ ඩ්මින්ටන් *n.* badminton
badu baahira බඩු බාහිර *n.* chattel
badu baanawaa බඩු බා නවා *v.* unload
badu dakiya haki almaariya බඩු දැකිය හැකි අල්මාරිය *n.* showcase
badu gabadaawa බඩු ගබඩා ව *n.* warehouse
badu gewiya uthu බදු ගෙවිය යුතු *adj.* taxable
badu himiyaa බදු හිමියා *n.* lessor
badu kuliya බදු කුලිය *n.* rental
badu nawa බඩු නැ ව *n.* freighter
badu wattoruwa බඩු වට්ට ෝරු ව *n.* inventory
badukaru බදුකරු *n.* lessee
baduthogaya බඩුත ොගය *n.* cargo
bagaapath lesa illanawa බැ ගැ පත් ලෙස ඉල්ලනවා *v.* entreat
bagaapathwa illanna බැ ගැ පත්ව ඉල්ලනවා *n.* suppliant
bagee wilaasithaawa බැ ගී විලාසිතා ව *n.* baguette
bahara karanawa බැ හැ ර කරනවා *v.* exclude
bahu bhaashaa බහු භා ෂා *adj.* polyglot
bahu maadya බහු මා ධ්‍ය *n.* multimedia
bahu rekaya බහු රේඛය *n.* polygraph
bahu roopi බහු රූපී *adj.* multiform
bahu sanskruthika බහුසං ස්කෘතික *adj.* multicultural
bahu thaakshanika බහු තා ක්ෂණික *n.* polytechnic
bahu wachana බහු වචන *adj.* plural
bahu wiwaahaya බහු විවා හය *n.* polygamy
bahu wiwaahika බහු විවාහික *adj.* polygamous
bahuawayawikayak බහුඅවයවිකයක් *adj.* acrylic
bahuboothaya බහුබූතයා *n.* harlequin
bahudewawaadaya බහුදේවවා දය *n.* polytheism
bahudewawaadiyaa බහුදේවවාදියා *adj.* polytheistic
bahudhaaree බහුධාරී *adj.* multiparous
bahula බහුල *adj.* many
bahula බහුල *n.* profusion
bahula බහුල *adj.* rife
bahula bawa බහුල බව *pron.* plenty
bahulathwaya බහුලත්වය *n.* abundance
bahulathwaya බහුත්වය *n.* plurality
bahupathikramaya බහුපතික්‍රමය *n.* polyandry
bahuroopekshaya බහුරූ පේක්ෂය *n.* kaleidoscope
bahusrutha baawaya බහුශ්‍රැ ත භා වය *n.* versatility
bahutharaya බහුතරය *n.* majority
baibalaya බයිබලය *n.* Bible
baicycalaya බයිසිකලය *n.* bicycle

bainethththuwa බයිනෙත්තුව *n.* bayonet
bakamoona බකමූණා *n.* owl
bakki karaththaya බක්කි කරත්තය *n.* buggy
bala aniya බල ඇණිය *n.* battalion
bala ganima බලා ගැනීම *n.* care
bala gannawa බලා ගන්නවා *v.* cherish
bala karanawa බල කරනවා *v.* compel
bala karanawa බල කරනවා *v.* constrain
bala karanawa බල කරනවා *v.* enforce
bala karanawaa බල කරනවා *v.* impel
bala kireema බල කිරීම *n.* compulsion
bala kireema බල කිරීම *n.* insistence
bala kotuwa බල කොටුව *n.* stronghold
bala praweshaya බල ප්‍රවේශය *v.* obtrude
bala wachana බල වචන *n.* stimulant
bala wadanawaa බල වඩනවා *v.* stimulate
bala wardakaya බල වර්ධකය *n.* supercharger
balaa sitinna බලා සිටින්නා *n.* onlooker
balaaporoththu nathuwa sitiawa බලාපොරොත්තු නැතිව සිටිනවා *n.* despair
balaaporoththu sahitha බලාපොරොත්තු සහිත *adj.* promising
balaaporoththu wana බලාපොරොත්තු වන *adj.* expectant
balagannaa pudgalayaa බලා ගන්නා පුද්ගලයා *n.* carer
balahathkaara බලහත්කාර *adj.* forcible
balahathkaarakam karanawa බලහත්කාරකම් කරනවා *v.* coerce
balahathkaarayen බලහත්කාරයෙන් *adv.* perforce
balakaarayaa බලකාරයා *n.* executor
balakaaya බලකාය *n.* corps
balakara illanawaa බලකර ඉල්ලනවා *v.* insist
balakotu aadiya watalaama බලකොටු ආදිය වැටලීම *n.* siege
balakotuwa බළකොටුව *n.* citadel
balakotuwa බලකොටුව *n.* fortress
balakshaya weema බලක්ෂය වීම *n.* prostration
balal patiya බළල් පැටියා *n.* kitten
balal patiya බළල් පැටියා *n.* kitty
balal raul gas බළල් රැවුල් ගස් *n.* whisker
balala බළලා *n.* cat
balalaa බළලා *n.* puss
balaleku men handanawaa බළලෙකු මෙන් හඬනවා *v.* mew
balanawa බලනවා *v.* groom
balanawa බලනවා *v.* look
balapaama බලපෑම *n.* effect
balapaama බලපෑම *n.* impact
balapaanawa බලපානවා *v.* affect
balapathraya බලපත්‍රය *n.* mandate
balapathraya බලපත්‍රය *n.* proxy
balapathrayak lath thanaththa බලපත්‍රයක් ලත් තැනැත්තා *n.* licensee
balaporoththu wenawa බලාපොරොත්තු වෙනවා *v.* await
balaporottu sahithawa

බලාපොරොත්තු සහිතව *adv.* hopefully

balaporottuwa බලාපොරොත්තුව *n.* hope

balasahitha බල සහිත *adj.* authoritative

balawath බලවත් *adj.* masculine

balawath hangeem athi බලවත් හැඟීම් ඇති *adj.* soulful

balawath hinsaawa බලවත් හිංසාව *n.* torture

balawath kanagaatuwa බලවත් කණගාටුව *n.* poignancy

balawath karanawa බලවත් කරනවා *v.* fortify

balawath krodaya බලවත් ක්‍රෝධය *n.* gall

balawath preethiya බලවත් ප්‍රීතිය *n.* thrill

balawath unanduwa බලවත් උනන්දුව *n.* enthusiasm

balawath vedana athi karana බලවත් වේදනා ඇති කරනවා *v.* agonize

balaya බලය *n.* force

balaya බලය *n.* power

balaya adu karanawaa බලය අඩු කරනවා *v.* maim

balaya denawa බලය දෙනවා *v.* authorize

balaya denawa බලය දෙනවා *v.* enable

balaya pawareema බලය පැවරීම *n.* delegation

balaya penwanawaa බලය පෙන්වනවා *n.* showdown

balaya wadi karanawa බලය වැඩි කරනවා *v.* reinforce

balayak nomathi බලයක් නොමැති *adj.* unwarranted

balayen adhikawa pawathinawaa බලයෙන් අධිකව පවතිනවා *v.* preponderate

balayen yatath karagannawa බලයෙන් යටත් කරගන්නවා *v.* overpower

baleema pinisa yanawaa බැලීම පිණිස යනවා *v.* visit

balen athulweema බලෙන් ඇතුල්වීම *n.* intrusion

balen athulweema බලෙන් ඇතුල්වීම *n.* irruption

balen laba gannawa බලෙන් ලබා ගන්නවා *v.* extort

balen paharagannawa බලෙන් පැහැරගන්නවා *v.* wrest

balen thallu karanawaa බලෙන් තල්ලු කරනවා *v.* shove

balla බල්ලා *n.* dog

balli බැල්ලි *n.* bitch

balma බැල්ම *n* look

balma helanawa බැල්ම හෙළනවා *v.i.* glance

balu diwiya බලු දිවියා *n.* hyena

balu kooduwa බලු කූඩුව *n.* kennel

balu kukkaa බලු කුක්කා *n.* pup

balu patawaa බලු පැටවා *n.* puppy

baluma බැලුම *n.* balloon

bama බැම *n.* brow

bamba බඹ *n.* fathom

bambara බඹරා *n.* hornet

bambaraya karakawenawaa බඹරය කැරකැවෙනවා *v.* swivel

bambasara බඹසර *n.* celibacy

ban wala බන් වැල *n.* withe

bana wadhinawaa බැණ වදිනවා *v.*

scold
bana wadinawa බැණ වදිනවා *v.* chide
bana wadinawa බැණ වදිනවා *v.* rampage
banaraya බැනරය *n.* banner
bandapatiya බඳපටිය *n.* belt
bandawaa gannawa බඳවා ගන්නවා *v.* recruit
bandeema බැඳීම *n.* binding
bandeema බැඳීම *n.* bond
bandeema බැඳීම *n.* linkage
bandenawa බැඳෙනවා *v.* enlist
bandhanaya බන්ධනය *n.* clamp
bandina lada බිඳින ලද *adj.* tied
bandinawa බිඳිනවා *v.* bind
bandinawa බිඳිනවා *v.* fry
bangalaawa බංගලාව *n.* bungalow
baninawa බණිනවා *v.* berate
baninawa බණිනවා *v.* reprove
banis gediya බනිස් ගෙඩිය *n.* bun
baniyama බැනියම *n.* jersey
baniyama බැනියම *n.* vest
banjowa බැන්ජෝව *n.* banjo
bankaraya බංකරය *n.* bunker
bankolothkama බංකොලොත්කම *n.* bankruptcy
bankolothkama බංකොලොත්කම *n.* insolvency
banku karu බැංකු කරු *n.* banker
bankuwa බැංකුව *n.* bank
bankuwa බංකුව *n.* bench
banuwa බණුව *n.* phone
bara බර *adj.* heavy
bara බැර *n.* liability
bara බර *n.* weight
bara badu adinna බර බඩු අදින්නා *n.* haulier
bara balanawaa බර බලනවා *v.* weigh
bara esaweeme kreedaawa බර එසවීමේ ක්‍රීඩාව *n.* weightlifting
bara iwath karanawaa බර ඉවත් කරනවා *v.* unburden
bara kota kiyanawaa බර කොට කියවනවා *v.t.* stress
bara patawanawaa බර පටවනවා *v.* encumber
bara thabeema බර තැබීම *n.* weighting
bara wagakeema බර වගකීම *n.* onus
baraadeema බරෑදීම *n.* haulage
baraandaya බරාඳය *n.* corridor
barapathala බරපතල *adj.* flagrant
barapathala බරපතල *adj.* grievous
barapathala බරපතල *adj.* weighty
barapathala chodanaawa බරපතල චෝදනාව *n.* stricture
barapathala kireema බරපතල කිරීම *n.* aggravation
barathi nishkreeya waayuwak බරැති නිෂ්ක්‍රීය වායුවක් *n.* xenon
barikama බැරිකම *n.* inability
barin nidahas karanawa බරින් නිදහස් කරනවා *v.* exonerate
baroththiya බරෝත්තිය *n.* bib
basaya බසය *n.* bus
basinawa බසිනවා *v.* descend
basma බෑස්ම *n.* declivity
bata denawa බැට දෙනවා *v.* trounce
batahira බටහිර *n.* west
batahira pannayata hada gasenawaa බටහිර පන්නයට හැඩ ගැසෙනවා *v.* westernize
batahirin බටහිරින් *adv.* westerly

bataluwa බැටළුවා *n.* lamb
bataluwaa බැටළුවා *n.* sheep
batan polla බැටන් පොල්ල *n.* baton
batanalaawa බටනළාව *n.* flute
batariya බැටරිය *n.* battery
bath බත් *n.* rice
bath koora බත් කූර *n.* chopstick
bathik බතික් *n.* batik
bathimath බැතිමත් *adj.* pious
bathimatha බැතිමතා *n.* devotee
bathimatha බැතිමතා *n.* votary
baththala බත්තල *n.* lighter
baumika භෞමික *adj.* territorial
bautheesma karanawa බෞතීස්ම කරනවා *v.* baptize
bautheesma karanna බෞතීස්ම කරන්නා *n.* Baptist
baya ganwawaa බය ගන්වනවා *v.* startle
baya kara yamak labaagannawa භය කර යමක් ලබා ගන්නවා *v.* overawe
bayaadu බයාදු *adj.* timorous
bayaadukama බයාදුකම *n.* timidity
bayaanaka භයානක *adj.* terrible
bayagulla බයගුල්ලා *n.* coward
bebadda බේබද්දා *adj.* alcoholic
bebadu බේබදු *adj.* drunkard
beda denawa බෙදා දෙනවා *v.t.* apportion
beda denawa බෙදා දෙනවා *v.* mete
beda kala භේද කළ *adj.* estranged
bedaa denawaa බෙදා දෙනවා *v.* impart
bedaaharinawa බෙදාහරිනවා *v.* distribute
bedaaharinna බෙදාහරින්නා *n.* distributor
bedanawa බෙදනවා *v.* divide
bedum waadiyaa බෙදුම් වාදියා *n.* separatist
bedunu thola බෙදුණු තොල *n.* harelip
bee gannawaa බී ගන්නවා *v.* soak
beech gasa බීච් ගස *n.* beech
beegal බීගල් *n.* beagle
beeja බීජ *n.* seed
beejaanuwa බීජාණුව *n.* spore
beekaraya බීකරය *n.* beaker
beekkuwa බීක්කුව *n.* scallop
beema බීම *n.* beverage
beema hala බීම හල *n.* bar
beema wargayak බීම වර්ගයක් *n.* perry
beera බීර *n.* beer
beera wargayak බීර වර්ගයක් *n.* ale
beera wisheshayak බීර විශේෂයක් *n.* lager
beeraluwa බීරලුව *n.* spool
beeshanaya භීෂණය *n.* terror
beet බීට් *n.* beet
beet alaya බීට් අලය *n.* beetroot
begal kiyanawaa බේගල් කියනවා *v.* overdraw
begalaya බේගලය *n.* exaggeration
beheth guliya බෙහෙත් ගුලිය *n.* pill
beheth wathura misranaya බෙහෙත් වතුර මිශ්‍රණය *n.* tincture
beheth wattoruwa බෙහෙත් වට්ටෝරුව *n.* prescription
beheth welendaa බෙහෙත් වෙළෙන්දා *n.* pharmacist
behetha බෙහෙත *n.* medication
belaheena බෙලහීන *v.* emasculate
belaheena බෙලහීන *adj.* impotent
belaheenakama බෙලහීනකම *n.*

impotence

belek බලෙක් *n.* tin

bella බෙල්ල *n.* neck

bella බෙල්ලා *n.* oyster

bella mirikaa mareema බෙල්ල මිරිකා මැරීම *n.* strangulation

belle pasupaththa බෙල්ලේ පසුපැත්ත *n.* nape

bera wakkaranawaa බේර වක්කරනවා *v.* decant

beraa ganeema බේරා ගැනීම *n.* reclamation

beraa gannawaa බේරා ගන්නවා *v.* salvage

beragannawa බේරාගන්නවා *v.* reclaim

beragannawa බේරා ගන්නවා *v.* rescue

beraya බෙරය *n.* drum

bergeraya බර්ගරය *n.* burger

berihan deema බෙරිහන් දීම *v.* bray

berihan denawa බෙරිහන් දෙනවා *v.* blare

berihan denawaa බෙරිහන් දෙනවා *v.* scream

berihan denawaa බෙරිහන් දෙනවා *v.i.* shout

beriya nohaki බේරිය නොහැකි *adj.* inextricable

berum kaaraya බේරුම්කාරයා *n.* arbitrator

berum kireema බේරුම් කිරීම *n.* arbitration

berum kireema බේරුම් කිරීම *n.* mediation

besama බේසම *n.* basin

bethshaalaawa බෙත්ශාලාව *n.* dispensary

bhaadhaawa බාධාව *n.* obstruction

bhaagaya භාගය *n.* fraction

bhaagyawath භාග්‍යවත් *adj.* blessed

bhaajanaya භාජනය *n.* container

bhaandaagaaraya භාණ්ඩාගාරය *n.* depository

bhaandaagaaraya භාණ්ඩාගාරය *n.* treasury

bhaandaagaarika භාණ්ඩාගාරික *n.* treasurer

bhaara denawa බාර දෙනවා *v.* deliver

bhaara ganima භාර ගැනීම *n.* adoption

bhaaradeema බාරදීම *n.* delivery

bhaarakaarayaa භාරකාරයා *n.* trustee

bhaarakaru භාරකරු *n.* guardian

bhaarakaru භාරකරු *n.* keeper

bhaaryaawa භාර්යාව *n.* spouse

bhaashaa shuddi waadiya භාෂා ශුද්ධි වාදියා *n.* purist

bhaashaa wyawahaaraya භාෂා ව්‍යවහාරය *n.* parlance

bhaashaamaya භාෂාමය *adj.* linguistic

bhaashaawa භාෂාව *n.* language

bhaawaathmaka භාවාත්මක *adj.* emotional

Bhaawaawanathiya භාවාවනතිය *n.* anticlimax

bhaawakriyaapada භාවක්‍රියා පද *n.* gerund

bhaawana karanawa භාවනා කරනවා *v.* meditate

bhaawanaamaya භාවනාමය *adj.* meditative

bhakthi geethaya භක්ති ගීතය *n.* carol

bhakthi geethikaawa භක්ති ගීතිකාව *n.* hymn

bhakthimath භක්තිමත් *adj.* reverential

bhakthiya භක්තිය *adj.* fidelity

bhangakaranawa භංගකරනවා *v.* frustrate

bhangura භංගුර *adj.* brittle

bhara wenawa භාර වෙනවා *v.* devolve

bharaya භාරය *n.* burden

bharaya භරය *n.* denominator

bhashaa reethiyata ayath භාෂා රීතියට අයත් *adj.* idiomatic

bhata kandaayama භට කණ්ඩායම *n.* squadron

bhata kandaayama භට කණ්ඩායම *n.* troop

bhata ranchuwa භට රංචුව *n.* squad

bhauthika භෞතික *adj.* physical

bhauthika widyaawa භෞතික විද්‍යාව *n.* physics

bhawaanga භවාංග *adj.* subliminal

bhawithaawa භාවිතාව *n.* usage

bhaya ganwaa paalanaya karanawaa භය ගන්වා පාලනය කරනවා *v.* tyrannize

bhaya ganwanawa භය ගන්වනවා *v.* daunt

bhaya karanawa භය කරනවා *v.* appal

bhaya sahitha භය සහිත *adj.* apprehensive

bhaya upadawana බය උපදවන *adj.* scary

bhayaanaka භයානක *adj.* awful

bhayaanaka භයානක *adj.* formidable

bhayaanaka භයානක *adj.* gruesome

bhayaanaka භයානක *adj.* monstrous

bhayajanaka භයජනක *adj.* redoubtable

bhayankara භයංකර *adj.* horrific

bhayen akilenawaa භයෙන් ඇකිළෙනවා *v.* cower

bhayen duwanawaa බයෙන් දුවනවා *v.t.* scamper

bheda wenawa භේද වෙනවා *v.t.* rupture

bhedaya භේදය *v.* breach

bheethikaawa භීතිකාව *n.* phobia

bhikshunee භික්ෂුණී *n.* nun

bhikshuwa භික්ෂුව *n.* monk

bhojanaagaaraya භෝජනාගාරය *n.* cabaret

bhojanaagaaraya භෝජනාගාරය *n.* cafeteria

bhoo widyaagniya භූ විද්‍යාඥයා *n.* geologist

bhoo widyaawa භූ විද්‍යාව *n.* geology

bhoogola widyaagniya භූගෝල විද්‍යාඥයා *n.* geographer

bhoogolaya භූගෝලය *n.* geography

bhoogoleeya භූගෝලීය *adj.* geographical

bhoomi darshanaya භූමි දර්ශනය *n.* landscape

bhoomikaawa භූමිකාව *n.* preface

bhoomikampaawa භූමිකම්පාව *n.* earthquake

bhoomikawa භූමිකාව *n.* role

bhootha widyaawa භූත විද්‍යාව *n.* necromancy

bhootha widyaawa භූත විද්‍යාව *n.* spiritualism

bhootha widyagnayaa භූත විද්‍යඥයා *n.* spiritualist

bhoothaakara භූතාකාර *adj.* spectral

bhramakaya භ්‍රමකය *n.* rotor

bhukthi windinawa භුක්ති විඳිනවා *v.* enjoy

bhukthiya pahara gannawa භුක්තිය පැහැර ගන්නවා *v.* expropriate

bibila බිබිළ *n.* blain

bihiri බිහිරි *adj.* deaf

bihisunu බිහිසුණු *adj.* horrendous

bihisunu kriyaa karanawaa බිහිසුණු ක්‍රියා කරනවා *v.* terrorize

bihisunu pudgalayaa බිහිසුණු පුද්ගලයා *n.* terry

biju damanawaa බිජු දමනවා *v.* spawn

biju rakinawaa බිජු රකිනවා *v.* incubate

bilee katuwa බිලී කටුව *n.* barb

bili pudanawaa බිලි පුදනවා *v.* sacrifice

bilinda බිළිඳා *n.* babe

bilinda බිළිඳු *adj.* infantile

biliyad kreedaawak බිලියඩ් ක්‍රීඩාව *n.* snooker

biliyanaya බිලියනය *n.* billion

billa බිල්ලා *n.* scapegoat

billiard gasana rita බිලියඩ් ගසන රිට *n.* cue

billiard kreedawa බිලියඩ් ක්‍රීඩාව *n.* billiards

bilpatha බිල්පත *n.* bill

bim mahala haa palamu mahala athara බිම් මහල හා පළමු මහල අතර මහල *n.* mezzanine

bim pedesa බිම් පෙදෙස *n.* terrain

bima බිම *n.* floor

bima gal gadol aadiya athuranawa බිම ගල් ගඩොල් ආදිය අතුරනවා *v.* pave

bima helanawa බිම හෙළනවා *v.* fell

bima wathirenawaa බිම වැතිරෙනවා *v.* grovel

bimgeya බිම්ගෙය *n.* cellar

bimmala බිම්මල *n.* mushroom

binda බිඳ *n.* blob

binda බිඳ *n.* speck

binda heliya nohaki බිඳ හෙළිය නොහැකි *adj.* irrefutable

bindenawa බිඳෙනවා *v.t* fracture

binduwa බින්දුව *n.* minim

binduwa බින්දුව *n.* nought

bingeya බිංගෙය *n.* tunnel

birch gasa බර්ච් ගස *n.* birch

bireema බිරීම *n.* bark

birinda බිරිඳ *n.* wife

bissa බිස්ස *n.* granary

biththaraya බිත්තරය *n.* egg

biththi janelaya බිත්ති ජනේලය *n.* wainscot

biththi raakkaya බිත්ති රාක්කය *n.* cupboard

biththiya බිත්තිය *n.* wall

bithu sithuwama බිතු සිතුවම *n.* mural

biya බිය *n.* fear

biya gannanawaa බිය ගන්නවනවා *v.* terrify

biya path බිය පත් *adj.* afraid

biya saka athi බිය සැක ඇති *adj.*

meticulous
biya saka nathi බිය සැක නැති *adv. &adj.* forward
biya wenawa බිය වෙනවා *v* alarm
biyagulla බියගුල්ල *adj.* craven
biyagulu බියගුලු *adj.* dastardly
biyakaranawa බියකරනවා *v.* frighten
biyakaru බියකරු *adj.* fearful
biyasulu බියසුළු *adj.* sheepish
biyasulu බියසුළු *adj.* timid
biyasulukama බියසුළුකම *n.* cowardice
biyen mirikuna බියෙන් මිරිකුණ *adj.* funky
biyen nagana handa බියෙන් නගන හඬ *n.* squeal
bo karanawaa බෝකරනවා *v.* propagate
bo kireema බෝකිරීම *v.* breed
boho බොහෝ *pron.* much
boho බොහෝ *adj.* numerous
boho බොහෝ *adv.* very
boho badagini athi බොහෝබඩගිනි ඇති *n.* raven
boho kal gathawana බොහෝකල් ගතවන *adj.* protracted
boho mahansiyen awidinawa බොහෝමහන්සියෙන් ඇවිදිනවා *v.* plod
boho pala darana බොහෝඵල දරන *adj.* exuberant
boho pala darana බොහෝපල දරන *adj.* prolific
boho palapurudu athi බොහෝ පළපුරුදු ඇති *n.* veteran
boho se බොහෝසේ *adv.* greatly
boho se dangalanawaa බොහෝ සේ දඟලනවා *v.* struggle
boho wachana athi බොහෝවචන ඇති *adj.* wordy
boho wehesa wenawa බොහෝ වෙහෙසෙ වෙනවා *v.* moil
boho wisa sahitha බොහෝවිෂ සහිත *adj.* virulent
boho wita බොහෝවිට *adv.* oft
bojana භෝජන *n.* viands
bojana sangrahaya භෝජන සංග්‍රහය *n.* banquet
bojanaagaara sewakayaa භෝජනා ගාර සේවකයා *n.* waiter
bojanaya භෝජනය *n.* meal
bokka බොක්ක *n.* bay
bokka බොක්ක *n.* gulf
bokku paara බොක්කු පාර *n.* viaduct
bokku sandhiya බොක්කු සන්ධිය *n.* groin
bokutu බොකුටු *adj.* hollow
bokutu karanawa බොකුටු කරනවා *v.* rumple
bokutuwa බොකුටුව *n.* kink
bol handa බොල් හඬ *n.* thud
bola gala බොල ගල *n.* cobble
bolanda බොළඳ *adj.* puerile
bolanda bas බොළඳ බස් *v.* prattle
bolandakama බොළඳකම *n.* naivety
bolaththa බොලත්ත *n.* besom
bolaya බෝලය *n.* ball
bomba helana guwan yaanaya බෝම්බ හෙළන ගුවන් යානය *n.* bomber
bomba helanawa බෝම්බ හෙළනවා *v.* bombard
bomba heleema බෝම්බ හෙළීම *n.* bombardment
bombaya බෝම්බය *n.* bomb

bonchi බෝංචි *n.* bean

bonda wenawaa බොඳ වෙනවා *v.* smudge

bonikka බෝනික්කා *n.* doll

boo lakshana sahitha භූ ලක්ෂණ සහිත *adj.* topographical

boo lakshna sithiyamkaru භූ ලක්ෂණ සිතියම්කරු *n.* topographer

boomadaana kruthyaya භූමදාන කෘත්‍යය *n.* sepulture

boomi baagaya භූමි භාගය *n.* site

boomi pradeshaya භූමි ප්‍රදේශය *n.* territory

boomi thel භූමි තෙල් *n.* kerosene

boomi wistharaya භූමි විස්තර *n.* topography

boomikampaa pilibanda wu භූමිකම්පා පිළිබඳ වූ *adj.* seismic

booruwa බූරුවා *n.* donkey

boosiya බූසිය *n.* mop

boowallaa බූවල්ලා *n.* octopus

boralu බොරළු *n.* gravel

borichchiya බොරිච්චිය *n.* cuff

boru බොරු *adj.* bogus

boru බොරු *adj.* false

boru බොරු *adj.* mendacious

boru බොරු *adj.* spurious

boru ahankaarakaarayaa බොරු අහංකාරකාරයා *n.* snob

boru dath kuttama බොරු දත් කුට්ටම *n.* denture

boru kaarayaa බොරු කාරයා *n* quack

boru kakula බොරු කකුල *n.* stilt

boru karanawaa බොරු කරනවා *v.* pretend

boru kondaya බොරු කොණ්ඩය *n.* wig

boru sil angawana බොරු සිල් අඟනවා *adj.* sanctimonious

boru usaskam dakwana බොරු උසස්කම් දක්වනවා *adj.* snobbish

boru wala බොරු වල *n.* pitfall

boru wedakama බොරු වෙදකම *n.* quackery

boru wes gannawaa බොරු වෙස් ගන්නවා *v.* simulate

borukaaraya බොරු කාරයා *n.* liar

boruwa බොරුව *n.* falsehood

boruwa බොරුව *n.* fiasco

boruwa helidaraw karanawaa බොරුව හෙළිදරව් කරනවා *v.* debunk

boruwata angaweema බොරුවට ඇඟවීම *n.* pretence

boruwata sinaha wenawaa බොරුවට සිනහ වෙනවා *v.* smirk

boruwen rawatanawa බොරුවෙන් රවටනවා *v.* cajole

bothalaya බෝතලය *n.* bottle

boththama බොත්තම *n.* button

bottuwa බෝට්ටුව *n.* boat

bottuwa බෝට්ටුව *n.* tub

bounceraya බවුන්සරය *n.* bouncer

bowana බෝවන *adj.* catching

bowana una rogayak බෝවන උණ රෝගයක් *n.* typhus

bowena බෝවෙන *adj.* infectious

boxing kreedakaya බොක්සිං ක්‍රීඩකයා *n.* boxer

boxing kreedawa බොක්සිං ක්‍රීඩාව *n* boxing

boyawa බෝයාව *n.* buoy

brahaspathi බ්‍රහස්පති *n.* Jupiter

brahaspathindaa බ්‍රහස්පතින්දා *n.* Thursday

brahma vidyaawa බ්‍රහ්ම විද්‍යාව *n.*

theosophy
brahmachaaree බ්‍රහ්මචාරි *adj.* celibate
braille akuru බ්‍රේල් අකුරු *n.* Braille
bramawega maanaya භ්‍රමවේග මානය *n.* tachometer
brandy බ්‍රැන්ඩි *n.* brandy
brithanya බ්‍රිතාන්‍ය *adj.* British
browsaraya බ්‍රව්සරය *n.* browser
bubula බුබුළ *n.* bubble
bubula බුබුල *n.* bulb
buddhi prabhaawa බුද්ධි ප්‍රභාව *n.* genius
buddhiwaadaya බුද්ධිවාදය *n.* rationalism
buddimath බුද්ධිමත් *adj.* intellectual
buddiya බුද්ධිය *n.* intellect
bukthiya භුක්තිය *n.* tenure
bummaa gannawaa බුම්මා ගන්නවා *v.* sulk
bummaagena sitina බුම්මගෙන සිටින *adj.* sullen
buranawa බුරනවා *v.* yap
burul බුරුල් *adj.* loose
burul wenawa බුරුල් වෙනවා *v.* loosen
burula බුරුල *adj.* slack
burula denawaa බුරුල දෙනවා *v.* slacken
burulak nathi බුරුලක් නැති *adj.* strict
burusuwa බුරුසුව *n.* brush
butter බටර් *n.* butter
bytaya බයිටය *n.* byte

C

cadmium කැඩ්මියම් *n.* cadmium
cake gediya කේක් ගෙඩිය *n.* cake
cake wisheshayak කේක් විශේෂයක් *n.* gateau
calcium කැල්සියම් *n.* calcium
cameraawa කැමරාව *n.* camera
can කෑන් *n.* can
candela කැන්ඩෙලා *n.* candela
canvas කැන්වස් *n.* canvas
carat කැරට් *n.* carat
carbohydrate කාබෝහයිඩ්‍රේට් *n.* carbohydrate
carbon කාබන් *n.* carbon
carbonate කාබනේට් *adj.* carbonate
card kreedaawak කාඩ් ක්‍රීඩාවක් *n.* rummy
cardboard කාඩ්බෝඩ් *n.* cardboard
carrot කැරට් *n.* carrot
cartoon කාටූන් *n.* cartoon
catholica කතෝලික *adj.* catholic
cell fonaya සෙල් ෆෝනය *n.* cellphone
celluloid සෙලියුලොයිඩ් *n.* celluloid
cellulose සෙලියුලෝස් *n.* cellulose
celsius සෙල්සියස් *n.* Celsius
celtic කෙල්ටික් *adj.* Celtic
centigrade සෙන්ටිග්‍රේඩ් *adj.* centigrade
centimeteraya සෙන්ටිමීටරය *n.* centimetre
ceramic සෙරමික් *n.* ceramic
chaam kama චාම් කම *n.* simplicity
chaapaya චාපය *n.* arc
chaarikaawa චාරිකාව *n.* tour
chaarithraanukoolawa sidukaranawaa චාරිත්‍රානුකූලව සිදුකරනවා *v.* solemnize
chaatu bas kiyanawa චාටු බස් කියනවා *v.* flatter

chaatu bas kiyanawaa චාටු බස් කියනවා *v.* wheedle
chaatu katha චාටු කතාව *n.* blarney
chaayaa darshakaya ඡායා දර්ශකය *n.* silhouette
chaayaa pitapatha ඡායා පිටපත *n.* photocopy
chaayaaroopa ඡායාරූප *adj.* photographic
chaayaaroopa shilpaya ඡායාරූප ශිල්පය *n.* photography
chaayaaroopa shilpiya ඡායාරූප ශිල්පියා *n.* photographer
chaayaaroopaya ඡායාරූපය *n.* photograph
chaayaasthithi ඡායාස්ථිති *n.* photostat
chaayaawa ඡායාව *n.* reflection
chakithaya චකිතය *n.* trepidation
chakkrorthiya චක්‍රෝතිය *n.* quibble
chamathkaaree චමත්කාරී *adj.* quaint
chamathkaaree lesa චමත්කාරී ලෙස *adv.* quaintly
champagne ෂැම්පේන් *n.* champagne
chanchalabhaawayen sitina චංචලභාවයෙන් සිටින *adj.* nervy
chanchalanaya චංචලනය *v.t* flicker
chanda චණ්ඩ *adj.* boisterous
chanda චණ්ඩ *adj.* rumbustious
chanda balaya ඡන්ද බලය *n.* franchise
chanda balaya athi ඡන්ද බලය ඇති *adj.* elective
chanda daayaka ඡන්ද දායක *adj.* constituent
chanda daayaka kottaasaya ඡන්ද දායක කොට්ඨාසය *n.* electorate
chanda daayakayaa ඡන්ද දායකයා *n.* constituency
chanda daayakayaa ඡන්ද දායකයා *n.* voter
chanda maaruthaya චණ්ඩ මාරුතය *n.* tempest
chandaalaya චණ්ඩාලයා *n.* outcast
chandamaaruthaya චණ්ඩමාරුතය *n.* hurricane
chandaya ඡන්දය *n.* ballot
chandaya ඡන්දය *n.* election
chandaya ඡන්දය *n.* poll
chandaya denawaa ඡන්දය දෙනවා *n.* vote
chandi gahaniya චණ්ඩි ගැහැණිය *n.* termagant
chandiya චණ්ඩියා *n.* bandit
chandra චන්ද්‍ර *adj.* lunar
chandragahanaya චන්ද්‍රගහණය *n.* eclipse
chandrikaawa චන්ද්‍රිකාව *n.* satellite
chapala චපල *adj.* capricious
chapala චපල *adj.* mutable
chapala චපල *adj.* shifty
chapala චපල *adj.* unstable
chapala bawa චපල බව *n.* caprice
chapalayaa චපලයා *n.* opportunism
chara chara gaanawaa චර චර ගානවා *v.* twitter
charachara gaanawa චරචර ගානවා *v.* bumble
chargeraya චාජරය *n.* charger
charithaapadaanaya චරිතාපදානය *n.* biography
charithaya චරිතය *n.* character
charithraya චරිතය *n.* vogue

chasiya චැසිය *n.* chassis
chathrasraakaara චතුරස්රාකාර *n.* quadrangular
chathur boojaya චතුර්භූජය *n.* quadrilateral
chathura චතුර *n.* cavalry
chathurangikaya චතුරංගිකය *n.* quartet
chathurasraya චතුරස්රය *a.* quadrangle
chathurguna චතුර්ගුණ *adj.* quadruple
chedanaya karanawaa ඡේදනය කරනවා *v.* intersect
chedaya ඡේදය *n.* paragraph
chedaya ඡේදය *n.* segment
cheenaya චීනය *n.* china
cheese චීස් *n.* cheese
cheetah චීටා *n.* cheetah
cheeththa චීත්ත *n.* fabric
cheque patha චෙක් පත *n.* cheque
chess kreedawa චෙස් ක්‍රීඩාව *n.* chess
chess kreedawe aarambaka piliwelak චෙස් ක්‍රීඩාවේ ආරම්භක පිළිවෙලක් *n.* gambit
chethanaya වේතනය *n.* emolument
chikithsakayaa චිකිත්සකයා *n.* physician
chiminiya චිමිනිය *n.* chimney
chimpanzee චිම්පන්සි *n.* chimpanzee
chinthanaya චින්තනය *n.* reverie
chipaya චිපය *n.* chip
chirasthaai karanawa චිරස්ථායි කරනවා *v.t.* perpetuate
chithakaya චිතකය *n.* pyre
chithra aadhaarayen gaman wistharayak dakwamin karana kathaawa චිත්‍ර ආධාරයෙන් ගමන් විස්තරයක් දක්වමින් කරන කතාව *n.* travelogue
chithra kalaawa චිත්‍ර කලාව *n.* portraiture
chithra karmaya චිත්‍ර කර්මය *n.* drawing
chithra prasthaaraya චිත්‍ර ප්‍රස්තාරය *n.* pictograph
chithra shilpiya චිත්‍ර ශිල්පියා *n.* artist
chithraagaaraya චිත්‍රාගාරය *n.* studio
chithraathmaka චිත්‍රාත්මක *adj.* pictorial
chithrapata චිත්‍රපට *n.* movies
chithrapataya චිත්‍රපටය *n.* film
chithraya චිත්‍රය *n.* portrait
chiththa dhairyaya චිත්ත ධෛර්යය *n.* morale
chiththa santhaa චිත්ත සන්තා *n.* throes
chiththawegaya චිත්තවේගය *n.* emotion
chiththawegee චිත්තවේගී *adj.* emotive
chiththothpaadika චිත්තෝත්පාදික *adj.* imaginative
chitrabhinaya චිත්‍රාභිනය *n.* tableau
chlorine ක්ලෝරීන් *n.* chlorine
chloroform ක්ලෝරෝෆෝම් *n.* chloroform
chocolate චොකලට් *n.* chocolate
chodana karanawa චෝදනා කරනවා *v.* accuse
chodana karanawa චෝදනා කරනවා *v.t.* rebuke
chodanaawakata asu karanawaa

චෝදනා වකට අසු කරනවා *v.i.* incriminate
chodanawa චෝදනා ව *n.* accusation
choliya චෝලිය *n.* bodice
choodithaya චූදිතයා *v.t.* accused
chrome ක්‍රෝම් *n.* chrome
chumbaka චුම්බක *adj.* magnetic
chumbakathwaya චුම්බකත්වය *n.* magnetism
chumbakaya චුම්බකය *n.* magnet
chutney චට්නි *n.* chutney
cinemaawa සිනමාව *n* cinema
circus kandaayama සර්කස් කණ්ඩායම *n.* circus
clonaya ක්ලෝනය *n.* clone
cobalt කොබෝල්ට් *n.* cobalt
cocaine කොකේන් *n.* cocaine
cocoa කොකෝවා *n.* cacao
cocoa කොකෝවා *n.* cocoa
coke anguru කෝක් අඟුරු *n.* coke
collage කොලාජ් *n.* collage
comiyunist waadaya කොමියුනිස්ට් වාදය *n.* communism
commando bataya කමාන්ඩෝ භටයා *n.* commando
commawa කොමාව *n.* comma
compost pohora කොම්පෝස්ට් පොහොර *n.* compost
concrete කොන්ක්‍රීට් *n.* concrete
conthraathkaru කොන්ත්‍රාත්කරු *n.* contractor
conthraaththuwa කොන්ත්‍රාත්තුව *n.* contract
conthraaththuwa කොන්ත්‍රාත්තුව *n* contract
corporal කෝප්‍රල් *n.* corporal
cortisone කෝටිසෝන් *n.* cortisone
cursoraya කර්සරය *n.* cursor
custard කස්ටඩ් *n.* custard
cutlet කට්ලට් *n.* cutlet
cyan warnaya සියන් වර්ණය *n.* cyan
cyanide සයනයිඩ් *n.* cyanide
cypress gasa සයිප්‍රස් ගස *n.* cypress

D

daadiya damanawa දාඩිය දමනවා *v.t.* perspire
daadu kataya දාදු කැටය *n.* dice
daahakaya දාහකය *n.* burner
daakaththa දෑකැත්ත *n.* sickle
daamarika දාමරික *adj.* brutal
daamarika දාමරික *adj.* turbulent
daamarikakama දාමරිකකම *n.* turbulence
daamarikaya දාමරිකයා *n.* hooligan
daanya දානය *n.* alms
daarakaagaaraya දාරකාගාරය *n.* crèche
daaraya දාරය *n.* border
daaraya දාරය *n.* edge
daaraya දාරය *n.* groove
daaraya දාරය *n.* margin
daarshanikaya දාර්ශනිකයා *n.* philosopher
daasa baawaya දාස භාවය *n.* servility
daasaya දාසයා *n.* lackey
daasayaa දාසයා *n.* thrall
daasayaa දාසයා *n.* vassal
daasayeku wani දාසයෙකු වැනි *adj.* servile
daasiya දාසිය *n.* cravat
daaspethi දාස්පෙති *n.* marigold

daawadda දෑවැද්ද *n.* dowry
daayaadaya දායාදය *n.* portion
daayaka wenawa දායක වෙනවා *v.* contribute
daayakathwaya දායකත්වය *n.* contribution
daayakaya දායකයා *n.* donor
dabara angilla දබර ඇඟිල්ල *n.* forefinger
dabarakaara sthree දබරකාර ස්ත්‍රී *n.* shrew
dabaraya දබරය *n.* altercation
dabaraya දබරය *n.* contention
dabaraya දබරය *n.* tussle
dabaraya දබරය *n.* winch
dabarayata kamathi දබරයට කැමති *adj.* belligerent
dabarayata kamathi දබරයට කැමති *adj.* truculent
dada දද *n.* cist
dadabbara දඩබ්බර *adj.* brash
dadayakkaraaya දඩයක්කාරයා *n.* hunter
dadayam balla දඩයම් බල්ලා *n.* hound
dadayam karanawaa දඩයම් කරනවා *v.* hunt
dadi දැඩි *adj.* inflexible
dadi bawa දැඩි බව *n.* rigour
dadi kampaawa දැඩි කම්පාව *n.* heartbreak
dadi mithrathwaya දැඩි මිත්‍රත්වය *n.* intimacy
dadi wenawa දැඩි වෙනවා *v.* harden
dadi wenawaa දැඩි වෙනවා *v.* stiffen
dadiwa alla gannawa දැඩිව අල්ලා ගන්නවා *v. t.* clutch
daduwama athhitawanawa දඬුවම අත්හිටවනවා *v.* reprieve
daffodil mala ඩැෆොඩිල් මල *n.* daffodil
daha ata දහ අට *adj.* & *n.* eighteen
daha ganeema ඩැහැ ගැනීම *v.* grab
daha hatha දහ හත *adj.* & *n.* seventeen
daha hathweni දහ හත්වෙනි *adj.* & *n.* seventeenth
daha nawa wani දහ නව වැනි *adj.* & *n.* nineteenth
daha nawaya දහ නවය *adj.* & *n.* nineteen
dahadiya දහඩිය *n.* sweat
dahadiya nogalana දහඩිය නොගලන *n.* antiperspirant
dahagannawa ඩැහැ ගන්නවා *v.* grip
dahagannawaa ඩැහැ ගන්නවා *v.* snatch
dahahathara දහහතර *adj.*& *n.* fourteen
dahana දහන *n.* trance
dahanaya දහනය *n.* combustion
dahanonmaadaya දහනෝන්මාදය *n.* pyromania
dahasa දහස *adj.* & *n.* thousand
dahasaya දහසය *adj.* & *n.* sixteen
dahasaya wani දහසය වැනි *adj.* & *n.* sixteenth
dahathuna දහතුන *adj.* & *n.* thirteen
dahathunweni දහතුන්වෙනි *adj.* & *n.* thirteen
dahathunwenia දහතුන්වෙනියා *adj.* & *n.* thirteenth
dahawala දහවල *n.* day
dahaya දහය *adj.* & *adv.* ten
dahi anduwa ඩැහි අඬුව *n.* forceps
dairyamath wenawa ධෛර්යමත් වෙනවා *v.* hearten

dairyawath ධෛර්යයවත් *adj.* gutsy
dairyaya deema ධෛර්යය දීම *n.* incentive
daishikaya දෛශිකය *n.* vector
daisy mala ඩේසි මල *n.* daisy
daithaadeena දියතාඩින *adj.* henpecked
daiwagnaya දෛවඥයා *n.* astrologer
daiwaya දෛවය *n.* destiny
dakeema දැකීම *n.* perception
dakina onama deyak kanna දකින ඕනම දෙයක් කන්න *n.* eatery
dakinawa දකිනවා *v.* behold
dakinawa දකිනවා *v.* perceive
dakiya haki දැකිය හැකි *adj.* perceptible
daksha දක්ෂ *adj.* apt
daksha දක්ෂ *adj.* clever
daksha දක්ෂ *adj.* deft
daksha දක්ෂ *adj.* proficient
daksha දක්ෂ *adj.* crafty
daksha kurumaanamkaaraya දක්ෂ කුරුමාණම්කාරයා *n.* marksman
daksha lesa meheyawanawaa දක්ෂ ලෙස මෙහෙයවනවා *v.* cope
dakshakama දක්ෂකම *n.* dexterity
dakshakama දක්ෂකම *n.* skill
dakumkalu දැකුම්කලු *adj.* smart
dakuna දකුණ *n* right
dakuna දකුණ *n.* south
dakunu දකුණු *adj.* southern
dakunu digin දකුණු දිගින් *adj.* southerly
dakwaa දක්වා *prep.* to
dakwana දක්වන *adj.* informative
dakwanawa දන්වනවා *v.* acquaint
dakwanawaa දක්වනවා *v. t* denote
dakwanawaa දක්වනවා *v.* evince
dakwanawaa දක්වනවා *v.* indicate
dakwanawaa දක්වනවා *v.* show
dakwu දැක්වූ *adj.* bespoke
dal redi දැල් රෙදි *n.* gauze
dal redi getheema දැල් රෙදි ගෙතීම *n.* netting
dal sahitha දැල් සහිත *adj.* webby
dal wani දැල් වැනි *adj.* cellular
dala දළ *adj.* approximate
dala දළ *adj.* crude
dala දැල *n.* mesh
dala දැල *n.* net
dala දැල *n.* web
dala wisheshanaya දළ විශේෂණය *n.* overview
dalambuwa දළඹුවා *n.* caterpillar
dalambuwa දළඹුවා *n.* larva
dalaya දළය *n.* fang
dalaya දළය *n.* sting
dalaya දළය *n.* tusk
dali දැලි *n.* soot
dali pihiya දැලි පිහිය *n.* razor
dalikunu aadiya දැලිකුණු ආදිය *n.* grime
dalla දැල්ල *n.* flame
dalla දැල්ල *n.* squid
dalwena sulu දැල්වෙන සුලු *adj.* inflammable
dam paata දම් පාට *n.* purple
dam paata දම් පාට *n.* violet
damaa aninawa දමා අනිනවා *v.* jab
damaa gaseema දමා ගැසීම *v.* fling
damanawaa දමනවා *v.* put
dampaata thada rathu දම්පාට තද රතු *n.* magenta
damwala දම්වැල *n.* chain
dan දැන් *adv.* now
dan wani gediyak දං වැනි ගෙඩියක්

n. berry
dana දැන *adj.* aware
dana dakwaa watena kota saaya දණ දක්වා වැටෙන කොට සාය *n.* kilt
danaganeema දැනගැනීම *n.* cognizance
danagannawa දැනගන්නවා *v.* ascertain
danagannawa දැනගන්නවා *v.* assure
danagannawa දැනගන්නවා *v.* foresee
danagasanawaa දණගසනවා *v.* kneel
danahisa දණහිස *n.* knee
danata දැනට *adv.* presently
danaya ධනය *n.* lucre
danda දණ්ඩ *n.* bludgeon
dandana දණ්ඩන *adj.* penal
dandaneeya දණ්ඩනීය *adj.* punitive
dandelion mala ඩැන්ඩෙලියන් මල *v.* dandelion
dandu wata දඬු වට *n.* stockade
danduwam karanawaa දඬුවම් කරනවා *v.* penalize
danduwam karanawaa දඬුවම් කරනවා *v.* punish
danduwama දඬුවම *n.* penalty
danduwama දඬුවම *n.* punishment
daneeme shakthiya දැනීමේ ශක්තිය *n.* sense
danenawa දැනෙනවා *v.* feel
danga දඟ *adj.* mischievous
danga damanawaa දඟ දමනවා *v.* twist
danga sahitha දඟ සහිත *adj.* sly
dangakaara දඟකාර *adj.* naughty
dangakaara දඟකාර *adj.* skittish
dangalanawaa දඟලනවා *v.* strive
dangara woo දඟර වූ *adj.* spiral
dangaraya දඟරය *n.* coil
dangaraya දඟරය *n.* twine
dangaya දඟය *n.* mischief
dannawa දන්නවා *v.* know
dantha waidya දන්ත වෛද්‍ය *n.* dentist
danthaja දන්තජ *adj.* dental
danthamayaa දන්තමය *n.* ivory
danum denawa දැනුම් දෙනවා *v.* apprise
danum denawaa දැනුම් දෙනවා *v.* communicate
danum diya haki දැනුම් දිය හැකි *adj.* communicable
danum diya uthu දැනුම් දිය යුතු *adj.* notifiable
danum therum athi දැනුම් තේරුම් ඇති *adj.* knowing
danuma දැනුම *n.* knowledge
danumdeema දැනුම්දීම *n.* notification
danumdenawa දැනුම් දෙනවා *v.* notify
danuwath දැනුවත් *adj.* conscious
danveema දැන්වීම *n.* advertisement
danwanawaa දන්වනවා *v.* signify
danweem puwaru දැන්වීම් පුවරුව *n.* noticeboard
danweema දැන්වීම *n.* notice
daraa sitina දරා සිටින *adj.* retentive
daraa sitinawaa දරා සිටිනවා *v.* sustain
daradandu දරදඬු *adj.* stark
daradandu දරදඬු *adj.* stiff
daradandu දරදඬු *adj.* tough
daranawa දරනවා *v.t* bear

daranawaa දරනවා *v.* incur

darandhadu දරදඬු *adj.* stolid

daranuwa දරනුව *n.* loop

dariya nohaki දැරිය නොහැකි *adj.* insupportable

darma doothaya ධර්ම දූතයා *n.* missionary

darmaya ධර්මය *n.* verity

darmishta ධර්මිෂ්ට *adj.* virtuous

darshakaya දර්ශකය *n.* indicator

darshanaya දර්ශනය *n.* insight

darshanaya දර්ශනය *n.* philosophy

darshanaya දර්ශනය *n.* scene

darshanaya දර්ශනය *n.* view

darshanaya pilibanda wu දර්ශනය පිළිබඳ වූ *adj.* philosophical

darshaneeya දර්ශනීය *adj.* picturesque

daru nalawilla දරු නැලවිල්ල *n.* lullaby

daru pawla දරු පවුල *n.* brood

darunu දරුණු *n.* brute

darunu දරුණු *adj.* dire

darunu දරුණු *adj.* dreadful

darunu දරුණු *adj.* ferocious

darunu දරුණු *adj.* grim

darunu දරුණු *adj.* horrible

darunu දරුණු *adj.* nefarious

darunukama දරුණුකම *n.* severity

daruwa දැරුවා *v.* bore

daruwaa දරුවා *n.* offspring

dasa dahas prakotiya දස දහස් ප්‍රකෝටිය *adj & n.* trillion

dasalakshapathiya දසලක්ෂපතියා *n.* millionaire

dasaweni දසවෙනි *adj.* & *n.* tenth

dashakaya දශකය *n.* decade

dashama දශම *adj.* decimal

dath beheth දත් බෙහෙත් *n.* toothpaste

dath enawaa දත් එනවා *v.* teethe

dath kakkuma දත් කැක්කුම *n.* toothache

dath koora දත් කූර *n.* toothpick

dath nathi දත් නැති *adj.* toothless

dath niyawaa gorawanawaa දත් නියවා ගොරවනවා *v.t.* snarl

datha දත *n.* tooth

dathi poruwa දැති පෝරුව *n.* harrow

dathi rodaya දැති රෝදය *n.* cog

dathi rodaya දැති රෝදය *n.* ratchet

dathi sahitha දැති සහිත *adj.* serrated

dathmul diyawa yaama දත්මුල් දියව යෑම *n.* pyorrhoea

daththa දත්ත *n.* data

daththaya දත්තය *n.* datum

dawa දැව *n.* wood

dawal heena dakinawa දවල් හීන දකිනවා *v.* fantasize

dawal kaama දවල් කෑම *n.* lunch

dawal kaama දවල් කෑම *n.* luncheon

dawanawa දවනවා *v.* char

dawatanawa දවටනවා *v.* furl

dawatanawaa දවටනවා *v.* envelop

dawena දැවෙන *adj.* burning

dawena දැවෙන *adj.* combustible

dawena දැවෙන *adj.* fiery

dawenasulu දැවෙනසුලු *adj.* flammable

dawilla දැවිල්ල *n.* twinge

dayaabara දයාබර *adj* benevolent

dayaabara දයාබර *n.* darling

dayaabara දයාබර *adj.* humane

dayaanwitha දයාන්විත *adj.* benign

dayaanwitha දයාන්විත *adj.* gracious

dayaawa දයාව *n.* pity
dayaawak nathi දයාවක් නැති *adj.* stern
dayaawantha දයාවන්ත *adj.* sympathetic
dayabara දයාබර *adj.* affectionate
debaa doraka yati paluwa දෙබෑ දොරක යටි පළුව *n.* hatch
debaraa දෙබරා *n.* wasp
debasa දෙබස *n.* dialogue
dedarana දෙදරන *adj.* vibrant
dedawilla දෙඩවිල්ල *n.* jargon
dedena දෙදෙනා *adj. & pron.* both
dedunna දේදුන්න *n.* rainbow
deema ikmawaa yanawaa සීමාව ඉක්මවා යනවා *v.* overstep
deemanaawa දීමනාව *v.* grant
deemanaawa දීමනාව *n.* handout
deemanawa දීමනාව *n.* alimony
deena දීන *adj.* squalid
deepthimath දීප්තිමත් *adj.* bright
deepthimath දීප්තිමත් *adj.* lucent
deepthimath දීප්තිමත් *adj.* refulgent
deepthimath දීප්තිමත් *adj.* scintillating
deepthimath දීප්තිමත් *n.* sparkling
deepthimath karanawaa දීප්තිමත් කරනවා *v.* illuminate
deepthimathkama දීප්තිමත්කම *adj.* refulgence
deepthImathwa babalanawaa දීප්තිමත්ව බබළනවා *v.* twinkle
deepthimathwa babalenawaa දීප්තිමත්ව බැබළෙනවා *v.* outshine
deepthiya දීප්තිය *n.* illumination
deepthiya දීප්තිය *n.* radiance
deepthiyak nathi දීප්තියක් නැති *adj.* sombre
deerga wehesakara charikaawa දීර්ඝ වෙහෙසකර චාරිකාව *n.* visitation
deergaayusha දීර්ඝායුෂ *n.* longevity
deeryaagu labanawaa දීර්ඝායු ලබනවා *v.* outlive
deesiya දීසිය *n.* dish
degidiyaa wenawaa දෙගිඩියා වෙනවා *v.* waver
degidiyaawa දෙගිඩියාව *n.* indecision
degidiyaawa දෙගිඩියාව *n.* quandary
degidiyaawen sitinawaa දෙගිඩියාවෙන් සිටිනවා *v.* straddle
degidiyawa දෙගිඩියාව *adj.* ambivalent
degunaya දෙගුණය *adj.* double
dehaya දේහය *n.* physique
dehi දෙහි *n.* lemon
dehi දෙහි *n.* lime
dehi ponsaa දෙහි පොන්සා *n.* lemonade
deka දෙක *adj.&n.* two
dekata bedenawa දෙකට බෙදෙනවා *v.* halve
dekin ekakwath nowena දෙකින් එකක්වත් නොවෙන *adj.* neither
deltaawa ඩෙල්ටාව *n.* delta
delum දෙළුම් *n.* pomegranate
demuhun දෙමුහුන් *n.* hybrid
denalada දෙනලද *adj.* given
denawa දෙනවා *v.* give
denim kalisama ඩෙනිම් කලිසම *n.* jeans
deniya දෙණිය *n.* dell
deniya දෙනිය *n.* meadow
depaa addhamin gaman karanawaa දෙපා අද්දමින් ගමන්

කරනවා *v.* scuff
depaarthamenthuwa දපො ර්තමනේ්තුව *n.* department
depala දපේළ *n.* possession
depala දපේළ *n.* property
depaththa kapena sihin kaduwa දපෙැ ත්ත කැ පනෙ සිහින් කුඩුව *n.* rapier
des thabeema දසේ තැබිම *n.* malediction
desambar maasaya දසෙැ ම්බර් මා සය *n.* December
desata දසෙට *prep.* towards
deshaabhimaaniya දශො භිමා නියා *n.* nationalist
deshaanthara rekhaawa දශො න්තර රඛො ව *n.* longitude
deshakayaa දශේකයා *n.* lecturer
deshakayaa දශේකයා *n.* preacher
deshamaamaka දශේමා මක *adj.* patriotic
deshanaa karanawaa දශේනා කරනවා *v.* sermonize
deshanaawa දශේනා ව *n.* oration
deshanaawa දශේනා ව *n.* sermon
deshanaya දශේනය *n.* discourse
deshanaya දශේනය *n.* lecture
deshapaalagniyaa දශේපා ලනඥයා *n.* politician
deshapaalana දශේපා ලන *adj.* political
deshapaalanaya දශේපා ලනය *n.* politics
deshapremaya දශේප්රමේය *n.* patriotism
deshaseemaawa දශේසීමා ව *n.* frontier
deshayata huru wenawa දශේයට හුරු වනෙවා *v.t* acclimatise
desheeya දශීේය *adj.* local
desibalaya ඩසෙිබලය *n.* decibel
dethun deneku yana baisikalaya දතුෙන් දනෙකෙු යන බයිිසිකලය *n.* tandem
dewa pihiten woo දවේ පිහිටනේ වූ *adj.* providential
dewa sthothraya දවේ ස්ත තේ්රය *n.* psalm
dewa waadaya දවේ වා දය *n.* theism
dewaadiraajyaya දවේාධිරා ජ්යය *n.* theocracy
dewadaara දවේදාර *n.* fir
dewadaaru දවේදාරු *n.* cedar
dewadharma shashthraya දවේධර්ම ශා ස්ත්රය *n.* theology
dewadharmadarayaa දවේධර්මදරයා *n.* theologian
dewadoothaya දවේදූතයා *n.* archangel
dewameheya pawathwanna දවේමහෙයෙ පවත්වන්නා *n.* celebrant
dewani දවෙනි *adj.* second
dewanuwa kuliyata denawaa දනුෙවන් කුලියට දනෙවා *v.t.* sublet
dewarak දවෙරක් *adv.* twice
dewasthaana mehekaruwaa දවේස්ථා න මහෙකෙරු වා *n.* sexton
dewasthaanaye midula දවේස්ථා නයමේිදුල *n.* churchyard
dewathwaya දවේත්වය *n.* divinity
dewduwa දවේදුව *n.* angel
dewduwa දවේදුව *n.* fairy
dewduwa දවේදුව *n.* goddess
dewiyaa දවියා *n.* deity
dewiyeku men salakanawaa

දෙවියකු මෙනේ සළකනවා *v.* deify

dewiyo දෙවියෝ *n.* god

dewmadura දේවමැදුර *n.* chapel

deya දෙය *n.* thing

dhaanya ධාන්‍ය *n.* grain

dhaanya wargayak ධාන්‍ය වර්ගයක් *n.* oat

dhaaraalokaya ධාරාලෝකය *n.* floodlight

dhaaraawa ධාරාව *n.* current

dhaaranaya ධාරණය *n.* retention

dhaarithaawa ධාරිතාව *n.* capacity

dhaarithrakaya ධාරිත්‍රකය *n.* capacitor

dhaarmika ධාර්මික *adj.* godly

dhaathuwa ධාතුව *n.* relic

dhaawakayaa ධාවකයා *n.* runner

dhadaawathe yanawaa දඩාවතේ යනවා *v.* wander

dhadayam balu wargayak දඩයම් බලු වර්ගයක් *n.* setter

dhadayam karanawaa දඩයම් කරනවා *n.* shooting

dhadayame yaama දඩයමේ යාම *n.* safari

dhadi දැඩි *adj.* adamant

dhadi wenawaa දැඩි වෙනවා *v.* toughen

dhadi wishwaasaya athi දැඩි විශ්වාසය ඇති *adj.* trustful

dhairyawath karanawa ධෛර්යවත් කරනවා *v.* exhort

dhairyaya denawa ධෛර්යය දෙනවා *v.* encourage

dhairyaya denawa ධෛර්යය දෙනවා *v.* foster

dhaiwaya දෛවය *n.* predestination

dhaiyaya ධෛර්යය *n.* fortitude

dhamaniya ධමනිය *n.* artery

dhana lobhaya ධන ලෝභය *n.* mammon

dhanaathmaka ධනාත්මක *adj.* positive

dhanaathmaka nowana ධනාත්මක නොවන *adj.* nonplussed

dhanaathmaka nowana ධනාත්මක නොවන *adj.* nonplussed

dhanapathi wiyaapaarikayaa ධනපති ව්‍යාපාරිකයා *n.* tycoon

dhanapathiya ධනපතියා *n.* financier

dhanawaadaya ධනවාදය *n.* capitalism

dhanawaadiya ධනවාදියා *n. &adj.* capitalist

dhanawath ධනවත් *adj.* opulent

dhanda දණ්ඩ *n.* shaft

dhanyaya ධාන්‍යය *n.* cereal

dharaya ධරය *n.* fulcrum

dharmaasanaya ධර්මාසනය *n.* pulpit

dharmaya ධර්මය *n.* doctrine

dharshana pathaya දර්ශන පථය *n.* vista

dharshanikayange sambaasha-naya දාර්ශනිකයන්ගේ සම්භාෂණය *n.* symposium

dhoolaka ධූලක *adj.* toxic

dhoora dharshee දූරදර්ශී *adj.* oracular

dhoorawaliya ධූරාවලිය *n.* hierarchy

dhushta paalanaya දුෂ්ට පාලනය *n.* tyranny

dhushta raja දුෂ්ට රජ *n.* tyrant

dhwanika ධ්වනික *adj.* acoustic

dhyaanaya ධ්‍යානය *n.* muse

didaalaya දිඅලය *n.* thimble

diesel ඩීසල් *n.* diesel

diga දිග *n.* length

diga දිග *adj.* long

diga anduwa දිග අඬුව *n.* tongs

diga gawum දිග ගවුම් *n.* kaftans

diga harinawaa දිග හරිනවා *v.* unfurl

diga hrinawaa දිග හරිනවා *v.* straighten

diga mes දිග මේස් *n.* stocking

diga muduthuduwa දිග මුදුතුඩුව *n.* spit

diga rabar sapaththuwa දිග රබර් සපත්තුව *n.* wellington

digaa karanawaa දිගා කරනවා *v.* lay

digaa wee sitina දිගා වී සිටින *adj.* prostrate

digambaraya දිගම්බරයා *n.* nudist

diganshaya දිගංශය *n.* bearing

digata adiya haki දිගට ඇදිය හැකි *adj.* tensile

digata iranawaa දිගට ඉරනවා *v.t.* slit

digata wadena wala දිගට වැදෙන වල *n.* trailer

digati දිගටි *adj.* lengthy

digati දිගටි *adj.* oblong

digati දිගටි *adj.* spindly

dige දිගේ *prep.* alongside

digeli karanawaa දිගෙලි කරනවා *v.t.* tether

digin digata katha karana දිගින් දිගට කතා කරන *adj.* verbose

digin digata wiwechanaya karanawa දිගින් දිගට විවේචනය කරනවා *v.t.* nag

dik karanawa දික් කරනවා *v.* elongate

dik karanawaa දික් කරනවා *v.* prolong

dik kireema දික් කිරීම *n.* prolongation

dikkasaada wu sthriya දික්කසාද වූ ස්ත්‍රිය *n.* divorcee

dikkasaadaya දික්කසාදය *n.* divorce

dileeraya දිලීරය *n.* blight

dilisena දිලිසෙන *adj.* luminous

dilisenawa දිලිසෙන *adj.* beady

dilisenawa දිලිසෙනවා *v.* gleam

dilisenawa දිලිසෙනවා *v.* glow

dilisenawaa දිලිසෙනවා *v.* shimmer

dilisenawaa දිලිසෙනවා *v.* sparkle

dimba mochanaya wenawaa ඩිම්බ මෝචනය වෙනවා *v.* ovulate

dimbakosha iwath karanawaa ඩිම්භකෝෂය ඉවත් කරනවා *v.* spay

dimbakoshaya ඩිම්බකෝෂය *n.* ovary

dina darshakaya දින දර්ශකය *n.* calendar

dina potha දින පොත *n.* diary

dina potha දින පොත *n.* journal

dinacharyaawa දිනචර්යාව *n.* routine

dinanawa දිනනවා *v.* gain

dinanawaa දිනනවා *v.* prevail

dinapatha දිනපතා *adj.* daily

dinaya දිනය *n.* date

dinaya දිනය *n.* date

dingiththa ඩිංගිත්ත *n.* scruple

dinosaur ඩයිනසෝර් *n.* dinosaur

dinuma දිනුම *n.* conquest

diplomawa ඩිප්ලෝමාව *n.* diploma

diraapath weema දිරාපත් වීම *v. t* decomposition

diraayanawa දිරායනවා *v.* moulder

dirapath wenawa දිරාපත් වෙනවා *v. i* decay

dirawanawa දිරවනවා *v.* digest
diraweema දිරවීම *n.* digestion
dirawiya haki දිරවිය හැකි *adj.* peptic
diru දිරූ *adj.* decadent
disco natuma ඩිස්කො නැටුම *n.* disco
dishaanathiya soyanawaa දිශානතිය සොයනවා *v.* orientate
dishaawa දිශාව *n.* direction
disna watenawa දිස්න වැටෙනවා *v.* glisten
disnaya දිස්නය *n.* sheen
disnaya adu wenawaa දිස්නය අඩු වෙනවා *v.* tarnish
disthrikkaya දිස්ත්‍රික්කය *n.* district
divya lokaya දිව්‍ය ලෝකය *n.* heaven
divyamaya දිව්‍යමය *adj.* heavenly
diwa දිව *n.* tongue
diwas keema දිවැස් කීම *n.* oracle
diwas kiyanawa දිවැස් කියනවා *v.* foretell
diwas kiyanawa දිවැස් කියනවා *v.* predict
diwayina දිවයින *n.* island
diweema දිවීම *n.* run
diwihimi දිවිහිමි *adj.* lifelong
diwiyaa දිවියා *n.* leopard
diwraa athharinawa දිවුරා අත්හරිනවා *v.* forswear
diwraa boru keema දිවුරා බොරු කීම *n.* perjury
diwraa saakshi denawa දිවුරා සාක්ෂි දෙනවා *v.* depose
diwranawa දිවුරනවා *v.* avow
diwranawaa දිවුරනවා *v.* swear
diwrum pathraya දිවුරුම් පත්‍රය *n.* affidavit
diwuraa athharinawa දිවුරා අත්හරිනවා *v.* abjure
diwuraa boru kiyanawa දිවුරා බොරු කියනවා *v.* perjure
diwuruma දිවුරුම *n.* oath
diwya දිව්‍ය *adj.* divine
diwyamaya දිව්‍යමය *adj.* astral
diwyamaya දිව්‍යමය *adj.* celestial
diwyya දිව්‍යය *n.* ordeal
diya දිය *n.* lymph
diya alla දිය ඇල්ල *n.* cascade
diya alla දිය ඇල්ල *n.* waterfall
diya kaandu nowana දිය කාන්දු නොවන *adj.* waterproof
diya kadiththa දිය කඩිත්ත *n.* pool
diya karanawaa දිය කරනවා *v.* liquefy
diya kinduriya දිය කිඳුරිය *n.* mermaid
diya komadu දිය කොමඩු *n.* watermelon
diya kurulla දිය කුරුල්ලා *n.* wader
diya paara දිය පාර *n.* brook
diya rakusee දිය රකුසී *n.* siren
diya sahitha mada දිය සහිත මඩ *n.* slush
diya salakuna දිය සළකුණ *n.* watermark
diya suliya දිය සුළිය *n.* whirlpool
diya wenawa දිය වෙනවා *v. t* dissolve
diya wenawa දිය වෙනවා *v.* melt
diya yata nala bombaya දිය යට නළ බෝම්බය *n.* torpedo
diyaaru දියාරු *adj.* watery
diyamankada දියමං කඩ *n.* causeway
diyamanthiya දියමන්තිය *n.*

diamond
diyaniya දියණිය *n.* daughter
diyapaara දියපාර *n.* stream
diyara දියර *n.* liquid
diyara badaama දියර බදාම *n.* grout
diyaraya දියරය *n.* lotion
diyaseeraawa දියසීරාව *n.* dampness
diyaseerawa දියසීරාව *n.* humidity
diyasewala දියසෙවෙල *n.* moss
diyath karanawaa දියත් කරනවා *v.* launch
diyawadiyaawa දියවැඩියාව *n.* diabetes
diyunu karanawaa දියුණු කරනවා *v.* improve
diyunu nowoo bhaashaawa දියුණු නොවූ භාෂාව *n.* lingo
diyunu venawa දියුණු වෙනවා *v.* advance
diyunu wana දියුණු වන *adj.* progressive
diyunu wenawa දියුණු වෙනවා *v.* develop
diyunu wenawaa දියුණු වෙනවා *v.* prosper
diyunuwa දියුණුව *n.* improvement
diyunuwa දියුණුව *n.* progress
diyunuwa දියුණුව *n.* upturn
dodam jam දොඩම් ජෑම් *n.* marmalade
dodamalu දොඩමලු *adj.* garrulous
dodawanada දොඩවනවා *v.* rave
dodawanawa දොඩවනවා *v.* blurt
dodawanawa දොඩවනවා *v.* jabber
dodawanna දොඩවන්නා *v.* chatter
dola දොළ *n.* rivulet
dola ෙ ඇළ *n.* runnel
dolaawa දෝලාව *n.* sedan
doladuka දොළදුක *n.* longing
dolaha දොළහ *adj.&n.* twelve
dolanaya දෝලනය *n.* oscillation
dollaraya ඩොලරය *n.* dollar
dolosweni දොළොස්වෙනි *adj.&n.* twelfth
dolosweni දොළොස්වෙනි *adj.&n.* twelfth
dombakaraya දොඹකරය *n.* capstan
domnasa දොම්නස *n.* gloom
donkaaraya දෝංකාරය *n.* echo
donkaaraya දෝංකාරය *n.* repercussion
doolikada දූලිකඩ *n.* duster
doopatha දූපත *n.* isle
dooradarshee දූරදර්ශී *adj.* politic
dooradarshee දූරදර්ශී *adj.* provident
dooshanaya දූෂණය *n.* pollution
dooshanaya දූෂණය *n.* seduction
dooshanaya karannaa දූෂණය කරන්නා *n.* rapist
dooshitha දූෂිත *adj.* corrupt
dooshya karanawa දූෂ්‍ය කරනවා *v.* debauch
doothaya දූතයා *n.* apostle
doothaya දූතයා *n.* emissary
doowa දූව *n.* islet
doowili දූවිලි *n.* dust
doowili poda දූවිලි පොද *n.* mote
dora දොර *n.* door
dora polla දොර පොල්ල *n.* batten
doratupaala දොරටුපාල *n.* porter
dos keema දොස් කීම *v.* censure
dos keema දොස් කීම *n.* condemnation
dos keema දොස් කීම *n.* vituperation
dos kiyanawa දොස් කියනවා *v.*

blame

doshaabhiyogaya දෝෂාභියෝගය *n.* impeachment

doshaaropanaya kala nohaki දෝෂාරෝපණය කළ නොහැකි *adj.* unassailable

doshaaropanaya karanawa දෝෂාරෝපණය කරනවා *v.* impeach

doshaya දෝෂය *n.* blunder

doshaya දෝෂය *n.* error

doshaya දෝෂය *n.* imperfection

doshaya දෝෂය *n.* mistake

draawa ද්‍රාව *adj.* hydraulic

draawakaya ද්‍රාවකය *n.* solvent

draawanaya ද්‍රාවණය *n.* solution

draawya ද්‍රාව්‍ය *adj.* soluble

draawyathaawa ද්‍රාව්‍යතාව *n.* solubility

dravyamaya ද්‍රව්‍යමය *n.* material

dravyawaadaya ද්‍රව්‍යවාදය *n.* materialism

drawa ද්‍රව *n.* fluid

drawaya ධ්‍රැවය *n.* pole

drawika ධ්‍රැවික *adj.* polar

drohee ද්‍රෝහී *adj.* perfidious

drohee ද්‍රෝහී *adj.* unfaithful

drohikama ද්‍රෝහිකම *n.* infidelity

drohiyaa ද්‍රෝහියා *n.* renegade

drohiyaa ද්‍රෝහියා *n.* traitor

droni padawanna ද්‍රෝණි පදවන්න *n.* yachtsman

druda dhaawakaya දෘඪ ධාවකය *n.* hard drive

drudaromee දෘඪරෝමී *adj.* hirsute

drushtanthaya දෘෂ්ටාන්තය *n.* allegory

drushti wisagnayaa දෘෂ්ටි විශේෂඥයා *n.* optician

drushti withaanaya දෘෂ්ටි විතානය *n.* retina

drushtiya දෘෂ්ටිය *n.* eyesight

drushyathaawaya දෘශ්‍යතාවය *n.* visibility

dubala දුබල *adj.* effete

duganda hamana දුගඳ හමන *adj.* putrid

duganda wanasana drawyaya දුගඳ වනසන ද්‍රව්‍යය *n.* deodorant

duk denawa දුක් දෙනවා *v.* gnaw

duk ganawilla දුක් ගැනවිල්ල *n.* grievance

duk musu දුක් මුසු *adj.* sad

duk upadawanawaa දුක් උපදවනවා *v.* sadden

duk wana දුක් වන *n.* mourning

duka දුක *n.* grief

dukin pasu wana දුකින් පසු වන *adj.* disconsolate

dukin pasu wenawa දුකින් පසු වෙනවා *v.* pine

dukkitha දුක්ඛිත *adj.* stricken

dukmusu දුක්මුසු *adj.* mournful

dukmusu දුක්මුසු *adj.* plaintive

dum kabala දුම් කබල *n.* censer

dum kauluwa දුම් කවුළුව *n.* mantel

dum kawanawa දුම් කවනවා *v.* fumigate

dum kola දුම් කොළ *n.* tobacco

dum kudu uranawaa දුම් කුඩු උරනවා *v.* snuff

dum nawa දුම් නැව *n.* steamer

dum pita karanawaa දුම් පිට කරනවා *v.* smooch

dum sahitha දුම් සහිත *adj.* smoky

duma දුම *n.* smoke

dumarayen yuth දුමාරයෙන් යුත් *adj.*

murky
dumburata huru rathu paata දුඹුරට හුරු රතු පාට *n.* maroon
dumburu paata දුඹුරු පාට *n.* brown
dumburu warnaya දුඹුරු වර්ණය *n.* chestnut
dumburu warnaya දුඹුරු වර්ණය *n.* tan
dumgasaa padam karana lada lingus දුම්ගසා පදම් කරන ලද ලිංගුස් *n.* frankfurter
dumriya දුම්රිය *n.* train
dumriya madiri anda දුම්රිය මැදිරි ඇඳ *n.* couchette
dumriya maga දුම්රිය මඟ *n.* railway
dunna දුන්න *n.* bow
dunuwaaya දුනුවායා *n.* archer
duppath දුප්පත් *adj.* poor
duppathkama දුප්පත්කම *n.* poverty
dura දුර *adv.* afield
dura badu genayana lori riyaduraa දුර බඩු ගෙනයන ලොරි රියදුරා *n.* trucker
dura darshakaya දුරදර්ශකය *adj.* binocular
dura diga nobalana දුරදිග නොබලන *adj.* improvident
dura lipi mudrana yanthrya දුර ලිපි මුද්‍රණ යන්ත්‍රය *n.* teleprinter
dura nopeneema දුර නොපෙනීම *n.* myopia
dura nopenena දුර නොපෙනෙන *adj.* myopic
dura pihiti දුර පිහිටි *adj.* outlying
dura sangawee wedi thiyanawaa දුර සැඟවී වෙඩි තියනවා *v.* snipe
duraachaaraya දුරාචාරය *n.* indiscretion
duraachaaraya දුරාචාරය *n.* malpractice
duraachaaraya දුරාචාරය *n.* misconduct
duraachaaraya දුරාචාරය *n.* perversion
duraachaaraya දුරාචාර *adj.* profligate
duraachaaraye siduwana දුරාචාරයේ සිදුවන *adj.* infrequent
duraacharaya දුරාචාරය *n.* vice
duradaknaya දුරදක්නය *n.* telescope
duradiga baleema දුරදිග බැලීම *n.* providence
durakathanaya දුරකතනය *n.* telephone
durathama wu දුරතම වූ *adj.& adv.* furthest
durboda දුර්බෝධ *adj.* subtle
durganda shwaasaya දුර්ගන්ධ ශ්වාසය *n.* halitosis
durgaya දුර්ගය *n.* fastness
durin dura pihiti දුරින් දුර පිහිටි *adj.* sparse
durin pihiti දුරින් පිහිටි *adj.* ulterior
durjanayaa දුර්ජනයා *n.* scoundrel
durlaba දුර්ලභ *adj.* scarce
durlaba දුර්ලභ *adj.* uncommon
durlabha දුර්ලභ *adj.* rare
durmathaya දුර්මතය *n.* misconception
durmuka දුර්මුඛ *adj.* glum
duru දුරු *n.* cumin
durwala දුර්වල *adj.* feckless
durwala දුර්වල *adj.* feeble
durwala දුර්වල *adj.* frail
durwala දුර්වල *adj.* rundown
durwala දුර්වල *adj.* weak

durwala karanawa දුර්වල කරනවා *v.* debilitate
durwala karanawa දුර්වල කරනවා *v.* enfeeble
durwalakama දුර්වලකම *n.* debility
durwalathaawa දුර්වලතාව *n.* infirmity
durwalathwaya දුර්වලත්වය *n.* weakness
durwalawa pihitaa thibenawaa දුර්වලව පිහිටා තිබෙනවා *v.* totter
durwalayaa දුර්වලයා *n.* underdog
durwarna karanawaa දුර්වර්න කරනවා *v.* sully
durwipaaka nolabaa siteema දුර්විපාක නොලබා සිටීම *n.* impunity
dushcharithaya දුශ්චරිතය *n.* immorality
dushitha bawaya දූෂිත භාවය *n.* venality
dushkara දුෂ්කර *adj.* impassable
dushkara දුෂ්කර *adj.* intricate
dushkara awasthaawa දුෂ්කර අවස්ථාව *v.* stymie
dushkara katayuththa දුෂ්කර කටයුත්ත *n.* task
dushkara katayuththa දුෂ්කර කටයුත්ත *n.* venture
dushkarathaawa දුෂ්කරතාව *n.* difficulty
dushkarathaawa දුෂ්කරතාව *n.* lurch
dushkruthiya දුෂ්කෘතිය *adj.* dysfunctional
dushta buthaya දුෂ්ට භූතයා *n.* bogey
dushta paalanaya දුෂ්ට පාලනය *n.* misrule
dushta sithathi දුෂ්ට සිතැති *adj.* malicious
dushta sthree දුෂ්ට ස්ත්‍රී *n.* vixen
dushtaya දුෂ්ටයා *n.* felon
dusima දුසිම *n.* dozen
duwanawa දුවනවා *v.* run
duwanna දුවන්නා *n.* pacemaker
duwawanawaa දුවවනවා *v.* propel
dwaaramandalaya ද්වාරමණ්ඩලය *n.* porch
dwaaramandalaya ද්වාරමණ්ඩලය *n.* portico
dwanda satana ද්වන්ද සටන *n.* duel
dweshaya ද්වේෂය *n.* anger
dweshaya ද්වේශය *n.* malice
dweshaya ද්වේශය *n.* odium
dwi ද්වි *comb.* bi
dwi konamaanaya ද්වි කෝණමානය *n.* theodolite
dwi shatha waarshikaya ද්වි ශත වාර්ෂිකය *n.* bicentenary
dwibhasha ද්විභාෂා *adj.* bilingual
dwikaya ද්විකය *n.* duo
dwilingika ද්විලිංගික *adj.* bisexual
dwimurdhaya ද්විමූර්ධය *n.* biceps
dwinaabhiya ද්විනාභිය *adj.* bifocal
dwipaarshawika ද්විපාර්ශ්වික *adj.* bilateral
dwipaksha ද්විපක්ෂ *adj.* bipartisan
dwipatha ද්විපථ *n.* duplex
dwitheeya ද්විතීය *adj.* secondary
dwiwaarshika ද්විවාර්ෂික *adj.* biannual
dwiwaarshikaya ද්විවාර්ෂිකය *adj.* biennial
dwiwiwaahaya ද්විවිවාහය *n.* bigamy
dynamite ඩයිනමයිට් *n.* dynamite
dynamowa ඩයිනමෝව *n.* dynamo

E

ebenawaa එබෙනවා *v.* stoop

ebikam karanawa එබිකම් කරනවා *v.* peep

ebikam karanawa එබිකම් කරනවා *v.* peer

ediri karanawa එදිරි කරනවා *v.* antagonize

ediri pirimasina එදිරි පිරිමසින *adj.* vengeful

ediriwa එදිරිව *prep.* against

ediriwa එදිරිව *prep.* versus

ediriwaadee එදිරිවාදී *adj.* grudging

ediriwaadikama එදිරිවාදිකම *n.* antagonism

ediriwaadikama එදිරිවාදිකම *n* grudge

ediriwaadiya එදිරිවාදියා *n.* antagonist

ediriya එදිරිය *n.* spite

eekadhipathiwaraya ඒකාධිපතිවරයා *n.* autocracy

eekadhipathiya ඒකාධිපතියා *n.* autocrat

eeri ඊරි *n.* sow

eershya sahitha ඊර්ෂ්‍යා සහිත *adj.* jealous

eershyawa ඊර්ෂ්‍යාව *n.* jealousy

eeyam walin thanu ඊයම් වලින් තැනූ *adj.* leaden

egoda weema එගොඩ වීම *n.* passage

eha meha wanenawaa එහෙ මෙහෙ වැනෙනවා *v.* wag

eha meha yaathraa kireema එහා මෙහෙ යාත්‍රා කිරීම *v.* cruise

eha patte එහා පැත්තේ *adv.* across

ehaa mehaa karanawaa එහා මෙහෙ කරනවා *v.* shift

ehaa mehaa yanawa එහා මෙහෙ යනවා *v.t.* perambulate

ehe එහේ *adv.* there

eheth එහෙත් *conj.* though

eheth එහෙත් *conj.* whilst

ek එක් *a.* a

ek එක් *adj.* an

ek ek එක් එක් *adj.* each

ek paththaka panak aasana athi dumriya madiriya එක් පැත්තක පමණක් ආසන ඇති දුම්රිය මැදිරිය *n.* coupe

ek ras wenawa එක් රැස් වෙනවා *v.* assemble

eka එක *n. & adj.* one

eka elle එක එල්ලේ *adv.* directly

eka pita eka wateema එක පිට එක වැටීම *v.* overlap

eka samaana dekak එක සමාන දෙකක් *n.* lookalike

eka se pawathnaa එක සේ පවත්නා *adj.* uniform

eka waachana ඒක වචන *adj.* singular

eka wiwaahaya ඒක විවාහය *n.* monogamy

ekaadhikaaree wenawa ඒකාධිකාරී වෙනවා *v.* monopolize

ekaadipathy rajaya ඒකාධිපති රාජ්‍යය *adj.* totalitarian

ekaakshara pada ඒකාක්ෂර පද *n.* monosyllable

ekaakshee ඒකාක්ෂි *adj.* monocular

ekaaloka ඒකාලෝක *adj.* resplendent

ekaansha ඒකාංශ *adj.* unilateral

ekaantha prakaashaya ඒක න්ත ප්‍රක ශය *n.* protestation

ekaayaka roopaya ඒක යක ‍රූ පය *n.* stereotype

ekabadda karanawa ඒක බද්ධ කරනවා *v.* conflate

ekabadda karanawa ඒක බද්ධ කරනවා *n.* consolidation

ekabadda karanawa ඒක බද්ධ කරනවා *v.* federate

ekabadda kireema ඒක බද්ධ කිරීම *n.* amalgamation

ekadeshika ඒකදේශික *adj.* endemic

ekadewawaadaya ඒකදේවා දය *n.* monotheism

ekadewawaadiya ඒකදේවාදියා *n.* monotheist

ekadhikaaree pudgalaya ඒකාධිකාරී පුද්ගලයා *n.* monopolist

ekadhipathiya ඒකාධිපතියා *n.* dictator

ekagrathaawa ඒක ග්‍රතා ව *n.* contemplation

ekak එකක් *n.* mono

ekak anekata bandunu එකක් අනෙකට බැඳුනු *adj.* interdependent

ekakaara bhaawaya ඒක කා ර භා වය *n.* monotony

ekakaya ඒකකය *n.* unit

ekala ඒකල *n.* monolatry

ekala ඒකල *n.* solo

ekala waadakaya ඒකල වා දකයා *n.* soloist

ekamuthu wenawa එකමුතු වෙනවා *v.* harmonize

ekanga එකඟ *adj.* compatible

ekanga එකඟ *adj.* compliant

ekanga bawa එකඟ බව *n.* concordance

ekanga bawa එකඟබව *n.* oneness

ekanga karanawa එකඟ කරනවා *v.* concentrate

ekanga noweema එකඟ නොවීම *n.* disagreement

ekanga nowenawa එකඟ නොවෙනවා *v.* disagree

ekanga viya haki එකඟ විය හැකි *adj.* agreeable

ekanga wenawa එකඟ වෙනවා *v.* accord

ekanga wenawa එකඟ වෙනවා *v.* comply

ekanga wenawaa එකඟ වෙනවා *v.* sanction

ekangathwaya එකඟත්වය *n.* accordance

ekantha ඒක න්ත *adj.* categorical

ekanthara ඒක න්තර *adj.* alternative

ekapatha ඒකපා ත *adj.* abrupt

ekata hawulwa එකට හවුල්ව *n.* cahoots

ekathu karanawa එකතු කරනවා *v.* collect

ekathu karanna එකතු කරන්නා *n.* collector

ekathu karanwawa එකතු කරනවා *v.* add

ekathu kireema එකතු කිරීම *n.* addition

ekathu wana එකතු වන *adj.* confluent

ekathu weema එකතු වීම *n.* assemblage

ekathuwa එකතුව *n.* accumulation

ekathuwa එකතුව *n.* collection

ekawara එකවර *adv.* together

ekawarna ඒකවර්ණ *n.* monochrome

ekawita siduwana එක්විට සිදුවන *adj.* synchronous

ekawita siduwenawaa එක්විට සිදුවෙනවා *v.* synchronize

ekeeya ඒකීය *adj.* solitary

ekinekata sambanda karanawaa එකිනෙකට සම්බන්ධ කරනවා *v.* interconnect

ekinekata sambanda karanawaa එකිනෙකට සම්බන්ධ කරනවා *v.* interrelate

ekka yanawa එක්ක යනවා *v.* fetch

ekko එක්කෝ *adv.* either

ekolaha එකොළහ *adj. & n.* eleven

eksath එක්සත් *adj.* corporate

eksath karanawaa එක්සත් කරනවා *v.* unify

eksath kireema එක්සත් කිරීම *n.* unification

elalanawaa එළලනවා *v.* darn

elawaagena yanawaa එළවාගෙන යනවා *v.* pursue

elawalu එළවළු *n.* vegetable

elawalu haa palathuru welendaa එළවළු හා පළතුරු වෙළෙන්දා *n.* greengrocer

elawalu mishritha sup එළවළු මිශ්‍රිත සුප් *n.* minestrone

elawalu walin pamanak uth එළවළු වලින් පමණක් යුත් *n.* vegetarian

elawalu wargayak එළවළු වර්ගයක් *n.* turnip

elesama එලෙසම *n.* ditto

elidarawwa එළිදරව්ව *n.* apocalypse

elimahan එළිමහන් *adj.* outdoor

elipatha එළිපත *n.* threshold

elipaththa එළිපත්ත *n.* sill

elipita එළිපිට *adv.* openly

elisamaya එළිසමය *n.* rhyme

eliya karanawaa එළිය කරනවා *v.* lighten

ella karanawa එල්ල කරනවා *v.* pelt

ella thabeema එල්ල තැබීම *n.* suspension

ella watena එල්ලා වැටෙන *adj.* pendent

ellanaya එල්ලනය *n.* hanger

ellenawa එල්ලෙනවා *v.i.* hang

ellenawa එල්ලෙන *n.* hanging

elli watena එල්ලී වැටෙන *adj.* baggy

elli watenawaa එල්ලී වැටෙනවා *v. i.* dangle

ellum gasa එල්ලුම් ගස *n.* scaffold

elumas එළුමස් *n.* mutton

eluwa එළුවා *n.* goat

ema namama athi එම නමම ඇති *n.* namesake

ema nisaa එම නිසා *adv.* accordingly

emin pawathina එමින් පවතින *adj.* upcoming

enam එනම් *n.* namely

enamal එනැමල් *n.* enamel

endaru එඬරු *n.* castor

endaru thel එඬරු තෙල් *a.* castor oil

endera එඬේරා *n.* nomad

enderaa එඬේරා *n.* shepherd

engalanthaye koralaya එංගලන්තයේ කෝරලය *n.* shire

engima එන්ජිම *n.* engine

enisaa ඒනිසා *adv.* so

ennath karanawa එන්නත් කරනවා *v.* inoculate

ennath karanawaa එන්නත් කරනවා *v.* inject

ennath karanawaa එන්නත් කරනවා

v. vaccinate

ennatha එන්නත *n.* injection

ennatha එන්නත *n.* vaccine

ese namuth එසේනමුත් *adv.* nevertheless

eseda wuwath එසේද වුවත් *conj.* albeit

esema එසෙම *adv.* also

esema එසෙම *adv.* likewise

esema එසෙම *adv.* too

eseya එසේය *excl.* yes

ethakudu wuwath එතකුදු වුවත් *prep.* notwithstanding

ethan sita එතැන් සිට *adv.* thence

ethanata ඒතනට *adv.* thither

etheema lihanawaa ඒතීම ලිහනවා *v.* unwind

ethera එතෙර *adv.* overseas

eththu gannanawa ඒත්තු ගන්නවා *v.* convince

euro යුරෝ *n.* euro

ewani එවැනි *adj.* such

ewara එවර *adv.* then

ewelema thananawaa එවෙලෙම තනනවා *v.* improvise

eya එය *pron.* it

eyama එයම *pron.* itself

eyarosolaya එයරොසොලය *n.* aerosol

F

fahrenheit ෆැරන්හයිට් *n.* Fahrenheit

fax yanthraya ෆැක්ස් යන්ත්‍රය *n.* fax

feng shui ෆෙන්ග් ෂුයි *n.* feng shui

fluoride ෆ්ලෝරයිඩ් *n.* fluoride

G

gaambeera ගාම්භීර *adj.* sententious

gaanchuwa ගාංචුව *n.* buckle

gaanchuwa ගාංචුව *n.* clip

gaaniyak wage tharuna ගෑනියක් වගේ තරුණ *n.* sissy

gaaruppuwa ගෑරුප්පුව *n.* fork

gaas ගෑස් *n.* gas

gaas katuwa ගෑස් කටුව *n.* gasket

gaasthu lekanaya ගාස්තු ලේඛනය *n.* tariff

gaasthuwa ගාස්තුව *v.* cost

gaasthuwa ගාස්තුව *n.* fee

gaasthuwa ගාස්තුව *n.* payment

gaatanawaa ගාටනවා *v.* waddle

gaayaka samoohaya ගායක සමූහය *n.* chorus

gaayakaya ගායකයා *n.* songster

gaayakayaa ගායකයා *a.* singer

gaayakayaa ගායකයා *n.* vocalist

gaayanaa kala haki ගායනා කළ හැකි *n.* lyric

gaayanaa karanawa ගායනා කරනවා *v.* recite

gaayanaya ගායනය *n.* chant

gab dareema ගැබ් දැරීම *n.* gestation

gab ganeema ගැබ් ගැනීම *n.* pregnancy

gabadaa gaasthuwa ගබඩා ගාස්තුව *n.* storage

gabadaa karanawa ගබඩා කරනවා *v.* garner

gabadaa karanawaa ගබඩා කරනවා *v.* stow

gabadaawa ගබඩාව *n.* depot

gabadaawa ගබඩාව *n.* store

gabbara ගැබ්බර *adj.* pregnant
gabganeema walakweema ගැබ්ගැනීම වැළැක්වීම *n.* contraception
gabsaawa ගබ්සාව *n.* miscarriage
gadola ගඩොල *n.* brick
gadya rachanaawa ගද්‍ය රචනාව *n.* prose
gagana chumbithaya ගගන චුම්බිතය *n.* skyscraper
gagana yaathraa vidyaava ගගන යාත්‍රා විද්‍යාව *n.* aeronautics
gaganagaamiya ගගනගාමියා *n.* astronaut
gaha kola ගහ කොළ *n.* vegetation
gahagannawa ගහගන්නවා *v.t* fight
gahanawa ගහනවා *v.* beat
gahanawa ගහනවා *v.* castigate
gahanawa ගහනවා *v.* hit
gahanu ගැහැණු *adj.* feminine
gahata ගැහැට *n.* affliction
gahenawa ගැහෙනවා *n.* convulse
gahenawaa ගැහෙනවා *v.* throb
gairowa ගියිරෝව *n.* giro
gaja binnaya ගජ බින්නය *n.* whopper
gaja waasiya ගජ වාසිය *n.* bonanza
gal anguru ගල් අඟුරු *n.* coal
gal kataya ගල් කැටය *n.* pebble
gal kuliya ගැල් කුලිය *n.* freight
gal minee pettiya ගල් මිනී පෙට්ටිය *n.* sarcophagus
gal sahitha ගල් සහිත *adj.* rocky
gal sahitha ගල් සහිත *adj.* stony
gal wala ගල්වල *n.* quarry
gal wenawa ගල්වෙනවා *v.* petrify
gala ගල *n.* rock
gala ගල *n.* stone
galaa noyana ගලා නොයන *adj.* stagnant
galana ගලන *adj.* runny
galapanawaa ගළපනවා *v.* set
galapena ගැළපෙන *adj.* coherent
galapenawa ගැළපෙනවා *v.* cohere
galariya ගැලරිය *n.* gallery
galawaa damanawaa ගල්වා දමනවා *v.t.* strip
galawanawaa ගලවනවා *v.* detach
galawanawaa ගළවනවා *v.* dismantle
galawanawaa ගළවනවා *v.* divest
galawanawaa ගලවනවා *v.* unpack
galawum karuwaa ගැලවුම් කරුවා *n.* saviour
gallena ගල්ලෙන *n.* cavern
galuma ගැලුම *n.* gallon
galvanize karanawa ගැල්වනයිස් කරනවා *v.i.* galvanize
galwanawa ගල්වනවා *v.* anoint
gama ගම *n.* village
gaman bala pathraya ගමන් බල පත්‍රය *n.* passport
gaman gaasthuwa ගමන් ගාස්තුව *n.* fare
gaman karanawa ගමන් කරනවා *v.t* go
gaman karannaa ගමන් කරනවා *n.* traveller
gaman malla ගමන් මල්ල *n.* baggage
gaman malla ගමන් මල්ල *n.* rucksack
gaman malla ගමන් මල්ල *n.* valise
gaman pathaya ගමන් පථයා *n.* trajectory
gaman yanawaa ගමන් යනවා *v.*

travel

gamana ගමන *n.* gait

gamana ගමන *n.* going

gamana ගමන *n.* journey

gamanaagamanaya ගමනා ගමනය *n.* intercourse

gamanaagamanaya ගමනා ගමනය *n.* trafficker

gamanaanthaya ගමනා න්තය *n.* destination

gamanaanthaya ගමනා න්තය *n.* terminus

gamanata sudusu ගමනට සුදුසු *adj.* roadworthy

gamanbadu ගමන්බඩු *n.* luggage

gambada ගම්බද *adj.* rural

gambhira ගම්භිර *adj.* abstruse

gambura ගැඹුර *n.* depth

gambura balanawa ගැඹුර බලනවා *v.* plumb

gami ගැමි *adj.* pastoral

gammiris ගම්මිරිස් *n.* pepper

gamvasia ගම්වාසියා *n.* villager

gana ගැන *prep.* considering

gana ඝන *adj.* cubical

gana ඝන *adj.* dense

gana kadadaasiya ඝන කඩදාසි පෙට්ටිය *n.* carton

gana weeduru bothalayak ඝන වීදුරු බෝතලය *n.* carboy

gana wenawa ඝන වෙනවා *v.* condense

ganaawaasee ගණ වාසී *adj.* colonial

ganakadhikaranaya ගණකාධිකරණය *n.* accountancy

ganakadhikari ගණකාධිකාරි *n.* accountant

ganakaya ගණකය *n.* calculator

ganakaya ඝනකය *n.* cube

ganakayaa ඝනකය *n.* teller

ganan karanawa ගණන් කරනවා *v.* count

ganan karanawa ගණන් කරනවා *v. t* enumerate

ganan lakunu karannaa ගණන් ලකුණු කරන්නා *n.* scorer

ganan nathi ගණන් නැති *n.* myriad

ganan nogena ගණන් නොගෙන *adj.* irrespective

ganana ගණන *n.* tally

gananaya karanawa ගණනය කරනවා *v.* calculate

gananaya karanawa ගණනය කරනවා *v.* compute

gananaya kireema ගණනය කිරීම *n.* calculation

gananin adika wenawaa ගණනින් අධික වෙනවා *v.* outnumber

ganapoornaya ගණපූරණය *n.* quorum

ganathwaya ඝනත්වය *n.* density

ganawaasaya ගණවාසය *n.* colony

ganda gahana ගඳ ගහන *adj.* smelly

ganda gahanwa ගඳ ගහනවා *v.* reek

ganda suwanda daneema ගඳ සුවඳ දැනීම *n.* smell

ganga ගඟ *n.* river

ganikaa madama ගණිකා මඩම *n.* brothel

ganikaa wurthiya ගණිකා වෘත්තිය *n.* prostitution

ganikaawa ගණිකා ව *n.* courtesan

ganikaawa ගණිකා ව *n.* prostitute

ganitha ගණිත *adj.* mathematical

ganitha haa sambanda ගණිත හා සම්බන්ධ *adj.* arithmetical

ganithagnanayaa ගණිතඥයා *n.* mathematician
ganithaya ගණිතය *n.* mathematics
gannawa ගන්නවා *v.* occupy
ganudenu karanawa ගනුදෙනු කරනවා *v. i* deal
ganudenu kireema ගණුදෙනු කිරීම *n.* truck
ganudenu wala yedenawaa ගණුදෙනු වල යෙදෙනවා *v.* transact
ganudenukaru ගනුදෙනුකරු *n.* dealer
ganudenuwa ගනුදෙනුව *n.* deal
ganudenuwa ගණුදෙනුව *n.* transaction
ganumbara ගැනුම්බර *adj.* bullish
ganumkaaraya ගැණුම්කාරයා *n.* buyer
ganwathura ගංවතුර *n.* flood
garaa watenawa ගරා වැටෙනවා *v.* crumble
garaa watunu ගරා වැටුණු *adj.* dilapidated
garaa watunu ගිර වැටුණු *adj.* ramshackle
garaadi wata ගරාදි වැට *n.* railing
garaadi wata ගරාදි වැට *n.* trellis
garaadiya ගරාදිය *n.* lattice
garaadiya ගැරඩියා *n.* spoke
garaajaya ගරාජය *n.* garage
garagara gaanawa ගරගර ගානවා *v.* gurgle
garbaashaya ගර්භාෂය *n.* womb
garbanaashaka ගර්භනාශක *n.* contraceptive
garbashaya ගර්භාශය *n.* uterus
garbha karanawaa ගර්භා කරනවා *v.* stigmatize
garbhaa kala yuthu ගර්හා කළ යුතු *adj.* reprehensible
garbhaawa ගර්හාව *n.* damnation
garbhaya ගර්භය *n.* entrails
garbhaya ගර්භය *n.* fetus
garilla ගිරිල්ලා *n.* guerrilla
garjana karanawa ගර්ජනා කරනවා *v.* bluster
garjanaawa ගර්ජනාව *n.* peal
garjanaya ගර්ජනය *n.* roar
garthaya ගර්තය *n.* lacuna
garu ගරු *adj.* honorary
garu karanawa ගරු කරනවා *v.* revere
garu karanawaa ගරු කරනවා *v.* venerate
garuda ගරුඩ *n.* harpy
garuthwaya ගරුත්වය *n.* honour
garuthwaya ගරුත්වය *n.* respect
gas kolan nathi hunu gal pradeshaya ගස් කොළන් නැති හුණු ගල් ප්‍රදේශය *n.* wold
gas kolan sahitha ගස් කොළන් සහිත *adj.* wooded
gas wargayak ගස් වර්ගයක් *n.* hawthorn
gas wargayak ගස් වර්ගයක් *n.* walnut
gas wargayak ගස් වර්ගයක් *n.* willow
gas wisheshayak ගස් විශේෂයක් *n.* poplar
gasa ගස *n.* tree
gasaa barapathala lesa thuwaala kireema ගසා බරපතල ලෙස තුවාල කිරීම *n.* mayhem
gasanawa ගසනවා *n.* bang
gasat pathraya ගැසට් පත්‍රය *n.* gazette

gasseema ගැස්සීම *n.* jerk
gassuma ගැස්සුම *v.* knock
gata gasanawaa ගැට ගසනවා *v.* tie
gata sahitha ගැට සහිත *adj.* gnarled
gatalu ගැටළු *adj.* knotty
gataluwa ගැටලුව *n.* crux
gataluwa ගැටලුව *n.* problem
gatawara ගැටවර *adj.* teens
gatawaraya ගැටවරයා *n.* lad
gatawaraya ගැටවරයා *n.* youngster
gatawarayaa ගැටවරයා *n.* teenager
gataya ගැටය *n.* knot
gataya ගැටය *n.* node
gatayaa ගැටය *n.* stripling
gathi ගැති *adj.* loyal
gathi lakshana ගති ලක්ෂණය *n.* characteristic
gathi widyaawa ගතිවිද්‍යාව *n.* dynamics
gathibalaya ගතිබලය *n.* momentum
gathikam karanawaa ගැතිකම් කරනවා *v.* serve
gathiwishayaka ගතිවිෂයක *adj.* kinetic
gathiya ගතිය *n.* trait
gaththa ගැත්තා *n.* loyalist
gati bamma ගැටි බැම්ම *n.* kerb
gatissee ගැටිස්සී *n.* wench
gatissi ගැටිස්සි *n.* lass
gatta ගැට්ට *n.* brim
gattanaya ඝට්ටනය *n.* collision
gaurawa karanawa ගෞරව කරනවා *v.t.* adore
gaurawa karanawa ගෞරව කරනවා *v. t* distinguish
gaurawa sahitha aamanthranayedee yodana padaya ගෞරව සහිත ආමන්ත්‍රණයේදී යොදන පදය *n.* sir
gaurawa sammana karanawa ගෞරව සම්මාන කරනවා *v.* glorify
gaurawa sammana puda karana awasthaawa ගෞරව සම්මාන පුද කරන අවස්ථාව *n.* glorification
gaurawaanwitha ගෞරවාන්විත *adj.* prestigious
gauree ගෞරී *adj.* blonde
gava oruwa ගව ඔරුව *n.* manger
gawa pattiya ගව පට්ටිය *n.* crib
gawamaduwa ගවමඩුව *n.* byre
gawasee sitinawaa ගැවසී සිටිනවා *v.* stud
gawasenawaa ගැවසෙනවා *v.* loiter
gawayan gaal kireema ගවයන් ගාල් කිරීම *n.* rodeo
gawayo ගවයෝ *n.* cattle
gaweshanaya ගවේෂනය *n.* exploration
gaweshanaya ගවේශනය *n.* quest
gaweshanaya karanawa ගවේෂනය කරනවා *v.* explore
gawma ගවුම *n.* frock
gawuma ගවුම *n.* gown
ge ගේ *prep.* of
ge kurulla ගේකුරුල්ලා *n.* sparrow
ge langa maduwa ගේ ළඟ මඩුව *n.* outhouse
gedara dora bhajana ගෙදර දොර භාජන *n.* utensil
gedarakata awshyaya andan putu aadiya sapayanawaa ගෙදරකට අවශ්‍ය ඇඳන් පුටු ආදිය සපයනවා *v.* upholster
gedi sahitha ගෙඩි සහිත *adj.* nutty
gedi wisheshayak ගෙඩි විශේෂයක් *n.* pecan

gediya ගෙඩිය *n.* loaf
geesaraya ගීසරය *n.* geyser
geetha kaawyaya ගීත කාව්‍යය *n.* ode
geetha rachakayaa ගීත රචකයා *n.* lyricist
geethaya ගීතය *n.* song
gei athi badu ගෙයි ඇති බඩු *n.* furnishing
gela pilibanda ගෙල පිළිබඳ *adj.* cervical
gemadia ගෙමැඩියා *n.* toad
gemba ගෙම්බා *n.* frog
gena hara dakwanawaa ගෙන හැර දක්වනවා *v.* quote
genayanawa ගෙනයනවා *v.* carry
genayanawaa ගෙනයනවා *v.* take
gendagam ගෙන්දගම් *n.* sulphur
genenawa ගෙනෙනවා *v.* bring
german baashaawa ජර්මන් භාෂාව *n.* German
german soldaduwage kaanaya ජර්මන් සොල්දාදුවගේ කෑනය *n.* jerry can
geththam kala pata redda ගෙත්තම් කළ පට රෙද්ද *n.* brocade
gethuma ගෙතුම *n.* crochet
gethuma ගෙතුම *n.* plait
getoowa ගේට්ටුව *n.* gate
geuyana ගෙඋයන *n.* garden
geveemak karanawaa ගෙවීමක් කරනවා *v.* Scot
gewal bindeema ගෙවල් බිඳීම *n.* burglary
gewal bindinna ගෙවල් බිඳින්නා *n.* burglar
gewal gaane badu wikunamin yanawa ගෙවල් ගානේ බඩු විකුණමින් යනවා *v.* peddle
gewal himikaariya ගෙවල් හිමිකාරිය *n.* landlady
gewal himiya ගෙවල් හිමියා *n.* landlord
gewal peliya ගෙවල් පේළිය *n.* tier
gewanawa ගෙවනවා *v.* depreciate
gewanawa ගෙවනවා *v.* pay
gewanawa ගෙවනවා *v.* recompense
gewee yannata salaswanawa ගෙවී යන්නට සලස්වනවා *v.t.* fret
gewiya haki ගෙවිය හැකි *n.* payable
gewiya yuthu naya ගෙවිය යුතු ණය *n.* debit
ghaathaka ඝාතක *adj.* pernicious
ghana ඝන *adj.* solid
ghana ඝන *adj.* thick
ghana kamisaya ඝන කමිසය *n.* sweater
ghana kawara ඝන කවර *n.* hardback
ghana pulun roda ඝන පුළුන් රොද *n.* swab
ghana wasma ඝන වැස්ම *n.* pall
ghana wenawaa ඝන වෙනවා *v.* thicken
ghanaya ඝනය *n.* gong
ghandaya ගන්ධය *n.* odour
ghattanaya ඝට්ටනය *v.* clash
gigabyte ගිගා බයිට් *n.* gigabyte
gigum denawa ගිගුම් දෙනවා *v.* reverberate
gihiyaa ගිහියා *n.* layman
giju lesa kanawa ගිජු ලෙස කනවා *v.* guzzle
gila damanawa ගිල දමනවා *v.* engulf
gila gannawaa ගිල ගන්නවා *v.*

swallow

gilaana shalaawa ගිලාන ශාලාව *n.* hospice

gilan ගිලන් *adj.* infirm

gilan massa ගිලන් මැස්ස *n.* stretcher

gilan rathaya ගිලන් රථය *n.* ambulance

gilateenaya ගිලටීනය *n.* guillotine

gilee marenawa ගිලී මැරෙනවා *v.* drown

gilenawa ගිලෙනවා *v. t* dip

gilviya haki ගිල්විය හැකි *adj.* submersible

gilwanawaa ගිල්වනවා *v.* emboss

gilwanawaa ගිල්වනවා *v.* immerse

gilwanu labu ගිල්වනු ලැබූ *adj.* sunken

gilweema ගිල්වීම *n.* immersion

gimhaanakutiya ගිම්හාන කුටිය *n.* gazebo

gimhaanaya ගිම්හානය *n.* summer

gindara ගින්දර *n.* fire

gini gahanawaa ගිනි ගහනවා *v.* inflame

gini kaama ගිනි කෑම *n.* profiteering

gini kanda ගිනි කන්ද *n.* volcano

gini kandu wani ගිනි කඳු වැනි *adj.* volcanic

gini malaya ගිනිමැලය *n.* beacon

gini pupura ගිනි පුපුර *n.* spark

gini thabeema ගිනි තැබීම *n.* arson

gini wani ගිනි වැනි *adj.* igneous

gini wathura ගිනි වතුර *n.* vitriol

ginigath ගිනිගත් *adv.* ablaze

ginikooru saadanna ගිනිකූරු සාදන්න *n.* matchmaker

ginimalaya ගිනිමැලය *n.* flare

ginipawura ගිනිපවුර *n.* firewall

ginna ගින්න *n.* bonfire

ginnen pisaganna lada mas ගින්නෙන් පිසගන්නා ලද මස් *n.* kebab

ginuma ගිණුම *n.* account

giraffe ජිරාෆ් *n.* giraffe

girawa ගිරවා *n.* parrot

giri wila ගිරිවිල *n.* tarn

girikandura ගිරිකඳුර *n.* ravine

gitaaraya ගිටාරය *n.* guitar

givisanawa ගිවිසනවා *v.* agree

givisuma ගිවිසුම *n.* agreement

givisuma ගිවිසුම *n.* covenant

givisuma ගිවිසුම *n.* vow

giwisagatha haki ගිවිසගත හැකි *adj.* negotiable

giwisuma ගිවිසුම *n.* engagement

giwisuma pilibanda ගිවිසුම පිළිබඳ *adj.* contractual

giya wiyadam denawa ගිය වියදම දෙනවා *v.* reimburse

giyaraya ගියරය *n.* gear

glaciyara ග්ලැසියර *adj.* glacial

glucose ග්ලූකෝස් *n.* glucose

glycerin ග්ලිසරින් *n.* glycerine

gnaanawantha ඥානවන්ත *adj.* intelligent

gnaanaya ඥානය *n.* intelligence

gnaapa ඥාප *n.* memo

gnaatheethwaya ඥාතීත්වය *n.* kinship

gnaathi sahodarayaa ඥාති සහෝදරයා *n.* cousin

gnaathiwaadaya ඥාතිවාදය *n.* nepotism

goal rakinna ගෝල් රකින්නා *n.* goalkeeper

goda ගොඩ *pron.* lot
goda athi ගොඩ ඇති *adj.* aground
goda baseema ගොඩ බෑසීම *n.* landing
goda gasanawa ගොඩ ගසනවා *v.* amass
godabasinawa ගොඩබසිනවා *v.* disembark
godak ගොඩක් *n.* lashings
godalla ගොඩැල්ල *n.* hummock
godalla ගොඩැල්ල *n.* mound
godanaganawa ගොඩනගනවා *v.* construct
godanageema ගොඩනැගීම *n.* construction
godanagili walin wata wu chathurasra weediya ගොඩනැගිලි වලින් වට වූ චතුරස්ර වීදිය *n.* piazza
godanagilla ගොඩනැගිල්ල *n.* building
godura ගොදුර *n.* prey
gohodu mada ගොහොඩු මඩ *n.* sludge
gohoru ගොහොරු *adj.* dank
golaakara ගෝලාකාර *n.* spherical
golaya ගෝලයා *n.* disciple
golaya ගෝලය *n.* globe
golaya ගෝලයා *n.* henchman
golaya ගෝලය *n.* orb
golaya ගෝලයා *n.* sphere
goleeyakaranaya ගෝලීයකරණය *n.* globalization
golf ගොල්ෆ් *n.* golf
golubella ගොලුබෙල්ලා *n.* snail
goma ගොම *n.* dung
goma pohora ගොම පොහොර *n.* muck
gomman welaawa ගොම්මන් වෙලාව *n.* twilight
gon kama ගොන් කම *n.* stupidity
gon pora kaaraya ගොන් පොර කාරයා *n.* matador
gona ගොනා *n.* bull
gonaa ගෝනා *n.* stag
goniya ගෝනිය *n.* sack
gonpora kaaraya ගොන්පොර කාරයා *n.* toreador
gonu ගොනු *n.* ruckus
gonussaa ගෝනුස්සා *n.* scorpion
gonuwa ගොනුව *n.* file
gooda ගූඪ *n.* mystique
gooseberry ගූස්බෙරි *n.* gooseberry
gora ඝෝර *adj.* macabre
gorahadi ගොරහැඩි *adj.* scabrous
gorawana ගොරවනවා *adj.* stertorous
gorawanawa ගොරවනවා *v.* groan
gorawanawa ගොරවනවා *v.* roar
gorawanawa ගොරවනවා *v.* rumble
gorawanawaa ගොරවනවා *v.* snarl
gorawanawaa ගොරවනවා *v.* growl
gorilla ගෝරිල්ලා *n.* gorilla
gorosu ගොරෝසු *adj.* callous
gorosu ගොරෝසු *adj.* coarse
gorosu ගොරෝසු *adj.* hoarse
gorosu ගොරෝසු *adj.* husky
gorosu ගොරෝසු *adj.* throaty
gosha kota kiyanawa ඝෝෂා කොට කියනවා *v.* declaim
gosha sahitha ඝෝෂා සහිත *adj.* loud
goshaakaara ඝෝෂාකාර *adj.* vociferous
goshaawa ඝෝෂාව *n.* sonority
gotha gasanawaa ගොත ගසනවා *v.* stammer
gotha gasanawaa ගොත ගසනවා *v.*

stutter

gothanawa ගොතනවා *v.* fabricate

gothanawaa ගොතනවා *v.* knit

gothaya ගොතය *n.* lisp

gothraya ගෝත්‍රය *n.* pedigree

gothrika ගෝත්‍රික *adj.* tribal

gottiya ගොට්ටිය *n.* rout

gotuwa ගොටුව *n.* cornet

govijana ගොවිජන *adj.* agrarian

govithan karanawaa ගොවිතැන් කරනවා *n.* tiller

gowa ගෝවා *n.* cabbage

gowa wargayak ගෝවා වර්ගයක් *n.* broccoli

gowi janaya ගොවි ජනයා *n.* peasantry

gowipala ගොවිපළ *n.* farm

gowiya ගොවියා *n.* farmer

goyam kapanna ගොයම් කපන්නා *n.* harvester

goyam kapanna ගොයම් කපන්නා *n.* reaper

goyam kolaya ගොයම් කොළය *n.* rick

goyam mitiya ගොයම් මිටිය *n.* sheaf

goyam paaganawaa ගොයම් පෑගෙනවා *v.* thresh

graahakaya ග්‍රාහකය *n.* receptacle

graahakayaa ග්‍රාහකයා *n.* receiver

graahikaawa ග්‍රාහිකාව *n.* tentacle

graama kaawyaya ග්‍රාම කාව්‍යය *n.* idyll

graameeya niwaasaya ග්‍රාමීය නිවාසය *n.* grange

graamya wiyawahaaraya ග්‍රාම්‍ය ව්‍යවහාරය *n.* slang

graha ග්‍රහ *adj.* planetary

grahakaya ග්‍රහකය *n.* asteroid

grahalokaya ග්‍රහලෝකය *n.* planet

grahaniya ග්‍රහනිය *n.* rickets

gram ග්‍රෑම් *n.* gram

gramophonaya ග්‍රැමෆෝනය *n.* gramophone

granite ග්‍රැනයිට් *n.* granite

grantha namawaliya ග්‍රන්ථ නාමාවලිය *n.* bibliography

grantha priyaya ග්‍රන්ථ ප්‍රියයා *n.* bibliophile

grantha wisthara ග්‍රන්ථ විස්තර *n.* blurb

granthaya ග්‍රන්ථිය *n.* gland

grease ග්‍රීස් *n.* grease

gruha bhaanda ගෘහ භාණ්ඩ *n.* furniture

gruhabhanda sapayeema ගෘහභාණ්ඩ සැපයීම *n.* upholstery

gruhanirmaana shilpiya ගෘහනිර්මාණ ශිල්පියා *n.* architect

gruhaniya ගෘහනිය *n.* housewife

gruhastha ගෘහස්ථ *adj.* domestic

gruhastha ගෘහස්ථ *adj.* indoor

gubsa kireema ගබ්සා කිරීම *n.* abortion

guda ගුද *adj.* anal

guda maargaya ගුද මාර්ගය *n.* rectum

gudaya ගුදය *n.* anus

guguranawa ගුගුරනවා *v.* bellow

guhaawa ගුහාව *n.* den

guhaawa ගුහාව *n.* grotto

guhaawa ගුහාව *n.* vault

guhaawehi sitinawaa ගුහාවෙහි සිටිනවා *v.* encrypt

guhawa ගුහාව *n.* cave

guhawa wani ගුහාව වැනි *adj.* cavernous

gulla ගුල්ල *n.* habitué
gulla ගුල්ල *n.* weevil
gumu seenuwa ගුමු සීනුව *n.* buzzer
gumugumuwa ගුමුගුමුව *n.* buzz
gumugumuwa ගුමුගුමුව *v.* hum
guna karanawa ගුණ කරනවා *v.* multiply
guna kathaawa ගුණ කතා ව *n.* tribute
guna kireema ගුණකිරීම *n.* multiplication
guna warnanaawa ගුණවර්ණනා ව *n.* panegyric
gunaakaara ගුණා කා ර *adj.* multiple
gunaathmaka ගුණා ත්මක *adj.* qualitative
gunados sahitha ගුණදෝෂ සහිත *adj.* censorious
gunakeerthiya ගුණකීර්තිය *v.* laud
gunamaku ගුණමකු *adj.* ungrateful
gunamakukama ගුණමකුකම *n.* ingratitude
gunangaya ගුණාංගය *v.* attribute
gunawathkama ගුණවත්කම *n.* benevolence
gunawathkama ගුණවත්කම *n.* courtesy
gunaya ගුණය *n.* efficacy
gunaya ගුණය *n.* quality
guptha ගුප්ත *adj.* clandestine
guptha ගුප්ත *adj.* covert
guptha ගුප්ත *adj.* esoteric
guptha ගුප්ත *adj.* mystical
guptha ගුප්ත *n.* occult
guptha ගුප්ත *adj.* privy
guptha ගුප්ත *adj.* secretive
guru arutha ගුරු අරුත *n.* motif
guru dewathaawaa ගුරු දෙවතා වා *n.* gurdwara
guruleththuwa ගුරු ලේත්තුව *n.* chalice
guruleththuwa ගුරු ලේත්තුව *n.* decanter
guruleththuwa ගුරු ලේත්තුව *n.* goblet
guruthwaakarshana balaya ගුරු ත්වා කර්ෂණ බලය *n.* gravity
guruthwaakarshanaya ගුරු ත්වා කර්ෂණය *n.* gravitation
guruwarayaa ගුරු වරයා *n.* teacher
guruwariya ගුරු වරිය *n.* governess
guvan karanam ගුවන් කරණම් *n.* aerobatics
guvan thota ගුවන් තොට *n.* aerodrome
guvan yaanawa ගුවන් යා නා ව *n.* aeroplane
guwan kollakanawa ගුවන් කොල්ලකනවා *v.* hijack
guwan nawiya ගුවන් නැවියා *n.* aviator
guwan niyamuwa ගුවන් නියමුවා *n.* pilot
guwan paalama ගුවන් පා ලම *n.* overpass
guwan widuliya ගුවන් විදුලිය *n.* radio
guwan yaanaa dhaawana pathaya ගුවන්යා නා ධා වනපථය *n.* runway
gymnastic ජිම්නාස්ටික් *n.* gymnastic

H

haa gula හා ගුල *n.* warren
haa karanawa හා කරනවා *v.* fuse

haadaya හාදයා *n.* bloke
haadaya හාදයා *n.* cove
haadu denawa හාදු දෙනවා *v.t.* kiss
haalla හැල්ල *n.* fudge
haalla හැල්ල *n.* rigmarole
haalla හැල්ල *n.* screed
haalmassaa හාල්මැස්සා *n.* sprat
haamatha හාමත *n.* starvation
haamathe siti හාමතේ සිටි *adj.* famished
haana thanaththaa හාන තැනැත්තා *n.* ploughman
haani pamunuwanawaa හානි පමුණුවනවා *v.* inflict
haani rakshanaya හානි රක්ෂණය *n.* indemnity
haanikara හානිකර *adj.* deleterious
haanikara හානිකර *adj.* noxious
haaniya හානිය *n.* damage
haansi wee sitinawa හාන්සි වී සිටිනවා *v.* lounge
haansi wena sopaawa හාන්සි වෙන සෝපාව *n.* lounge
haaranawa හාරනවා *v.* delve
haaranawa හාරනවා *v.* dig
haaranawa හාරනවා *v.* excavate
haasa padyaya හාස පද්‍යය *n.* limerick
haasya හාස්‍ය *n.* humour
haasya හාස්‍ය *adj.* ridiculous
haasya upadawana හාස්‍ය උපදවන *adj.* funny
haasyajanaka හාස්‍යජනක *adj.* absurd
haasyajanaka හාස්‍යජනක *adj.* comic
haasyajanaka හාස්‍යජනක *adj.* humorous
haasyajanaka හාස්‍යජනක *adj.* laughable
haasyajanaka හාස්‍යජනක *adj.* ludicrous
haasyaya හාස්‍යය *n.* laughter
haasyaya හාස්‍යය *n.* satire
haathaawaariya හාතාවාරිය *n.* asparagus
haathpasa හාත්පස *adj.* ambient
haaththaawa හැත්තෑව *adj. & n.* seventy
haawa හාවා *n.* hare
haawaa හාවා *n.* rabbit
habala හබල *n.* oar
habala හබල *n.* paddle
hada හැඩ *adj.* snazzy
hada achchuwa හැඩ අච්චුව *n.* stencil
hada gannawa හදා ගන්නවා *v.* adopt
hadagaswanawa හැඩගස්වනවා *v.* chasten
hadawatha හදවත *n.* heart
hadaya හැඩය *n.* camber
hadaya හැඩය *n.* feature
hadaya හැඩය *n.* shape
hadayak nathi හැඩයක් නැති *adj.* shapeless
hadhi hooniyam හදි හූනියම් *n.* voodoo
hadl dadi හැඩි දැඩි *adj.* sturdy
hadisi හදිසි *adj.* casual
hadisi හදිසි *adj.* cursory
hadisi හදිසි *adj.* urgent
hadisi aabaadaya හදිසි ආබාධය *n.* stroke
hadisi aasaawa හදිසි ආසාව *n.* whim
hadisi anathura හදිසි අනතුර *n.*

accident
hadisi anathura හදිසි අනතුර *n.* casualty
hadisi asaneepa gathiya හදිසි අසනීප ගතිය *n.* qualm
hadisi awasthaawa හදිසි අවස්ථාව *n.* emergency
hadisi gala ema හදිසි ගලා ඒම *n.* spate
hadisi kopaya හදිසි කෝපය *n.* gust
hadisi kopaya හදිසි කෝපය *n.* tantrum
hadisi marana pareekshaka හදිසි මරණ පරීක්ෂක *n.* coroner
hadisi nageema හදිසි නැගීම *n.* upsurge
hadisi wuwamanaawa හදිසි වුවමනාව *n.* exigency
hadisi wyaapaaraya හදිසි ව්‍යාපාරය *n.* coup
hadisiya හදිසිය *n.* contingency
hadisiyen enawa හදිසියෙන් එනවා *v.* pop
hadisiyen pana alla gannawaa හදිස්සියෙන් පැන අල්ලා ගන්නවා *v.* swoop
hadisiyen watenawaa හදිසියෙන් වැටෙනවා *v.* tumble
hadisiyenma හදිසියෙන්ම *adv.* suddenly
haiya හයිය *n.* strength
hak gediya හක් ගෙඩිය *n.* conch
haki හැකි *adj.* able
haki හැකි *adj.* capable
hakilenawa හැකිළෙනවා *v.* cringe
hakiyaawa හැකියාව *n.* capability
hakiyaawa හැකියාව *n.* possibility
hakiyawa හැකියාව *n.* ability
hakka හක්ක *n.* jaw
hala happpenawa හැල හැප්පෙනවා *v.t.* jolt
halanawaa හලනවා *v.* sift
halogen හැලජන් *n.* halogen
ham bella හම් බෙල්ලා *n.* slug
ham patiya හම් පටිය *n.* thong
hama gasanawa හම ගසනවා *v.* excoriate
hama witama හැම විටම *conj.* whenever
hamanawa හමනවා *v.* blow
hamburger හැම්බර්ගර් *n.* hamburger
hame kuda bibila හමේ කුඩා බිබිල *n.* vesicle
hamudaa sewayen mudawanawaa හමුදා සේවයෙන් මුදවනවා *v.* demobilize
hamudawa හමුදාව *n.* army
hamuwenawa හමුවෙනවා *v.* meet
hana ataya හණ ඇට *n.* linseed
hana redhi හණ රෙදි *n.* jute
hana redi හණ රෙදි *n.* linen
hanassa හනස්ස *n.* sheath
handa හඳ *n.* moon
handa හැන්ද *n.* spoon
handa හඬ *n.* tone
handa lipiya හඬ ලිපිය *n.* voicemail
handa nagamin karakawanawaa හඬ නගමින් කරකවනවා *v.* whirr
handa nangaa andeema හඬ නගා ඇඬීම *n.* squall
handa nonagana හඬ නොනගන *adj.* tacit
handa walakwana හඬ වළක්වනවා *adj.* soundproof
handakaraya හඬකරය *n.* howler
handapaana හඳපාන *n.* moonlight

handeemata asanna හැඬීමට ආසන්න *adj.* weepy

handhiya හන්දිය *n.* junction

handi gaanawaa හැඳි ගානවා *v.* stir

handi paninawaa හන්දි පන්නවා *v.* splay

handinweema හැඳින්වීම *n.* introduction

handunaaganeema හඳුනා ගැනීම *n.* identity

handunaagannawaa හඳුනා ගන්නවා *v.i.* recognize

handunuma හැඳුනුම *n.* identification

handunwaa deema හඳුන්වා දීම *n.* recognition

handunwana හඳුන්වන *adj.* introductory

handunwanawa හඳුන්වනවා *v.* cite

handunwanawaa හඳුන්වනවා *v.* introduce

hangawanawa හඟවනවා *v.* implicate

hangawanawaa හඟවනවා *v.* mean

hangaweema හැඟවීම *n.* indication

hangeem danena හැඟීම් දැනෙන *adj.* sentient

hangeem nodanena හැඟීම් නොදැණෙන *adj.* numb

hangeema හැඟීම *n.* feeling

hangeema හැඟීම *n.* sentiment

hangenawa හැංගෙනවා *v.t* hide

hangenawaa හැඟෙනවා *v.* presuppose

hani karanawaa හානි කරනවා *v.* impair

hankithi kawanawaa හංකිති කවනවා *v.* tickle

hansayaa හංසයා *n.* swan

hansayange naadaya හංසයන්ගේ නාදය *n.* honk

hapan හපන් *adj.* handy

hapanawaa හපනවා *v.* crunch

hapanawaa හපනවා *v.* masticate

hapankama හපන්කම *n.* Nerve

hapankamin rawatanawaa හපන්කමින් රවටනවා *v.* outwit

hapenawa හැපෙනවා *v.* flap

happenawa හැප්පෙනවා *v.* collide

happenawa හැප්පෙනවා *v.* dash

hara හැර *prep.* except

hara dameema හැර දැමීම *n.* exception

harahata හරහට *adv.* askew

harahata watunu හරහා වැටුණු *adj.* transverse

harak mas හරක් මස් *n.* beef

haraka හරකා *n.* bullock

harakaa හරකා *n.* cow

haras dhanda හරස් දණ්ඩ *n.* shuttle

haras kapanawaa හරස් කපනවා *v.* traverse

harawanawa හරවනවා *v.* convert

haraweema හැරවීම *n.* conversion

haraweema හැරවීම *n.* diversion

harda lekanaya හෘද ලේඛය *n.* cardiograph

harda saakshiya හෘද සාක්ෂිය *n.* conscience

harda vidyaawa හෘද විද්‍යාව *n.* cardiology

hardamaya හෘදමය *adj.* cardiac

hareema හැරීම *v.* turn

harenawa හැරෙනවා *v.* deflect

hari හරි *adj.* okay

hari lakuna හරි ලකුණ *n.* tick

hari nathi හරි නැති *adj.* inexact
hari waradi balanawa හරි වැරදි බලනවා *v.* check
hari waradi baleema හරි වැරදි බැලීම *n.* verification
harigassanawa හරිගස්සනවා *v.* revamp
harigasseema හරිගැස්සීම *n.pl.* amendment
haritha warna හරිත වර්ණ *n.* emerald
hasireema හැසිරීම *n.* behaviour
hasirenawa හැසිරෙනවා *v.* behave
hasirenawa හැසිරෙනවා *v. t* deport
hasirenawa හැසිරෙනවා *v.* flaunt
hasirenawa හැසිරෙනවා *v.* linger
hastha karmaanthaya හස්ත කර්මාන්ත *n.* handicraft
hastha rekaa shasthraya හස්ත රේඛා ශාස්ත්‍රය *n.* palmist
hasthiya හස්තියා *n.* elephant
hasuna හසුන *n.* epistle
hasuruwanawa හසුරුවනවා *v.* conduct
hasuruwanawa හසුරුවනවා *v.t* handle
hasuruwanawa හසුරුවනවා *v.* regulate
hasya rasaya හස්ය රසය *n.* wit
hata හැට *adj. & n.* sixty
hata gannawa හට ගන්නවා *v.* become
hata weni හැට වෙනි *adj. & n.* sixtieth
hatha හත *adj. & n.* seven
hathaliha හතළිහ *adj.& n.* forty
hathapma kaala හැතැප්ම කාල *n.* furlong
hathara හතර *adj.& n.* four
hathi damanawaa හිති දමනවා *v.* pant
haththaa weni හැත්තෑ වෙනි *adj. & n.* seventieth
hathweni හත්වෙනි *adj. & n.* seventh
hattaya හැට්ටය *n.* blouse
hattaya හැට්ටය *n.* jacket
hattaya හැට්ටය *n.* jumper
hawadiya හවඩිය *n.* girdle
hawul wenawa හවුල් වෙනවා *v.* partake
hawul wyaapaaraya හවුල් ව්‍යාපාරය *n.* partnership
hawulkaru හවුල්කරු *n.* partner
haya හය *adj.& n.* six
hayawani හයවැනි *adj. & n.* sixth
hectaraya හෙක්ටයාරය *n.* hectare
hediya හෙදිය *n.* nurse
hedphonaya හෙඩ්ෆෝනය *n.* headphone
heela හීලෑ *adj.* tame
heela nokalaki හීලෑ නොකලෑකි *adv.* tamely
heelaa හීලෑ *adj.* docile
heelaa nokala ashwaya හීලෑ නොකළ අශ්වයා *n.* mustang
heen patiya හීන් පටිය *n.* shred
heena හීන *adj.* devoid
heendaari හීන්දෑරි *adj.* lank
heendaari හීන්දෑරි *adj.* lanky
heendaari හීන්දෑරි *adj.* slender
heennonmaadhaya හීනෝන්මාදය *n.* schizophrenia
heeya හීය *n.* arrow
hela හෙල *n.* mire
helaa dakinawa හෙළා දකිනවා *v.* decry

helaadakina sulu හෙළා දකින සුලු *adj.* dismissive

helanawa හෙළනවා *v.* hew

helanawaa හෙළනවා *v.* hurl

heli karanawa හෙළි කරනවා *v.* reveal

heli karanawaa හෙළි කරනවා *v.* proclaim

helicoptara thotupola හෙලිකොප්ටර තොටුපොළ *n.* heliport

helicopteraya හෙලිකොප්ටරය *n.* helicopter

helidarawwa හෙළිදරව්ව *n.* revelation

helikaranawa හෙළිකරනවා *v.* disclose

helikaranawa හෙළිකරනවා *v.* divulge

hellaya හෙල්ලය *n.* javelin

hellaya හෙල්ලය *n.* pike

hellaya හෙල්ලය *n.* spear

hellum kanawaa හෙල්ලුම් කනවා *v.* quake

hembirissa una හෙම්බිරිස්සා උණ *n.* flu

hemin aneema හෙමින් ඇනීම *v.* nudge

hemin aneema හෙමින් ඇනීම *v.* nudge

hemin pimma හෙමින් පිම්ම *n.* canter

hemin seeruwe හෙමින් සීරුවේ *adv.* stealthily

hemin udata gasanawa හෙමින් උඩට ගසනවා *v.* flip

hemin yanawa හෙමින් යනවා *v.* amble

henaa හෙනා *n.* henna

henduwa හෙණ්ඩුව *n.* crook

henduwa හෙණ්ඩුව *v.* goad

heshaaraawaya හේෂාරාවය *n.* neigh

heta හෙට *adv.* tomorrow

heththu wenawa හේත්තු වෙනවා *v.* abut

heththu wenawa හේත්තු වෙනවා *v.* lean

hethuthwaya හේතුත්වය *n.* causality

hethuwa හේතුව *n.* cause

hethuwa හේතුව *n.* reason

hethuwa kiwa nohaki හේතුව කිව නොහැකි *adj.* unaccountable

hettuwa හෙට්ටුව *n.* bargain

hewa madama හේවා මඩම *n.* barrack

hewath හෙවත් *adv.* alias

hi හි *prep.* at

hidakalaa woo හුදකලා වූ *adj.* lone

hikmanawa හික්මනවා *v.* educate

hikmawiya haki හික්මවිය හැකි *adj.* malleable

hikmawiya haki හික්මවිය හැකි *adj.* tractable

hikmiya nohaki හික්මිය නොහැකි *adj.* intractable

hil karanawa හිල් කරනවා *v.* pounce

hil karanawaa හිල් කරනවා *v.* punch

hil katuwa හිල් කටුව *n.* stiletto

hilaw karanawa හිලව් කරනවා *v.* recoup

hilaw nokalaki හිලව් නොකළැකි *adj.* irreplaceable

hilawwa හිලව්ව *n.* lieu

hima හිම *n.* snow

hima dhawanaya හිම ධාවනය *n.* avalanche

hima diyawenawa හිම දියවෙනවා *v.* thaw

hima geya හිම ගෙය *n.* igloo
hima guli හිම ගුලි *n.* snowball
hima koora හිම කූර *n.* icicle
hima kunatuwa හිම කුණාටුව *n.* blizzard
hima kuttiya හිම කුට්ටිය *n.* iceberg
hima matha lissana puwaruwa හිම මත ලිස්සන පුවරුව *n.* skateboard
hima nadiya හිම නදිය *n.* glacier
hima pathanaya nisaa kadaa watena kotasa හිමපතනය නිසා කඩා වැටෙන කොටස *n.* moraine
hima sahitha හිම සහිත *adj.* snowy
hima sapaththuwa හිම සපත්තුව *n.* ski
hima wassa හිම වැස්ස *n.* sleet
hima yaanaya හිම යානය *n.* sleigh
himaaharanaya karanawa හිමාහරණය කරනවා *v.* defrost
himalaye hima minisa හිමාලයේ හිම මිනිසා *n.* yeti
himikaara හිමිකාර *adj.* proprietary
himikama හිමිකම *n.* ownership
himikaruwaa හිමිකරුවා *n.* owner
himiyaa හිමියා *n.* proprietor
himoglobin හිමොග්ලොබින් *n.* haemoglobin
hinga හිඟ *n.* arrears
hinga හිඟ *adj.* scant
hingakama හිඟකම *n.* paucity
hingamanata bassanawa හිඟමනට බස්සනවා *v.* impoverish
hinganna හිඟන්නා *adj.* mendicant
hinganna හිඟන්නා *n.* pauper
hingawa pawathinawa හිඟව පවතිනවා *n.* lack
hingaya හිඟය *n.* dearth
hingaya හිඟය *n.* deficit
hinsa karanawa හිංසා කරනවා *v.* maltreat
hinsaa karanawa හිංසා කරනවා *v.* persecute
hinsaa karanawaa හිංසා කරනවා *v.* oppress
hinsaa kireema හිංසා කිරීම *n.* oppression
hinsaa kireema හිංසා කිරීම *n.* persecution
hinsaa kireeme ashaawa හිංසා කිරීමේ ආශාව *n.* venom
hinsaakara හිංසාකර *adj.* harmful
hinsaawa හිංසාව *n.* carnage
hinsaawa හිංසාව *n.* harm
hinsaka හිංසක *adj.* injurious
hirabaaraye thabanawa හිරබාරයේ තබනවා *v.* remand
hiragedara හිරගෙදර *n.* jail
hiragei muladaniya හිරගෙයි මුලාදැනියා *n.* jailer
hirakaruwan baarawa sitinnaa හිරකරුවන් භාරව සිටින *n.* warder
hire damanawaa හිරේ දමනවා *v.* incarcerate
hirigala හිරිගල *n.* coral
hirihara karanawa හිරිහැර කරනවා *v.* molest
hirihara karanawa හිරිහැර කරනවා *v.* pester
hirihara karanna හිරිහැර කරන්නා *n.* bully
hirihara kireema හිරිහැර කිරීම *n.* harassment
hirihara sahitha හිරිහැර සහිත *adj.* damnable
hiriharaya හිරිහැරය *v.* bother

hiriharaya හිරිහැ රය *n.* molestation
hiriharaya හිරිහැ රය *n.* vexation
hirikada හිරිකඩ *n.* drizzle
hirikada හිරිකඩ *n.* spray
hirikitha හිරිකිත *adj.* unpleasant
hiru eliya athi හිරු එළිය ඇති *adj.* sunny
his හිස් *adj.* blank
his හිස් *adj.* empty
his හිස් *adj.* vacant
his kabala හිස් කබල *n.* skull
his karanawa හිස් කරනවා *v.* deplete
his karanawa හිස් කරනවා *v.* evacuate
his karanawa හිස් කරනවා *v.* exhaust
his wasma හිස් වැ ස්ම *n.* hat
hisa හිස *n.* dome
hisa හිස *n.* head
hisa gasaa damanawa හිස ගසා දමනවා *v.* decapitate
hisa gasanawa හිස ගසනවා *v.* behead
hisa haa urahis ellee watena se waadiwee sitinawaa හිස හා උරහිස් එල්ලී වැටෙන සෙවාඩිවී සිටිනවා *v.* slouch
hisa nopeeru හිස නොපීරූ *adj.* unkempt
hisa sedeema හිස සේදීම *n.* shampoo
hise karakawilla හිසේ කරකැවිල්ල *n.* vertigo
hise rudaawa හිසේ රුදාව *n.* headache
hishory හිස්හොරි *n.* dandruff
histeeriyaawa හිස්ටීරියා ව *n.* hysteria
histhana හිස්තැ න *n.* heyday
hiswasma හිස්වැ ස්ම *n.* hood
hitha adhairyaya karanawa හිත අධෛර්යය කරනවා *v.* dishearten
hitha chanchala karanawaa හිත චංචල කරනවා *v.* unnerve
hitha ridawanawaa හිත රිදවනවා *v.* vex
hithanawaa හිතනවා *v.* think
hithawath හිතවත් *adj.* favourable
hithawatha හිතවතා *n.* benefactor
hithawatha හිතවතා *n.* confidant
hithe wedanaawa හිතේ වේදනා ව *n.* heartburn
hithubuddiya හිතුබුද්ධිය *n.* crotchet
hithumathaya හිතුමතය *n.* whimsy
hithumathaye kriyaa karana හිතුමතයේ ක්‍රියා කරන *adj.* whimsical
hithuwakkaara හිතුවක්කා ර *adj.* headstrong
hithuwakkaara හිතුවක්කා ර *adj.* mulish
hithuwakkaara හිතුවක්කා ර *adj.* obstinate
hithuwakkaara හිතුවක්කා ර *adj.* wayward
hithuwakkaara kama හිතුවක්කා රකම *n* obstinacy
hiwala හිවලා *n.* jackal
ho හෝ *conj.* or
hobawanawa හොබවනවා *v.* adorn
hockey kreedaawa හොකී ක්‍රීඩා ව *n.* hockey
hodda හොද්ද *n.* broth
hodi potha හෝඩි පොත *n.* primer
hodiya හෝඩිය *n.* alphabet
hoduwaawa හෝඩුවා ව *n.* clue

hoduwaawa හොඬුවාව *n.* tip
hohaputa හොහපුටා *n.* gnat
holawanawaa හොළවනවා *v.* shake
holly kola හෝලි කොළ *n.* holly
holman karanawa හොල්මන් කරනවා *v.* haunt
holman sahitha හොල්මන් සහිත *adj.* haunted
holmana හොල්මන *n.* ghost
holmium හොල්මියම් *n.* holmium
hologramaya හොලොග්‍රෑමය *n.* hologram
homba හොම්බ *n.* muzzle
homba හොම්බ *n.* snout
honda හොඳ *adj.* good
honda hadahurukama athi හොඳ හැඩහුරුකමක් ඇති *adj.* shapely
hondata anda palandagath හොඳට ඇඳ පැළඳගත් *adj.* stylish
hondin aawaranaya wu හොඳින් ආවරණය වූ *adj.* snug
hondin danna හොඳින් දන්නා *adj.* familiar
hondu maandu හෝඳු මාඳු *adj.* sluggish
hooniyama හූනියම *n.* sorcery
hooranawaa හූරනවා *v.* scrabble
hoowa හූව *n.* hoot
hoowaraya හූවරය *n.* hoover
hora හොරා *n.* thief
hora badu jaawaaram kaarayaa හොර බඩු ජාවාරම් කාරයා *n.* smuggler
hora badu jaawaaram karanawaa හොර බඩු ජාවාරම් කරනවා *v.* smuggle
hora jaawaarama හොර ජාවාරම *n.* trafficking

hora prathiprachaaraya හොර ප්‍රතිප්‍රචාරය *n.* underlay
hora rahase හොර රහසේ *adj.* undercover
hora wenawa හොර වෙනවා *v.* deceive
horamarakama හොරමෑරකම *n.* roguery
horanaawa හොරණෑව *adj.* clarion
horanaawa හොරණෑව *n.* trumpet
horata saadu හොරට සෑදූ *adj.* bootleg
horen balanawa හොරෙන් බලනවා *v.* peek
horen dadayam karanawa හොරෙන් දඩයම් කරනවා *v.* poach
horen pahara gannawaa හොරෙන් පැහැර ගන්නවා *v.* swipe
hormonaya හෝමෝනය *n.* hormone
hota හොට *n.* beak
hotal sewikaawa හෝටල් සේවිකාව *n.* waitress
hotalaya හෝටලය *n.* hotel
hoth හොත් *conj.* if
hudakala හුදකලා *adj.* desolate
hudakalaa හුදකලා *adj.* lonely
hudakalaa waasaya හුදකලා වාසය *n.* seclusion
hudakalaa waasaya හුදකලා වාසය *n.* solitude
hudakalaa wenawaa හුදකලා වීම *v.* seclude
hudakalaawa හුදකලාව *n.* loneliness
hudakalaawa thabanawaa හුදකලාව තබනවා *adj.* secluded
hudekalaawa හුදෙකලාව *n.* isolation
hulan arinawa හුළං අරිනවා *v.*

deflate

hulan hamana හුළං හමන *adj.* blowsy

hulan karanawaa හුළං කරනවා *v.* winnow

hulan peththa හුළං පෙත්ත *n.* vane

humaala snaanaya හුමාල ස්නානය *n.* sauna

humaalaya හුමාලය *n.* steam

humalaya bawata harenawaa හුමාලය බවට හැරෙනවා *v.* vaporize

hurathal wenawa හුරතල් වෙනවා *v.* fondle

hurdayaangama හෘදයාංගම *adj.* heartfelt

huru හුරු *adj.* conversant

huru buhuti හුරු බුහුටි *adj.* versatile

hurubuhuti හුරුබුහුටි *adj.* canny

hurubuhuti හුරුබුහුටි *adj.* spry

hurubuhuti bawa හුරුබුහුටි බව *n.* knack

hurukama හුරුකම *n.* tendency

hurulla හුරුල්ලා *n.* herring

husma හුස්ම *n.* breath

husma ganima walakanawa හුස්ම ගැනීම වළකනවා *v.* asphyxiate

husma gannawa හුස්ම ගන්නවා *v.* respire

husma heleema හුස්ම හෙළීම *n.* puff

husma hira karanawa හුස්ම හිර කරනවා *v.* choke

husma hira karanawaa හුස්ම හිර කරනවා *v.* smother

husma hira karanawaa හුස්ම හිර කරනවා *v.* strangle

husma hira kireema හුස්ම හිර කිරීම *n.* suffocation

husma hira wenawaa හුස්ම හිර වෙනවා *v.* suffocate

huwamaaru karagannawaa හුවමාරු කරගන්නවා *v.* swap

huwamaaru karanawa හුවමාරු කරනවා *v. t* exchange

huwamaaruwa හුවමාරුව *v.* barter

huwanaya හුවනය *n.* booster

hydrofoila bottuwa හයිඩ්‍රොෆොයිල බෝට්ටුව *n.* hydrofoil

hydrogen හයිඩ්‍රජන් *n.* hydrogen

hyphenaya හයිපනය *n.* hyphen

I

ibaagaathe yana thanaththa ඉබාගාතේ යන තැනැත්තා *n.* straggler

ibaagaathe yanawa ඉබාගාතේ යනවා *v.* roam

ibaagaathe yanawa ඉබාගාතේ යනවා *v.* rove

ibaagaathe yanawaa ඉබාගාතේ යනවා *v.* meander

ibaagaathe yanawaa ඉබාගාතේ යනවා *v.* straggle

ibba ඉබ්බා *n.* tortoise

ibe kerena ඉබේ කෙරෙන *adj.* instinctive

ibema siduwana ඉබේම සිදුවන *adj.* involuntary

ibi yathura ඉබියතුර *n.* padlock

ice අයිස් *n.* ice

ice kreem wargayak අයිස් ක්‍රීම් වර්ගයක් *n.* sundae

ice-cream අයිස් ක්‍රීම් *n.* ice-cream

ichchava ඉච්චාව *n.* adulation

icing අයිසිං *n.* icing

iconaya අයිකනය *n.* icon
ida athi ඉඩඇති *adj.* permissive
ida denawa ඉඩ දෙනවා *v.* accommodate
ida denawa ඉඩ දෙනවා *v.* allot
ida denawa ඉඩ දෙනවා *v.* indulge
ida denawa ඉඩ දෙනවා *v.* let
ida harinawa ඉඩ හරිනවා *v.* allow
idakada athi ඉඩකඩ ඇති *adj.* capacious
idakada athi ඉඩකඩ ඇති *adj.* spacious
idama ඉඩම *n.* land
idapaadu athi ඉඩපාඩු ඇති *adj.* roomy
idawanawa ඉදවනවා *v.* ripen
idda ඉද්ද *n.* spindle
idikatta ඉදිකට්ට *n.* needle
idimenawa ඉදිමෙනවා *v.* bloat
idimenawaa ඉදිමෙනවා *v.* swell
idimuma ඉදිමුම *n.* swelling
idimunu ඉදිමුණු *adj.* puffy
idimunu ඉදිමුණු *adj.* tumescent
idimunu ඉදිමුණු *adj.* turgid
idiripasa pradaana pahana ඉදිරිපස ප්‍රධාන පහන *n.* headlight
idiripath karanawa ඉදිරිපත් කරනවා *v.* adduce
idiripath karanawa ඉදිරිපත් කරනවා *v.* resurrect
idiripath karanawaa ඉදිරිපත් කරනවා *v.* present
idiripath kireema ඉදිරිපත් කිරීම *n.* presentation
idiripath wenawa ඉදිරිපත් වෙනවා *v.* confront
idiriya ඉදිරිය *adj.* fore
idiriya ඉදිරිය *n.* front
idiriyata paneema ඉදිරියට පැනීම *n.* lunge
idiriyata yana ඉදිරියට යන *adv.* onward
idiriyata yanawaa ඉදිරියට යනවා *v.* proceed
idiriyen ඉදිරියෙන් *adv.* ahead
idiriyen sitinna ඉදිරියෙන් සිටින්න *n.* frontbencher
idoraya ඉඩ ෝරය *n.* drought
idunu ඉදුණු *adj.* ripe
igena gannawaa ඉගෙන ගන්නවා *v.* study
igenagannawa ඉගෙනගන්නවා *v.* learn
igeneema ඉගෙනීම *n.* learning
igeneema ඉගෙනීම *n.* study
igeneemehi ladi wu ඉගෙනීමෙහි ලැදි වූ *adj.* studious
igilee yatha haki ඉගිලී යත හැකි *adv.* avidly
igileema ඉගිලීම *n.* flight
igileemata kaadara athi ඉගිලීමට කෑදර ඇති *adj.* avid
igilenawa ඉගිලෙනවා *v.* flit
igilenawa ඉගිලෙනවා *v.i* fly
ihala ඉහළ *adv.* above
ihala damanawa ඉහල දමනවා *v.* raise
ihala pahala yaama ඉහළ පහළ යාම *n.* see-saw
ihala panthiyakata ayath wenawaa ඉහළ පංතියකට අයත් වෙනවා *v.* outclass
ihala yanawa ඉහළ යනවා *v.* rise
ihalin ඉහළින් *adv.* aloft
ihalin ඉහළින් *adv.* highly
ihanda panuwa ඉහඳ පණුවා *n.*

canister
ihirenawaa ඉහිරනෙවා *v.* spill
iki bindimin handanawaa ඉකි බිඳිමින් හඬනවා *v.* whimper
iki gasanawaa ඉකි ගසනවා *v.* sob
ikkawa ඉක්කා ව *n.* hiccup
ikman ඉක්මන් *adj.* agile
ikman ඉක්මන් *adj.* brisk
ikman ඉක්මන් *adj.* fast
ikman bawa ඉක්මන් බව *n.* rapidity
ikman karanawa ඉක්මන් කරනවා *v.* expedite
ikman karanawa ඉක්මන් කරනවා *v.* hurry
ikman karanawaa ඉක්මන් කරනවා *v.* quicken
ikman wenawa ඉක්මන් වනෙවා *v.* hasten
ikman wishwaasaya ඉක්මන් විශ්වා සය *adv.* credulity
ikmanata ඉක්මනට *adv.* quickly
ikmanin ඉක්මණින් *adv.* apace
ikmanin ඉක්මිනින් *adv.* soon
ikmanin amanaapa wena ඉක්මිනින් අමනා ප වනෙ *adj.* touchy
ikmanin eha meha yawanawa ඉක්මිනින් එහා මහෙ යනවා *v.* jiggle
ikmanin gilinawa ඉක්මිනින් ගිලිනවා *v.* gulp
ikmanin kalabala wana ඉක්මිනින් කලබල වන *adj.* nervous
ikmanin kathata liyanawaa ඉක්මිනින් කු තට ලියනවා *v.* scribble
ikmanin kipena ඉක්මිනින් කිපනෙ *adj.* splenetic
ikmanin kopa wana ඉක්මිනින් කෝප වන *adj.* stroppy
ikmanin narak wana ඉක්මිනින් නරක් වන *adj.* perishable
ikmanin tharaha yana ඉක්මිනින් තරහ යන *n.* livery
ikmanin tharahaa yana ඉක්මිනින් තරහා යන *adj.* waspish
ikmanin wate karakawanawaa ඉක්මිනින් වටෙ'කු රකනෙවා *v.* twirl
ikmanin wenasweema ඉක්මිනින් වනෙස්වීම *adj.* volatile
ikmanin yana ඉක්මිනින් යන *adj.* impetuous
ikmawa yana ඉක්මවා යන *adv.* beyond
ikmawaa harinawa ඉක්මවා හරිනවා *v.* elude
ikmawaa yanawa ඉක්මවා යනවා *v.* exceed
ikmawaa yanawa ඉක්මවා යනවා *v.* outrun
ikmawaa yanawaa ඉක්මවා යනවා *v.* surpass
ikmawaa yanawaa ඉක්මවා යනවා *v.* transcend
ikuth wenawa ඉකුත් වනෙවා *v.* elapse
ikuth wenawa ඉකුත් වනෙවා *v.* expire
ila ataya ඉළ ඇටය *n.* rib
ilakkaya ඉලක්කය *n.* target
ilakkaya ikmawaa widinawaa ඉලක්කය ඉක්මවා විදිනවා *v.* overshoot
ilectronika ඉලකේ‍ට්‍ර නෝක *adj.* electronic
ilipsaya ඉලිප්සය *n.* ellipse
illa gannawa ඉල්ලා ගන්නවා *v.* borrow
illama ඉල්ලම *n.* reef

illeema ඉල්ලීම *n.* request
illiya haki ඉල්ලිය හැකි *adj.* biddable
illum pathraya ඉල්ලුම් පත්‍රය *n.* application
inakada ඉණකඩ *n.* nappy
indagannawaa ඉඳගන්නවා *v.* sit
indana paalakaya ඉන්ධන පාලකයා *n.* throttle
indana yodanawaa ඉන්ධන යොදනවා *v.* stoke
indana yodannaa ඉන්ධන යොදන්නා *n.* stoker
indeeya ඉන්දීය *n.* Indian
indhana ඉන්ධන *n.* fuel
indigo ඉන්ඩිගෝ *n.* indigo
indreeya sambanda ඉන්ද්‍රිය සම්බන්ධ *adj.* sensory
indum hitum ඉඳුම් හිටුම් *n.* shelter
inga ඉඟ *n.* waist
inga ඉඟ *n.* yoke
inga patiya ඉඟ පටිය *n.* waistband
ingiriyaawa ඉංගිරියාව *n.* eyeball
ingithaya ඉංගිතය *n.* insinuation
ingiya ඉඟිය *n.* gesture
ingiya ඉඟිය *n.* hint
ingiya ඉඟිය *n.* wrinkle
ingreesi ඉංග්‍රීසි *n.* English
inguru ඉඟුරු *n.* ginger
inima ඉනිම *n.* innings
inimaga ඉණිමග *n.* ladder
iniman peththa ඉණිමං පෙත්ත *n.* rung
injineruwarayaa ඉංජිනේරුවරයා *n.* engineer
inna ඉන්න *n.* wen
insulin ඉන්සියුලින් *n.* insulin
invoiciya ඉන්වොයිසිය *n.* invoice
ipadunu ඉපදුණු *adj.* born
ipiluma ඉපිලුම *n.* flotation
ira ඉර *n.* stripe
ira ඉර *n.* sun
iranama ඉරණම *n.* doom
iranama ඉරණම *n.* fate
iranawa ඉරනවා *v.* rip
irenawaa ඉරෙනවා *v.* saw
iri thalanawa ඉරි තළනවා *v.* crack
iri thaleema ඉරි තැලීම *n.* crack
iridaa ඉරිදා *n.* Sunday
iringu ඉරිඟු *n.* corn
iriyawwa ඉරියව්ව *n.* posture
iriyawwa ඉරියව්ව *n.* stance
ise palandina patiya ඉසේ පළඳින පටිය *n.* sash
iseema ඉසීම *n.* sprinkling
isi ඉසි *n.* envy
isileema ඉසිලීම *n.* containment
isinawaa ඉසිනවා *v.i.* sprinkle
iskoppaya ඉස්කොප්පය *n.* spade
iskuruppu anaya ඉස්කුරුප්පු ඇණය *n.* screw
iskuruppu niyana ඉස්කුරුප්පු නියන *n.* screwdriver
islaam dharmaya ඉස්ලාම් ධර්මය *n.* Islam
islam dharmaye wisheshagniya ඉස්ලාම් ධර්මයේ විශේෂඥයා *n.* mullah
isma ඉස්ම *n.* gravy
ismathu kireema ඉස්මතු කිරීම *v.* highlight
ispanjiya ඉස්පන්ජිය *n.* sponge
issara ඉස්සර *adv.* ago
issara ඉස්සර *adj.* erstwhile
issara weema ඉස්සරවීම *n.* precedence
issara wenawa ඉස්සර වෙනවා *v.*

forestall
issara wenawaa ඉස්සර වෙනවා *v.* outstrip
issara wenawaa ඉස්සර වෙනවා *v.* overtake
issaraha gaathaya ඉස්සරහ ගාතය *n.* foreleg
isthaalaya ඉස්තාලය *n.* stable
istharam ඉස්තරම් *n.* dandy
istharam ඉස්තරම් *adj.* stunning
istharam ඉස්තරම් *adj.* superfine
istu ඉස්ටු *n.* stew
isurumath ඉසුරුමත් *adj.* affluent
isurumath ඉසුරුමත් *adj.* glorious
itha alasa ඉතා අලස *n.* sloth
itha aprasanna ඉතා අප්‍රසන්න *adj.* hideous
itha dhady ඉතා දැඩි *adj.* uncompromising
itha dura ඉතා දුර *adj.* & *n.* uttermost
itha durin pihiti ඉතා දුරින් පිහිටි *adj.* ultimate
itha durwala ඉතා දුර්වල *adj.* puny
itha dushta ඉතා දුෂ්ට *adj.* infamous
itha gahanawa pawathinawaa ඉතා ගහනව පවතිනවා *v.* teem
itha haki ඉතා හැකි *adj.* utmost
itha ikmanin ඉතා ඉක්මනින් *adv.* shortly
itha kaadarayaa ඉතා කරදරය *n.* vulture
itha kettu ඉතා කෙට්ටු *adj.* skinny
itha kuda pramaanaya ඉතා කුඩා ප්‍රමාණය *n.* whit
itha kudaa ඉතා කුඩා *adj.* tiny
itha naraka ඉතා නරක *adj.* worst
itha rasawath ඉතා රසවත් *adj.* tasty
itha siyum wiyamana ඉතා සියුම් වියමන *n.* tissue
itha sulu ඉතා සුළු *adj.* negligible
itha surathal ඉතා සුරතල් *adj.* cuddly
itha usas kotasa ඉතා උසස් කොටස *n.* elite
itha usas thathwaya ඉතා උසස් තත්වය *n.* quintessence
itha wadhagath ඉතා වැදගත් *adj.* salient
itha wishala aragalaya ඉතා විශාල අරගලය *n.* Armageddon
itha yatahath ඉතා යටහත් *adj.* subservient
ithaa ඉතා *n.* most
ithaa aasanna ඉතා ආසන්න *adj.* imminent
ithaa abyanthara ඉතා අභ්‍යන්තර *adj.* inmost
ithaa abyanthara ඉතා අභ්‍යන්තර *adj.* innermost
ithaa adu ඉතා අඩු *adj.& pron.* least
ithaa amaaru awasthaawa ඉතා අමාරු අවස්ථාව *n.* strait
ithaa anumaana ඉතා අනුමාන *adj.* improbable
ithaa aprasanna ඉතා අප්‍රසන්න *adj.* loathsome
ithaa awaasanaawantha ඉතා අවාසනාවන්ත *adj.* wretched
ithaa bahulawa ඉතා බහුලව *adj.* galore
ithaa chaam ඉතා චාම් *adj.* austere
ithaa dilindu ඉතා දිළිඳු *adj.* penniless
ithaa dukmusu ඉතා දුක්මුසු *adj.* woeful
ithaa dushkara ඉතා දුෂ්කර *adj.*

desperate

ithaa giju ඉතා ගිජු *adj.* insatiable

ithaa giju ඉතා ගිජු *adj.* rapacious

ithaa hithawath ඉතා හිතවත් *adj.* intimate

ithaa kaadara ඉතා කෑදර *adj.* ravenous

ithaa katha ඉතා කැත *adj.* repulsive

ithaa kuda ඉතා කුඩා *adj.* minute

ithaa kudaa ataya ඉතා කුඩා ඇටය *n.* granule

ithaa kudaa malla ඉතා කුඩා මල්ල *n.* sachet

ithaa moda ඉතා මෝඩ *adj.* inane

ithaa murandu ඉතා මුරණ්ඩු *adj.* incorrigible

ithaa naraka ඉතා නරක *adj.* arrant

ithaa pahath thana ඉතා පහත් තැන *n.* nadir

ithaa parana ඉතා පරණ *adj.* musty

ithaa prakata ඉතා ප්‍රකට *adj.* proverbial

ithaa puraana ඉතා පුරාණ *adj.* immemorial

ithaa puraana ඉතා පුරාණ *adj.* prehistoric

ithaa sansun ඉතා සන්සුන් *adj.* solemn

ithaa sapawath ඉතා සැපවත් *adj.* luxurious

ithaa siyum ඉතා සියුම් *adj.* impalpable

ithaa siyum ilakkaya ඉතා සියුම් ඉලක්කය *v.* pinpoint

ithaa siyun wenasa ඉතා සියුම් වෙනස *n.* subtlety

ithaa sulu ඉතා සුළු *adj.* paltry

ithaa sulu ඉතා සුළු *n.* pigmy

ithaa suparikshaakaaree ඉතා සුපරීක්ෂාකාරී *adj.* finicky

ithaa thada ඉතා තද *n.* flint

ithaa thada ඉතා තද *n.* blog

ithaa theth woo ඉතා තෙත් වූ *adj.* soppy

ithaa thetha ඉතා තෙත *adj.* soggy

ithaa thunee ඉතා තුනී *adj.* flimsy

ithaa unandu ඉතා උනන්දු *adj.* fervent

ithaa unusum ඉතා උණුසුම් *adj.* fervid

ithaa us thana ඉතා උස තැන *n.* zenith

ithaa wineetha ඉතා විනීත *adj.* retiring

ithaa wishaala ඉතා විශාල *adj.* incalculable

ithaa wishaala ඉතා විශාල *adj.* staggering

ithaa wiweka sthaanaya ඉතා විවේක ස්ථානය *n.* sanctum

ithi alankaara ඉති අලංකාර *adj.* gorgeous

ithi parissamen ඉති පරිස්සමෙන් *adv.* gingerly

ithihaasakaaraya ඉතිහාසකාරයා *n.* historian

ithihaasaya ඉතිහාසය *n.* history

ithiri karagath mudhal ඉතිරි කරගත් මුදල් *n.* savings

ithiri karanawaa ඉතිරි කරනවා *v.* save

iththa ඉත්ත *v.* dupe

iththa wala ඉත්ත වැල *n.* ivy

iththaawaa ඉත්තෑවා *n.* porcupine

ithuru wenawa ඉතුරු වෙනවා *v.* remain

iti ඉටි *n.* wax
itipandama ඉටිපන්දම *n.* candle
itiredhi ඉටිරෙදි *n.* tarpaulin
itu kara ganeema ඉටු කර ගැනීම *n.* achievement
itu kireema ඉටු කිරීම *n.* execution
itukala ඉටු කළ *adj.* accomplished
itukaranawa ඉටුකරනවා *v.* accomplish
itukireema ඉටු කිරීම *n.* accomplishment
iwa ඉව *n.* instinct
iwa paara ඉව පාර *n.* spoor
iwa paara ඉව පාර *n.* trail
iwasanawaa ඉවසනවා *v.* forbear
iwaseema ඉවසීම *n.* patience
iwasilimath ඉවසිලිමත් *adj.* tolerant
iwasiliwantha ඉවසිලිවන්ත *adj.* patient
iwasillla ඉවසිල්ල *n.* tolerance
iwasiya haki ඉවසිය හැකි *adj.* tolerable
iwasum nathi ඉවසුම් නැති *adj.* rampant
iwath kala haki ඉවත් කළ හැකි *adj.* removable
iwath kara ganeema ඉවත් කර ගැනීම *n.* withdrawal
iwath karanawa ඉවත් කරනවා *v. t* displace
iwath karanawa ඉවත් කරනවා *v.* eliminate
iwath karanawa ඉවත් කරනවා *v.* remove
iwath karanawa ඉවත් කරනවා *v.* rid
iwath karanna ඉවත් කරන්නා *n.* stripper
iwath kireema ඉවත් කිරීම *n.* removal
iwath kireema ඉවත් කිරීම *n.* riddance
iwatha ඉවත *adv.* aside
iwathalanawaa ඉවතලනවා *v.* discard
iwathata ඉවතට *adv.* away
iwathata ඉවතට *adv.* off
iweem pilibanda ඉවීම පිළිබඳ *adj.* culinary
iwura ඉවුර *n.* brink
iye dawasa ඊයේ දවස *adv.* yesterday

J

jaadiya ජාඩිය *n.* jar
jaala rekhaya ජාල රේඛය *n.* histogram
jaalaya ජාලය *n.* network
jaana ජාන *adj.* genetic
jaas sangeethaya ජෑස් සංගීතය *n.* stomp
jaathi praweshanaya ජාති ප්‍රවේශනය *n.* naturalization
jaathika ජාතික *adj.* national
jaathimaamakayaa ජාතිමාමකයා *n.* patriot
jaathiwaadaya ජාතිවාදය *n.* nationalism
jaathiwaadaya ජාතිවාදය *n.* racialism
jaathiwaadi ජාතිවාදි *adj.* racial
jaathiya ජාතිය *n.* nation
jadaya ජඩයා *n.* lout
jaiwawiwidathwaya ජෛවවිවිධත්වය *n.* biodiversity
jala bhaajanaya ජල භාජනය *n.*

cistern

jala nala kaarmikayaa ජල නල කාර්මිකයා *n.* plumber

jala prawaahaya ජල ප්‍රවාහය *n.* torrent

jala rodaya ජල රෝදය *n.* turbine

jala samoopadaanaya ජල සැපයුම් දානය *n.* irrigation

jalaashaya ජලාශය *n.* reservoir

jalabheethika rogaya ජලභීතික රෝගය *n.* rabies

jalaja ජලජ *adj.* aquatic

jaleeya ජලීය *adj.* aqueous

jally ජල්ලි *n.* jelly

jalodgama nalaya ජලෝද්ගම නළය *n.* hydrant

jamanaaran ජමනාරං *n.* tangerine

jana samoohaya ජන සමූහය *n.* commune

jana shunya ජන ශුන්‍ය *adj.* uninhabited

jana wichaaranaya ජන විචාරණය *n.* referendum

janaakeerna ජනාකීර්ණ *adj.* congested

janaakeerna ජනාකීර්ණ *adj.* populous

janagahanaya ජනගහනය *n.* population

janagahanaya athi karanawa ජනගහනය ඇති කරනවා *v.* populate

janamatha wimasanna ජනමත විමසන්නා *n.* pollster

janamatha wimasuma ජනමත විමසුම *n.* plebiscite

janapadaya ජනපදය *n.* county

janapathi ජනපති *n.* president

janapathi pilibanda woo ජනපති පිළිබඳ වූ *adj.* presidential

janappriya nowu ජනප්‍රිය නොවූ *adj.* unpopular

janaprasaadaya ජනප්‍රසාදය *n.* popularity

janapriya ජනප්‍රිය *adj.* popular

janaraja ජනරජ *adj.* republican

janarajaya ජනරජය *n.* republic

janarekanaya ජනරේඛනය *n.* demography

janasathu kireema ජනසතු කිරීම *n.* nationalization

janathaawa athara prakata karanawa ජනතාව අතර ප්‍රකට කරනවා *v.* popularize

janawaari ජනවාරි *n.* January

janawarga ජනවර්ග *adj.* ethnic

janaya ජනයා *n.* people

janayaa ජනයා *n.* folk

janela polla ජනේල පොල්ල *n.* mullion

janelaya ජනේලය *n.* casement

janelaya ජනේලය *n.* window

jangama ජංගම *adj.* mobile

jangamaka ජංගමක *n.* locomotive

japan kreedaawak ජපන් ක්‍රීඩාවක් *n.* Sudoku

japanaye mudal ekakaya ජපානයේ මුදල් ඒකකය *n.* Yen

jaraawa sahitha ජරාව සහිත *adj.* sleazy

jaraawata giya ජරාවට ගියා *adj.* wizened

jawasampanna ashwaya ජවසම්පන්න අශ්වයා *n.* steed

jaya gannawa ජය ගන්නවා *v.* conquer

jaya gannawaa ජය ගන්නවා *v.* win

jaya lath ජය ලත් *adj.* triumphant
jaya pathraya ජය පත්‍රය *n.* laurel
jayaggraahakayaa ජයග්‍රාහකයා *n.* victor
jayaggraahakayaa ජයග්‍රාහකයා *n.* winner
jayaggrahanaya ජයග්‍රහනය *n.* victory
jayagraahakaya ජයග්‍රාහකයා *n.* champion
jayagrahanaya ජයග්‍රහණය *n.* Jacuzzi
jazz namathi thurya haa natum wisheshaya ජෑස් නමැති තූර්ය හා නැටුම් විශේෂය *n.* jazz
jeehwa ජිහ්වා *n.* lingual
jeehwaya ජිහ්වය *n.* lingua
jeep riya ජීප් රිය *n.* jeep
jeevaanuharanaya ජීවානුහරණය *n.* sterilization
jeevaanuharanaya karanawaa ජීවානුහරණය කරනවා *v.* sterilize
jeeviyaa ජීවියා *n.* organism
jeewa rasayana vidyawa ජීව රසායන විද්‍යාව *n.* biochemistry
jeewa widyaawa ජීව විද්‍යාව *n.* biology
jeewa widyangnia ජීව විද්‍යාඥයා *n.* biologist
jeewanopaaya ජීවනෝපාය *n.* occupation
jeewath weemata awashya ජීවත් වීමට අවශ්‍ය *adj.* vital
jeewath wenawa ජීවත් වෙනවා *v.* live
jeewaya ජීවය *n.* life
jeewikaawa ජීවිකාව *n.* livelihood
jeewiya ජීවියා *n.* being
jeewya ජීව්‍ය *adj.* viable
jelaya ජෙලය *n.* gel
jeshta ජ්‍යෙෂ්ඨ *adj.* senior
jeshtathwaya ජ්‍යෙෂ්ඨත්වය *n.* seniority
jeththu wenawaa ජෙත්තු වෙනවා *v.* titivate
jeththukaara ජෙත්තුකාරයා *adj.* jaunty
jeththukaara ජෙත්තුකාරයා *v.* swanky
jeththukaara ජෙත්තුකාරයා *adj.* trendy
jodu putuwa ජෝඩු පුටුව *n.* settee
joguwa ජෝගුව *n.* jug
jooli maasaya ජූලි මාසය *n.* July
jooni maasaya ජූනි මාසය *n.* June
joori sabhawa ජූරි සභාව *n.* jury
joori sabhawee sabhikayaa ජූරි (ජූරි) සභාවේ සභිකයා *n.* juror
jubiliya ජුබිලිය *n.* jubilation
jubiliya ජුබිලිය *n.* jubilee
judo kreedaawa ජූඩෝ ක්‍රීඩාව *n.* judo
jumbowa ජම්බෝව *adj.* jumbo
jumperaya ජම්පරය *n.* jumper
jyaamithika ජ්‍යාමිතික *adj.* geometric
jyaamithiya ජ්‍යාමිතිය *n.* geometry

K

kaa gasana කෑ ගසන *adj.* noisy
kaa gasanawa කෑ ගසනවා *v.* bawl
kaa waddanawa කා වද්දනවා *v.* instil
kaabanika කාබනික *adj.* organic

kaachamaya ක චමය *adj.* vitreous
kaachaya ක චය *n.* lens
kaadamanawa ක දමනවා *v.* devour
kaadara කෑ දර *adj.* voracious
kaadarakama කෑ දරකම *n.* gluttony
kaadaraya කෑ දරයා *n.* glutton
kaadaraya කෑ දරයා *n.* gourmand
kaagasanawa කෑ ගසනවා *v.* exclaim
kaagaseema කෑ ගෑසීම *n.* exclamation
kaageda ක ගෙද *adj.* & *pron.* whose
kaahalanaadaya ක හලනා දය *n.* fanfare
kaaika chikithsaawa කායික චිකිත්සා ව *n.* physiotherapy
kaala ක ල *n.* quarter
kaala nirnaya ක ල නිර්ණය *n.* chronology
kaala parichchedaya ක ල පිරිච්ඡේදය *n.* period
kaala rekaya ක ල රඛේය *n.* chronograph
kaala wirodaya ක ල විර ෝධය *n.* anachronism
kaalaanurupa ක ලානුරූ ප *adj.* timely
kaalaguna widyaawa ක ලගුණ විද් යා ව *n.* meteorology
kaalagunaya ක ලගුණය *n.* climate
kaalagunaya ක ලගුණය *n.* weather
kaalakanni ක ලකණ්ණි *adj.* pitiful
kaalakannikama ක ලකණ්ණිකම *n.* misery
kaalakanniya ක ලකණ්ණියා *adj.* miserable
kaalakanniya ක ලකණ්නිය *n.* wretch
kaalanugatha ක ලානුගත *adj.* punctual
kaalathuwakku ක ලතුවක්කු *n.* artillery
kaalathuwakkuwa ක ලතුවක්කුව *n.* cannon
kaalaya ikmawanawaa ක ලය ඉක්මවනවා *v.* overrun
kaalochitha ක ලෝචිත *adj.* opportune
kaalochitha ක ලෝචිත *adj.* topical
kaalpanika ක ල්පනික *adj.* notional
kaalpanika ක ල්පනික *adj.* visionary
kaama sapayanawa කෑ ම සපයනවා *v.* cater
kaama sapayanawa කෑ ම සපයනවා *v.* feed
kaama thabana thana කෑ ම තබන ගබඩා ව *n.* pantry
kaamabhogiyaa ක මභ ෝගියා *n.* epicure
kaamaraagaya ක මරාගය *n.* libido
kaamaraya ක මරය *n.* apartment
kaamaraya ක මරය *n.* compartment
kaamaraya ක මරය *n.* room
kaamata priya කෑ මට පිරිය *adj.* palatable
kaamata sudusu කෑ මට සුදුසු *adj.* eatable
kaamata sudusu කෑ මට සුදුසු *adj.* edible
kaamoddeepana rachanaya ක ම ෝද්දීපන රචනය *n.* pornography
kaamora gaseema කෑ ම ොර ගෑසීම *n.* outcry
kaamuka ක මුක *adj.* amorous
kaamuka ක මුක *adj.* carnal
kaamuka ක මුක *adj.* lascivious

kaamuka කාමුක *adj.* sensual
kaamuka කාමුක *adj.* sexy
kaamuka කාමුක *adj.* voluptuous
kaamuka bawa කාමුක බව *n.* sensuality
kaamukayaa කාමුකයා *n.* sensualist
kaanda washayen wu කාණ්ඩ වශයෙන් වූ *adj.* serial
kaandaya කාණ්ඩය *n.* batch
kaandaya කාණ්ඩය *n.* section
kaandu pereema කාන්දු පෙරීම *n.* dialysis
kaandu rahitha කාන්දු රහිත *adj.* staunch
kaandu walakwana drauyaya කාන්දු වළක්වන ද්‍රව්‍යය *n.* sealant
kaandu weema කාන්දු වීම *v.* leak
kaandu wenawa කාන්දු වෙනවා *v. i* drip
kaanduwa කාන්දුව *n.* leakage
kaannakayaa කාන්නකයා *n.* rodent
kaantha andum saadanna කාන්තා ඇඳුම් සාදන්නා *n.* milliner
kaantha naana anduma කාන්තා නාන ඇඳුම *n.* bikini
kaantha thoppiyak කාන්තා තොප්පියක් *n.* wimble
kaanthaa saatakaya කාන්තා සාටකය *n.* stole
kaanthaa yata andum කාන්තා යටඇඳුම් *n.* panties
kaanthimath කාන්තිමත් *adj.* lustrous
kaanthimath කාන්තිමත් *adj.* radiant
kaanthiya කාන්තිය *n.* lustre
kaaraka කාරක *adj.* causal
kaaranaawa කාරණාව *n.* fact
kaaranaya කාරණය *n.* sake
kaard 78kin yuth kreedaawak කාර්ඩ් 78කින් යුත් ක්‍රීඩාවක් *n.* tarot
kaarmika කාර්මික *adj.* industrial
kaarmika කාර්මික *adj.* technical
kaarmika shilpiyaa කාර්මික ශිල්පියා *n.* technician
kaarmikathwaya කාර්මිකත්වය *n.* workmanship
kaarunika කාරුණික *adj.* chivalrous
kaarunika කාරුණික *adj.* considerate
kaarunika කාරුණික *adj.* indulgent
kaarunika කාරුණික *n.* kind
kaarunikabhaawaya කාරුණිකභාවය *n.* chivalry
kaarya mandalaya කාර්ය මණ්ඩලය *n.* staff
kaarya waarthaawa කාර්ය වාර්තාව *n.* proceedings
kaaryaalaya කාර්යාලය *n.* office
kaaryakshama කාර්යක්ෂම *adj.* efficient
kaaryakshama කාර්යක්ෂම *adj.* energetic
kaaryasheeli කාර්යශීලි *adj.* diligent
kaaryashurathwaya කාර්යශූරත්වය *n.* calibre
kaaryaya කාර්යය *n.* work
kaashmeera saluwa කාශ්මීර සළු *n.* cashmere
kaasi yoda redi sodaagatha haki redi sodana කාසි යොදා රෙදි සෝදාගත හැකි රෙදි සෝදන *n.* launderette
kaasiya කාසිය *n.* coin
kaatada කාටද *pron.* whom
kaatalaya කාටලය *n.* cartel
kaatrijaya කාට්‍රිජය *n.* cartridge

kaawaatiya කාවාටියා *n.* winkle
kaawaddanawa කාවද්දනවා *v.* imprint
kaawadinawaa කාවදිනවා *v.* erode
kaawala කාවල *n.* sentry
kaawya කාව්‍යය *n.* poem
kaawya maalawa කාව්‍ය මාලාව *n.* anthology
kaawya rachanaya කාව්‍ය රචනය *n.* versification
kaawya sangrahaya කාව්‍ය සංග්‍රහය *n.* poetry
kabaa wargayak කබා වර්ගයක් *n.* tuxedo
kabaaya කබාය *n.* cloak
kabaaya කබාය *n.* coat
kabaaya කබාය *n.* tunic
kabali karanawa කැබලි කරනවා *v.* chop
kabaliwa කැබලිව *adv.* asunder
kaballa කැබැල්ල *n.* bit
kaballa කැබැල්ල *n.* piece
kaballa කැබැල්ල *n.* scrap
kabaya කබාය *n.* blazer
kabiliththa කැබිලිත්ත *n.* shard
kada binda damanawa කඩා බිඳ දමනවා *v.* disrupt
kada binda damanna කඩාබිඳ දමන්නා *n.* wrecker
kada karanawaa කඩ කරනවා *v.* violate
kadaa damanawa කඩා දමනවා *v.* deconstruct
kadaa damanawa කඩා දමනවා *v.* demolish
kadaa gannawaa කඩා ගන්නවා *v.* snap
kadaa gannawaa කඩා ගන්නවා *v.* wangle
kadaa wateema කඩා වැටීම *v.* collapse
kadaa watenawa කඩා වැටෙනවා *v.* crash
kadaa watenawa කඩා වැටෙනවා *v.* crumple
kadadaasi bamma samaga කඩදාසි බැම්ම සමඟ *n.* paperback
kadadaasi sellamak කඩදාසි සෙල්ලමක් *n.* whist
kadadaasiya කඩදාසිය *n.* paper
kadaim baddha කඩයිම් බද්ද *n.* octroi
kadakaarayaa කඩකාරයා *n.* tradesman
kadala gasa කඩල ගස *n.* chickpea
kadalla කැදැල්ල *n.* nest
kadamandiya කඩමණ්ඩිය *n.* bazaar
kadambhaya කදම්භය *n.* beam
kadanawa කඩනවා *v.* pluck
kadatholu කඩතොළු *n.* dent
kadatholu athi කඩතොළු ඇති *adj.* jagged
kadatholu karanawaa කඩතොළු කරනවා *v.* indent
kadawasam කඩවසම් *adj.* handsome
kadaya කඩය *n.* boutique
kadeebindee yaama කැඩීබිඳී යෑම *n.* disrepair
kadeema කැඩීම *n.* breakage
kadenawa කැඩෙනවා *v.* break
kadima කදිම *adj.* elegant
kadima කදිම *adj.* natty
kadima කදිම *adj.* spanking
kadinamkama කඩිනම්කම *n.* expedition

kadisara කඩිසර *adj.* active
kadisara කඩිසර *adj.* chic
kadisara කඩිසර *adj.* dapper
kadisara කඩිසර *adj.* industrious
kadisara කඩිසර *adj.* nimble
kadisara කඩිසර *adj.* quick
kadisara කඩිසර *adj.* sprightly
kadisara bawa කඩිසර බව *n.* agility
kadisarawa yanawa කඩිසරව යනවා *v.* bustle
kadu harambaya කඩු හරඹය *n.* fencing
kadu kopuwa කඩු කොපුව *n.* scabbard
kadulla කඩුල්ල *n.* stile
kadulla කඩුල්ල *n.* wicket
kadunu කැඩුණු *adj.* broken
kaduwa කඩුව *n.* sword
kafen nobiwoo කැෆේන් නොබීවූ *adj.* decaffeinated
kaha කහ *n.* saffron
kaha කහ *n.* turmeric
kaha mal athi kuda gasak කහ මල් ඇති කුඩා ගසක් *n.* celandine
kaha paata කහ පාට *adj.* yellow
kaha paatata huru කහ පාටට හුරු *n.* amber
kaha una කහ උණ *n.* jaundice
kahamadaya කහමදය *n.* yolk
kahatu කැහැටු *adj.* scrawny
kahinawa කහිනවා *v.* cough
kairaatikayaa කෛරාටිකයා *n.* hypocrite
kairuwa කයිරුව *n.* plinth
kaiwaaru dhedeema කයිවාරු දෙඩීම *n.* sycophancy
kaiwaaru dhodanna කයිවාරු දොඩවන්නා *n.* sycophant
kaju කජු *n.* cashew
kakkuma කැක්කුම *n.* ache
kakkutta කක්කුට්ටා *n.* crab
kakshaya කක්ෂය *n.* orbit
kaksheeya කක්ෂීය *adj.* orbital
kakul thune kudaa kanappuwa කකුල් තුනේ කුඩා කනප්පුව *n.* trivet
kakul thune putuwa කකුල් තුනේ පුටුව *n.* tripod
kakula කකුල *n.* leg
kakule ataya කකුලේ ඇටය *n.* shin
kal badda කල් බද්ද *n.* lease
kal balanawa කල් බලනවා *v.* bide
kal damanava කල් දමනවා *v.* adjourn
kal damanawa කල් දමනවා *v.* defer
kal damanawa කල් දමනවා *v.* postpone
kal dameema කල් දැමීම *n.* adjournment
kal dameema කල් දැමීම *n.* postponement
kal gannawaa කල් ගන්නවා *v.* temporize
kal panapu කල් පැනපු *adj.* overdue
kal pawathinawaa කල් පවතිනවා *v.* outlast
kal pawathnaa කල් පවත්නා *adj.* lasting
kala eli athi කල එළි ඇති *adj.* prim
kala guna nodannaa කළ ගුණ නොදන්නා *adj.* thankless
kala yuthu wenawaa කළ යුතු වෙනවා *v.* should
kalaa wanda karanawa කැලෑ වඳ කරනවා *v.* deforest
kalaa waweema කැලෑ වැවීම *n.* afforestation

kalaapaya කලාපය *n.* region
kalaapaya කලාපය *n.* zone
kalaathmaka කලාත්මක *adj.* artistic
kalaathurakin කලාතුරකින් *adv.* seldom
kalaawa කැලෑව *n.* forest
kalabagaanee කලබගෑනී *n.* uproar
kalabala කලබල *adj.* fussy
kalabala gathiya කලබල ගතිය *n.* flurry
kalabala karanawa කලබල කරනවා *v.i* excite
kalabala karanawa කලබල කරනවා *v.* fluster
kalabala karanawaa කලබල කරනවා *v.* unsettle
kalabala sahitha කලබල සහිත *adj.* agog
kalabala sahitha කලබල සහිත *adj.* hectic
kalabala sahitha කලබල සහිත *adj.* officious
kalabala wenawa කලබල වෙනවා *n.* fuss
kalabalaya කලබලය *n.* Babel
kalabalaya කලබලය *n.* hubbub
kalabalaya කලබලය *n.* jitters
kalaguna කළගුණ *n.* gratitude
kalahakaaree කලහකාරී *adj.* aggressive
kalahakaaree කලහකාරී *adj.* cantankerous
kalahakaaree කලහකාරී *adj.* contentious
kalahakaaree කලහකාරී *adj.* quarrelsome
kalahakaaree කලහකාරී *adj.* uproarious
kalahakaaree pirisa කලහකාරී පිරිස *n.* mob
kalahalaya කලහලය *n.* agitation
kalahaya කලහය *n.* affray
kalahaya කලහය *n.* faction
kalahayaka mula pireema කලහයක මුල පිරීම *n.* aggression
kalakirawanawa කලකිරවනවා *v.* disappoint
kalakireema කළකිරීම *n.* doldrums
kalakirenawaa කලකිරෙනවා *v.* hunch
kalakirunu කලකිරුණු *adj.* despondent
kalakolaahalaya කලකෝලාහලය *n.* quarrel
kalala කැළල *n.* blemish
kalala කලල *n.* embryo
kalala කැලල *n.* flaw
kalala කැළල *n.* scar
kalala කළල *n.* stigma
kalamanaakaara කළමණාකාර *adj.* managerial
kalamanaakaranaya කළමණාකරණය *n.* management
kalamanaakaru කළමණාකරු *n.* manager
kalamanaakaruwaa කළමණාකරුවා *n.* bailiff
kalambanawa කලඹනවා *v.* agitate
kalankaya කලංකය *n.* stigmata
kalapeeya කලාපීය *adj.* zonal
kalapuwa කළපුව *n.* lagoon
kalariya කැලරිය *n.* calorie
kalathanawa කලතනවා *v.* churn
kalawa කලාව *n.* art
kalawam කලවම් *n.* mongrel
kalawam කලවම් *adj.* promiscuous

kalawam karanawa කළවම් කරනවා *v.* adulterate
kalawam karanawa කලවම් කරනවා *v.* reshuffle
kalawam karanawaa කලවම් කරනවා *v.* knead
kalawam karanawaa කලවම් කරනවා *v.t.* shuffle
kalawaya කලවය *n.* thigh
kalawe naharaya කලවේ නහරය *n.* hamstring
kalawehi pitupasa කලවෙහි පිටුපස *n.* ham
kalderam maduwa කල්දේරම් මඩුව *n.* distillery
kalderama කල්දේරම *n.* cauldron
kali kasala කුලි කසල *n.* sewage
kalikasala කුලිකසල *n.* filth
kalin කලින් *adj.* early
kalin kala siduwana කලින් කල සිදුවන *adj.* periodical
kalin niyama karanawa කලින් නියම කරනවා *v.* predetermine
kalin nudutu කලින් නොදුටු *adj.* unforeseen
kalin salasum karanawaa කලින් සැලසුම් කරනවා *v.* premeditate
kalin sidu wenawa කලින් සිදුවෙනවා *v.* precede
kalin windinawa කලින් විඳිනවා *v.* anticipate
kalisama කලිසම් *n.* pants
kalisama කලිසම *n.* trousers
kalla කල්ල *n.* nigger
kalliya කල්ලිය *n.* gang
kalpanaa karanawa කල්පනා කරනවා *v.* envisage
kalpanaa karanawaa කල්පනා කරනවා *v.* suppose
kalpanaa sahitha කල්පනා සහිත *adj.* thoughtful
kalpanaawa කල්පනාව *n.* supposition
kalpanaawehi yedunu කල්පනාවෙහි යෙදුණු *adj.* pensive
kalpanaawehi yedunu කල්පනාවෙහි යෙදුණු *adj.* serious
kalpanawen bara wu කල්පනාවෙන් බර වූ *adj.* wistful
kalpitha කල්පිත *adj.* fabulous
kalpitha කල්පිත *adj.* hypothetical
kalpitha කල්පිත *adj.* utopian
kalpithaya කල්පිතය *n.* assumption
kalpithaya කල්පිතය *n.* hypothesis
kalthaba කල්තබා *adv.* beforehand
kalu කළු *adj.* black
kalu dan කළු දං *n.* blackberry
kalu gala කළු ගල *n.* boulder
kalu ingiriyaawa කළු ඉංගිරියාව *n.* iris
kalu karanawa කළු කරනවා *v.* blacken
kalu laalla කළු ලෑල්ල *n.* blackboard
kalu pahathi කලු පැහැති *adj.* swarthy
kalu pulinguwa කළු පිළිඟුව *n.* jet
kalukumaa කලුකුමා *n.* turkey
kaluwara කළුවර *n.* ebony
kama sapayannaa කෑම සපයන්නා *n.* victualler
kamakata nathi කමකට නැති *adj.* shoddy
kamakata nathy කමකට නැති *adj.* vapid
kamathi wenawa කැමති වෙනවා *v.t.* consent

kamaththa කැමැත්ත *adj.* willingness
kamaththa prakasha kireema කැමැත්ත ප්‍රකාශ කිරීම *n.* suffrage
kamba කඹ *n.* halyard
kambaya කම්බය *n.* sling
kambayakin adagena yanawaa කඹයකින් ඇදගෙන යනවා *v.* tow
kambi nathi කම්බි නැති *adj.* wireless
kambiya කම්බිය *n.* wire
kamisaya කමිසය *n.* shirt
kamituwa කමිටුව *n.* committee
kamkaru කම්කරු *n.* labour
kamkaruwa කම්කරුවා *n.* artisan
kammali කම්මැලි *adj.* lazy
kammali කම්මැලි *adj.* slothful
kammali kamen geewath wenawaa කම්මැලි කමින් ජීවත් වෙනවා *v.* vegetate
kammalikamin kaalaya gewanawa කම්මැලිකමින් කාලය ගෙවනවා *v.* dawdle
kammaliwa innawa කම්මැලිව ඉන්නවා *v.* loll
kammalkaruwa කම්මල්කරුවා *n.* blacksmith
kammula කම්මුල *n.* cheek
kammulgaaya කම්මුල්ගාය *n.* mumps
kampaa karanawaa කම්පා කරනවා *v.* shock
kampaa wana lesa nagana shabdaya කම්පා වන ලෙස නගන ශබ්දය *n.* trill
kampana kaarakaya කම්පන කාරකය *n.* vibrator
kampanaya කම්පනය *n.* convulsion
kampanaya කම්පනය *n.* vibe
kan bihiri karawana කන් බිහිරි කරවන *adj.* deafening
kan nodena කන් නොදෙන *adj.* inattentive
kana කණ *n.* ear
kanagaatu wana කණගාටු වන *adj.* sorry
kanagaatudaayaka කණගාටුදායක *adj.* piteous
kanagaatuwa කනගාටුව *n.* distress
kanagaatuwa කණගාටුව *n.* sympathy
kanassallen කනස්සල්ලෙන් *adj.* worrisome
kanassallen sitinawa කනස්සල්ලෙන් සිටිනවා *v.* mope
kanassalu woo කනස්සලු වූ *adj.* worried
kanata amihiri කණට අමිහිරි *n.* grating
kanata mihiri කනට මිහිරි *adj.* melodious
kanata priya කනට ප්‍රිය *adj.* musical
kanaththa කනත්ත *n.* cemetery
kanaththa කනත්ත *n.* heath
kanawa කනවා *v.* eat
kanda කැඳ *n.* gruel
kanda කන්ද *n.* hill
kanda කන්ද *n.* mountain
kanda කැඳ *n.* porridge
kanda sahitha කැඳ සහිත *adj.* starchy
kandaayama කණ්ඩායම *n.* bevy
kandaayama කණ්ඩායම *n.* group
kandaayama කණ්ඩායම *n.* team
kandaayama කණ්ඩායම *n.* troupe
kandawaa puhunu karanawaa කැඳවා පුහුණු කරනවා *v.* mobilize

kandawanawa කැඳවනවා *v.* beckon
kandawanawaa කැඳවනවා *v.* convene
kandawanawaa කැඳවනවා *v.* summon
kandaweema කැඳවීම *n.* calling
kandawura කඳවුර *n.* camp
kandawura කඳවුර *n.* cantonment
kandawuren basa gos paharadeema කඳවුරෙන් බැස ගොස් පහරදීම *n.* sortie
kande baawuma කන්දේ බෑවුම *n.* scarp
kandu sahitha කඳු සහිත *adj.* mountainous
kandukara කඳුකර *adj.* alpine
kandukara කඳුකර *n.* mountaineering
kandukara wasiya කඳුකර වැසියා *n.* mountaineer
kandulu කඳුලු *n.* tear
kandulu waahenawaa කඳුලු වෑහෙනවා *v.* tear
kandulu wagurawana කඳුළු වගුරුවන *adj.* lachrymose
kangaroo කැන්ගරු *n.* kangaroo
kanija warga ඛනිජ වර්ග *n.* mineral
kanija widyaawa ඛනිජ විද්‍යාව *n.* mineralogy
kaninikaawa කනීනිකාව *n.* cornea
kankaanama කංකාණම *n.* overseer
kankundaa කංකුන්ඩා *n.* millipede
kannaadiya කණ්ණාඩිය *n.* spectacle
kannadiya කණ්ණාඩිය *n.* mirror
kannalaw කන්නලව්ව *n.* plea
kansa කංසා *n.* cannabis
kantima කැන්ටිම *n.* canteen
kanuwa කණුව *n.* pier
kanvas paawahan කැන්වස් පාවහන් *n.* sneaker
kanya baawaya කන්‍යා භාවය *n.* virginity
kanyaa dooshanaya kranawa කන්‍යා දූෂණය කරනවා *v.* rape
kanyaa madama කන්‍යා මඩම *n.* nunnery
kanyaaraamaya කන්‍යාරාමය *n.* convent
kanyaawa කන්‍යාව *n.* virgin
kapa karanawa කැප කරනවා *v.* consecrate
kapa karanawa කැප කරනවා *v.* dedicate
kapa kireema කැප කිරීම *n.* dedication
kapa kireema කැප කිරීම *n.* sacrifice
kapa wenawa කැප වෙනවා *v.* devote
kapaa wen kireema කපා වෙන් කිරීම *n.* severance
kapaakotaa damanawa කපා කොටා දමනවා *v.* dissect
kapaataya කපාටය *n.* valve
kapanawa කපනවා *v.* cut
kapanawa කපනවා *v.* mow
kapanawa කපනවා *v.* reap
kapanna කපන්නා *n.* cutter
kapati කපටි *adj.* artful
kapati කපටි *adj.* atrocious
kapati කපටි *adj.* cunning
kapati කපටි *adj.* disingenuous
kapati කපටි *adj.* vulpine
kapatikam karanawa කපටිකම් කරනවා *v.* dissimulate
kapatikama කපටිකම *n.* gimmick
kapatikama කපටිකම *adv.*

insincerity
kapatikama කපටිකම *n.* wile
kapatikama කපටිකම *n.* wrinkle
kapatiyaa කපටියා *n.* trimmer
kapaweema කැපවීම *n.* commitment
kapena කැපෙන *n.* cutting
kapithan කපිතාන් *n.* captain
kappaadu karanawa කප්පාදු කරනවා *v.* geld
kappadu karanawa කප්පාදු කරනවා *v.* castrate
kappadu nokala ashwayaa කප්පාදු නොකළ අශ්වයා *n.* stallion
kappiya කප්පිය *n.* pulley
kapu කපු *n.* cotton
kapu pulun guliya කපු පුළුන් ගුලිය *n.* tampon
kapuru කපුරු *n.* camphor
kapuru bola කපුරු බෝල *n.* naphthalene
kaputaa කපුටා *n.* crow
kaputan lagina thana කපුටන් ලගින තැන *n.* rookery
kara gataya කර ගැටය *n.* wart
kara kara gaana කර කර ගාන *adj.* crisp
kara karana yantraya කර කරන යන්ත්‍රය *n.* toaster
kara karanawa කර කරනවා *v.* roast
kara patiya කර පටිය *n.* tie
karaamaya කර්මය *n.* tap
karachchalaya කරච්චලය *n.* nuisance
karadamungu කරදමුංගු *n.* cardamom
karadara samathayakata pathkaranna කරදර සමථයකට පත්කරනවා *n.* troubleshooter
karadarawalin nidahas කරදරවලින් නිදහස් *adj.* carefree
karadaraya කරදරය *n.* ado
karadaraya කරදරය *n.* trouble
karadiya කරදිය *n.* brine
karagena yanawa කරගෙන යනවා *v.* continue
karagenayaama කරගෙනයාම *n.* continuation
karakaara bandinawaa කරකාර බඳිනවා *v.* wed
karakawaa osawana yanthraya කරකවා ඔසවන යන්ත්‍රය *n.* windlass
karakaweema කරකැවීම *n.* rotation
karakawenawa කරකැවෙනවා *v.* rotate
karakawenawa කරකැවෙනවා *v.* spin
karakawili athi karana කරකැවිලි ඇති කරන *adj.* vertiginous
karal කරල *n.* pod
karal boga කරල් බෝග *n.* lentil
karal iwathalaama කරල් ඉවතලෑම *n.* podcast
karala කරල *n.* capsule
karali athikarawana කැරලි ඇතිකරවන *adj.* seditious
karali gasanawa කැරලි ගසනවා *v.* rebel
karali gasanawa කැරලි ගසනවා *v.* revolt
karali gaseema කැරලි ගැසීම *n.* mutiny
karali kolaahalaya කැරලි කෝලාහලය *n.* insurrection
karalikaara කැරලිකාර *adj.* mutinous
karalikaara කැරලිකාර *adj.*

rebellious
karalikaaraya කැරලිකාරයා *n.* insurgent
karalla කැරැල්ල *n.* hank
karalla කැරැල්ල *n.* rebellion
karalla කැරැල්ල *n.* riot
karalla කැරැල්ල *n.* uprising
karambu nati කරාබු නැටි *n.* clove
karanam gasanna කරණම් ගසන්නා *n.* acrobat
karanam gaseemata bhaawitha karana raamuwaka sawikala kanvas reddha කරණම් ගැසීමට භාවිත කරන රාමුවක සවිකළ කැන්වස් රෙද්ද *n.* trampoline
karanama කරණම *n.* somersault
karanamkaara කරණම්කාර *adj.* acrobatic
karanawa කරනවා *v.* do
karanawaamiya කරණවෑමියා *n.* barber
karanduwa කරඬුව *n.* casket
karapatiya කරපටිය *n.* collar
karapoththa කැරපොත්තා *n.* cockroach
karaprasaadanaya කරප්‍රසාධනය *n.* manicure
karate කරාටේ *n.* karate
karaththaya කරත්තය *n.* cart
karawal kokaa කරවැල් කොකා *n.* pelican
karawenawaa කරවෙනවා *v.* sizzle
karkasha කර්කශ *adj.* acerbic
karkasha කර්කශ *adj.* raucous
karkasha කර්කශ *adj.* shrill
karmaantha shilpiya කර්මාන්ත *n.* technologist
karmaanthakaruwa කර්මාන්තකරුවා *n.* craftsman
karmaanthashaalaawa කර්මාන්තශාලාව *n.* factory
karmaanthaya කර්මාන්තය *n.* industry
karmaanthaya කර්මාන්තය *n.* trade
karmanthakaruwa කර්මාන්තකරුවා *n.* workman
karmaya කර්මය *n.* karma
karshaka bawata pathkaranawaa කර්ශක බවට පත්කරනවා *v.* sear
karumakkaara කරුමක්කාර *adj.* troublesome
karunaa barathi කරුණා බරිත *adj.* heartening
karunaa rasaya කරුණා රසය *n.* pathos
karunaawantha කරුණාවන්ත *adj.* obliging
karunaawen කරුණාවෙන් *adv.* kindly
karunu idiripath kireema කරුණු ඉදිරිපත් කිරීම *n.* substantiation
karunu kiya walakwanawa කරුණු කියා වළක්වනවා *v.* dissuade
karuwa කරුව *n.* prop
kasa pahara denawaa කස පහර දෙනවා *v.* slash
kasa patiya කස පටිය *v.* lash
kasaada bandinawa කසාද බඳිනවා *v.* marry
kasala කසල *n.* rubbish
kasala iwath karanawaa කසල ඉවත් කරනවා *v.* scavenge
kasala kaanu kramaya කසල කාණු ක්‍රමය *n.* sewerage
kasala kaanuwa කසල කාණුව *n.* sewer

kasana කසන *adj.* itchy
kasanawaa කසනවා *v.i.* itch
kasaya කසය *n.* whip
kasbaawaa කැස්බෑවා *n.* turtle
kasen pahara denawaa කසෙන් පැහැර ගන්නවා *v.* swirl
kasen thalanawa කසෙන් තළනවා *v.* flagellate
kasherukawa කශේරුකාව *n.* backbone
kasikabal කසිකබල් *adj.* shabby
kasthuri කස්තූරි *n.* musk
kata කට *n.* mouth
kata gahanawa කට ගහනවා *v.* retort
kata gasma කට ගැස්ම *n.* appetizer
kata hakari කට හැකිරි *n.* virago
kata handa කට හඬ *n.* voice
kata kiyawanawa කට කියවනවා *v.* boast
kata paadam karanawa කට පාඩම් කරනවා *v.* cram
kata puraa කට පුරා *n.* mouthful
kata wachanayen kiyana lada කට වචනයෙන් කියන ලද *adj.* verbal
kata wyawahaara කතා ව්‍යවහාර *adj.* colloquial
kataarama කටාරම *n.* boiler
katahandin karanu labana කටහඬින් කරනු ලබන *adj.* vocal
katakabilithi කැටකැබිලිති *n.* detritus
katakaliyaawa කටකලියාව *n.* bridle
katakathaawa කටකතාව *n.* rumour
katawaachaala kiyawanawa කටවාචාල කියවනවා *v.t.* gabble
katayam kapanawa කැටයම් කපනවා *v.* carve
katayam kapeema කැටයම් කැපීම *n.* carvery
katayam karanawaa කැටයම් කරනවා *v.* inscribe
katayam karanawaa කැටයම් කරනවා *v.* sculpt
katha කැත *adj.* bizarre
katha kireemata nokamathy කතා කිරීමට නොකැමති *adj.* taciturn
katha sirith athi කැත සිරිත් ඇති *adj.* slovenly
katha wilaashaya කථා විලාශය *n.* locution
kathaa baha කතා බහ *n.* parley
kathaa karanawaa කතා කරනවා *v.* speak
kathaadaraya කතන්දරය *n.* story
kathaandaraya කතාන්දරය *n.* narrative
kathaangaya කථාංගය *n.* episode
kathaawa කතාව *n.* speech
kathaawehi daksha කථාවෙහි දක්ෂ *adj.* fluent
kathaka කථක *n.* persona
kathakama කැතකම *n.* obscenity
kathandaraya කතන්දරය *n.* tale
kathawa කතාව *v.* talk
kathikaa karanawa කතිකා කරනවා *v.* negotiate
kathikaawa කතිකාව *n.* negotiation
kathikaya කථිකයා *n.* narrator
kathikayaa කථිකයා *n.* orator
kathikayaa කථිකයා *n.* speaker
katholikayange sathprasaada poopa peththa කතෝලිකයන්ගේ සත්ප්‍රසාද පූප පෙත්ත *n.* wafer
kathopakathanaya කථෝපකථනය *n.* catechism
kathru කතෘ *n.* author
kaththa කැත්ත *n.* catty

kathura කතුර *n.* scissors
kathurakin kapanawaa කතුරකින් කපනවා *v.* snip
kathuwakiya කතුවැකිය *adj.* editorial
kati gasunu le කැටි ගැසුනු ලේ *n.* gore
kati gasunu le samaga කැටි ගැසුනු ලේ සමඟ *adj.* gory
kati karanawa කැටි කරනවා *n.* conglomerate
kati nool කැටි නූල් *n.* yarn
katin kela halanawaa කටින් කෙළ හලනවා *v.* slobber
katiya කැටිය *n.* clot
katiya කැටිය *n.* stack
katta කට්ට *n.* shell
katta කට්ට *n.* thorn
kattalaya කට්ටලය *n.* kit
kattalaya කට්ටලය *n.* outfit
kattalaya කට්ටලය *n* set
kattaya කට්ටය *n.* notch
kattaya කට්ටයා *n.* slot
katu chikithsawa කටු චිකිත්සා ව *n.* acupuncture
katu sahitha කටු සහිත *adj.* barbed
katu sahitha කටු සහිත *adj.* thorny
katu sahitha palatiya කටු සහිත පැළෑටිය *n.* thistle
katu satahanin pamanak dakwena කටු සටහනින් පමණක් දැක්වෙන *adj.* sketchy
katuka කටුක *adj.* acrid
katuka කටුක *adj.* harsh
katuka bawa කටුක බව *n.* pungency
katussa කටුස්සා *n.* lizard
katuwa කටුව *adj.* broach
katuwa කටුව *n.* prickle
katuwa කටුවව *n.* spike
katuwa yanawa කැටුව යනවා *v.* accompany
kauda කවුද *pron.* who
kaudo kenek කවුද කෙනෙක් *pron.* somebody
kauntaraya කවුන්ටරය *n.* counter
kauru hari කවුරු හරි *pron.* whoever
kauruth danna කවුරුත් දන්නා *adj.* commonplace
kauruth dannaa sathyaya කවුරුත් දන්නා සත්‍ය *n.* truism
kauthukaagaaraya කෞතුකාගාරය *n.* museum
kaviyaka padaya කවියක පදය *n.* stave
kawadaa කවදා *adv.* when
kawadaawath nathi කවදාවත් නැති *adv.* never
kawandaya කවන්ධය *n.* torso
kawanna කවන්නා *n.* feeder
kawata කවට *adj.* jocose
kawata කවට *adj.* witty
kawata upaaya කවට උපාය *n.* hoax
kawataya කවටයා *n.* buffoon
kawataya කවටයා *n.* humorist
kawataya කවටයා *n.* jester
kawatayaa කවටයා *n.* joker
kawi depadaya කවි දෙපදය *n.* couplet
kawi kathawa කවි කතාව *n.* ballad
kawichchiya කවිච්චිය *n.* couch
kawili wargayak කැවිලි වර්ගයක් *n.* caramel
kawili welendaage saappuwa කැවිලි වෙළෙන්දාගේ සාප්පුව *n.* patisserie
kawiyaa කවියා *n.* poet
kdaakappal karanawaa කඩා කප්පල්

කරනවා *v.* sabotage
kedajanaka ඛේදජනක *adj.* deplorable
kedhaantha ඛේදාන්ත *adj.* tragic
kedhawaachakaya ඛේදවාචකය *n.* tragedy
keekaru කීකරු *adj.* amenable
keekaru කීකරු *adj.* dutiful
keekaru කීකරු *adj.* obedient
keekaru කීකරු *adj.* pliable
keekarukama කීකරු කම *n.* obedience
keema කීම *n.* saying
keera කීර *n.* splinter
keerthimath කීර්තිමත් *adj.* renowned
keerthimath pudgalaya කීර්තිමත් පුද්ගලයා *n.* celebrity
keerthinaamaya කීර්තිනා මය *n.* goodwill
keerthiya කීර්තිය *n.* credit
keerthiya කීර්තිය *n.* kudos
keerthiya කීර්තිය *n.* prestige
keerthiya කීර්තිය *n.* renown
keerthiya කීර්තිය *n.* repute
keeta widyaawa කීටවිද්‍යාව *n.* entomology
kekara gaama කෙකර ගෑම *n.* cackle
kela කෙළ *n.* saliva
kela කෙළ *n.* spittle
kela කෙළ *n.* sputum
kela gasuwaa කෙළ ගැසුවා *n.* spat
kelaam kiyanawaa කේලාම් කියනවා *v.* sneak
kelama කේලම *n.* calumny
kelapida කෙළපිඩ *n.* gob
kelasanawa කෙලෙසනවා *v.* contaminate
kelasanawa කෙලෙසනවා *v. t* defile
kelasanawa කෙලෙසනවා *v.* deprave
kelasanawa කෙලෙසනවා *v.* pollute
kelaseema කෙළසීම *n.* sacrilege
kelawara කෙළවර *n.* end
kelawara කෙළවර *n.* termination
kelawara karanawaa කෙළවර කරනවා *v.* terminate
kelawarak nathi කෙළවරක් නැති *adj.* interminable
kelawarak nathi කෙළවරක් නැති *adj.* unending
kelesanawaa කෙලෙසනවා *v.* defame
kelesanawaa කෙලෙනෙසනවා *v.t.* stain
kelesanawaa කෙලෙසනවා *v.* taint
keleseema කෙලෙසීම *n.* defamation
keli baduwa කෙළි බඩුව *n.* bauble
keli baduwa කෙළි බඩුව *n.* toy
kella කෙල්ල *n.* girl
kenda කෙන්ද *n.* bristle
kenda කෙන්ද *n.* string
kenda peraleema කෙණ්ඩ පෙරළීම *n.* cramp
kendaraya කේන්දරය *n.* horoscope
kendaya කෙණ්ඩය *n.* shank
kendi sahitha කෙඳි සහිත *adj.* stringy
kendiya කෙණ්ඩිය *n.* pitcher
kendra khandaya කේන්ද්‍ර ඛණ්ඩය *n.* sector
kendraya කේන්ද්‍රය *n.* pivot
kenekuge gathiguna කෙනෙකුගේ ගතිගුණ *n.* probation
kenthi yana කේන්ති යන *adj.* pettish
kenthiya කේන්තිය *n.* huff

kenthiya කේන්තිය *n.* pique
kes awul karanawaa කෙස් අවුල් කරනවා *v.* tousle
kes mudu kireema කෙස් මුඩු කිරීම *n.* tonsure
kes roda කෙස් රොද *n.* tress
kese hari කෙසේ හරි *adv.* anyhow
kese ho කෙසේ හෝ *adv.* somehow
kese wuwath කෙසේ වුවත් *adv.* however
kese wuwath කෙසේ වුවත් *a.* nonetheless
keseda කෙසේද *adv.* how
kesel කෙසෙල් *n.* banana
kesel කෙසෙල් *n.* plantain
keshaakara කේශාකාර *adj.* hairy
keshara කේශර *n.* mane
kethalaya කේතලය *n.* kettle
kethankanaya kireema කේතාංකනය කිරීම *v.* encode
kethaya කේතය *n.* code
kethu hadathi කේතු හැඩැති *adj.* conical
kethuwa කේතුව *n.* cone
keti කෙටි *adj.* brief
keti කෙටි *adj.* concise
keti කෙටි *adj.* curt
keti dura dhaawakayaa කෙටි දුර ධාවකයා *n.* sprinter
keti karanawa කෙටි කරනවා *n.* abdication
keti karanawa කෙටි කරනවා *v.* curtail
keti kireema කෙටි කිරීම *n.* briefing
keti kuluna කෙටි කුලුණ *n.* bollard
keti nawakathaawa කෙටි නවකතාව *n.* novelette
keti paara කෙටි පාර *n.* shortcut
keti winoda gamana කෙටි විනෝද ගමන *n.* jaunt
keti yeduma කෙටි යෙදුම *n.* abdomen
ketiyen liyaa gannawa කෙටියෙන් ලියා ගන්නවා *v.t.* jot
kettu කෙට්ටු *adj.* gaunt
kettu කෙට්ටු *adj.* scraggy
ketumpatha කෙටුම්පත *n.* draft
keveniya කෙවෙනිය *n.* socket
kewal karanawa කෙවල් කරනවා *v.* haggle
kihili karuwa කිහිලි කරුව *n.* crutch
kihillehi කිහිල්ලෙහි *adj.* underarm
kihipayak කිහිපයක් *adj. & pron.* several
kikili කිකිළි *n.* hen
kiliti karanawa කිළිටි කරනවා *v.* besmirch
kilo gram 1000 කිලෝග්‍රෑම් 1000 *n.* tonne
kilobitaya කිලෝබයිටය *n.* kilobyte
kilomeetaraya කිලෝමීටරය *n.* kilometre
kilutu කිලුටු *adj.* dirty
kimbuhun arinawaa කිඹුහුන් අරිනවා *v.i.* sneeze
kimbula කිඹුලා *n.* alligator
kimbula කිඹුලා *n.* crocodile
kimbula banis කිඹුලා බනිස් *n.* croissant
kimidenawa කිමිදෙනවා *v.* dive
kimonowa කිමෝනෝව *n.* kimono
kindaa bahinawaa කිඳා බහිනවා *v.* submerge
kinihira කිණිහිර *n.* anvil
kinissa කිණිස්ස *n.* ladle
kinkini naadaya කිංකිණි නාදය *n.*

jingle

kipena sulu කිපෙනසුලු *adj.* fractious

kipenawa කිපෙනවා *v.* enrage

kipunu කිපුණු *adj.* berserk

kipunu කිපුණු *adj.* irate

kira watenawa කිරා වැටෙනවා *v.* nod

kirala abaya කිරල ඇබය *n.* cork

kiranaya කිරණය *n.* ray

kiri කිරි *n.* milk

kiri daruwaa කිරි දරුවා *n.* suckling

kiri erenawa කිරි එරෙනවා *v.* lactate

kiri kiri gaanawa කිරි කිරි ගානවා *v.* creak

kiri kiri handa කිරි කිරි හඬ *n.* creak

kiri moru කිරි මෝරු *n.* whey

kiri musu කිරි මුසු *adj.* milky

kiri wala athi seeni කිරි වල ඇති සීනි *n.* lactose

kiri walin saadoo paanayak කිරි වලින් සෑදූ පානයක් *n.* milkshake

kiri walin sadana kaamak කිරි වලින් සාදන කෑමක් *n.* yogurt

kiri waranawaa කිරි වරනවා *v.* wean

kirichchiya කිරිච්චිය *n.* dagger

kirihala කිරිහල *n.* dairy

kisi adupaaduwak nathi කිසි අඩුපාඩුවක් නැති *adj.* unmitigated

kisi prathipaththiyak nathi කිසි පිරිපිළයක් නැති *adj.* unscrupulous

kisith nathi bawa කිසිත් නැති බව *pron.* nothing

kisiwak කිසිවක් *pron.* something

kisiwek කිසිවෙක් *pron.* anyone

kisiwek nathi කිසිවෙක් නැති *pron.* nobody

kisiwek nathi කිසිවෙක් නැත *pron.* none

kithi athi කිති ඇති *adj.* ticklish

kithi kawanawaa කිති කවනවා *v.* titillate

kittu කිට්ටු *adj.* proximate

kittuwa කිට්ටුව *n.* proximity

kittuwen කිට්ටුවෙන් *adv.* nearly

kiwul කිවුල් *adj.* insipid

kiya sitinawa කියා සිටිනවා *v.* allege

kiya sitinawa කියා සිටිනවා *v.* express

kiyaa deema කියා දීම *n.* narration

kiyaa paanawa කියා පානවා *n* declare

kiyaagena yanawa කියාගෙන යනවා *v.* narrate

kiyamana කියමන *n.* allegation

kiyamana කියමන *n.* say

kiyana ladda කියන ලද්ද *n.* predicate

kiyanawaa කියනවා *v.* tell

kiyath kudu කියත් කුඩු *n.* sawdust

kiyatha කියත *n.* saw

kiyawaa therum gannawa කියවා තේරුම් ගන්නවා *v.* decipher

kiyawanawa කියවනවා *v.* rattle

kiyawanawa කියවනවා *v.* read

kiyawanna කියවන්නා *n.* reader

kiyaweema කියවීම *n.* reading

kiyaweemata dushkara කියවීමට දුෂ්කර *adj.* illegible

kiyaweemata dushkara bawa කියවීමට දුෂ්කර බව *n.* illegibility

kiyaweemata pahadili කියවීමට පැහැදිලි *adj.* legible

klaantha ක්ලාන්ත *adj.* faint

klaantha wenawaa කලන්ත වෙනවා *v.* swoon

klaashaalaka ක්ෂාලක *n.* detergent
kloma ක්ලෝම *adj.* bronchial
kodiya කොඩිය *n.* flag
kodiyak wananawaa කොඩියක් වනනවා *v.* waft
kodu tharuniya කොඩු තරුණිය *n.* debutante
koduwa කෝදුව *n.* ruler
kohewath natha කොහෙවත් නැත *adv.* nowhere
kohi sita කොහි සිට *adv.* whence
kohomba කොහොඹ *n.* wormwood
kohu කොහු *n.* coir
koi කොයි *pron. & adj.* which
koi desata කොයි දෙසට *adv.* whither
koikath කොයිකත් *pron.* whichever
koka කොකා *n.* crane
kokaa කොකා *n.* stork
kokhandalanawaa කොක්හඬලනවා *n.* guffaw
kokiya කෝකියා *n.* cook
kokka කොක්ක *n.* hook
kokka කොක්ක *n.* peg
koku sahitha කොකු සහිත *adj.* hooked
kola pahathi කොළ පැහැති *adj. & n.* green
kolaahalaya කෝලාහලය *n.* outburst
kolaahalaya කෝලාහලය *n.* tumult
kolahaala කෝලාහලය *n.* commotion
kolahaalaya කෝලාහලය *n.* brawl
kolahaalaya කෝලාහලය *v.* fray
kolahalaya කෝලාහලය *n.* scrimmage
kolam natanawaa කෝලම් නටනවා *n.* masquerade
kolamaa කෝලමා *n.* pantaloon
kolamkaaraya කෝලම්කාරයා *n.* mummer
kolaraawa කොලරාව *n.* cholera
kolaya කෝලය *n.* haunch
kolaya කොළය *n.* leaf
kolla කොල්ලා *n.* boy
kolla කොල්ලා *n.* urchin
kollakaaraya කොල්ලකාරයා *n.* marauder
kollakaaraya කොල්ලකාරයා *n.* spoiler
kollakanawa කොල්ලකනවා *v.* maraud
kollakanawa කොල්ලකනවා *v.* ransack
kollakanawa කොල්ලකනවා *v.* rifle
kollaya කොල්ලය *n.* booty
kollaya කොල්ලය *n.* loot
kolombuwa කොලොම්බුව *n.* stool
komadu කොමඩු *n.* melon
komala කොමළ *adj.* delicate
komala කෝමල *adj.* effeminate
komalaasthiya කෝමලාස්ථිය *n.* cartilage
komasaaris කොමසාරිස් *n.* commissioner
komisama කොමිසම *n.* commission
komu pilee කොමු පිළි *n.* lingerie
kon wenawaa කොන් වෙනවා *v.* shirk
kona කොණ *n.* corner
konahaa haiyen adinawaa කොනහා හියයෙන් අදිනවා *v.* tweak
konamaanaya කෝණමානය *n.* protractor
konaya කෝණය *n.* angle
konda kapeema කොණ්ඩ කැපීම *n.*

haircut

konda mostharaya කොණ්ඩ මෝස්තරය *n.* hairstyle

kondaya කොණ්ඩය *n.* hair

kondesi rahitha කොන්දේසි රහිත *adj.* unconditional

kondesigatha කොන්දේසිගත *adj.* conditional

kondesiya කොන්දේසිය *n.* condition

kondesiya කොන්දේසිය *n.* proviso

kondesiya කොන්දේසිය *n.* requisition

kondosthara කොන්දොස්තර *n.* conductor

kondu ataya කොඳු ඇටය *n.* spine

kondu ataya pilibanda කොඳු ඇටය පිළිබඳ *adj.* spinal

kondu etaye purukaya කොඳු ඇටයේ පුරුකය *n.* vertebra

konduranawa කොඳුරනවා *v.* babble

konduranawa කොඳුරනවා *v.* burble

konduranawa කොඳුරනවා *v.* mumble

konduranawa කොඳුරනවා *v.* mutter

konika කෝණික *adj.* angular

koniththanawa කොනිත්තනවා *v.* pinch

koodaarama කූඩාරම *n.* tent

koodalla කූඩැල්ලා *n.* leech

koodaya කූඩය *n.* basket

kooddanawaa කූද්දනවා *v.* waken

kooduwa කූඩුව *n.* hutch

koondalu කූඩලු *n.* balsam

koonnaya කූඤ්ඤය *n.* wedge

koopanaya කූපනය *n.* coupon

koora කූර *n.* quiff

koora paiya කූර පයිය *n.* satchel

kooraya කූරය *n.* hoof

koota upaaya කූට උපාය *n.* stratagem

koota upakkramaya කූට උපක්‍රමය *n.* scam

kootopaaya කූටෝපාය *n.* ploy

kopa karanawa කෝප කරනවා *v.i.* boil

kopaawishta කෝපාවිෂ්ට *adj.* furious

kopaya කෝපය *n.* indignation

kopaya කෝපය *n.* wrath

kopi කෝපි *n.* coffee

kopi saadana yanthraya කෝපි සාදන යන්ත්‍රය *n.* espresso

koppaya කෝප්පය *n.* cup

kopulanawa කොපුලනවා *v.* encase

kora කොර *adj.* lame

kora gasana කොර ගසන *adj.* halting

kora gasanawaa කොර ගසනවා *v.* limp

kora karanawaa කොර කරනවා *v.* paralyse

kos කොස් *n.* jack

koshaya කෝෂය *n.* repository

koshta pradanaya haa sambanda කෝෂ්ඨප්‍රදාහය හා සම්බන්ධ *adj.* cystic

koshtaya කෝෂ්ඨය *n.* cyst

kossa කොස්ස *n.* broom

kosthaapal කොස්තාපල් *n.* constable

kota කොට *adj.* short

kota kalisama කොට කලිසම *n.* knickers

kota kara damanawaa කොට කර දමනවා *v.* lop

kota karanawaa කොට කරනවා *v.*

trim
kota mes කොට මේස් *n.* hose
kota mes කොට මේස් *n.* sock
kota wenawaa කොට වෙනවා *v.* shorten
kotaluwa කොටළුවා *n.* mule
kotanawa කොටනවා *v.* engrave
kotas thunak athi කොටස් තුනක් ඇති *n.* triple
kotas washayen pala karanawaa කොටස් වශයෙන් පළ කරනවා *v.* serialize
kotasa කොටස *n.* fragment
kotasa කොටස *n.* part
kotasa කොටස *n.* share
kotaswalata wen karanawa කොටස්වලට වෙන් කරනවා *v.* disintegrate
kote hapenawaa කොටෙ'හැ පෙනවා *n.* stub
koth karalla කොත් කැ රැල්ල *n.* finial
kotha කොත *n.* pinnacle
kotha කොත *n.* spire
kothana කොතන *adv.* where
koththamalli කොත්තමල්ලි *n.* coriander
kotipathiya කෝටිපතියා *n.* billionaire
kotiyaa කොටියා *n.* tiger
kottaashaya කොට්ඨා සය *n.* division
kottamba කොට්ටම්බා *n.* almond
kottaya කොට්ටය *n.* pillow
kotu karanawaa කොටු කරනවා *v.* impound
kotu salasuma කොටු සැ ලසුම *n.* grid
kotuwa කොටුව *n.* fort
kowla කොවුලා *n.* cuckoo
kramaankanaya karanawa ක්‍රමා ංකණය කරනවා *v.* calibrate
kramaanukoola ක්‍රමානුකූල *adj.* regular
kramaanukoola ක්‍රමානුකූල *adj.* systematic
kramaanukoola se sakas karanawaa ක්‍රමානුකූල ස'සකස් කරනවා *v.* systematize
kramaanuroopa ක්‍රමානුරූ ප *adj.* schematic
kramanaya ක්‍රමණය *n.* gradation
kramawathwa dakwanawa ක්‍රමවත්ව දක්වනවා *v.* formulate
kramawathwa kriya nokireema ක්‍රමවත්ව ක්‍රියා නොකිරීම *v.* malfunction
kramayen elidaraw wenawaa ක්‍රමයෙන් එළිදරව් වෙනවා *v.* unfold
kramayen heen wenawaa ක්‍රමයෙන් හීන වෙනවා *v.* taper
kramayen kapaa harinawaa ක්‍රමයෙන් කපා හරිනවා *v.* whittle
kramayen wadinawa ක්‍රමයෙන් විදිනවා *v.* insinuate
kramika ක්‍රමික *adj.* gradual
kramika ක්‍රමික *adj.* orderly
kreeda pitiya ක්‍රීඩා පිටිය *n.* playground
kreedaanganaya ක්‍රීඩා ංගනය *n.* stadium
kreedaawa ක්‍රීඩා ව *n.* sport
kreedakaya ක්‍රීඩකයා *n.* player
kreedakayaa ක්‍රීඩකයා *n.* sportsman
kreedawa ක්‍රීඩා ව *n.* game
kristhiyaani aagama ක්‍රිස්තියානි ආගම *n.* Christianity
kristhiyaanikaaraya

ක්‍රිස්තියානිකා රයා *adj.* Christian

kristhu thuma ක්‍රිස්තු තුමා *n.* Christ

kristhun wahanse ක්‍රිස්තුන් වහන්සේ *n.* messiah

kriyaa karawana ක්‍රියා කරවන *n.* motive

kriyaa karawannaa ක්‍රියා කරවන්නා *n.* operator

kriyaa padaya ක්‍රියා පදය *n.* verb

kriyaa piliwela ක්‍රියා පිළිවෙළ *n.* system

kriyaa visheshanaya ක්‍රියා විශේෂණය *n.* adverb

kriyaakaaree ක්‍රියා කාරි *adj.* effective

kriyaakaarithwaya ක්‍රියා කාරිත්වය *adj.* operational

kriyaakaarithwaya pilibanda wu ක්‍රියා කාරිත්වය පිළිබඳ වූ *adj.* functional

kriyaathmaka ක්‍රියා ත්මක *adj.* operative

kriyaawaliya ක්‍රියා වලිය *n.* process

kriyaawata wadi unanduwak athi pudgalayaa ක්‍රියා වට වැඩි උනන්දුවක් ඇති පුද්ගලයා *n.* activist

kriyaawehi yedeema ක්‍රියා වෙහි යෙදීම *n.* pursuance

kriyaawehi yodanawa ක්‍රියා වෙහි යොදනවා *v.* execute

kriyaawen kaamuka nowu ක්‍රියා වෙන් කාමුක නොවූ *adj.* platonic

kriyakarakama ක්‍රියා කා රකම *n.* activity

kriyawa ක්‍රියා ව *n.* action

krodaya ක්‍රෝධය *n.* fury

kroora ක්‍රෑර *adj.* cruel

kroora kamata athi priya bawa ක්‍රෑර කමට ඇති පි්‍රය බව *n.* sadism

koorakama ක්‍රෑරකම *n.* atrocity

kroorathwaya ක්‍රෑරත්වය *adv.* cruelty

krumi rala කෘමි රැළ *n.* swarm

kruminaashaka drawya කෘමිනා ශක ද්‍රව්‍යය *n.* pesticide

kruminaashakaya කෘමිනා ශකය *n.* insecticide

krumiyaa කෘමියා *n.* insect

krusha කෘ ෂ *adj.* slim

krushikaarmika කෘෂිකා ර්මික *adj.* agricultural

krushikarmaya කෘෂිකර්මය *n.* agriculture

krushikarmaya කෘෂිකර්මය *n* husbandry

kruthagnathawaya prakasha karanawa කෘ තඥතා වය පි්‍රකා ශ කරනවා *v.* acknowledge

krutheemawa nirmaanaya kala කෘතිමව නිර්මා ණය කළ *adj.* prefabricated

kruthima කෘතිම *adj.* artificial

kruthima කෘතිම *adj.* factitious

kshamaawa ක්ෂමා ව *n.* absolution

kshamathaawa ක්ෂමතා ව *n.* efficiency

kshanaya ක්ෂණය *adj.* instant

kshanaya ක්ෂණය *n.* trice

kshanika ක්ෂණික *n.* fugitive

kshanika ක්ෂණික *adj.* instantaneous

kshanika ක්ෂණික *adj.* momentary

kshanika ක්ෂණික *adj.* sudden

kshanika darshanaya ක්ෂණික දර්ශනය *n.* glimpse

kshanika praharaya ක්ෂණික ප්‍රහාරය *n.* blitz
ksharaya ක්ෂාරය *n.* alkali
kshaya rogaya ක්ෂය රෝගය *n.* tuberculosis
kshaya weema ක්ෂයවීම *n.* corrosion
kshaya weema ක්ෂයවීම *n.* diminution
kshaya wenawa ක්ෂය වෙනවා *v. t* dwindle
kshayawanawaa ක්ෂයවනවා *v.* leach
ksheerapai sathaa ක්ෂීරපායි සතා *n.* mammal
kshemabhoomiya ක්ෂේමභූමිය *n.* oasis
kshepa pramaadaya ක්ෂේප ප්‍රමාදය *n.* jet lag
kshithijaya ක්ෂිතිජය *n.* horizon
kshudra ක්ෂුද්‍ර *adj.* mini
kshudra jeewin nisa winaashayata pathwana ක්ෂුද්‍ර ජීවීන් නිසා විනාශයට පත්වන *adj.* biodegradable
kshudra sakasanaya ක්ෂුද්‍ර සකසනය *n.* microprocessor
kshudra widyaawa ක්ෂුද්‍ර විද්‍යාව *n.* microbiology
kshudraroopee ක්ෂුද්‍රරූපී *adj.* miniature
kuda akuru කුඩා අකුරු *adj.* minuscule
kuda ashwarathaya කුඩා අශ්වරථය *n.* chaise
kuda basaya කුඩා බසය *n.* minibus
kuda belllan wargayak කුඩා බෙල්ලන් වර්ගයක් *n.* whelk
kuda bombaya කුඩා බෝම්බය *a.* grenade
kuda ganga කුඩා ගඟ *n.* creek
kuda gepala කුඩා ගෙපැල *n.* shack
kuda geya කුඩා ගෙය *n.* cottage
kuda otunna කුඩා ඔටුන්න *n.* coronet
kuda pramaanaye puwathpatha කුඩා ප්‍රමාණයේ පුවත්පත *n.* tabloid
kuda sathek කුඩා සතෙක් *n.* wallaby
kuda sidura කුඩා සිදුර *n.* puncture
kuda theeruwa කුඩා තීරුව *n.* tab
kuda thitha කුඩා තිත *n.* blip
kuda thoppiya කුඩා තොප්පිය *n.* bonnet
kuda wiskothu කුඩා විස්කෝතු *n.* cookie
kuda yaathraawa කුඩ යාත්‍රාව *n.* yacht
kudaa almaariya කුඩා අල්මාරිය *n.* locker
kudaa ambul gedi wargayak කුඩා ඇඹුල් ගෙඩි වර්ගයක් *n.* quince
kudaa anduwa කුඩා අඬුව *n.* pliers
kudaa anduwa කුඩා අඬුව *n.* tweezers
kudaa baaldiya කුඩා බාල්දිය *n.* pail
kudaa balu wargayak කුඩා බලු වර්ගයක් *n.* terrier
kudaa bandesiya කුඩා බන්දේසිය *n.* salver
kudaa bandesiya කුඩා බන්දේසිය *n.* server
kudaa car wisheshayak කුඩා කාර් විශේෂයක් *n.* minicab
kudaa diyaralla කුඩා දියරැල්ල *n.* ripple
kudaa ela කුඩා ඇල *n.* streamlet

kudaa gama කුඩා ගම *n.* hamlet
kudaa gas wargayak කුඩා ගස් වර්ගයක් *n.* heather
kudaa gataya කුඩා ගැටය *n.* tubercle
kudaa kaballa කුඩා කැබැල්ල *n.* snippet
kudaa kanda කුඩා කන්ද *n.* tor
kudaa kooduwa කුඩා කූඩුව *n.* pigeonhole
kudaa kota dakwanawaa කුඩා කොට දක්වනවා *v.* minimize
kudaa maalaya කුඩා මාලය *n.* necklet
kudaa maaluwek කුඩා මාලුවෙක් *n.* stickleback
kudaa malla කුඩා මල්ල *n.* pouch
kudaa mudda කුඩා මුද්ද *n.* ringlet
kudaa niwasa කුඩා නිවස *n.* maisonette
kudaa otunna කුඩා ඔටුන්න *n.* tiara
kudaa palliya කුඩා පල්ලිය *n.* oratory
kudaa peeppaya කුඩා පීප්පය *n.* keg
kudaa pilimaya කුඩා පිළිමය *n.* statuette
kudaa raakkaya කුඩා රාක්කය *n.* hob
kudaa saaya කුඩා සාය *n.* miniskirt
kudaa sathek කුඩා සතෙක් *n.* hamster
kudaa wedikaawa කුඩා වේදිකාව *n.* podium
kudaa wellawahuma කුඩා වෙල්ලවැහුම *n.* flapjack
kudaa wiwaraya කුඩා විවරය *n.* vent
kudaya කුඩය *n.* umbrella
kudu කුඩු *n.* powder
kudu karanawa කුඩු කරනවා *v.t* grate
kudu pattam karanawaa කුඩු පට්ටම් කරනවා *adj.* shattering
kudu pattam wenawaa කුඩු පට්ටම් වෙනවා *v.t.* shatter
kudukedu කුඩුකෙඩු *adj.* envious
kudukedu කුඩුකෙඩු *adj.* spiteful
kudukedu කුඩුකෙඩු *adj.* venomous
kuduwa කූඩුව *n.* booth
kuduwa කූඩුව *n.* cage
kuhaka කුහක *adj.* dishonest
kuhaka kama කුහක කම *n.* hypocrisy
kuharaya කුහරය *n.* burrow
kujanaya කුජනය *n.* cheep
kukula කුකුළා *n.* fowl
kukulaa කුකුළා *n.* cock
kukulaa කුකුළා *n.* rooster
kukulu ganaya කුකුළු ගණය *n.* poultry
kukulu patawa කුකුළු පැටවා *n.* chicken
kulaati කුලෑටි *adj.* bashful
kulaati කුලෑටි *adj.* reticent
kulaati කුලෑටි *adj.* shy
kuladetuwa කුලදෙටුවා *n.* patriarch
kulaguru කුලගුරු *n.* chaplain
kulapathi කුලපති *n.* chancellor
kulappu weema කුලප්පු වීම *n.* stampede
kulawaddana කුලවද්දන *adj.* adoptive
kulee rathaya කුලී රථය *n.* cab
kulee rathaya කුලී රථය *n.* taxi
kulee rathayen yanawaa කුලී රථයෙන් යනවා *v.* taxi
kulee wadakaaraya කුලී වැඩකාරයා

n. labourer

kulichchama කුලිච්චම *n.* hassock

kuliya කුලිය *n.* rent

kuliyata denawaa කුලියට දෙනවා *v.* lend

kuliyata gannawa කුලියට ගන්නවා *v.t* hire

kulu badu කුළුබඩු *n.* condiment

kulu baduwa කුලු බඩුව *n.* spice

kulu haraka කුළුහරකා *n.* bison

kulugediya කුළුගෙඩිය *n.* sledgehammer

kulupagakama කුළුපගකම *n.* affair

kumaaraya කුමාරයා *n.* prince

kumaariya කුමාරිය *n.* princess

kumanthrana karanawa කුමන්ත්‍රණ කරනවා *v.* conspire

kumanthranakaaraya කුමන්ත්‍රණකාරයා *n.* conspirator

kumanthranaya කුමන්ත්‍රණය *n.* collusion

kumanthranaya කුමන්ත්‍රණය *n.* conspiracy

kumanthranaya කුමන්ත්‍රණය *v.* intrigue

kumanthranaya කුමන්ත්‍රණය *n.* plot

kumba gasa කුඹ ගස *n.* mast

kumbal karmaanthaya කුඹල් කර්මාන්තය *n.* pottery

kumbiya කුඹියා *n.* ant

kumbura කුඹුර *n.* field

kummahikam karanawaa කුම්මැහිකම් කරනවා *n.* stint

kunaatu sahitha කුණාටු සහිත *adj.* stormy

kunaatuwa කුණාටුව *n.* storm

kundu gahanawa කුන්ඳු ගහනවා *v.t.*

kungfu cheena satan kramaya කුංෆු චීන සටන් ක්‍රමය *n.* kung fu

kunu කුණු *n.* dirt

kunu goda කුණු ගොඩ *n.* dump

kunu kasala කුණු කසල *n.* garbage

kunu thawarunu කුණු තැවරුණු *adj.* slatternly

kunu wenawa කුණු වෙනවා *v.* rot

kunu wuu කුණු වූ *adj.* rotten

kupitha කුපිත *adj.* angry

kupitha karawana කුපිත කරවන *adj.* inflammatory

kupitha karawana කුපිත කරවන *adj.* provocative

kupitha kireema කුපිත කිරීම *n.* provocation

kupitha woo කුපිත වූ *adj.* indignant

kuppiya කුප්පිය *n.* phial

kuppiya කුප්පිය *n.* vial

kuprakata කුප්‍රකට *prep.* notorious

kuragaanawa කුරගානවා *v.* hobble

kurangayaa කුරංගයා *n.* roe

kurubiliya කුරුබිලිය *n.* canyon

kurulaawa කුරුලෑව *n.* pimple

kurulaawa කුරුලෑව *n.* pimple

kurulla කුරුල්ලා *n.* bird

kurulu geya කුරුලු ගෙය *n.* aviary

kurulu handa කුරුළු හඬ *adj.* twee

kurulu handa nanganawa කුරුලු හඬ නඟනවා *v.* chirp

kurulu naada nada denawaa කුරුලු නාද නද දෙනවා *v.* warble

kurulu patiya කුරුළු පැටියා *n.* nestling

kurulu rala කුරුලු රැල *n.* roost

kurulu una කුරුලු උණ *n.* bird flu

kuruminiya කුරුමිණියා *n.* beetle

kuruminiya කුරුමිණියා *n.* ladybird

kurumitta කුරුමිට්ටා *n.* dwarf
kurundu කුරුඳු *n.* cinnamon
kurunga කුරුංග *n.* antelope
kurusa yuddaya කුරුස යුද්ධය *n.* crusade
kurusaya කුරුසය *n.* cross
kurutta කුරුට්ටා *n.* midget
kurutu gaanawaa කුරුටු ගානවා *v.* scrawl
kurutu gee කුරුටු ගී *n.* graffiti
kusaginna කුසගින්න *n.* hunger
kusaginnen pelena කුසගින්නෙන් පෙළෙන *adj.* hungry
kusal sahitha කුසල් සහිත *adj.* meritorious
kusalaanaya කුසලානය *n.* trophy
kusalatha pareekshanaya කුසලතා පරීක්ෂණය *n.* audition
kusalathaawa කුසලතාව *n.* merit
kusalathaawaya කුසලතාවය *n.* talent
kuseetha කුසීත *adj.* lethargic
kuseethayaa කුසීතයා *n.* sluggard
kushta කුෂ්ට *adj.* rash
kusima කුසිම *n.* cushion
kusthura waseema කුස්තුර වැසීම *n.* pointing
kuthuhalaya කුතුහලය *n.* curiosity
kuthuhalaya danawana කුතුහලය දනවන *adj.* curious
kutiya කුටිය *n.* chamber
kutiya කුටිය *n.* cubicle
kutiya කුටිය *n.* enclosure
kuttama කුට්ටම *n.* brace
kuttama කුට්ටම *n.* pack
kuttiya කුට්ටිය *n.* block
kuttiya කුට්ටිය *n.* chunk
kuwithaansiya කුවිතාන්සිය *n.* receipt
kwinaeen ක්විනීන් *n.* quinine

L

laa dumburu paata ලා දුඹුරු පාට *n.* beige
laabaala ලාබාල *adj.* childish
laabaanshaya ලාභාංශය *n.* dividend
laabha upadawana ලාභ උපදවන *adj.* profitable
laabhaya ලාභය *n.* acquisition
laabhaya ලාභය *n.* profit
laaduru rogiya ලාදුරු රෝගියා *n.* leper
laali pati pettiya ලෑලි පටි පෙට්ටිය *n.* crate
laalithya ලාලිත්‍යය *n.* charm
laalithya ලාලිත්‍යය *n.* refinement
laalla ලෑල්ල *n.* board
laalla ලෑල්ල *n.* ply
laanchanaya ලාංඡනය *n.* badge
laanchanaya ලාංඡනය *n.* logo
laanchanaya ලාංඡනය *n.* vestige
laati gahanawa ලෑටි ගහනවා *v.* nibble
laawa ලාවා *n.* barracuda
laba gannawa ලබා ගන්නවා *v.* attain
labaa gannawaa ලබා ගන්නවා *v.* obtain
labaagannata uthsaaha karanawaa ලබා ගන්නට උත්සහ කරනවා *v.i.* seek
labana mudal ලබන මුදල් *n.* proceeds
labeema ලැබීම *n.* attainment
labenawa ලැබෙනවා *v.* get

labenawa ලැබෙනවා *v.* receive
labiya haki ලැබිය හැකි *adj.* available
labiya nohaki de penwaa hiriharayata path karanawaa ලැබිය නොහැකි දේ පෙන්වා හිරිහැරයට පත් කරනවා *v.* tantalize
labu kabala ලබු කබල *n.* gourd
ladaru ghaathanaya ළදරු ඝාතනය *n.* infanticide
ladaru wiya ළදරු විය *n.* infancy
ladaruwa ළදරුවා *n.* baby
ladaruwa ළදරුවා *n.* child
ladaruwa ළදරුවා *n.* infant
ladi ලැදි *adj.* ready
ladikama ලැදිකම *n.* penchant
laduru rogaya ලාදුරු රෝගය *n.* leprosy
laganna ළගන්නා *adj.* attractive
laghu lekakayaa ලඝු ලේඛකයා *n.* stenographer
laghu lekanaya ලඝු ලේඛනය *n.* stenography
laguganakaya ලඝුගණකය *n.* logarithm
laguma ලැගුම *n.* lodging
laisthuwa ලැයිස්තුව *n.* list
lajja sahitha ලජ්ජා සහිත *adj.* coy
lajja wenawa ලජ්ජා වෙනවා *n.* abbot
lajjaakaaraya ලජ්ජාකාරයා *n.* prude
lajjaawa ලජ්ජාව *n.* shame
lajjasheeli ලජ්ජාශීලී *adj.* demure
lajjawata path ලජ්ජාවට පත් *adj.* ashamed
lakar ලැකර් *n.* lacquer
lakshana ලක්ෂණ *adj.* posh
lakshana ලක්ෂණ *adj.* pretty
lakshana paddathiya ලක්ෂණ පද්ධතිය *n.* symbolism
lakshanaya ලක්ෂණය *n.* symbol
lakunu kireema ලකුණු කිරීම *n.* marking
lakunu labaa gannawaa ලකුණු ලබා ගන්නවා *v.* score
lakunu thabanna ලකුණු තබන්නා *n.* marker
lamaa kaalaya ළමා කාලය *n.* childhood
lamaa wiya ළමා විය *n* boyhood
lamaing samaga kaamayehi yedennaa ළමයින් සමඟ කාමයෙහි යෙදෙන්නා *n.* paedophile
lamayaa ළමයා *n.* kid
lamayaage kiri mawa ළමයාගේ කිරි මව *n.* nanny
lambhaka ලම්භක *adj.* perpendicular
lamissi ළමිස්සි *n.* maiden
lan wenawa ළං වෙනවා *v.i.* near
langa ළඟ *adv.* nigh
langa bala sitinna ළඟ බලා සිටින්නා *n.* bystander
langa langa paa thabamin duwanawaa ළඟ ළඟ පා තබමින් දුවනවා *v.* trot
langa paatha ළඟ පාත *n.* outskirts
langaa weema ළඟා වීම *n.* accession
langadeema siduwana ළඟදීම සිදුවන *adj.* impending
lansaya ලන්සය *n.* lance
lansu thabanna ලංසු තබන්නා *n.* bidder
lansuwa ලංසුව *v.* bid
lanthaaruma ලන්තෑරුම *n.* lantern
lanuwa ලණුව *n.* cord

lanuwa ලණුව *n.* rope
lapa sahitha ලප සහිත *adj.* brindle
lapati ළපටි *adj.* immature
lapati ලපටි *adj.* verdant
lapati gasa ලපටි ගස *n.* sapling
lapaya ලපය *n.* blot
lapaya ලපය *n.* speckle
lase wani ලේස් වැනි *adj.* lacy
laser kirana ලේසර් කිරණ *n.* laser
lassana ලස්සන *adj.* cute
lata pata ලට පට *n.* trash
latha gruhaya ලතා ගෘහය *n.* alcove
lathaawa ලතාව *n.* creeper
lathoni denawa ලතෝනි දෙනවා *n.* lament
lathoniya ලතෝනිය *n.* wail
laukika ලෞකික *adj.* profane
laukika ලෞකික *adj.* worldly
laukika winayata ayath ලෞකික විනයට අයත් *adj.* temporal
lava ලාවා *n.* lava
lavender ලැවෙන්ඩර් *n.* lavender
lawanathaawa ලවණතාව *n.* salinity
lawariya ලැවරිය *n.* pancake
lawaya ලවය *n.* numerator
laya ළය *n.* breast
laya palena ළය පැලෙන *adj.* harrowing
lbaagatha haki ලබාගත හැකි *adj.* obtainable
le ලේ *n.* blood
le galanawa ලේ ගලනවා *v.* bleed
le naharaya ලේ නහරය *n.* vessel
le nawathwana behetha ලේ නවත්වන බෙහෙත *adj.* styptic
le thawarunu ලේ තැවරුණු *adj.* bloody
le wagareem sahitha ලේ වැගිරීම් සහිත *adj.* sanguinary
le wagireema ලේ වැගිරීම *n.* bloodshed
lebalaya ලේබලය *n.* label
leda athi ලෙඩ ඇති *adj.* sickly
leda bokaranawaa ලෙඩ බෝකරනවා *v.* infect
leda sahitha ලෙඩ සහිත *adj.* unhealthy
leda suwa karana ලෙඩ සුව කරන *adj.* medicinal
leda wenawa ලෙඩ වෙනවා *v.* ail
ledin ලෙඩින් *adj.* peaky
lee ලී *n.* timber
lee mitiya ලී මිටිය *n.* mall
leeks ලීක්ස් *n.* leek
leetaraya ලීටරය *n.* litre
leewaraya ලීවරය *n.* lever
leeyen thanu ලීයෙන් තැනූ *adj.* wooden
lejaraya ලෙජරය *n.* ledger
lekakaya ලේඛකයා *n.* writer
lekam ලේකම් *n.* secretary
lekana kalaawa ලේඛන කලාව *n.* journalism
lekana vidyaawa ලේඛන විද්‍යාව *n.* calligraphy
lekanaagaaraya ලේඛනාගාරය *n.* muniment
lekanagatha ලේඛනගත *n.* documentary
lekhanagaaraya ලේඛනාගාරය *n.* archives
lela denawa ලෙළ දෙනවා *v.* glitter
lelawanawaa ලෙලවනවා *v.* wield
leli ලේලි *n.* daughter-in-law
leli ලේලි *n.* niece
lena ලෙන *n.* crypt

lena ලේනා *n.* squirrel
lensuwa ලේන්සුව *n.* handkerchief
lesa ලෙස *prep.* like
leshaya ලේශය *n.* whiff
lewakannaa ලෙවකන්න *n.* lychee
lignite ලිග්නයිට් *n.* lignite
lihil ලිහිල් *adj.* lax
lihil kalisama ලිහිල් කලිසම *n.* bloomers
lihil kireema ලිහිල් කිරීම *n.* mitigation
lihisi kreedaa sandahaa aawuru petha ලිහිසි ක්‍රීඩා සඳහා ආවුරු පතෙ *n.* rink
lihisi thel ලිහිසි තෙල් *n.* lubricant
linda ළිඳ *n.* well
lingaya ලිංගය *n.* gender
lingika ලිංගික *adj.* sexual
lingika sansargayata pera uththejanaya ලිංගික සංසර්ගයට පෙර උත්තේජනය *n.* foreplay
lingikathaawa ලිංගිකතා ව *n.* sexuality
linguwa athin pirimada uththejanaya labanawaa ලිඟුව අතින් පිරිමැද ලිංගික උත්තේජනය ලබනවා *v.* masturbate
lipa ළිප *n.* hearth
lipa ළිප *n.* stove
lipi himiyaa ලිපි හිමියා *n.* addressee
lipidrawya ලිපිද්‍රව්‍ය *n.* stationery
lipidrawya welendaa ලිපිද්‍රව්‍ය වෙළෙන්දා *n.* stationer
lipikaruwa ලිපිකරු වා *n.* clerk
lipinaya ලිපිනය *n.* address
lipiya ලිපිය *n.* article
lissa yaama ලිස්සා යාම *v.* glide
lissagena yanawaa ලිස්සා ගෙන යනවා *v.* slither
lissana ලිස්සන *adj.* slippery
lissanawaa ලිස්සනවා *v.* slip
litha ලිත *n.* almanac
liweema ලිවීම *n.* writing
liyaapadinchi karanawa ලියාපදිංචි කරනවා *v.* enrol
liyaapadinchiya ලියාපදිංචිය *n.* registration
liyana mesaya ලියන මේසය *n.* bureau
liyana mesaya ලියන මේසය *n.* desk
liyana pattalaya ලියන පට්ටලය *n.* lathe
liyana waduwaa ලියන වඩුවා *n.* turner
liyanna ලියන්න *v.* write
liyawala ලියවැ ල *n.* scroll
liyawala ලියවැ ල *n.* vignette
liyawilla ලියවිල්ල *n.* document
liyum kawaraya ලියුම් කවරය *n.* envelope
liyum pettiya ලියුම් පෙට්ටිය *n.* dossier
liyuma ලියුම *n.* letter
liyumkaru ලියුම්කරු *n.* correspondent
lo pas ලෝපස් *n.* ore
lobakam karanawaa ලෝබකම් කරනවා *v.* scrimp
lobakam paanawaa ලෝබකම් පානවා *adj.* skimp
lobayaa ලෝබයා *n.* scrooge
lobhaya ලෝභය *n.* greed
lobhee ලෝභී *adj.* greedy
loguwa ලෝගුව *n.* cassock
loguwa ලෝගුව *n.* robe
loha ලෝහ *n.* metal
loha baanda aluthwadiya

karanna ලෝහ භාණ්ඩ අලුත්වැඩියා කරන්න *v.* tinker
loha bora ලෝහ බොර *n.* slag
loha pathura ලෝහ පතුර *n.* slat
loha widyaawa ලෝහ විද්‍යාව *n.* metallurgy
lohamaya ලෝහමය *adj.* metallic
lohitha warnaya ලෝහිත වර්ණය *n.* scarlet
lokaayaththa ලෝකායත්ත *adj.* secular
lokada ලෝකඩ *n.* bronze
lokaparichaarakaya ලෝකපරිචාරකයා *n.* globetrotter
lokaya ලෝකය *n.* world
lokka ලොක්කා *n.* boss
lokoththara ලෝකෝත්තර *adj.* transcendental
loku akuren liyanawa ලොකු අකුරෙන් ලියනවා *v.* engross
loku badu baagaya ලොකු බඩු බෑගය *n.* holdall
loku daakaththa ලොකු දෑකැත්ත *n.* scythe
loku handa ලොකු හඬ *n.* scoop
loku hapan ලොකු හපන් *adj.* tremendous
loku kudaya ලොකු කූඩය *n.* hamper
loku kuttiya ලොකු කුට්ටිය *n.* hunk
loku mitiya ලොකු මිටිය *n.* sledge
loku peeppaya ලොකු පීප්පය *n.* tun
loku thatiya ලොකු තැටිය *n.* platter
lokuma thaagga ලොකුම තෑග්ග *n.* jackpot
lol thanaththa ලොල් තැනැත්තා *n.* geek
lol wu ලොල් වූ *adj.* desirous
lom ලොම් *n.* fluff
lom kabaaya ලොම් කබාය *n.* cardigan
lom kapanawaa ලොම් කපනවා *v.* shear
lom kapeema ලොම් කැපීම *n.* fleece
lom reddhi wargayak ලොම් රෙදි වර්ගයක් *n.* serge
lom redhi wargayak ලොම් රෙදි වර්ගයක් *n.* tweed
lom redi ලොම් රෙදි *n.* wool
lom sahitha ලොම් සහිත *adj.* woolly
lomanaashaka drawyaya ලෝමනාශක ද්‍රව්‍යය *adj.* depilatory
lombuwa ළොඹුව *n.* log
lomin sadu ලොමින් සෑදූ *adj.* woollen
londiya ලොඩියා *n.* jellyfish
loonu ළූණු *n.* onion
loowaraya ලූවරය *n.* Louvre
lop lakuna ලෝප ලකුණ *n.* apostrophe
loriya ලොරිය *n.* lorry
losinjaraya ලොසින්ජරය *n.* lozenge
lotharayiya ලොතරැයිය *n.* raffle
lotharayya ලොතරැයිය *n.* lottery
lowi ලොවි *adj.* mundane
lowinawa ලොවිනවා *v.* lick
luhu bandinawa ලුහු බඳිනවා *v.* chase
luhundu ලුහුඬු *adj.* laconic
luhundu padyaya ලුහුඬු පද්‍යය *n.* sonnet
luhundu prakaashaya ලුහුඬු ප්‍රකාශය *n.* bulletin
luhundu satahana ලුහුඬු සටහන *n.* sketch
lunu ලුණු *n.* salt
lunu athi ලුණු ඇති *adj.* saline

lunu misra ලුණු මිශ්‍ර *adj.* salty

M

maadiriya මාදිරිය *n.* mode
maadyaya මාධ්‍යය *n.* media
maadyaya මාධ්‍යය *n.* medium
maafiya sanwidaanaya මාෆියා සංවිධානය *n.* Mafia
maagarin මාගරින් *n.* margarine
maahangi මාහැඟි *adj.* precious
maaim karanawa මායිම් කරනවා *v.* circumscribe
maakswaadaya මාක්ස්වාදය *n.* Marxism
maalapeththa මාලපෙත්ත *n.* locket
maalaya මාලය *n.* necklace
maaligaawa මාළිගාව *n.* palace
maaligaawak wani මාලිගාවක් වැනි *adj.* palatial
maaligawa මාළිගාව *n.* castle
maalimaawa මාලිමාව *n.* compass
maalu kuttiya මාලු කුට්ටිය *n.* steak
maalu raana මාලු රෑන *n.* shoal
maalu wisheshayak මාලු විශේෂයක් *n.* snapper
maalukaaraya මාළුකාරයා *n.* fisherman
maaluwa මාළුවා *n.* fish
maaluweku wani මාළුවෙකු වැනි *adj.* fishy
maamaa මාමා *n.* uncle
maana balanawa මාන බලනවා *v.i.* aim
maanadika මානදික *adj.* arrogant
maanasika මානසික *adj.* mental
maanasika මානසික *n.* psychiatry
maanasika athin wirudda lingayata namburu wu මානසික අතින් විරුද්ධ ලිංගයට නැඹුරු වූ *n.* transsexual
maanasikathwaya මානසිකත්වය *n.* mentality
maanawa wargayaa මානව වර්ගයා *n.* mankind
maanawa widyaawa මානව විද්‍යාව *n.* anthropology
maanawawaadaya මානවවාදය *n.* humanism
maanawawaadi මානවවාදී *adj.* humanitarian
maanaya මානය *n.* conceit
maanaya මානය *n.* dimension
maanaya මානය *n.* pride
maanchu මාංචු *n.* shackle
maanchuwa මාංචුව *n.* handcuff
maanchuwa මාංචුව *n.* handcuff
maanel wani mal gasak මානෙල් වැනි මල් ගසක් *n.* narcissus
maapata angilla මාපට ඇඟිල්ල *n.* thumb
maaraanthika මාරාන්තික *adj.* deadly
maaragopadesha grantaya මාර්ගෝපදේශ ග්‍රන්ථය *n.* guidebook
maaragopadeshaka මාර්ගෝපදේශක *n.* guide
maaraka මාරක *adj.* lethal
maaraka මාරක *adj.* malignant
maaraka siddiya මාරක සිද්ධිය *n.* fatality
maargaya මාර්ගය *n.* route
maargayen pita paninawa මාර්ගයෙන් පිට පනිනවා *v.* digress

maaru kala haki මාරු කළ හැකි *adj.* transferable

maaru karanawa මාරු කරනවා *v.* commute

maaru karanawaa මාරු කරනවා *v.* transfer

maaru wana thana මාරු වන තැන *n.* crossing

maaru wenawa මාරු වෙනවා *v.* change

maaruwen maruwata මාරුවෙන් මාරුවට *v.t.* alternate

maasaya මාසය *n.* month

maaspatha මාස්පතා *adj.* monthly

maatha මෑත *adj.* recent

maathadee මෑතදී *adv.* lately

maathraawa මාත්‍රාව *n.* dose

maathroo moolika මාතෘ මූලික *n.* matriarch

maathrukaawa මාතෘකාව *n.* heading

maathrukaawa මාතෘකාව *n.* title

maathruthwaya මාතෘත්වය *n.* maternity

maathruthwaya මාතෘත්වය *n.* motherhood

maaththuwa adu nathi මාත්තුව අඩු නැති *adj.* unalloyed

maawatha මාවත *n.* avenue

maayaakaarayaa මායාකාරයා *n.* juggler

maayaawa මායාව *adj.* fake

maayaawee මායාවී *adj.* fantastic

maayam මායම් *n.* magic

maayam wana මායම් වන *adj.* feisty

maayam wenawa මායම් වෙනවා *v.* feign

maayawi මායාවි *adj.* illusory

maayima මායිම *n.* limit

maayima මායිම *n.* outline

mada මැද *adj.* mid

mada මඩ *n.* mud

mada gahanawa මද ගහනවා *v.* exude

mada ginne thambanawaa මද ගින්නේ තම්බනවා *v.* simmer

mada kaalaya මද කාලය *n.* rut

mada kadiththa මඩ කඩිත්ත *n.* puddle

mada lesa hinaawenawaa මද ලෙස හිනා වෙනවා *v.* smile

mada pawana මද පවන *n.* zephyr

mada pawathwanawaa මැඩ පවත්වනවා *v.* stifle

mada sahitha මඩ සහිත *adj.* slushy

mada sahitha මඩ සහිත *adj.* turbid

mada sulanga මද සුළඟ *n.* breeze

mada welaawak nideema මද වෙලාවක් නිදීම *n.* snooze

mada yamak ahuraa redhi depatak ekata maheema මැද යමක් අහුරා රැඳි දෙපටක් එකට මහන ලද *adj.* quilted

madajanaka මදජනක *adj.* erogenous

madak rathu wuu මදක් රතු වූ *adj.* reddish

madak thambu maalu මදක් තැම්බූ මාළු *n.* bloater

madalanawaa මැඩලනවා *v. t* curb

madanawaa මඩනවා *v.* trample

madapawathwanawaa මැඩපවත්වනවා *v.* sink

madapawathwiya nohaki මැඩපැවැත්විය නොහැකි *adj.* ungovernable

madaya මදය *n.* kernel
maddahanaya මද්දහනය *n.* midday
made laginawaa මඩේ ලගිනවා *v.* wallow
madhu මධු *n.* mead
madhusamaya මධුසමය *n.* honeymoon
madi woo මදි වූ *adj.* inadequate
madihath weema මැදිහත් වීම *n.* mediation
madihath wenawa මැදිහත් වෙනවා *v.* intercede
madihath wenawa මැදිහත් වෙනවා *v.* mediate
madihathweema මැදිහත්වීම *n.* intervention
madihathwenawa මැදිවෙනවා *v.* intervene
madin ellaa watenawaa මැදින් එල්ලා වැටෙනවා *v.* sag
madipaaduwa මදිපාඩුව *n.* deficiency
madirothmaadaya මදිරෝත්මාදය *n.* dipsomania
madiyaa මැඩියා *n.* paddock
maduruwaa මදුරුවා *n.* mosquito
maduwa මඩුව *n.* hut
maduwa මඩුව *n.* shed
maduwaa මඩුව *n.* skate
madya kaaleena kaanthaa thoppiyak මධ්‍ය කාලීන කාන්තා තොප්පියක් *n.* wimple
madya rekhawa මධ්‍ය රේඛාව *n.* meridian
madyaahanaya මධ්‍යාහ්නය *n.* noon
madyadharanee මධ්‍යධරණී *adj.* Mediterranean
madyagaaraya මද්‍යගාරය *n.* brewery
madyagatha karanawa මධ්‍යගත කරනවා *v.* centralize
madyagimhaanaya මධ්‍යගිම්හානය *adj.* midsummer
madyahna nidraawa මධ්‍යාහ්න නිද්‍රාව *n.* siesta
madyakaleena මධ්‍යකාලීන *adj.* medieval
madyama මධ්‍යම *adj.* central
madyama මධ්‍යම *adj.* middle
madyama මධ්‍යම *adj.* moderate
madyama raathriya මධ්‍යම රාත්‍රිය *n.* midnight
madyama tharame මධ්‍යම තරමේ *adj.* middling
madyasaara kihipayakin mishra kala paanaya මද්‍යසාර කිහිපයකින් මිශ්‍ර කළ පානය *n.* cocktail
madyasara මද්‍යසාර *n.* alcohol
madyastha මධ්‍යස්ථ *adj.* median
madyasthaanaya මධ්‍යස්ථානය *n.* hub
madyasthanaya මධ්‍යස්ථානය *n.* center
madyaya මධ්‍යය *n.* centre
madyaya මධ්‍යය *n.* core
maga hareema මඟ හැරීම *n.* avoidance
maga hareema මඟ හැරීම *n.* omission
maga harinawa මඟ හරිනවා *v.* avoid
maga harinna මඟ හරින්නා *n.* shirker
maga penweema මඟ පෙන්වීම *n.* directive
maga waradee harenawa මඟ වැරදී හැරෙනවා *v.* yaw

magaharayaama මගහැ රයා ම *n.* bypass
mage මගේ *pron.* mine
mage මගේ *adj.* my
magin මඟින් *prep.* via
magiya මඟියා *n.* passenger
maha මහා *adj.* big
maha amuna මහ අමුණ *n.* barrage
maha badawala මහ බඩවැ ල *n.* colon
maha deniya මහ දණිය *n.* moor
maha handin මහ හඬින් *adv.* aloud
maha handin naasayen husma pita kireema මහ හඬින් නා සයෙන් හුස්ම පිට කිරීම *n.* snort
maha lekam kaaryaalaya මහ ලේකම් කා ර්යා ලය *n.* secretariat
maha manga මහ මඟ *n.* highway
maha modaya මහ ම ෝඩයා *n.* moron
maha molakaaraya මහ ම ොළකා රයා *n.* mastermind
maha winaashaya මහා විනා ශය *n.* catastrophe
mahaa මහා *adj.* mega
mahaa dhanawatha මහා ධනවතා *nabob* nabob
mahaa hamudaawa මහා හමුදාව *n.* legion
mahaa kolaahalaya මහා කෝලා හලය *n.* pandemonium
mahaa maargaya මහා මා ර්ගය *n.* boulevard
mahaa prathimaawa මහා ප්රතිමා ව *n.* colossus
mahaa ralla මහා රළ්ල *v.* billow
mahaa shaalawa මහා ශා ලා ව *n.* megalith
mahaa upadrawaya මහා උපද්රවය *n.* cataclysm
mahaachaaryawarayaa මහා චා ර්යවරයා *n.* professor
mahaadweepaya මහා ද්වීපය *n.* continent
mahaadweepika මහා ද්වීපික *adj.* continental
mahaakaawya මහා කා ව්යය *n.* epic
mahaamaariya මහාමාරිය *n.* plague
mahaduru මහදුරු *n.* fennel
mahadweepayak puraa pathala මහද්වීපයක් පුරා පතල *adj.* transcontinental
mahajana aashirwaadaya මහජන ආශිර්වා දය *n.* charisma
mahajanaya මහජනයා *n.* populace
mahalla මැ හැ ල්ල *n.* hag
mahalu මහලු *adj.* old
mahalu bawa මහලු බව *n.* senility
mahanawaa මහනවා *v.* sew
mahanawaa මහනවා *v.* stitch
mahansiyen kala yuthu මහන්සියෙන් කළ යුතු *adj.* laborious
maharaja මහරජා *n.* sovereign
mahath මහත් *adj.* great
mahath alankaarayen yuth මහත් අලං කා රයෙන් යුත් *adj.* sumptuous
mahath anathura මහත් අනතුර *n.* peril
mahath apawaadaya මහත් අපවා දය *n.* invective
mahath bakthiya මහත් භක්තිය *n.* veneration
mahath bhaya මහත් බය *v.* scare
mahath duka මහත් දුක *n.* pang
mahath durgandaya මහත් දුර්ගන්ධය *n.* stench

mahath goshawa මහත් ඝෝෂාව *n.* din
mahath kalabalaya මහත් කලබලය *n.* bedlam
mahath kampaawa මහත් කම්පාව *n.* upheaval
mahath kunaatu sahitha මහත් කුණාටු සහිත *adj.* tempestuous
mahath lesa penena මහත් ලෙස පෙනෙන *adj.* grandiose
mahath onakamak athi මහත් ඕනෑකම් ඇති *adj.* eager
mahath peedawa මහත් පීඩාව *n.* agony
mahath pilikul upadawana මහත් පිළිකුල් උපදවන *adj.* horrid
mahath preethiyen මහත් ප්‍රීතියෙන් *adv.* gaily
mahath premayen මහත් ප්‍රේමයෙන් *adv.* dearly
mahath pudumayata pathwenawa මහත් පුදුමයට පත්වෙනවා *adj.* flabbergasted
mahath salakilla මහත් සැලකිල්ල *n.* solicitude
mahath sanwegaya upadawana මහත් සංවේගය උපදනවා *adj.* shocking
mahath se kalakirunu මහත් සේ කලකිරුණු *adj.* disaffected
mahath se ridawanawa මහත් සේ රිදවනවා *v.* wring
mahath shabda athi මහත් ශබ්ද ඇති *adj.* thunderous
mahath shabda sahitha මහත් ශබ්ද සහිත *adj.* tumultuous
mahath tharangaya මහත් තරංගය *n.* trug
mahath unanduwa මහත් උනන්දුව *n.* fervour
mahath unanduwa මහත් උනන්දුව *n.* furore
mahath unanduwa මහත් උනන්දුව *n.* vitality
mahath wancha kaarayaa මහත් වංචාකාරයා *n.* swindler
mahath wanchaawa මහත් වංචාව *v.* swindle
mahath wegaya මහත් වේගය *n.* zip
mahath wehesa මහත් වෙහෙස *n.* strain
mahath winaashaya මහත් විනාශය *n.* debacle
mahath winaashaya මහත් විනාශය *n.* havoc
mahath winaashayata pamunuwanawaa මහත් විනාශයට පමුණුවනවා *v.* decimate
mahath wipatha මහත් විපත *n.* tribulation
mahath wishmayata pamunuwanawaa මහත් විශ්මයට පමුණුවනවා *v.* stagger
mahatha මහතා *n.* gentleman
mahathwaru මහත්වරු *n.* gentry
mahathwaya මහත්වය *n.* immensity
mahechcha මහේච්ඡ *adj.* ambitious
mahesthraath මහේස්ත්‍රාත් *n.* magistrate
mahimaya මහිමය *n.* grandeur
mahogany මැහොගනි *n.* mahogany
mahogaya මහෝඝය *n.* deluge
mahuma මැහුම *n.* stitch
mai maasaya මැයි මාසය *n.* May
mainahama මයිනහම *n.* bellows
maitaraya මයිටරය *n.* mitre

makaa damanawa මකා දමනවා *v. i* delete

makaa damanawa මකා දමනවා *v.* obliterate

makaa damanawa මකා දමනවා *v.* raze

makaa dameema මකා දැමීම *n.* deletion

makaa dameema මකා දැමීම *n.* obliteration

makaadamanawa මකා දමනවා *v.* erase

makaadamanawaa මකා දමනවා *v.* deface

makanawa මකනවා *v.* efface

makaraa මකරා *n.* dragon

makka මැක්කා *n.* flea

makulu dala මකුළු දැල *n.* cobweb

makuluwaa මකුළුවා *n.* spider

makuna මකුණා *n.* bug

mal banduna මල් බඳුන *n.* vase

mal kalamba මල් කළඹ *n.* bouquet

mal maalaya මල් මාලය *n.* garland

mal pani මල් පැණි *n.* nectar

mal peththa මල් පෙත්ත *n.* petal

mal wadama මල් වඩම *n.* wreath

mal wargayak මල් වර්ගයක් *n.* tulip

mala මල *n.* fur

mala මළ *adj.* dead

mala bandenawaa මල බැඳෙනවා *v.* corrode

mala bandunu මල බැඳුණු *adj.* rusty

mala dola මළ දොළ *n.* wadi

mala pasu මළ පසු *adj.* posthumous

mala sirura මළ සිරුර *n.* corpse

malaanika මලානික *adj.* lurid

malaanika woo මලානිකවූ *adj.* dispirited

malabaddaya මලබද්ධය *n.* constipation

malagedara මළගෙදර *n.* funeral

malakada මලකඩ *n.* rust

malakuna මළකුණ *n.* carcass

malala kreedakayaa මළල ක්‍රීඩකයා *n.* athlete

malala kreedawa මළල ක්‍රීඩාව *adj.* athletic

malariawa මැලේරියාව *n.* malaria

malawenawa මැලවෙනවා *v.* droop

malawunu මැළවුණු *adj.* seedy

malgowa මල්ගෝවා *n.* cauliflower

malin gawasi මලින් ගැවසි *adj.* flowery

malin karana lada මලින් කරන ලද *adj.* floral

maliyam මැලියම් *n.* adhesive

maliyam මැලියම් *n.* glue

maliyam මැලියම් *n.* gum

maliyam මැලියම් *n.* mucilage

malkaru මල්කරු *n.* florist

mallawaya මල්ලවයා *n.* wrestler

malwara weema මල්වරවීම *n.* puberty

mama මම *pron.* I

mama මම *pron.* me

mama ma මම ම *pron.* myself

mamiya මමියා *n.* mummy

man mulaa wee yanawaa මං මුලා වී යනවා *v.* stray

mana මනා *adj.* nice

manaa sanwidaanaya මනා සංවිධානය *n.* logistics

manaa suwandathi මනා සුවඳැති *adj.* fragrant

manaaliya මනාලිය *n.* bride

manaaliyage andum kattalaya

මනාලියගේ ඇඳුම් කට්ටලය *n.* trousseau
manaapaya මනා පය *n.* preference
manaawa nowadunu මනා ව නොවැඩුණු *adj.* gangling
manaawa sakas nowu මනා ව සකස් නොවූ *adj.* scrappy
manahara මනහර *adj.* lovely
manakkalpitha මනඃ කල්පිත *adj.* fanciful
manakkalpitha මනඃ කල්පිත *adj.* imaginary
manakkalpithaya මනඃ කල්පිතය *n.* imagery
manamaalaya මනමා ලයා *n.* bridegroom
manaram මනරම් *adj.* winsome
manasa මනස *n.* mind
manda buddhika මන්ධ බුද්ධික *adj.* saturnine
manda buddika මන්දබුද්ධික *adj.* obtuse
manda warnaya මන්ධ වර්ධය *n.* tint
mandaakiniya මන්දාකිණිය *n.* galaxy
mandagaamee මන්දගාමී *adj.* slow
mandaheshaawa මන්දහෙෂා ව *n.* whinny
mandalaakara මණ්ඩලා කා ර *v.* gyrate
mandalaya මණ්ඩලය *n.* council
mandalaya මණ්ඩලය *n.* panel
mandanaya මන්දනය *n.* retardation
mandanaya karanawa මන්දනය කරනවා *v.* decelerate
mandapaya මණ්ඩපය *n.* pavilion
mandaposhanaya මන්දප ෝෂණය *n.* malnutrition
mandiraya මන්දිරය *n.* mansion
mandra swara මන්ද්‍ර ස්වර *n.* bass
maneema මැනීම *a.* measure
manga මඟ *n.* path
manga hareema මඟහැරීම *n.* evasion
manga harinawa මඟ හරිනවා *v. t* dodge
manga harinawa මඟ හරිනවා *v. t* evade
mangahara pana yanawa මඟහැ ර පැ න යනවා *v.* abscond
mangaharayaama මඟහැ රයා ම *n.* elusion
mangala මංගල *adj.* bridal
mangala rathaya මංගල රථය *n.* chariot
mangala wasthuwa මංගල වස්තුව *n.* mascot
mangalyaya මං ගල්යය *n.* fete
manganese මැංගනීස් *n.* manganese
manik katu ataya මැණික් කටු ඇටය *adj.* carpal
manik katuwa මැණික් කටුව *n.* wrist
manik wargayak මැණික් වර්ගයක් *n.* zircon
manik welenda මැණික් වෙළෙන්දා *n.* jeweller
manika මැණික *n.* gem
manika මැණික *n.* jewel
maninawa මිනිනවා *v.* measure
maninawaa මිනිනවා *v.t.* survey
mankollakaaraya මං කොල්ලකා රයා *n.* robber
mankollakaarayaa මං කොල්ලකා රයා *n.* dacoit
mankollakanawa මං කොල්ල කනවා *v.* rob

mankollakanawaa මංකොල්ලකනවා *v.* waylay
mankollaya මංකොල්ලය *n.* robbery
mano මනෝ *adj.* psychological
mano chikithsakayaa මනෝ චිකිත්සකයා *n.* psychiatrist
mano raajyaya මනෝරාජ්‍යය *n.* utopia
mano roga chikithsaawa මනෝ රෝග චිකිත්සාව *n.* psychotherapy
mano widyaagnaya මනෝ විද්‍යාඥයා *n.* psychologist
mano widyaawa මනෝවිද්‍යාව *n.* psychology
mano wikaaraya මනෝවිකාරය *n.* psychosis
mano wyaadiya මනෝව්‍යාධිය *n.* psychopath
manobhaawaya මනෝභාවය *n.* mood
manodeena මනෝඨීන *adj.* temperamental
manohara මනෝහර *adj.* delectable
manohara මනෝහර *adj.* delightful
manohara මනෝහර *adj.* inviting
manolokaya මනෝලෝකය *n.* déjà vu
mansabhakshaka මාංස භක්ෂක *n.* carnivore
manthrakaarayaa මන්ත්‍රකාරයා *n.* sorcerer
manthrakaraya මන්ත්‍රකාරයා *n.* wizard
manthraya මන්ත්‍රය *n.* mantra
manthreemandalaye saamaajikaya මන්ත්‍රීමණ්ඩලයේ සාමාජිකයා *n.* parliamentarian
manthreewarayaa මන්ත්‍රීවරයා *n.* councillor
manubila මනුබිල *n.* manhole
manushyathwaya මනුෂ්‍යත්වය *n.* humanity
maple dawa මේපල් දැව *n.* maple
mara මැර *adj.* roguish
marana pramaanaya මරණ ප්‍රමාණය *n.* mortality
marana wimasuma මරණ විමසුම *n.* inquest
maranaya මරණය *n.* cadaver
maranaya මරණය *n.* cadaver
maranaya මරණය *n.* death
maraneeya මරණීය *adj.* fatal
marathon මැරතන් *n.* marathon
marawara මැරවර *adj.* rowdy
marawarakam karanawaa මැරවරකම් කරනවා *adj.* swashbuckling
marawarakama මැරවරකම *n.* outrage
marawarayaa මැරවරයා *n.* ruffian
marawarayaa මැරවරයා *n.* thug
maraya මැරයා *n.* gangster
marayaa මැරයා *n.* rogue
mardanaya මර්ධනය *n.* suppression
maree upan මැරී උපන් *n.* stillborn
marenasulu මැරෙනසුලු *adj.* mortal
marinadaya මැරිනේඩය *n.* marinade
marthu මාර්තු *n.* march
mas මස් *n.* meat
mas koora මස් කූර *n.* skewer
mas maalu nokannaa මස් මාලු නොකන *n.* vegan
mas padam karanawa මස් පදම් කරනවා *v.* marinate
mas palangana loha massa මස් පළඟන ලෝහ මැස්ස *n.* barbecue

mas welenda මස් වෙළෙන්දා *n.* butcher
masa මස *n.* flesh
masiwili kireema මැසිවිලි කිරීම *v.* whinge
maskaawaa මස්කාවා *n.* otter
mason wada මේසන් වැඩ *n.* masonry
maspiduwa මස්පිඩුව *n.* muscle
masthakaya මස්තකය *n.* summit
masun allana thana මසුන් අල්ලන තැන *n.* fishery
masura මසුරා *n.* miser
masuraa මසුරා *n.* niggard
masuri මසුරි *n.* smallpox
masuru මසුරු *adj.* miserly
masuru මසුරු *adj.* niggardly
masuru මසුරු *adj.* sparing
masuru මසුරු *adj.* stingy
masurukama මසුරුකම *n.* parsimony
matasilitu මටසිළුටු *adj.* sleek
math gathiya මත් ගතිය *n.* intoxication
math karanawaa මත් කරනවා *v.* intoxicate
matha මත *prep.* on
mathak karanawa මතක් කරනවා *v.* remind
mathak kireema මතක් කිරීම *n.* reminder
mathaka nathi wana sulu මතක නැති වන සුලු *adj.* forgetful
mathaka satahan මතක සටහන් *n.* memorandum
mathaka thabaagannawa මතක තබා ගන්නවා *v.* remember
mathakaagaaraya මතකාගාරය *n.* mortuary
mathakaya මතකය *n.* memory
mathaya මතය *n.* judgement
mathaya මතය *n.* opinion
mathdrawya මත්ද්‍රව්‍ය *n.* narcotic
mathpan මත්පැන් *n.* liquor
mathpan nobonna මත්පැන් නොබොන්නා *n.* teetotaller
mathpan poda මත්පැන් පොද *n.* tot
mathpanin wenweema මත්පැනින් වෙන්වීම *n.* temperance
mathrukaa paataya මාතෘකා පාඨය *n.* rubric
mathu මතු *adv.* after
mathu pita මතුපිට *n.* surface
mathu wee penena මතු වී පෙනෙන *adj.* prominent
mathu wenawa මතු වෙනවා *v.* emerge
mathupitin මතුපිටින් *adv.* outwardly
mathupitin dhawanawaa මතුපිටින් දවනවා *v.* scorch
mathuranawa මතුරනවා *v.* murmur
mati මැටි *n.* clay
mati bandun මැටි බඳුන් *n.* crockery
mati mola මැටි මොළ *n.* ignoramus
matiyen saadana lada මැටියෙන් සාදන ලද *adj.* earthen
mattama මට්ටම *n.* level
mattaya මට්ටියා *n.* mussel
maw මව් *adj.* maternal
maw puwaruwa මව් පුවරුව *n.* motherboard
mawa මව *n.* mother
mawa mareema මව මැරීම *n.* matricide
mawaa gannawaa මවා ගන්නවා *v.* visualize

mawaapaama මවා පෑම *n.* affectation
mawaka wani මවක වැනි *adj.* motherly
mawana මවන *adj.* creative
mawanna මවන්නා *n.* creator
mawitha wenawa මවිත වෙනවා *v.* astonish
mawula මවුල *n.* molar
mawulaya මවුලය *n.* mole
mawumkaruwa මැවුම්කරුවා *n.* behemoth
mayaa karmaya මායා කර්මය *n.* witchcraft
mayaakaariya මායාකාරිය *n.* witch
mayikaa මයිකා *n.* mica
mayonnaise මයොනේස් *n.* mayonnaise
mayosiya මයෝසිය *n.* myosis
me asala මේ අසල *adv.* hereabouts
me dakwaa මේ දක්වා *adv.* hitherto
me wana witath මේ වන විටත් *adv.* already
meda katiweemak මේද කැටිවීමක් *n.* cellulite
meda uraaganeema මේද උරාගැනීම *n.* liposuction
mee haraka මී හරකා *n.* buffalo
mee kiri මී කිරි *n.* curd
mee masmora rogaya sahitha මී මැස්මොර රෝගය සහිත *adj.* apoplectic
mee massa මී මැස්සා *n.* bee
mee pani මී පැණි *n.* honey
mee pani wadaya මී පැණි වදය *n.* honeycomb
mee wadaya මී වදය *n.* apiary
mee wadaya මී වදය *n.* hive
meeduma මීදුම *n.* fog
meeduma මීදුම *n.* mist
meeduma saha duma misra patalaya මීදුම සහ දුම මිශ්‍ර පටලය *n.* smog
meelanga මීළඟ *adj.* next
meetara kramaya මීටර ක්‍රමය *adj.* metric
meetaraya මීටරය *n.* meter
meewana මීවන *n.* fern
meeya මීයා *n.* mouse
meeya මීයා *n.* rat
megabyte මෙගා බයිට් *n.* megabyte
megahertz මෙගා හර්ට්ස් *n.* megahertz
megaphonaya මෙගා ෆෝනය *n.* megaphone
megapixalaya මෙගාපික්සලය *n.* megapixel
mehekaruwaa මෙහෙකරුවා *n.* servant
meheyawanawa මෙහෙයවනවා *v.* manipulate
meheyawanaya මෙහෙයවනවා *v.* lead
meheyawanna මෙහෙයවන්නා *n.* compere
meheyaweema මෙහෙයවීම *n.* manipulation
mehi මෙහි *adv.* here
meka මෙක *pron.& adj.* this
melesa මෙලෙස *adv.* thus
menehi karanawa මෙනෙහි කරනවා *v.* recall
meneri මෙනේරි *n.* millet
menuwa මෙනුව *n.* menu
mes anduma මේස් ඇඳුම් *n.* hosiery
mes patiya මේස් පටිය *n.* garter

mesan handa මේසන් හැන්ද *n.* trowel

mesaya මේසය *n.* table

methan patan මෙතැන් පටන් *adv.* hereafter

methan sita මෙතැන් සිට *adv.* hence

methanata මෙතැනට *adv.* hither

metta redhi මෙට්ට රෙදි *n.* ticking

mettaya මෙට්ටය *n.* mattress

mewalama මෙවලම *n.* artefact

mewalama මෙවලම් *n.* paraphernalia

mewalama මෙවලම *n.* tool

meyin මෙයින් *adv.* hereby

micromeetaraya මයික්‍රෝමීටරය *n.* micrometer

microphonaya මයික්‍රෝෆෝනය *n.* microphone

midenawa මිදෙනවා *v.* abstain

midenawa මිදෙනවා *v.* freeze

midhi nelana kaalaya මිදි නෙලන කාලය *n.* vintage

midhi wala මිදි වැල *n.* vine

midhi waweeme shasthraya මිදි වැවීමේ ශාස්ත්‍රය *n.* viticulture

midi මිදි *n.* grape

migrain මයිග්‍රේන් *n.* migraine

mihiri bawa මිහිරි බව *n.* sweetness

mila මිල *n.* price

mila adhika මිල අධික *adj.* costly

mila adhika මිල අධික *adj.* expensive

mila adhika nowana මිල අධික නොවන *adj.* inexpensive

mila adu මිල අඩු *adj.* cheap

mila adu karanawa මිල අඩු කරනවා *v. t.* cheapen

mila karanawa මිල කරනවා *v.* appraise

mila pahatha heleema මිල පහත හෙලීම *n.* deflation

milata gannawa මිලට ගන්නවා *v.* buy

milata gannawaa මිලට ගන්නවා *v.* purchase

milayata gath badu මිලයට ගත් බඩු *n.* shopping

milayata gatha haki මිලයට ගත හැකි *adj.* venal

milechcha ම්ලේච්ඡ *adj.* barbaric

milechchaya ම්ලේච්ඡයා *n.* barbarian

miligraamaya මිලිග්‍රෑමය *n.* milligram

milimeetaraya මිලිමීටරය *n.* millimetre

miliyanaya මිලියනය *n.* million

mimma මිම්ම *n.* gauge

mimma මිම්ම *n.* measurement

min madura මින් මැදුර *n.* aquarium

min mathu මින් මතු *adv.* henceforth

minchi මිංචි *n.* mint

minchi palaya මිංචි පැළය *n.* spearmint

minee maranawaa මිනී මරනවා *v.* kill

minee pettiya මිනී පෙට්ටිය *n.* coffin

minee rathaya මිනී රථය *n.* hearse

mineemaranawa මිනීමරනවා *v.* assassinate

mineemareema මිනීමැරීම *n.* assassination

mineemaruma මිනීමැරුම *n.* murder

mineemaruwa මිනීමරුවා *n.* assassin

mineemaruwa මිනීමරුවා *n.*

homicide
mineemaruwa මිනීමරු වා *n.* murderer
mineemassa මිනීමැ ස්සා *n.* bier
minigedi handa මිණිගෙඩි හඬ *n.* chime
minindoruwaa මිනින්ද ෝරු ව *n.* surveyor
miniran මිනිරන් *n.* graphite
minis මිනිස් *adj.* human
minis balaya මිනිස් බලය *n.* manpower
minis ruwa athi robottek මිනිස් රු ව ඇති ර ෙබ ෝට්ටෙක් *n.* android
minisaa මිනිසා *n.* man
minisun sewaye noyedena මිනිසුන් සේවයේ නොයෙදෙන *adj.* unmanned
miniththuwa මිනිත්තුව *n.* minute
miniya beheth galwaa sanrakshanaya karanawa මිනිය බෙහෙත් ගල්වා සංරක්ෂණය කරනවා *v.* mummify
miniyak wani මිනියක් වැනි *adj.* ghastly
minum danda මිනුම් දණ්ඩ *n.* criterion
miridiya maalu wargayak මිරිදිය මාළු වර්ගයක් *n.* trout
mirikaa podikaranawaa මිරිකා ප ෝඩිකරනවා *v.* squash
mirikanawaa මිරිකනවා *v.* squeeze
mirikanawaa මිරිකනවා *v.* squish
mirikee sitinawa මිරිකී සිටිනවා *v.* huddle
miringuwa මිරිඟුව *n.* mirage
misa මිස *conj.* unless
misailaya මිසයිලය *n.* missile
mishra මිශ්‍ර *adj.* assorted
mishra adhyaapanaya මිශ්‍ර අධ්‍යාපනය *n.* co-education
mishra karanawa මිශ්‍ර කරනවා *v.* concoct
mishra karanawaa මිශ්‍ර කරනවා *v.* mix
mishra lobaya මිශ්‍ර ල ෝහය *n.* alloy
mishra sangeethaya මිශ්‍ර සංගීතය *n.* medley
mishra wenawa මිශ්‍ර වෙනවා *v. t* blend
mishra wenawa මිශ්‍ර වෙනවා *v.* mingle
mishrakaya මිශ්‍රකය *n.* mixer
mishrana yanthraya මිශ්‍රණ යන්ත්‍රය *n.* blender
mishranaya මිශ්‍රණය *n.* concoction
mita මිට *n.* haft
mita මිට *n.* handful
mita මිට *n.* hilt
mita molawaa gasanawaa මිට මොළවා ගසනවා *v.* pummel
miten pahara denawa මිටෙන් පහර දෙනවා *n.* knuckle
mithra මිත්‍ර *adj.* amicable
mithra wu මිත්‍ර වූ *adj.* allied
mithrathwaya මිත්‍රත්වය *n.* amity
mithrathwaya මිත්‍රත්වය *n.* camaraderie
mithrayo මිත්‍රයෝ *n.* kith
mithuru wenawa මිතුරු වෙනවා *v.* befriend
mithya මිත්‍යා *adj.* legendary
mithyaa adaheema මිත්‍යා ඇදහීම *n.* superstition
mithyaa kathaa samoohaya මිත්‍යා කථා සමූහය *n.* mythology

mithyaa kathaawa මිත්‍යා කතාව *n.* figment
mithyaa wishwaasaya මිථ්‍යා විශ්වාසය *n.* misbelief
mithyaawa මිත්‍යාව *n.* myth
miti kanda මිටි කන්ද *n.* hillock
miti wasikili pochchiya මිටි වැසිකිළි පොච්චිය *n.* bidet
mitiya මිටිය *n.* hammer
mitiyaawatha මිටියාවත *n.* dale
mitiyaawatha මිටියාවත *n.* vale
mitta මිට්ටා *n.* elf
miyagiya keneku wenuwen liyawunu,wilaapa geeya මියගිය කෙනෙකු වෙනුවෙන් ලියැවුණු විලාප ගීය *n.* monody
miyayanawa මියයනවා *v.* die
mlechchayaa ම්ලේච්ඡයා *n.* vandal
mochariya මෝචරිය *n.* morgue
moda මෝඩ *adj.* asinine
moda මෝඩ *adj.* foolish
moda මෝඩ *adj.* senseless
moda bhakthiya මෝඩ භක්තිය *n.* fetish
moda gadola මෝඩ ගඩොල *n.* adobe
moda hasireema මෝඩ හැසිරීම *n.* tomfoolery
moda pudgalayek මෝඩ පුද්ගලයෙක් *n.* nerd
moda sinahawa මෝඩ සිනහව *v.t.* giggle
modakama මෝඩකම *n.* absurdity
modakama මෝඩකම *n.* folly
modamaya මෝඩමය *n.* modem
modaya මෝඩයා *n.* ass
modaya මෝඩයා *n.* fool
modaya මෝඩයා *n.* idiot
modaya මෝඩයා *n.* oaf
modayaa මෝඩයා *n.* slob
modiyulaya මොඩියුලය *n.* module
mohana widyaawa මෝහන විද්‍යාව *n.* hypnosis
mohanaya මෝහනය *n.* hypnotism
mohanaya මෝහනය *n.* witchery
mohayen math karanawaa මෝහයෙන් මත් කරනවා *v.* infatuate
mohinee මෝහිනී *n.* vamp
mohotha මොහොත *n.* moment
mohotha මොහොත *n.* while
mokak මොකක් *pron. & adj.* what
mokawath මොකවත් *pron.* whatever
mokshaya මෝක්ෂය *n.* beatitude
mola මෝල *n.* mill
molanawa මොලනවා *v.t.* alight
molaya මොළය *n.* brain
molaya pilibanda මොළය පිළිබඳ *adj.* cerebral
molaye aabadayakin pelena මොළයේ ආබාධයකින් පෙලෙන *adj.* spastic
molliya මොල්ලිය *n.* hump
molok මොළොක් *adj.* clement
molok මොළොක් *adj.* lenient
molok මොළොක් *adj.* mellow
molok bawa මොළොක් බව *n.* clemency
monara මොණරා *n.* peacock
moodu kollakaarayaa මූදු කොල්ලකාරයා *n.* rover
moodu kollakana මූදු කොල්ලකන *adj.* roving
mooladrawya මූලද්‍රව්‍යය *n.* element
moolapathraya මූලපත්‍රය *n.* protocol
moolaroopaya මූලරූපය *n.*

prototype
moolasthaanaya මූලස්ථානය *n.* headquarters
moolika මූලික *n.* basic
moolika මූලික *adj.* fundamental
moolika මූලික *adj.* preparatory
moolika මූලික *adj.* primal
moolika anshuwaka kotasa මූලික අංශුවක කොටස *n.* quark
moolikathwaya මූලිකත්වය *n.* lead
moolikayaa මූලිකයා *n.* chief
moolya මූල්‍ය *n.* finance
moolyamaya මූල්‍යමය *adj.* monetary
moonatha මූණත *n.* facet
moorthi shilpiyaa මූර්ති ශිල්පියා *n.* sculptor
moorthi widyaawa මූර්ති විද්‍යාව *n.* idolatry
moorthimath karanawaa මූර්තිමත් කරනවා *v.* impersonate
moorthimaya මූර්තිමය *adj.* sculptural
moorthiya මූර්තිය *v. t.* embodiment
moorthiya මූර්තිය *n.* idol
moorthiya මූර්තිය *n.* sculpture
moos මූස් *n.* mousse
moosala මූසල *adj.* morose
moosalee මූසලී *n.* slattern
moothra pilibanda wu මූත්‍ර පිළිබඳ වූ *adj.* urinary
moothraa මූත්‍රා *n.* urine
moothraa bhajanaya මූත්‍රා භාජනය *n.* urinal
moothraa karanawaa මූත්‍රා කරනවා *v.* urinate
moottuwe yata paththa penena මූට්ටුවේ යට පැත්ත පෙනෙන *adj.* seamy
mora මෝරා *n.* shark
moradenawa මොරදෙනවා *n.* yell
mosama මෝසම *n.* monsoon
moscov nagaraye wasiya මොස්කව් නගරයේ වැසියා *n.* muscovite
moshariya pilibanda woo මෝෂරිය පිළිබඳ වූ *adj.* morganatic
mostharaya මෝස්තරය *n.* model
mostharaya මෝස්තරය *n.* style
motar ratha padawanna මෝටර් රථ පදවන්නා *n.* motorist
motar riya මෝටර් රිය *n.* automobile
motar riya samaga මෝටර් රිය මඟ *n.* motorway
motar saikalaya මෝටර් සයිකලය *n.* motorcycle
motaraya මෝටරය *n.* motor
motarayen duwana baisikalaya මෝටරයෙන් දුවන බයිසිකලය *n.* moped
motarrathaya මෝටර්රථය *n.* car
motor ratha wishashayak මෝටර් රථ විශේෂයක් *n.* limousine
motta මොට්ට *adj.* blunt
mottaya මොට්ටයා *n.* bumpkin
mottaya මොට්ටයා *n.* dullard
mottaya මොට්ටයා *n.* jackass
mottaya මොට්ටයා *adj.* zany
mozzarella මොසරෙල්ලා *n.* mozzarella
mraayogika nowana ප්‍රායෝගික නොවන *adj.* impractical
mrudu මෘදු *adj.* facile
mrudu මෘදු *adj.* gentle
mrudu මෘදු *adj.* mild
mrudu bawa මෘදු බව *n.* leniency

mrudu karanawa මෘදු කරනවා *v.* mollify
mrudu molok bawa මෘදු මොළොක් බව *n.* delicacy
mrudu molok thanaththiya මෘදු මොළොක් තැනැත්තිය *n.* Clementine
mrudu wenawaa මෘදු වෙනවා *v.* soften
mrudubawa athi karanawa මෘදුබව ඇති කරනවා *v.* humanize
mruthashaanthikarmaya මෘතශාන්තිකර්මය *n.* requiem
mruthaweeraya මෘතවීරයා *n.* martyr
muda harinawa මුදා හරිනවා *v.* acquit
mudaa harinawa මුදා හරිනවා *v.* redeem
mudal මුදල් *n.* money
mudal aapasu denawa මුදල් ආපසු දෙනවා *v.* refund
mudal aapasu denawa මුදල් ආපසු දෙනවා *v.* refund
mudal achchu gaseema මුදල් අච්චු ගැසීම *n.* coinage
mudal bhaarakaruwa මුදල් භාරකරුවා *n.* bursar
mudal gewanawa මුදල් ගෙවනවා *v.* disburse
mudal paripaalanaya මුදල් පරිපාලනය *n.* monetarism
mudal pathaa මුදල් පතා *adj.* mercenary
mudal pettiya මුදල් පෙට්ටිය *n.* coffer
mudal pilibanda මුදල් පිළිබඳ *adj.* financial
mudal thathwaya මුදල් තත්වය *n.* exchequer
mudal thrushnaawa මුදල් තෘෂ්ණාව *n.* cupidity
mudale agaya adu karanawa මුදලේ අගය අඩු කරනවා *v.* devalue
mudalin upakaara karanawaa මුදලින් උපකාර කරනවා *v.* subsidize
mudanawa මුදනවා *v.* disengage
mudanawaa මුදනවා *v.* liberate
mudda මුද්ද *n.* ring
muddara ekathu kireema මුද්දර එකතු කිරීම *n.* philately
muddaraya මුද්දරය *n.* stamp
mudra naatakaya මුද්‍රා නාටකය *n.* ballet
mudraa thabanawaa මුද්‍රා තබනවා *v.* stamp
mudraawa මුද්‍රාව *n.* cachet
mudraawa මුද්‍රාව *n.* seal
mudrana akuru wargaya මුද්‍රණ අකුරු වර්ගය *n.* font
mudrana doshaya මුද්‍රණ දෝෂය *n.* misprint
mudrana yanthraya මුද්‍රණ යන්ත්‍රය *n.* printer
mudranaya karanawa මුද්‍රණය කරනවා *v.* print
mudranaya sandahaa lipi sakas karanawa මුද්‍රණය සඳහා ලිපි සකස් කරනවා *v.* subedit
mudritha pathraya මුද්‍රිත පත්‍රය *n.* card
mudrithaya මුද්‍රිතය *n.* printout
mudu මුඩු *adj.* bald
mudu මුඩු *adj.* bare
mudu මුඩු *adj.* rancid
mudu මුඩු *adj.* shaven
mudu kireema මුඩු කිරීම *n.* shaving

mudukkuwa මුඩුක්කුව *n.* slum
mudun piriya මුදුන් පිරිය *n.* topping
muduna මුදුන *n* apex
muduna මුදුන *n.* crest
muduna මුදුන *n.* top
muduna මුදුන *n.* vertex
mudunen kapaa damanawaa මුදුනෙන් කපා දමනවා *v.* truncate
mudunpath wenawaa මුදුන්පත් වෙනවා *v.* culminate
mugatiya මුගටියා *n.* mongoose
mugatiyaa මුගටියා *n.* weasel
mugatiyaage lom මුගටියාගේ ලොම් *n.* mink
mugda මුග්ධ *adj.* besotted
mugda මුග්ධ *adj.* idiotic
mugda bawa මුග්ධ බව *n.* idiocy
mugura මුගුර *n.* cudgel
mugura මුගුර *n.* truncheon
muhudata adhipathi dewiyo මුහුදට අධිපති දෙවියා *n.* Neptune
muhudha මුහුද *n.* sea
muhudha aasritha pradeshaya මුහුද ආශ්‍රිත ප්‍රදේශය *n.* seaside
muhudu මුහුදු *adj.* marine
muhudu atha මුහුදු ඇතා *n.* walrus
muhudu kollakaru මුහුදු කොල්ලකරු *n.* pirate
muhudu kollaya මුහුදු කොල්ලය *n.* piracy
muhudu lihiniya මුහුදු ලිහිණියා *n.* gull
muhudu lihiniyaa මුහුදු ලිහිණියා *n.* seagull
muhudubada මුහුදුබඩ *adj.* maritime
muhukuraa giya මුහුකුරා ගිය *adj.* mature
muhuna මුහුණ *n.* face
muhuna pilibanda wu මුහුණ පිළිබඳ වූ *adj.* facial
muhuna rathu wena thanaththa මුහුණ රතු වෙන තැනැත්තා *n.* blusher
muhuna rathu wenawa මුහුණ රතු වෙනවා *v.* blush
muhunatha මුහුණත *n.* dial
muhunatha මුහුණත *n.* facade
muhunu wasma මුහුණු වැස්ම *n.* veil
muhunuwara මුහුණුවර *n.* countenance
muhunuwara මුහුණුවර *n.* physiognomy
muhunuwara මුහුණුවර *n.* visage
mukari මුකරි *adj.* talkative
mukawaadama මුකවාඩම *n.* visor
mukha waakyayen මුඛ වාක්‍යයෙන් *adv.* verbally
mukhari prathiuththaraya මුඛරි ප්‍රතිඋත්තරය *n.* repartee
mukkuwa මුක්කුව *n.* strut
mukya prathishtaawa මුඛ්‍ය ප්‍රතිෂ්ඨාව *n.* mainstay
mul මුල් *adj.* original
mul basagath මුල් බැසගත් *adj.* rooted
mul pireema මුල් පිරීම *n.* initiative
mul puranawaa මුල් පුරනවා *v.* initiate
mula මුල *n.* outset
mula මුල *n.* root
mula karanawa මුළා කරනවා *v.* captivate
mula wenawa මුළා වෙනවා *v. t.* dazzle
mulaa karanawa මුළා කරනවා *v.* mislead

mulaa karanawa මුලා කරනවා *v.* pervert
mulaa karanawaa මුලා කරනවා *v.t.* illusion
mulaa karawana මුලා කරනවා *adj.* seductive
mulaa kireema මුළා කිරීම *n.* deceit
mulaa nokaranawaa මුළා නොකරනවා *v.* undeceive
mulaawa මුළා ව *n.* delusion
mulaawa මුළා ව *n.* fallacy
mulaaweemen midenawa මුළාවීම්වලින් මිදෙනවා *v.* disenchant
mulasuna daranawaa මුලසුන දරනවා *v.* preside
mulawen midenawa මුළා වෙන් මිදෙනවා *v.* disillusion
mulberry මල්බෙරි *n.* mulberry
mulguru මුල්ගුරු *n.* headmaster
mulika මූලික *n.* cardinal
mulin uputanawaa මුලින් උපුටනවා *v.* uproot
mulla මුල්ල *n.* nook
mulnama මුල්නම *n.* forename
mulu මුළු *adj.* collective
mulu ekathuwa මුලු එකතුව *n.* sum
mulu ekathuwa මුලු එකතුව *n.* total
mulu hithin karanu labana මුලු හිතින් කරනු ලබන *adj.* whole-hearted
mulullehi මුල්ලෙහි *prep.* throughout
mulumaninma මුළුමනින් *adv.* outright
mulumaninma මුළුමනින් *adv.* quite
mulumuninma pahe මුළුමනින්ම පාහේ *adv.* almost
muluthangeya මුළුතැන්ගෙය *n.* cuisine
muluthangeya මුළුතැන්ගෙය *n.* kitchen
mumunanawaa මුමුණනවා *v.* whisper
munagasweema මුණගැසීම *n.* confrontation
munissama මුනිස්සම *n.* bullet
muniwaraya මුනිවරයා *n.* mystic
muniwarayaa මුනිවරයා *n.* seer
mura karana batayaa මුර කරන භටයා *n.* sentinel
mura kireema මුර කිරීම *n.* surveillance
mura kireema මුර කිරීම *n.* vigilance
mura layisthuwa මුර ලැයිස්තුව *n.* roster
mura layisthuwa මුර ලැයිස්තුව *n.* rota
mura sanchaara karanawa මුර සංචාරය කරනවා *v.* patrol
mura wachanaya මුර වචනය *n.* parole
mura walalla මුර වළල්ල *n.* cordon
murakaaraya මුරකාරයා *n.* caretaker
murakaaraya මුරකාරයා *n.* janitor
murandu මුරණ්ඩු *adj.* heady
murandu මුරණ්ඩු *adj.* obdurate
murandu මුරණ්ඩු *adj.* perverse
murandu මුරණ්ඩු *adj.* unruly
murandu මුරණ්ඩු *adj.* wilful
murandukama මුරණ්ඩුකම *n.* obduracy
murapadaya මුරපදය *n.* watchword
murapola මුරපොළ *n.* picket
murga මෘග *adj.* bestial
murgaya මෘගයා *n.* beast
murichchi yathura මුරිච්චි යතුර *n.* spanner

murichchiya මුරිච්චිය *n.* nut
murjaa weema මූර්ජා වීම *n.* blackout
muslim dewasthaanaya මුස්ලිම් දේවස්ථානය *n.* mosque
muslim jaathikaya මුස්ලිම් ජාතිකයා *n.* Muslim
muslim kathun podu sthana waladee andina muhunu wasma මුස්ලිම් කතුන් පොදු ස්ථාන වලදී අඳින මුහුණු වැස්ම *n.* yashmak
muslin මස්ලින් *v.* muslin
muslin aagamika neethiya anuwa maroo sathekuge mas මුස්ලිම් ආගමික නීතිය අනුව මැරූ සතෙකුගෙ මස් *adj.* halal
muthraashaya මුත්‍රාශය *n.* bladder
muthu ataya මුතු ඇටය *n.* pearl
muthun miththa මුතුන් මිත්තා *n.* ancestor
muthunmiththa මුතුන්මිත්තා *n.* forebear
muthunmiththange kenek මුතුන්මිත්තන්ගෙ කෙනෙක් *n.* forefather
muwa මුව *n.* deer
muwa dena මුව දෙන *n.* doe
muwahath මුවහත් *adj.* keen
muwahath මුවහත් *adj.* sharp
muwahath karana upakaranaya මුවහත් කරන උපකරණය *n.* sharpener
muwahath karanawaa මුවහත් කරනවා *v.* sharpen
myalgia මයල්ජියා *n.* myalgia

N

naabhigatha නාභිගත *adj.* focal
naabhiya නාභිය *n.* focus
naabhiyata sambanda නාභියට සම්බන්ධ *adj.* umbilical
naada karanawa නාද කරනවා *v.* ring
naadaa pirisa නෑදෑ පිරිස *n.* kin
naadagama නාඩගම *n.* mime
naadi watenawa නාඩි වැටෙනවා *v.* pulsate
naagarika නාගරික *n.* conurbation
naagarika නාගරික *adj.* municipal
naagarika නාගරික *adj.* urban
naagaya නාගයා *n.* cobra
naagayaa නාගයා *n.* snake
naalikaawa නාලිකාව *n.* channel
naama lekhanaya නාම ලේඛනය *n.* register
naama maathra නාම මාත්‍ර *adj.* titular
naama yojanaawa නාම යෝජනාව *n.* nomination
naamaawaliya නාමාවලිය *n.* catalogue
naamaawaliya නාමාවලිය *n.* directory
naamakaranaya නාමකරණය *n.* baptism
naamakaranaya නාමකරණය *n.* nomenclature
naamapadaya නාමපදය *n.* noun
naamaya නාමය *n.* denomination
naamika නාමික *adj.* nominal
naamikaya නාමිකයා *n.* nominee
naanawa නානවා *v.* bathe
naariwedaya නාරිවේදය *n.* gynaecology
naas puduwa නාස් පුඩුව *n.* nostril
naasaya නාසය *n.* nose

naasena නෑ සෙන *adj.* inaudible
naasika නාසික *adj.* nasal
naasthi karana නා ස්ති කරන *adj.* prodigal
naasthi karanawa නා ස්ති කරනවා *v.* dissipate
naasthi karanawaa නා ස්ති කරනවා *v.* squander
naasthika drushtikaya නා ස්තික දෘෂ්ටිකයා *n.* agnostic
naasthika waadaya නා ස්තික වා දය *n.* atheism
naasthikaara නා ස්තිකා ර *adj.* wasteful
naasthikaaraya නා ස්තිකා රයා *n.* spendthrift
naasthikaranawaa නා ස්තිකරනවා *v.* waste
naataka rachaka නා ටක රචක *n.* playwright
naatya නා ට්‍යය *n.* drama
naatya pilibanda නා ට්‍ය පිළිබඳ *adj.* theatrical
naatya rachaka නා ට්‍ය රචක *n.* dramatist
naatyaakaara නා ට්‍යා කා ර *adj.* dramatic
naatyaangaya නා ට්‍යා ංගය *n.* cameo
naatyayaka anka parichcheda-wala ketumpatha නා ට්‍යයකට අංක පරිච්ඡේදවල කෙටුම්පත *n.* scenario
naavika welendo නාවික වෙළෙන්දෝ *n.* Viking
naavikayaa නාවිකයා *n.* sailor
naawika නාවික *adj.* naval
naawika hamudaawa නාවික හමුදාව *n.* navy
naawika katayuthu නාවික කටයුතු *n.* shipping

naawuka නාවුක *adj.* nautical
naawya නා ව්‍ය *adj.* navigable
naayaka bishop thana නා යක බිෂප් තැ න *n.* archbishop
naayaka dewagathi නා යක දේවගැති *n.* dean
naayaka himi නා යක හිමි *n.* prelate
naayakathwaya නා යකත්වය *n.* captaincy
naayakathwaya නා යකත්වය *n.* leadership
naayakaya නා යකයා *n.* leader
nacho නැ කො *n.* nacho
nadaththu karanawaa නඩත්තු කරනවා *v.* maintain
nadaththuwa නඩත්තුව *n.* maintenance
nadu kiyanawaa නඩුකියනවා *v.* litigate
nadu kiyanawaa නඩු කියනවා *v.t.* sue
nadu maargen aro keema නඩු මා ර්ගයේ අර ෝකීම *n.* litigation
nadu pawaranna නඩු පවරන්නා *n.* prosecutor
nadu pawariya haki නඩු පැ වරිය හැකි *adj.* actionable
nadukaaraya නඩුකා රයා *n.* judge
nadukiyannaa නඩුකියන්නා *n.* litigant
naduwa නඩුව *n.* case
naeatha mila kireema නැ වත මිල කිරීම *n.* reappraisal
naganawa නගනවා *n.* remit
nagara bada pedese ha ehi wasiyo නගර බද පෙදෙසෙ හා එහි වැසියෝ *n.* suburbia
nagara sabhaawa නගර සභා ව *n.*

municipality
nagaraadipathi නගරාධිපති *n.* mayor
nagaraasanna නගරාසන්න *adj.* suburban
nagaraya නගරය *n.* city
nagaraya නගරය *n.* town
nagayanawa නැගයනවා *v.* bestride
nagee sitinawa නැගී සිටිනවා *v.* arise
nagenahira නැගෙනහිර *n.* east
nagenawa නැගෙනවා *v.i* climb
naginawa නගිනවා *v.* ascend
naginnata bari නගින්නට බැරි *adj.* insurmountable
nagna නග්න *adj.* nude
nagna karanawa නග්න කරනවා *v.* denude
nagula නගුල *n.* plough
naha නැහැ *adv.* nay
nahara gahenawaa නහර ගැහෙනවා *v.* twitch
nahara idimunu නහර ඉදිමුණු *adj.* varicose
naisargika නෛසර්ගික *adj.* inbred
nait padawiya නයිට් පදවිය *n.* knighthood
naithika නෛතික *adj.* optic
naitwaraya නයිට්වරයා *n.* knight
nakath නැකත් *adj.* auspicious
nakshathraya නක්ෂත්‍රය *n.* astrology
nala handa නළා හඬ *n.* beep
nalaawa නළාව *n.* bugle
nalala නළල *n.* forehead
nalawanawaa නළවනවා *v.* lull
nalaya නළය *n.* duct
nalaya නළය *n.* pipe
nalaya නළය *n.* tube
nalayak wani නළයක් වැනි *adj.* tubular
naliya නැළිය *n.* quart
naluwa නළුවා *n.* actor
nam kandaweema නම් කැඳවීම *n.* roll-call
nam karanawa නම් කරනවා *v.* designate
nam karanawa නම් කරනවා *v.* entitle
nam karanawa නම් කරනවා *v.* nominate
nama නම *n.* name
namanawa නමනවා *v.* flex
namanawa නමනවා *v.t* fold
namanawa නමනවා *v.* inflect
namburu wenawaa නැඹුරු වෙනවා *n.* veer
namburuthaawaya නැඹුරුතාවය *n.* trend
namm gannawa නම්මා ගන්නවා *v.* persuade
namma නැම්ම *v.* bend
namma නැම්ම *n.* crease
namma arinawaa නැම්ම අරිනවා *v.* unbend
namunu නැමුණු *adj.* bent
namuth නමුත් *conj.* although
namuth නමුත් *conj.* but
namuth නමුත් *n.* whereas
namuth නමුත් *conj.* whether
nanaawida නානාවිධ *adj.* manifold
nanda නැන්දා *n.* aunt
nandamma නැන්දම්මා *n.* mother-in-law
nandunana නොදන්න *adj.* unknown
nangurama නැංගුරම *n.* anchor

nangurampala නැංගුරම්පළ *n.* anchorage
nannaththare awidinna නන්නත්තාරේ ඇවිදිනවා *n.* vagrant
napunsaka නපුංසක *n.* eunuch
napunsaka නපුංසක *adj.* neuter
napuraa නපුර *n.* tartar
napuru නපුරු *adj.* evil
napuru නපුරු *adj.* rude
napuru sihinaya නපුරු සිහිනය *n.* nightmare
narak karanawa නරක් කරනවා *v.* mar
narak kireema නරක් කිරීම *n.* sophisticate
narak weema නරක් වීම *n.* corruption
narak wenawaa නරක් වෙනවා *v.* spoil
naraka andamin නරක අන්දමින් *adv.* badly
naraka athata harenawa නරක අතට හැරෙනවා *v.* relapse
naraka widiyata salakanawaa නරක විධියට සළකනවා *v.* mistreat
narambanna නරඹන්නා *n.* spectator
nariya නරියා *n.* fox
narthana wilaashayak නර්තන විලාශයක් *n.* salsa
nasalakili sahitha නොසැලකිලි සහිත *adj.* negligent
nasanawa නසනවා *v.* annihilate
natanawa නටනවා *v.* dance
natha නැත *adj.* no
natha නැත *adv.* not
nathahoth නැතහොත් *adv.* otherwise
nathara wenawaa නතර වෙනවා *v.* stay
nathi wenawa නැති වෙනවා *v.* lose
nathiwunu නැතිවුණු *adj.* missing
nathnam නැත්නම් *adv.* else
naththala නත්තල *n.* Christmas
naththala නත්තල *n.* Xmas
nattukkaarayaa නැට්ටුක්කාරයා *n.* dancer
natum sangeethaya නැටුම් සංගීතය *n.* jig
natuwa නටුව *n.* stalk
natuwa නටුව *n.* stem
naukaa prerakaya නෞකා ප්‍රේරකය *n.* propeller
naukaabhangaya නෞකාභංගය *n.* wreck
naw diyabath weema නැව් දියබත් වීම *n.* shipwreck
naw kandayama නැව් කණ්ඩායම *n.* armada
naw kutiya නැව් කුටිය *n.* cabin
naw nanginawa නැව් නගිනවා *v. t* embark
naw padawanna නැව් පදවන්නා *n.* navigator
naw thahanama නැව් තහනම *n.* embargo
naw thalaya නැව් තලය *n.* keel
naw thanana sthaanaya නැව තනන ස්ථානය *n.* shipyard
naw thota නැව්තොට *n.* haven
nawa නව *adj.* new
nawa නැව *n.* ship
nawa kadee atharaman wu pudgalaya නැව කැඩී අතරමං වූ පුද්ගලයා *n.* castaway
nawa nawathweema නැව නැවැත්වීම *n.* moorings

nawa sampradaaika නව සම්ප්‍රදායික *adj.* neoclassical
nawa wani නව වැනි *adj.* & *n.* ninth
nawaathankaaraya නවාතැන්කාරයා *n.* lodger
nawaathanpola නවාතැන්පොළ *n.* motel
nawaka niliya නවක නිළිය *n.* starlet
nawakathaakaru නවකතා කරු *n.* novelist
nawakathaawa නවකතාව *n.* novel
nawashila නවශිලා *adj.* Neolithic
nawataha karanawa නැවත කරනවා *v.* repeat
nawataha upadawanawa නැවත උපදවනවා *v.* reproduce
nawatha aaropanaya karanawa නැවත ආරෝපණය කරනවා *v.* recharge
nawatha agaya karanawa නැවත අගය කරනවා *v.* reassess
nawatha allagannawa නැවත අල්ලා ගන්නවා *v.* recapture
nawatha arambanawa නැවත අරඹනවා *v.* resume
nawatha asuranawa නැවත අසුරනවා *v.* rearrange
nawatha bhaawithaa karanawa නැවත භාවිතා කරනවා *v.* reuse
nawatha bhukthiya labaa gannawa නැවත භුක්තිය ලබා ගන්නවා *v.* repossess
nawatha enawa නැවත එනවා *v.* reoccur
nawatha ganinawa නැවත ගණිනවා *v.* recount
nawatha godanaganawa නැවත ගොඩනඟනවා *v.* reconstruct
nawatha hamuweema නැවත හමුවීම *n.* reunion
nawatha hasukaraganeema නැවත හසුකරගැනීම *v.* recap
nawatha ipadenawaa නැවත ඉපදෙනවා *v.* reincarnate
nawatha labaagannawa නැවත ලබා ගන්නවා *v.* regain
nawatha mathak karanawa නැවත මතක් කරනවා *v.* recollect
nawatha mathuwenawa නැවත මතුවෙනවා *v.* reappear
nawatha meheyawanawa නැවත මෙහෙයවනවා *v.* redeploy
nawatha mudranaya karanawa නැවත මුද්‍රණය කරනවා *v.* reprint
nawatha nagee sitina නැවත නැඟී සිටින *adj.* resurgent
nawatha nawatha keema නැවත නැවත කීම *n.* reiteration
nawatha nawatha kiyanawaa නැවත නැවත කියනවා *v.* iterate
nawatha nawatha kiyawanawa නැවත නැවත කියනවා *v.* reiterate
nawatha othanawa නැවත ඔතනවා *v.* rewind
nawatha prakurthimath karanawa නැවත ප්‍රකෘතිමත් කරනවා *v.* regenerate
nawatha purawana lada tayaraya නැවත පුරවන ලද ටයරය *v.* retread
nawatha purawanawa නැවත පුරවනවා *v.* refill
nawatha purawanawa නැවත පුරවනවා *v.* replenish
nawatha saadagannawa නැවත සාදාගන්නවා *v.* recreate
nawatha saadanawa නැවත සාදනවා

v. rebuild

nawatha sakas karanawa නැ වත සකස් කරනවා *v.* reconstitute

nawatha sakas karanawa නැ වත සකස් කරනවා *v.* restore

nawatha sambandha karanawa නැ වත සම්බන්ධ කරනවා *v.* rejoin

nawatha siddha wenawa නැ වත සිද්ධ වෙනවා *v.* recur

nawatha siyaratata pamineema නැ වත සියරටට පැමිණීම *n.* repatriation

nawatha siyaratata pamunuwa-nawa නැ වත සියරටට පමුණුවනවා *v.* repatriate

nawatha soyaa yanawa නැ වත සොයා යනවා *v.t.* retrace

nawatha wikaashaya karanawa නැ වත විකාශය කරනවා *v.* replay

nawatha wimaseema නැ වත විමසීම *n.* retrial

nawathaawa නවතාව *n.* originality

nawathanawaa නවතනවා *v.* halt

nawathanawaa නවතනවා *v.* occlude

nawathath mithra weema නැ වතත් මිත්‍ර වීම *n.* rapprochement

nawathee siteema නැ වතී සිටීම *n.* standstill

nawatheem sahitha chalanayak laba dena kamiya නැ වතීම් සහිත චලනය් ලබා දෙන කැමිය *n.* tappet

nawathilla නැ වතිල්ල *n.* respite

nawathilla නැ වතිල්ල *n.* stoppage

nawathima නැ වතීම *n.* cessation

nawathuma නැ වතුම *n.* station

nawathwanawaa නවත්වනවා *v.* discontinue

nawathwanawaa නවත්වනවා *v.* stop

nawaya නවය *adj. & n.* nine

nawe aampanna නැ වේ ආම්පන්න *n.* rigging

nawe badu thogaya නැ වේ බඩු තොගය *n.* shipment

nawe kappiththa නැ වේ කප්පිත්තා *n.* skipper

nawe mudal bhaarakarayaa නැ වේ මුදල් භාරකරයා *n.* purser

nawe thattuwa නැ වේ තට්ටුව *n.* deck

nawe thattuwa නැ වේ තට්ටුව *n* deck

naweekaranaya karanawaa නවීකරණය කරනවා *v.* modernize

naweena නවීන *adj.* modern

naweenabhaawaya නවීනභාවය *n.* modernity

nawi yawanawa නැවි යවනවා *v.* navigate

nawiya නැවියා *n.* mariner

nawothpaadaka නව නෝ්පාදක *n.* innovator

nawothpaadanaya නව නෝ්පාදනය *n.* innovation

nawuka hamudaawe sewikaawa නාවුක හමුදාවේ සේවිකාව *n.* wren

nawuka senadipathi නාවුක සේනාධිපති *n.* admiral

nawum නැවුම් *adj.* fresh

naya ණය *n.* debt

naya ණය *n.* loan

naya gewannata bari ණය ගෙවන්නට බැරි *adj.* insolvent

naya gewiya haki bawa ණය ගෙවිය හැකි බව *n.* solvency

naya thurus beranawa ණය තුරුස් බේරනවා *v.* liquidate

nayagathi ණයගැති *adj.* beholden
nayahimiya ණයහිමියා *n.* creditor
nayaka dewagathi thana නායක දේවගැති තැන *n.* bishop
nayakaaraya ණයකාරයා *n.* debtor
nayakaraya ණයකරය *n.* debenture
nayawaa sitinawaa ණයව සිටිනවා *n.* owe
neecha නීච *adj.* ignominious
neechaya නීචයා *n.* pariah
neegro නීග්‍රෝ *n.* negro
neegro sudu yana dewargaye mawpiyange upan thana නීග්‍රෝ සුදු යන ද්වවර්ගයේ මව්පියන්ගේ උපන් තැන *n.* mulatto
neerasa නීරස *adj.* bleak
neerasa නීරස *adj.* dreary
neerasa නීරස *adj.* monotonous
neerasa නීරස *adj.* tasteless
neerasa lesa waadanaya karanawaa නීරස ලෙස වාදනය කරනවා *v.* strum
neetheegnayaa නීතිඥයා *n.* solicitor
neethi mathin නීති මතින් *adv.* strictly
neethi panaweema නීති පැනවීම *n.* legislation
neethi reethi thadin hasuruwanna නීති රීති තදින් හසුරුවන්නා *n.* martinet
neethi sampaadakaya නීති සම්පාදකයා *n.* legislator
neethi veediyaa නීති වේදියා *n.* jurist
neethi vidyaawa නීති විද්‍යාව *n.* jurisprudence
neethi wirodi නීති විරෝධී *adj.* illegal
neethigatha karanawaa නීතිගත කරනවා *v.* legislate
neethigniya නීතිඥයා *n.* attorney
neethiwediya නීතිවේදියා *n.* lawyer
neethiwirodi නීතිවිරෝධී *adj.* foul
neethiya නීතිය *n.* law
neethiya නීතිය *n.* rule
neethiyata ekanga bawa නීතියට එකඟ බව *n.* legality
neethyaanukoola නීත්‍යානුකූල *adj.* lawful
neethyaanukoola නීත්‍යානුකූල *v.* legalize
neethyaanukoolabhaawaya නීත්‍යානුකූලභාවය *n.* legitimacy
neluma නෙළුම *n.* lotus
neon waayuwa නියොන් වායුව *n.* neon
nera giya kotasa නෙරා ගිය කොටස *n.* bump
neranawa නෙරනවා *v.* extrude
neranawaa නෙරනවා *v.* protrude
nerapanawa නෙරපනවා *v.* banish
nerapanawa නෙරපනවා *v. t* eject
nerapanawa නෙරපනවා *v. t* expel
nerapanawaa නෙරපනවා *v.* oust
nerapeema නෙරපීම *n.* banishment
nerapeema නෙරපීම *n.* eviction
nerapeema නෙරපීම *n.* expulsion
nereema නෙරීම *n.* bulge
nethra patalaya නේත්‍ර පටලය *n.* cataract
neumoniaawa නියුමෝනියාව *n.* pneumonia
neutronaya නියුට්‍රෝනය *n.* neutron
newaasikaagaraya නේවාසිකාගාරය *n.* hostel
nibandanaya නිබන්ධනය *n.* dissertation
nibandanaya නිබන්ධනය *n.* thesis

nibandaya නිබන්ධය *n.* memoir
nibandaya නිබන්ධය *n.* treatise
nibhandaya නිබන්ධය *n.* monograph
nicotine නිකොටින් *n.* nicotine
nidaanaya නිධානය *n.* hoard
nidaanaya නිදානය *n.* provenance
nidahas නිදහස් *adj.* independent
nidahas karanawa නිදහස් කරනවා *v.* discharge
nidahas karanawa නිදහස් කරනවා *v. t* emancipate
nidahas karanawa නිදහස් කරනවා *v.* enfranchise
nidahas kireema නිදහස් කිරීම *n.* acquittal
nidahas kireema නිදහස් කිරීම *n.* redemption
nidahas mathadaaree නිදහස් මතධාරී *adj.* liberal
nidahasa නිදහස *n.* deliverance
nidahasa නිදහස *n.* independence
nidahasa නිදහස *n.* liberation
nidan karanawa නිදන් කරනවා *v.* enshrine
nidana shaalaawa නිදන ශාලාව *n.* dormitory
nidangatha නිදන්ගත *adj.* chronic
nidannaa නිදන්නා *n.* sleeper
nidarshakayaa නිදර්ශකය *n.* specimen
nidasuna නිදසුන *n.* example
nidhaanaya නිධානය *n.* treasure
nidi athi karana නිදි ඇති කරන *adj.* soporific
nidi beheth නිදි බෙහෙත් *n.* morphine
nidi mareema නිදි මැරීම *n.* vigil
nidibara නිදිබර *adj.* sleepy
nidigath නිදිගත් *adj.* asleep
nidimatha නිදිමත *n.* somnolence
nidimatha woo නිදිමත වූ *adj.* somnolent
nidimathe wanenawa නිදිමතේ වැනෙනවා *v.* drowse
nidos bawa oppu kala haki නිදොස් බව ඔප්පු කළ හැකි *adj.* justifiable
nidos karanawa නිදොස් කරනවා *v.* correct
nidos kireema නිදොස් කිරීම *n.* correction
nidos kireema නිදොස් කිරීම *n.* vindication
nigamanaya නිගමනය *n.* conclusion
nigamanaya karanawa නිගමනය කරනවා *v.* deduce
nihandakaraya නිහඬකරය *n.* muffler
nihathamaani නිහතමානී *adj.* humble
nikaaika නිකායික *adj.* sectarian
nikaaya නිකාය *n.* sect
nikal නිකල් *n.* nickel
nikam sithenawaa නිකම් සිතෙනවා *v.t.* surmise
nikarune kal gewanawa නිකරුණේ කල් ගෙවනවා *v.* languish
nikarune kalaha karanawa නිකරුණේ කලහ කරනවා *v.* bicker
nikata නිකට *n.* chin
nikethama wraaya නිකේතන වරාය *n.* marina
nikma yaama නික්ම යාම *n.* exit
nikmanawa නික්මනවා *v.* ejaculate
nikmayaama නික්මයාම *n.* departure

nikmenawa නික්මෙනවා *v.* depart
nil නිල් *adj.* blue
nil ho dam pata mal athi latha wisheshayak නිල් හෝ දම් පාට මල් ඇති ලතා විශේෂයක් *n.* wisteria
nil kataya නිල් කැටය *n.* sapphire
nil manika නිල් මැණික *n.* turquoise
nila balayen නිලබලයෙන් *adv.* officially
niladhaariwaadaya නිළධාරිවාදය *n.* bureaucracy
niladhaariyaa නිළධාරියා *n.* dignitary
niladhaariyaa නිලධාරියා *n.* functionary
niladhaariyaa නිලධාරියා *n.* officer
nilapataya නිලපටය *n.* chevron
nilaya athharinawa නිලය අත්හරිනවා *a.* abdominal
nilaya daranna නිලය දරන්නා *n.* occupant
nilayata ayath නිලයට අයත් *adj.* official
niliya නිළිය *a.* actress
nilwan aalepayak නිල්වන් ආලේපයක් *n.* woad
nimagna නිමග්න *adj.* rapt
nimagna නිමග්න *v.* submerse
nimawuma නිමැවුම *n.* output
nimawumkaru නිමැවුම්කරු *n.* inventor
nimithi washayen dakina නිමිති වශයෙන් දකින *adj.* symptomatic
nimiththa නිමිත්ත *n.* token
nimna boomiya නිම්න භූමිය *n.* valley
ninda නින්ද *n.* sleep
nindaa karanawa නින්දා කරනවා *v.t.* abate
nindaa karanawa නින්දා කරනවා *v.* revile
nindaa karanawaa නින්දා කරනවා *v.t.* insult
nindaa sahagatha නින්දා සහගත *adj.* sardonic
nindaa sahagatha නින්දා සහගත *adj.* shameful
nindaalaapaya නින්දාලාපය *v.* lampoon
nindaasheeli thanaththa නින්දාශීලි තැනැත්තා *n.* cynic
nindaawa නින්දාව *n.* obloquy
nindagama නින්දගම *n.* manor
ninden awideema නින්දෙන් ඇවිදීම *n.* somnambulism
ninden awidinnaa නින්දෙන් ඇවිදින්නා *n.* somnambulist
ninden geraweema නින්දෙන් ගෙරවීම *n.* snore
ninditha නින්දිත *adj.* odious
nipaatha නිපාත *n.* preposition
nipadawanawa නිපදවනවා *v.* invent
nipadawanna නිපදවන්නා *n.* manufacturer
nipadaweema නිපදවීම *n.* invention
nipuna නිපුන *adj.* talented
nipunathwaya නිපුණත්වය *n.* competence
niputhi නිපුති *adj.* aseptic
niraauda නිරායුධ *adj.* unarmed
niraawaritha udu kain නිරාවරිත උඩු කය *adj.* topless
niraayaasaya නිරායාසය *n.* spontaneity
niraayuda karanawa නිරායුධ කරනවා *v.* disarm
niraayudakaranaya නිරායුධකරණය

n. disarmament
nirahankaara නිරහංකාර *adj.* modest
niranthara නිරන්තර *adj.* accustomed
niranthara නිරන්තර *adj.* perennial
niranthara නිරන්තර *adj.* perpetual
nirapeksha නිරපේක්ෂක *adj.* hopeless
nirarthaka නිරර්ථක *adj.* futile
niratha wenawa නිරත වෙනවා *v.* engage
nirathuruwa නිරතුරුව *adv.* ever
niraul karanawaa නිරවුල් කරනවා *v.* settle
niraul kireema නිරවුල් කිරීම *n.* settlement
niravadya නිරවද්‍ය *adj.* unexceptionable
nirawashesha නිරවශේෂ *adj.* exhaustive
nirawul නිරවුල් *adj.* perspicuous
nirbhayawa නිර්භයවම *adv.* roundly
nirbheetha නිර්භීත *adj.* brave
nirbheetha නිර්භීත *adj.* gallant
nirbheetha නිර්භීත *adj.* manful
nirbheetha karanawa නිර්භීත කරනවා *v.* embolden
nirbheethabhawaya නිර්භීතභාවය *n.* bravery
nirbheethakama නිර්භීතකම *n.* boldness
nirbheethakama නිර්භීතකම *n.* courage
nirdaya නිර්දය *adj.* relentless
nirdesha karanawa නිර්දේශ කරනවා *v.* recommend
nirdeshaya නිර්දේශය *n.* recommendation
nirdoshee නිර්දෝෂී *adj.* impeccable
nireekshanaa gaaraya නිරීක්ෂණාගාරය *n.* observatory
nireekshanaya නිරීක්ෂය *v.* gaze
nireekshanaya නිරීක්ෂණය *n.* maverick
nireekshanaya නිරීක්ෂණය *n.* observation
nireekshanaya karanawaa නිරීක්ෂණය කරනවා *v.* observe
nirlajja නිර්ලජ්ජ *adj.* shameless
nirmaanaya නිර්මාණය *n.* creation
nirmaanaya නිර්මාණය *n.* formation
nirmaanaya karanawa නිර්මාණය කරනවා *v.* manufacture
nirmala නිර්මල *adj.* immaculate
nirmala නිර්මල *adj.* spotless
nirmala නිර්මල *adj.* unimpeachable
nirnaamika නිර්නාමික *adj.* anonymous
nirnaamikathwaya නිර්නාමිකත්වය *n.* anonymity
nirodhaayanaya නිරෝධායනය *n.* quarantine
nirodhaya නිරෝධය *n.* constraint
nirogee නිරෝගී *adj.* hale
nirogee නිරෝගී *adj.* healthy
niroopanaya නිරූපනය *n.* illustration
niroopanaya නිරූපණය *n.* portrayal
niroopanaya karanawa නිරූපනය කරනවා *v.* delineate
niroopanaya karanawa නිරූපණය කරනවා *v.* portray
niroopikaawa නිරූපිකාව *n.* manna
nirukthiya නිරුක්තිය *n.* etymology
niruwath නිරුවත් *adj.* naked
niruwatha නිරුවත *n.* nudity

nirwachanaya නිර්වචනය *n.* definition
nirwedaya නිර්වේදය *n.* melancholy
nirwindaka නිර්වින්දක *n.* anaesthetic
nirwindanaya නිර්වින්දනය *n.* anaesthesia
nisa නිසා *conj.* because
nisaka නිසැක *adj.* implicit
nisaka නිසැක *adj.* sure
nisaka bawa නිසැක බව *n.* certitude
nisakawama නිසැකවම *adv.* surely
nisakayenma නිසැකයෙන්ම *adv.* certainly
nisala නිසල *adj.* calm
nisansala karanawaa නිසංසල කරනවා *v.* tranquillize
nisansala thaawa නිසංසල තාව *n.* stillness
nisaru නිසරු *adj.* infertile
nischala නිශ්චල *adj.* quiet
nischala wenawaa නිශ්චල වෙනවා *v.* quieten
nischala wu නිශ්චල වූ *n.* quietetude
nishaachara නිශාචර *adj.* nocturnal
nishchaayaka නිශ්චායක *n.* determinant
nishchala නිශ්චල *adj.* becalmed
nishchala නිශ්චල *adj.* motionless
nishchaya නිශ්චය *n.* inference
nishchitha නිශ්චිත *adj.* certain
nishchitha නිශ්චිත *adj.* decided
nisheda balaya නිශේධ බලය *n.* veto
nishedhanaya නිෂේධනය *n.* negation
nishedhanaya karanawa නිෂේධනය කරනවා *v.* negate
nishkaashanaya නිෂ්කාෂණය *n.* clearance
nishkreeya නිෂ්ක්‍රිය *adj.* inert
nishkreeya karanawa නිෂ්ක්‍රිය කරනවා *v.* defuse
nishpaadakaya නිෂ්පාදකයා *n.* producer
nishpaadanaya නිෂ්පාදනය *n.* production
nishpaadanaya karanawaa නිෂ්පාදනය කරනවා *v.* produce
nishpaadithaya නිෂ්පාදිතය *n.* product
nishpala නිෂ්ඵල *adj.* nugatory
nishpala නිෂ්ඵල *adj.* pointless
nishpala lesa නිෂ්ඵල ලෙස *adv.* vainly
nishpala wenawa නිශ්ඵල වෙනවා *v.* fizzle
nishpalabhaawaya නිෂ්ඵලභාවය *n.* futility
nishpraba karanawaa නිශ්ප්‍රභා කරනවා *v.* undo
nishpraba karanawaa නිශ්ප්‍රභා කරනවා *v.* vitiate
nishprabaa karanawaa නිශ්ප්‍රභා කරනවා *v.* thwart
nishprabha නිශ්ප්‍රභ *adj.* lacklustre
nishprabha karanawa නිශ්ප්‍රභා කරනවා *v.* annul
nishprabha karanawa නිෂ්ප්‍රභා කරනවා *v.* confute
nishprabha kireema නිශ්ප්‍රභ කිරීම *n.* refutation
nishshabda නිශ්ශබ්ද *adj.* dumb
nishshabda නිශ්ශබ්ද *adj.* inarticulate
nishshabda නිශ්ශබ්ද *adj.* mute
nishshabda නිශ්ශබ්ද *adj.*

speechless
nishshabda wenawa නිශ්ශබ්ද වෙනවා *v.i* hush
nisi piliwalata thabaagath නිසි පිළිවෙළට තබා ගත් *adj.* tidy
nisimatha woo නිසිමත වූ *adj.* somnolent
niskalankawa innawa නිස්කලංකව ඉන්නවා *v.* relax
nisolman නිසොල්මන් *adj.* silent
nisolman නිසොල්මන් *adj.* still
nissaara නිස්සාර *adj.* frivolous
nissaara baawaya නිස්සාර භාවය *n.* vanity
nissaaranaya නිස්සාරණය *n.* extraction
nisshabdathaawaya නිශ්ශබ්දතාවය *n.* silence
nithara නිතර *adv.* often
nithara mathpan bonawaa නිතර මත්පැන් බොනවා *v.* tipple
nithara siduwana නිතර සිදුවන *adj.* usual
nithara siduwena නිතර සිදුවෙන *adj.* frequent
nithya නිත්‍ය *adj.* invariable
nitrogen නයිට්‍රජන් *n.* nitrogen
nivatayaa නිවටයා *n.* varlet
niwaadu dinaya නිවාඩු දිනය *n.* holiday
niwaaduwa නිවාඩුව *n.* vacation
niwaasa katayuthu නිවාස කටයුතු *n.* housing
niwana නිවන *n.* nirvana
niwanawa නිවනවා *v.* extinguish
niwanawaa නිවනවා *v.* quench
niwaradi නිවැරදි *adj.* accurate
niwaradi නිවැරදි *adj.* correct
niwaradi නිවැරදි *adj.* kosher
niwaradi නිවැරදි *adj.* right
niwaradi bawa dakwanawa නිවැරදි බව දක්වනවා *v.* justify
niwaradi bawata pamunuwanawa නිවැරදි බවට පමුණුවනවා *v.* regularize
niwaradi pitapatha නිවැරදි පිටපත *n.* facsimile
niwaradima නිවැරදිම *adj.* exact
niwarthakaya නිවර්තකය *n.* deterrent
niwarthanaya නිවර්තනය *n.* tropic
niwasa නිවස *n.* home
niwasa නිවස *n.* house
niwasakata yaabadawa athi wahalak nathi kotasa නිවසකට යාබදව ඇති වහලක් නැති කොටස *n.* patio
niwasi නිවැසි *n.* resident
niwasiya නිවැසියා *n.* inhabitant
niwata නිවට *adj.* gawky
niwataya නිවටයා *n.* gudgeon
niwatayaa නිවටයා *n.* simpleton
niwatayaa නිවටයා *n.* weakling
niwedakayaa නිවේදකයා *n.* communicant
niwedanaya නිවේදනය *n.* announcement
niwedanaya නිවේදනය *n.* proclamation
niwedanaya karanawa නිවේදනය කරනවා *v.* announce
niweshaya නිවේශය *n.* insertion
niwithi නිවිති *n.* spinach
niwun නිවුන් *n.* twin
niya නිය *n.* claw
niyaaya න්‍යාය *n.* theory

niyaaya pathraya න්‍යාය පත්‍රය *n.* schedule
niyadiya නියැදිය *n.* sample
niyalenawa නියැලෙනවා *v.i.* toil
niyam gama නියම් ගම *n.* township
niyama නියම *adj.* actual
niyama නියම *adj.* rightful
niyama නියම *adj.* veritable
niyama kala mila නියම කළ මිල *n.* quotation
niyama karanawa නියම කරනවා *v.* assign
niyama karanawa නියම කරනවා *v. t* choose
niyama karanawa නියම කරනවා *v.* dispense
niyama karanawa නියම කරනවා *v.* relegate
niyama karanawaa නියම කරනවා *v.* instruct
niyama karanawaa නියම කරනවා *v.* prescribe
niyama karanawaa නියම කරනවා *v.* stipulate
niyama kireema නියම කිරීම *n.* disposal
niyama kotasa නියම කොටස *n.* quota
niyamaya නියමය *n.* formality
niyamaya නියමය *n.* instruction
niyamaya නියමය *n.* norm
niyamaya නියමය *n.* principle
niyamaya නියමය *n.* stipulation
niyamitha නියමිත *adj.* definite
niyamitha නියමිත *adj.* due
niyamitha kaalaya නියමිත කාලය *n.* deadline
niyamitha welawaata wada kireema නියමිත වේලාවට වැඩ කිරීම *n.* punctuality
niyana නියන *n.* chisel
niyawanawaa නියවයවා *v.* simper
niyaya pathraya න්‍යාය පත්‍රය *n.* agenda
niyogaya නියෝගය *n.* decree
niyogaya නියෝගය *n.* edict
niyogaya නියෝගය *n.* injunction
niyojanaya karanawa නියෝජනය කරනවා *v.* depute
niyojitha නියෝජිත *adj.* representative
niyojitha aayathanaya නියෝජිත ආයතනය *n.* agency
niyojitha pirisa නියෝජිත පිරිස *n.* deputation
niyojithaya නියෝජිතයා *n.* agent
niyojithayaa නියෝජිතයා *n.* envoy
niyojithayaa නියෝජිතයා *n.* spokesman
niyojya නියෝජ්‍ය *n.* deputy
noamathoo නොඇමතූ *adj.* uncalled
nobediya haki නොබෙදිය හැකි *adj.* indivisible
nobindiya haki නොබිඳිය හැකි *adj.* tenable
nobodaa නොබෝදා *adv.* recently
nodanuma නොදැනුම *n.* premonition
nodanuwath නොදැනුවත් *adj.* unaware
nodee walakanawa නොදී වළකනවා *v.* withhold
nodika නෝඩික *adj.* Nordic
nogalapena නොගැළපෙන *adj.* derogatory
nogalapena නොගැළපෙන *adj.*

incoherent
nogamburu නොගැඹුරු *adj.* shallow
nogamburu නොගැඹුරු *adj.* superficial
nogamburu bawa නොගැඹුරු බව *n.* superficiality
nohaki නොහැකි *adj.* impossible
nohaki නොහැකි *adj.* unable
nohikmunu නොහික්මුණු *adj.* discourteous
nohikmunu නොහික්මුනු *adj.* impertinent
nohikmunu නොහික්මුණු *adj.* wanton
nohikmunu kama නොහික්මුනු කම *n* impertinence
nohikmunu ranchuwa නොහික්මුණු රුංචුව *n.* rabble
nohobinaakama නොහොබිනා කම *n.* impropriety
noindul නොඉඳුල් *adj.* intact
noiwasana නොඉවසන *adj.* intolerant
noiwasiliwantha නොඉවසිලිවන්ත *adj.* impatient
noiwasiliwantha නොඉවසිලිවන්ත *n.* inpatient
noiwasiliwantha wenawa නොඉවසිලිවන්ත වෙනවා *n.* disquiet
noiwasiya haki නොඉවසිය හැකි *adj.* intolerable
nokadawaa karana bana wadeema නොකඩවා කරන බැන වැදීම *n.* tirade
nokadawaa labena aasheerwaada නොකඩවා ලැබෙන ආශිර්වාද *n.* shower
nokadawaa pawathna නොකඩවා පවත්නා *adj.* ceaseless
nokamathi නොකැමති *adj.* chary
nokamathi නොකැමැති *adj.* indisposed
nokamathi නොකැමැති *adj.* loath
nokamathi නොකැමැති *adj.* reluctant
nokamathi නොකැමති *adj.* unwilling
nokamaththa නොකැමැත්ත *v.* demur
nokarana lada නොකරන ලද *adj.* undone
nokelesiya yuthu නොකෙලෙසිය යුතු *adj.* sacrosanct
nokiliti නොකිලිටි *adj.* pristine
nokiya haki නොකිය හැකි *adj.* unmentionable
nokiyana lada නොකියන ලද *adj.* untold
noliyana lada palakaya නොලියන ලද පලකය *v.* tabulator
nomaga yawanawaa නොමඟ යවනවා *v.* seduce
nomana නොමනා *adj.* fulsome
nomanaa paalanayana නොමනා පාලනය *n.* maladministration
nomanga yaama නොමඟ යෑම *v.* abhor
nomanga yana නොමඟ යන *adv.* astray
nomanga yanawaa නොමඟ යනවා *v.* misguide
nomanga yawanawaa නොමඟ යවනවා *v.* misdirect
nomaree berenawaa නොමැරී බේරෙනවා *v.* survive
nomasuru නොමසුරු *adj.* profuse
nomeroo bawa නොමේරූ බව *n.* immaturity
nomeru නොමේරූ *adj.* callow

nomilaye wu නොමිලයේ වූ *adj.* gratuitous

nomile නොමිලේ *adv. &adj.* gratis

nominis නොමිනිස් *adj.* inhuman

nonaa නෝනා *n.* madam

nonasee ithiri weema නොනැසී ඉතිරි වීම *n.* survival

nonasee pawathinawa නොනැසී පවතිනවා *v.* persist

nonasee pawathnaa නොනැසී පවත්නා *adj.* persistent

nonidaa sitina නොනිදා සිටින *adj.* wakeful

nonisi නොනිසි *adj.* undue

noodles නූඩ්ල්ස් *n.* noodles

noogath නූගත් *n.* illiterate

noogath kama නූගත් කම *n.* illiteracy

noogathkama නූගත්කම *n.* ignorance

nool ada maheema නූල් ඇද මැහීම *n.* tack

nool karalla නූල් කැරැල්ල *n.* skein

nool katinna නූල් කටින්නා *n.* spinner

noola නූල *n.* chord

noola නූල *n.* thread

noopan නූපන් *adj.* unborn

noothanawaadaya නූතනවාදය *n.* modernism

nopahadili නොපැහැදිලි *adj.* ambiguous

nopahadili නොපැහැදිලි *adj.* hazy

nopahadili නොපැහැදිලි *adj.* indistinct

nopahadili නොපැහැදිලි *adj.* intangible

nopahadili නොපැහැදිලි *adj.* misty

nopahadili නොපැහැදිලි *adj.* nebulous

nopahadili bawa නොපැහැදිලි බව *n.* vagueness

nopamaawa as wenawaa නොපමාව අස් වෙනවා *v.* secede

nopamineema නොපැමිණීම *n.* absence

nopamini නොපැමිණි *adj.* absent

nopamini thanaththa නොපැමිණි තැනැත්තා *n.* absentee

nopanath නොපනත් *adj.* lawless

noparadunu නොපැරදුණු *adj.* victorious

nopasubatawa karanawa නොපසුබටව කරනවා *v.i.* persevere

nopenena නොපෙනෙන *adj.* inconspicuous

norissana නොරිස්සන *adj.* edgy

norissum gathi athi නොරිස්සුම් ගති ඇති *adj.* petulant

norussana නොරුස්සන *adj.* irritable

nosaahena නොසෑහෙන *adj.* insufficient

nosalakaa නොසලකා *adv.* regardless

nosalakaa harinawaa නොසලකා හරිනවා *v.* ignore

nosalakaa harinawaa නොසලකා හරිනවා *v.* skip

nosalakaa innawa නොසලකා ඉන්නවා *v. t* disregard

nosalakeema නොසැලකීම *n.* negress

nosalakili sahitha නොසැලකිලි සහිත *adj.* inadvertent

nosalakili sahitha නොසැලකිලි සහිත *adj.* supercilious

nosalakilimathwa kriyaa karana නොසැලකිලිමත්ව ක්‍රියා කරන *adj.* perfunctory

nosalakiliwantha නොසැලකිලිවන්ත *adj.* thoughtless

nosalakiliwanthakama නොසැලකිලිවන්තකම *n.* levity

nosalakilla නොසැලකිල්ල *n.* apathy

nosalakilla නොසැලකිල්ල *n.* defiance

nosalakilla නොසැලකිල්ල *n.* negligence

nosalena නොසැලෙන *adj.* unmoved

nosangawunu නොසැඟවුණු *adj.* blatant

nosansun නොසන්සුන් *adj.* fretful

nosansun නොසන්සුන් *adj.* moody

nosansun bawa නොසන්සුන් බව *n.* unrest

nositi bawa නොසිටි බව *n.* alibi

nothaaris නොතාරිස් *n.* notary

notharamkamak karanawa නොතරම්කමක් කරනවා *v.* deign

november maasaya නොවැම්බර් මාසය *n.* november

nowadagath නොවැදගත් *adj.* immaterial

nowadagath නොවැදගත් *adj.* indifferent

nowadagath නොවැදගත් *adj.* insignificant

nowadagath නොවැදගත් *adj.* petty

nowadagath නොවැදගත් *adj.* trivial

nowaradina නොවරදින *adj.* infallible

nowaradina නොවරදින *adj.* unfailing

nowatina නොවටින *adj.* worthless

nowatinaa de නොවටිනා දේ *n.* trinket

nowatinaa deya නොවටිනා දෙය *n.* dross

nowatinaa kotasa නොවටිනා කොටස *n.* refuse

nudawaa harinawaa මුදවා හරිනවා *v.* extricate

nuhuru නුහුරු *adj.* awkward

numbama නුඹම *pron.* yourself

nurthya shaalaawa නෘත්‍ය ශාලාව *n.* casino

nurussana නුරුස්සන *adj.* tetchy

nusudusu නුසුදුසු *adv.* beneath

nusudusu නුසුදුසු *adj.* inappropriate

nusudusu wenawa නුසුදුසු වෙනවා *v.* disqualify

nusudusu wiwaahaya නුසුදුසු විවාහය *n.* misalliance

nuwana athi නුවණ ඇති *adj.* wise

nuwanakkaara නුවණක්කාර *adj.* judicious

nuwanakkaara නුවණක්කාර *adj.* prudential

nuwanakkaara නුවණක්කාර *adj.* tactful

nuwanakkara bawa නුවණක්කාර බව *n.* prudence

nuwanata huru නුවණට හුරු *adj.* expedient

nuwuwamana නුවුවමනා *adj.* needless

nwwthimaya නීතිමය *adj.* legal

nyaasaya න්‍යාසය *n.* matrix

nyashtika න්‍යෂ්ටික *adj.* nuclear

nyashtiya න්‍යෂ්ටිය *n.* nucleus

nylon නයිලෝන් *n.* nylon

O

oak gasa ඕක් ගස *n.* oak
oak gediya ඕක් ගෙඩිය *n.* acorn
oba ඔබ *pron.* you
obaa balanawa ඔබා බලනවා *v.* poke
obaa thada karanawaa ඔබා තද කරනවා *v.* tamp
obage ඔබගේ *adj.* your
obanawaa ඔබනවා *v.* press
obanawaa ඔබනවා *v.* suppress
obbanawa ඔබ්බනවා *v.* embed
obina ඔබින *adj.* proper
obinawa ඔබිනවා *v.* befit
ochchama ඔච්චම *v.* gibe
ochchamata kiyana padayak ඔච්චමට කියන පදයක් *n.* raspberry
october maasaya ඔක්තෝබර් මාසය *n.* October
ohu ඔහු *pron.* he
ohuge ඔහුගේ *adj.* his
ohuma ඔහුම *pron.* himself
ohuta ඔහුට *pron.* him
okkaara karanawa ඔක්කාර කරනවා *v.* retch
okkaaraya ඔක්කාරය *n.* nausea
okkaarayata ena ඔක්කාරයට එන *adj.* queasy
okkoma ඔක්කොම *adj.* whole
olimpik ඔලිම්පික් *adj.* Olympic
olvara handa ඔල්වර හඬ *n.* salvo
olvara handa ඔල්වර හඬ *n.* whoop
olwarasan denawa ඔල්වරසන් දෙනවා *v.* applaud
omlet ඔම්ලට් *n.* omelette
onaa deyak ඕනෑ දෙයක් *pron.* anything
onaa nathi kama ඕනෑ නැති කම *adv.* unwittingly
onaa thanaka ඕනෑ තැනක *adv.* anywhere
onaa tharam ඕනෑ තරම් *adj.* any
onaakam athi ඕනෑකම් ඇති *adj.* raring
onaakamin sithaa balanawa ඕනෑකමින් සිතා බලනවා *v.* ponder
onaawata wdaa wishaala ඕනෑවට වඩා විශාල *adj.* outsize
onaawatama ඕනෑවටම *adv.* purposely
onchillaawa ඔන්චිල්ලාව *n.* swing
oona poorakaya ඌන පූරකය *adj.* supplementary
oona poornaya ඌන පූර්ණය *n.* supplement
oonaa ඕනෑ *adj.* needy
oopaadoopa ඕපාදූප *n.* gossip
ooraa ඌරා *n.* swine
ooru kotuwa ඌරු කොටුව *n.* sty
ooru thel ඌරු තෙල් *n.* lard
ooshmaakshara ඌෂ්මාක්ෂර *adj.* sibilant
ooti piti ඕට්පිටි *n.* oatmeal
opa athi ඔප ඇති *adj.* glossy
opa damanawa ඔප දමනවා *v.* glaze
opa nathi ඔප නැති *adj.* dingy
opaa doopa ඕපා දූප *n.* tattle
opadamanawa ඔපදමනවා *v.* gild
opadamoo ඔපදැමූ *adj.* gilt
opadupakaaraya ඕපාදූපකාරයා *adj.* telltale
opaya ඔපය *n.* gloss
opaya ඔපය *n.* polish
operaawa ඔපෙරාව *n.* opera
oppu karanawaa ඔප්පු කරනවා *v.*

prove

oppuwa ඔප්පුව *n.* deed

oppuwa ඔප්පුව *n.* indenture

oralosuwa ඔරලෝසුව *n.* clock

orawanawaa ඔරවනවා *v.* ogle

origaamee ඔරිගාමි *n.* origami

osap weema ඔසප් වීම *n.* menstruation

osapweema pilibanda ඔසප්වීම පිළිබඳ *adj.* menstrual

osawaa gena yaama ඔසවා ගෙන යෑම *n.* portage

osawanawa ඔසවනවා *v.* hoist

osse ඔස්සේ *prep.* along

othaa gannawa ඔතා ගන්නවා *v.* muffle

othanawa ඔතනවා *v.* enfold

othanawa ඔතනවා *v.* wrap

othanaya ඔතනය *n.* winder

oththu sewaya ඔත්තු සේවය *n.* espionage

oththu soyanawaa ඔත්තු සොයනවා *v.* tout

oththukaaraya ඔත්තුකාරයා *n.* informer

oththukaaraya ඔත්තුකාරයා *n.* spy

ottu allanna ඔට්ටු අල්ලන්නා *n.* punter

ottu alleeme kramaya ඔට්ටු ඇල්ලීමේ ක්‍රමය *v.* tote

ottuwa ඔට්ටුව *v.* bet

ottuwa ඔට්ටුව *n.* stake

ottuwa ඔට්ටුව *n.* & *v.* wager

ottuwata ashawayan elawannaa ඔට්ටුවට ආශාවන් එළවන්නා *n.* jockey

otunna ඔටුන්න *n.* crown

otunu palandanawa ඔටුනු පළන්දනවා *v.* crown

otunu palandeema ඔටුනු පැළඳීම *n.* coronation

otuwa ඔටුවා *n.* camel

ounge ඔවුන්ගේ *adj.* their

ounma ඔවුන්ම *pron.* themselves

ounta ඔවුන්ට *pron.* them

owa denawa ඔවා දෙනවා *v.* admonish

owalaya ඕවලය *adj.* oval

owun ඔවුන් *pron.* they

oxidaya ඔක්සයිඩය *n.* oxide

oxygen waayuwa ඔක්සිජන් වායුව *n.* oxygen

ozone stharaya ඕසෝන් ස්ථරය *n* ozone

P

paa polla පා පොල්ල *n.* treadle

paa satahana පා සටහන *n.* track

paa wala niyapothu hadaganweema පා වල නියපොතු හැඩගැන්වීම *n.* pedicure

paa wihiduwa පා විහිදුවා *prep.* astride

paabala පාබළ *n.* infantry

paabala hamudaa kandaya පාබල හමුදා කණ්ඩය *n.* platoon

paachanaya පාචනය *n.* diarrhoea

paada angiliwala aga පාද ඇඟිලිවල අග *v.* tiptoe

paadama පාදම *n.* base

paadama පාඩම *n.* lesson

paadamaanaya පාදමානය *n.* pedometer

paadanawaa පාදනවා *v.* unearth

paadasthalaya පාදස්තලය *n.* pedestal

paadayen kriya karawana yanthraya පාදයෙන් ක්‍රියා කරවන යන්ත්‍රය *n.* treadmill

paadili unnaanse පාදිලි උන්නාන්සේ *n.* pastor

paaduwa පාඩුව *n.* failing

paaduwa pirimasinawaa පාඩුව පිරිමසනවා *v.* offset

paagaagena yanawaa පාගාගෙන යනවා *v.* override

paakshika පාක්ෂික *n.* partisan

paakshikaya පාක්ෂිකයා *n.* ally

paalaka පාලක *adj.* administrative

paalakaya පාලකයා *adj.* administrator

paalakaya පාලකය *n.* controller

paalakaya පාලකය *n.* regulator

paalakayaa පාලකයා *n.* superintendent

paalama පාලම *n.* bridge

paalana pradeshaya පාලන ප්‍රදේශය *n.* canton

paalana reethi iwath karanawa පාලන රීති ඉවත් කරනවා *v.* deregulate

paalanaya පාලනය *n.* control

paalanaya පාලනය *n.* governance

paalanaya පාලනය *n.* jurisdiction

paalanaya පාලනය *n.* mastery

paalanaya පාලනය *n.* superintendence

paalanaya kala haki පාලනය කළ හැකි *adj.* manageable

paalanaya karanava පාලනය කරනවා *v.* administer

paalanaya karanawa පාලනය කරනවා *v.* manage

paalanaya karanawa පාලනය කරනවා *v.* rule

paalanaya karanawaa පාලනය කරනවා *v.* oversee

paalanaya karanawaa පාලනය කරනවා *v.* superintend

paalanaya karanu labana පාලනය කරනු ලබන *adj.* mandatory

paalanayata path karanawaa පාලනයට පත් කරනවා *v.* subjugate

paalikaawa පාලිකාව *n.* matron

paalu පාළු *adj.* lonesome

paan පාන් *n.* bread

paan kaaraya පාන් කාරයා *n.* baker

paana පෑන *n.* pen

paanaya karanawa පානය කරනවා *v. t* drink

paap පාප් *adj.* papal

paap pradawiya පාප් පදවිය *n.* papacy

paap wahanse පාප් වහන්සේ *n.* pope

paapa sahaayathaawa පාප සහායතාව *n.* complicity

paapadikaru පාපැදිකරු *n.* cyclist

paapadiya පාපැදිය *n.* bike

paapadiya පාපැදිය *n.* cycle

paapakaaree පාපකාරී *adj.* sinful

paapandu පාපන්දු *n.* football

paapandu පාපන්දු *n.* soccer

paapatiya පාපටිය *n.* stirrup

paapee පාපී *adj.* impious

paapishta පාපිෂ්ඨ *adj.* wicked

paapochchaaranaya පාපොච්චාරණය *n.* confession

paapochchaaranaya karanawa පාපොච්චාරණය කරනවා *v.* confess

paapthumaa පාප්තුමා *n.* pontiff
paara පාර *n.* road
paara mada පාර මැද *adv.* midway
paara pilibanda katayuthu පාර පිළිබඳ කටයුතු *n.* road works
paaraadeesaya පාරාදීසය *n.* paradise
paaraandha පාරාන්ධ *adj.* opaque
paaradrushya පාරදෘශ්‍ය *adj.* transparent
paaragamya පාරගම්‍ය *adj.* permeable
paaramparika පාරම්පරික *adj.* ancestral
paarandhathaawa පාරාන්ධතාව *n.* opacity
paarattu karanawaa පාරට්ටු කරනවා *adj.* vaunted
paarawilanaya පාරවිලනය *n.* transfusion
paarawilanaya karanawaa පාරවිලනය කරනවා *v.* transfuse
paaribaashika shabda maalaawa පාරිභාෂිත ශබ්ද මාලාව *n.* terminology
paaribaashika shabda maalaawata ayath පාරිභාෂිත ශබ්ද මාලාවට අයත් *adj.* terminological
paaribhogikayaa පාරිභෝගිකයා *n.* customer
paarlimenthuwa පාර්ලිමේන්තුව *n.* parliament
paarlimenthuwata ayath පාර්ලිමේන්තුවට අයත් *adj.* parliamentary
paarsalaya පාර්සලය *n.* parcel
paaruwa පාරුව *n.* barge
paasala පාසල *n.* school
paasanam පාසානම් *n.* arsenic
paashaana wani wishaala පාෂාණ වැනි විශාල *adj.* megalithic
paaskuwa පාස්කුව *n.* Easter
paassanawa පාස්සනවා *v.* weld
paasseemata yodana iyam පෑස්සීමට යොදන ඊයම් *n.* solder
paata gaanawa පාට ගානවා *n.* mottle
paata granthaya පාඨ ග්‍රන්ථය *n.* textbook
paata hunukooru පාට හුණුකූරු *n.* crayon
paata karana lada පාට කරන ලද *adj.* ingrained
paata pilibanda පාඨ පිළිබඳ *adj.* textual
paata pilibanda පාඨ පිළිබඳ *adj.* textual
paatamaalaawa පාඨමාලාව *n.* course
paathaala lokaya පාතාල ලෝකය *n.* limbo
paathaala lokaya පාතාල ලෝකය *n.* underworld
paathalaya පාතාලය *n.* abyss
paaththaya පාත්තයා *n.* goose
paavena පාවෙන *adj.* afloat
paawa deema පාවා දීම *n.* betrayal
paawa denawa පාවා දෙනවා *v.* betray
paawa denawa පාවා දෙනවා *v.* cede
paawaa deema පාවා දීම *n.* assignation
paawaa deema පාවා දීම *n.* conveyance
paawen ais kuttiya පාවෙන අයිස් කුට්ටිය *n.* floe
paawena පාවෙන *adj.* buoyant

paawenawa පාවෙනවා *v.* drift
paawenawa පාවෙනවා *v.* float
pabalu ataya පබළු ඇටය *n.* bead
pachchaya පච්චය *n.* tattoo
pada bandinawaa පද බැඳිනවා *v.* versify
pada rachanaawa පද රචනා ව *n.* phraseology
padaarthaya පදාර්ථය *n.* matter
padagathaartha පදගතා ර්ථ *adj.* literal
padagena yanawa පැදගෙන යනවා *v.* ride
padakkam laboo thanaththa පදක්කම් ලැබූ තැ නැ ත්තා *v.i.* medallist
padakkama පදක්කම *n.* medal
padam kala elu hama පදම් කළ එළු හම *n.* suede
padam kala hama පදම් කල හම *n.* leather
padam karana lada පදම් කරන ලද *n.* tannery
padanama පදනම *n.* basis
padanama පදනම *n.* foundation
padawanawa පදවනවා *v.* drive
padawiya පදවිය *n.* rank
paddenawaa පැද්දෙනවා *v.* oscillate
paddenawaa පැද්දෙනවා *v.* sway
paddenawaa පැද්දෙනවා *v.* swing
padduma පැද්දුම *adj.* swingeing
padhadayaa පාධඩයා *n.* vagabond
padikawedikaawa පිදිකවේදිකා ව *n.* pavement
padikaya පිදිකය *n.* pedal
padikaya පිදිකයා *n.* pedestrian
padikayan maru vena thana පිදිකයන් මාරු වන තැ න *n.* zebra crossing
padinchi kaalaya පිදිංචි කා ලය *n.* occupancy
padinchi kaarayaa පිදිංචි කා රයා *n.* settler
padinchikaaraya පිදිංචිකා රයා *n.* inmate
padinchiwa sitinawa පිදිංචිව සිටිනවා *v.* reside
padinchiya පිදිංචිය *n.* domicile
padinchiya පිදිංචිය *n.* dwelling
padinchiyata sudusu පිදිංචියට සුදුසු *adj.* residential
padipela පඩිපෙල *n.* stair
padura පැදුර *n.* mat
padura පැදුර *n.* pallet
padya පද්‍ය *n.* verse
padyamaya පද්‍යමය *adj.* metrical
paha පහ *adj. & n.* five
paha bagin wu පහ බැගින් වූ *n.* quin
paha karanawa පහ කරනවා *v.* excrete
paha karanawaa පහ කරනවා *v.* sack
pahadaa denawa පහදා දෙනවා *v. t* elucidate
pahadali පැහැදිලි *adj.* manifest
pahadanawa පහදනවා *v.* explain
pahadili පැහැදිලි *adj.* clear
pahadili පැහැදිලි *adj.* distinct
pahadili පැහැදිලි *adj.* evident
pahadili පැහැදිලි *adj.* intelligible
pahadili පැහැදිලි *adj.* obvious
pahadili karanawa පැහැදිලි කරනවා *v.* clarify
pahadili kireema පැහැදිලි කිරීම *n.* clarification
pahadili lesa kiyanawa පැහැදිලි

ලසෙ කියනවා *v.* enunciate
pahadilikama පැහැදිලිකම *n.* clarity
pahadiliwa පැහැදිලිව *adv.* clearly
pahadiliwa penena පැහැදිලිව පෙනෙන *adj.* vivid
pahala පහළ *prep.* below
pahala පහළ *adv.* down
pahala පහළ *adj.* nether
pahala පහළ *prep.* underneath
pahala damanawa පහළ දමනවා *v.t.* abbreviate
pahala weema පහළ වීම *n.* manifestation
pahalowa පහළොව *adj.* & *n.* fifteen
pahan thiraya පහන් තිරය *n.* wick
pahana පහන *n.* lamp
pahara පහර *n.* brunt
pahara deema පහර දීම *n.* assault
pahara deema පහර දීම *v.* attack
pahara deema පහර දීම *n.* riposte
pahara denawa පහර දෙනවා *v.* assail
pahara denawa පහර දෙනවා *v.* lambast
pahara denawa පහර දෙනවා *v.* zap
pahara denawaa පහර දෙනවා *v.* whack
pahara ganeema පහර ගැනීම *n.* usurpation
pahara gannawa පැහැර ගන්නවා *n.* aberration
pahara gannawa පැහැර ගන්නවා *v.* plunder
pahara gannawa පැහැරගන්නවා *v.* relieve
pahara gannawaa පහර ගන්නවා *v.* usurp
pahara gasanawaa පහර ගසනවා *v.* belabour
pahara hareema පැහැර හැරීම *n.* default
pahara harinawa පැහැර හරිනවා *v.* neglect
pahara walakanawa පහර වළකනවා *v.* parry
paharagena yanawaa පැහැරගෙන යනවා *v.* kidnap
paharanawa පහරනවා *v.* defecate
pahasu පහසු *adj.* convenient
pahasu පහසු *adj.* easy
pahasukam salasanawa පහසුකම් සලසනවා *v.* facilitate
pahasukama පහසුකම *n.* facility
pahasuwa පහසුව *n.* convenience
pahasuwa පහසුව *n.* ease
pahasuwen පහසුවෙන් *adv.* readily
pahasuwen bindena පහසුවෙන් බිඳෙන *adj.* fragile
pahasuwen harawiya haki anga-pasanga athi පහසුවෙන් හැරවිය හැකි අඟපසඟ ඇති *adj.* lissom
pahasuwen kudu bawata pathkala haki පහසුවෙන් කුඩු බවට පත්කළ හැකි *adj.* friable
pahasuwen namena පහසුවෙන් නැමෙන *adj.* pliant
pahasuwen namenawa පහසුවෙන් නැමෙනවා *v.* limber
pahasuwen namiya haki පසුහුවෙන් නැමිය හැකි *adj.* flexible
pahasuwen nodirana පහසුවෙන් නොදිරන *adj.* indigestible
pahath පහත් *adj.* inferior
pahath පහත් *adj.* low
pahath පහත් *adj.* lowly
pahath bawa පහත් බව *n.* inferiority

pahath karanawa පහත් කරනවා *v.* debase
pahath kota salakanawa පහත් කොට සළකනවා *v.* belittle
pahath wada karanna පහත් වැඩ කරන්න *n.* sleaze
pahatha wateema පහත වැටීම *n.* prolapse
pahathata obanawa පහතට ඔබනවා *v.* depress
pahaya පැහැය *n.* complexion
pahaya පැහැය *n.* hue
pahura පහුර *n.* raft
pahuru gaanawaa පහුරු ගානවා *v.t.* scratch
pain පයින් *adv.* afoot
pakattuwa පැකට්ටුව *n.* packet
pakejaya පැකේජය *n.* package
pakila watenawaa පැකිළ වැටෙනවා *v.* trip
pakilenawaa පැකිළෙනවා *v.* stumble
paksha kaandaya පක්ෂ කාණ්ඩය *n.* bloc
pakshapaathi පක්ෂපාති *adj.* trusty
pakshaya harayanna පක්ෂය හැරයන්න *n.* apostate
pakshee wargayak පක්ෂි වර්ගයක් *n.* pie
paksheenge niya පක්ෂීන්ගේ නිය *n.* talon
pakshiyaa handanawaa පක්ෂියා හඬනවා *v.* tweet
pal weema පල් වීම *n.* stagnation
pal wenawa පල් වෙනවා *v.* stagnate
pal wenawaa පල් වෙනවා *v.* stink
pal woo පල් වූ *adj.* stale
pala පැල *n.* chalet
pala පැල *n.* hovel
pala පැල *n.* shanty
pala karanawa පැළ කරනවා *v.* germinate
pala karanawaa පළ කරනවා *v.* profess
pala nil paata එළ නිල් පාට *n.* lilac
pala sitawanawaa පැළ සිටවනවා *v.* transplant
pala weema පැළ වීම *n.* germination
palaatha පළාත *n.* locality
palaatha පළාත *n.* province
palaathak bhaara dewagathi-thuma පළාතක් භාර දේවගැතිතුමා *n.* parson
palaayaama පලායාම *v.i* escape
palaayanawa පලායනවා *v.* flee
palaayannaa පලායන්නා *adj.* runaway
paladaai ඵලදායි *adj.* beneficial
paladaai ඵලදායි *adj.* fruitful
paladaayi ඵලදායි *adj.* remunerative
paladayithaawa පලදායිතාව *n.* productivity
palakaya ඵලකය *n.* plaque
palakkattuwa පලක්කට්ටුව *n.* placard
palal පළල් *adj.* broad
palal karanawaa පළල් කරනවා *v.* widen
palala පළල *n.* breadth
palala පළල *n.* width
palamu පළමු *adj.* & *n.* first
palamuwa bhukthiya gannawaa පළමුව භුක්තිය ගන්නවා *v.* pre-empt
palanawaa පලනවා *v.* split
palanchiya පලංචිය *n.* scaffolding
palanchiya පලන්චිය *n.* trestle
palandanaawa පළඳනාව *n.*

ornament
palandinawaa පළඳිනවා *v.* wear
palangatiya පළඟැටියා *n.* locust
palaprayojanaya ඵලප්‍රයෝජනය *n.* benefit
palapurudu nathi bawa පළපුරුදු නැති බව *n.* inexperience
palasa පලස *n.* carpet
palasa පලස *n.* rug
palastharaya ඇලලස්තරය *n.* plaster
palathura පළතුර *n.* fruit
palathuru haa dhaanya ekata mishra karagath dhaanyak පළතුරු හා ධාන්‍ය එකට මිශ්‍ර කරගත් ආහාරයක් *n.* muesli
palathuru wargayak පළතුරු වර්ගයක් *n.* conker
palathuru wattha පලතුරු වත්ත *n.* orchard
palawaa harinawa පළවා හරිනවා *v.* dislodge
palawaa harinawa පලවා හරිනවා *v.* dispel
palaya ඇළය *n.* plant
palenawa ඇලෙනවා *v.* cleave
pali ganeema පළි ගැනීම *n.* reprisal
pali ganeema පළි ගැනීම *n.* retaliation
pali ganeema පළි ගැනීම *n.* revenge
pali gannawa පළි ගන්නවා *v.* avenge
pali gannawa පළිගන්නවා *v.* wreak
palibodakayo පළිබෝධකයෝ *n.* vermin
paliganeema පළිගැනීම *n.* nemesis
paligannawa පළිගන්නවා *v.* retaliate
paliha පළිහ *n.* shield
pallama ඇල්ලම *n.* blotch
pallama පල්ලම *n.* ramp
pallama පල්ලම *n.* spot
palliya පල්ලිය *n.* church
palliye us kotha පල්ලියේ උස් කොත *n.* steeple
palpaya පල්පය *n.* pulp
palunu ඇළුණු *n.* riven
pamaa wenawaa පමා වෙනවා *v.* wait
pamana nodanna පමණ නොදන්න *adj.* immoderate
pamanak පමණක් *adv.* only
pambaya පඹයා *n.* dummy
pambaya පඹයා *n.* effigy
pambaya පඹයා *n.* guy
pambayaa පඹයා *n.* clown
pambayaa පඹයා *n.* scarecrow
pamineema පැමිණීම *n.* advent
pamineema පැමිණීම *n.* attendance
pamineema පැමිණීම *n.* presence
paminenawa පැමිණෙනවා *v.* arrive
paminenawa පැමිණෙනවා *v.* attend
paminenawa පැමිණෙනවා *v.* come
pamini පැමිණි *adj.* present
paminili karanawa පැමිණිලි කරනවා *v.* complain
paminilikaru පැමිණිලිකරු *n.* plaintiff
paminilla පැමිණිල්ල *n.* complaint
paminilla පැමිණිල්ල *n.* prosecution
pana adinawa පණ අදිනවා *v.i* gasp
pana alla gannawa පැන අල්ලා ගන්නවා *v.* nab
pana deema පණ දීම *n.* animation
pana denawa පණ දෙනවා *v.* animate
pana gannawa පැන ගන්නවා *v.* blench
pana nathi පණ නැති *adj.* spineless

pana pana duwanawa පැ න පැ න දුවනවා *n.* gallop
pana pana duwanawaa පැ න පැ න දුවනවා *v.* lope
pana pana yanawaa පැ න පැ න යනවා *v.* leap
pana pihituwanawa පණ පිහිටුවනවා *v.* revive
pana pitin පණ පිටින් *adj.* alive
pana yanawa පැ න යනවා *v.* decamp
panaawa පනා ව *n.* comb
panaha පනහ *adj. & n.* fifty
panawanawa පනවනවා *v.* enact
panchaasraya පං චා ස්රය *n.* pentagon
pandaa පැ න්ඩා *n.* panda
pandamaa පණ්දම *n.* stooge
pandanaya පැ න්ඩනය *n.* pendant
panditha maanee පණ්ඩිතමානී *adj.* pedantic
pandu kreeda wisheshayak පන්දු ක්රීඩා විශේෂයක් *n.* lacrosse
pandura පඳුර *n.* bush
pandura පඳුර *n.* shrub
panduru kota kara kapaa hada ganweema පඳුරු කොට කර කපා හැ ඩ ගැ න්වීම *n.* topiary
panduru sahitha පඳුරු සහිත *adj.* bushy
panduwan පඬුවන් *adj.* sallow
panel පැ නෙල් *n.* flannel
pangiri පැ ඟිරි *n.* citrus
panguwa පංගුව *n.* ration
panguwak පංගුවක් *adv.* partly
panhinda පන්හිඳ *n.* stylus
pani පැ ණි *n.* treacle
pani dosi පැ ණි දෝසි *n.* jam
pani rasa athi පැ ණි රස ඇති *adj.* sweet
pani rasa kaama පැ ණි රස කෑ ම *n.* sweet
pani rasa karanawaa පැ ණි රස කරනවා *v.* sweeten
paninawa පනිනවා *v.* hop
paninawa පනිනවා *v.i* jump
paninawaa පනිනවා *v.* spring
panittuwa පනිට්ටුව *n.* bucket
panittuwa පනිට්ටුව *n.* pint
paniwidakaarayaa පණිවිඩකා රයා *n.* courier
paniwidakaru පණිවිඩකරු *n.* messenger
paniwidaya පණිවිඩය *n.* massage
paniwidaya පණිවිඩය *n.* message
paniya පැ ණිය *n.* syrup
pankaawa පං කා ව *n.* fan
pannayata පන්නයට *adj.* modish
pansa haye kaasiya පැ න්ස හයේ කාසිය *n.* tanner
pansala පැ න්සල *n.* pencil
pansala පන්සල *n.* temple
pansaya පැ න්සය *n.* penny
panthi paadama පන්ති පදනම *n.* tutorial
panthiya පංතිය *n.* class
panu hori පණු හෝරි *n.* scabies
panuwa පණුවා *n.* worm
panuwan men dangalanawaa පණුවන් මෙන් දඟලනවා *v.* squirm
panuweku men dangalanawaa පණුවෙකු මෙන් දඟලනවා *v.* wiggle
papuwa පපුව *n.* chest
papuwe riduma පපුවේ රිදුම *n.* angina
para chiththa gnanaya පරචිත්ත ඥානය *n.* telepathy

para chiththa gnanaya athi thanaththa පරචිත්ත ඥ නය ඇති තැ නැ ත්තා *n.* telepathist

para chiththa gnanaya pilibanda wu පරචිත්ත ඥ නය පිළිබඳ වූ *adj.* telepathic

para peedaa preethiya windinna පරපීඩා ප්‍රීතිය විඳින්නා *n.* sadist

paraajaya පරාජය *n* checkmate

paraajaya karanawaa පරාජය කරනවා *v.* overthrow

paraajayawanna පරාජයවන්නා *n.* defeatist

paraakramaya පරාක්‍රමය *n.* prowess

paraalaya පරාලය *n.* joist

paraartha charyaawa පරාර්ථ චර්යා ව *n.* altruism

paraarthakaamee පරාර්ථකාමී *adj.* philanthropic

paraarthakaamee පරාර්තකාමී *adj.* selfless

paraarthakaameebhaawaya පරාර්ථකාමීභා වය *n.* philanthropy

paraarthakaamiyaa පරාර්ථකාමියා *n.* philanthropist

paraarthaya pinisa wu පරාර්තය පිණිස වූ *adj.* vicarious

paraasaya පරාසය *n.* range

paraawarthaka පරාවර්තක *adj.* reflective

paraawarthanaya wenawa පරාවර්තනය වෙනවා *v.* reflect

paraayaththa පරායත්ත *adj.* dependent

paraayaththathaawa පරායත්තතා ව *n.* dependency

paradawanawa පරදවනවා *v.* discomfit

paradawanawa පරදවනවා *v.* excel

paradawanawaa පරදවනවා *v.* overcome

paradawanawaa පරදවනවා *v.* overturn

paradeema පැරදීම *n.* skittle

paradinawaa පරදිනවා *v.* outdo

parafin thel පැරෆින් තෙල් *n.* paraffin

parakkramaya පරාක්‍රමය *n.* valour

parakku පරක්කු *adj.* late

paramaadarshawaadaya පරමා දර්ශවා දය *n.* idealism

paramaadarshawaadiya පරමා දර්ශවාදියා *n.* idealist

paramaadarshee පරමා දර්ශී *adj.* idealistic

paramaadhikaaraya පරමාධිකා රය *n.* prerogative

paramaanuka පරමාණුක *adj.* atomic

paramaanuwa පරමාණුව *n.* atom

paramaarthamaya පරමාර්ථමය *adv.* objectively

paramaarthaya පරමාර්ථය *n.* mission

paramaarthaya පරමාර්ථය *adj.* objective

paramawignanaya පරමවිඥ නය *n.* mysticism

paramithiya පරාමිතිය *n.* parameter

paramithiya පරමතම *adj.* paramount

paramothkrushta පරම ෝත්කෘ ෂ්ට *adj.* sublime

paramparaawa පරම්පරාව *n.* generation

parana novena පරණ නොවෙන *adj.* ageless

parana thaale පරණ තා ලේ *adj.* outmoded

parani de pilibanda පැරණි දේ පිළිබඳ *adj.* antiquarian
paraputuwa පරපුටුවා *n.* parasite
parashoot batayaa පැරෂුට් භටයා *n.* parachutist
parashootaya පැරෂුටය *n.* parachute
paraspara karanawa පරස්පර කරනවා *v.* reciprocate
paraspara wirodee පරස්පර විරෝධී *adj.* incompatible
paraspara wirodee පරස්පර විරෝධී *adj.* irreconcilable
paraspara wyawahaaraya පරස්පර ව්‍යවහාරය *n.* interplay
parasparaya පරස්පරය *adj.* reciprocal
paratharaya පරතරය *n.* distance
parathikshepa karanawa ප්‍රතික්ෂේප කරනවා *v.* disallow
parawarthee පරාවර්ති *adj.* reflexive
parawarthee widyaawa පරාවර්ති විද්‍යාව *n.* reflexology
pareekshaakaareewa kiyaweema පරීක්ෂාකාරීව කියවීම *n.* perusal
pareekshaawa පරීක්ෂාව *n.* test
pareekshaawen kiyawaa balanawa පරීක්ෂාවෙන් කියවා බලනවා *v.* peruse
pareekshakaari පරීක්ෂාකාරී *adj.* watchful
pareekshawen balaa hindinawaa පරීක්ෂාවෙන් බලා හිඳිනවා *v.* watch
paressam sahitha පරෙස්සම් සහිත *adj.* careful
paressam wenawa පරෙස්සම් වෙනවා *v.* beware
paressama පරෙස්සම *n.* safety
parewiyaa පරෙවියා *n.* pigeon
paribhawa karanawa පරිභව කරනවා *v.* condemn
paribhawa sahitha පරිභව සහගත *adj.* abusive
paribhojakaya පරිභෝජකයා *n.* consumer
paribhojanaya පරිභෝජනය *n.* consumption
paribhojanayata gannawa පරිභෝජනයට ගන්නවා *v.* consume
paribhrama පරිභ්‍රම *adj.* rotary
paribhramanaya wenawaa පරිභ්‍රමණය වෙනවා *v.* revolve
paribramana maanaya පරිභ්‍රමණ මානය *n.* strobe
parichchedaya පරිච්ඡේදය *n.* chapter
paridhiya පරිධිය *n.* circumference
paridi පරිදි *adv.* as
pariganaka daththa gabadaawa පරිගණක දත්ත ගබඩාව *n.* database
pariganakagatha karanawa පරිගණකගත කරනවා *v.* computerize
pariganakaya පරිගණකය *n.* computer
parihaaniya පරිහානිය *v. t.* decline
parihaaniyata pathwenawaa පරිහානියට පත්වෙනවා *v.* slump
parikalpanaya පරිකල්පනය *n.* imagination
parikshaawa පරීක්ෂාව *n.* critique
parikshaawa පරීක්ෂාව *n.* inspection
parikshakayaa පරීක්ෂකයා *n.* inspector
parilokanaya පරිලෝකනය *n.* scanner
parilokanaya karanawaa

පරිලෝකනය කරනවා *v.* scan

parimandakaya පරිමන්දකය *n.* damper

parimeeya පරිමේය *adj.* rational

parimeya පරිමේය *adj.* accountable

parinaamakaya පරිනාමකය *n.* transformer

parinaamaya පරිනාමය *n.* evolution

parinatha weema පරිණතවීම *n.* maturity

paripaalanaya පරිපාලනය *n.* administration

paripathaya පරිපථය *n.* circuit

paripoorna පරිපූර්ණ *n.* ideal

paripoorna පරිපූර්ණ *adj.* perfect

paripoorna පරිපූර්ණ *adj.* replete

paripoorna karanawa පරිපූර්ණ කරනවා *v.* consummate

paripoornathwaya පරිපූර්ණත්වය *n.* perfection

parisara widyaawa පරිසරවිද්‍යාව *n.* ecology

parisaraya පරිසරය *n.* entourage

parisheelanaya පරිශීලනය *n.* pursuit

parisheelanaya karanawaa පරිශීලනය කරනවා *v.* prosecute

parishraya පරිශ්‍රය *n.* premises

parisramayen kalayuthu පරිස්‍රමයෙන් කළයුතු *adj.* strenuous

parissam sahitha පරිස්සම් සහිත *adj.* wary

parissamen kala yuthu පරිස්සමෙන් කළ යුතු *adj.* tricky

parissramaya පරිශ්‍රමය *n.* tedium

parithyaaga karanawa පරිත්‍යාග කරනවා *v.* donate

parithyaagaya පරිත්‍යාගය *n.* bounty

parithyaagaya පරිත්‍යාගය *n.* largesse

pariwaarakaya පරිවාරකයා *n.* attaché

pariwaarakaya පරිවාරකය *n.* insulator

pariwaasaya පරිවාසය *n.* probate

pariwaasikayaa පරිවාසිකයා *n.* probationer

pariwaranaya පරිවරණය *n.* insulation

pariwarthakayaa පරිවර්තකයා *n.* interpreter

pariwarthanaya පරිවර්තනය *n.* convert

pariwarthanaya පරිවර්තනය *n.* translation

pariwarthanaya karanawaa පරිවර්තනය කරනවා *v.* translate

pariwurthaya පරිවෘතය *n.* enclave

pariwurthiya පරිවෘත්තිය *n.* metabolism

parusha පරුෂ *adj.* brusque

parusha පරුෂ *adj.* caustic

parusha පරුෂ *adj.* surly

parushakama පරුෂකම *n.* acrimony

paryaalokaya පර්යාලෝකය *n.* perspective

paryantha පර්යන්ත *adj.* terminal

paryanthaya පර්යන්තය *n.* periphery

paryeshanaya පර්යේෂණය *n.* experiment

paryeshanaya පර්යේෂණය *n.* research

pas පස් *n.* soil

pasa පස *n.* marl

pasa mithura පසමිතුරා *n.* adversary

pasawanawa පැසවනවා *v.* brew
pasawanawaa පැසවනවා *n.* sepsis
pasaweema පැසවීම *n.* fermentation
pasaweeme kriyawaliyata sambanda dileera wargayak පැසවීමේ ක්‍රියාවලියට සම්බන්ධ දිලීර වර්ගයක් *n.* yeast
pasawu පැසවූ *adj.* septic
pasbaraa පැස්බරා *n.* ostrich
pasbata wenawa පස්බට වෙනවා *v.* boggle
pashchaath upaadhi පශ්චාත් උපාධි *n.* postgraduate
pashu waidya karmaya pilibanda පශු වෛද්‍ය කර්මය පිළිබඳ *adj.* veterinary
pasikkama පිසික්කම *n.* spittoon
pasisit waadaya පැසිස්ට් වාදය *n.* fascism
passa gahanawa පස්ස ගහනවා *v.* backtrack
passa gahanawa පස්ස ගහනවා *v.* reverse
passaa paththa පස්සා පැත්ත *n.* backside
passen පස්සෙන් *adv.* aft
pastareekaranaya kala පැස්ටරීකරණය කළ *adj.* pasteurized
pastel පැස්ටල් *n.* pastel
pasthaalaya පස්තාලය *n.* patty
pasu baseema පසු බැසීම *n.* recession
pasu basina පසු බසින *adj.* recessive
pasu basinawa පසු බසිනවා *v.* recede
pasu basinawa පසු බසිනවා *v.* recoil
pasu bhaagayehi pihiti පසු භාගයෙහි පිහිටි *adj.* posterior
pasu dina පසු දින *n.* morrow
pasu galma පසු ගැල්ම *n.* backwater
pasu thalaya පසුතලය *n.* background
pasu thiraya පසු තිරය *n.* backdrop
pasu wadana පසු වදන *n.* postscript
pasu wedikawa පසුවේදිකාව *adv.* backstage
pasudaatham karanawa පසුදාතම් කරනවා *v.* backdate
pasugiya පසුගිය *adj.* bygone
pasukara yanawaa පසුකර යනවා *v.* overhaul
pasukota yanawaa පසුකොට යනවා *v.* wend
pasumbiya පසුම්බිය *n.* pocket
pasumbiya පසුම්බිය *n.* purse
pasumbiya පසුම්බිය *n.* wallet
pasupasata පසුපසට *adv.* aback
pasuthawena පසුතැවෙන *adj.* penitent
pasuthawenawaa පසුතැවෙනවා *v.* rue
pasuthawili wena පසුතැවිලි වෙන *adj.* rueful
pasuthawili wenawa පසුතැවිලි වෙනවා *v.* repent
pasuthawili wuu පසුතැවිලි වූ *adj.* repentant
pasuthawilla පසුතැවිල්ල *adj.* compulsory
pasuthawilla පසුතැවිල්ල *n.* regret
pasuthawilla පසුතැවිල්ල *n.* remorse
pasuwa පසුව *prep.* behind
pasuwa sidda wenawa පසුව සිද්ධ වෙනවා *v.* ensue
pasuwa siduwenawaa පසුව සිදුවෙනවා *v.* supervene

paswaru darshanaya පස්වරු දර්ශනය *n.* matinee
pata panuwa පට පණුවා *n.* cocoon
patabandi namak athi පටබැඳි නමක් ඇති *adj.* titled
patahani පටහැනි *adj.* contrary
patalanawa පටලනවා *v. t* entangle
patalawanawaa පටලවනවා *v.t.* tangle
patalawillen berenawa පටලැවිල්ලෙන් බේරෙනවා *v.* disentangle
patalawunu පටලැවුණු *adj.* muzzy
patalaya පටලය *n.* membrane
patalaya පටලය *n.* nebula
patalenawa පැටලෙනවා *v.* baffle
patalenawaa පැටළෙනවා *v.* slur
patan පටන් *prep.* since
patanoolen thanu පටනූලෙන් තැනූ *adj.* silken
patapata gaanawaa පටපට ගානවා *v.* crackle
patawaa පැටවා *n.* cub
pataya පටය *n.* reel
patent balapathraya පේටන්ට් බලපත්‍රය *n.* patent
path iruwa පත් ඉරුව *n.* folio
path karanawa පත් කරනවා *v.* appoint
pathaath පළාත් *adj.* provincial
pathala පතල *n.* mine
pathali පැතලි *adj.* flat
pathali thahaduwa පැතලි තහඩුව *n.* slab
pathalkaruwa පතල්කරුවා *n.* miner
pathalla පැතැල්ල *n.* fluke
pathana පතන *n.* steppe
pathanawa පතනවා *v.* aspire
pathaya පථය *n.* locus
pathikada පැතිකඩ *n.* profile
pathireema පැතිරීම *n.* outbreak
pathirenawa පැතිරෙනවා *v.* radiate
pathirenawaa පැතිරෙනවා *v.* spread
pathirenna nodee walakanawaa පැතිරෙන්න නොදී වළකනවා *v.* localize
pathirodya ප්‍රතිරෝධ්‍ය *adj.* objectionable
pathirunu පැතිරුණු *adj.* wide
pathirunu පැතිරුණු *adj.* widespread
pathiwatha පතිවත *n.* chastity
pathiwatha norakina sthriyage swaamiya පතිවත නොරකින ස්ත්‍රියගේ ස්වාමියා *n.* cuckold
pathok පතොක් *n.* cactus
pathra kalaa wediyaa පත්‍ර කලා වේදියා *n.* journalist
pathrikaa rachanaya පත්‍රිකා රචනය *n.* pamphleteer
pathrikaawa පත්‍රිකාව *n.* leaflet
pathrikaawa පත්‍රිකාව *n.* pamphlet
paththa පැත්ත *n.* flank
paththa පැත්ත *n.* side
paththakata bara පැත්තකට බර *adj.* lopsided
paththaya පත්තෑයා *n.* centipede
paththen dilisena pata redhi පැත්තෙන් දිලිසෙන පට රෙදි *n.* satin
paththen paththata wanenawa පැත්තෙන් පැත්තට වැනෙනවා *v.* wobble
paththu weema පත්තුවීම *n.* ignition
paththu wenawa පත්තු වෙනවා *v.* ignite
pathulmaalaya පතුල්මාලය *n.* basement

pathura පතුර *n.* flake
pathura පතුර *n.* splint
pathurum patha පැතුරු ම් පත *n.* spreadsheet
pathuruwaaleema පතුරු වාලීම *v.* extend
pathweema පත්වීම *n.* appointment
pati kadanawaa පටි කඩනවා *v.* demote
patigatha kala sangeethayata gee gayeema පටිගත කළ සංගීතයට ගී ගැයීම *n.* karaoke
patipaatiya පටිපාටිය *n.* procedure
patiya පටිය *n.* band
patiya පටිය *n.* strap
patiya පටිය *n.* tape
patiyen thaleema පටියෙන් තැලීම *adj.* strapping
pattalaya පට්ටලය *n.* refinery
patu පටු *adj.* narrow
patu anda පටු ඇඳ *n.* bunk
patu kalapuwa පටු කලපුව *n.* fjord
patu kalpanaa sahitha පටු කල්පනා සහිත *adj.* stuffy
patu lesa wiwechanaya karanawa පටු ලෙස විවේචනය කරනවා *v.* niggle
patu paara පටු පාර *n.* alley
patu raakkaya පටු රාක්කය *n.* ledge
patu theeruwakin welanawaa පටු තීරුවකින් වෙලෙනවා *v.i.* tape
paudgalikathwaya පෞද්ගලිකත්වය *n.* individuality
paudgalikathwaya පෞද්ගලිකත්වය *n.* privacy
pauraanika පෞරාණික *adj.* ancient
pauraanika පෞරාණික *adj.* historical
paurshaya පෞරුෂය *n.* personality
pavithra kireem පවිත්‍ර කිරීම් *n.* ablutions
paw kaarayaa පව් කාරයා *n.* sinner
paw sama karagannawa පව් සමා කරගන්නවා *v.* expiate
pawa පව *n.* sin
pawaraa deema පවරා දීම *n.* demise
pawaraa denawa පවරා දෙනවා *v.* endow
pawaraa denawaa පවරා දෙනවා *v.* convey
pawaraa denawaa පවරා දෙනවා *v.* entrust
pawaraa gannawa පවරා ගන්නවා *v.* arrogate
pawaranawa පවරනවා *v.* accredit
pawaranawa පවරනවා *v.* ascribe
pawaranawa පවරනවා *v.* bequeath
pawaranawa පවරනවා *v.* confer
pawaranawa පවරනවා *v.* empower
pawareema පැවරීම *n.* delegate
pawaruma පැවරුම *n.* assignment
pawasanawa පවසනවා *v.* assert
pawathma පැවැත්ම *n.* conduct
pawathma පැවැත්ම *n.* persistence
pawathum kaalaya පැවතුම් කාලය *n.* duration
pawathwana පවත්වන *v.* officiate
pawichchi karanawaa පාවිච්චි කරනවා *v.t.* use
pawidda පැවිද්දා *n.* cleric
pawidda පැවිද්දා *n.* priest
pawidi පැවිදි *adj.* clerical
pawithra kireema පවිත්‍ර කිරීම *n.* sanctification
pawithrabhawayata pamunuwanawa පවිත්‍රභාවයට පමුණුවනවා *v.*

hallow
pawula පවුල *n.* family
pawuma පවුම *n.* pound
paya පැය *n.* hour
paya pamanak thabeemata ida athi පය පමණක් තැබීමට ඉඩ ඇති *adj.* footling
paye angilla පයේ ඇඟිල්ල *n.* toe
payin gamana පයින් ගමන *n.* hike
payin gasaa iwathalanawaa පයින් ගසා ඉවතලනවා *v.* spurn
payin gasanawaa පයින් ගසනවා *v.* kick
peach nam palathura පීච් නම් පළතුර *n.* peach
pear පයෙර් *n.* pear
pebarawaari පෙබරවාරි *n.* February
pedareruwa පෙදෙරුවා *n.* mason
peeda karanawa පීඩා කරනවා *v.* afflict
peeda karanawa පීඩා කරනවා *v.* irritate
peeda karanawaa පීඩා කරනවා *v.* misuse
peeda karannaa පීඩා කරනවා *n.* stalker
peeda nokala yuthu පීඩා නොකළ යුතු *adj.* inviolable
peeda nokalaki පීඩා නොකළැකි *adj.* invulnerable
peeda sthaanaya පීඩා ස්ථානය *n.* purgatory
peeda windinawaa පීඩා විඳිනවා *v.* swelter
peedaa kaaree පීඩා කාරී *adj.* oppressive
peedanaya පීඩනය *n.* pressure
peedanayata lak karanawaa පීඩනයට ලක් කරනවා *v.* pressurize
peedanayata lakwu පීඩනයට ලක්වූ *adj.* strained
peedawa පීඩාව *n.* annoyance
peeditha පීඩිත *v.* beset
peeditha woo පීඩිත වූ *n.* laden
peeli andum kattalaya පීලි ඇඳුම් කට්ටලය *n.* tracksuit
peeli paninawa පීලි පනිනවා *v. t.* derail
peella පීල්ල *n.* gully
peenanawaa පීනනවා *v.* swim
peenannaa පීනන්නා *n.* swimmer
peenikshiya පීනික්ෂියා *n.* phoenix
peeppa saadanna පීප්ප සාදන්නා *n.* cooper
peeppaya පීප්පය *n.* barrel
peeppaya පීප්පය *n.* cask
peerisiya පීරිසිය *n.* saucer
peetaya පීඨය *n.* faculty
peethru ghaathaka පීතෘ ඝාතක *n.* parricide
peethruthwaya පීතෘත්වය *n.* paternity
peeththa patiya පීත්ත පටිය *n.* ribbon
pela පෙළ *n.* array
pela පෙළ *n.* row
pela පෙළ *n.* series
pelambawana පෙළඹවන *adj.* alluring
pelambaweema පෙළඹවීම *n.* allure
pelambaweema පෙළඹවීම *n.* fillip
pelambaweema පෙළඹවීම *n.* inducement
pelambaweema පෙළඹවීම *n.* motivation
pelambaweema පෙළඹවීම *n.*

persuasion

pelambaweema පෙළඹවීම *n.* temptation

pelapaali yanawaa පෙළපාළි යනවා *v.* march

pelapaaliya පෙළපාළිය *n.* parade

pelapath nama පෙළපත් නම *n.* surname

pelapatha පෙළපත *n.* descent

pelapatha පෙළපත *n.* lineage

pelapatha පෙළපත *n.* parentage

pelapatha පෙළපත *n.* tribe

pelata පෙළට *adv.* abreast

pelata gannawa පෙළට ගන්නවා *v.* align

pelata thabanawa පෙලට තබනවා *v.* rank

pelena පෙළෙන *adj.* ailing

pelennaa පෙළෙන්නා *n.* oppressor

peliya පේළිය *n.* line

peliyata thabeema පේළියට තැබීම *n.* alignment

pem kelinawa පෙම් කෙළිනවා *v.* gambol

pemkelinawa පෙම්කෙළිනවා *v.* romp

pemwatha පෙම්වතා *n.* lover

pena පෙණ *n.* foam

pena පෙණ *n.* froth

pena පෙණ *n.* scum

pena පෙණ *n.* spume

pena iwath karanawaa පෙන ඉවත් කරනවා *v.* skim

pena kiyanawaa පේන කියනවා *v.* prognosticate

penahalla පෙනහැල්ල *n.* lung

penahalle ek kotasak පෙනහල්ලේ එක් කොටසක් *n.* lobe

penawaa පේනවා *v.* see

pende sahitha diyakaawaa පෙදේ සහිත දියකාවා *n.* shag

penee siteema පෙනී සිටීම *n.* appearance

penee sitinawa පෙනී සිටිනවා *v.* appear

penee sitinawa පෙනී සිටිනවා *v.* represent

penee yanawaa පෙනී යනවා *v.* seem

peneema පෙනීම *n.* outlook

peneema පෙනීම *n.* sight

peneema pilibanda wu පෙනීම පිළිබඳ වූ *adj.* visual

penena පෙනෙන *adj.* apparent

penena පෙනෙන *adj.* visible

penena hatiyata පෙනෙන හැටියට *adv.* probably

peneraya පෙනේරය *n.* sieve

pengenawa පෙඟෙනවා *v.* drench

penguin පෙන්ගුයින් *n.* penguin

penuma පෙනුම *n.* aspect

penuma wenas karanawaa පෙනුම වෙනස් කරනවා *v.* transform

penuwa පෙනුව *n.* plug

penwana aakaaraya පෙන්වන ආකාරය *v.* pose

peppermint පෙපර්මින්ට් *n.* peppermint

pera පේර *n.* guava

pera bamawuma පෙර බැමුවම *prep.* barring

pera bamawuma පෙර *adv.* before

pera nimithi dakinawa පෙර නිමිති දක්වනවා *v.* portend

pera nimithi dakwanawa පෙර නිමිති දක්වනවා *v.* bode

pera nimiththa පෙර නිමිත්ත *n.*

omen
pera nodutu wiroo පෙර නොදුටු විරූ *adj.* unprecedented
peraathuwa පෙරාතුව *adj.* Antarctic
peraathuwa පෙරාතුව *adv.* formerly
peradaatham karanawa පෙරදාතම් කරනවා *v.* antedate
peradiga පෙරදිග *adj.* oriental
peradiga wasiyaa පෙරදිග වැසියා *n.* orient
perahana පෙරහන *n.* percolator
perahara පෙරහැර *n.* procession
perahuru karanawa පෙරහුරු කරනවා *v.* rehearse
perahuruwa පෙරහුරුව *n.* preview
perahuruwa පෙරහුරුව *n.* rehearsal
peralaa damanawa පෙරළා දමනවා *v.* wrick
peralaa enawaa පෙරළා එනවා *v.* return
peralanawa පෙරළනවා *v.i.* roll
peralee watenawaa පෙරළී වැටෙනවා *v.* topple
peraleegena yanawaa පෙරළීගෙන යනවා *v.* trundle
peraleema පෙරළීම *n.* vicissitude
peralenawa පෙරළෙනවා *v.* capsize
peraliya පෙරළිය *n.* disorder
peranaya පෙරනය *n.* filter
peranaya පෙරනය *n.* filtrate
peranimiththa පෙරනිමිත්ත *n.* portent
peratuwa yanna පෙරටුව යන්නා *n.* forerunner
perawadana පෙරවදන *n.* foreword
perchas eka පර්චස් එක *n.* perch
perum puranawa පෙරුම් පුරනවා *v.* equip
perum puranawa පෙරුම් පුරනවා *v.* rig
peruwa පේරුව *n.* borough
pethi gahanawa පෙති ගහනවා *v.* hack
pethsama පෙත්සම *n.* petition
pethsamkaru පෙත්සම්කරු *n.* petitioner
peththa පෙත්ත *n.* slice
peththa පෙත්ත *n.* tablet
petrol පැට්‍රල් *n.* petrol
petroleum පෙට්‍රෝලියම් *n.* petroleum
pettagama පෙට්ටගම *n.* bin
pettiya පෙට්ටිය *n.* box
phaladayee ඵලදායී *adj.* productive
phalaya ඵලය *n.* issue
phalaya ඵලය *n.* quotient
phosphate ෆොස්ෆේට් *n.* phosphate
phosphorus ෆොස්ෆරස් *n.* phosphorus
piaanowa පියානෝව *n.* piano
pibidenawa පිබිදෙනවා *v.* awake
pichcha පිච්ච *n.* jasmine
pida පිඩ *n.* nugget
pidalla පිඩැල්ල *n.* sod
piduru පිදුරු *n.* hay
piduru gaha පිදුරු ගහ *n.* straw
piduru mitiya පිදුරු මිටිය *n.* truss
pihaatu halenawa පිහාටු හැළෙනවා *v.* moult
pihaatu rasa පිහාටු රුස *n.* plumage
pihaatuwa පිහාටුව *n.* feather
pihi madina patiya පිහි මදින පටිය *n.* strop
pihilla පිහිල්ල *n.* spout
pihitanawa පිහිටනවා *v.* establish
pihiteema පිහිටීම *n.* location

pihituwanawa පිහිටුවනවා *v.* situate
pihituwanawaa පිහිටුවනවා *v.* locate
pihiya පිහිය *n.* chopper
pihiya පිහිය *n.* knife
pihiyen aninawaa පිහියෙන් අනිනවා *v.* stab
pihiyuwanawaa පිහිටුවනවා *v.* constitute
pijaama පිජාමා *n.* pyjamas
pijaduwa පිජුදුවා *n.* godchild
pilibanda පිළිබඳ *prep.* about
piliganeema පිළිගැනීම *n.* acceptance
piliganeema පිළිගැනීම *n.* reception
piliganeemata haki පිළිගැනීමට හැකි *adj.* admissible
piliganeeme niladhaarini පිළිගැනීමේ නිළධාරිනී *n.* receptionist
piligannawa පිළිගන්නවා *v.* accept
piligannawaa පිළිගන්නවා *v.* concede
piligath පිළිගත් *adj.* accredited
piligath mathaya පිලිගත් මතය *n.* tenet
piligatha haki පිළිගත හැකි *adj.* acceptable
pilikaawa පිළිකාව *n.* cancer
pilikul karanawa පිළිකුල් කරනවා *v.* abominate
pilikul karanawaa පිළිකුල් කරනවා *v.* loathe
pilikul sahitha පිළිකුල් සහිත *adj.* nasty
pilikul sahitha පිළිකුල් සහිත *adj.* nauseous
pilikula පිළිකුල *n.* aversion
pilikula පිළිකුල *n.* disdain
pilikula පිළිකුල *n.* revulsion
pilikula athiwenawa පිළිකුල ඇතිවෙනවා *v.* nauseate
pilimayak wani පිළිමයක් වැනි *adj.* statuesque
pilipadinawa පිළිපදිනවා *v.* conform
pilisakara karanawa පිළිසකර කරනවා *v.* repair
pilisamaranawa පිළිසමරනවා *v.* reminiscence
pilisandara katha karanawa පිළිසඳර කථා කරනවා *v. i.* chat
pilithura පිළිතුර *n.* answer
pilithuru denawa පිළිතුරු දෙනවා *v.* reply
piliwasma පිළිවැස්ම *n.* apron
piliwela පිළිවෙල *n.* method
piliwela පිළිවෙළ *n.* order
piliwelakata nathy පිළිවෙළකට නැති *adj.* sloppy
piliwelin aa පිළිවෙළින් ආ *adj.* successive
piliwetha පිළිවෙත *n.* ritual
pilliya පිල්ලිය *n.* zombie
pilunu bawa පිලුණු බව *n.* staleness
pimbina kudaa nalaawa පිඹින කුඩා නළාව *n.* whistle
pinata deema පිනට දීම *n.* charity
pingaana පිඟාන *n.* plate
pinna පින්න *n.* dew
pinthooraya පින්තූරය *n.* picture
pinthura prehelikaawa පින්තූර ප්‍රහේලිකාව *n.* jigsaw
pipaasaawa පිපාසාව *n.* thirst
pipaasitha පිපාසිත *adj.* thirsty
pipenawa පිපෙනවා *v.* ferment
pipettuwa පිපෙට්ටුව *n.* pipette
pipingna පිපිඤ්ඤා *n.* cucumber
pipireema පිපිරීම *n.* explosion

pirameedaya පිරමීඩය *n.* pyramid
piraweema පිරවීම *n.* filling
pirawum පිරවුම් *n.* filings
pirawuma පිරවුම *n.* filler
pirihenawa පිරිහෙනවා *v.* deteriorate
pirihenawa පිරිහෙනවා *v.* regress
piriksanawa පිරික්සනවා *v.* examine
piriksanawaa පිරික්සනවා *v.* inspect
piriksuma පිරික්සුම *n.* examination
pirimadinawa පිරිමදිනවා *v.* rub
pirimi පිරිමි *n.* male
pirimi daruweku lasa hasirena gahanu daruwaa පිරිමි දරුවෙකු ලෙස හැසිරෙන ගැහැණු දරුවා *n.* tomboy
pirimikama පිරිමිකම *n.* manhood
pirimiyekuge dadi bawa පිරිමියෙකුගේ දැඩි බව *adj.* macho
pirisidu පිරිසිදු *adj.* chaste
pirisidu පිරිසිදු *adj.* clean
pirisidu පිරිසිදු *adj.* neat
pirisidu bawata pamunuwanawaa පිරිසිදු බවට පමුණුවනවා *v.* sublimate
pirisidu diyehi sodanawa පිරිසිදු දියෙහි සෝදනවා *v.* rinse
pirisidu kama පිරිසිදුකම *n.* cleanliness
pirisidu karanawa පිරිසිදු කරනවා *v.* cleanse
pirisidu karanwa පිරිසිදු කරනවා *v.* refine
pirisidukama පිරිසිදුකම *n.* tidiness
piriuma පිරවුම *n.* padding
piriwara janayaa පිරිවර ජනයා *n.* retinue
piriwatuma පිරිවැටුම *n.* turnover
pirula පිරුළ *n.* proverb
pisa dameema පිසදැමීම *n.* rub
pisachayaa පිසාචයා *n.* vampire
pisadamannaa පිසදමන්නා *n.* sweeper
pishaachaya පිශාචයා *n.* hobgoblin
pishtaya පිෂ්ටය *n.* starch
pisinawaa පිසිනවා *v.* wipe
pissan kotuwa පිස්සන් කොටුව *n.* asylum
pissu පිස්සු *adj.* wacky
pissu hatana පිස්සු හටන *adj.* madcap
pissuwa පිස්සුව *n.* dementia
pissuwa පිස්සුව *n.* fad
pistanaya පිස්ටනය *n.* piston
pisthola kopuwa පිස්තෝල කොපුව *n.* holster
pistholaya පිස්තෝලය *n.* pistol
pistholaya පිස්තෝලය *n.* revolver
pita damanawa පිට දමනවා *v.* erupt
pita damanawa පිට දමනවා *v.* evict
pita karanawa පිට කරනවා *v.* belch
pita wee yana පිට වී යන *adj.* outgoing
pitaara galeema පිටාර ගැලීම *n.* overspill
pitagauma පිටගවුම *n.* smock
pitapath karanawaa පිටපත් කරනවා *v.* copy
pitapath karanawaa පිටපත් කරනවා *v.* transcribe
pitapath karanna පිටපත් කරන්නා *n.* copier
pitapath kireema පිටපත් කිරීම *n.* transcription
pitapath thunakin yuth පිටපත් තුනකින් යුත් *adj.* triplicate
pitapatha පිටපත *n.* copy
pitapatha පිටපත *n.* script

pitapatha පිටපත *n.* transcript
pitarata පිටරට *adv.* abroad
pitasthara පිටස්තර *adj.* exterior
pitasthara පිටස්තර *adj.* outward
pitastharayaa පිටස්තරයා *n.* outsider
pitata dakwana පිටට දක්වන *adj.* ostensible
pitath karanawaa පිටත් කරනවා *v.* send
pitath kota yawanawa පිටත් කොට යවනවා *v.* dispatch
pitatha පිටත *adv.* out
pitatha පිටත *prep.* without
pitathata පිටතට *adv.* forth
pitathata denawa පිටතට දෙනවා *v.* outsource
pitaweeme manga පිටවීමේමඟ *n.* outlet
pitawenawaa පිටවෙනවා *v.t.* leave
pitha පිත *n.* bile
pithikaruwa පිතිකරුවා *n.* batter
piththa පිත්ත *n.* racket
piththala පිත්තල *n.* brass
piti පිටි *n.* flour
piti ath pahara පිටි අත් පහර *n.* backhand
piti kaama පිටි කෑම *n.* pastry
piti moliya පිටි මොලිය *n.* pasta
piti sahitha පිටි සහිත *adj.* mealy
piti sahitha පිටි සහිත *n.* pasty
pitisara පිටිසර *adj.* rustic
pitisara loku geya පිටිසර ලොකු ගෙය *n.* villa
pitisara wasiya පිටිසර වැසියා *n.* peasant
pitisarabadawa jeewath weema පිටිසරබඳව ජීවත් වීම *n.* rustication
pitisarabadawa jeewath wenawa පිටිසරබඳව ජීවත් වෙනවා *v.* rusticate
pitisarakama පිටිසරකම *n.* rusticity
pitisaraya පිටිසරයා *n.* yokel
pitisarayaa පිටිසරයා *n.* boor
pittaniya පිට්ටනිය *n.* ground
pitupaanawa පිටුපානවා *v.* desert
pitupasa පිටුපස *n.* back
pitupasa පිටුපස *n.* rear
pituwa පිටුව *n.* page
pituwahal karanawaa පිටුවහල් කරනවා *v.* ostracize
piwiseema පිවිසීම *n.* entry
pixalaya පික්සලය *n.* pixel
piya naganawaa පිය නඟනවා *v.* toddle
piya pasa පිය පස *adj.* paternal
piya urumaya පිය උරුමය *n.* patrimony
piyaa ho mawa පියා හෝ මව *n.* parent
piyaa mareema පියා මැරීම *n.* patricide
piyaano waadakaya පියානෝ වාදකයා *n.* pianist
piyaapatha පියාපත *n.* wing
piyana පියන *n.* bung
piyana පියන *n.* shutter
piyawara පියවර *n.* step
pizza පීසා *n.* pizza
plaaskuwa ප්ලාස්කුව *n.* flask
plastic ප්ලාස්ටික් *n.* plastic
plastic wisheshayak ප්ලාස්ටික් විශේෂයක් *n.* melamine
plastic wisheshayak ප්ලාස්ටික් විශේෂයක් *n.* vinyl
platinum ප්ලැටිනම් *n.* platinum
plawa ප්ලව *adj.* natant
pleehaa rogaya ප්ලීහා රෝගය *n.*

anthrax

pleehaya ප්ලීහය *n.* spleen

podda පොඩ්ඩ *n.* mite

podi පොඩි *adj.* little

podi පොඩි *adj.* small

podi kabella පොඩි කැබැල්ල *n.* crumb

podi karanawa පොඩි කරනවා *v.* crush

podiththa පොඩිත්ත *n.* tithe

podiya පොදිය *n.* bale

podiya පොදිය *n.* bundle

podu පොදු *adj.* general

podu පොදු *adj.* mutual

podu පොදු *adj.* pubic

podu aithiyata pawaranawaa පොදු අයිතියට පවරනවා *v.* socialize

podu bawata harawanawa පොදු බවට හරවනවා *v.* generalize

podu depalata ayath පොදු දේපලට අයත් *adj.* fiscal

podu ekangathaawaya පොදු එකඟත්වය *n.* consensus

podu paara පොදු පාර *n.* thoroughfare

podu raajya mandala පොදු රාජ්‍ය මණ්ඩල *n.* commonwealth

podu rathaya පොදු රථය *n.* omnibus

podu seemawa පොදු සමාව *n.* amnesty

pohora පොහොර *n.* fertilizer

pohora පොහොර *n.* manure

pohosath පොහොසත් *adj.* rich

pohosath පොහොසත් *adj.* wealthy

pohottuwa පොහොට්ටුව *n.* stud

pohottuwa පොහොට්ටුව *n.* tassel

pokaraya පෝකරය *n.* gallows

pokirissa පොකිරිස්සා *n.* lobster

pokuna පොකුණ *n.* pond

pokuru pahana පොකුරු පහන *n.* chandelier

pol පොල් *n.* coconut

polambanawa පොළඹනවා *v.* motivate

polambawanawa පොළඹවනවා *v.* actuate

polambawanawa පොළඹවනවා *v.* entice

polambawanawaa පොළඹවනවා *v.* prod

polambawanawaa පොළඹවනවා *v.* urge

polangaa පොළඟා python

polawa yata pihiti පොළව යට පිහිටි *adj.* subterranean

polawehi pawathnaa පොලොවෙහි පවතින *adj.* terrestrial

poleesiya පොලීසිය *n.* police

polima පෝලිම *n.* queue

polisbhata pirisa පොලිස්භට පිරිස *n.* constabulary

poliskaaraya පොලිස්කාරයා *n.* policeman

poliya පොලිය *n.* interest

polkichcha පොල්කිච්චා *n.* magpie

polla පොල්ල *n.* rod

polla පොල්ල *n.* stick

polowa පොළොව *n.* earth

polowa yata pihiti පොළොව යට පිහිටි *adj.* underground

pompaya පොම්පය *n.* pump

pongawanawaa පොඟවනවා *v.* souse

poniyaa පෝනියා *n.* pony

poojaawa පූජාව *n.* offering

poojakabhaawaya පූජකභාවය *n.*

priesthood
poojaneeya wasthuwa පූජනීය වස්තුව *n.* shrine
poojya පූජ්‍ය *adj.* reverend
poojya පූජ්‍ය *adj.* venerable
poojya pakshaya පූජ්‍ය පක්ෂය *n.* clergy
poorna පූර්ණ *adj.* absolute
poorna පූර්ණ *adj.* full
poorna පූර්ණ *adj.* integral
poorwa පූර්ව *adj.* former
poorwa පූර්ව *adj.* previous
poorwa පූර්ව *adj.* prior
poorwa kondesi පූර්ව කොන්දේසිය *n.* precondition
poorwa niwedanaya පූර්ව නිවේදනය *n.* prospectus
poorwaadarshaya පූර්වාදර්ශය *n.* precedent
poorwaangaya පූර්වාංගය *n.* antecedent
poorwadarshanaya පූර්වදර්ශනය *n.* foresight
poorwagaamiyaa පූර්වගාමියා *n.* predecessor
poorwagnaanaya පූර්වඥානය *n.* precognition
poorwagnaanaya පූර්වඥානය *n.* prescience
poorwakaaree පූර්වකාරී *adj.* retroactive
poorwamarshanaya පූර්වමර්ශනය *n.* premeditation
poorwaniyukthiya පූර්වනියුක්තිය *n.* preoccupation
poorwikaawa පූර්විකාව *n.* prelude
poorwopaaya පූර්වෝපාය *n.* precaution
pooshya පෝෂ්‍ය *n.* fodder
poottu wenawa පූට්ටු වෙනවා *v.* interlock
poplin පොප්ලින් *n.* poplin
pora badanawaa පොර බදනවා *v.t.* tackle
pora katuwa පොර කටුව *n.* spur
pora kotuwa පොර කොටුව *n.* cockpit
porabadinawa පොරබදිනවා *v.* wrestle
porakanawa පොරකනවා *v.t.* jostle
poramaya පෝරමය *n.* form
poranuwa පෝරණුව *n.* bakery
poraya පොරය *n.* bout
poraya පොරය *n.* scuffle
porcelain පෝසිලේන් *n.* porcelain
porisaadaya පෝරිසාදයා *n.* cannibal
poronaawa පොරෝණාව *n.* vestment
porondu woo පොරොන්දු වූ *adj.* obligated
poronduwa පොරොන්දුව *n.* obligation
poronduwa පොරොන්දුව *n.* pact
poronduwa පොරොන්දුව *n.* promise
porowa පොරොව *n.* axe
porowanaawa පොරෝනාව *n.* blanket
poruwa පෝරුව *n.* lining
poruwa පෝරුව *n.* wad
poshadaayee පෝෂදායී *adj.* nutritious
poshakaya පෝෂකය *n.* nutrient
poshanaya පෝෂණය *n.* nourishment
poshanaya පෝෂණය *n.* nutrition
poshanaya පෝෂණය *n.* sustenance

poshanaya nokota sitinawaa පෝෂණය නොකොට සිටිනවා *v.* starve
poshitha kala haki පෝෂිත කළ හැකි *adj.* sustainable
poshya පෝෂ්‍ය *adj.* nutritive
poshya karanawa පෝෂ්‍ය කරනවා *v.* nourish
posila පොසිල *n.* fossil
posteraya පෝස්ටරය *n.* poster
poth pincha පොත් පිංච *n.* booklet
poth pincha පොත් පිංච *n.* booklet
poth pincha පොත් පිංච *n.* brochure
poth welendaa පොත් වෙළෙන්දා *n.* bookseller
poth yomuwa පොත් යොමුව *n.* bookmark
potha පොත *n.* book
pothakayaa පෝතකයා *n.* whelp
pothatama alunu පොතටම ඇලුණු *adj.* bookish
pothehi wam pituwa පොතෙහි වම් පිටුව *n.* verso
poththa පොත්ත *n.* crust
poththa පොත්ත *n.* husk
poththa පොත්ත *n.* peel
pottanikaaraya පොට්ටනිකාරයා *n.* hawker
pra ප්‍ර *n.* pro
praachaaranaya ප්‍රචාරණය *n.* propagation
praacheena ප්‍රාචීන *adj.* eastern
praadesheeya ප්‍රාදේශීය *adj.* parochial
praadeshika ප්‍රාදේශික *adj.* regional
praagna ප්‍රාඥ *adj.* sage
praakaraya ප්‍රාකාරය *n.* wally
praamaanika ප්‍රාමාණික *adj.* normative
praana aksharaya ප්‍රාණ අක්ෂරය *n.* vowel
praana apakaru ප්‍රාණ ඇපකරු *n.* hostage
praanaghaathaya ප්‍රාණඝාතය *n.* killing
praanathyaagaya ප්‍රාණත්‍යාගය *n.* martyrdom
praanawath ප්‍රාණවත් *adj.* animated
praanawath karanawa ප්‍රාණවත් කරනවා *v.* enliven
praanawath karanawa ප්‍රාණවත් කරනවා *v.* exhilarate
praarambha waadanaawa ප්‍රාරම්භ වාදනාව *n.* overture
praarambhaya ප්‍රාරම්භය *n.* preamble
praarthanaa karanawaa ප්‍රාර්ථනා කරනවා *v. t* crave
praasaadaya ප්‍රාසාදය *n.* edifice
praasadashaangaya ප්‍රාසාදශෘංගය *n.* minaret
praathamika ප්‍රාථමික *adj.* preliminary
praathamika ප්‍රාථමික *adj.* primary
praathamikawa ප්‍රාථමිකව *adv.* primarily
praayashchiththaya ප්‍රායශ්චිත්තය *n.* atonement
praayogeeya ප්‍රායෝගීය *adj.* practical
praayogika ප්‍රායෝගික *adj.* practicable
praayogikathwaya ප්‍රායෝගිකත්වය *n.* practicability

prabala ප්‍රබල *adj.* cogent
prabala ප්‍රබල *adj.* emphatic
prabala ප්‍රබල *n.* enthusiastic
prabala ප්‍රබල *adj.* forceful
prabala ප්‍රබල *adj.* lusty
prabala ප්‍රබල *adj.* powerful
prabala ප්‍රහල *adj.* vigorous
prabalathara bawa ප්‍රබලතර බව *n.* predominance
prabandaya ප්‍රබන්ධය *n.* fiction
prabandaya ප්‍රබන්ධය *n.* friction
prabhaamandalaya ප්‍රභා මණ්ඩලය *n.* nimbus
prabhaasampanna ප්‍රභා සම්පන්න *adj.* gay
prabhawa ප්‍රභා ව *n.* brilliance
prabhawaya ප්‍රභා වය *n.* source
prabhuthwaya ප්‍රභූත්වය *n.* dominion
prabodakaya ප්‍රබෝධකය *n.* stimulus
prachaaraka katayuthu ප්‍රචා රක කටයුතු *n.* propaganda
prachaaraya ප්‍රචා රය *n.* publicity
prachaaraya karanawa ප්‍රචා රය කරනවා *v.* advertise
prachalitha karanawa ප්‍රතිවලිත කරනවා *v.* replicate
prachanda ප්‍රචණ්ඩ *adj.* feral
prachandathaawaya ප්‍රචණ්ඩතා වය *n.* virulence
pradaahaya ප්‍රදාහය *n.* inflammation
pradaana ප්‍රධා න *adj.* main
pradaana ප්‍රධා න *adj.* major
pradaana ප්‍රධා න *adj.* principal
pradaana dewasthaanaya ප්‍රධා න දේවස්ථා නය *n.* minster
pradaana mehekaruwa ප්‍රධා න මෙහෙකරු වා *n.* butler
pradaaniya ප්‍රධා නියා *n.* magnate
pradaaniya ප්‍රධා නියා *n.* protagonist
pradana arakkamiya ප්‍රධා න අරක්කැමියා *n.* chef
pradanaya karanawa ප්‍රදානය කරනවා *v.* bestow
pradarshanaya ප්‍රදර්ශනය *n.* exhibition
pradarshanayata thabanawa ප්‍රදර්ශනයට තබනවා *v.* exhibit
pradeshayak baara dewagathi thana ප්‍රදේශයක් භා ර දේවගැති තැ න *n.* vicar
pradhaana ප්‍රධා න *adj.* dominant
pradhaana ප්‍රධා න *adj.* pivotal
pradhaana shishyayaa ප්‍රධා න ශිෂ්‍යයා *n.* monitor
pradhaana washayen ප්‍රධා න වශයෙන් *adv.* chiefly
pradhaaniya ප්‍රධා නියා *n.* chieftain
pradhana palliya ප්‍රධා න පල්ලිය *n.* cathedral
pragathiya ප්‍රගතිය *n.* advancement
pragnaawanthayaa ප්‍රා ඥවන්තයා *n.* sage
pragnawa ප්‍රා ඥා ව *n.* wisdom
pragunana wenawaa ප්‍රගුණන වෙනවා *v.* proliferate
pragunanaya ප්‍රගුණනය *n.* proliferation
prahaarika ප්‍රහා රික *adj.* striking
praharshaya ප්‍රහර්ෂය *n.* hilarity
prahasanaya ප්‍රහසනය *n.* mime
prahelikaagatha kala ප්‍රහේලිකා ගත කළ *adj.* riddled

prahelikaawa ප්රහේලිකා ව *v. t* conundrum

prahelikaawa ප්රහේලිකා ව *n.* enigma

prahelikaawa ප්රහේලිකා ව *n.* quiz

prahelikaawa ප්රහේලිකා ව *n.* riddle

praja ප්රජා *adj.* communal

prajaachaaraya ප්රජා චා රය *n.* civics

prajaathanthrawaadaya ප්රජා තන්ත්රවා දය *n.* democracy

prajaathanthrawaadee ප්රජා තන්ත්රවාදී *adj.* democratic

prajaawa ප්රජා ව *n.* progeny

prajanana ප්රජනන *adj.* reproductive

prajananaya ප්රජනනය *n.* reproduction

prakaarathaawa ප්රකා රතා ව *n.* modality

prakaasha karanawaa ප්රකා ශ කරනවා *v.* posit

prakaasha karanawaa ප්රකා ශ කරනවා *v.* publish

prakaashaka ප්රකා ශක *adj.* expressive

prakaashakaya ප්රකා ශකයා *n.* exponent

prakaashakaya ප්රකා ශකයා *n.* herald

prakaashakayaa ප්රකා ශකයා *n.* publisher

prakaashanaya ප්රකා ශනය *v. t.* declaration

prakaashanaya ප්රකා ශනය *n.* expression

prakaashanaya ප්රකා ශනය *n.* publication

prakaashaya ප්රකා ශය *n.* comment

prakaashaya ප්රකා ශය *n.* statement

prakalpanaya ප්රකල්පනය *n.* deliberation

prakata ප්රකට *adj.* noticeable

prakata ප්රකට *adj.* overt

prakata chodanaawa ප්රකට චෝදනා ව *n.* denunciation

prakshepanaya ප්රක්ෂේපනය *n.* projection

prakshepaya ප්රක්ෂේපකය *n.* projector

prakshipthaya ප්රක්ෂිප්තය *n.* projectile

prakurthi ප්රකෘති *adj.* typical

prakurthy swabaawaya ප්රකෘති ස්වභා වය *n.* temperament

pralaapa ප්රලා ප *v.* gibber

pramaada ප්රමා ද *adj.* remiss

pramaada karanawa ප්රමා ද කරනවා *v. t* detain

pramaada wu ප්රමා ද වූ *adj.* belated

pramaadaya ප්රමා දය *v. t* delay

pramaadaya ප්රමා දය *n.* oversight

pramaadayen wu warada ප්රමා දයෙන් වූ වරද *n.* gaffe

pramaadee ප්රමාදී *adj.* fallible

pramaana kala haki ප්රමා ණ කළ හැකි *adj.* appreciable

pramaana nowana ප්රමා ණ නොවන *adj.* scanty

pramaanaathmaka ප්රමා ණ ත්මක *adj.* quantitative

pramaanakaya ප්රමා ණකය *n.* moderator

pramaanathmaka karanawaa ප්රමා ණ ත්මක කරනවා *v.* quantify

pramaanawath ප්රමා ණවත් *adj.* adequate

pramaanawath ප්රමා ණවත් *adj.* considerable

pramaanawath bawa ප්රමා ණවත් බව *n.* adequacy

pramaanaya ප්රමා ණය *n.* extent

pramaanaya ප්රමා ණය *n.* magnitude

pramaanaya ප්රමා ණය *n.* quantity

pramaanaya ප්රමා ණය *n.* size

pramaanaya ikmawaa yana ප්රමා ණය ඉක්මවා යන *adj.* extravagant

pramaanaya ikmaweema ප්රමා ණය ඉක්මවීම *n.* extravagance

pramanaya ප්රමා ණය *n.* amount

pramitha karanawaa ප්රමිත කරනවා *v.* standardize

pramitha kireema ප්රමිත කිරීම *n.* standardization

pramodajanaka ප්රම ෝදජනක *adj.* mirthful

pramodaya ප්රම ෝදය *n.* bliss

pramodaya ප්රම ෝදය *n.* gaiety

pramuditha ප්රමුදිත *adj.* blithe

pramuditha karanawa ප්රමුදිත කරනවා *v.* rejoice

pramuditha sinahawa ප්රමුදිත සිනහව *v.* chuckle

pramukayaa ප්රමුඛයා *n.* foreman

pramukha ප්රමුඛ *n.* premiere

pramukhathaawa ප්රමුඛතා ව *n.* priority

pramukhathama wenawa ප්රමුඛතම වෙනවා *v.* predominate

pranaamaya ප්රණා මය *n.* homage

pranaamaya ප්රණා මය *n.* obeisance

pranawath baawaya ප්රා ණවත් භා වය *n.* verve

pranawath karanawaa ප්රා ණවත් කරනවා *v.* vitalize

praneetha ප්රණීත *adj.* yummy

pransha ප්රංශ *adj.* French

prapaathaya ප්රපා තය *n.* cliff

prarthana karanawa ප්රා ර්ථනා කරනවා *v.* yearn

prarthanaa karana ප්රා ර්ථනා කරන *adj.* wishful

prarthanaawa ප්රා ර්ථනා ව *v.* wish

prarthanawa ප්රා ර්ථනා ව *n.* aspiration

prarthanawa ප්රා ර්ථනා ව *n.* yearning

prasaada deemana ප්රසා ද දීමනා ව *n.* bonus

prasaadaya ප්රසා දය *v. t.* delight

prasanna ප්රසන්න *adj.* glad

prasanna ප්රසන්න *n.* grateful

prasanna ප්රසන්න *adj.* jolly

prasanna ප්රසන්න *adj.* pleasant

prasanna thaawaya ප්රසන්නතා වය *n.* vivacity

prasansaa karanawaa ප්රශං සා කරනවා *v.* thank

prasansaa nolabu ප්රශං සා නොලැබූ *adj.* unsung

prasarpanaya karanawa ප්රසර්පණය කරනවා *v.* encroach

prashansaa ප්රශං සා *n.* plaudits

prashansaa karanawa ප්රශං සා කරනවා *v. i* compliment

prashansaa karanawa ප්රශං සා කරනවා *v.* exalt

prashansaa karanawa ප්රශං සා කරනවා *v.t.* praise

prashansaawa ප්රශං සා ව *n.* commendation

prashansaneeya ප්රශං සනීය *adj.*

admirable

prashansaneeya ප්‍රශංසනීය *adj.* commendable

prashansaneeya ප්‍රශංසනීය *adj.* creditable

prashansaneeya ප්‍රශංසනීය *adj.* laudable

prashashtha ප්‍රශස්ත *adj.* optimum

prashastha ප්‍රශස්ත *adj.* best

prashna aseemata ladi ප්‍රශ්න ඇසීමට ලැදි *adj.* inquisitive

prashna karanawaa ප්‍රශ්න කරනවා *v.* interrogate

prashna maalaawa ප්‍රශ්න මාලාව *n.* questionnaire

prashnaarthawath ප්‍රශ්නාර්ථවත් *adj.* quizzical

prashnawaachaka ප්‍රශ්නවාචක *adj.* interrogative

prashnaya ප්‍රශ්නය *n.* query

prashnaya ප්‍රශ්නය *n.* question

prashwaasa karanawa ප්‍රශ්වාස කරනවා *v.* exhale

prasidda ප්‍රසිද්ධ *adj.* famous

prasidda karanawaa ප්‍රසිද්ධ කරනවා *v.* promulgate

prasidda ugathaa ප්‍රසිද්ධ උගතා *n.* luminary

prasiddhiya ප්‍රසිද්ධිය *n.* reputation

prasiddiya ප්‍රසිද්ධිය *n.* prominence

prasiddiyata pamunuwanawaa ප්‍රසිද්ධියට පමුණුවනවා *v.* publicize

prasthaara ප්‍රස්තාර *adj.* graphic

prasthaaraya ප්‍රස්තාරය *n.* graph

prasthaaraya ප්‍රස්තාරය *n.* notation

prasthaawanaawa ප්‍රස්තාවනාව *n.* prologue

prasthuthaya ප්‍රස්තුතය *n.* proposition

prathamaadhaara ප්‍රථමාධාර *n.* first aid

prathamathaawa ප්‍රථමතාව *n.* primacy

pratheeyamaana ප්‍රතීයමාන *adj.* indicative

prathi ප්‍රති *n.* anti

prathi upakaara karanawa ප්‍රති උපකාර කරනවා *v.* remunerate

prathi uththaraya ප්‍රති උත්තරය *n.* rejoinder

prathibhana ප්‍රතිභාන *n.* intuitive

prathibhawa ප්‍රතිභාව *n.* intuition

prathichaara dakwanawa ප්‍රතිචාර දක්වනවා *v.* respond

prathichaaraya ප්‍රතිචාරය *n.* response

prathichakreekaranaya ප්‍රතිචක්‍රීකරණය *v.* recycle

prathichodanaa ප්‍රතිචෝදනා *n.* recrimination

prathidaanaya ප්‍රතිදානය *n.* rebate

prathidanaya karanawa ප්‍රතිදානය කරනවා *v.t.* requite

prathideeptha ප්‍රතිදීප්ත *adj.* fluorescent

prathideha ප්‍රතිදේහ *n.* antibody

prathigaamee ප්‍රතිගාමී *adj.* retrograde

prathigaami ප්‍රතිගාමී *adj.* reactionary

prathignaawa ප්‍රතිඥාව *n.* pledge

prathignaawa ප්‍රතිඥාව *n.* premise

prathigraahaka ප්‍රතිග්‍රාහක *adj.* percipient

prathigraahakayaa ප්‍රතිග්‍රාහකයා *n.* recipient

prathijeewaka ප්‍රතිජීවක *n.* antibiotic

prathikaara karanna ප්‍රතිකා ර කරන්න *n.* therapist

prathikaaraka ප්‍රතිකා රක *adj.* curative

prathikaaraya ප්‍රතිකා රය *n.* therapy

prathikaaraya ප්‍රතිකා රය *n.* treatment

prathikaarmika ප්‍රතිකා ර්මික *adj.* remedial

prathikarmaya ප්‍රතිකර්මය *n.* remedy

prathikriya kala nohaki ප්‍රතික්‍රියා කළ නොහැකි *n.* antioxidant

prathikriyaa karanawa ප්‍රතික්‍රියා කරනවා *v.* react

prathikriyaakaarakaya ප්‍රතික්‍රියා කා රකය *n.* reactor

prathikriyaawa ප්‍රතික්‍රියා ව *n.* reaction

prathikshepa karanawa ප්‍රතිකෂේප කරනවා *n.* denial

prathikshepa karanawa ප්‍රතික්ෂේප කරනවා *v.* disclaim

prathikshepa karanawa ප්‍රතික්ෂේප කරනවා *v.* refuse

prathikshepa karanawa ප්‍රතික්ෂේප කරනවා *v.* reject

prathikshepa karanawa ප්‍රතික්ෂේප කරනවා *v.* repudiate

prathikshepa karanawaa ප්‍රතික්ෂේප කරනවා *v.* overrule

prathikshepa kireema ප්‍රතික්ෂේප කිරීම *n.* refusal

prathikshepa kireema ප්‍රතික්ෂේප කිරීම *n.* repudiation

prathikshepaya ප්‍රතික්ෂේපය *n.* rejection

prathikshepaya ප්‍රතික්ෂේපය *v.* repulse

prathiloma ප්‍රතිලෝම *adj.* inverse

prathimaa kalaawa ප්‍රතිමා කලා ව *n.* statuary

prathimaawa ප්‍රතිමා ව *n.* statue

prathimoorthiya ප්‍රතිමූර්තිය *n.* counterpart

prathinihithaya ප්‍රතිනිහිතය *n.* surrogate

prathiniyoga karanawa ප්‍රතිනියෝග කරනවා *v.* countermand

prathipalaya ප්‍රතිඵලය *n.* consequence

prathipalaya ප්‍රතිඵලය *n.* remuneration

prathipalaya ප්‍රතිඵලය *n.* result

prathipaththiya ප්‍රතිපත්තිය *n.* policy

prathipaththiya ප්‍රතිඵලය *n.* standpoint

prathipaththiyak nathi ප්‍රතිපලයක් නැති *adj.* unprincipled

prathiprachaaraya ප්‍රතිප්‍රචා රය *n.* relay

prathiraajayaa ප්‍රතිරා ජය *n.* viceroy

prathirakshanaya karanawaa ප්‍රතිරක්ෂණය කරනවා *v.* underwrite

prathirodaya ප්‍රතිවිරෝධය *n.* contrast

prathirodhaya ප්‍රතිරෝධය *n.* resistance

prathiroopakayaa ප්‍රතිරූ පකයා *n.* imposter

prathiroopaya ප්‍රතිරූ පය *n.* image

prathiroopaya ප්‍රතිරූ පය *n.* reflex

prathiroopaya ප්‍රතිරූ පය *n.* replica

prathisamaayoga wanawa ප්රතිසමායෝග වනවා *v.* readjust

prathisanskarakaya ප්රතිසංස්කාරකයා *n.* reformer

prathisanskaranaya ප්රතිසංස්කරණය *n.* reformation

prathisanskaranaya ප්රතිසංස්කරණය *adj.* renewal

prathisanskaranaya ප්රතිසංස්කරණය *adj.* restoration

prathisanskaranaya karanawa ප්රතිසංස්කරණය කරනවා *v.* reform

prathisanwidhanaya ප්රතිසංවිධානය *v.* reorganize

prathishakthi ප්රතිශක්ති *adj.* immune

prathishakthi karanawa ප්රතිශක්ති කරනවා *v.* immunize

prathishakthi widyaawa ප්රතිශක්ති විද්යාව *n.* immunology

prathishakthiya ප්රතිශක්තිය *n.* immunity

prathishathaya ප්රතිශතය *n.* percentage

prathishyaa rogaya ප්රතිශ්යා රෝගය *n.* influenza

prathisthaapanaya karanawa ප්රතිස්ථාපනය කරනවා *v.* replace

prathiwaadaya ප්රතිවාදය *n.* antithesis

prathiwarthya ප්රතිවර්ත්ය *adj.* reversible

prathiweena ප්රතීචීන *adj.* occidental

prathiwisha ප්රතිවිෂ *n.* antidote

prathiwurthaya ප්රතිවෘත්තය *n.* obverse

prathyaawalokana ප්රත්යාවලෝකන *adj.* retrospective

prathyaawalokanaya ප්රත්යාවලෝකනය *n.* retrospect

prathyaksha gnaanaya haa sabandi ප්රත්යක්ෂ ඥානය හා සබැඳි *adj.* perceptive

prathyamelaya ප්රත්යම්ලය *adj.* antacid

prathyastha ප්රත්යස්ථ *adj.* resilient

pravesha maargaya ප්රවේශ මාර්ගය *n.* aisle

prawaahanaya ප්රවාහනය *n.* transportation

prawaahanaya karanawaa ප්රවාහනය කරනවා *v.* transport

prawaahaya ප්රවාහය *v.i* flow

praweena ප්රවීණ *adj.* adept

praweena ප්රවීණ *adj.* versed

praweenathaawa ප්රවීනතාව *n.* proficiency

praweenathawa ප්රවීණතාව *n.* expertise

praweenaya ප්රවීණයා *n.* expert

prawegaya ප්රවේගය *n.* velocity

praweni daasayaa ප්රවේණි දාසයා *n.* serf

praweniyen as karanawa ප්රවේණියෙන් අස් කරනවා *v.* disinherit

prawesha pathraya ප්රවේශ පත්රය *n.* ticket

prawesha shaalaawa ප්රවේශ ශාලාව *n.* foyer

prawesha shaalawa ප්රවේශ ශාලාව *n.* lobby

praweshakayaa ප්රවේශකයා *n.* usher

praweshaya ප්රවේශය *n.* access

praweshya ප්රවේශ්ය *adj.* accessible

prawishta karanawaa ප්‍රවිෂ්ට කරනවා *v.* induct
prayaanaya ප්‍රයාණය *n.* adventure
prayogakaara ප්‍රයෝගකාර *adj.* wily
prayogakaarayaa ප්‍රයෝගකාරයා *n.* trickster
prayogaya ප්‍රයෝගය *n.* artifice
prayogaya ප්‍රයෝගය *n.* ruse
prayogaya ප්‍රයෝගය *n.* subterfuge
prayojana ganna ප්‍රයෝජන ගන්නා *n.* user
prayojana gannawa ප්‍රයෝජන ගන්නවා *v.* avail
prayojana gannawaa ප්‍රයෝජන කරනවා *v.* utilize
prayojana sahitha ප්‍රයෝජන සහිත *adj.* worthwhile
prayojyakaranaya ප්‍රයෝජයකරණය *n.* utilization
preethigoshaawa ප්‍රීතිඝෝෂාව *n.* ovation
preethimath ප්‍රීතිමත් *adj.* cheery
preethimath ප්‍රීතිමත් *adj.* festive
preethimath ප්‍රීතිමත් *adj.* joyful
preethimath ප්‍රීතිමත් *adj.* joyous
preethiya ප්‍රීතිය *n.* joy
preethiyen kulmath wu ප්‍රීතියෙන් කුල්මත් වූ *adj.* jubilant
preethiyen piligannawa ප්‍රීතියෙන් පිළිගන්නවා *v.* acclaim
preethiyen pinagiya ප්‍රීතියෙන් පිනාගිය *adj.* overjoyed
prema nimiththa ප්‍රේම නිමිත්ත *n.* valentine
prema sambadatha gana prasidda pudgalaya ප්‍රේම සබඳතා ගැන ප්‍රසිද්ධ පුද්ගලයා *n.* Casanova
prema wruthaanthaya ප්‍රේම වෘත්තාන්තය *n.* romance
preranaya ප්‍රේරණය *n.* remittance
preranaya ප්‍රේරණය *n.* induction
preranaya karanawa ප්‍රේරණය කරනවා *v.* induce
prismaya ප්‍රිස්මය *n.* prism
prithigosha karanawa ප්‍රීතිඝෝෂා කරනවා *v. t.* cheer
priya ප්‍රිය *adj.* fond
priya ප්‍රිය *adj.* likeable
priya mithura ප්‍රිය මිතුරා *n.* chum
priyathama ප්‍රියතම *adj.* favourite
prodaakaara ප්‍රෝඩාකාර *adj.* snide
prodaawa ප්‍රෝඩාව *n.* trickery
proteena ප්‍රෝටීන *n.* protein
prushta wansikayaa පෘෂ්ට වංශිකයා *n.* vertebrate
pubudinawa පුබුදිනවා *v.* bloom
pudgalawaadaya පුද්ගලවාදය *n.* individualism
pudgalaya පුද්ගලයා *n.* person
pudgalayaa පුද්ගලයා *n.* Wight
pudgaleekaranaya පුද්ගලීකරණය *n.* personification
pudgaleekaranaya karanawaa පුද්ගලීකරණය කරනවා *v.* personify
pudgaleekaranaya karanawaa පුද්ගලීකරණය කරනවා *v.* privatize
pudgalika පුද්ගලික *adj.* individual
pudgalika පුද්ගලික *adj.* personal
pudgalika පුද්ගලික *adj.* private
pudgalika anshayata pawaranawaa පුද්ගලික අංශයට පවරනවා *v.* denationalize
pudgalika sahaayaka පුද්ගලික සහායක *n.* aide
pudhanawaa පුදනවා *v.* offer

pudima පුඩිම *n.* pudding
puduma elawanasulu පුදුම එළවනසුලු *adj.* wondrous
puduma lesa පුදුම ලෙස *adv.* singularly
puduma sahitha පුදුම සහිත *n.* startling
puduma sahitha පුදුම සහිත *adj.* wonderful
puduma wenawa පුදුම වෙනවා *v.i* marvel
pudumaakara පුදුමාකාර *adj.* outlandish
pudumaya පුදුමය *v.* wonder
puhu wada පුහු වැඩ *n.* snobbery
puhunu karanawa පුහුණු කරනවා *v.* accustom
puhunu karannaa පුහුණු කරන්නා *n.* trainer
puhunu wanna පුහුණු වන්නා *n.* learner
puhunu wenawaa පුහුණු වෙනවා *v.* train
puhunukaruwa පුහුණුකරුවා *n.* coach
puhunuwa පුහුණුව *n.* practice
puhunuwa labannaa පුහුණුව ලබනවා *n.* trainee
puhunuwa labannaa පුහුණුව ලබන්නා *n.* training
pukooruwa පුකුරුව *n.* mug
pukuruwa පුකුරුව *n.* urn
pulli sahitha පුල්ලි සහිත *v.* dapple
pulussanawa පුළුස්සනවා *v.* burn
pulussanawaa පුළුස්සනවා *v.* bake
pulussanawaa පුලුස්සනවා *v.* scald
puluwana පුළුවන *v.* can
puluwankama පුලුවන්කම *n.* sufficiency
pun maithoonaya පුන් මෛථූනය *n.* sodomy
punaraawarthana පුනරාවර්තන *adj.* recurrent
punaraawarthanaya පුනරාවර්තනය *n.* recurrence
punaraawarthanaya පුනරාවර්තනය *n.* repetition
punarbhawaya පුනර්භවය *n.* rebirth
punarjananaya පුනර්ජනනය *n.* regeneration
punarjeewanaya පුනර්ජීවනය *a.* resurgence
punarudaya පුනරුදය *n.* renaissance
punarwanawaadaya පුනර්වනවාදය *n.* revivalism
punarwanaya පුනර්වනය *n.* revival
punasthaapanaya පුනස්ථාපනය *n.* reinstatement
punasthaapanaya kireema පුනස්ථාපනය කිරීම *v.* reinstate
punchi පුංචි *adj.* petite
puneelaya පුනීලය *n.* funnel
punuruththaapanaya පුනරුත්ථාපනය *n.* rehabilitation
punuruththaapanaya karanawa පුනරුත්ථාපනය කරනවා *v.* rehabilitate
puppanawa පුප්පනවා *v.* inflate
pupuramin kathaa karanawaa පුපුරමින් කතා කරනවා *v.* splutter
pupurana පුපුරන *adj.* explosive
pupuranawa පුපුරනවා *v.* burst
pupurawanawa පුපුරවනවා *v.* detonate
pupurawanawa පුපුරවනවා *v.* explode

puraa handak පුරා හැන්දක් *n.* spoonful
puraa widyaawa පුරා විද්‍යාව *n.* archaeology
puraajeruwa පුරාජේරුව *n.* ostentation
puraana romanwarunge anduma පුරාණ රෝමන්වරුන්ගේ ඇඳුම *n.* toga
puraanokthi පුරාණෝක්ති *adj.* mythological
puraanokthigatha පුරාණෝක්තිගත *adj.* mythical
puraathanaya පුරාතනය *n.* antiquity
puraawurthaya පුරාවෘත්තය *n.* chronicle
puran wu පුරන් වූ *adj.* fallow
purappaduwa පුරප්පාඩුව *n.* vacancy
purasaaram dhodanawaa පුරසාරම් දොඩවනවා *v.* swagger
purasaaram dodawanawa පුරසාරම් දොඩවනවා *v.* brag
purasaaram kiyanawa පුරසාරම් කියනවා *v.* bluff
purasaarama පුරසාරම *v.* swank
purasthithaya පුරස්ථිතය *n.* prostate
purathana පුරාතන *adj.* archaic
purawana drauyaya පුරවන ද්‍රව්‍යය *n.* stuffing
purawanawa පුරවනවා *v.* fill
purawanawa පුරවනවා *v.* furnish
purawasibaawaya පුරවැසිභාවය *n.* citizenship
purawasibhaawaya පුරවැසිභාවය *n.* nationality
purawasibhaawaya nomathi පුරවැසිභාවය නොමැති *adj.* stateless
purawasikama denawa පුරවැසිකම දෙනවා *v.* naturalize
purawasiya පුරවැසියා *n.* citizen
purawasthu පුරාවස්තු *n.* antique
purawurthaya පුරාවෘත්තය *n.* legend
purogaamiya පුරෝගාමියා *n.* pioneer
purogaamiyaa පුරෝගාමියා *n.* precursor
purudda පුරුද්ද *n.* habit
purudda පුරුද්ද *n.* rote
puruddanawaa පුරුද්දනවා *v.* splice
purudu පුරුදු *adj.* wonted
purudu karanawa පුරුදු කරනවා *v.t.* habituate
purudu paridi පුරුදු පරිදි *adv.* usually
purudu wenawa පුරුදු වෙනවා *v.* practise
puruk gasunu පුරුක් ගැසුණු *adj.* disjointed
puruka පුරුක *n.* link
puruka පුරුක *n.* tog
puruka පුරුක *n.* toggle
purusha homonayak පුරුෂ හෝමෝනයක් *n.* testosterone
purusha shakthiya පුරුෂ ශක්තිය *n.* virility
purusha shakthiyen uth පුරුෂ ශක්තියෙන් යුත් *adj.* virile
purushaakaara පුරුෂාකාර *adj.* manly
pus පුස් *n.* fungus
pus bandunu පුස් බැඳුනු *adj.* frowsty
pus bandunu පුස් බැඳුනු *adj.* fusty
pushparaaga පුෂ්පරාගය *n.* topaz
pushpaya පුෂ්පය *n.* blossom
pushpaya පුෂ්පය *n.* flower
pusthakaalaadhipathi

පුස්තකාලාධිපති *n.* librarian
pusthakaalaya පුස්තකාලය *n.* library
pusunmba balanawaa පුසුඹ බලනවා *v.* sniffle
puthaa පුතා *n.* son
putuwa පුටුව *n.* chair
puwaru wata පුවරු වැට *n.* hoarding
puwaruwa පුවරුව *n.* plank
puwath පුවත් *n.* news

R

ra kaama ganna රෑ කෑම ගන්නා *n.* diner
ra kaama kanawa රෑ කෑම කනවා *v.* dine
raa anduma රෑ ඇඳුම *n.* nightie
raa kaama රෑ කෑම *n.* dinner
raa kowla රෑ කොවුලා *n.* nightingale
raabu රාබු *n.* radish
raagaya රාගය *n.* lust
raagaya රාගය *n.* passion
raagika රාගික *adj.* lustful
raaja aanduwata ayath රාජ ආණ්ඩුවට අයත් *n.* caesarean
raaja doothaya රාජ දූතයා *n.* diplomat
raaja droheethwaya රාජ ද්‍රෝහීත්වය *n.* treason
raaja drohikama රාජ ද්‍රෝහිකම *n.* sedition
raaja ghaathakayaa රාජ ඝාතකයා *n.* regicide
raaja paakshikaya රාජ පාක්ෂිකයා *n.* royalist
raaja wanshaya රාජ වංශය *n.* dynasty
raaja wanshaya රාජවංශය *n.* royalty
raajaaliya රාජාලියා *n.* buzzard
raajaaliya රාජාලියා *n.* eagle
raajaanduwa රාජාණ්ඩුව *n.* monarchy
raajadaaniya pilibanda woo රාජධානිය පිළිබඳ වූ *adj.* metropolitan
raajadhaniya රාජධානිය *n.* kingdom
raajakaariya රාජකාරිය *n.* duty
raajakeeya රාජකීය *adj.* imperial
raajakeeya රාජකීය *adj.* princely
raajakeeya රාජකීය *adj.* regal
raajakeeya රාජකීය *n.* royal
raajasewakayaa රාජසේවකයා *n.* courtier
raajya රාජ්‍ය *adj.* public
raajya karanawa රාජ්‍යය කරනවා *v.* reign
raajya paalanaya රාජ්‍ය පාලනය *n.* regime
raajyaadhikaaree රාජ්‍යාධිකාරී *n.* regent
raakkaya රාක්කය *n.* rack
raakkaya රාක්කය *n.* shelf
raakkaye thabanawaa රාක්කයේ තබනවා *v.* shelve
raakshaya රාක්ෂයා *n.* monster
raamuwa රාමුව *n.* frame
raana රෑන *n.* flock
raashi chkraya රාශි චක්‍රය *n.* zodiac
raashiya රාශිය *n.* bulk
raashiya රාශිය *n.* conglomeration
raashiya රාශිය *n.* heap
raashiya රාශිය *n.* pile
raashiya රාශිය *n.* plethora

raaspuwa රාස්පුව *n.* rasp
raathriyehi රාත්‍රියෙහි *adv.* overnight
rabaana රබාන *n.* tambourine
rachakaya රචකයා *n.* composer
rachakayaa රචකයා *n.* scribe
rachana karanawa රචනා කරනවා *v.* compose
rachanaawa රචනාව *n.* essay
radala panthiya රදල පන්තිය *n.* aristocracy
radala pela රදළ පෙළ *n.* peerage
radalaya රදළයා *n.* aristocrat
radanaka රදනක *adj.* canine
radar kirana රේඩාර් කිරණ *n.* radar
radhala aanduwa රදල ආණ්ඩුව *n.* oligarchy
radium රේඩියම් *n.* radium
ragena yanawaa රැගෙන යනවා *n.* takeaway
rahana රැහැන *n.* cable
rahana රැහැන *n.* leash
rahas behetha රහස් බෙහෙත *n.* nostrum
rahas gabadaawa රහස් ගබඩාව *n.* closet
rahas hamuwa රහස් හමුව *n.* rendezvous
rahas pareekshakayaa රහස් පරීක්ෂකයා *n.* detective
rahasin karana lada රහසින් කරන ලද *adj.* surreptitious
rahasin pana yanawa රහසින් පැන යනවා *v.* elope
rahaskama රහස්කම *n.* stealth
rahasya රහස්‍ය *adj.* confidential
rahasyathaawaya රහස්‍යතාවය *n.* secrecy
rahath wenawa රහත්වෙනවා *v.* enlighten
rail peella රේල් පීල්ල *n.* rail
raja රජ *n.* king
raja karanawa රජ කරනවා *v.* govern
rajakama athharinawa රජකම අත්හැරීම *v.t.* abduct
rajayath neethiyath awalangu karanna රජයත් නීතියත් අවලංගු කරන්නා *n.* anarchist
rajaye niladhaariya රජයේ නිලධාරියා *n.* bureaucrat
rajina රැජිණ *n.* queen
raka sitina thana රැක සිටින තැන *n.* ambush
raka sitinawa රැක සිටිනවා *v.* lurk
rakawalak nathi රැකවලක් නැති *adj.* unguarded
rakawaranaya salasanawaa රැකවරණ සලසනවා *n.* convoy
rakiyaawata nusudusu රැකියාවට නුසුදුසු *adj.* unemployable
rakshaawa රක්ෂාව *n.* berth
rakshaawa රක්ෂාව *n.* career
rakshaawa රක්ෂාව *v.* employ
rakshaawa රක්ෂාව *n.* job
rakshaawa රක්ෂාව *n.* vocation
rakshaawa nathi රක්ෂාව නැති *adj.* unemployed
rakshanaya රක්ෂණය *n.* assurance
rakshanaya රක්ෂණය *n.* insurance
rakshanaya karanawaa රක්ෂණය කරනවා *v.* insure
rakthaawarodaya adu kireemata aushadayak රක්තාවරෝධය අඩු කිරීමට ඖෂධයක් *n.* decongestant
rakthaheenathawaya රක්තහීනතාවය *n.* anaemia

rakthapaathaya රක්තපාතය *n.* haemorrhage
rakthawaathaya රක්තවාතය *n.* rheumatism
rala රැළ *n.* horde
rala රළ *n.* surf
rala pahara රළ පහර *n.* buffet
rali damanawa රැලි දමනවා *n.* pleat
rali damanawaa රලේ දමනවා *v.* tuck
rali damu රැලි දැමූ *adj.* corrugated
rali gasanawa රැළි ගසනවා *v.* crinkle
rali gasanawaa රැලි ගසනවා *v.* wave
rali patiya රැළි පටිය *n.* frill
rali saadanawa රැළි සාදනවා *v.* curl
rali sahitha රැළි සහිත *adj.* wavy
raliya රැලිය *n.* rally
ralla රැල්ල *n.* furrow
ralu රළු *adj.* rough
ralu රළු *adj.* severe
ralu handa රළු හඬ *n.* croak
ramaneeya රමණීය *adj.* charming
ramaneeyathwaya රමණීයත්වය *n.* felicity
ran pauma රන් පවුම *n.* sterling
ran ridhee minum ekaka kramaya රන් රිදී මිනුම් ඒකක ක්‍රමය *n.* troy
rana shooraya රණශූරයා *n.* warrior
ranakaamaya රණකාමියා *n.* warfare
ranakaamee රණකාමී *adj.* martial
ranawanu laboo aya රඳවනු ලැබූ අය *n.* detainee
ranchuwa රංචුව *n.* herd
randawa thabeema රඳවා තැබීම *n.* detention
ranga dakwanawa රඟ දක්වනවා *v.* act
ranga dakweema රඟ දැක්වීම *n.* performance
ranga madala රඟ මඩල *n.* arena
ranga paama රඟ පෑම *n.* acting
rangaboomiya රංගභූමිය *n.* amphitheatre
rangadenawa රඟදෙනවා *v.* perform
rangahala රඟහල *n.* theatre
rangapaana රඟපාන *adj.* acting
rangapaanna රඟපාන්නා *n.* performer
rankaruwa රන්කරුවා *n.* goldsmith
ras kakaa sitina samoohaya රැස් කකා සිටින සමූහය *n.* throng
ras madala රැස් මඩල *n.* aura
ras wenawa රැස් වෙනවා *v.* agglomerate
ras wenawa රැස් වෙනවා *v.* congregate
ras wihidanawa රැස්විහිදනවා *v.* irradiate
rasa bara රස බර *adj.* savoury
rasa danenawaa රස දැනෙනවා *n.* smack
rasa ganwana de රස ගන්වන දේ *n.* sweetener
rasa kama kaballa රස කෑම කෑබැල්ල *n.* titbit
rasa kawilla රස කැවිල්ල *n.* lollipop
rasa pirunu රසපිරුණු *adj.* succulent
rasa widyawa රසවිද්‍යාව *n.* alchemy
rasa windeema රසවින්දීම *n.* appreciation
rasa windinawaa රසවිඳිනවා *v.* taste
rasaathmaka රසාත්මක *adj.* sentimental
rasaayana රසායන *adj.* chemical

rasaayana widyaawa රසායන විද්‍යාව *n.* chemistry
rasaayanagaaraya රසායනාගාරය *n.* laboratory
rasaayanagna රසායනඥ *n.* chemist
rasaayanika chikithsaawa රසායනික චිකිත්සාව *n.* chemotherapy
rasadiya රසදිය *n.* mercury
rasakawili රසකැවිලි *n.* confection
rasakawili wargayak රසකැවිලි වර්ගයක් *n.* marzipan
rasakawili welenda රසකැවිලි වෙළෙන්දා *n.* confectionery
rasakawili wisheshayak රසකැවිලි විශේෂයක් *n.* nougat
rasakawilikaru රසකැවිලිකරු *n.* confectioner
rasangnya රසඥයා *n.* gourmet
rasawath රසවත් *adj.* dainty
rasawath රසවත් *adj.* delicious
rasawath රසවත් *adj.* juicy
rasawath රසවත් *adj.* racy
rasawath රසවත් *adj.* spicy
rasawath රසවත් *adj.* tasteful
rasawath pala wargayak රසවත් ඵල වර්ගයක් *n.* nectarine
rasaya රසය *n.* flavour
rasaya රසය *n.* taste
rashiyakin ekak wenkireema pinisa naama padayaka mulata yodana wchanaya රාශියකින් එකක් වෙන්කිරීම පිණිස නාම පදයක මුලට යොදන වචනය *adj.* the
rashmi kadambaya රශ්මි කදම්බය *n.* streamer
raskakaa upadrawa karanawaa රස්කකා උපද්‍රව කරනවා *v.* infest
rasthiyaadukaaraya රස්තියාදුකාරයා *n.* bum
rasweema රැස්වීම *n.* assembly
rasweema රැස්වීම *n.* meeting
rata රට *n.* country
rata kottan රට කොට්ටං *n.* apricot
rata maa රට මෑ *n.* pea
rata madehi woo රට මැදෙහි වූ *adj.* inland
rata weralu රට වෙරළු *n.* olive
rataawa රටාව *n.* pattern
ratahunu රටහුණු *n.* chalk
ratakaju රටකජු *n.* peanut
ratha gamanaagamanaya රථ ගමනාගමනය *n.* traffic
ratha waahana pilibanda රථ වාහන පිළිබඳ *adj.* vehicular
ratha wahana රථ වාහන *n.* vehicle
rathakaami රතිකාමී *adj.* amatory
rathata pilissoo රතට පිළිස්සූ *n.* terracotta
rathigna රතිඤ්ඤා *n.* banger
rathignaya රතිඤ්ඤය *n.* cracker
rathinnaya රතිඤ්ඤා *n.* squib
raththaran රත්තරන් *n.* gold
rathu රතු *adj.* red
rathu indiyan kaarayange kudaarama රතු ඉන්දියන් කාරයන්ගේ කූඩාරම *n.* wigwam
rathu kata රතුකැට *n.* ruby
rathu manik wargayak රතු මැණික් වර්ගයක් *n.* garnet
rathu miris රතු මිරිස් *n.* capsicum
raudra රෞද්‍ර *adj.* fierce
raudra රෞද්‍ර *adj.* scathing
raul kota sahitha රැවුල් කොට සහිත *n.* stubble
raula baanawaa රැවුල බානවා *v.*

shave
rawaa balanawa රවා බලනවා *v.i* glare
rawaa balanawaa රවා බලනවා *v.* stare
rawaa baleema රවා බැලීම *n.* scowl
rawatanawa රවටනවා *v.* belie
rawatanawa රවටනවා *n.* gag
rawatanawaa රවටනවා *v.* delude
rawatanawaa රවටනවා *v.* hoodwink
rawatanawaa රවටනවා *v.* impose
rawateema රැවටීම *n.* chicanery
rawateema රැවටීම *n.* deception
rawatilla රැවටිල්ල *adj.* beleaguered
rawatilla රැවටිල්ල *n.* eyewash
rawatilla රැවටිල්ල *v.i* frown
rawatilla රැවටිල්ල *n.* guise
rawatilla රැවටිල්ල *n.* hype
rawatilla රැවටිල්ල *n.* imposition
rawatilla රැවටිල්ල *n.* pretext
rawatilla රැවටිල්ල *n.* sham
rawdenawa රැව්දෙනවා *v.* resound
rawula රැවුල *n.* beard
rawulkaaraya රැවුල්කාරයා *n.* beaver
raya රැය *n.* night
reddhe wiyana lada waatiya රෙද්දේ වියන ලද වාටිය *n.* selvedge
reddhi walin thada kota damanawaa රෙදි වලින් තද කොට දමනවා *v.* swaddle
redi adeemata yodana raamuwehi yedu koku රෙදි ඇදීමට යොදන රාමුවෙහි යෙදූ කොකු *n.* tenterhook
redi apulla madinawa රෙදි අපුල්ලා මදිනවා *v.* launder
redi kada රෙදි කඩ *n.* kerchief
redi pili රෙදිපිළි *n* textile
redi wargayak රෙදි වර්ගයක් *n.* worsted
reema රීම *n.* ream
reeppaya රීප්පය *n.* lath
reethiyata wada karannaa රීතියට වැඩ කරන්නා *n.* stickler
regei sangeethaya රෙගේ සංගීතය *n.* reggae
regimenthuwa රෙජිමේන්තුව *n.* regiment
registraar රෙජිස්ට්‍රාර් *n.* registrar
registraar kaaryaalaya රෙජිස්ට්‍රාර් කාර්යාලය *n.* registry
regu gaasthuwa රේගු ගාස්තුව *n.* wharf age
reguwa රේගුව *n.* wharf
rekkaya රේක්කය *n.* rake
rekodaya රෙකෝඩය *n.* recorder
rendaya රේන්දය *n.* lace
rendaya රේන්දය *n.* toll
renu රේණු *n.* pollen
renuwa රේණුව *n.* stamen
rhinoceros රයිනෝසිරස් *n.* rhinoceros
rhodium රෝඩියම් *n.* rhodium
ridawanawa රිදවනවා *v.* hurt
ridee රිදී *n.* silver
ridee guliya රිදී ගුලිය *n.* bullion
ridju ඍජු *adj.* sheer
ridmaya රිද්මය *n.* rhythm
ridmayaanukoola රිද්මයානුකූල *adj.* rhythmic
rifalaya රයිෆලය *n.* rifle
riju ඍජු *adj.* candid
riju ඍජු *adj.* direct
riju ඍජු *adj.* erect
riju ඍජු *adj.* plump
riju ඍජු *adj.* upright

riju bhaawaya සෘජු භාවය *n.* rectitude
riju karanawa සෘජු කරනවා *v.* rectify
riju nowana සෘජු නොවන *adj.* evasive
riju nowana සෘජු නොවන *adj.* indirect
rijukaranaya සෘජුකරණය *n.* rectification
rijukonaasra සෘජුකෝණාස්‍ර *adj.* rectangular
rijukonaasraya සෘජුකෝණාස්‍රය *n.* rectangle
rijuwa kathaakarana සෘජුව කතාකරන *adj.* outspoken
rikilla රිකිල්ල *n.* sprig
rikilla රිකිල්ල *n.* twig
rikshaw rathaya රික්ෂෝ රථය *n.* rickshaw
rikthakaya රික්තකය *n.* vacoom
rina ඍණ *prep.* minus
rinaathmaka ඍණාත්මක *adj.* negative
rinathaawaya ඍණතාවය *n.* negativity
ringaa yaama රිංගා යෑම *v.* creep
rishiwarayaa ඍෂිවරයා *n.* prophet
rivert karanawa රිවට් කරනවා *n.* rivet
riya madiriya රිය මැදිරිය *n.* carriage
riya naba රිය නැබ *n.* nave
riya padawanna රිය පදවන්නා *n.* chauffeur
riya perahara රිය පෙරහැර *n.* cavalcade
riyaduraa රියදුරා *n.* driver
robowa රොබෝව *n.* robot
rockettuwa රොකට්ටුව *n.* rocket
roda රොද *n.* wisp
roda hathare karaththaya රෝද හතරේ කරත්තය *n.* wagon
roda thune baicikalaya රෝද තුනේ බයිසිකලය *n.* tricycle
rodaya රෝදය *n.* wheel
rodu goda රොඩු ගොඩ *n.* litter
roga lakshanaya රෝග ලක්ෂණය *n.* symptom
roga naashaka piliyama රෝග නාශක පිළියම *adj.* therapeutic
roga winishchaya රෝග විනිශ්චය *n.* diagnosis
roga winishchaya karanawa රෝග විනිශ්චය කරනවා *v.* diagnose
rogaya රෝගය *n.* decease
rogaya රෝගය *n.* disease
rogaya රෝගය *n.* malady
rogeen sandahaa wu sathkaaraa-gaaraya රෝගීන් සඳහා වූ සත්කාරාගාරය *n.* sanitarium
rogiya රෝගියා *n.* patient
rohala රෝහල *n.* hospital
rokwenawa රොක්වෙනවා *v.* gather
roller රෝලර් *n.* roll
roller රෝලර් *n.* roller
rollercoasteraya රෝලර්කෝස්ටරය *n.* rollercoaster
rombasaya රොම්බසය *n.* rhombus
ron mada රොන් මඩ *n.* sediment
ron mada රොන් මඩ *n.* silt
ronde yanawaa රොන්දේ යනවා *v.* saunter
roodiya රූඩිය *n.* idiom
rookadaya රූකඩය *n.* marionette
rookadaya රූකඩය *n.* puppet
roomathiya රූමතිය *n.* belle
roopa satahan රූප සටහන *n.*

diagram
roopa widyaawa රූපවිද්‍යාව *n.* morphology
roopakaya රූපකය *n.* metaphor
roopalawanya shilpiya රූපලාවණ්‍ය ශිල්පියා *n.* beautician
roopanthara රූපාන්තරය *n.* metamorphosis
roopawaahiniya රූපවාහිනිය *n.* television
roopawathee රූපවතී *n.* mannequin
roopaya රූපය *n.* figure
roopika රූපික *adj* figurative
roopikaawa රූපිකාව *n.* figurine
rootanawaa රූටනවා *v.* slide
ropanaya karanawaa රෝපණය කරනවා *v.* implant
rosa mala රෝස මල *n.* rose
rosa paata රෝස පාට *adj.* pink
rosa pata රෝස පාට *adj.* rosy
rosa uyana රෝස උයන *n.* rosary
rotee wargayak රොටී වර්ගයක් *n.* muffin
rubber රබර් *n.* rubber
ruchiya රුචිය *n.* liking
ruchiya රුචිය *n.* palate
rudhira pattikaawa රුධිර පට්ටිකාව *n.* platelet
rugby kreedaawa රග්බි ක්‍රීඩාව *n.* rugby
rujaa nasana රුජා නසන *n.* analgesic
rukula රුකුල *n.* stanchion
rum රම් *n.* rum
rye රයි *n.* rye

S

saadaarana සාධාරණ *adj.* fair
saadaaranathwaya සාධාරණත්වය *n.* toleration
saadakaya සාධකය *n.* factor
saadala thanannaa සෑදල තනන්නා *n.* saddler
saadalaya සෑදලය *n.* saddle
saadana kaamarayata awashya de සාදන කාමරයට අවශ්‍ය දේ *n.* toiletries
saadanawa සාදනවා *v.* build
saadanawa සාදනවා *v.* make
saadarmikathaawaya සාධර්මිකතාවය *n.* orthodoxy
saadaya සාදය *n.* party
saadeema සෑදීම *n.* making
saadhaarana සාධාරණ *adj.* equitable
saadhaarana bawa dakwanawa සාධාරණ බව දක්වනවා *v.* rationalize
saadhaaranaya සාධාරණය *n.* equity
saadhya සාධ්‍ය *adj.* feasible
saadilingam hi rathu paata සාදිලිංගම් හා රතු පාට *n.* vermillion
saadrushya සාදෘශ්‍ය *adj.* analogous
saagarika සාගරික *adj.* oceanic
saagathaya සාගතය *n.* famine
saahasika සාහසික *adj.* daring
saahasika සාහසික *adj.* heinous
saahasika සාහසික *adj.* outrageous
saahasika සාහසික *adj.* reckless
saahasika aparaadhakaaraya සාහසික අපරාධකාරයා *n.* outlaw
saahasikaya සාහසිකයා *n.* despot
saaheemata pathwu සෑහීමට පත්වූ *adj.* content

saahena pamana wu සෑහෙන පදණු වූ *adj.* sufficient
saahenawaa සෑහෙනවා *v.* suffice
saahithyamaya සාහිත්‍යමය *adj.* literary
saahithyaya සාහිත්‍යය *n.* literature
saakachcha karanawa සාකච්ඡා කරනවා *v.* discuss
saakachchaa karanna සාකච්ඡා කරන්නා *n.* negotiator
saakachchaawa සාකච්ඡාව *n.* discussion
saakalya සාකල්‍ය *adj.* holistic
saakshaath kaaraya සාක්ෂාත් කරනවා *n.* testimonial
saakshaathkaranaya සාක්ෂාත්කරණය *n.* realization
saakshara සාක්ෂර *adj.* literate
saakshath karagannawa සාක්ෂාත් කරගන්නවා *v.* achieve
saakshi daranawa සාක්ෂි දරනවා *v.* attest
saakshi denawaa සාක්ෂි දෙනවා *v.* testify
saakshi pathra සාක්ෂි පත්‍ර *n.* credentials
saakshikaraya සාක්ෂිකාරයා *n.* witness
saakshiya සාක්ෂිය *n.* evidence
saakshiya සාක්ෂිය *n.* proof
saakshiya සාක්ෂිය *n.* testimony
saalaya සාලය *n.* parlour
saama සෑම *adj.* every
saama thanama pawathnaa සෑම තැනම පවත්නා *adj.* ubiquitous
saama waadiyaa සාමවාදියා *n.* pacifist
saamaanya සාමාන්‍ය *adj.* ordinary
saamaanya gamanata sudusu waahanaya සාමාන්‍ය ගමනට සුදුසු වාහනය *n.* roadster
saamaanya janayaa සාමාන්‍ය ජනයා *n.* civilian
saamaanyayen සාමාන්‍යයෙන් *adv.* ordinarily
saamadaanaya සාමදානය *n.* ceasefire
saamaika සාමයික *adj.* seasonal
saamajikathwaya සාමාජිකත්වය *n.* membership
saamajikaya සාමාජිකයා *n.* member
saamanya සාමාන්‍ය *n.* average
saamanya සාමාන්‍ය *adj.* common
saamanya සාමාන්‍ය *adj.* mediocre
saamanya සාමාන්‍ය *adj.* normal
saamanya සාමාන්‍ය *adj.* plebeian
saamanya wasiya සාමාන්‍ය වැසියා *n.* commoner
saamanyathwaya සාමාන්‍යත්වය *n.* normalcy
saamaya සාමය *n.* peace
saamiwarayaa සාමිවරයා *n.* baron
saamkaamee සාමකාමී *adj.* peaceful
saamoohika සාමූහික *adj.* cumulative
saamudrikaa සාමුද්‍රිකා *n.* palmistry
saamyaya සාම්‍යය *n.* analogy
saandranaya සාන්ද්‍රණය *n.* concentration
saankaawa සාංකාව *n.* anxiety
saankaawa සාංකාව *n.* nostalgia
saanthawarayaa සාන්තවරයා *n.* saint
saanuwa සානුව *n.* plateau
saaparaadhi bawa thora karanawa සාපරාධි බව තොරෙ කරනවා

v. decriminalize

saapaya සාපය *n.* curse

saapekshathaawa සාපේක්ෂතාව *n.* relativity

saappu badu horakam kireema සාප්පු බඩු හොරකම් කිරීම *n.* shoplifting

saappu sankeernaya සාප්පු සංකීර්ණය *n.* plaza

saappukaarayaa සාප්පුකාරයා *n.* shopkeeper

saappuwa සාප්පුව *n.* shop

saara සාර *adj.* fertile

saaraanukoola සාරානුකූල *adj.* substantial

saaraartha vidyaawa සාරාර්ථ විද්‍යාව *n.* ontology

saaragarbha සාරගර්භ *adj.* compendious

saaransha karanawaa සාරාංශ කරනවා *v.* summarize

saaranshaya සාරාංශය *n.* gist

saaranshaya සාරාංශය *n.* summary

saarathwaya සාරත්වය *n.* fertility

saarawath සාරවත් *adj.* lush

saarawath සාරවත් *adj.* luxuriant

saarawath karanawa සාරවත් කරනවා *v.* enrich

saarawath karanawa සාරවත් කරනවා *v.* fertilize

saaraya සාරය *n.* cream

saaraya සාරය *n.* epitome

saaraya සාරය *n.* essence

saaraya සාරය *n.* précis

saaraya සාරය *n.* sap

saaraya සාරය *n.* substance

saaraya hadenawaa සාරය හැදෙනවා *v.* suppurate

saariya සාරිය *n.* sari

saaropanaya සාරෝපණය *n.* devolution

saarwabhauma සාර්වභෞම *adj.* cosmopolitan

saathan සාතන් *n.* Satan

saathn pideema සාතන් පිදීම *n.* Satanism

saaththukaaraya සාත්තුකාරයා *n.* attendant

saatopa සාටෝප *adj.* magisterial

saatopa සාටෝප *adj.* showy

saawadaana සාවධාන *adj.* attentive

saawadhaana සාවධාන *adj.* scrupulous

saawadya සාවද්‍ය *adj.* inaccurate

saawadya සාවද්‍ය *adj.* vicious

saaya සාය *n.* skirt

saaya redhi සාය රෙදි *n.* skirting

saayam powanawa සායම් පොවනවා *v.* imbue

saayam yanawa සායම් යනවා *v.* blanch

saayama සායම *n.* dye

saayama සායම *n.* pigment

saayamak lesa bhawithaa karana yapas සායමක් ලෙස භාවිතා කරන යපස් *n.* umber

saayanaya සායනය *n.* clinic

sabaa se penena සැබෑ සේ පෙනෙන *adj.* specious

saban සබන් *n.* soap

saban musu සබන් මුසු *adj.* soapy

saban pena සබන් පෙන *n.* lather

sabandathaawa සබඳතාව *n.* rapport

sabandiyawa සබැඳියාව *n.* relationship

sabawinma සැබැවින්ම *adv.* actually

sabawinma සැබැවින්ම *adv.* indeed
sabawinma සැබැවින්ම *adv.* really
sabawinma සැබැවින්ම *adv.* verily
sabhaa waaraya සභා වාරය *n.* sitting
sabhaapathi සභාපති *n.* chairman
sabhaawa wisuruwa harinawaa සභාව විසුරුවා හරිනවා *v.* prorogue
sabhawa සභාව *n.* audience
sabhya සභ්‍ය *adj.* courtly
sabhyathaawa සභ්‍යතාව *n.* gentility
sabmareenaya සබ්මැරීනය *n.* submarine
sabya සභ්‍ය *adj.* urbane
sachala සචල *adj.* movable
sachalathaawa සචලතාව *n.* mobility
sada kirana සැඩ කිරණ *v.* sun
sada wathura සැඩ වතුර *n.* surge
sadaachaara prathipaththi සදාචාර ප්‍රතිපත්ති *n* ethic
sadaachaarawaadiyaa සදාචාරවාදියා *n.* moralist
sadaachaaraya සදාචාරය *n.* decorum
sadaachaaraya සදාචාර *adj.* moral
sadaachaaraya සදාචාරය *n.* morality
sadaaharitha shaakayak සදාහරිත ශාකයක් *n.* myrtle
sadaakaalaya සදාකාලය *n.* eternity
sadaakaalika සදාකාලික *adj.* eternal
sadaakalika bawa සදාකාලික බව *n.* immortality
sadachaaraya gana katha karanawa සදාචාරය ගැන කතා කරනවා *v.* moralize
sadahatama සදහටම *adv.* forever
saddeta husma gannawaa සද්දෙට හුස්ම ගන්නවා *v.* wheeze
sadhaarana සාධාරණ *adj.* reasonable
sados සදෝස *adj.* amiss
sados සදෝස *adj.* culpable
sados සදෝස *adj.* defective
sados සදෝස *adj.* faulty
saganda thelwalin kerena prathikarmayak සගන්ධ තෙල්වලින් කෙරෙන ප්‍රතිකර්මයක් *n.* aromatherapy
sagaya සගයා *n.* colleague
saha සහ *conj.* and
saha kriyaawa සහ ක්‍රියාව *n.* synergy
saha lakshanaya සහ ලක්ෂණය *n.* syndrome
saha yana aruth dena sankethaya සහ යන අරුත් දෙන සංකේතය *n.* ampersand
sahaadhipathya සහාධිපත්‍යය *n.* condominium
sahaaya සහාය *n.* assistance
sahaaya සහය *n.* succour
sahaaya denawa සහාය දෙනවා *v.* assist
sahaayakaya සහායකයා *n.* assistant
sahaayakaya සහායකයා *n.* companion
sahaayathwaya සහායත්වය *n.* fellowship
sahabhaagee wenawa සහභාගී වෙනවා *v.* participate
sahabhaageethwaya සහභාගීත්වය *n.* participation
sahabhaageewa kriyaa karanna සහභාගීව ක්‍රියා කරන්නා *n.* participant

sahabhaagithwaya සහභාගිත්වය *n.* communion
sahacharayaa සහචරයා *n.* squire
sahaja සහජ *adj.* congenital
sahaja සහජ *adj.* hereditary
sahaja සහජ *adj.* inborn
sahaja සහජ *adj.* innate
sahakaaraya සහකාරයා *n.* fellow
sahakaaraya සහකාරයා *n.* mate
sahakampanaya සහකම්පනය *n.* empathy
sahakaru සහකරු *n.* soul mate
sahallu සැහැල්ලු *adv.* lightly
sahallu bawa සැහැල්ලු බව *n.* buoyancy
sahallu guwan yaanaya සැහැල්ලු ගුවන් යානය *n.* glider
sahallu kapu pili සැහැල්ලු කැපු පිළි *n.* voile
sahallu karanawaa සැහැල්ලු කරනවා *v.* mitigate
sahana salasanawa සහන සලසනවා *v.* redress
sahanaadaaraya සහනාධාරය *n.* subsidy
sahanaya සහනය *n.* alleviation
sahanaya සහනය *n.* comfort
sahanaya සහනය *n.* concession
sahanaya සහනය *n.* relief
sahanaya salasanawa සහනය සලසනවා *v.* alleviate
sahapawathma සහපැවැත්ම *n.* coexistence
sahasi සැහැසි *adj.* violent
sahasikama සැහැසිකම *n.* violence
sahasikathaawa සාහසිකත්වය *n.* temerity
sahasikayaa සාහසිකයා *n.* villain
sahasra සහස්‍ර *n.* kilo
sahasrawarshaya සහස්‍රවර්ෂය *n.* millennium
sahathika kala haki සහතික කළ හැකි *adj.* certifiable
sahathika karanawa සහතික කරනවා *v.* certify
sahathika karanawa සහතික කරනවා *v.* ensure
sahathika karanawaa සහතික කරනවා *v.* vouch
sahathika kireema සහතික කිරීම *v.* affirm
sahathika prakashaya සහතික ප්‍රකාශය *n.* affirmation
sahathikaya සහතිකය *n.* certificate
sahawaasaya සහවාසය *n.* consortium
sahawanaya සහවනය *n.* symbiosis
sahayogaya සහයෝගය *n.* cooperation
sahayogayen kriya karanawa සහයෝගයෙන් ක්‍රියා කරනවා *v.* collaborate
sahayogayen wada karanawaa සහයෝගයෙන් වැඩ කරනවා *v.* cooperate
sahayogi සහයෝගී *adj.* cooperative
sahayogithwaya සහයෝගීත්වය *n.* collaboration
sahodara සහෝදර *adj.* fraternal
sahodarathwaya සහෝදරත්වය *n.* brotherhood
sahodarathwaya සහෝදරත්වය *n.* fraternity
sahodaraya සහෝදරයා *n.* brother
sahodaraya සහෝදරයා *n.* comrade
sahodaraya ho sahodaree

සහෝදරයා හෝ සහෝදරී *n.* sibling

sahodaree සහෝදරී *n.* sister

sahodariyak wani සහෝදරියක් වැනි *adj.* sisterly

sailansaraya සයිලන්සරය *n.* silencer

sailaya සෛලය *n.* cell

saipanaya සයිෆනය *n.* siphon

sajala karanawaa සජල කරනවා *v.* hydrate

saka athi සැක ඇති *adj.* sceptical

saka karanawaa සැක කරනවා *v.* suspect

saka sahitha සැක සහිත *adj.* hesitant

saka sahitha සැක සහිත *adj.* moot

saka sahitha සැක සහිත *adj.* problematic

saka sahitha සැක සහිත *adj.* questionable

saka sahitha සැක සහිත *adj.* shady

saka sahitha සැක සහිත *adj.* suspicious

saka sahitha සැක සහිත *adj.* uncertain

saka sitheema සැක සිතීම *n.* suspicion

saka upadawana සැක උපදවන *adj.* equivocal

saka upadawanawa සැක උපදවනවා *v.* perplex

sakakaru සැකකරු *n* suspect

sakarin සැකරින් *n.* saccharin

sakarin sahitha සැකරින් සහිත *adj.* saccharine

sakarmaka සකර්මක *adj.* transitive

sakas karanava සකස් කරනවා *v.* adjust

sakas karanawa සකස් කරනවා *v.* amend

sakas karanawa සකස් කරනවා *v. t* coordinate

sakas kireema සකස් කිරීම *n.* adjustment

sakas wenawa සකස් වෙනවා *v.* evolve

sakasanawa සකසනවා *v.* arrange

sakasanaya සකසනය *n.* conditioner

sakasoo aahaara welanda sala සැකසූ ආහාර වෙළෙඳසැල *n.* delicatessen

sakasuruwam sahitha සකසුරුවම් සහිත *adj.* economical

sakasuruwam sahitha සකසුරුවම් සහිත *adj.* thrifty

sakasuruwam wu සකසුරුවම් වූ *adj.* frugal

sakasuruwama සකසුරුවම *n.* thrift

sakaya සැකය *n.* doubt

sakaya සැකය *n.* inkling

sakaya සැකය *n.* misgiving

sakayak nomathi සැකයක් නොමැති *adj.* undeniable

sakilla සැකිල්ල *n.* framework

sakillla සැකිල්ල *n.* structure

sakka gal සක්කගල් *n.* rubble

sakman karanawaa සක්මන් කරනවා *v.* stroll

sakman maluwa සක්මන් මළුව *n.* promenade

sakmana සක්මන *n.* cloister

sakriya karanawa සක්‍රිය කරනවා *v.* activate

saksaponaya සැක්සෆෝනය *n.* saxophone

sala karanava සැල කරනවා *v.*

advise
sala karanawaa සැ ල කරනවා *v.* inform
sala karanawaa සැ ල කරනවා *v.* mention
salaadaya සලා දය *n.* salad
salabaya සලබයා *n.* moth
salakaa balanawa සලකා බලනවා *v.* consider
salakanawa සලකනවා *v.t.* reckon
salakanawa සලකනවා *v.* render
salakanawaa සලකනවා *v.* heed
salakili sahitha සැ ලකිලි සහිත *adj.* mindful
salakilimath nathi සැ ලකිලිමත් නැති *adj.* inconsiderate
salakilla සැ ලකිල්ල *n.* consideration
salakilla සැ ලකිල්ල *n.* esteem
salakiya uthu සැ ලකිය යුතු *adj.* noteworthy
salakuna සලකුණ *n.* emblem
salakuna සළකුණ *n.* mark
salakuna සළකුණ *n.* sign
salakunu kara gannawaa සළකුණු කර ගන්නවා *v.t.* trace
salakunu kara gatha haki සළකුණු කර ගත හැකි *adj.* traceable
salamba සලඹ *n.* anklet
salasanawaa සලසනවා *v.* procure
salasenawaa සැ ලසෙනවා *v.* operate
salasma සැ ලැ ස්ම *n.* design
salasma සැ ලැ ස්ම *n.* plan
salena සැ ලෙන *adj.* tremulous
salitha wenawa සලිත වනෙවා *v.* move
saliya සැළිය *n .* pot
sallaala සල්ලා ල *adj.* lewd
sallaalaya සල්ලා ලයා *n.* voluptuary
sallala lesa hasirenawa සල්ල ල ලෙස හැසිරෙනවා *v.* womanize
sallalakama සල්ල ලකම *n.* debauchery
sallalakama සල්ල ලකම *n.* gallantry
sallalalakam සල්ල ලකම් *n.* spree
salli සල්ලි *n.* cash
salpila සල්පිල *n.* stall
saluwa සළුව *n.* cloth
saluwa සළුව *n.* shawl
sama සම *adj.* alike
sama සම *n.* par
sama සම *adj.* same
sama සම *n.* skin
sama bawa සම බව *adj.* quits
sama chikithsaawa සම චිකිත්සා ව *n.* homeopathy
sama karanawa සම කරනවා *v. t* equalize
sama lingika sewanaya karana sthriya සම ලිංගික සේවනය කරන ස්ත්‍රිය *n.* lesbian
sama nokalaki සම නොකලැකි *adj.* unrivalled
sama prathikaara wedaya සම ප්‍රතිකා ර වෙදය *n.* homoeopath
sama sheetha ushna deshagunaya සම ශීත උෂ්ණ දේශගුණය *adj.* temperate
sama thana pathirenawaa සැ ම තැ න පැ තිරෙනවා *v.* suffuse
samaa kala haki සමා කළ හැකි *adj.* pardonable
samaa nowana සමා නොවන *adj.* implacable
samaadaanayata kamathi සමා දානයට කැ මති *n.* pacific
samaadaanayata kamathi

සමාධානයට කැමති *adj.* peaceable

samaadaraya සමාදරය *n.* deference

samaagama සමාගම *n.* company

samaaja shaalaawa සමාජ ශාලාව *n.* club

samaaja vidyaawa සමාජ විද්‍යාව *n.* sociology

samaaja wirodee සමාජ විරෝධී *adj.* antisocial

samaajasheelee සමාජශීලී *adj.* convivial

samaajasheelee nowana සමාජශීලී නොවන *adj.* unsocial

samaajasheeli සමාජශීලී *n.* extrovert

samaajasheeli සමාජශීලී *adj.* sociable

samaajawaadaya සමාජවාදය *n.* socialism

samaajawaadiyaa සමාජවාදියා *n. & adj.* socialist

samaajaya සමාජය *n.* community

samaajaya pilibanda wu සමාජය පිළිබඳ වූ *adj.* social

samaana සමාන *adj.* equal

samaana karanawaa සමාන කරනවා *v.* liken

samaanaartha padaya සමානාර්ථ පදය *n.* synonym

samaanakama සමානකම *n.* conformity

samaanakama සමානකම *n.* likeness

samaanathwaya සමානත්වය *n.* parity

samaanathwaya සමානතාවය *adj.* similar

samaanathwaya සමානතාවය *n.* similarity

samaanawa sitinawa සමානව සිටිනවා *v.* resemble

samaanthara සමාන්තර *n.* parallel

samaantharaasraya සමාන්තරාස්‍රය *n.* parallelogram

samaanupaathaya සමානුපාතය *n.* proportion

samaanupaathika සමානුපාතික *adj.* proportional

samaariya palaathe vasia සමාරිය පලාතේ වාසියා *n.* Samaritan

samaawa සමාව *n.* pardon

samaawa denawa සමාව දෙනවා *v.* condone

samaawa denawa සමාව දෙනවා *v.* excuse

samaawa diya nohaki සමාව දිය නොහැකි *adj.* inexcusable

samaawa illanawa සමාව ඉල්ලනවා *v.* apologize

samaawa illeema සමාව ඉල්ලීම *n.* apology

samaawenawa සමාවෙනවා *v.* forgive

samaawiya haki සමාවිය හැකි *adj.* venial

samaayojanaya සමායෝජනය *n.* coordination

samabara nathiwenawaa සමබර නැතිවෙනවා *v.* overbalance

samabhaara rekhawa සමභාර රේඛාව *n.* isobar

samachathurasraya සමචතුරස්‍රය *n.* square

samachchal karanawa සමච්චල් කරනවා *v.* deride

samachchal karanawaa සමච්චල්

කරනවා *v.i.* scoff
samachchalaya සමච්චලය *n.* prank
samachchedanaya karanawa සමච්ඡේදනය කරනවා *v.* bisect
samadura සමදුර *adj.* equidistant
samaga සමඟ *prep.* plus
Samaga සමඟ *prep.* with
samage sith adaganna deya සැමගේ සිත් ඇදගන්නා දෙය *n.* cynosure
samagi karanawa සමගි කරනවා *v.* conciliate
samagi karanawaa සමගි කරනවා *v.* unite
samagi sammuthiya සමගි සම්මුතිය *n.* compromise
samagi sampanna සමගි සම්පන්න *adj.* unanimous
samagiya සමගිය *n.* concord
samagiya සමගිය *n.* harmony
samagiya සමගිය *n.* league
samagiya සමගිය *n.* unity
samahara wita සමහරවිට *adv.* perhaps
samaharak සමහරක් *adj.* some
samajaatheeya සමජාතීය *adj.* homogeneous
samajaatheeya සමජාතීය *a.* homogeneous
samaka සමක *adj.* equivalent
samakaalayehi pawathina සමකාලයෙහි පවතින *v.* coexist
samakaaleena සමකාලීන *adj.* coeval
samakaaleena සමකාලීන *adj.* concurrent
samakaaleena සමකාලීන *adj.* contemporary
samakaaleenaya සමකාලීනයා *n.* collateral
samakaalika සමකාලික *adj.* simultaneous
samakaaraka සමකාරක *adj.* analogue
samakaranawa සමකරනවා *v.* equate
samakaya සමකය *n.* equator
samalingika සමලිංගික *n.* homosexual
samalingika nowana සමලිංගික නොවන *adj.* heterosexual
samamithika සමමිතික *adj.* symmetrical
samamithiya සමමිතිය *n.* regularity
samamrodanaya karanawa සමාරෝධනය කරනවා *v.* intern
saman maaluwaa සමන් මාළුව *n.* salmon
samana සමාන *adj.* akin
samanalaya සමනළයා *n.* butterfly
samanaya karanawaa සමනය කරනවා *v.* quell
samanga pawathna de සමඟ පවත්නා දේ *n.* accompaniment
samangi wenawa සමඟි වෙනවා *v.* reconcile
samanwitha wenawaa සමන්විත වෙනවා *v.* consist
samapaada සමපාද *adj.* equilateral
samapaatha wenawa සමපාත වෙනවා *v.* coincide
samapaathaya සමපාතය *n.* coincidence
samapramaana සමප්‍රමාණ *adj.* proportionate
samartha සමර්ථ *adj.* competent

samartha සමර්ථ *adj.* potent
samaru paataya සමරු පාඨය *n.* epitaph
samastha සමස්ත *adj.* overall
samastha darshakaya සමස්ත දර්ශනය *n.* panorama
samasthaya සමස්තය *n.* aggregate
samasthaya සමස්ථය *n.* totality
samata alena kalisama සමට ඇලෙන කලිසම *n.* leggings
samatama ihalin penawa සෑ මටම ඉහළින් පනේවා *v.* dominate
samath සමත් *adj.* skilled
samath wenawa සමත් වෙනවා *v.* pass
samathalaa nathi සමතලා නැති *adj.* uneven
samathalaa nowuu සමතලා නොවූ *adj.* rugged
samathalaa wenawa සමතලා වෙනවා *v.t.* flatten
samathali nowu සමතලි නොවූ *adj.* bumpy
samathulithathaawaya සමතුලිතතා වය *n.* equilibrium
samawita සෑ මවිට *adv.* always
samawyaadiya සමවියාධිය *n.* homophobia
samaya සා මය *n.* season
sambaahakayaa සම්බා හකයා *n.* masseur
sambadathaawa සබඳතා ව *n.* connection
sambanda සම්බන්ධ *adj.* cognate
sambanda karanawa සම්බන්ධ කරනවා *v.* join
sambanda nathai kiyanawa සම්බන්ධ නැ තැයි කියනවා *v.* disown
sambanda weema සම්බන්ධවීම *n.* conjuncture
sambanda wenawa සම්බන්ධ වෙනවා *v.* associate
sambanda wenawaa සම්බන්ධ වෙනවා *v.* correlate
sambandathaawa සම්බන්ධතා ව *n.* correlation
sambandawa සම්බන්ධව *conj.* after
sambandaya සම්බන්ධය *n.* affinity
sambandaya සම්බන්ධය *n.* liaison
sambandaya සම්බන්ධය *n.* nexus
sambandeekaranaya karanawa සම්බන්ධීකරණය කරනවා *v.* liaise
sambandha wenawa සම්බන්ධ වෙනවා *v.* relate
sambandhawa සම්බන්ධව *prep.* concerning
sambandhaya සම්බන්ධය *n.* relation
sambandhaya prathikshepa karanawa සම්බන්ධය ප්‍රතික්ෂේප කරනවා *v.t.* renounce
sambandhayen සම්බන්ධයෙන් *prep.* regarding
sambandhee සම්බන්ධී *adj.* relative
sambhaawithaya සම්භාවිතා වය *n.* probability
sambhaawya සම්භා ව්‍ය *adj.* classic
sambhawaneeya සම්භා වනීය *adj.* honourable
sambhawya සම්භව්‍ය *adj.* probable
same dumburu lapaya සමේ දුඹුරු ලපය *n.* freckle
sameekaranaya සමීකරණය *n.* equation
sameekshaakaaree සමීක්ෂා කාරී *adj.* circumspect
sameekshakaya සමීක්ෂකයා *n.*

censor

sameekshakayaa සමීක්ෂකයා *n.* invigilator

sameekshanaya සමීක්ෂණය *n.* censorship

sameekshanaya සමීක්ෂණය *n.* investigation

sameepa සමීප *adj.* close

sameepa සමීප *adj.* contiguous

sameepa wenawa සමීප වෙනවා *v.* approach

sameepathama සමීපතම *adj.* nearest

samin thanu kota kabaya සමින් තැනූ කොට කබා ය *n.* jerkin

samitik wargayata ayath සැමිටික් වර්ගයට අයත් *adj.* semitic

sammaadam denawaa සම්මා දම් දෙනවා *v.* subscribe

sammaadama සම්මා දම *n.* subscription

sammananeeya සම්මා නනීය *n.* laureate

sammanaya සම්මා නය *n.* reverence

sammanitha සම්මානිත *adj.* revered

sammanthranaya සම්මන්ත්‍රණය *n.* seminar

sammatha kireema සම්මත කිරීම *n.* incorporation

sammathaya සම්මතය *n.* standard

sammathayen karana lada සම්මතයෙන් කරන ලද *adj.* concerted

sammawa deema සමා ව දීම *n.* remission

sammelanaya සම්මේලනය *n.* association

sammelanaya සම්මේලනය *n.* congress

sammithiya සම්මිතිය *v.* symbolize

sammukha parikshana සම්මුඛ පරීක්ෂණය *n.* interview

sammuthiya සම්මුතිය *n.* convention

sammuthiya සම්මුතිය *a.* unanimity

samochcha සම ෝච්ච *n.* contour

samodhaanaya සම ෝධා නය *n.* montage

samooha gaayana සමූහ ගා යන *adj.* choral

samooha gaayana kandaayama සමූහ ගා යන කණ්ඩා යම *n.* choir

samoohanaya සමූහනය *n.* grouping

samoohanduwa සමූහා ණ්ඩුව *n.* federation

samoohathwaya සමූහත්වය *n.* solidarity

samoohaya සමූහය *n.* cluster

samoohaya සමූහය *n.* crew

samoohaya සමූහය *n.* host

samoohaya සමූහය *n.* multitude

samoohika සාමූහික *adj.* federal

samoola ghaathanaya සමූල ඝා තනය *n.* holocaust

sampaadanaya සම්පා දනය *n.* procurement

sampapralaapa dhodawanawaa සම්පප්‍රලා ප දොඩවනවා *v.* waffle

sampeedanaya සම්පීඩනය *n.* compression

sampoorna සම්පූර්ණ *adj.* complete

sampoorna සම්පූර්ණ *adj.* crass

sampoorna සම්පූර්ණ *adj.* entire

sampoorna සම්පූර්ණ *adj.* total

sampoorna awahiraya සම්පූර්ණ අවහිරය *n.* deadlock

sampoorna kireema සම්පූර්ණ කිරීම *n.* completion

sampoorna kireema සම්පූර්ණ කිරීම *n.* fulfilment

sampoornathwaya සම්පූර්ණත්වය *n.* integrity

sampoornayen nogalapunu සම්පූර්ණයෙන් නොගැළපුණු *adj.* maladjusted

sampradaaika සම්ප්‍රදායික *adj.* traditional

sampradaaya සම්ප්‍රදාය *n.* tradition

sampradaaya waadiyaa සම්ප්‍රදාය වාදියා *n.* traditionalist

samprapthiya සම්ප්‍රාප්තිය *n.* arrival

samprayuktha සම්ප්‍රයුක්ත *adj.* resultant

sampreshakaya සම්ප්‍රේෂකය *n.* transmitter

sampreshana haa graahaka guwan widuli yanthraya සම්ප්‍රේෂණ හා ග්‍රාහක ගුවන් විදුලි යන්ත්‍රය *n.* transceiver

sampreshanaya සම්ප්‍රේෂණය *n.* transmission

sampreshanaya karanawaa සම්ප්‍රේෂණය කරනවා *v.* transmit

sampurnayenma සම්පූර්ණයෙන්ම *adv.* wholly

samudra yaathrikayaa සමුද්‍ර යාත්‍රිකයා *n.* voyager

samudraya සමුද්‍රය *n.* ocean

samudukarayaa සමුදුකරය *adj.* emollient

samuganeema සමුගැනීම *n.* adieu

samuganeema සමුගැනීම *n.* valediction

samuhaya සමූහය *n.* bunch

samurdhiya සමෘද්ධිය *n.* richness

samurdiya සමෘද්ධිය *n.* affluence

samurdiya සමෘද්ධිය *n.* opulence

samurdiya සමෘද්ධිය *n.* prosperity

sanaala සනාල *adj.* vascular

sanaatha kala haki සනාථ කළ හැකි *adv.* substantially

sanaatha karanawaa සනාථ කරනවා *v.* corroborate

sanaatha karanawaa සනාථ කරනවා *v.* substantiate

sanahenawa සැනහෙනවා *v. t.* console

sanakeliya සැණකෙළිය *n.* carnival

sanakeliya සැණකෙළිය *n.* festival

sanakeliya සැණෙළිය *n.* flash light

sanasanawa සනසනවා *v.* assuage

sanasanawa සනසනවා *v.* comfort

sanasanawaa සනසනවා *v.* soothe

sanasawanawa සනසවනවා *v.* reassure

sanasenawaa සැනසෙනවා *v.* satisfy

sanasiya nohaki සැනසිය නොහැකි *adj.* inconsolable

sanchaaraka සංචාරක *adj.* errant

sanchaaraka සංචාරක *n* itinerary

sanchaaraka සංචාරක *adj.* nomadic

sanchaaraka wiyaapaaraya සංචාරක ව්‍යාපාරය *n.* tourism

sancharakaya සංචාරක *n.* tourist

sancharanaya සංචරණය *n.* locomotion

sandaanaya සන්ධානය *n.* alliance

sandaanaya සන්ධානය *n.* treaty

sandaawa සැන්දෑව *n.* evening

sandahaa සඳහා *prep.* for

sandahan සඳහන *n.* allusion

sandahan karanawa සඳහන් කරනවා *v.t.* allude

sandahan karanawa සඳහන් කරනවා *v.* refer

sandaluthalaya සඳලුතලය *n.* balcony
sandarbhaya සන්දර්භය *n.* context
sandarshanaya සං දර්ශනය *v.* display
sandarshanaya සං දර්ශනය *n.* pageant
sandeshaya සං දේශය *n.* errand
sandesyaha සන්දේශය *n.* missive
sandhaanaya සන්ධානය *n.* confederation
sandhipradaahaya සන්ධිප්‍රදාහය *n.* arthritis
sandhiya සන්ධිය *n.* conjunction
sandhiya සන්ධිය *n.* seam
sanduda සඳුදා *n.* Monday
sandun සඳුන් *n.* sandal
sandun gasa සඳුන් ගස *n.* sandalwood
sanduwa සණ්ඩුව *n.* squabble
sandwich සැන්ඩ්විච් *n.* sandwich
sandya bojanaya සන්ධ්‍යා භෝජනය *n.* supper
sandyaawa සන්ධ්‍යාව *n.* dusk
sandyaawa සන්ධ්‍යාව *n.* eve
saneepa nathi bawa සනීප නැති බව *n.* malaise
saneepaarakshaka සනීපාරක්ෂාව *adj.* sanitary
saneepaarakshawa salasanawaa සනීපාරක්ෂාව සලසනවා *v.* sanitize
saneepadaayaka සනීපදායක *adj.* wholesome
saneepen සනීපෙන් *adv.* well
sanga bedaya සංඝ භේදය *n.* schism
sangamanaya wenawa සංගමනය වෙනවා *v.* concur
sangamaya සංගමය *n.* concourse
sangamaya සංගමය *n.* confluence
sangamaya සංගමය *n.* juncture
sangamaya සංගමය *n.* society
sangamaya සංගමය *n.* union
sangananaya සංගණනය *n.* census
sangaraawa සඟරාව *n.* magazine
sangattanaya සං ඝට්ටනය *n.* concussion
sangawaa kiyana සඟවා කියනවා *adj.* stealthy
sangawaa thabanawaa සඟවා තබනවා *v.* stash
sangawanawaa සඟවනවා *v.* conceal
sangawanawaa සං ගා වනා ව *v.* secrete
sangeetha baandayak සංගීත භාණ්ඩයක් *n.* vibraphone
sangeethaya සංගීතය *n.* music
sangeethaya සංගීතය *n.* recital
sangeethaye madyama naadaya සංගීතයේ මධ්‍යම නාදය *n.* tenor
sangeethgniya සංගීතඥයා *n.* musician
sanghaya සංඝය *n.* guild
sangna karanawa සංඥා කරනවා *n.* beck
sangnaawa සංඥාව *n.* signal
sangraha karanawa සංග්‍රහ කරනවා *v.* compile
sangraha karanawaa සංග්‍රහ කරනවා *v.* treat
sangrahaya සංග්‍රහය *n.* compendium
sangrahaya සංග්‍රහය *n.* hospitality
sangunakaya සංගුණකය *n.* coefficient
sanhaaraya සංහාරය *n.* massacre

sanhathiya සංහතිය *n.* posterity
sanin සැණින් *adv.* forthwith
sankalpa සංකල්පය *n.* concept
sankalpa widyaawa සංකල්පවිද්‍යාව *n.* ideology
sankalpanaawa සංකල්පනාව *n.* conception
sankalpanaawa සංකල්පනාව *n.* impression
sankalpanaya සංකල්පනය *n.* notion
sankalpaya සංකල්පය *n.* idea
sankalpaya සංකල්පය *n.* vision
sankalpaya සංකල්පය *n.* volition
sankaranaya සංකරණය *n.* permutation
sankaraya සංකරයා *n.* bastard
sankaraya සංකරය *n.* melange
sankeerna සංකීර්ණ *adj.* complex
sankeerna සංකීර්ණ *adj.* miscellaneous
sankeernathaawa සංකීර්ණතාව *n.* complexity
sankethaathmaka සංකේතාත්මක *adj.* symbolic
sankethawath karanawaa සංකේතවත් කරනවා *v.* typify
sankethaya සංකේතය *n.* tryst
sankochanaya සංකෝචනය *n.* contraction
sankramanaya සංක්‍රමණය *n.* immigration
sankramanaya සංක්‍රමණය *n.* migration
sankramanaya සංක්‍රමණය *n.* transition
sankramanaya wenawa සංක්‍රමණය වෙනවා *v.* immigrate
sankramanaya wenawa සංක්‍රමණය වෙනවා *v.* migrate
sankramanikaya සංක්‍රමණිකයා *n.* immigrant
sankramikaya සංක්‍රමිකයා *n.* migrant
sankshepa karanawa සංක්ෂේප කරනවා *v.t* abridge
sankshiptha සංක්ෂිප්ත *adj.* compact
sankshiptha සංක්ෂිප්ත *adj.* succinct
sankshiptha සංක්ෂිප්ත *adj.* terse
sankshiptha bhawaya සංක්ෂිප්ත භාවය *n.* brevity
sankshiptha karanawa සංක්ෂිප්ත කරනවා *v.* encapsulate
sankyaalekanagnya සංඛ්‍යාලේඛනඥයා *n.* statistician
sankyaana සංඛ්‍යානය *adj.* statistical
sankyaanaya සංඛ්‍යානය *n.* computation
sankyaanaya සංඛ්‍යානය *n.* statistics
sankyaanka සංඛ්‍යාංකය *n.* numeral
sankyaathaya සංඛ්‍යාතය *n.* frequency
sankyaathmaka සංඛ්‍යාත්මක *adj.* numerical
sanna karanawa සන්න කරනවා *v.* paraphrase
sannahaya සන්නාහය *n.* armour
sannasa සන්නස *n.* charter
sanniwedanaya සන්නිවේදනය *n.* communication
sanrakshana සංරක්ෂණ *n.* preservative
sanrakshanaagaaraya සංරක්ෂණාගාරය *n.* conservatory
sanrakshanaya සංරක්ෂණය *n.* conservation
sanrakshanaya සංරක්ෂණය *n.*

preservation

sanrakshanaya karanawa සංරක්ෂණය කරනවා *v. t* conserve

sanrasa karanawa සංරස කරනවා *v.* amalgamate

sansandanaathmaka සංසන්දනාත්මක *adj.* comparative

sansandanaya සංසන්දනය *n.* reconciliation

sansandhitha pradaahaya සංසන්ධිත ප්‍රදාහය *n.* conjunctivitis

sansaranaya සංසරණය *n.* circulation

sansaranaya සංසරණය *n.* transmigration

sansaranaya wenawa සංසරණය වෙනවා *v.* circulate

sansaraya සංරසය *n.* amalgam

sanshleshnaya සංශ්ලේෂණය *n.* synthesis

sanshleshnaya karanawaa සංශ්ලේෂණය කරනවා *v.* synthesize

sanshodhanaya සංශෝධනය *n.* revision

sanshodhanaya karanawa සංශෝධනය කරනවා *v.* revise

sansindawanawa සංසිඳවනවා *v.* appease

sansindawanawaa සංසිඳවනවා *v.* pacify

sansinduwanawa සංසිඳුවනවා *v.* allay

sansinduwanawaa සංසිඳුවනවා *v.t.* slake

sanskaaraka සංස්කාරක *n.* editor

sanskaaraya සංස්කාරය *n.* sacrament

sanskaranaya සංස්කරණය *n.* edition

sanskaranaya karanawa සංස්කරණය කරනවා *v.* edit

sanskruthika සංස්කෘතික *adj.* cultural

sanskruthiya සංස්කෘතිය *n.* culture

sansthaapanaya සංස්ථාපනය *n.* establishment

sansthaawa සංස්ථාව *n.* corporation

sansthika සංස්ථිතික *adj.* conservative

sansun සන්සුන් *adj.* decorous

sansun සන්සුන් *adj.* sedate

sansun සන්සුන් *adj.* serene

sansun සන්සුන් *adj.* staid

sansun bawa සන්සුන් බව *n.* composure

sansunkama සන්සුන්කම *n.* sobriety

sanswanaya සංස්වනය *n.* assonance

santhaanaya සංතානය *n.* concatenation

santhaanaya සන්තානය *n.* continuity

santhaapaya සන්තාපය *n.* repentance

santhaapaya සන්තාපය *n.* sorrow

santhoshaya සන්තෝෂය *n.* glee

santhoshaya සන්තෝෂය *n.* gratification

santhraasaya සංත්‍රාසය *n.* consternation

santhraasaya සංත්‍රාසය *n.* horror

santhraasaya සංත්‍රාසය *n.* panic

santhruptha karanawaa සන්තෘප්ත කරනවා *v.* saturate

santhruptha weema සන්තෘප්ත වීම *n.* saturation

santhruptha wenawaa සන්තෘප්ත

වනෙවා *v.* satiate

sanwaadakaya සංවාදකයා *n.* interlocutor

sanwaadaya සංවාදය *n.* conference

sanwaadaya සංවාදය *n.* conversation

sanwardhanaya සංවර්ධනය *n.* development

sanwathsaraya සංවත්සරය *n.* anniversary

sanwedanaya සංවේදනය *n.* sensation

sanwedanaya wu සංවේදනයවූ *v.* sensationalize

sanwedee සංවේදී *adj.* sensitive

sanwedee karanawaa සංවේදී කරනවා *v.* sensitize

sanwedeethaawaya සංවේදීතාවය *n.* sensibility

sanwegaathmaka සංවේගාත්මක *adj.* sensational

sanwegaya සංවේගය *n.* anguish

sanwegaya සංවේගය *n.* solemnity

sanwidhaanaya සංවිධානය *n.* organization

sanwidhaanaya karanawaa සංවිධානය කරනවා *v.* organize

sanyamaya සංයමය *n.* discipline

sanyamaya සංයමය *n.* moderation

sanyoga wenawa සංයෝග වනෙවා *v.* combine

sanyogaathmaka සංයෝගාත්මක *adj.* synthetic

sanyogaya සංයෝගය *n.* coalition

sanyogaya සංයෝගය *n.* compound

sanyogaya සංයෝගය *n.* merger

sanyogaya සංයෝගය *n.* mixture

sanyojanaya සංයෝජනය *n.* combination

sanyojanaya සංයෝජනය *n.* fusion

sanyujathaawaya සංයුජතාව *n.* valency

sanyuktha සංයුක්ත *adj.* composite

sanyuktha සංයුක්ත *adj.* confederate

sanyuktha සංයුක්ත *adj.* conjunct

sanyuktha සංයුක්ත *adj.* fraught

sanyuktha karanawa සංයුක්ත කරනවා *v.* merge

sanyuthiya සංයුතිය *n.* composition

sapadaayaka සැපදායක *adj.* genial

sapadaayaka සැපදායක *adj.* homely

sapala සඵල *adj.* successful

sapala kara gannawaa සඵල කර ගන්නවා *v.* succeed

sapala wenwaa සඵල වනෙවා *v.* thrive

sapalathwaya සඵලත්වය *n.* success

sapana සපන *adj.* biting

sapanawa සපනවා *v.* bite

sapapahasu සැපපහසු *adj.* comfortable

sapata giju thanaththa සැපට ගිජු තැනැත්තා *n.* sybarite

sapatheruwa සපතේරුවා *n.* cobbler

sapaththu bandina patiya සපත්තු බඳින පටිය *n.* shoestring

sapaththuwa සපත්තුව *n.* shoe

sapayaa deema සපයා දීම *v.* supply

sapayanawa සපනවා *v.* chew

sapayanawaa සපයනවා *v.* provide

sapayannaa සපයන්නා *n.* supplier

sapthambar maasaya සැප්තැම්බර් මාසය *n.* September

sapthraasaya සප්තාස්රය *n.* heptagon

sapuranawa සපුරනවා *v.* fulfil

sara සැර *adj.* drastic
sara සැර *adj.* poignant
sara සැර *adj.* spirited
sara rasaya සැර රසය *n.* tang
sara sangrahaya සාර සංග්‍රහය *n.* synopsis
sara sara gaanawa සර සර ගානවා *v.i* hiss
sara sara gaanawa සර සර ගානවා *v.* rustle
sara sulanga සැර සුළඟ *n.* gale
saraagi සරාගි *adj.* erotic
saraagi සරාගි *adj.* passionate
saradam karanawaa සරදම් කරනවා *v.* mock
saradam karanawaa සරදම් කරනවා *v.* tease
saradama සරදම *n.* banter
saradama සරදම *n.* mimicry
saradama සරදම *n.* mockery
saradama සරදම *n.* parody
saradama සරදම *n.* taunt
saradamata kamathi සරදමට කැමති *adj.* facetious
saradamata kamathi wenawa සරදමට කැමති වෙනවා *v.t.* jocular
sarala සරල *adj.* plain
sarala සරල *adj.* simple
sarala kireema සරල කිරීම *n.* simplification
saramba සරඹ *n.* drill
saramba shaalawa සරඹ ශාලාව *n.* gymnasium
sarambayehi dakshaya සරඹයෙහි දක්ෂයා *n.* gymnast
sarampa සරම්ප *n.* measles
sarana සරණ *n.* refuge
sarana kota denawa සරණ කොට දෙනවා *v.* espouse
sarana mangalyaya සරණ මංගල්‍යය *n.* matrimony
saraneruwa සරනේරුව *n.* joint
saranshaya dakwanawa සාරාංශය දක්වනවා *v.* recapitulate
sarasanawa සරසනවා *v.* decorate
sarasanawa සරසනවා *v.* embellish
sarasanawa සරසනවා *v.* garnish
sarasanawaa සරසනවා *v.* smarten
sarasawiya සරසවිය *n.* campus
sarasili සැරසිලි *adj.* decorative
sarasili mahuma සැරසිලි මැහුම *n.* embroidery
sarasiliwalata yodana wal wargayak සැරසිලිවලට යොදන වැල් වර්ගයක් *n.* mistletoe
sarasilla සැරසිල්ල *n.* decoration
sarasilla සැරසිල්ල *n.* trimming
sarasuma සැරසුම *n.* dressing
sarawa සැරව *n.* pus
sarawa gediya සැරව ගෙඩිය *n.* abscess
sarawa sahitha wanaya සැරව සහිත වණය *n.* sinus
sarayan සැරයන් *n.* sergeant
sarpaakaara සර්පාකාර *adj.* serpentine
sarpayaa සර්පයා *n.* serpent
sarpayaage hawa සර්පයාගේ හැව *n.* slough
saru kaalaya සරු කාලය *n.* boom
sarungalaya සරුංගලය *n.* kite
saruwa piththala සරුවපිත්තල *n.* tinsel
saruwaalaya සරුවාලය *n.* breeches
sarwa සර්ව *adj.* universal
sarwa baladhaaree සර්වබලධාරී *adj.*

almighty
sarwa baladharee සර්වබලධාරී *adj.* omnipotent
sarwa dewawaadaya සර්ව දේවවාදය *n.* pantheism
sarwa saadaanarathwaya සර්ව සාධාරණත්වය *adv.* universality
sarwa shakthiya සර්වශක්තිය *n.* omnipotence
sarwa shuba waadee සර්වශුභවාදී *adj.* optimistic
sarwa wiyaapee සර්වව්‍යාපී *adj.* omnipresent
sarwa wiyaapthiya සර්වව්‍යාප්තිය *n.* omnipresence
sarwagna සර්වඥ *adj.* omniscient
sarwagnathaawa සර්වඥතාව *n.* omniscience
sarwanaamaya සර්වනාමය *n.* pronoun
sarwashubhawaadaya සර්වශුභවාදය *n.* pessimism
sarwashubhawaadee සර්වශුභවාදී *adj.* pessimistic
sarwashubhawaadiya සර්වශුභවාදිය *n.* pessimist
sarweshwara waadiya සර්වේශ්වරවාදියා *adj.* pantheist
sasala සසල *adj.* moving
sasala wenawaa සසල වෙනවා *v.* tremble
sasandanawa සසඳනවා *v.* collate
sasandanawa සසඳනවා *v.* compare
sasandeema සැසඳීම *n.* comparison
sasinawa සසිනවා *v.* pare
sasiri සසිරි *adj.* prosperous
sasiya සැසිය *n.* session
sata pata gaa watenawaa සට පට ගා වැටෙනවා *v.* splatter
satahan kala සටහන් කළ *adj.* noted
satahan karagannawa සටහන් කරගන්නවා *v.* remark
satahan pathraya සටහන් පත්‍රය *n.* docket
satahan potha සටහන් පොත *n.* notebook
satahana සටහන *n.* draught
satahana සටහන *n.* note
satan karanna සටන් කරන්නා *n.* fighter
satan kireeme shasthraya සටන් කිරීමේ ශාස්ත්‍රය *n.* strategy
satan paataya සටන් පාඨය *n.* slogan
satan wadinna සටන් වදින්නා *n* combatant
satan wiramaya සටන් විරාමය *n.* armistice
satana සටන *n.* battle
satana සටන *n.* combat
satana සටන *v.* encounter
satanata yanawa සටනට යනවා *n.* foray
satankaamee සටන්කාමී *adj.* warlike
sath සත් *adj.* affirmative
satha සත *n.* parasol
sathapma සැතපුම *n.* mile
sathapma ganana සැතපුම් ගණන *n.* mileage
sathapma kanuwa සැතපුම් කණුව *n.* milestone
sathaya සතය *n.* cent
satheku allanna සතෙකු අල්ලන්නා *n.* captor
satheku giya paara සතෙකු ගිය පාර *n.* sleuth

satheku wedanawen kaa gaseema සතෙකු වේදනා වෙන් කෑ ගැසීම *n.* yowl
sathi dekak සති දෙකක් *n.* fortnight
sathipatha සතිපතා *adj.* weekly
sathiya සතිය *n.* week
sathiye dawasa සතියේ දවස *n.* weekday
sathkaara karanniya සත්කාර කරන්නිය *n.* hostess
sathkama සැත්කම *n.* operation
sathun balen gena ya^ma සතුන් බලෙන් ගෙන යෑම *v.t.* abandon
sathun balen gena yanna සතුන් බලෙන් ගෙන යන්න *v.* abase
sathun marana sthaanaya සතුන් මරණ ස්ථානය *n.* shambles
sathunge kama oruwa සතුන්ගේ කෑම ඔරුව *n.* trough
sathunge thana burulla සතුන්ගේ තන බුරුල්ල *n.* udder
sathura සතුරා *n.* foe
sathuraa සතුරා *n.* enemy
sathuru සතුරු *adj.* adverse
sathuru සතුරු *adj.* hostile
sathuru සතුරු *adj.* malign
sathuru සතුරු *n.* rival
sathurukama සතුරුකම *n.* hostility
sathuta සතුට *n.* happiness
sathuta සතුට *n.* pleasure
sathuta dakwanawaa සතුට දක්වනවා *v.* purr
sathuta pala karanawa සතුට පළ කරනවා *v.* felicitate
sathuta pala karanawaa සතුට පළ කරනවා *v.* congratulate
sathuta pala kireema සතුට පළ කිරීම *n.* congratulation
sathutu සතුටු *adj.* cheerful
sathutu සතුටු *adj.* happy
sathutu karanawa සතුටු කරනවා *v.* gladden
sathutu karanawa සතුටු කරනවා *v.* gratify
sathutu karanawaa සතුට කරනවා *v.* propitiate
sathutu kireema සතුට කිරීම *n.* satisfaction
sathutu wenawa සතුට වෙනවා *v.* please
sathutudaayaka සතුටුදායක *adj.* satisfactory
sathutukarawaa gannawa සතුටුකරවා ගන්නවා *v.* placate
sathwa ghaathanaya සත්ව ඝාතනය *n.* slaughter
sathwa kotuwa සත්ව කොටුව *n.* vivarium
sathwa thel සත්ව තෙල් *n.* tallow
sathwa vidyaa සත්ව විද්‍යා *adj.* zoological
sathwa vidyaavehi vishesagnaya සත්ව විද්‍යාවෙහි විශේෂඥයා *n.* zoologist
sathwa vidyaawa සත්ව විද්‍යාව *n.* zoology
sathwa wargaya සත්ත්ව වර්ගය *n.* fauna
sathwaya සත්වයා *n.* animal
sathwayaa සත්වයා *n.* creature
sathwodyaanaya සත්වෝද්‍යානය *n.* zoo
sathya සත්‍ය *adj.* authentic
sathya සත්‍ය *adj.* true
sathyathaawa සත්‍යතාව *n.* authenticity
sathyawaadee සත්‍යවාදී *adj.* truthful

sathyawaadee සත්‍යවාදී *adj.* veracious

sathyawaadee baawaya සත්‍යවාදී භාවය *n.* veracity

saukya aarakshaawa සෞඛ්‍ය ආරක්ෂාව *n.* sanitation

saukyaya සෞඛ්‍යය *n.* health

saumya සෞම්‍ය *adj.* bland

saumya සෞම්‍ය *adj.* placid

saundarya vishaya සෞන්දර්ය විෂය *n.* aesthetics

savayu viyayam සවායු ව්‍යායාම් *n.* aerobics

savi wenawaa සවි වෙනවා *v.* stratify

sawala සවල *n.* shovel

sawdiya සව්දිය *n.* toast

sawi balaya සවි බලය *n.* stamina

sawi karanawa සවි කරනවා *v.* clinch

sawi karanawa සවි කරනවා *v.* fix

sawi karanawa සවිකරනවා *v.* mount

sawi karanawaa සවි කරනවා *v.* install

sawi kireema සවි කිරීම *n.* fixation

sawi nathi සවි නැති *adj.* flabby

sawi wenawaa සවි වෙනවා *v.* ossify

sawikaruwa සවිකරුවා *n.* fitter

sawikuruwa සවිකුරුව *n.* fixture

sawimath සවිමත් *adj.* strong

saya daru upathaka daruwek සය දරු උපතක දරුවෙක් *n.* sextuplet

sebada සෙබඩ *n.* peahen

seda සේද *n.* silk

seda panuwaa සේද පණුව *n.* silkworm

seda redi wargayak සේද රෙදි වර්ගයක් *n.* plush

seda rodu සේද රොඩු *n.* floss

seda wani සේද වැනි *adj.* silky

sedee yanawaa සේදී යනවා *v.* scour

sedeema සේදීම *n.* washing

sediya haki සේදිය හැකි *adj.* washable

seema kireema සීමා කිරීම *n.* restrict

seema wenawa සීමා වෙනවා *v.* bound

seemaankanaya සීමාංකනය *n.* demarcation

seemaarahitha සීමාරහිත *adj.* unlimited

seemaawa සීමාව *n.* precinct

seemaawak nathi සීමාවක් නැති *adj.* unbridled

seemanthikaya සීමාන්තිකයා *n.* fanatic

seemasahitha සීමාසහිත *adj.* limited

seemawa සීමාව *n.* boundary

seemawa සීමාව *n.* limitation

seemawa සීමාව *n.* purview

seemitha සීමිත *adj.* finite

seeni සීනි *n.* sugar

seeni bolaya සීනි බෝලය *n.* lolly

seeniwalin saadana drawyak සීනිවලින් සාදන ද්‍රව්‍යයක් *n.* praline

seenuwa සීනුව *n.* bell

selaweema සෙලවීම *n.* motion

selaweema සෙලවීම *n.* movement

selawenawa සෙලවෙනවා *v.* budge

selawiya nohaki සෙලවිය නොහැකි *adj.* unshakeable

sellakkaara සෙල්ලක්කාර *adj.* jovial

sellakkaara සෙල්ලක්කාර *adj.* sportive

sellakkaara සෙල්ලක්කාර *adj.* vivacious

sellam gamana සෙල්ලම් ගමන *n.* excursion

sellam gamana සෙල්ලම් ගමන *n.* picnic
sellam karanawa සෙල්ලම් කරනවා *v.i.* frolic
sellam karanawa සෙල්ලම් කරනවා *v.i.* play
sellamata kamathi සෙල්ලමට කැමති *adj.* sporting
sem adhika සෙම් අධික *adj.* phlegmatic
sem gedi සෙම් ගෙඩි *n.* tonsil
sem sahitha සෙම් සහිත *adj.* mucous
semin සෙමින් *adv.* slowly
semin naasayen pirimadinawa සෙමින් නා සයනේ පිරිමදිනවා *v.* nuzzle
semin yana සෙමින් යන *adj.* languid
senaa hasiraweeme samarthayaa සේනා හැසිරවීමේ සමර්ථයා *n.* strategist
senaadipathiya සේනාධිපතියා *n.* marshal
senaankapathi සේනාංකපති *n.* brigadier
senanga සෙනඟ *n.* crowd
senankaya සේනාංකය *n.* brigade
senapathi සේනාපති *n.* colonel
senapathi සේනාපති *n.* commander
senasuraadaa සෙනසුරාදා *n.* Saturday
sendu wenawa සේන්දු වෙනවා *v.* reach
senehewanthiya සෙනෙහෙවන්තිය *n.* sweetheart
sengamaalaya සෙංගමාලය *adj.* hepatitis
sepaatikaya සෙපාටිකයා *n.* marsupial
seppuwa සෙප්පුව *n.* safe
sereppuwa සෙරෙප්පුව *n.* slipper
sessa සෙස්ස *n.* remnant
sevakaya සේවකයා *n.* worker
sewaa sapayanawaa සේවා සපයනවා *n.* serving
sewaadaayakayaa සේවාදායකයා *n.* client
sewaka mandalaya සේවක මණ්ඩලය *n.* personnel
sewaka sankyawa සේවක සංඛ්‍යාව *n.* cadre
sewakaya සේවකයා *n.* employee
sewakayaa සේවකයා *n.* retainer
sewala සෙවල *n.* slime
sewala sahitha සෙවල සහිත *adj.* slimy
sewana athi සෙවණ ඇති *adj.* shadowy
sewanalla සෙවණැල්ල *n.* shadow
sewanaya සේවනය *n.* resort
sewaya සේවය *n.* service
sewili kireema සෙවිලි කිරීම *n.* thatch
sewwandiya සේවන්දිය *n.* rosette
seyaawa සේයාව *n.* photo
seyawa සේයාව *a.* shadow
shaakaawa ශාඛාව *n.* bough
shaalawa ශාලාව *n.* hall
shaantha ශාන්ත *adj.* impassive
shaantha ශාන්ත *adj.* quiescent
shaantha ශාන්ත *adj.* restful
shaantha ශාන්ත *adj.* tranquil
shaantha baawaya ශාන්ත භාවය *n.* serenity
shaapa karanawa ශාප කරනවා *v.* damn
shaapalath ශාපලත් *adj.* fateful

shaareerika ශාරීරික *adv.* bodily
shaasthrasammatha ශාස්ත්‍රසම්මත *adj.* legitimate
shaasthreeya ශාස්ත්‍රීය *adj.* academic
shaasthreeya ශාස්ත්‍රීය *adj.* classical
shabda nagamin awidinawaa ශබ්ද නගමින් ඇවිදිනවා *v.* tramp
shabda pramaanaya ශබ්ද ප්‍රමාණය *n.* volume
shabda sampreshanayedi eka chanalayak bhaawithaa karana ශබ්ද සම්ප්‍රේෂණයේදී එක චැනලයක් භාවිතා කරන *adj.* monophonic
shabdaanukaranaya ශබ්දානුකරණය *n.* onomatopoeia
shabdakoshaya ශබ්දකෝෂය *n.* dictionary
shabdakoshayak wani ශබ්දකෝෂයක් වැනි *adj.* lexical
shabdaya ශබ්දය *n.* bleep
shabdaya ශබ්දය *n.* noise
shabdaya ශබ්දය *n.* sound
shabdaya us kota ශබ්දය උස් කොට *n.* forte
shabdayan pilibandawa ශබ්දයන් පිළිබඳ *adj.* phonetic
shabdayata sambanda ශබ්දයට සම්බන්ධ *adj.* sonic
shadaasraya ෂඩාස්‍රය *n.* hexogen
shailigatha ශෛලිගත *adj.* stylistic
shailigatha wu ශෛලිගත වූ *adj.* stylized
shakthathaawa ශක්තතාව *n.* toughness
shakthi sampanna ශක්ති සම්පන්න *n.* mettlesome
shakthi sampanna ශක්ති සම්පන්න *adj.* stalwart
shakthijanaka paanaya ශක්තිජනක පානය *n.* tonic
shakthimath ශක්තිමත් *adj.* hardy
shakthimath ශක්තිමත් *adj.* hefty
shakthimath ශක්තිමත් *adj.* muscular
shakthimath ශක්තිමත් *adj.* robust
shakthiya ශක්තිය *n.* energy
shakthiya ශක්තිය *n.* mettle
shakthiya ශක්තිය *n.* potency
shakthiya ශක්තිය *n.* vigour
shakthiya nathi ශක්තිය නැති *adj.* disabled
shakthiya nathi karagannawa ශක්තිය නැති කරගන්නවා *v.* disempower
shakthiya nathi karanawa ශක්තිය නැති කරනවා *v.* disable
shakthiyen adu ශක්තියෙන් අඩු *adj.* nerveless
shalaakawa ශලාකාව *n.* lancet
shalya waidya ශල්‍ය වෛද්‍ය *n.* surgeon
shalyadharaya ශල්‍යධරයා *n.* lancer
shalyakarmaya ශල්‍යකර්මය *n.* surgery
shamanaya ශමනය *n.* sedation
shareera paddathiyata ho away-awa paddathiyata sambanda ශරීර පද්ධතිය හෝ අවයව පද්ධතියට සම්බන්ධ *adj.* systemic
shareeraya ශරීරය *n.* body
shareerayak nathi ශරීරයක් නැති *adj.* incarnate
shareeraye kalala ශරීරයේ කැළල *n.* welt
shareeraye siduru walin pitawenawaa ශරීරයේ සිදුරු වලින්

පිටවනෙවා *v.* transpire
shashthradharayaa ශාස්ත්‍රධරයා *n.* scholar
shasthreeya ශාස්ත්‍රීය *adj.* orthodox
shathasanwathsaraya ශතසංවත්සරය *n.* centenary
shathasanwathsarika ශතසංවත්සරික *n.* centennial
shathawarshaya ශතවර්ශය *n.* century
shawapareekshanaya ශවපරීක්ෂණය *n.* postmortem
sheegra ශීඝ්‍ර *adj.* rapid
sheegra aarohanaya ශීඝ්‍ර ආරෝහණය *v.* zoom
sheegrathaawa ශීඝ්‍රතාව *n.* rate
sheersha chrmaya ශීර්ෂ චර්මය *n.* scalp
sheershakaya ශීර්ෂකය *n.* helmet
sheetha ශීත *adj.* chilly
sheetha irthuwa ශීත ඍතුව *n.* winter
sheetha karanawa ශීත කරනවා *v.* refrigerate
sheetha sulang athi ශීත සුළඟ ඇති *adj.* wintry
sheethakaranaya ශීතකරණය *n.* freezer
sheethakaranaya ශීතකරණය *n.* fridge
sheethakaranaya ශීතකරණය *n.* refrigerator
sheethakaya ශීතකය *n.* cooler
sheethala ශීතල *n.* chill
sheethala ශීතල *adj.* cold
sheethala ශීතල *adj.* nippy
sheethanaya ශීතනය *n.* refrigeration
sheshaya ශේෂය *n.* balance
sheshaya ශේෂය *n.* residue
sheshya ශේෂය *adj.* residual
shikshaawa ශික්ෂාව *n.* precept
shikshana shaasthraya ශික්ෂණ ශාස්ත්‍රය *n.* pedagogy
shilaa lipiya ශිලා ලිපිය *n.* inscription
shilaa puwaruwa ශිලා පුවරුව *n.* slate
shilpa kramaya ශිල්ප කර්මය *n.* technique
shiraa pilibanda wu ශිරා පිළිබඳ වූ *adj.* venous
shiraawa ශිරාව *n.* vein
shirsha paataya ශීර්ෂ පාඨය *n.* caption
shishiratharanaya karanawa ශිශිරතරණය කරනවා *v.* hibernate
shishnaya ශිශ්නය *n.* penis
shishta ශිෂ්ට *adj.* civic
shishta ශිෂ්ට *adj.* polite
shishtaachaaraya ශිෂ්ටාචාරය *n.* civilization
shishtaachaarayata path karanawa ශිෂ්ටාචාරයට පත් කරනවා *v.* civilize
shishya bhataya ශිෂ්‍ය භටයා *n.* cadet
shishya naayakaya ශිෂ්‍ය නායකයා *n.* prefect
shishya nivaasaye adipathiyaa ශිෂ්‍ය නිවාසයේ අධිපතියා *n.* warden
shishyaadhaara ශිෂ්‍යාධාර *n.* bursary
shishyayaa ශිෂ්‍යයා *n.* pupil
shishyayaa ශිෂ්‍යයා *n.* student
shisyathwaya ශිෂ්‍යත්වය *n.*

scholarship

shithe pasawanawa සිතේ පැසවනවා *v.* rankle

shleshaya ශ්ලේෂය *n.* pun

shlokaya ශ්ලෝකය *n.* stanza

shochaneeya ශෝචනීය *adj.* lamentable

shochaneeya ශෝචනීය *adj.* regrettable

shodhaka ශෝධක *adj.* corrective

shoka prakaashaya ශෝක ප්‍රකාශය *n.* condolence

shokaantha naatyayehi kathroo ශෝකාන්ත නාට්‍යයෙහි කතෘ *n.* tragedian

shokajanaka ශෝකජනක *adj.* pathetic

shokawanna ශෝකවන්නා *n.* mourner

shokaya ශෝකය *n.* heartache

shokaya prakaasha karanawa ශෝකය ප්‍රකාශ කරනවා *v.* condole

shokee ශෝකී *adj.* tearful

shoonya ශූන්‍යය *n.* nil

shoonyawaadaya ශූන්‍යවාදය *n.* nihilism

shoora ශූර *adj.* astute

shramana wurthiya ශ්‍රමණ වෘත්තිය *n.* monasticism

shrawanaagaaraya ශ්‍රවණාගාරය *n.* auditorium

shrawanaya ශ්‍රවණය *n.* hearing

shrawya ශ්‍රව්‍ය *n.* audio

shreemath ශ්‍රීමත් *adj.* illustrious

shreniya ශ්‍රේණිය *n.* grade

shreshta ශ්‍රේෂ්ඨ *adj.* prime

shreshta ශ්‍රේෂ්ඨ *adj.* superb

shreshta ශ්‍රේෂ්ඨ *adj.* transcendent

shreshta roopaantharaya ශ්‍රේෂ්ඨ රූපාන්තරය *n.* transfiguration

shreshtaadhikaranaya ශ්‍රේෂ්ඨාධිකරණය *n.* Chancery

shreshtathwaya ශ්‍රේෂ්ඨත්වය *n.* superiority

shroniya ශ්‍රෝණිය *n.* pelvis

shruddaawa ශ්‍රද්ධාව *n.* faith

shruddaawantha ශ්‍රද්ධාවන්ත *adj.* faithful

shruddhaawa ශ්‍රද්ධාව *n.* piety

shrungaara ශෘංගාර *adj.* romantic

shuba waadaya ශුභවාදය *n.* optimism

shuba waadee ශුභවාදී *n.* optimist

shubaaranchiya ශුභාරංචිය *n.* gospel

shubawaadee ශුබවාදී *adj.* upbeat

shudda ශුද්ධ *adj.* holy

shudda ශුද්ධ *adj.* pure

shudda karanawa ශුද්ධ කරනවා *v.* emend

shudda karanawaa ශුද්ධ කරනවා *v.* purify

shuddawanthakama ශුද්ධවන්තකම *n.* sanctity

shuddiya ශුද්ධිය *n.* purification

shuddiya ශුද්ධිය *n.* purity

shukra dhaathuwa ශුක්‍ර ධාතුව *n.* semen

shukra pilibanda ශුක්‍ර පිළිබඳ *adj.* seminal

shukraanuwa ශුක්‍රාණුව *n.* sperm

shunya kireema ශුන්‍ය කිරීම *n.* nullification

shunyaya ශුන්‍යය *adj.* zero

shushka ශුෂ්ක *adj.* arid

shwaasakaya ශ්වාසකය *n.*

respirator
shwasanaya ශ්වසනය *n.* respiration
shwetha kalka ශ්වේත කල්ක *n.* albumen
sidda wenawa සිද්ධ වෙනවා *v.* materialize
siddaanthaya සිද්ධාන්තය *n.* theorem
siddantha idiripath karanawaa සිද්ධාන්ත ඉදිරිපත් කරනවා *v.* theorize
siddanthawaadiyaa සිද්ධාන්තවාදියා *n.* theorist
siddanthaya සිද්ධාන්තය *n.* maxim
siddanthika සිද්ධාන්තික *adj.* theoretical
siddasthaanaya සිද්ධස්ථානය *n.* sanctuary
siddasthaanayak bawata pamunuwanawaa සිද්ධස්ථානයක් බවට පමුණුවනවා *v.* sanctify
siddhiya සිද්ධිය *n.* occurrence
siddiya සිද්ධිය *n.* event
siddiya සිද්ධිය *n.* happening
siddiya සිද්ධිය *n.* incident
siddiya සිද්ධිය *n.* instance
siddiya woo sthaanaya සිද්ධිය වූ ස්ථානය *n.* locale
sidu karanawa සිදු කරනවා *v.* commit
sidu wenawa සිදු වෙනවා *v.* befall
sidu wenawa සිදු වෙනවා *v.* happen
sidu wenawaa සිදු වෙනවා *v.* occur
sidura සිදුර *n.* cleft
sidura සිදුර *n.* hole
sidura සිදුර *n.* nick
siduru karanawa සිදුරු කරනවා *v.* perforate
siduru karanawa සිදුරු කරනවා *v.* pierce
siduweema සිදුවීම *n.* incidence
siduweema wishtharaya සිදුවීම් විස්තරය *n.* reportage
siduwoo de dakeema සිදුවූ දේ දැකීම *n.* hindsight
siganna සිගන්නා *n.* beggar
sigarettuwa සිගරට්ටුව *n.* cigarette
sihasuna සිහසුන *n.* throne
sihi manda සිහි මඳ *adj.* woozy
sihi mulaa bawa සිහි මුලා බව *n.* stupor
sihi mulaa karanawaa සිහි මුලා කරනවා *v.* stupefy
sihi nathi සිහි නැති *adj.* unconscious
sihi nathi wenawa සිහි නැති වෙනවා *v.* daze
sihi nuwana athi සිහි නුවණ ඇති *adj.* sensible
sihi nuwanathi සිහි නුවණැති *adj.* shrewd
sihi wikal සිහිවිකල් *adj.* mad
sihi wikal woo සිහි විකල් වූ *adj.* befuddled
sihi wikala සිහි විකල *adj.* stupid
sihi wiparama සිහි විපරම *n.* sanity
sihikala uthu සිහිකළ යුතු *adj.* notable
sihikarawana සිහිකරවන *adj.* reminiscent
sihikaru සිහිකරු *n.* prompter
sihikatayuthu සිහිකටයුතු *adj.* memorable
sihin handa සිහින් හඬ *n.* clink
sihinaya සිහිනය *n.* dream
sihipath karanawa සිහිපත් කරනවා *v.* commemorate

sihisan nathi සිහිසන් නැති *adj.* insensible

sihisun athi සිහුසුන් ඇති *adj.* sober

sihiwatana thaagga සිහිවටන තෑග්ග *n.* keepsake

sihiwatanaya සිහිවටනය *n.* souvenir

sihiya durwalawa sitinawa සිහිය දුර්වලව සිටිනවා *v.* dote

sikuraadaa සිකුරාදා *n.* Friday

silikan සිලිකන් *n.* silicon

silima සිලිම *n.* buck

silindaraya සිලින්ඩරය *n.* cylinder

sillara kadaya සිල්ලර කඩය *n.* grocery

sillara welenda සිල්ලර වෙළෙන්දා *n.* grocer

sillara welendaa සිල්ලර වෙළෙන්දා *n.* retailer

sillarata wikunanawaa සිල්ලරට විකුණනවා *n.* retail

simba balanawaa සිඹ බලනවා *v.* sniff

simenthi සිමෙන්ති *n.* cement

sinaha upadawana සිනහ උපදවන *adj.* merry

sinaha upadawana kiyamana සිනහ උපදවන කියමන *n.* witticism

sinaha upadawanawaa සිනහ උපදවනවා *v.* witter

sinahawa සිනහව *v.* laugh

sinaseemata kamathi සිනාසීමට කැමති *adj.* risible

sindinawaa සිඳිනවා *v.* sever

sindu kiyana kurullaa සින්දු කියන කුරුල්ලා *n.* warbler

sindu kiyanawaa සින්දු කියනවා *v.* sing

singithi shareerayak athi සිඟිති ශරීරයක් ඇති *adj.* svelte

singiththa සිඟිත්තා *n.* toddler

sinha raashiya සිංහ රාශිය *n.* Leo

sinhaasanaarooda wenawa සිංහාසනාරූඪ වෙනවා *v.* enthrone

sinhaasanayen pahakaranawa සිංහාසනයෙන් පහකරනවා *v.* dethrone

sinhaya සිංහයා *n.* lion

sinidu සිනිඳු *adj.* slick

sinidu kapu redi සිනිඳු කපුරෙදි *n.* cambric

sira bhaarayata ganeema සිර භාරයට ගැනීම *v.* arrest

sira bharayata gannawa සිර භාරයට ගන්නවා *v.* apprehend

sira kara thabeema සිර කර තැබීම *n.* confinement

sira karanawaa සිර කරනවා *v.* imprison

sirabhaaraya සිරභාරය *n.* custody

siragatha weema සිරගතවීම *n.* captivity

siragedara සිරගෙදර *n.* prison

sirageya සිරගෙය *v.* confine

sirakaranawaa සිරකරනවා *v.* immure

sirakaruwa සිරකරුවා *n.* prisoner

siras සිරස් *adj.* straight

siras සිරස් *adj.* vertical

sirasthalaya සිරස්තලය *n.* headline

sireema සිරීම *n.* abrasion

siri siri gaama සිරි සිරි ගෑම *v.* fizz

siri siri handa sahitha සිරි සිරි හඬ සහිත *adj.* fizzy

sirinjaraya සිරින්ජරය *n.* syringe

sirith paridi සිරිත් පරිදි *adj.* customary

siritha සිරිත *n.* custom
siritha සිරිත *n.* way
siritha සිරිත *n.* wont
sirure madyabhaagaya සිරුරේ මධ්‍යභාගය *n.* midriff
sisil සිසිල් *adj.* cool
sisil kaarakaya සිසිල් කාරකය *n.* coolant
sisira සිසිර *n.* autumn
sitagena sitinawaa සිටගෙන සිටිනවා *v.* stand
siteema සිටීම *n.* standing
sith duhula සිත් දුහුල *n.* diaper
sith ganna සිත් ගන්න *adj.* catchy
sith ganna සිත් ගන්න *adj.* impressive
sith ganna සිත් ගන්න *adj.* piquant
sith ganna සිත් ගන්න *adj.* prepossessing
sith ganna සිත් ගන්න *adj.* suave
sith gannaa සිත් ගන්න *adj.* winning
sith gannawa සිත් ගන්නවා *v.* endear
sith thaula සිත් තැවුල *n.* compunction
sith thulata kaawaddanawa සිත් තුළට කා වද්දනවා *v.* inspire
sith wedanaa karanawaa සිත් වේදනා කරනවා *v.* scandalize
sitha awul karanawa සිත අවුල් කරනවා *v.t* bewilder
sitha gannawa සිතා ගන්නවා *v. t* conceive
sitha kelasanawaa සිත කෙලෙසෙනවා *v.* demoralize
sitha thula balapaama සිත තුළ බලපෑම *n.* obsession
sitha thula balapaanawaa සිත තුළ බලපානවා *v.* obsess
sitha waradi adahas walin pirenawa සිත වැරදි අදහස්වලින් පිරෙනවා *v.* misgive
sithaa gannawa සිතා ගන්නවා *v.* presume
sithaagannawa සිතා ගන්නවා *v.t.* imagine
sithaamathaa balanawa සිතා මතා බලනවා *v.* mull
sithaasiya සිතාසිය *n.* summons
sithanawa සිතනවා *v.* cogitate
sithanawa සිතනවා *v.* concern
sithanawa සිතනවා *v.* deem
sithanawaa සිතනවා *v.* opine
sithata kaa waddanawaa සිතට කා වද්දනවා *v.* impress
sithehi aprakatawa pawathnaa සිතෙහි අප්‍රකටව පවතින *adj.* subconscious
sithehi athiwana kampanaya සිතෙහි ඇතිවන කම්පනය *n.* trauma
sithehi dooshitha bhaawaya සිතෙහි දූෂිත භාවය *adv.* morbidity
sithehi thanpath karanawa සිතෙහි තැන්පත් කරනවා *n.* detachment
sithganna සිත්ගන්න *adj.* interesting
sithganna සිත්ගන්න *adj.* telling
sithin mawaagannawa සිතින් මවා ගන්නවා *v.* hallucinate
sithiwilla සිතිවිල්ල *n.* presumption
sithiya haki සිතිය හැකි *adj.* conceivable
sithiyama සිතියම *n.* map
sithkaaraya සිත්කාරය *adj.* swish
siththaraa සිත්තරා *n.* painter
sithuwama සිතුවම *n.* painting
siviya සිවිය *n.* hull

siw nimbullu සිව් නිඹුල්ලු *n.* quadruplet
siw wani සිව් වැනි *adj.& n.* fourth
siwbidi සිව්බිඩි *n.* quad
siwil සිවිල් *adj.* civil
siwilima සිවිලිම *n.* ceiling
siwpaawaa සිව්පාවා *n.* quadruped
siwru harinawa සිවුරු හරිනවා *v.* disrobe
siya සිය *adj. & pron.* own
siya diwi nasaa ganeema සිය දිවි නසා ගැනීම *n.* suicide
siya kamaththen dena lada සිය කැමැත්තෙන් දෙන ලද *adj.* unsolicited
siya kamaththen karana සිය කැමැත්තෙන් කරන *adv.* scot-free
siya kamaththen karana සිය කැමැත්තෙන් කරන *adj.* voluntary
siya kamaththen karana සිය කැමැත්තෙන් කරන *adj.* willing
siyalla සියල්ල *n.* entirety
siyallama සියල්ලම *adv.* altogether
siyalu සියලු *adj.* all
siyalu ledata behetha සියලු ලෙඩට බෙහෙතේ *n.* panacea
siyambalaa සියඹලා *n.* tamarind
siyaratin nerapanawa සියරටින් නෙරපනවා *n.* expatriate
siyasin dutu saakshi සියැසින් දුටු සාක්ෂිකරු *n.* eyewitness
siyaya සියය *adj.& n.* hundred
siyum සියුම් *adj.* fine
siyum සියුම් *adj.* precise
siyum සියුම් *adj.* tenuous
siyum bawa සියුම් බව *n.* nicety
siyum dakshakama සියුම් දක්ෂකම *n.* finesse
siyum handa sandahaa wu shabda wikaashana yanthraya සියුම් හඬ සඳහා වූ විකාශන යන්ත්‍රය *n.* tweeter
siyum lesa pareekshaa karanawaa සියුම් ලෙස පරීක්ෂා කරනවා *v.* scrutinize
siyum pareekshaawa සියුම් පරීක්ෂාව *n.* scrutiny
siyum wedanaawak danenawaa සියුම් වේදනාවක් දැනෙනවා *n.* tingle
siyum wu wenasa සියුම් වූ වෙනස *n.* nuance
siyumali සියුමැලි *adj.* tender
skandaya ස්කන්ධය *n.* mass
skootaraya ස්කූටරය *n.* scooter
smaaraka ස්මාරක *adj.* monumental
smaarakaya ස්මාරකය *n.* memento
smaarakaya ස්මාරකය *n.* monument
snaanaya ස්නානය *n.* bath
snaayu ස්නායු *adj.* neural
snaayu baddhaya ස්නායු බද්ධය *n.* tendon
snaayu rogaya ස්නායු රෝගය *n.* neurosis
snaayu widyaagnaya ස්නායු විද්‍යාඥයා *n.* neurologist
snaayu widyaawa ස්නායු විද්‍යාව *n.* neurology
snaayuwyaadhika ස්නායුව්‍යාධික *adj.* neurotic
snehaka damanawaa ස්නේහක දමනවා *v.* lubricate
snehawantha ස්නේහවන්ත *adj.* dear
snehawantha ස්නේහවන්ත *adj.* parental
snehaya ස්නේහය *n.* affection
snehaya ස්නේහය *n.* endearment

snehaya ස්නේහනය *n.* lubrication
sobaadahama pilibanda wu සොබා දහම පිළිබඳ වූ *adj.* scenic
sodaa සෝඩා *n.* soda
sodaa hareema සෝඩා හැරීම *v.* swill
sodagena yaama සෝදාගෙන යාම *n.* erosion
sodanawaa සෝදනවා *v.* wash
sodisi karanawaa සෝදිසි කරනවා *v.* search
sodisi sahitha සෝදිසි සහිත *adj.* observant
sodisiya සෝදිසිය *adj.* alert
sohon bima සොහොන් බිම *n.* graveyard
sohon gaba සොහොන් ගැබ *n.* mausoleum
sohon geya සොහොන් ගෙය *n.* sepulchre
sohon geya සොහොන් ගෙය *n.* tomb
sohon pilibanda සොහොන් පිළිබඳ *adj.* sepulchral
sohona සොහොන *n.* grave
soka aranawa සෝක කරනවා *v.* grieve
sokka සොක්කා *n.* nonentity
soldara thattuwa සොල්දර තට්ටුව *n.* storey
sondawala සොඬවැල *n.* trunk
soodaanama සූදානම *n.* preparation
soodanam nowu සූදානම් නොවූ *adj.* unprepared
soodanam wenawa සූදානම් වෙනවා *v.* prepare
soodanama සූදානම *n.* provision
soodu kaaraya සූදු කාරයා *n.* gambler
soodu kelinawa සූදු කෙළිනවා *v.* gamble
soodu kelinawa සූදු කෙළිනවා *v.* plunge
sookshama සූක්ෂම *adj.* skilful
sookshma සූක්ෂ්ම *adj.* microscopic
sookshma chipaya සූක්ෂ්ම චිපය *n.* microchip
sookshma chithrapatiya සූක්ෂ්ම චිත්‍රපටය *n.* microfilm
sookshma lesa සූක්ෂ්ම ලෙස *adv.* minutely
sookshma shailakarmaya සූක්ෂ්ම ශෛලකර්මය *n.* microsurgery
sookshma tharanga සූක්ෂ්ම තරංග *n.* microwave
soopaya සූපය *n.* soup
sooppuwa සූප්පුව *n.* teat
sooraa damanawaa සූරා දමනවා *v.* scrape
soorathaanthaya සූරතාන්තය *n.* orgasm
sooriyakaantha ala සූර්යකාන්ත අල *n.* artichoke
sooryaa pilibanda සූර්ය පිළිබඳ *adj.* solar
soothraya සූත්‍රය *n.* aphorism
soothraya සූත්‍රය *n.* formula
soothrikaawa සූත්‍රිකාව *n.* filament
sopaanaya සෝපානය *n.* escalator
sopaawa සෝපාව *n.* sofa
sora ambuwa සොර අඹුව *n.* paramour
soraa kanawaa සොරා කනවා *v.* steal
soraagath badu සොරාගත් බඩු *n.* swag
sorakam සොරකම් *n.* theft
sorow besama සොරොව් බේසම *n.*

sink

sorowwa සොරොව්ව *n.* sluice

sosegas සොසේජස් *n.* sausage

sotu aadiya සොටු ආදිය *n.* mucus

soya gannawa සොයා ගන්නවා *v.* discover

soyaa labagannawa සොයා ලබා ගන්නවා *v.* retrieve

soyaagannata waayam karanawa සොයා ගන්නට වෑයම් කරනවා *v.* grope

soyanawa සොයනවා *v.* find

spaanna ස්පාඤ්ඤ *n.* Spanish

spaanna jaathikayaa ස්පාඤ්ඤ ජාතිකයා *n.* Spaniard

spam ස්පෑම් *n.* spam

spandanaya ස්පන්දනය *n.* palpitation

spandanaya ස්පන්දනය *n.* pulsation

spandanaya wenawaa ස්පන්දනය වෙනවා *v.* palpitate

spandaya ස්පන්දය *n.* pulse

sparsha kala haki ස්පර්ශ කළ හැකි *adj.* palpable

sparsha kala nohaki ස්පර්ශ කළ නොහැකි *adj.* untouchable

sparsha rekaawa ස්පර්ශ රේඛාව *n.* tangent

sparsha wenawaa ස්පර්ශ වෙනවා *v.* touch

sparshaka wishaya ස්පර්ශක විෂය *adj.* tactile

sparshaya ස්පර්ශය *n.* contact

sparshaya danena ස්පර්ශය දැනෙන *adj.* tangible

sparshayen bowena ස්පර්ශයෙන් බෝවෙන *adj.* contagious

spatikaya ස්ඵටිකය *n.* crystal

spreethuwa ස්ප්‍රීතුව *n.* spirit

sraawaya ස්‍රාවය *n.* flux

sraawaya ස්‍රාවය *n.* secretion

sronitha rakthaya ශ්‍රෝණිත රක්තය *n.* sciatica

stapelaraya ස්ටපේලරය *n.* stapler

sthaai ස්ථායි *adj.* stable

sthaaikaranaya ස්ථායිකරණය *n.* stabilization

sthaaithaawa ස්ථායිතාවය *n.* stability

sthaana maaru karanawaa ස්ථාන මාරු කරනවා *v.* transpose

sthaanaya ස්ථානය *n.* place

sthaanaya ස්ථානය *n.* stead

sthaapakaya ස්ථාපකයා *n.* founder

sthaapanaya ස්ථාපනය *n.* installation

sthaapanaya ස්ථාපනය *n.* placement

sthaawara ස්ථාවර *adj.* stationary

sthambhanaya ස්ථම්භනය *n.* stalemate

sthambhaya ස්ථම්භය *n.* pillar

sthanaya ස්ථානය *n.* venue

sthanochitha pragnawa ස්ථානෝචිත ප්‍රඥාව *n.* tact

stharaya ස්තරය *n.* layer

stharaya ස්ථරය *n.* stratum

stheera ස්ථිර *adj.* indomitable

stheera ස්ථිර *adj.* measured

stheera ස්ථිර *adj.* permanent

stheera bhaawaya ස්ථිර භාවය *n.* tenacity

stheera gathiya ස්ථිර ගතිය *n.* steadiness

stheera karanawaa ස්ථිර කරනවා *v.* verify

stheerathwaya ස්ථිරත්වය *n.*

permanence

sthira ස්ථිර *adj.* assured

sthira ස්ථිර *adj.* durable

sthira ස්ථිර *adj.* firm

sthira karanawa ස්ථිර කරනවා *v.* ratify

sthirabhawaya ස්ථිරභාවය *n.* consistency

sthirawa sitinawa ස්ථිරව සිටිනවා *v.* adhere

sthithika ස්ථිතික *adj.* static

sthithimaya ස්ථිතිමය *adv.* statically

sthoola ස්ථූල *adj.* stout

sthothraya ස්තෝත්‍රය *n.* anthem

sthree purusha baawaya ස්ත්‍රී පුරුෂ භාවය *n.* sex

sthree purusha baawaya nisaa wenaskam kireema ස්ත්‍රී පුරුෂ භාවය නිසා වෙනස්කම් කිරීම *n.* sexism

sthree purusha depakshayatama sarilana ස්ත්‍රී පුරුෂ දෙපක්ෂයටම සරිලන *adj.* unisex

sthreenge samaajaya ස්ත්‍රීන්ගේ සමාජය *n.* sisterhood

sthreethwaya ස්ත්‍රීත්වය *n.* womanhood

sthri ස්ත්‍රී *adj.* female

sthri waadaya ස්ත්‍රී වාදය *n.* feminism

sthriya ස්ත්‍රිය *n.* woman

sthula ස්ථූල *adj.* bulky

sthula ස්ථූල *adj.* corpulent

sthuthiwantha ස්තුතිවන්ත *adj.* thankful

sthuthiya ස්තුතිය *n.* acknowledgement

sthuthiya ස්තුතිය *n.* grace

sthuupaya ස්තූපය *n.* pagoda

stikaraya ස්ටිකරය *n.* sticker

stroberi ස්ට්‍රෝබෙරි *n.* strawberry

suba sadhanaya සුභ සාධනය *n.* welfare

subodathwaya සුබෝධත්වය *adv.* lucidity

sucharithaya සුචරිතය *n.* virtue

suchiya සූචිය *n.* index

sudu සුදු *adj.* white

sudu hunu gaanawaa සුදු හුණු ගානවා *n.* whitewash

sudu jaathika සුදු ජාතික *adj.* Caucasian

sudu karanawa සුදු කරනවා *adj.* bleach

sudu loonu සුදු ළූණු *n.* garlic

sudu piriyama සුදු පිරියම *n.* whiting

sudumali සුදුමැලි *adj.* pale

sudumali සුදුමැලි *adj.* wan

sudusu සුදුසු *adj.* appropriate

sudusu සුදුසු *adj.* fit

sudusu සුදුසු *adj.* suitable

sudusu සුදුසු *adj.* worthy

sudusu paridi සුදුසු පරිදි *adv.* duly

sudusu pramaanaya සුදුසු ප්‍රමාණය *n.* quantum

sudusu sthaanaya සුදුසු ස්ථානය *n.* niche

sudusu wenawa සුදුසු වෙනවා *v.* comport

sudusukam labanawaa සුදුසුකම් ලබනවා *v.* qualify

sudusukam nathi සුදුසුකම් නැති *adj.* unqualified

sudusukama සුදුසුකම *n.* propriety

sudusukama සුදුසුකම *n.* qualification

sudusuwa sitinawa සුදුසුව සිටිනවා *v. t.* deserve
sugandhaya සුගන්ධය *adv.* perfume
sugandhi සුගන්ධි *adj.* redolent
suhada සුහද *adj.* affable
suhada සුහද *adj.* cordial
suhadasheeli සුහදශීලි *adj.* cozy
sukasthaanaya සුකස්ථානය *n.* sanatorium
sukha paramawaadaya සුඛ පරමවාදය *n.* hedonism
sukhagraahee සුඛග්‍රාහී *adj.* receptive
sukhopabogee සුඛෝපභෝගී *n.* luxury
sukiri සුකිරි *n.* candy
sukkaanama සුක්කානම *n.* helm
sukkaanama සුක්කානම *n.* rudder
sukkaanama allanawaa සුක්කානම අල්ලනවා *v.* steer
sulaba සුලබ *adj.* banal
sulabha සුලභ *adj.* generous
sulabha සුලභ *adj.* hackneyed
sulabha bawa සුලභ බව *n.* generosity
sulan mola සුළං මෝල *n.* windmill
sulan nathi සුළං නැති *adj.* sultry
sulan sahitha සුළං සහිත *adj.* windy
sulanga සුළඟ *n.* wind
suli hulanga සුළි හුළඟ *n.* vortex
suli sulanga සුළි සුළඟ *n.* cyclone
sulu සුළු *adj.* minor
sulu daneema සුලු දැනීම *n.* smattering
sulu de සුලු දේ *n.* trifle
sulu horakam karanawa සුළු හොරකම් කරනවා *v.* pilfer
sulu idam himi goviya සුළු ඉඩම් හිමි ගොවියා *n.* yeoman
sulu kaama සුලු කෑම *n.* snack
sulu karanawaa සුලු කරනවා *v.* simplify
sulu satana සුලු සටන *n.* skirmish
sulutharaya සුළුතරය *n.* minority
sumata සුමට *adj.* smooth
sumata wu සුමට වූ *n.* smoothie
sumbaraya සුඹරය *n.* turban
sumihiri සුමිහිරි *adj.* harmonious
sumudu සුමුදු *adj.* soft
sunaka wargayak සුනඛ වර්ගයක් *n.* bulldog
sunaka wisheshayak සුනඛ විශේෂයක් *n.* greyhound
sunaka wisheshayak සුනඛ විශේෂයක් *n.* spaniel
sunamya සුනම්‍ය *adj.* lithe
sunamya සුනම්‍ය *adj.* supple
sunamya raajakaaree welawan සුනම්‍ය රාජකාරි වේලාවන් *n.* flexitime
sunamyathaawa සුනම්‍යතාව *n.* precision
sunangu සුනඟු *adj.* tardy
sunangu wenawa සුනඟු වෙනවා *v.* hover
sunbun සුන්බුන් *n.* debris
sunbun සුන්බුන් *n.* junk
sunbun සුන්බුන් *n.* remains
sunbun සුන්බුන් *n.* wreckage
sunbun karanawaa සුන්බුන් කරනවා *v.* smash
sundara සුන්දර *adj.* aesthetic
sundara සුන්දර *adj.* graceful
sundarathwaya සුන්දරත්වය *n.* beauty
sunnath karanawa සුන්නත් කරනවා

v. circumcise

supiri සුපිරි *adj.* deluxe

supiri සුපිරි *adj.* super

supiri saappuwa සුපිරි සාප්පුව *n.* superstore

supiri shuddha සුපිරි ශුද්ධ *adj.* sacred

supiri welandasala සුපිරි වෙළෙඳසැල *n.* supermarket

supuri balawathaa සුපිරි බලවතා *n.* superpower

sura badda සුරා බද්ද *n.* excise

suraa sala සුරා සල *n.* tavern

suraapaanothsawaya සුරාපානෝත්සවය *n.* wassail

surakithaawaya සුරක්ෂිතතාවය *n.* safeguard

surakshitha සුරක්ෂිත *adj.* safe

surakshitha සුරක්ෂිත *adj.* secure

surathal karanawa සුරතල් කරනවා *v.* dally

surathala සුරතල *n.* dalliance

surathala සුරතලා *n.* pet

surathalaya සුරතලය *v.* caress

suruttuwa සුරුට්ටුව *n.* cigar

susum lanawaa සුසුම් ලනවා *v.i.* sigh

suswara සුස්වර *n.* meld

suwa kala haki සුව කළ හැකි *adj.* curable

suwa karanawa සුව කරනවා *v.* heal

suwa karanawaa සුවකරනවා *v. t.* cure

suwachakama සුවචකම *n.* sociability

suwadatha gas wargayak සුවඳැති ගස් වර්ගයක් *n.* basil

suwanda සුවඳ *n.* aroma

suwanda සුවඳ *n.* fragrance

suwanda සුවඳ *n.* incense

suwanda සුවඳ *n.* scent

suwanda hamana සුවඳ හමන *adj.* odorous

suwanda hathu සුවඳ හතු *n.* truffle

suwanda kawanawa සුවඳ කවනවා *v.* embalm

suwanda laatu සුවඳ ලාටු *n.* myrrh

suwanda pan සුවඳ පැන් *n.* cologne

suwanda puyara mishranayak සුවඳ පුයර මිශ්‍රණයක් *n.* rouge

suwanda wilawun සුවඳ විලවුන් *n.* perfume

suwandathi shaaka wisheshayak සුවඳැති ශාක විශේෂයක් *n.* bergamot

suwapahasu සුවපහසු *adj.* cosy

suwaya labanawa සුවය ලබනවා *v.* recuperate

suwishaala සුවිශාල *adj.* colossal

suwishesha nimawum lakshana athi සුවිශේෂ නිමැවුම් ලක්ෂණ ඇති *n.* paisley

suwisheshee සුවිශේෂී *adj.* particular

swa baashaawa ස්ව භාෂාව *n.* vernacular

swaabhaawika ස්වාභාවික *adj.* natural

swaadeena ස්වාධීන *adj.* free

swaadeena ස්වාදීන *adj.* substantive

swaadeena pudgalayaa ස්වාධීන පුද්ගලයා *n.* freebie

swaadeenathwaya ස්වාධීනත්වය *n.* freedom

swaadhipathi ස්වාධිපති *adj.* autocratic

swaadu bhojanakalaawa ස්වාදු

හ ජේනකලාව *n.* gastronomy
swaamiduwa ස්වාමිදූව *n.* mistress
swaamithwaya dakwana ස්වාමිත්වය දක්වන *adj.* possessive
swaamiya ස්වාමියා *n.* employer
swaamiya ස්වාමියා *n.* husband
swaamiya ස්වාමියා *n.* lord
swaamiyaa ස්වාමියා *n.* master
swaayaththa ස්වායත්ත *adj.* intrinsic
swabhaawa widyaawa ස්වභාව විද්‍යාව *n.* naturalist
swabhaawaya ස්වභාවය *n.* nature
swabhaawayen ස්වාභාවයෙන් *adv.* naturally
swabhaawika darshanaya ස්වාභාවික දර්ශනය *n.* scenery
swabhaawya ස්වභාවියය *n.* naturism
swachaaraya ස්වචාරය *n.* idiosyncrasy
swadeenathaawaya ස්වාධීනතාව *n.* liberty
swadesheeya ස්වදේශීය *adj.* indigenous
swadesheeya ස්වදේශීය *n.* native
swadeshikayaa ස්වදේශිකයා *n.* compatriot
swairee bhaawaya ස්වෛරී භාවය *n.* sovereignty
swaireewadaya ස්වෛරීවාදය *n.* anarchism
swalpa ස්වල්ප *adj.* few
swalpa ස්වල්ප *adj.* meagre
swalpa ස්වල්ප *adj.* slight
swalpa misranaya ස්වල්ප මිශ්‍රණය *n.* tinge
swalpaya ස්වල්පය *n.* modicum
swaothsaahayen diyunu wu ස්වෝත්සාහයෙන් දියුණු වූ *adj.* self-made
swapeedakaamaya ස්වපීඩකාමය *n.* masochism
swara maaduryayata sambanda ස්වර මාධුර්යයට සම්බන්ධ *adj.* melodic
swara nagaa kiyanawa ස්වර නගා කියනවා *v.* intone
swara sanwaadaya ස්වර සංවාදය *n.* unison
swara sapthakaya ස්වර සප්තකය *n.* gamut
swara yodaa kiyanawaa ස්වර යොදා කියනවා *v.* vocalize
swaraalaya ස්වරාලය *n.* larynx
swarayen uchcharanaya dakwanawa ස්වරයෙන් උච්චාරණය දක්වනවා *v.* accentuate
swarnamaya ස්වර්ණමය *adj.* golden
swasthathaawa ස්වස්ථතාව *n.* hygiene
swathanthra ස්වතන්ත්‍ර *adj.* autonomous
swayan pareekshanaya ස්වයං පරීක්ෂණය *n.* autopsy
swayankriya ස්වයංක්‍රිය *adj.* automatic
swayansidda ස්වයංසිද්ධ *adj.* spontaneous
swechcha sewaka ස්වේච්ඡා සේවක *n.* volunteer
swechchaawen ස්වේච්ඡාවෙන් *adv.* voluntarily
swechchathaawa ස්වේච්ඡතාව *n.* autism
swedanaya ස්වේදනය *n.* perspiration
swiss kandukara waasinge gaayana kramayak ස්විස් කඳුකර

වා සින්ගෙ'ශා යන ක්රමයක් *v.* yodel

swwthkaaraya karanawa සීත්කාරය කරනවා *v.* sough

T

tankiya ටැංකිය *n.* tank

tapa ටැප *n.* tapas

tapantain ටර්පන්ටයින් *n.* turpentine

tayaraya ටයරය *n.* tyre

teek bolaya ටීක් බෝලය *n.* marble

teletext ටෙලිටෙක්ස්ට් *n.* teletext

tendaraya ටෙන්ඩරය *n.* tender

tenis kreedaawa ටෙනිස් ක්රීඩාව *n.* tennis

terbo aaropakaya ටර්බො ආරෝපකය *n.* turbocharger

th natha ත් නැත *conj.&adv.* nor

thaachchiya තාච්චිය *n.* wok

thaagga තෑග්ග *n.* gift

thaagga තෑග්ග *n.* prize

thaagga තෑග්ග *n.* reward

thaagi karana lada තෑගි කරන ලද *adj.* gifted

thaakshanawedee තාක්ෂණවේදීය *adj.* technological

thaakshanikathwaya තාක්ෂණිකත්වය *n.* technicality

thaalaya තාලය *n.* melody

thaaluja තාලුජ *adj.* palatal

thaanaantharaya තානාන්තරය *n.* post

thaanaapathi තානාපති *n.* ambassador

thaanaapathi තානාපති *n.* consul

thaanaapathi mandalaya තානාපති මණ්ඩලය *n.* embassy

thaanaapathi mandiraya තානාපති මන්දිරය *n.* consulate

thaanaapathi pilibanda තානාපති පිළිබඳ *n.* consular

thaanayama තානායම *n.* inn

thaapa gathi vidyaawa තාප ගති විද්යාව *n.* thermodynamics

thaapa paalakaya තාප පාලකය *n.* thermostat

thaapa sthaapana තාප ස්ථාපන *adj.* thermosetting

thaapakaya තාපකය *n.* heater

thaapanaya තාපනය *n.* heating

thaapasaaraamaya තාපසාරාමය *n.* priory

thaapasayaa තාපසයා *n.* recluse

thaapaya තාපය *n.* heat

thaara තාර *n.* tar

thaaraawa තාරාවා *n.* duck

thaaraka widyagniya තාරකා විද්යාඥයා *n.* astronomer

thaaraka widyawa තාරකා විද්යාව *n.* astronomy

thaarakaa mandalaya තාරකා මණ්ඩලය *n.* constellation

thaarakaa pilibanda wu තාරකා පිළිබඳ වූ *adj.* stellar

thaarathaawa තාරතාව *n.* pitch

thaarkikathwaya තාර්කිකත්වය *n.* rationale

thaarunyaya තාරුණ්යය *n.* youth

thaaththa තාත්තා *n* dad

thaaththaa තාත්තා *n.* father

thaathwika තාත්වික *adj.* real

thaathwika තාත්වික *adj.* realistic

thaathwika තාත්වික *adj.* virtual

thaawakaalika තාවකාලික *adj.* provisional

thaawakaalika තාවකාලික *adj.* temporary

thaawakaalika padinchiya තාවකාලික පදිංචිය *n.* sojourn

thaawakaalika sahanaya තාවකාලික සහනය *n.* truce

thaawakaalikawa athhituwanawaa තාවකාලිකව අත්හිටුවනවා *v.* suspend

thaawakalika තාවකාලික *n.* interim

thabaaganeema තබාගැනීම *n.* keeping

thabanawa තබනවා *v.* keep

thada තද *adj.* bold

thada තද *adj.* rigid

thada තද *adj.* tight

thada karanawaa තද කරනවා *v.* tighten

thada nathi bawa තද නැති බව *n.* laxity

thada parusha තද පරුෂ *adj.* vehement

thada rathu තද රතු *n.* crimson

thada rathu paata තද රතු පාට *n.* carmine

thada wenawa තද වෙනවා *v.* fasten

thadabada kota peralanawa තදබද කොට පෙරළනවා *v.* hustle

thadabala තදබල *adj.* intense

thadabala තදබල *adj.* rigorous

thadabala තදබල *adv.* sorely

thadabala තදබල *adj.* stringent

thadabala gathiya තදබල ගතිය *n.* stringency

thadakota andina landa තදකොට අඳින ලද *adj.* taut

thadi baanawaa තඩි බානවා *v.* thrash

thadi baanawaa තඩි බානවා *v.* wallop

thadin alee sitina තදින් ඇලී සිටින *adj.* tenacious

thadin handalanawaa තදින් හඬලනවා *v.* squawk

thadin sawi wenawa තදින් සවි වෙනවා *v.* cling

thadin wasanawaa තදින් වසනවා *v.* slam

thadissiya තඩිස්සිය *n.* tumour

thadiyama තදියම *n.* haste

thahanam තහනම් *adj.* illicit

thahanam badu තහනම් බඩු *n.* contraband

thahanam karanawa තහනම් කරනවා *v. i.* deny

thahanam karanawa තහනම් කරනවා *v.* forbid

thahanam karanawa තහනම් කරනවා *v.* inhibit

thahanama තහනම *v.* ban

thahanama තහනම *n.* caveat

thahanama තහනම *n.* inhibition

thahanama තහනම *n.* prohibition

thahanama තහනම *n.* restriction

thahanchiya තහංචිය *n.* hurdle

thahanchiya තහංචිය *n.* taboo

thahawuru karanawa තහවුරු කරනවා *v.* confirm

thahawuru karanawa තහවුරු කරනවා *v.* consolidate

thahawuru karanawaa තහවුරු කරනවා *v.* stabilize

thahawuru kireema තහවුරු කිරීම *n.* confirmation

thailaya තෛලය *a.* oil

thakanawa තකනවා *v.* regard

thakatheeru තකතීරු *adj.* daft
thakatheeru තකතීරු *adj.* fatuous
thakathiru තකතීරු *adj.* silly
thakathirukama dakwanawaa තකතීරු කම දක්වනවා *v.* stultify
thakkaali තක්කාලි *n.* tomato
thakkadikama තක්කඩිකම *n.* escapade
thakkadiya තක්කඩියා *n.* miscreant
thakkadiyaa තක්කඩියා *n.* rascal
thakseru karanawa තක්සේරු කරනවා *v.* assess
thakseruwa තක්සේරුව *n.* valuation
thakshanaya තාක්ෂණය *n.* technology
thala තල *n.* sesame
thalaa pelaa damanawaa තළා පෙළා දමනවා *v.* maul
thalaa podi karanawaa තළා පොඩි කරනවා *v.* mangle
thalaathu miniran තලාතු මිනිරන් *n.* talc
thalaelalu sthriya තළඑළලු ස්ත්‍රිය *n.* brunette
thalanawa තළනවා *v.* baste
thalanawa තළනවා *v.* chastise
thalanawa තලනවා *v.* flog
thalanawaa තලනවා *v.* swat
thalapa තලප *n.* mush
thalapaya තලපය *n.* paste
thalastha තලස්ත *adj.* tabular
thalaya තලය *n.* blade
thalaya තලය *n.* plane
thalaye wegaya තාලයේ වේගය *n.* tempo
thaliya තලිය *n.* bowl
thallu karanawaa තල්ලු කරනවා *v.* push
thalma තැලීම *n.* bruise
thalma තැලීම *n.* contusion
thalmasa තල්මසා *n.* whale
thalmasun mareema තල්මසුන් මැරීම *n.* whaling
thalu gasanawaa තුලු ගසනවා *v.* slurp
thalugasamin kanawa තුලුගසමින් කනවා *v.* gobble
thamaa තමා *pron.* oneself
thamaa තමා *n.* self
thamanta wuwamanaa de pamanak thora gannawa තමන්ට වුවමනා දේ පමණක් තෝරා ගන්නවා *v.* garble
thamba තඹ *n.* copper
thambaleruwa තම්බලේරුව *n.* tumbler
thambana thatiya තම්බන තැටිය *n.* casserole
thambili තැඹිලි *n.* orange
thana bima තණබිම *n.* pasture
thana burullen kiri powanawaa තන බුරුල්ලෙන් කිරි පොවනවා *v.* suckle
thana pidalla තණපිඩැල්ල *n.* turf
thanakin thanakata yaama තැනකින් තැනකට යාම *n.* transit
thanakola තණකොළ *n.* grass
thanakola saha pittaniya තණකොළ සහිත පිට්ටනිය *n.* lawn
thanakolapeththa තණකොළපෙත්තා *n.* cricket
thanakolapeththa තණකොළපෙත්තා *n.* grasshopper
thananawa තනනවා *v.* create
thanapata තනපට *n.* bra
thanapuduwa තනපුඩුව *n.* nipple

thanaya pilibanda තනය පිළිබඳ *adj.* mammary
thani තනි *adj.* mere
thani තනි *adj.* single
thani aithiya තනි අයිතිය *n.* monopoly
thani deyak තනි දෙයක් *n.* singleton
thani kaachaya තනි කා චය *n.* monocle
thani karanawa තනි කරනවා *v.* insulate
thani karanawa තනි කරනවා *v.* isolate
thani saila තනි ශෛල *n.* monolith
thanikadaya තනිකඩයා *n.* bachelor
thanikarama තනිකරම *adv.* solely
thanin thanin iranawaa තැනින් තැන ඉරනවා *v.* lacerate
thanipeella තනිපීල්ල *n.* monorail
thaniwa තනිව *adv.* alone
thaniwa karana kreedaawa තනිව කරන ක්‍රීඩාව *n.* solitaire
thaniwa wasanna තනිව වසන්නා *n.* loner
thaniyama katha kireema තනියම කතා කිරීම *n.* soliloquy
thanpath wenawa තැන්පත් වෙනවා *v.* accumulate
thanpathkama තැන්පත්කම *n.* poise
thanpathuwa තැන්පතුව *n.* deposit
thanthu තන්තු *n.* fibre
thanuka karanawa තනුක කරනවා *v.* dilute
thanuwa තනුව *n.* tune
thapaala තැපැල *n.* mail
thapaalen anawum kireema තැපැලෙන් ඇණවුම් කිරීම *n.* mail order
thapal තැපැල් *adj.* postal
thapal gaasthuwa තැපැල් ගාස්තුව *n.* postage
thapal kaaryaalaya තැපැල් කාර්යාලය *n.* postoffice
thapal kethaya තැපැල් කේතය *n.* postcode
thapal patha තැපැල් පත *n.* postcard
thapal sthaanaadhipathi තැපැල් ස්ථානාධිපති *n.* postmaster
thapalkaru තැපැල්කරු *n.* postman
thapasa තපස *n.* penance
thapasaaramaya තපසාරාමය *v.t,* abdicate
tharaadiya තරාදිය *n.* scale
tharaathirama තරාතිරම *n.* status
tharabaaru තරබාරු *adj.* beefy
tharabaaru තරබාරු *n.* fat
tharabaaru තරබාරු *adj.* obese
tharabaaru තරබාරු *adj.* stocky
tharabaarukama තරබාරු කම *n.* obesity
tharaha awussanawa තරහ අවුස්සනවා *n.* nettle
tharaha gathiya තරහ ගතිය *n.* temper
tharaha karanawa තරහ කරනවා *v.* mortify
tharamak තරමක් *adv.* fairly
tharamak loku තරමක් ලොකු *adj.* sizeable
tharamak sathutudaayaka තරමක් සතුටුදායක *adj.* passable
tharanga diweema තරඟ දිවීම *n.* race
tharanga karanawa තරඟ කරනවා *v.* compete
tharanga karanawa තරඟ කරනවා *v.*

contend

tharanga karanawaa තරංග කරනවා *v.* vie

tharanga nagenawaa තරංග නැ ගෙනෙවා *v.* undulate

tharangaawaliya තරඟා විලිය *n.* tournament

tharangakaaree තරඟකා රී *adj.* competitive

tharangakaru තරඟකුරු *n.* contestant

tharangakaruwaa තරඟකුරු වා *n.* competitor

tharangaya තරඟය *n.* competition

tharangaya තරඟය *n.* contest

tharangaya තරඟය *n.* match

tharangayata duwanawa තරඟයට දුවනවා *v.* race

tharawatu karanawaa තරවටු කරනවා *v.* rebuff

tharawatu karanawaa තරවටු කරනවා *v.* rebuke

tharawatu karanawaa තරවටු කරනවා *v.* remonstrate

tharawatu karanawaa තරවටු කරනවා *v.* reprimand

tharawatu karanawaa තරවටු කරනවා *v.* threaten

tharawatuwa තරවටුව *n.* reproof

tharawkaaraya තැ රැව්කා රයා *n.* broker

tharjanaya තර්ජනය *n.* menace

tharjanaya තර්ජනය *n.* threat

tharjanayen baya ganwanawa තර්ජනයෙන් බය ගන්වනවා *v.* hector

tharka karanawa තර්ක කරනවා *v.* argue

tharka karanawa තර්ක කරනවා *v. i* dispute

tharkanukoola තර්කා නුකූල *adj.* logical

tharkashaasthraya තර්කශා ස්ත්‍රය *n.* logic

tharkasheeli තර්කශීලි *adj.* argumentative

tharkayata ekanga nathi තර්කයට එකඟ නැති *adj.* illogical

tharu lakuna තරු ලකුණ *n.* asterisk

tharu wani තරු වැනි *adj.* starry

tharuna තරු ණ *adj.* youthful

tharuna wayasa තරු ණ වයස *n.* adolescence

tharunaya තරු ණයා *adj.* adolescent

tharuwa තරු ව *n.* star

thath sahitha thurya baandayak තත් සහිත තූර්ය භා ණ්ඩයක් *n.* zither

thathi gath තැති ගත් *adj.* aghast

thathigannawa තැතිගන්නවා *v.t* dread

thathigannawa තැතිගන්නවා *v.* intimidate

thathiganwanawaa තැතිගන්වනවා *v.* horrify

thathiganweema තැතිගැ න්වීම *n.* intimidation

thaththwaya තත්වය *n.* state

thathwaantharakaranaya karanawaa තත්වා න්තරකරණය කරනවා *v.* transmute

thathwaya තත්වය *n.* position

thathyaankaya තථ්‍යා ංකය *n.* hallmark

thatiya තැටිය *n.* disc

thatiya තැටිය *n.* tray

thattama තට්ටම *n.* breech

thattama තට්ටම *n.* buttock

thattu geya තට්ටු ගෙය *n.* terrace
thattu karanawa තට්ටු කරනවා *v.* rap
thawa warak තව වරක් *n.* encore
thawada තවද *adv.* withal
thawadurata තවදුරට *adv.* further
thawaduratath තවදුරටත් *adv.* furthermore
thawaduratath තවදුරට *adv.* moreover
thawalama තවලම *n.* caravan
thawama තවම *adv.* yet
thawarenawaa තැවරෙනවා *v.* smear
thawath තවත් *adv.* again
thawenawa තැවෙනවා *v.* bemoan
thawenawa තැවෙනවා *v.* wither
thawili sahitha තැවිලි සහිත *adj.* anxious
thawsa තවුසා *adj.* ascetic
thawusa තවුසා *n.* hermit
the තේ *n.* tea
the kola pettiya තේ කොළ පෙට්ටිය *n.* caddy
theendu karanawa තීන්දු කරනවා *v. t* determine
theenduwa තීන්දුව *n.* decision
theenduwa තීන්දුව *n.* dictum
theenduwa තීන්දුව *n.* verdict
theentha තීන්ත *n.* ink
theentha තීන්ත *n.* paint
theerakaya තීරකයා *n.* arbiter
theerakayaa තීරකයා *n.* referee
theeranaathmaka තීරණාත්මක *adj.* conclusive
theeranaathmaka තීරණාත්මක *adj.* crucial
theeranaathmaka තීරණාත්මක *adj.* decisive
theeranaya karanava තීරණය කරනවා *v.* adjudicate
theeranaya karanawa තීරණය කරනවා *n.* conclude
theeranaya karanawa තීරණය කරනවා *v.* decide
theeranaya kireema තීරණය කිරීම *v.t.* adjudge
theeranayakata nopamina sitinawaa තීරණයකට නොපැමිණ සිටිනවා *v.* vacillate
theeranayakata nopamini තීරණයකට නොපැමිණි *adj.* undecided
theeruwa තීරුව *n.* column
theewra තීව්‍ර *adj.* intensive
theewrathaawa තීව්‍රතාව *n.* intensity
thehettu wu තෙහෙට්ටු වූ *adj.* jaded
thejasa තේජස *n.* majesty
thejasa තේජස *n.* splendour
thejaswee තේජස්වී *adj.* awesome
thejaswee තේජස්වී *adj.* splendid
thejawantha තේජවන්ත *adj.* majestic
thekka තේක්ක *n.* teak
thel තෙල් *n.* oil
thel aakara තෙල් ආකර *adj.* unctuous
thel patawana nawa තෙල් පටවන නැව *n.* tanker
thel wani තෙල් වැනි *adj.* oily
themaathmaka තේමාත්මක *adj.* thematic
themaawa තේමාව *n.* theme
themparaaduwa තෙම්පරාදුව *n.* seasoning
themunu තෙමුණු *adj.* damp

therapanawaa තෙරපනවා *v.* compress
therapanawaa තෙරපෙනවා *v.* thrust
therapenawa තෙරපෙනවා *v.t.* jam
thereema තේරීම *n.* assortment
theriya haki තේරිය හැකි *adj.* selective
therum ganeema තේරුම් ගැනීම *n.* understanding
therum ganeemata dushkara තේරුම් ගැනීමට දුෂ්කර *adj.* uncanny
therum gannawaa තේරුම් ගන්නවා *v.t.* understand
therum kara denawa තේරුම් කර දෙනවා *v.* propound
therumgatha haki තේරුම්ගත හැකි *adj.* perceptible
theth karanawa තෙත් කරනවා *v.* dampen
theth karanawa තෙත් කරනවා *v.* moisturize
theth wenawaa තෙත් වෙනවා *v.* moisten
thetha තෙත *adj.* humid
thetha තෙත *adj.* moist
thetha තෙත *adj.* wet
thetha bahinawaa තෙත බහිනවා *v.* seep
thethabari තෙතබරි *adj.* sopping
thethamanaya තෙතමනය *n.* moisture
thethamanaya තෙතමනය *n.* wetness
thibbathaye yak gawaya තිබ්බතයේ යැක් ගවයා *n.* yak
thigasma තිගැස්ම *n.* fright
thigasma තිගැස්ම *n.* shock
thiha තිහ *adj. & n.* thirty
thiha තිහ *adj. & n.* thirty
thippola තිප්පොළ *n.* cache
thippola තිප්පොල *n.* lair
thira neruwa තිර නෙරුව *n.* pelmet
thira redda තිර රෙද්ද *n.* curtain
thiras තිරස් *adj.* horizontal
thirasaara තිරසාර *adj.* resolute
thiraya තිරය *n.* screen
thireluwa තිරළුවා *n.* ram
thirihan weema තිරිහන් වීම *n.* rejuvenation
thirihan wenawa තිරිහන් වෙනවා *v.* rejuvenate
thiringaya තිරිංගය *n.* brake
thiringu තිරිඟු *n.* wheat
thiringu walin saadana lada තිරිඟු වලින් සාදන ලද *adj.* wheaten
thirisan තිරිසන් *adj.* beastly
thiruwaana තිරුවාණ *n.* quartz
thisweni තිස්වෙනි *adj. & n.* thirtieth
thisweni තිස්වෙනි *adj. & n.* thirtieth
thith komaawa තිත් කොමාව *n.* semicolon
thith yoda katayam karanawaa තිත් යොඩ කැටයම් කරනවා *v.* stipple
thitha තිත *n.* dot
thithkuruwa තිත්කුරුව *n.* roulette
thiththa තිත්ත *adj.* bitter
thiththa karanawa තිත්ත කරනවා *v.* embitter
thiyenawa තියෙනවා *v.* be
thiyenawa තියෙනවා *v.* exist
thiyenawa තියෙනවා *v.* have
thlmasun marannaa තල්මසුන් මරන්නා *n.* whaler
thoga welandaama තොග වෙළඳාම *n.* wholesale
thoga welendaa තොග වෙළෙන්දා *n.*

wholesaler

thogaya තොගය *n.* stock

thol pilibanda woo තොල් පිලිබඳ වූ *adj.* labial

thola තොල *n.* lip

tholugaanawa තොලුගානවා *v.* munch

thomarathalaya තෝමරතලය *n.* spearhead

thon lanuwa තෝන් ලණුව *n.* rein

thonduwa තොණ්ඩුව *n.* noose

thonthu karanawaa තෝන්තු කරනවා *v.* stun

thonthu karanna තෝන්තු කරන්න *n.* stunner

thonthu wu තෝන්තු වූ *adj.* giddy

thoorya bhandayakin upadina තූර්ය භාණ්ඩයකින් උපදින *adj.* instrumental

thoorya naada sakas karannaa තූර්ය නාද සකස් කරනවා *n.* tuner

thoorya sanwaadaya තූර්ය සංවාදය *n.* symphony

thoorya waadakaya තූර්ය වාදකයා *n.* instrumentalist

thoppimala තොප්පිමල *n.* cockade

thoppiya තොප්පිය *n.* cap

thora තොර *adj.* bereft

thora wu තොරවූ *v.* bereaved

thoraa gannawaa තෝරා ගන්නවා *v.* opt

thoraaganeema තෝරාගැනීම *n.* choice

thoraaganeema තෝරාගැනීම *n.* selection

thoragannawa තෝරා ගන්නවා *v.* pick

thoranawa තෝරනවා *v.* elect

thoranawaa තෝරනවා *v.* select

thorathuru තොරතුරු *n.* information

thorathuru තොරතුරු *n.* lore

thorathuru sapayanna තොරතුරු සපයන්නා *n.* tipster

thorathuru thawa duratath rahasya nowana bawata prakaasha karanawa තොරතුරු තවදුරටත් රහස්‍ය නොවන බව ප්‍රකාශ කරනවා *v.* declassify

thorathuru wimasanawa තොරතුරු විමසනවා *n.* consultation

thorawa තොරව *adv.* apart

thorombalkaaraya තොරොම්බල්කාරයා *n.* pedlar

thota තොට *n.* ferry

thotilla තොටිල්ල *n.* cot

thotilla තොටිල්ල *n.* cradle

thotilla තොටිල්ල *n.* hammock

thotupala තොටුපළ *n.* port

thraasa kathaawa ත්‍රාස කතාව *n.* thriller

thraasajanaka dhiga gamana ත්‍රාසජනක දිග ගමන *n.* odyssey

thraasaya ත්‍රාසය *n.* dismay

thrai paakshika ත්‍රෛපාක්ෂික *adj.* tripartite

thrasaya ත්‍රාසය *n* alarm

thrasthawaadaya ත්‍රස්තවාදය *n.* terrorism

thrasthawaadiyaa ත්‍රස්තවාදියා *n.* terrorist

thrikonaakaara ත්‍රිකෝණාකාර *adj.* triangular

thrikonamithiya ත්‍රිකෝණමිතිය *n.* trigonometry

thrikonaya ත්‍රිකෝණය *n.* triangle

thrimaana ත්‍රිමාන *n.* stereo

thrimaana dwanika ත්‍රිමාන ධ්වනික *adj.* stereophonic
thrimaaneksha ත්‍රිමානේක්ෂ *adj.* stereoscopic
thrimoodahkaya ත්‍රිමූර්ධකය *n.* triceps
thripangu booshanaya ත්‍රිපංගු භූෂණය *n.* triptych
thrishoolaya ත්‍රිශූලය *n.* trident
thrithwaya ත්‍රිත්වය *n.* trinity
thriwarna ත්‍රිවර්ණ *n.* tricolour
thruptha swabhaawaya තෘප්ත ස්වභාවය *n.* satiety
thrupthimath තෘප්තිමත් *adj.* complacent
thrupthiya තෘප්තිය *n.* contentment
thrupthiyata path kala තෘප්තියට පත් කළ *adj.* sated
thrupya තෘප්‍ය *adj.* satiable
thrushnaawa තෘෂ්ණාව *n.* avarice
thrutheeika තෘතීයික *adj.* tertiary
thuchchha තුච්ඡ *adj.* disreputable
thuda තුඩ *n.* dart
thuda තුඩ *n.* nib
thuda තුඩ *n.* nozzle
thuda තුඩ *n.* peak
thuda තුඩ *n.* point
thuduwa තුඩුව *n.* cape
thula තුළ *prep.* in
thulaa raashiya තුලා රාශිය *n.* Libra
thulata තුළට *prep.* into
thulya තුල්‍ය *adj.* tantamount
thulyaarthika තුල්‍යාර්ථික *adj.* synonymous
thun andunu kruthiya තුන් ඈඳුනු කෘතිය *n.* trilogy
thun gunayak wu තුන් ගුණයක් වූ *adj.* treble
thun isaw malala tharanga තුන් ඉසව් මළල තරඟය *n.* triathlon
thun kattuwa තුන් කට්ටුව *n.* trio
thun masakata warak wu තුන් මසකට වරක් වූ *adj.* quarterly
thun pada kaviya තුන් පද කවිය *n.* triplet
thun warak තුන් වරක් *adv.* thrice
thuna තුන *adj. & n.* three
thunatiya තුනටිය *n.* loin
thunduwa තුණ්ඩුව *n.* billet
thunduwa තුණ්ඩුව *n.* chit
thunee තුනී *adj.* thin
thunee තුනී *n.* thinker
thunee lali pathura තුනී ලැලි පතුර *n.* veneer
thunee meeduma තුනී මීදුම *n.* haze
thunee pathali kottaya තුනී පැතලි කොට්ටය *n.* pad
thunee thahadu yedeema තුනී තහඩු යෙදීම *v.* laminate
thunee wenawa තුනී වෙනවා *v.* lessen
thunwani තුන්වැනි *adj.* third
thuran karanawaa තුරන් කරනවා *v.* sequester
thurki තුර්කි *n.* ottoman
thuru තුරු *prep.* till
thuru තුරු *prep.* until
thurugomuwa තුරු ගොමුව *n.* bower
thurul wenawa තුරුල් වෙනවා *v.* nestle
thuruliya තුරුලිය *n.* flora
thurulla තුරුල්ල *n.* bosom
thurulwa sitinawaa තුරුල්ව සිටිනවා *v.* snuggle
thurumpuwa තුරුම්පුව *n.* trump
thushaara තුෂාර *n.* frost

thuththanagam තුත්තනාගම් *n.* zinc
thuttuwa nathi තුට්ටුව නැති *adj.* broke
thuwaa redhi තුවා රෙදි *n.* towelling
thuwaala karanawaa තුවාල කරනවා *v.* injure
thuwaalaya තුවාලය *n.* injury
thuwaalaya තුවාලය *n.* wound
thuwaalaye kabala තුවාලයේ කබල *n.* scab
thuwaaya තුවාය *n.* towel
thuwakku තුවක්කු *n.* ammunition
thuwakku gath bhataya තුවක්කු ගත් භටයා *n.* musketeer
thuwakkuwa තුවක්කුව *n.* gun
thuwakkuwa තුවක්කුව *n.* musket
thuwakkuwe kokaa තුවක්කුවේ කොක්ක *n.* trigger
thwarakaya ත්වරකය *n.* accelerator
thyaagasheeli ත්‍යාගශීලි *adj.* charitable
thyaagaya ත්‍යාගය *n.* gratuity
thyaagaya ත්‍යාගය *n.* present
thyagasheelee ත්‍යාගශීලී *adj.* beneficent
thyagasheeli ත්‍යාලශීලි *adj.* bountiful
thyagaya ත්‍යාගය *v.* award
thyroid granthiya තයිරොයිඩ් ග්‍රන්ථිය *n.* thyroid
tik gaama ටික් ගෑම *n.* click
tika tika ටික ටික *adv.* piecemeal
tika tika bonawaa ටික ටික බොනවා *v.* sip
tikak solawanawa ටිකක් සොලවනවා *v.* joggle
tikakata ටිකකට *adv.* awhile
tin tin gaanawaa ටින් ටින් ගානවා *v.* tinkle
ton eka ටොන් එක *n.* ton
ton ganana ටොන් ගණන *n.* tonnage
tonaraya ටෝනරය *n.* toner
topiya ටොෆිය *n.* toffee
tornado kunaatuwa ටෝනඩෝ කුණාටුව *n.* tornado
tractaraya ට්‍රැක්ටරය *n.* tractor
tram rathaya ට්‍රෑම් රථය *n.* tram
transistaraya ට්‍රාන්සිස්ටරය *n.* transistor
trapezaya ට්‍රැපීසය *n.* trapeze
trolar yaathraawa ට්‍රෝලර් යාත්‍රාව *n.* trawler
troliya ට්‍රොලිය *n.* trolley
typhoon ටයිෆූන් *n.* typhoon

U

uayanawa උයනවා *v.* cook
ubaya උභය *adj.* twofold
ubhayachara උභයචර *n.* amphibian
uchchaarana widhiya උච්චාරණ විධිය *n.* elocution
uchchaaranaya උච්චාරණය *n.* utterance
uchcharana vidhiya උච්චාරණ විධිය *n.* accent
uchcharanaya උච්චාරණය *n.* pronunciation
uchcharanaya karanawaa උච්චාරණය කරනවා *v.* pronounce
uchchathama awasthaawa උච්චතම අවස්ථාව *n.* climax
uchitha උචිත *adj.* advisable
uchitha උචිත *adj.* pertinent
uchitha උචිත *adj.* relevant

uda athata උඩ අතට *adv.* upward
uda bima උඩ බිම *adv.* whereabouts
uda kabaawa උඩ කබාය *n.* overcoat
uda pahala yanawa උඩ පහළ යනවා *v.* bob
uda paninawa උඩ පනිනවා *v.* cavort
uda paninawa උඩ පනිනවා *v.* frisk
uda wisi karanawaa උඩ විසි කරනවා *v.* toss
udaara උදාර *adj.* dignified
udaara උදාර *adj.* magnanimous
udaara උදාර *adj.* munificent
udaara උදාර *adj.* quixotic
udaara උදාර *adj.* stately
udaarabhaawaya උදාරභාවය *n.* nobility
udaaram උදාරම් *adj.* scornful
udaasana උදෑසන *n.* morning
udaasana aaharaya උදෑසන ආහාරය *n.* breakfast
udaaseena උදාසීන *adj.* dull
udaaseena උදාසීන *adj.* ineffective
udaaseena උදාසීන *adj.* neutral
udaaseena උදාසීන *adj.* nonchalant
udaaseena උදාසීන *n.* stoic
udaaseena karanawa උදාසීන කරනවා *v.* neutralize
udaaseenakama උදාසීනකම *n.* nonchalance
udaaweema උදාවීම *adj.* ascendant
udahasa උදහස *n.* ire
udam rala උදම් රළ *n.* tsunami
udangu උඩඟු *adj.* affected
udangu උඩඟු *adj.* cocky
udangu උඩඟු *adj.* lofty
udangu උඩඟු *adj.* perky
udangu උඩඟු *adj.* stilted
udangu උඩඟු *n.* strudel
udangukama උඩඟුකම *n.* pomposity
udaraya උදරය *n.* abduction
udaraya උදරය *n.* belly
udareeya උදරීය *adj.* aberrant
udaseena උදාසීන *adj.* indolent
udaseena උදාසීන *adj.* listless
udata උඩට *adv.* up
udau karanawa උදව් කරනවා *v.* help
udaw උදව් *n.* aids
udawadia උඩවැඩියා *n.* orchid
udawwa උදව්ව *n.* aid
udbhitha widyaawa උද්භිත විද්‍යාව *n.* botany
uddamanaya උද්ධමනය *n.* inflation
uddeepakaya උද්දීපකය *n.* irritant
uddhatha උද්ධත *adj.* dogmatic
udgamanaya උද්ගමනය *n.* ascent
udgamanaya උද්ගමය *n.* rising
udghoshanaya උද්ඝෝෂණය *n.* clamour
udin උඩින් *prep.* over
udin balanawaa උඩින් බලනවා *v.* overlook
udin pihiti උඩින් පිහිටි *adv.* overhead
udu buralanawa උඩු බුරනවා *n.* howl
udu buranawa උඩු බුරනවා *n.* yelp
udu rawla උඩු රැවුල *n.* moustache
udu wiyana උඩු වියන *n.* canopy
udugatha karanawaa උඩුගත කිරීම *v.* upload
udukaya උඩුකය *n.* bust
udukaya wasana andumaki උඩුකය වසන ඇඳුමකි *n.* pullover
udukuru උඩුකුරු *adj.* superscript
uduna උදුන *n.* furnace

udwega naatyaya උද්වේග නාට්‍යය *n.* melodrama
udwegaya උද්වේගය *n.* excitement
udyaana widyaawa උද්‍යාන විද්‍යාව *n.* horticulture
udyaanamaya උද්‍යානමය *adj.* parky
udyaanaya උද්‍යානය *n.* park
udyogaya උද්‍යෝගය *n.* zeal
udyogee උද්‍යෝගී *adj.* sedulous
udyogeemath උද්‍යෝගීමත් *adj.* pushy
ugannanawaa උගන්නනවා *v.* teach
uganwanawaa උගන්වනවා *v.* inculcate
ugath උගත් *adj.* erudite
ugath උගත් *adj.* learned
ugathkamin ahankaarawa sitinna උගත්කමින් අහංකාරව සිටින්න *n.* pedant
ugra උග්‍ර *adj.* acute
ugra උග්‍ර *adj.* incisive
ugra jaathi bhedawaadaya උග්‍ර ජාති භේදවාදය *n.* chauvinism
ugra jaathi bhedawaadiya උග්‍ර ජාති භේදවාදියා *n.* *&adj.* chauvinist
ugra wenawa උග්‍ර වෙනවා *v.* aggravate
ugula උගුල *n.* snare
ugula උගුල *n.* toils
ugula උගුල *n.* trap
ugura උගුර *n.* gullet
ugura උගුර *n.* throat
ugura sodanawa උගුර සෝදනවා *v.* gargle
ugurata dekata bonawaa උගුරට දෙකට බොනවා *v.* quaff
ujaaru උජාරු *adj.* dashing
uk pani උක් පැණි *n.* molasses
ukas badu ganna උකස් බඩු ගන්න *n.* pawnbroker
ukas himiyaa උකස් හිමියා *n.* mortgagee
ukasa උකස *n.* lien
ukasa උකස *n.* mortgage
ukasa උකස *n.* pawn
ukaskaru උකස්කරු *n.* mortgagor
uku උකු *adj.* viscid
ukula උකුළ *n.* hip
ukunaa උකුණා *n.* louse
ukunan athi උකුණන් ඇති *adj.* lousy
ukussa උකුස්සා *n.* falcon
ukussa උකුස්සා *n.* hawk
ulak wani උලක් වැනි *adj.* spiky
ulkaapaathayak wani උල්කාපාතයක් වැනි *adj.* meteoric
ulkaapathaya උල්කාපාතය *n.* meteor
ullanganaya උල්ලංඝනය *n.* transgression
ullanganaya karanawa උල්ලංඝනය කරනවා *v.* contravene
ullanganaya karanawaa උල්ලංඝනය කරනවා *v.* infringe
ullanganaya karanawaa උල්ලංඝනය කරනවා *v.* transgress
ullanganaya kireema උල්ලංඝනය කිරීම *n.* infringement
ullanganaya kireema උල්ලංඝනය කරනවා *n.* violation
ulleaka උල්ලේඛ *adj.* abrasive
ullogama උල්ලෝගම *n.* thrush
ulu උළු *n.* tile
ulu poranuwa උළු පෝරණුව *n.* kiln
ulukku wenawaa උළුක්කු වෙනවා *v.t.* sprain

uluppanawa උළුප්පනවා *v.* gouge
uman maga උමං මග *n.* subway
umathu උමතු *adj.* crazy
umathu උමතු *adj.* delirious
umathu උමතු *adj.* frantic
umathu උමතු *adj.* insane
umathu උමතු *adj.* rabid
umathu karanawaa උමතු කරනවා *v.* infuriate
umathukama උමතුකම *n.* delirium
umathuwa උමතුව *n.* mania
umbaa gaanawa උම්බෑ ගානවා *v.* moo
una උණ *n.* bamboo
una උණ *n.* fever
una sahitha උන සහිත *adj.* febrile
una sannipaathaya උණ සන්නිපාතය *n.* typhoid
unandu උනන්දු *adj.* ardent
unandu උනන්දු *adj.* dynamic
unandu උනන්දු *adj.* hearty
unandu උනන්දු *adj.* lively
unandu athi උනන්දු ඇති *adj.* ebullient
unandu karanawaa උනන්දු කරනවා *v.* prompt
unandu karanawaa උනන්දු කරනවා *v.* vivify
unandu karanawaa උනන්දු කරනවා *v.* whet
unanduwa උනන්දුව *n.* alacrity
unanduwa උනන්දුව *n.* keenness
unanduwak nathy උනන්දුවක් නැති *adj.* torpid
unda kabali උණ්ඩ කෑබලි *n.* shrapnel
undangu nowu උඩඟු නොවූ *adj.* unassuming
undaya උණ්ඩය *n.* pellet
undun koora උඳුන් කූර *n.* poker
unduna උඳුන *n.* cooker
unduna උඳුන *n.* oven
unmaadaya උන්මාදය *n.* craze
unmaadaya උන්මාදය *n.* frenzy
unmaadaya උන්මාදය *n.* insanity
unmaadaya උන්මාදය *n.* lunacy
unmanthakayaa උන්මත්තකයා *n.* lunatic
unmanthakayaa උන්මන්තකයා *n.* maniac
unnathanshaya උන්නතාංශය *n.* altitude
unu wathura bothalaya උණු වතුර බෝතලය *n.* thermos
unusum උණුසුම් *adj.* hot
unusum theth උණුසුම් තෙත් *adj.* muggy
unusuma උණුසුම *n.* warmth
unusuma labanawa උණුසුම ලබනවා *v.* bask
unusumak nathi උණුසුමක් නැති *adj.* frigid
upa hamudaawa උප හමුදාව *n.* militia
upa konthraththuwa උප කොන්ත්‍රාත්තුව *v.* subcontract
upa mulu ganana උප මුලු ගණන *n.* subtotal
upa nagaraya උප නගරය *n.* suburb
upa pradaana mulaadaniyaa උප ප්‍රධාන මුලාදැනියා *n.* subaltern
upa sheershaya උප ශීර්ෂය *n.* subtitle
upa waganthiya උප වගන්තිය *n.* byline
upaadhidaaree උපාධිධාරී *n.*

graduate

upaadi pradaanothsawaya උපාධි ප්‍රදානෝත්සවය *n.* convocation

upaadi shishyayaa උපාධි ශිෂ්‍යයා *n.* undergraduate

upaadidaraya උපාධිදරයා *n.* alumnus

upaangaya උපාංගය *n.* appendage

upaantha උපාන්ත *adj.* penultimate

upaaya උපාය *n.* decoy

upaaya උපාය *n.* recourse

upaaya උපාය *n.* tactic

upaaya උපාය *n.* trick

upaaya daksha උපාය දක්ෂ *adj.* resourceful

upaaya dakshayaa උපාය දක්ෂයා *n.* tactician

upaaya pilibanda wu උපාය පිළිබඳ වූ *adj.* tactical

upaayak yodanawa උපායක් යොදනවා *v.* devise

upaayasheeli උපායශීලී *adj.* diplomatic

upaayen polambanawaa උපායෙන් පොළඹනවා *v.* coax

upabhaashaawa උපභාෂාව *n.* dialect

upadawa gannawa උපදවා ගන්නවා *v.* muster

upadawanawa උපදවනවා *v.* generate

upadawanawaa උපදවනවා *v.* evoke

upadawanawaa උපදවනවා *v.* originate

upadawanawaa උපදවනවා *v.* procreate

upaddanawa උපද්දනවා *v.* beget

upades denawa උපදෙස් දෙනවා *v.* counsel

upadeshaka උපදේශක *n.* consultant

upadeshaka උපදේශක *n.* counsellor

upadeshakayaa උපදේශකයා *n.* instructor

upadeshakayaa උපදේශකයා *n.* mentor

upadeshakayaa උපදේශකයා *n.* tutor

upadeshathmaka උපදේශාත්මක *adj.* didactic

upadeshaya උපදේශය *n.* counsel

upadrawa sahitha උපද්‍රව සහිත *adj.* hazardous

upadrawa sahitha උපද්‍රව සහිත *adj.* perilous

upadrawaya උපද්‍රවය *n.* hazard

upadwani උපධ්වනි *adj.* subsonic

upagrahanaya karanawaa උපග්‍රහනය කරනවා *v.* subsume

upagrahaya උපගෘහය *n.* penthouse

upahaasa rachakayaa උපහාස රචකයා *n.* satirist

upahaasa rachanaawa උපහාස රචනාව *n.* skit

upahaasa wakiya උපහාස වැකිය *n.* quirk

upahaasaathmaka උපහාසාත්මක *adj.* satirical

upahaasathmaka උපහාසාත්මක *adj.* ironical

upahaasaya උපහාසය *n.* jibe

upahaasaya උපහාසය *n.* quip

upahaasaya උපහාසය *n.* raillery

upahaasaya උපහාසය *n.* ridicule

upahaasayata lak karanawaa

උපහාසයට ලක් කරනවා *v.* satirize

upaharanaya උපහැරණය *n.* epigram

upaharanaya උපහැරණය *n.* fable

upakaara karanawa උපකාර කරනවා *v.* patronize

upakaara laboo උපකාර ලැබූ *adj.* indebted

upakaaraka උපකාරක *n.* helping

upakaaraya උපකාරය *n.* favour

upakaaree උපකාරී *adj.* helpful

upakalpanaya karanawa උපකල්පනය කරනවා *v.* assume

upakarana puwaruwa උපකරණ පුවරුව *n.* dashboard

upakaranaya උපකරණය *n.* accessory

upakaranaya උපකරණය *n.* apparatus

upakaranaya උපකරණය *n.* appliance

upakaranaya උපකරණය *n.* device

upakaranaya උපකරණය *n.* instrument

upakaranayak hadisiye kriya wirahitha weema උපකරණයක් හදිසියේ ක්‍රියා විරහිත වීම *n.* glitch

upakrama yodanawa උපක්‍රම යොදනවා *v.* contrive

upakramaya උපක්‍රමය *n.* contrivance

upakramaya උපක්‍රමය *n.* manoeuvre

upakramaya උපක්‍රමය *n.* resource

upamaa kathaawa උපමා කථාව *n.* parable

upamaa upameya sahitha උපමා උපමේය සහිත *adj.* rhetorical

upamaawa උපමාව *n.* simile

upangaya උපාංගය *adj.* subsidiary

upapathrikaawa උපපත්‍රිකාව *n.* counterfoil

uparima උපරිම *adj.* extreme

uparimaya උපරිමය *n.* maximum

uparimaya karanawaa උපරිමය කරනවා *v.* maximize

uparithaanaya උපරිතානය *n.* overtone

upasanhaaraya උපසංහාරය *n.* epilogue

upasargaya උපසර්ගය *n.* prefix

upasargaya උපසර්ගය *n.* suffix

upashamaya උපශමය *n.* tranquillity

upaskaraya උපස්කරය *n.* ketchup

upasthambhaka උපස්ථම්භක *adj.* auxiliary

upath paalana kopu උපත් පාලන කොපු *n.* condom

upatha උපත *n.* birth

upayaa denawa උපයා දෙනවා *v.* yield

upayagnanaya උපායඥනය *n.* diplomacy

upayanawa උපයනවා *v.t.* afford

upayanawa උපයනවා *v.* earn

upayogi උපයෝගී *adj.* ancillary

upayogika උපයෝගික *adj.* pragmatic

upayogikathaawaadaya උපයෝගිකතාවාදය *n.* pragmatism

upayogithaawaadiyaa උපයෝගිතාවාදියා *adj.* utilitarian

upayogithaawaya උපයෝගිතාවය *n.* utility

upostha dinaya උපෝසථ දිනය *n.* Sabbath

uppaththiya උත්පත්තිය *n.* genesis
upul උපුල් *n.* lily
uputa gath padaya උපුටා ගත් පදය *n.* excerpt
ura ඌරා *n.* boar
ura podiya උර පොඩිය *n.* backpack
uraa ඌරා *n.* pig
uraa adaganeema උරා ඇදගැනීම *n.* suction
uraa bonawaa උරා බොනවා *v.* suck
uraa bonnaa උරා බොන්නා *n.* sucker
uraa ganeema උරා ගැනීම *n.* assimilation
uraa gannawa උරා ගන්නවා *v.* - assimilate
uraagannawa උරාගන්නවා *v.* imbibe
uragayaa උරගයා *n.* reptile
urahis ussanawaa උරහිස් උස්සනවා *v.* shrug
urahisa උරහිස *n.* shoulder
urosthiya උරෝස්ථිය *n.* sternum
uru maduwa ඌරු මඩුව *n.* piggery
uru mas ඌරු මස් *n.* pork
uruma wenawa උරුම වෙනවා *v.* inherit
urumakkaarayaa උරුමක්කාරයා *n.* claimant
urumakkaraya උරුමක්කාරයා *n.* heir
urumaya උරුමය *n.* bequest
urumaya උරුමය *n.* heritage
urumaya උරුමය *n.* inheritance
urumaya උරුමය *n.* legacy
us aasanaya උස් ආසනය *n.* dais
us heen handa උස් හීන් හඬ *n.* squeak
us pahath karanawaa උස් පහත් කරනවා *v.* modulate
us sapaththuwa උස් සපත්තුව *n.* boot
usa උස *n.* height
usa උස *adj.* high
usa උස *adj.* tall
usa pramaanaya උස ප්‍රමාණය *n.* stature
usaawiya උසාවිය *n.* court
usabha උසභ *n.* ox
usas උසස් *adj.* adorable
usas උසස් *adj.* eminent
usas andamin උසස් අන්දමින් *adv.* richly
usas bawa උසස් බව *n.* dignity
usas bawa උසස් බව *n.* Highness
usas bawata pamunuwanawaa උසස් බවට පමුණුවනවා *v.* dignify
usas bhakthiya උසස් භක්තිය *n.* adoration
usas deshapaalagnayaa උසස් දේශපාලඥයා *n.* statesman
usas karanawaa උසස් කරනවා *v.* promote
usas karanawaa උසස් කරනවා *v.* upgrade
usas niladaariyekuge deweniyaa උසස් නිලධාරියෙකුගේ දෙවෙනියා *n.* lieutenant
usas panthiye wanshadipathi-warayek උසස් පන්තියේ වංශාධිපතිවරයෙක් *n.* viscount
usas weema උසස් වීම *n.* promotion
usas weemata kriya karanawa උසස් වීමට ක්‍රියා කරනවා *v. t* emulate
usaskamak nathi උසස්කමක් නැති *adj.* earthly
usasweema උසස්වීම *n.* preferment

usha යූෂ *n.* juice
ushna උෂ්ණ *adj.* warm
ushna kalaapayata ayath උෂ්ණ කලාපයට අයත් *adj.* tropical
ushna thaapa vishayaka උෂ්ණ තාප විෂයක *adj.* thermal
ushnathwamaanaya උෂ්ණත්වමානය *n.* thermometer
ushnathwaya උෂ්ණත්වය *n.* temperature
usi gannanawa උසි ගන්නනවා *v.* instigate
usnaadika උෂ්ණාධික *adj.* torrid
ussagena yanawaa උස්සා ගෙන යනවා *v.t.* lift
ussanawa උස්සනවා *v.* elevate
ussanawa උස්සනවා *v.* heave
usthana උස්ථාන *n.* eminence
usulana bara උසුලන බර *n.* load
uthkrushta උත්කෘෂ්ට *adj.* excellent
uthkrushta උත්කෘෂ්ට *adj.* smashing
uthkrushta se salakanawaa උත්කෘෂ්ට සේ සලකනවා *v.* idealize
uthkrushtathaawa උත්කෘෂ්ටතාව *n.* excellency
uthpaadakaya උත්පාදකයා *n.* generator
uthpaadakayaa උත්පාදකයා *n.* originator
uthpaththiya උත්පත්තිය *n.* nativity
uthpaththiya pilibanda උත්පත්තිය පිළිබඳ *adj.* natal
uthpaththiya soyanawa උත්පත්තිය සොයනවා *v.* derive
uthpraasaya උත්ප්‍රාසය *n.* irony
uthpreksheeya උත්ප්‍රේක්ෂීය *adj.* putative
uthpreraka උත්ප්‍රේරක *n.* catalyst
uthpreranaya karanawa උත්ප්‍රේරණය කරනවා *v.* catalyse
uthsaaha karanawa උත්සාහ කරනවා *v.* endeavour
uthsaahawanthayaa උත්සාහවන්තයා *n.* trier
uthsaahawath උත්සාහවත් *n.* intent
uthsaahaya උත්සාහය *v.* attempt
uthsaahaya උත්සාහය *n.* perseverance
uthsawa උත්සවය *n.* feast
uthsawa pawathwanna උත්සව පවත්වනවා *v.* celebrate
uthsawa sahitha උත්සව සහිත *adj.* triumphal
uthsawaakaara උත්සවාකාර *adj.* ceremonial
uthsawasreeya උත්සවශ්‍රීය *n.* pageantry
uthsawasreeyak nomathi උත්වශ්‍රීයක් නොමැති *adj.* unceremonious
uthsawaya උත්සවය *n.* celebration
uthsawaya උත්සවය *n.* ceremony
uthsawaya උත්සවය *n.* festivity
uthsawaya උත්සවය *n.* function
uthsawaya උත්සවය *n.* gala
uthsuka උත්සුක *adj.* solicitous
uththamaya උත්තමයා *n.* personage
uththara manthrana sabhaawa උත්තර මන්ත්‍රණ සභාව *n.* senate
uththara manthree උත්තර මන්ත්‍රී *n.* senator
uththara manthree pilibanda උත්තර මන්ත්‍රී පිළිබඳ *adj.* senatorial
uththareethara උත්තරීතර *adj.* superior

uththejakaya wenasweema manina upakaranaya උත්තේජකය වෙනස්වීම මනින උපකරණය *n.* sensor

uththolakaya උත්තොලකය *n.* elevator

uththolanaya yedeemen labena balaya උත්තොලනය යෙදීමෙන් ලැබෙන බලය *n.* leverage

uthum darshanaya උතුම් දර්ශනය *n.* paragon

uthura උතුර *n.* north

uthuranawaa උතුරනවා *v.* overflow

uthurehi උතුරෙහි *adj.* northerly

uthuru උතුරු *adj.* northern

uthuru saluwa උතුරු සළුව *n.* scarf

uwadurehi helanawa උවදුරෙහි හෙළනවා *v.* jeopardize

uwamanaa karanawaa උවමනා කරනවා *v.* want

uwamanaa nathi alankaara sahitha උවමනා නැති අලංකාර සහිත *adj.* tawdry

uyanpalla උයන්පල්ලා *n.* gardener

uyanpalla උයන්පල්ලා *n.* ranger

V

vaasayata sudusu වාසයට සුදුසු *adj.* habitable

vaayurodee වායුරෝධී *adj.* hermetic

vairasaya වයිරසය *n.* virus

van riya වෑන් රිය *n.* van

vanchaa karanawa වංචා කරනවා *v.* juggle

varnish වාර්නිෂ් *n.* varnish

vaucharaya වවුචරය *n.* voucher

vayasata venaskam kireema වයසට වෙනස්කම් කිරීම *n.* ageism

vedana vindinawa වේදනා විඳිනවා *v.* aggrieve

veediya වීදිය *n.* street

veeja ganithaya වීජ ගණිතය *n.* algebra

venuven katha karanava වෙනුවෙන් කතා කරනවා *v.* advocate

vichakshana විචක්ෂණ *adj.* adroit

video camerawak ha recoderayak ekata athi yanthrayak වීඩියෝ කැමරාවක් හා රෙකෝඩරයක් එකට ඇති යන්ත්‍රයක් *n.* camcorder

video kireema වීඩියෝ කිරීම *n.* video

vidyaa sthaanayan pilibanda wu විද්‍යා ස්ථානයන් පිළිබඳ වූ *adj.* scholastic

vidyaalaya විද්‍යාලය *n.* academy

vidyaanukoola විද්‍යානුකූල *adj.* scientific

vidyaawa විද්‍යාව *n.* science

vidyaawe wargeekaranaya විද්‍යාවේ වර්ගීකරණය *n.* taxonomy

vidyagnayaa විද්‍යාඥයා *n.* scientist

vihiluwa විහිළුව *n.* jest

vihiluwa විහිළුව *n.* joke

vikaashnaya විකාශනය *v.t.* telecast

vilopanaya karanawa විලෝපනය කරනවා *v.* abrogate

vinaakiri විනාකිරි *n.* vinegar

vinasa karanawaa විනාශ කරනවා *v.* vandalize

vinivida peneema විනිවිද පෙනීම *n.* acumen

vinodaya විනෝදය *adv.* joviality

vipula විපුල *v.t.* abundant
visa pathraya වීසා පත්‍රය *n.* visa
viscose reddhi විස්කෝස් රෙදි *n.* viscose
visha vidyaawa විෂ විද්‍යාව *n.* toxicology
vishabeeja විෂබීජ *n.* toxin
vishabeeja mardaka විෂබීජ මර්ධක *adj.* antiseptic
visheshanaya විශේෂණය *n.* adjective
vishwa vidyaalaya විශ්ව විද්‍යාලය *n.* university
visi karanawaa විසි කරනවා *v.* throw
vitamin විටමින් *n.* vitamin
vitamin haa homona adangu sanyogayak විටමින් හා හෝමෝන අඩංගු සංයෝගයක් *n.* steroid
viyapath වියපත් *adj.* aged
viyuktha වියුක්ත *adj.* abstract
volkanais karanawaa වොල්කනයිස් කරනවා *v.* vulcanize
volt widuli ekakaya වෝල්ට් විදුලි ඒකකය *n.* volt
volteeyathaawaya වෝල්ටීයතාවය *n.* voltage
vyaaptha ව්‍යාප්ත *adj.* immanent

W

waa kauluwa වා කවුලුව *n.* ventilator
waa kawuluwa වා කවුළුව *n.* lintel
waachaala වාචාල *adj.* flippant
waachaala වාචාල *adj.* voluble
waachaala dodawanawa වාචාල දොඩවනවා *v.* blab
waachaalakama වාචාලකම *v.* gab
waachaalaya වාචාලයා *n.* windbag
waachika වාචික *adj.* oral
waachikawa වාචිකව *adv.* orally
waada karanawa වාද කරනවා *v. t.* debate
waadama වාදම *n.* gout
waadaya වාදය *n.* argument
waadi wee karana වාඩිවී කරන *adj.* sedentary
waadiya වාඩිය *n.* lodge
waadya manjusaawa වාද්‍ය මංජුසාව *n.* harmonium
waadya wrundaya වාද්‍ය වෘන්දය *n.* orchestra
waadya wrundayakata sambanda වාද්‍ය වෘන්දයකට සම්බන්ධ *adj.* orchestral
waag bahulyaya වාග් බහුල්‍යය *n.* verbosity
waag prahaaraya වාග් ප්‍රහාරය *n.* sally
waag widyaagniya වාග් විද්‍යාඥයා *n.* philologist
waag widyaathmaka වාග් විද්‍යාත්මක *adj.* philological
waag widyaawa වාග් විද්‍යාව *n.* philology
waagmaalaawa වාග්මාලාව *n.* glossary
waagwedee වාග්වේදී *adj.* linguist
waahakaya වාහකයා *n.* carrier
waahalkada වාහල්කඩ *n.* vestibule
waahanaya වාහනය *n.* wain
waahanayakin pitathata yomu woo වාහනයකින් පිටතට යොමු වූ *adj.* outboard
waahenawa වෑහෙනවා *v. t* drain

waakya kandaya වා ක්‍ය ඛණ්ඩය *n.* clause

waakya kandaya වා ක්‍ය ඛණ්ඩය *n.* phrase

waakya vinyaasaya වා ක්‍ය වින්‍යා සය *n.* syntax

waakyaya වා ක්‍යය *n.* sentence

waamanaya වා මනයා *n.* pygmy

waamapakshikayaa වා මපක්ෂිකයා *n.* leftist

waanaraya වා නරයා *n.* ape

waane වා නේ *n.* steel

waanija වා ණිජ *adj.* commercial

waanija වා ණිජ *adj.* mercantile

waanijya වා ණිජ්‍යය *n.* commerce

waanu pareekshanaya වා ණු පරීක්ෂණය *n.* biopsy

waaraya වරය *n.* term

waarikaya වාරිකය *n.* instalment

waarikaya වාරිකය *n.* premium

waarimaarga kapanawa වාරිමා ර්ග කපනවා *v.* irrigate

waarshika වා ර්ෂික *adj.* annual

waarshika makkama

wandanaawa වා ර්ශික මක්කම වන්දනා ව *n.* hajj

waarshikaya වා ර්ෂිකය *n.* annuity

waarthaa karanawa වා ර්තා කරනවා *v.* report

waarthaa karu වා ර්තා කරු *n.* reporter

waarthaawa වා ර්තා ව *n.* record

waarunu වැරු ණු *adj.* emaciated

waarunu වැරු ණු *adj.* flaccid

waarunu වැරු ණු *adj.* haggard

waasal raamuwa වා සල් රාමුව *n.* portal

waasanaawa වා සනා ව *n.* fortune

waasanaawa වා සනා ව *n.* luck

waasanaawantha වා සනා වන්ත *adj.* fortunate

waasanaawantha වා සනා වන්ත *adj.* lucky

waasasthaanaya වා සස්ථා නය *n.* habitat

waasasthaanaya වා සස්ථා නය *n.* residence

waasaya වා සය *n.* habitation

waasaya වා සය *n.* living

waasaya karanawa වා සය කරනවා *n.* abode

waasaya karanawa වා සය කරනවා *v.* dwell

waasaya karanawaa වා සය කරනවා *v.* inhabit

waasayata sudusu වා සයට සුදුසු *adj.* inhabitable

waashpa wenawa වා ෂ්ප වෙනවා *v.* evaporate

waashpaya වා ෂ්පය *n.* fume

waasi athi වාසි ඇති *adj.* advantageous

waasi athi වාසි ඇති *adj.* lucrative

waasi awaasi වාසි අවාසි *n.* odds

waasi laba gannawa වාසි ලබා ගන්නවා *v.* capitalize

waasi labena වාසි ලැ බෙන *adj.* gainful

waasiya වාසිය *n.* advantage

waasiya වාසිය *n.* boon

waasiya වාසිය *n.* score

waasiya වාසිය *n.* vantage

waasiyak salasanawa වාසියක් සලසනවා *v.t.* advantage

waassenawa වැ ස්සෙනවා *v.* percolate

waassenawaa වැස් සනෙවා *v.i.* ooze

waatha වාත *adj.* rheumatic

waathaasraya වාතා ශ්‍රය *n.* ventilation

waathaasraya labeemata salaswanawaa වාතා ශ්‍රය ලැබීමට සලස්වනවා *v.* ventilate

waathaawaranaya වාතා වරණය *n.* circumstance

waathashra sahitha වාතා ශ්‍රය සහිත *adj.* airy

waathaya වාතය *n.* air

waaththu kireema වාත්තු කිරීම *n.* casting

waaththu kireema වාත්තු කිරීම *n.* moulding

waaththu maduwa වාත්තු මඩුව *n.* foundry

waati moottu rahitha වාටි මූට්ටු රහිත *adj.* seamless

waatiya වාටිය *n.* fringe

waatiya වාටිය *n.* hem

waattuwa වාට්ටුව *n.* ward

waawanawa වාවනවා *v.* endure

waawanawaa වාවනවා *v.* uphold

waayam karanawaa වෑයම් කරනවා *v.* try

waayama වෑයම *v.* attempt

waayama වෑයම *n.* effort

waayawa වායව *adj.* pneumatic

waayu grastha වායු ග්‍රස්ත *adj.* hysterical

waayu gulmaya වායු ගුල්මය *n.* whirlwind

waayugolaya වායුගෝලය *n.* atmosphere

waayupeedanamaanaya වායුපීඩනමානය *n.* barometer

wachalaya වාචාලයා *n.* jay

wachana andhathaawa වචන අන්ධතාව *n.* dyslexia

wachana anusaarayen වචන අනුසාරයෙන් *adv.* verbatim

wachana bahulyaya වචන බහුල්‍යය *n.* verbiage

wachana maalaawa වචන මාලාව *n.* vocabulary

wachana yedu andama වචන යෙදූ අන්දම *n.* wording

wachanaya වචනය *n.* word

wachanayen kiwa nohaki වචනයෙන් කිව නොහැකි *adj.* unutterable

wachanayen kiyanawaa වචනයෙන් කියනවා *v.* verbalize

wachanayen wisthara dakwanawaa වචනයෙන් විස්තර දක්වනවා *v.* depict

wada denawa වද දෙනවා *v.* harass

wada dhaayaka වැඩ දායක *adj.* salutary

wada honda වඩා හොඳ *adj.* better

wada karana dinaya වැඩ කරන දිනය *adj.* workaday

wada karanawa වද කරනවා *v.* annoy

wada kireema වැඩ කිරීම *n.* working

wada naraka lesa වඩා නරක ලෙස *adj.* worse

wada nathiwa padi labena rakiyaawa වැඩ නැතිව පඩි ලැබෙන රැකියාව *n.* sinecure

wada wedanaawa වද වේදනාව *n.* torment

wada wenawa වද වෙනවා *v.* worry

wadaa adu woo වඩා අඩු වූ *adj.* lesser
wadaa balawath wenawa වඩා බලවත් වෙනවා *v.* redouble
wadaa barapathalawa pawathinawaa වඩා බරපතලව පවතිනවා *v.* outweigh
wadaa dadi kireema වඩා දැඩි කිරීම *n.* reinforcement
wadaa honda karanawa වඩා හොඳ කරනවා *v.* retouch
wadaa ihalin pihiti වඩා ඉහළින් පිහිටි *adj.* upper
wadaa kamathi wenawaa වඩා කැමති වෙනවා *v.* prefer
wadaa pahath වඩා පහත් *adj.* lower
wadaa pahath වඩා පහත් *adj.* subordinate
wadaa shakthimath karanawaa වඩා ශක්තිමත් කරනවා *v.* strengthen
wadaagena surathal karanawa වඩාගෙන සුරතල් කරනවා *v.* dandle
wadaath naraka wenawa වඩාත් නරක වෙනවා *v.* worsen
wadadaayaka වැඩදායක *adj.* constructive
wadadhayaka වැඩදායක *adj.* useful
wadadiya baadiya වඩදිය බාදිය *n.* tide
wadadiya baadiya athiwana වඩදිය බාදිය ඇතිවන *n.* tiddly
wadadiya baadiya pilibanda wu වඩදිය බාදිය පිළිබඳ වූ *adj.* tidal
wadagammakata nathi වැදගැම්මකට නැති *n.* insignificance
wadagammakata nathi වැදගැම්මකට නැති *adj.* maudlin
wadagammakata nathi වැදගැම්මකට නැති *adj.* measly
wadagammakata nathy thanaththaa වැදගැම්මකට නැති තැනැත්තා *n.* scamp
wadagath වැදගත් *adj.* important
wadagath වැදගත් *adj.* influential
wadagath වැදගත් *adj.* respectable
wadagathkama වැදගත්කම *n.* importance
wadagathkama වැදගත්කම *n.* signification
wadakaaree වැඩකාරි *n.* maid
wadakata nathi වැඩකට නැති *adj.* useless
wadakata nathi asun milata gena maraa mas wikunanno වැඩකට නැති අසුන් මිලට ගෙන මරා මස් විකුණන්නෝ *v.* knacker
wadakayaa වධකයා *n.* tormentor
wadalla වැදැල්ල *n.* lump
wadapola වැඩපොළ *n.* workshop
wadasatahana වැඩසටහන *n.* programme
wadata gatha haki වැඩට ගත හැකි *adj.* serviceable
wadata gatha haki වැඩට ගත හැකි *adj.* workable
wadata yediya haki වැඩට යෙදිය හැකි *adj.* usable
wadath kaaryasheeli වඩාත් කාර්යශීලී *adj.* proactive
wadawasam kramaya වැඩවසම් ක්‍රමය *n.* feudalism
wadeema වැඩීම *n.* accretion
wadeema nathara karanawa වැඩීම නතර කරනවා *v.* nip
wadenawa වැදෙනවා *v.* hurtle
wadenawaa වැඩෙනවා *v.i.* grow

wadha karanawa වධ කරනවා *v.* grill
wadi bara patawanawaa වැඩි බර පටවනවා *v.* overload
wadi diunu wenawa වැඩි දියුණු වෙනවා *v.* ameliorate
wadi diunuwa වැඩි දියුණුව *n.* amelioration
wadi kamaththak dakwana වැඩි කැමැත්තක් දක්වන *adj.* preferential
wadi karanawa වැඩි කරනවා *v.* heighten
wadi karanawaa වැඩි කරනවා *v.* increase
wadi karanawaa වැඩි කරනවා *v.* intensify
wadi karanawaa වැඩි කරනවා *v.* stretch
wadi kireema වැඩි කිරීම *v.* augment
wadi kota dakweema වැඩි කොට දැක්වීම *n.* stretch
wadi milata illanawa වැඩි මිලට ඉල්ලනවා *v.* outbid
wadi prathichaarayak dakwanawaa වැඩි ප්‍රතිචාරයක් දක්වනවා *v.* overreact
wadi sapa denawaa වැඩි සැප දෙනවා *v.* pamper
wadi weema වැඩිවීම *n.* swell
wadi wenawa වැඩි වෙනවා *v.* escalate
wadihitiya වැඩිහිටියා *n.* adult
wadikota dakwanawa වැඩිකොට දක්වනවා *v.* exaggerate
wadikota dakwanawaa වැඩිකොට දක්වනවා *n.* overdose
wadimalaa වැඩිමලා *adj.* elder
wadimanath වැඩිමනත් *adj.* superfluous
wadimbu lalla වඩිම්බු ලෑල්ල *n.* valance
wadipura aya karana gaasthuwa වැඩිපුර අය කරන ගාස්තුව *n.* surcharge
wadipura wu වැඩිපුර වූ *n.* surplus
wadiweema වැඩිවීම *v.* boost
wadiweema වැඩිවීම *n.* increment
wadiyen වැඩියෙන් *adv.* rather
wadiyen pimbunu වැඩියෙන් පිම්බුණු *adj.* overblown
wadu karmaanthaya වඩු කර්මාන්තය *n.* carpentry
waduwa වඩුවා *n.* carpenter
waduwa වඩුවා *n.* joiner
waga wibhaagaya වග විභාගය *n.* probe
wagaa kala haki වගා කළ හැකි *adj.* arable
wagaa karanawa වගා කරනවා *v.* cultivate
wagaawa වගාව *n.* crop
wagaawa වගාව *n.* plantation
wagakeem rahitha වගකීම් රහිත *adj.* irresponsible
wagakeema වගකීම *n.* responsibility
wagakeema වගකීම *n.* warranty
wagakiwa uthu වගකිව යුතු *adj.* answerable
wagakiwa yuthu වගකිව යුතු *adj.* liable
wagakiya yuthu වගකිය යුතු *adj.* responsible
wagakiyanawa වගකියනවා *v.t* guarantee
wagakiyannaa වගකියන්නා *n.* warrantor
waganthiya වගන්තිය *n.* text

wagauththarakaru වගඋත්තරකරු *n.* respondent

wagu karanawaa වගු කරනවා *v.* tabulate

wagu magin dakweema වගු මගින් දැක්වීම *n.* tabulation

wagura වගුර *n.* bog

wagura වගුර *n* marsh

wagura වගුර *n.* morass

wagura වගුර *n.* swamp

waguruwanawaa වගුරනවා *v.* splash

waguwa වගුව *n.* chart

waha kipena වහා කිපෙන *adj.* testy

wahaa awissena bawa වහා ඇවිස්සෙන බව *n.* petulance

wahaa gini ganna de වහා ගිනි ගන්න දේ *n.* tinder

wahaa kala yuthu වහා කළ යුතු *adj.* insistent

wahaa kipena වහා කිපෙන *adj.* hasty

wahaa kipena වහා කිපෙන *adj.* snappy

wahaa pelambena වහා පෙළඹෙන *adj.* responsive

wahaa rawatena වහා රැවටෙන *adj.* gullible

wahaa siduwana වහා සිදුවන *adj.* immediate

wahaama වහාම *adv.* straightway

wahaama වහාම *adv.* summarily

wahal bawa වහල් බව *n.* bondage

wahal bawin nidahas kireema වහල් බැවින් නිදහස් කිරීම *n.* manumission

wahala kauluwa වහළ කවුළුව *n.* skylight

wahalaa වහල *n.* slave

wahalata yodana lee ulu kataya වහළට යොදන ලී උළු කැටය *n.* shingle

wahalaya වහළය *n.* roof

wahale aduwadiya වහළේ අඩුවැඩිය *n.* roofing

wahaleku wani වහලෙකු වැනි *adj.* slavish

wahalkama වහල්කම *n.* slavery

wahanawa වහනවා *v.* enclose

wahanawaa වහනවා *v.* shut

waharena වැහැරෙන *v.* degenerate

waharuwa වැහැරුව *n.* switch

wahi kabaaya වැහි කබාය *n.* mackintosh

wahi kabaaya වැහි කබාය *n.* raincoat

wahu mas වහු මස් *n.* veal

waidya වෛද්‍ය *adj.* medical

waidyawarayaa වෛද්‍යවරයා *n.* doctor

waidyawarayaa වෛද්‍යවරයා *n.* medic

wain welendaa වයින් වෙළෙන්දා *n.* vintner

waira karanawa වෛර කරනවා *v.t.* hate

wairam watunu වෛරම් වැටුණු *adj.* streaky

wairama වෛරම *n.* streak

wairama වෛරම *n.* striation

wairasayak nisa athiwena වයිරසයක් නිසා ඇතිවන *adj.* viral

wairaya වෛරය *n.* animosity

wairaya athi karana වෛරය ඇති කරන *adj.* hateful

wairaya sitha yata liyalanawaa

වෛශ්‍ය සිත යට ලියනවා *v.* smoulder

waishyaawa වෛශ්‍යාව *n.* whore

waiwaahika වෛවාහික *adj.* matrimonial

waiwaahika වෛවාහික *adj.* nuptial

waiwaaranna වෛවර්ණ *adj.* various

wajambenawa වැජඹෙනවා *v.* flourish

wakawaanuwa වකවානුව *n.* epoch

wakkara වක්කර *n.* downpour

wakkaranawa වක්කරනවා *v.* pour

wakkerenawaa වැක්කෙරෙනවා *v.* trickle

wakra වක්‍ර *adj.* cyclic

wakraya වක්‍රය *n.* curve

wakugaduwa වකුගඩුව *n.* kidney

wakuru wenawa වකුරු වෙනවා *v.* misfire

wakutu kaduwa වකුටු කඩුව *n.* sabre

wakutu wenawaa වකුටු වෙනවා *v.* crouch

wal akurumaya වැල් අකුරු මය *adj.* cursive

wal bihiwu idama වල් බිහිවූ ඉඩම *n.* wilderness

wal palatiya වල් පැළෑටිය *n.* weed

wala වල *n.* pit

walaakul sahitha වලාකුල් සහිත *adj.* cloudy

walaakula වලාකුල *n.* cloud

walaakulu nathi වළාකුළු නැති *adj.* shiny

waladamanawa වළදමනවා *v.* bury

walahaa වළහා *n.* bear

walaka alaya වැලක අලය *n.* yam

walakanawa වළකනවා *v.* baulk

walakanawa වළකනවා *v.* impede

walakanawaa වළකනවා *v.* hinder

walakeema වැළකීම *n.* abstinence

walakenawa වැළකෙනවා *v.* desist

walakinawa වළකිනවා *v.t.* refrain

walakiya nohaki වැළකිය නොහැකි *adj.* inescapable

walakwana වළක්වන *adj.* preventive

walakwanawa වළක්වනවා *v.* avert

walakwanawaa වළක්වනවා *v.* obstruct

walakwanawaa වළක්වනවා *v.* obviate

walakwanawaa වළක්වනවා *v.* prevent

walakwanawaa වළක්වනවා *v.* prohibit

walakweema වැළැක්වීම *n.* prevention

walakwiya nohaki වැළැක්විය නොහැකි *adj.* unavoidable

walaleema වැළලීම *n.* burial

walalla වළල්ල *n.* bangle

walalla වළල්ල *n.* bracelet

walalla වළල්ල *n.* hoop

walalu dameeme kreedawa වළලු දැමීමේ ක්‍රීඩාව *n.* hoopla

walalukara වළලුකර *n.* ankle

walamita වැළමිට *n.* elbow

walanda gannawa වැළඳ ගන්නවා *v.* embrace

walandagannawa වැළඳගන්නවා *v.* hug

walangu වලංගු *adj.* current

walangu වලංගු *adj.* valid

walangu bawa වලංගු බව *n.* validity

walangu karanawaa වලංගු කරනවා

v. validate
walapenawa වැලපෙනවා *v.* bewail
walapenawaa වැලපෙනවා *n.* moan
walapenawaa වැලපෙනවා *v.* mourn
walapenawaa වැලපෙනවා *v.* weep
walawwa වලව්ව *n.* chateau
walgaa tharuwa වල්ගා තරුව *n.* comet
wali kadadhaasi වැලි කඩදාසි *n.* sandpaper
wali kata වැලි කැට *n.* grit
wali path allanaya වැලි පත් අල්ලනය *n.* sander
waligaya වලිගය *n.* tail
wallabaya වල්ලභයා *n.* minion
wallabha sthriya වල්ලභ ස්ත්‍රිය *n.* consort
walmath karanawa වල්මත් කරනවා *v.* distract
walpal dodawanawa වල්පල් දොඩවනවා *v.* rant
waltz natuma වෝල්ස් නැටුම *n.* waltz
walwataaram dodawanawa වැල්වටාරම් දොඩවනවා *v.* ramble
walwataaram dodawanawaa වැල්වටාරම් දොඩවනවා *v.* maunder
wama වම *n.* left
wamaaraa kaama වමාරා කෑම *n.* rumination
wamaaraa kana වමාරා කන *n.* ruminant
wamaaraa kanawaa වමාරා කනවා *v.* ruminate
wamanaya වමනය *v.* vomit
wambatu වම්බටු *n.* aubergine
wambatu වම්බටු *n.* brinjal
wamehi wu වමෙහි වූ *adj.* sinister
wana lahaba වන ලැහැබ *n.* thicket
wana lahaba වන ලැහැබ *n.* woodland
wana wu thuwaalaya වණ වූ තුවාලය *n.* ulcer
wanaantharaya වනාන්තරය *n.* glade
wanachaaree වනචාරී *adj.* wild
wanachaareethwaya වනචාරීත්වය *n.* savagery
wanachara වනචර *adj.* savage
wanantharaya වනාන්තරය *n.* jungle
wanasanawa වනසනවා *v.* devastate
wanasanawa වනසනවා *v.* extirpate
wanasanawaa වනසනවා *v.* slay
wanaseema වැනසීම *n.* destruction
wanasenawa වැනසෙනවා *v.* perish
wanawidyaawa වනවිද්‍යාව *n.* forestry
wanayehi wu වනයෙහි වූ *adj.* sylvan
wancha karanawa වංචා කරනවා *v.* beguile
wanchaa karanawa වංචා කරනවා *v.* cheat
wanchaa karanawa වංචා කරනවා *v.* defraud
wanchaaawakata hasu wu thanaththa වංචාවකට හසු වූ තැනැත්තා *n.* victim
wanchaakaaraya වංචාකාරයා *n.* charlatan
wanchaakaaraya වංචාකාරයා *n.* rook
wanchaakaranaya වංචාකරණය *v.t* forge
wanchaawa වංචාව *n.* cheat
wanchaawa වංචාව *n.* duplicity
wanchaawa වංචාව *n.* guile

wanchaawaa වංචාව *n.* forgery
wanchakaaraya වංචාකාරයා *n.* racketeer
wanchanika වංචනික *adj.* fraudulent
wanchanikaya වංචනිකයා *n.* fraud
wanda වඳ *adj.* sterile
wanda bawa වඳ බව *n.* sterility
wanda karanawa වඳ කරනවා *v.* eradicate
wanda wee giya වඳවී ගිය *adj.* extinct
wandambu purushayaa වැන්දඹු පුරුෂයා *n.* widower
wandambu sthriya වැන්දඹු ස්ත්‍රිය *n.* widow
wandanaa gamana වන්දනා ගමන *n.* pilgrimage
wandanaakaru වන්දනාකරු *n.* pilgrim
wandeema වැඳීම *n.* worship
wandi gewanawa වන්දි ගෙවනවා *v.* compensate
wandi geweema වන්දි ගෙවීම *n.* compensation
wandi geweema වන්දි ගෙවීම *n.* restitution
wandibattayaa වන්දිභට්ටයා *n.* bard
wandiya වන්දිය *n.* ransom
wandiya වන්දිය *n.* vengeance
wanduraa වඳුරා *n.* monkey
waneesiyaanu වැනීසියානු *adj.* venetian
waneesiye oru wargayak වැනීසියේ ඔරු වර්ගයක් *n.* gondola
wanena වැනෙන *n.* flab
wanena වැනෙන *adj.* floppy
wanena වැනෙන *adj.* rickety
wanena වැනෙන *adj.* wonky
wanenawaa වැනෙනවා *v.* teeter
wanenawaa වැනෙනවා *v.* waggle
wangediya වංගෙඩිය *n.* mortar
wangu sahitha වංගු සහිත *adj.* sinuous
wangu sahitha වංගු සහිත *n.* zigzag
wanguwa වංගුව *n.* zilch
wani wani yanawa වැනි වැනි යනවා *v.* flop
wanka වංක *n.* corrupt
wanka වංක *adj.* crooked
wanka වංක *adj.* deceitful
wanka වංක *adj.* insincere
wanka වංක *adj.* tortuous
wanka වංක *adj.* underhand
wankagiriya වංකගිරිය *n.* labyrinth
wankagiriya වංකගිරිය *n.* maze
wanshaadhipathiya වංශාධිපතියා *n.* nobleman
wanshaadhipathiyaa වංශාධිපතියා *n.* peer
wanshaya වංශය *n.* ancestry
wanshaya වංශය *n.* clan
wanshayen pawathenna වංශයෙන් පැවතෙන්නා *n.* descendant
wapara lesa balanawaa වපර ලෙස බලනවා *v.* squint
waparawa වපරව *adv.* askance
wara lath වර ලත් *adj.* chartered
waraaya වරාය *n.* harbour
waraaya wedikaawa වරාය වේදිකාව *n.* quay
warada වරද *n.* guilt
warada karanawaa වරද කරනවා *v.* offend
warada kireemata polambannawaa වරද කිරීමට පොළඹවනවා *v.* tempt

warada piligannawa වරද පිළිගන්නවා *v.* retract

waradak karanawa වරදක් කරනවා *v.* perpetrate

waradakaaraya වරදකාරයා *n.* culprit

waradakara වරදකාර *adj.* guilty

waradakaru වරදකරු *n.* convict

waradakaru වරදකරු *n.* offender

waradakaru karanawa වරදකරු කරනවා *v.* convict

waradakaru weema වරදකරු වීම *n.* conviction

waradata ida harinawaa වරදට ඉඩ හරිනවා *v.* unleash

waradata kandawanawa වරදට කැඳවනවා *v.* accost

waradata pelambaweema වරදට පෙළඹවීම *adj.* abhorrent

waradata polambawanawaa වරදට පොළඹවනවා *v.* suborn

waradata sama karanawa වරදට සමා කරනවා *v.* atone

waradawaa kiyawanawaa වරදවා කියවනවා *v.* misread

waradawaa thrrum ganeema වරදවා තේරුම් ගැනීම *n.* misapprehension

waradawaa thrrum gannawaa වරදවා තේරුම් ගන්නවා *v.* misconstrue

waradawaa watahaa ganeema වරදවා වටහා ගැනීම *n.* misunderstanding

waradawaa watahaa gannawa වරදවා වටහා ගන්නවා *v.* misapprehend

waradawaa watahaa gannawa වරදවා වටහා ගන්නවා *v.* misunderstand

waradawaa watahaa gannawaa වරදවා වටහා ගන්නවා *v.* misconceive

waradawaa wisthara karanawaa වරදවා විස්තර කරනවා *v.* misrepresent

waradda වැරැද්ද *n.* fault

waradda gannawa වරද්ද ගන්නවා *v.* overreach

waraddanawa වරද්දනවා *v.* err

waradeema වැරදීම *n.* miss

waradehi polambawanna වරදෙහි පොළඹවනවා *n.* tempter

waradi වැරදි *adj.* devious

waradi වැරදි *adj.* incorrect

waradi වැරදි *adj.* wrong

waradi arthaya sapayanawaa වැරදි අර්ථය සපයනවා *v.* misinterpret

waradi bawa oppu karanawa වැරදි බව ඔප්පු කරනවා *v.* refute

waradi lesa ganan hadanawa වැරදි ලෙස ගණන් හදනවා *v.* miscalculate

waradi lesa uputaagannawaa වැරදි ලෙස උපුටා ගන්නවා *v.* misquote

waradi lesa watahaagannawa වැරදි ලෙස වටහා ගන්නවා *v.* misjudge

waradi lesa yodanawaa වැරදි ලෙස යොදනවා *v.* misapply

waradi maga hasirenawaa වැරදි මග හැසිරෙනවා *v.* swerve

waradi sahitha වැරදි සහිත *adj.* wrongful

waradi soyana වැරදි සොයන *adj.* querulous

waradi thanaka thabanawaa වැරදි තැනක තබනවා *v.* mislay
waradi thanaka thabanawaa වැරදි තැනක තබනවා *v.* misplace
waradi thorathuru sapayanawaa වැරදි තොරතුරු සපයනවා *v.* misinform
waradin nidahas karanawa වරදින් නිදහස් කරනවා *v.* absolve
waradinawa වරදිනවා *v.* backfire
waradinawaa වරදිනවා *v.* miscarry
waradiya nohaki වැරදිය නොහැකි *adj.* unmistakable
waradunu වැරදුණු *adj.* mistaken
warahali andagath වැරහැලි ඇඳගත් *adj.* ragged
warahalikaariya වැරහැලිකාරිය *n.* frump
warahalla වැරහැල්ල *n.* rag
warahalla වැරහැල්ල *n.* tatter
warahan yedu kotasa වරහන් යෙදූ කොටස *n.* parenthesis
warahana වරහන *n.* bracket
warak වරක් *adv.* once
warala වරල *n.* fin
waranawaa වරනවා *v.* wane
warapprasaada nolath වරප්‍රසාද නොලත් *adj.* underprivileged
waraprasaadaya වරප්‍රසාදය *n.* privilege
wardaka වර්ධක *adj.* vegetative
wardanaya වර්ධනය *n.* growth
wardhakaya වර්ධකය *n.* amplifier
wardhanaya වර්ධනය *n.* amplification
wardhanaya karanawa වර්ධනය ක්රනවා *v.* amplify
warenthuwa වරෙන්තුව *n.* warrant
warga karanawa වර්ග කරනවා *v.* categorize
warga karanawa වර්ග කරනවා *v.* classify
warga paalanaya වර්ග පාලනය *n.* area
wargaya වර්ගය *n.* brand
wargaya වර්ගය *n.* category
wargaya වර්ගය *n.* sort
wargaya වර්ගය *n.* type
wargeekaranaya වර්ගීකරණය *n.* classification
warichchiya වරිච්චිය *n.* wattle
warinwara pawathnaa වරින්වර පවත්නා *adj.* intermittent
warjakayaa වර්ජකයා *n.* striker
warjanaya වර්ජනය *v.* boycott
warjanaya වර්ජනය *v.* strike
warna bhedaya වර්ණ භේදය *n.* apartheid
warna ganweem වර්ණ ගැන්වීම *n.* colouring
warna palakaya වර්ණ පලකය *n.* palette
warnaawaliya වර්ණාවලිය *n.* spectrum
warnana karanawa වර්ණනා කරනවා *v.* commend
warnanaawa වර්ණනාව *n.* compliment
warnaya වර්ණය *n.* caste
warnaya වර්ණය *n.* colour
warnayak nathi වර්ණයක් නැති *adj.* drab
warshaapathanaya වර්ෂාපතනය *n.* rainfall
warshaawa වර්ෂාව *n* rain
warshaya වර්ෂය *n.* year

warshika වාර්ෂික *adv.* yearly
warthanaya වර්තනය *n.* refraction
wasa thibeema වසා තිබීම *n.* closure
wasama වසම *n.* domain
wasama වසම *n.* parish
wasanawa වසනවා *v.* cover
wasanga karanawa වසඟ කරනවා *v.* enchant
wasanga karanawa වසඟ කරනවා *v.* enthral
wasanga karanawa වසඟ කරනවා *v.t* mash
wasanga wenawaa වසඟ වෙනවා *v.* succumb
wasangatha වසංගත *n.* epidemic
wasangatha rogaya වසංගත රෝගය *n.* pestilence
wasangathaya වසංගතය *n.* contagion
wasangathaya වසංගතය *n.* pest
wasangathaya වසංගතය *n.* scourge
wasantha වසන්ත *adj.* vernal
wasasthanaya වාසස්ථානය *n.* accommodation
wasektham shalyakarmaya වාසෙක්තම් ශල්‍යකර්මය *n.* vasectomy
washee karanawa වශී කරනවා *v.* bewitch
washee karanawa වශී කරනවා *v. t* enamour
washee karanawa වශී කරනවා *v.* fascinate
washee karanawaa වශී කරනවා *v.* hypnotize
washee karanawaa වශී කරනවා *v.* mesmerize
washeekaranaya වශීකරණය *n.* glamour
washeekrutha වශීකෘත *adj.* mesmeric
washpaya වාෂ්පය *n.* vapour
wasi sahitha වැසි සහිත *adj.* rainy
wasi wanantharaya වැසි වනාන්තරය *n.* rainforest
wasikili pettiya වැසිකිළි පෙට්ටිය *n.* commode
wasikiliya වැසිකිළිය *n.* latrine
wasikiliya වැසිකිළිය *n.* lavatory
wasikiliya වැසිකිළිය *n.* loo
wasikiliya වැසිකිළිය *n.* toilet
wasma වැස්ම *n.* casing
wasma වැස්ම *n.* coating
wasma වැස්ම *n.* cover
wasma වැස්ම *n.* lid
wasma වැස්ම *n.* mantle
wasma වැස්ම *n.* wrapper
wasma වැස්ම *n.* yob
wasma iwath karanawaa වැස්ම ඉවත් කරනවා *v.* uncover
wasma iwath karanawaa වැස්ම ඉවත් කරනවා *v.* unveil
wasthra වස්ත්‍ර *n.* clothes
wasthu bhanga වස්තු භංග *adj.* bankrupt
wasthu widyaawa වාස්තු විද්‍යාව *n.* architecture
wasthuwa වස්තුව *n.* entity
wasthuwa වස්තුව *n.* object
wasu patiya වසු පැටියා *n.* calf
wasunu nawa වැසුණු නැව *n.* ark
wata වැට *n.* fence
wata වට *adj.* global
wata වැට *n.* paling
wata karanawa වට කරනවා *v.* belay
wata panuwaa වට පණුවා *n.*

ringworm
wata pramanaya වට ප්‍රමාණය *n.* girth
wataa වටා *adv.* about
wataa වටා *adv.* around
wataapitaawa වටපිටාව *n.* setting
watageya වටගෙය *n.* arbour
watahaa gannawa වටහා ගන්නවා *v.* comprehend
watahaa gannawa වටහා ගන්නවා *v.* construe
watahaa gannawa වටහා ගන්නවා *v.* discern
watahena වැටහෙන *adj.* comprehensible
watakaranawa වටකරනවා *v. t* encircle
watakuru වටකුරු *adj.* round
watakuru වටකුරු *adj.* rounded
watalanawa වටලනවා *v.* besiege
watalanawa වටලනවා *v.* encompass
watalanawaa වටළනවා *v.* surround
wataleema වැටලීම *n.* raid
watapitaawa වටාපිටාව *n.* environment
watapitaawa වටපිටාව *n.* milieu
watapitaawa වටපිටාව *n.* vicinity
watarawuma වටරවුම *n.* roundabout
wate dawatanawaa වටේ දවටනවා *v.* wreathe
watenawa වැටෙනවා *v.* drop
watenawa වැටෙනවා *v.* fall
wath pohosathkama වත් පොහොසත්කම *n.* wealth
wathirenawa වැතිරෙනවා *v.* lie
wathirenawaa වැතිරෙනවා *v.* sprawl
wathkama වත්කම *n.* asset
waththa වත්ත *n.* estate
wathura වතුර *n.* water
wathura වතුර *n.* water
wathura mala වතුර මල *n.* fountain
wathura mala වතුර මල *n.* sprinkler
wathura nowadina වතුර නොවැදින *adj.* watertight
wathura ulpatha වතුර උල්පත *n.* spa
wathurata yata wenawa වතුරට යට වෙනවා *v.* inundate
wathure basa yanawaa වතුරේ බැස යනවා *v.* wade
wathuru වතුරු *adj.* fluvial
watinaa වටිනා *adj.* valuable
watinaa වටිනා *adj.* worth
watiya වැටිය *n.* ridge
wattakka වට්ටක්කා *n.* pumpkin
wattama වට්ටම *n.* discount
wattoruwa වට්ටෝරුව *n.* recipe
watupa වැටුප *n.* salary
watupa වැටුප *n.* stipend
watuwaa වටුවා *n.* quail
wawanawaa වවනවා *v.* staple
wawenawaa වැවෙනවා *v.* sprout
wawula වවුලා *n.* bat
wayaleena waadakaya වයලීන වාදකයා *n.* violinist
wayaleenaya වයලීනය *n.* violin
wayasa වයස *n.* age
wayasata giya mahallak bandu wu වයසට ගිය මැහැල්ලක් බඳු වූ *adj.* gammy
wayasgatha වයස්ගත *adj.* elderly
web adawiya වෙබ් අඩවිය *n.* website
web pituwa වෙබ් පිටුව *n.* webpage
weda nalaawa වෙද නළාව *n.* stethoscope

wedana sahitha වේදනා සහිත *adj.* sore
wedanaa naashakaya වේදනා නාශකය *n.* painkiller
wedanaa naashakaya වේදනා නාශකය *n.* sedative
wedanaa sahitha වේදනා සහිත *adj.* painful
wedanaakaaree වේදනාකාරී *adj.* painstaking
wedanaawa වේදනාව *n.* pain
wedanaawen akilenawaa වේදනාවෙන් ඇකිලෙනවා *v.* wince
wedanawen ambarenawa වේදනාවෙන් ඇඹරෙනවා *v.* writhe
wedi muraya වෙඩි මුරය *n.* volley
wedi thiyanawaa වෙඩි තියනවා *v.* shoot
wedi wadunu sathun soyaagena yannaa වෙඩි වැදුණු සතුන් සොයාගෙන යන්නා *n.* retriever
wedikaawa වේදිකාව *n.* platform
wedikaawa වේදිකාව *n.* rostrum
wedikaawa වේදිකාව *n.* stage
wee වී *n.* paddy
weeduru bawata harawanawaa වීදුරු බවට හරවනවා *v.* vitrify
weeduru sawi karanna වීදුරු සවිකරන්නා *n.* glazier
weeduru thahaduwa වීදුරු තහඩුව *n.* pane
weeduruwalin thanana lada වීදුරුවලින් තනන ලද *v.t.* glass
weenaa wisheshayak වීණා විශේෂයක් *n.* lyre
weenaawa වීනාව *n.* fiddle
weenawa වීනාව *n.* harp
weenawa වීණාව *n.* lute
weera වීර *adj.* courageous
weera වීර *adj.* intrepid
weera sthriya වීර ස්ත්‍රිය *n.* heroine
weeraya වීරයා *n.* hero
weethiya වීථිය *n.* lane
wegawath වේගවත් *n.* fleet
wegawath වේගවත් *adj.* impassioned
wegawath වේගවත් *adj.* speedy
wegaya වේගය *n.* impetus
wegaya වේගය *n.* speed
wegaya mada kama වේගය මද කම *n.* slowness
wegaya wadi karanawa වේගය වැඩි කරනවා *v.* accelerate
wegayen awidinawaa වේගයෙන් ඇවිදිනවා *n.* trotter
wegayen diya widinawaa වේගයෙන් දිය විදිනවා *v.* squirt
wegayen gahenawaa වේගයෙන් ගැහෙනවා *v.* vibrate
wegayen galaa yana වේගයෙන් ගලා යන *adj.* torrential
wegayen iwathwa yanawaa වේගයෙන් ඉවත යනවා *v.* whisk
wegayen karakaweemen athiwana shabdaya වේගයෙන් කරකැවීමෙන් ඇතිවන ශබ්දය *n.* whir
wegayen karakawenawaa වේගයෙන් කැරකෙනවා *v.* whirl
wegayen karakena keli baduwak වේගයෙන් කැරකෙන කෙළි බඩුවක් *n.* whirligig
wegayen nikmenawaa වේගයෙන් නික්මෙනවා *v.* spurt
wegayen paharadeema වේගයෙන් පහරදීම *n.* onslaught
wegayen pahatha watenawa

වේගයෙන් පහතට වැටෙනවා *v.* plummet

wegayen tika durak duwanawaa වේගයෙන් ටික දුරක් දුවනවා *v.* sprint

wegayen waayuwa harahaa yana deyakin nagana shabdaya වේගයෙන් වායුව හරහා යන දෙයකින් නගන ශබ්දය *v.* whiz

wegayen wadenawa වේගයෙන් වැඩෙනවා *v.* burgeon

wegayen wateema වේගයෙන් වැටීම *n.* plume

wegayen wathura purawanawa වේගයෙන් වතුර පුරවනවා *v.* flush

wegayen yaathraa karanawaa වේගයෙන් යාත්‍රා කරනවා *v.* scud

wegayen yanwa වේගයෙන් යනවා *v.* rush

wehasa athi karana වෙහෙස ඇති කරන *adj.* tiresome

wehasenawaa වෙහෙසෙනවා *v.* tire

wehesa වෙහෙස *n.* fatigue

wehesa athi karana වෙහෙස ඇති කරන *adj.* tedious

wehesa niwanawa වෙහෙස නිවනවා *v.* refresh

wehesa niweema වෙහෙස නිවීම *n.* refreshment

wehesa nodanena වෙහෙස නොදැනෙන *adj.* tireless

wehesa upadawana වෙහෙස උපදනවා *adj.* wearisome

wehesata path වෙහෙසට පත් *adj.* weary

weheseemen durwala wenawaa වෙහෙසීමෙන් දුර්වල වෙනවා *v.* strain

wehesena වෙහෙසෙන *adj.* trying

wehesunu වෙහෙසුණු *adj.* overwrought

wehesunu වෙහෙසුණු *adj.* tired

welaawa වේලාව *n.* time

welamba වෙළඹ *n.* mare

welanda badu වෙළඳ බඩු *n.* merchandise

welanda badu වෙළඳ බඩු *n.* ware

welanda bhaandaya වෙළඳ භාණ්ඩය *n.* commodity

welanda lakuna වෙළඳ ලකුණ *n.* trademark

welanda mandalaya වෙළඳ මණ්ඩලය *n.* syndicate

welandaampola වෙළඳාම්පොළ *n.* mart

welandapala වෙළඳපල *n.* market

welenda වෙළෙන්දා *n.* merchant

welendaa වෙළෙන්දා *n.* monger

welendaa වෙළෙන්දා *n.* stockist

welendaa වෙළෙන්දා *n.* trader

welendaa වෙළෙන්දා *n.* vendor

weli වැලි *n.* sand

weli sahitha වැලි සහිත *adj.* sandy

wella වේල්ල *n.* dam

welum patiya වෙළුම් පටිය *n.* bandage

weluma වෙලුම *n.* swathe

wen kala haki වෙන් කළ හැකි *adj.* separable

wen kara deema වෙන් කර දීම *n.* allotment

wen karanawa වෙන් කරනවා *v.* allocate

wen karanawa වෙන් කරනවා *v.* consign

wen karanawa වෙන් කරනවා *v.* reserve

wen kireema වෙන් කිරීම *n.* allocation

wen kireema වෙන් කිරීම *n.* parting
wen kireema වෙන් කිරීම *n.* partition
wen kireema වෙන් කිරීම *n.* reservation
wen weema වෙන් වීම *n.* separation
wen wenawaa වෙන් වෙනවා *v.* separate
wena වෙන *prep.* beside
wena athakata yaama වෙන අතකට යෑම *n.* detour
wena bhaashawakata nanganawaa වෙන භාෂාවකට නඟනවා *v.* interpret
wenas වෙනස් *adj.* different
wenas karanawa වෙනස් කරනවා *v.* alter
wenas karanawa වෙනස් කරනවා *v.* discolour
wenas karanawaa වෙනස් කරනවා *v.t.* modify
wenas kireema වෙනස් කිරීම *n.* modification
wenas nokalaki වෙනස් නොකළකි *adj.* inseparable
wenas nokalaki වෙනස් නොකළකි *adj.* irrevocable
wenas novee pawathnaa වෙනස් නොවී පවත්නා *adj.* steady
wenas nowana වෙනස් නොවන *adj.* abiding
wenas nowana වෙනස් නොවන *adj.* immutable
wenas wana වෙනස් වන *adj.* variable
wenas weema වෙනස් වීම *n.* reversal
wenas wenawa වෙනස් වෙනවා *v.* differ
wenasa වෙනස *n.* difference
wenasa වෙනස *n.* disparity
wenasa වෙනස *n.* inequality
wenasa වෙනස *n.* variance
wenaskam karanawa වෙනස්කම් කරනවා *v.* discriminate
wenaskama වෙනස්කම *n.* indifference
wenaswa pawathinawaa වෙනස්ව පවතිනවා *v.* vary
wenasweema වෙනස්වීම *n.* variation
wenasweemata bhaajanaya wenawa වෙනස්වීමට භාජනය වෙනවා *v.* mutate
wendesiya වෙන්දේසිය *n.* auction
wenkara thabeema වෙන්කර තැබීම *n.* segregation
wenkota thabanawaa වෙන්කොට තබනවා *v.* segregate
wenuwata වෙනුවට *n.* behalf
wenuwata වෙනුවට *adv.* instead
wenuwata path karanawaa වෙනුවට පත් කරනවා *v.* supplant
werala වෙරළ *n.* beach
werala වෙරළ *n.* coast
werala වෙරළ *n.* shore
werala watuwaa වෙරළ වටුවා *n.* wagtail
weralabada yaathraawa වෙරළබඩ යාත්‍රාව *n.* coaster
weralata waddanawaa වෙරළට වද්දනවා *v.* strand
weralehi වෙරළෙහි *adv.* ashore
weri wee kaagasamin yanawaa වෙරි වී කෑගසමින් යනවා *v.* roister
weri wu වෙරි වූ *adj.* groggy
weri wu වෙරි වූ *n.* tipsy
werimathin pasuwa athiwana

asaneepa gathiya වරෙිමතින් පසුව ඇති වන අසනීප ගතිය *n.* hangover
wes muhuna වසේ මුහුණ *n.* mask
wes walaa ganeema වසේ වළා ගැනීම *v.* disguise
weshaya වශෙය *n.* garb
weshyaawa වශේයා ව *n.* strumpet
weshyaawa වශේයා ව *n.* tart
wesmuhuna galawanawaa වසේමුහුණ ගලවනවා *v.* unmask
weswalaa ganeema වසේවලා ගැනීම *n.* impersonation
wethanaya වතෙනය *n.* wage
wethaneeya වතේනීය *adj.* intentional
wethin වතෙින් *prep.* from
wewal වවෙැල් *n.* wicker
wewala වවෙැල *n.* cane
wewlamin kathaa karanawaa වවේලමින් කතා කරනවා *v.* quaver
wewlanawa වවෙුලනවා *v.* dither
wewlanawaa වවේලනවා *v.* quiver
wewlanawaa වවේලනවා *v.* shiver
wewlanawaa වවේලනවා *v.* shudder
wewleema වවේලීම *v.* flutter
wewleema වවේලීම *n.* vibration
wewluma වවේලුම *n.* tremor
wewulanawa වවෙුලනවා *v.* flick
weyaa වයො *n.* termite
whisky nam mathpan wargayak විස්කි නම් මත්පැන් වර්ගයක් *n.* whisky
wiawaasaya kada kireema විශ්වා සය කඩ කිරීම *n.* treachery
wibhaaga kireema විභා ග කිරීම *n.* inquisition
wibhaagadiya parikshaa karana-waa විභා ගාදිය පරික්ෂා කරනවා *adj.* invigilate
wibhaagaya විභා ගය *n.* enquiry
wibhaagaya විභා ගය *n.* exam
wibhaagaya විභා ගය *n.* inquiry
wibhawa විභව *adj.* potential
wibhawathaawa විභවතා ව *n.* potentiality
wibhedanaya විභදේනය *n.* resolution
wichakshana විචක්ෂණ *adj.* discreet
wichakshana විචක්ෂණ *adj.* prudent
wichakshana විචක්ෂණ *adj.* sagacious
wichakshana bhaawaya විචක්ෂණ භා වය *n.* sagacity
wichakshanabhaawaya විචක්ෂණභා වය *n.* flair
wichalya විචල්‍ය *n.* variant
wichithra විචිත්‍ර *adj.* jazzy
wichithra විචිත්‍ර *n.* mosaic
wichithra විචිත්‍ර *adj.* variegated
wichithra jawanikaawa විචිත්‍ර ජවනිකා ව *n.* tapestry
wichithra kalpanaawa විචිත්‍ර කල්පනා ව *n.* fantasy
wichithra rachanaawa විචිත්‍ර රචනා ව *n.* extravaganza
wickramaanwitha වික්‍රමා න්විත *adj.* valiant
wickramaya වික්‍රමය *v. t* exploit
wickramaya වික්‍රමය *n.* feat
widagdathaawa විදග්ධතා ව *n.* sophistication
widahaa paama විදහා පෑම *n.* illustrate
widesheeya විදශේීය *adj.* exotic
widesheeya විදශේීය *adj.* foreign
wideshika විදශේික *adj.* alien

wideshikaya විදේශිකයා *n.* foreigner
wideshikayan nurusnaa bawa විදේශිකයන් නුරුස්නා බව *n.* xenophobia
widhaanaya විධානය *v.* command
widhaayaka විධායක *n.* executive
widhana karanawa විධාන කරනවා *v. t.* dispose
widhiya විධිය *n.* rite
widhwath විද්වත් *adj.* scholarly
widi widyaawa විධි විද්‍යාව *n.* methodology
widimath විධිමත් *adj.* formal
widimath විධිමත් *adj.* methodical
widiya විධිය *n.* means
widshaala padakkama විශාල පදක්කම *n.* medallion
widuhala විදුහල *n.* college
widuhalpathi විදුහල්පති *n.* principal
widuli balaya විදුලි බලය *n.* electricity
widuli balaya kawanawa විදුලි බලය කවනවා *v.* electrify
widuli balaya pilibanda mimmak විදුලි බලය පිළිබඳ මිම්මක් *n.* watt
widuli balayen maranawa විදුලි බලයෙන් මරනවා *v.* electrocute
widuli lipi ha sambanda විදුලි ලිපි හා සම්බන්ධ *adj.* telegraphic
widuli lipi yaweeme kramaya විදුලි ලිපි යැවීමේ ක්‍රමය *n.* telegraphy
widuli lipiya විදුලි ලිපිය *n.* telegraph
widuli pandama විදුලි පන්දම *n.* torch
widuli puwatha විදුලි පුවත *n.* telegram
widuli rahan adeema විදුලි රැහැන් ඇදීම *n.* wiring
widuli sandeshanaya විදුලි සංදේශය *n.* telecommunications
widuli shilpiyaa විදුලි ශිල්පියා *n.* electrician
widyaalaya විද්‍යාලය *n.* institution
widyaamaana විද්‍යාමාන *adj.* extant
widyuth විද්‍යුත් *adj.* electric
widyuth thapaala විද්‍යුත් තැපැල *n.* email
wigadam karanawa විගඩම් කරනවා *v.* shriek
wigadama විගඩම *n.* burlesque
wigamanaya kireema විගමනය කිරීම *v.* emigrate
wigananaya විගණනය *n.* audit
wigrahaya විග්‍රහය *n.* prognosis
wiharaadhipathi විහාරාධිපති *adj.* incumbent
wihidanawaa විහිදනවා *v.* deploy
wihidawanawa විහිදවනවා *v.* brandish
wihidenawa විහිදෙනවා *v.* expand
wihidenawaa විහිදෙනවා *v.* spatter
wihiduwanawaa විහිදුවනවා *v.* emit
wihilu thahalu විහිළු තහළු *n.* pleasantry
wihiluwa විහිළුව *n.* antic
wihiluwa විහිළුව *n.* farce
wihiluwa විහිළුව *n.* lark
wijalanaya wenawa විජලනය වෙනවා *v.* dehydrate
wijja penweema විජ්ජා පෙන්වීම *v.* conjure
wijjakaaraya විජ්ජාකාරයා *n.* magician
wikaa kanawaa විකා කනවා *v.* scrunch
wikaadaka විඛාදක *adj.* corrosive

wikaara විකා ර *adj.* gaga
wikaara විකා ර *n.* nonsense
wikaara kalpanaawa විකා ර කල්පනා ව *n.* vagary
wikaaraya විකා රය *n.* freak
wikaaraya විකා රය *n.* oddity
wikaaraya විකා රය *n.* travesty
wikaashanaya karanawa විකා ශනය කරනවා *v. t* broadcast
wikaashaya karanawaa විකා ශය කරනවා *v.* televise
wikalaanga chikithsaawa විකලා ංග චිකිත්සා ව *n.* orthopaedics
wikalanaya විකලනය *n.* mutilation
wikalpa විකල්ප *adj.* optional
wikalpaya විකල්පය *n.* option
wikarshakaya විකර්ෂකය *adj.* repellent
wikarshanaya විකර්ෂණය *n.* repulsion
wikarshanaya karanawa විකර්ෂණය කරනවා *v.* repel
wikat kanuwa විකට් කණුව *n.* stump
wikata විකට *adj.* droll
wikata chithraya විකට චිත්‍රය *n* caricature
wikata naamaya විකට නා මය *n.* nickname
wikata naluwa විකට නළුවා *v.* fester
wikata natakaya විකට නා ටකය *n* comedy
wikataya විකටයා *n.* comedian
wikendranaya විකේන්ද්‍රණය *v.* decentralize
wikendrika විකේන්ද්‍රික *adj.* eccentric
wiketha karanawa විකේත කරනවා *v.* decode
wikiniya haki විකිණිය හැකි *adj.* salable
wikirana rekhanaya විකිරණ රේඛනය *n.* radiography
wikiranasheeli විකිරණශීලි *adj.* radioactive
wikiranawedaya විකිරණවේදය *n.* radiology
wikiranaya විකිරණය *n.* radiation
wikraantha වික්‍රා න්ත *adj.* mighty
wikrama karanawaa වික්‍රම කරනවා *v.* might
wikramaanwitha වික්‍රමා න්විත *adj.* heroic
wikshiptha weema වික්ෂිප්ත වීම *n.* distraction
wikshipthabhaawayata pamunuwanawa වික්ෂිප්තභා වයට පමුණුවනවා *v.* perturb
wikunanawaa විකුණනවා *v.* sell
wikunanawaa විකුණනවා *v.* vend
wikunannaa විකුණන්නා *n.* seller
wikurthi karanawa විකෘති කරනවා *v.* distort
wikurthi wenawa විකෘති වෙනවා *v.* mutative
wikurthiya විකෘතිය *n.* alteration
wikurthiya විකෘතිය *n.* malformation
wikurthiya විකෘතිය *n.* mutation
wila විල *n.* lake
wilaasa paanawa විලා ස පා නවා *v.i* flirt
wilaasitha විලාසිතා *n.* fashion
wilaasithaa priya karanna විලාසිතා ප්‍රිය කරන්නා *n.* stylist
wilaasithaagatha විලාසිතා ගත *adj.* fashionable
wilambanayaa විලම්බනය *n.* lagging

wilambayaවිලම්බය *v.* lag
wilawunවිලවුන් *n.* cosmetic
wileenaවිලීන *adj.* molten
wilibiya nathiවිළිබිය නැති *a.* immodesty
wiliththanawaවිලිත්තනවා *v.* grin
willaවිල්ල *n.* rim
willudaවිල්ලුද *n.* velvet
willuda waniවිල්ලුද වැනි *adj.* velvety
wilomayaවිලෝමය *v.* converse
wilopiyaaවිලෝපියා *n.* predator
wilumbaවිලුඹ *n.* heel
wimarshanayaවිමර්ශනය *n.* review
wimarshanaya karanawa විමර්ශනය කරනවා *v.* investigate
wimasanawaවිමසනවා *v.* browse
wimasanawaවිමසනවා *v.* enquire
wimasanawaවිමසනවා *v.* inquire
wimasanawaaවිමසනවා *v.* debrief
wimaseemaවිමසීම *v.* canvass
wimasilimathවිමසිලිමත් *adj.* nosy
wimathiyaවිමතිය *n.* perplexity
wimathiyata pathwenawaවිමතියට පත්වෙනවා *v.* amaze
wimochanayaවිමෝචනය *n.* purgation
wimukthidaayakayaa විමුක්තිදායකයා *n.* liberator
winaasadaayakaවිනාසදායක *adj.* subversive
winaasha karanawaවිනාශ කරනවා *v.* destroy
winaasha karanawaaවිනාශ කරනවා *v.* overwhelm
winaasha karannaවිනාශ කරන්න *n.* destroyer
winaashadaayakaවිනාශදායක *adj.* disastrous
winaashakaareeවිනාශකාරී *adj.* ruinous
winaashayaවිනාශය *n.* blast
winaashayaවිනාශය *n.* downfall
winaashayaවිනාශය *n.* perdition
winaashayaවිනාශය *n.* ruin
winaashayaවිනාශය *n.* undoing
winaashayaවිනාශය *n.* wrack
winasha karanawaවිනාශ කරනවා *v.t.* ravage
winashayaවිනාශය *n.* annihilation
winaya neethiyaවිනය නීතිය *n.* canon
windinawaaවිඳිනවා *v.i.* suffer
wine වයින් *n.* wine
wine saadana thana වයින් සාදන තැන *n.* winery
wineethaවිනීත *adj.* decent
wineethaවිනීත *adj.* meek
wineethaවිනීත *adj.* respectful
wineethaවිනීත *adj.* reverent
wineethaවිනීත *adj.* seemly
wineethabhaawayaවිනීතභාවය *n.* modesty
wineethakamaවිනීතකම *n.* decency
wingnanawaadeeවිඥානවාදී *adv.* ideally
winishchakaruwaaවිනිශ්චකරුවා *n.* umpire
winishchaya sabhaawaවිනිශ්චය සභාව *n.* tribunal
winishchayak denawaවිනිශ්චයක් දෙනවා *v.* arbitrate
winishchayashaalaawa විනිශ්චයශාලාව *n.* forum
winishchayata baajanaya wee athiවිනිශ්චයට භාජනය වී ඇති *adj.*

subjudice
winiwida yaama විනිවිද යෑම *n.* penetration
winiwida yanawa විනිවිද යනවා *v.* penetrate
winiwidha peneema විනිවිද පෙනීම *n.* transparency
winnambuwa වින්නඹුව *n.* midwife
winoda chaarikawa විනෝද චාරිකාව *n.* outing
winoda wenawa විනෝද වෙනවා *v.* amuse
winodaanshaya විනෝදාංශය *n.* hobby
winodaanshaya විනෝදාංශය *n.* pastime
winodaya විනෝදය *n.* amusement
winodaya විනෝදය *n.* entertainment
winodaya විනෝදය *n.* fun
winodaya විනෝදය *n.* mirth
winodaya විනෝදය *n.* recreation
winodaya athi karanawa විනෝදය ඇති කරනවා *v.* entertain
winyaasaya වින්‍යාසය *n.* arrangement
winyaasaya වින්‍යාසය *n.* configuration
wipaakaya විපාකය *n.* outcome
wipaakaya විපාකය *n.* retribution
wipaakaya විපාකය *n.* sequel
wipaksha විපක්ෂ *adj.* averse
wiparam sahitha විපරම් සහිත *adj.* cautious
wiparam sahitha විපරම් සහිත *adj.* deliberate
wiparinaamaya විපරිනාමය *n.* transformation
wiparitha විපරිත *adj.* preposterous
wipatha විපත *n.* adversity
wipatha විපත *n.* bane
wipatha විපත *n.* woe
wipathata helanawaa විපතට හෙළනවා *n.* victimize
wipathedee nosaleema විපතේදී නොසැලීම *n.* sangfroid
wipayaasaya විපයාසය *v.i.* subvert
wiplawa waadee විප්ලවවාදී *adj.* revolutionary
wiplawawaadi විප්ලවවාදී *adj.* radical
wiplawaya විප්ලවය *n.* revolution
wiplawaya විප්ලවය *n.* subversion
wiplaweekaranaya විප්ලවීකරණය *v.* revolutionize
wipula විපුල *adj.* copious
wipula විපුල *adj.* inexhaustible
wiraagee විරාගී *adj.* dispassionate
wiraama lakunu විරාම ලකුණු *n.* punctuation
wiraama thabanawaa විරාම තබනවා *v.* punctuate
wiraamaya විරාමය *n.* interval
wiraamaya විරාමය *n.* pause
wiraamaya විරාමය *n.* recess
wirala විරල *adj.* sporadic
wirechanaya විරේචනය *n.* catharsis
wireka karanawa විරේක කරනවා *v.* purge
wirekaya විරේකය *adj.* purgative
wiritha විරිත *n.* metre
wiriththeema විරිත්තීම *n.* sneer
wirodaya විරෝධය *prep.* despite
wiroddha baasaya විරෝධාභාසය *adj.* paradoxical
wirodhaya විරෝධය *n.* enmity
wirodhaya විරෝධය *n.* opposition

wirodhaya විරෝධය *n.* repugnance

wirodhaya විරෝධය *n.* rivalry

wirodhaya paanawa විරෝධය පානවා *v.* resist

wiroopathaawa විරූපතාව *n.* deformity

wirudda විරුද්ධ *prep.* contra

wirudda wenawa විරුද්ධ වෙනවා *v.* disapprove

wirudda wenawa විරුද්ධ වෙනවා *v.* interfere

wiruddartha padaya විරුද්ධාර්ථ පදය *n.* antonym

wiruddathwaya විරුද්ධත්වය *v.* dissent

wiruddathwaya විරුද්ධත්වය *n.* protest

wiruddawa kiyanawa විරුද්ධව කියනවා *v.* contradict

wiruddawa kreeda karanawa විරුද්ධව ක්‍රියා කරනවා *v.t.* counter

wiruddawaadhiyaa විරුද්ධවාදියා *n.* opponent

wiruddha විරුද්ධ *adj.* opposite

wiruddha විරුද්ධ *adj.* repugnant

wiruddha lingika pakshaye andum andinnaa විරුද්ධ ලිංගික පක්ෂයේ ඇඳුම් අඳින *n.* transvestite

wiruddha wenawaa විරුද්ධ වෙනවා *v.* oppose

wiruddhaa baasaya විරුද්ධාභාසය *n.* paradox

wiruddhathwaya විරුද්ධත්වය *n.* objection

wirusdha විරුද්ධ *n.* dissident

wisaadhanaya karanawa විසාධනය කරනවා *v.* disprove

wisamaanupaathika විසමානුපාතික *adj.* disproportionate

wisandanawaa විසඳනවා *v.* solve

wisandeemata thibena විසඳීමට තිබෙන *adj.* pending

wisandenawa විසඳෙනවා *v.* resolve

wisandha karanawa විසන්ධ කරනවා *v.* disconnect

wisandiya nohaki විසඳිය නොහැකි *adj.* inexplicable

wisanwaadaya විසංවාදය *n.* contradiction

wisanwaadee විසංවාදී *adj.* discordant

wisappuwa විසප්පුව *n.* blister

wisappuwa විසප්පුව *n.* herpes

wisaranaya wenawa විසරණය වෙනවා *v.* diffuse

wisha විෂ *n.* poison

wisha iwath karanawa විෂ ඉවත් කරනවා *v.* detoxify

wisha sahitha විෂ සහිත *adj.* poisonous

wishaadathaawa විෂාදතාව *n.* melancholia

wishaala විශාල *adj.* huge

wishaala විශාල *adj.* large

wishaala විශාල *adj.* massive

wishaala de විශාල දේ *n.* hulk

wishaala gas wesesa විශාල ගස් වෙසෙස *n.* sycamore

wishaala gowipala විශාල ගොවිපළ *n.* ranch

wishaala karanawa විශාල කරනවා *v.* enlarge

wishaala maduwa විශාල මඩුව *n.* marquee

wishaala potha විශාල පොත *n.* tome

wishaala pradeshaya විශාල

ප්‍රදේශය *n.* expanse

wishaala prawaahaka waahanayak විශාල ප්‍රවාහක වාහනයක් *n.* transporter

wishaala shabda wikaashana yanthraya විශාල ශබ්ද විකාශන යන්ත්‍රය *n.* woofer

wishaala susaanabhoomiya විශාල සුසානභූමිය *n.* necropolis

wishaala yuda nawa විශාල යුධ නැව *n.* cruiser

wishaalanaya karanawaa විශාලනය කරනවා *v.* magnify

wishabeeja nasanawa විශබීජ නසනවා *v.* disinfect

wishabeejaya විෂබීජය *n.* germ

wishala විශාල *adj.* ample

wishala palliya විශාල පල්ලිය *n.* basilica

wishamajaatheeya විෂමජාතීය *adj.* heterogeneous

wishamathaawa විෂමතාව *n.* asperity

wishamathaawa විෂමතාව *n.* discrepancy

wishawaanaya විෂවානය *n.* miasma

wishaya විෂය *n.* realm

wishaya විශ්වය *n.* subject

wishaya maalaawa විෂය මාලාව *n.* curriculum

wishaya maalaawa විෂය මාලාව *n.* syllabus

wishaya seemawa විශය සීමාව *n.* ambit

wishaya sheshthraya විෂය ක්ෂෙත්‍රය *n.* topic

wishayaathmaka විෂයාත්මක *adj.* subjective

wishesha විශේෂ *adj.* special

wishesha kalaa kramaya විශේෂ කලා ක්‍රමය *adj.* futuristic

wishesha niyamaya විශේෂ නියමය *n.* specification

wishesha wilaasaya විශේෂ විලාසය *n.* mannerism

wisheshagnabhaawaya විශේෂඥභාවය *n.* specialization

wisheshagnayaa විශේෂඥයා *n.* specialist

wisheshanaya karanawaa විශේෂණය කරනවා *v.* specify

wisheshathwaya විශේෂත්වය *n.* speciality

wisheshaya විශේෂය *n.* species

wisheshayen wen nokala විශ්වාසයෙන් වෙන් නොකළ *adj.* unreserved

wisheshayenma විශේෂයෙන්ම *adv.* especially

wisheshitha විශේෂිත *adj.* exclusive

wishishita විශිෂ්ට *adj.* outstanding

wishishta විශිෂ්ට *adj.* conspicuous

wishishta විශිෂ්ට *adj.* especial

wishishta විශිෂ්ට *adj.* grand

wishishta විශිෂ්ට *adj.* magnificent

wishishta විශිෂ්ට *adj.* pre-eminent

wishishta විශිෂ්ට *adj.* specific

wishishta විශිෂ්ට *adj.* spectacular

wishishta විශිෂ්ට *adj.* thorough

wishishta jayaggrahanaya විශිෂ්ට ජයග්‍රහණය *n.* triumph

wishishta wenawaa විශිෂ්ට වෙනවා *v.* specialize

wishishtabhaawaya විශිෂ්ටභාවය *n.* distinction

wishishtathaawa විශිෂ්ටතාව *n.*

excellence

wishishtathaawaya විශිෂ්ටතාවය *n.* pre-eminence

wishishtathwayata pamunuwanawaa විශිෂ්ටත්වයට පමුණුවනවා *v.* transfigure

wishkambhaya විෂ්කම්භය *n.* diameter

wishleshakaya විශ්ලේෂකයා *n.* analyst

wishleshanaya විශ්ලේෂණය *n.* analysis

wishleshanaya karanawa විශ්ලේෂණය කරනවා *v.* analyse

wishleshi විශ්ලේෂී *adj.* analytical

wishraama gannawa විශ්‍රාම ගන්නවා *v.* retire

wishraama watupa විශ්‍රාම වැටුප *n.* pension

wishraamaya විශ්‍රාමය *n.* relaxation

wishraamaya විශ්‍රාමය *n.* repose

wishraamaya විශ්‍රාමය *n.* retirement

wishraamikaya විශ්‍රාමිකයා *n.* pensioner

wishwa විශ්ව *adj.* cosmic

wishwa kendra gatha විශ්ව කේන්ද්‍ර ගත *comb.* cyber

wishwa kendra gatha awakaashaya විශ්ව කේන්ද්‍ර ගත අවකාශය *n.* cyberspace

wishwa vidyaalaye warshaardhaya විශ්ව විද්‍යාලයේ වර්ෂාර්ධය *n.* semester

wishwa widyaawa විශ්ව විද්‍යාව *n.* cosmology

wishwaasa kala haki විශ්වාස කළ හැකි *adj.* reliable

wishwaasa kala nohaki විශ්වාස කළ නොකෙලැකි *adj.* incredible

wishwaasa kala nohaki විශ්වාස කළ නොහැකි *n* unreliable

wishwaasa karanawa විශ්වාස කරනවා *v.* believe

wishwaasa karanawa විශ්වාස කරනවා *v.* confide

wishwaasa katayuthu විශ්වාස කටයුතු *adj.* foolproof

wishwaasaya විශ්වාසය *n.* belief

wishwaasaya විශ්වාසය *n.* confidence

wishwaasaya විශ්වාසය *n.* reliance

wishwaasaya විශ්වාසය *n.* trust

wishwaasaya thabanawa විශ්වාසය තබනවා *v.* rely

wishwaasee විශ්වාසී *adj.* confident

wishwakoshaya විශ්වකෝෂය *n.* encyclopaedia

wishwasaneeya විශ්වසනීය *adj.* trustworthy

wishwawidyaalayakata athul weema විශ්වවිද්‍යාලයකට ඇතුල් වීම *n.* matriculation

wishwawidyaalayakata athul wenawa විශ්වවිද්‍යාලයකට ඇතුල් වෙනවා *v.* matriculate

wishwaya විශ්වය *n.* cosmos

wishwaya විශ්වාස *n.* universe

wisi karanawa විසි කරනවා *v.* cast

wisin විසින් *prep.* per

wisiranaya විසිරණය *n.* Diaspora

wisirenawa විසිරෙනවා *v.* disperse

wisirenawaa විසිරෙනවා *v.* scatter

wisithuru darshanaya විසිතුරු දර්ශනය *n.* sighting

wisithuru narabeemma විසිතුරු

නැරඹීම *n.* sightseeing
wisiweni විසිවෙනි *adj.&n.* twentieth
wisiweni විසිවෙනි *adj.&n.* twentieth
wiskothu විස්කෝතු *n.* biscuit
wiskothu wargayak විස්කෝතු වර්ගයක් *n.* pretzel
wiskothu wargayak විස්කෝතු වර්ගයක් *n.* rusk
wismakuru විස්මකුරු *adj.* surreal
wismaya විස්මය *n.* amazement
wismaya විස්මය *n.* awe
wismaya විස්මය *n.* surprise
wismayata path kireema විස්මයට පත්කිරීම *n.* astonishment
wismayata path wenawa විස්මයට පත්වෙනවා *v.* astound
wismitha විස්මිත *adj.* spellbound
wisraama paarithoshikaya විශ්‍රාම පාරිතෝෂිකය *n.* superannuation
wissa විස්ස *adj.&n.* twenty
wisthaaranaya විස්තාරනය *n.* extension
wisthaaraya විස්තාරය *n.* amplitude
wisthara karanawa විස්තර කරනවා *v.* annotate
wisthara karanawa විස්තර කරනවා *v.* describe
wisthara nokalaki විස්තර නොකළැකි *adj.* indescribable
wisthara prakaashaya විස්තර ප්‍රකාශය *n.* commentary
wisthara wichaaraka විස්තර විචාරක *n.* commentator
wistharaya විස්තරය *n.* description
wistharaya විස්තරය *n.* detail
wisuranawaa විසුරනවා *v.* strew
wisuruwa hareema විසුරුවා හැරීම *v.* disband
wiswaasa kala nohaki විශ්වාස කළ නොහැකි *adj.* unbelievable
wiswaasaya nothabiya haki විශ්වාසය නොතිබිය හැකි *adj.* treacherous
withandawaadaya විතණ්ඩවාදය *n.* sophism
withandawaadiya විතණ්ඩවාදිය *n.* sophist
withthi විත්ති *n.* annals
withthikaarayaa විත්තිකාරයා *n.* defendant
withthikooduwa විත්තිකූඩුව *n.* dock
wiwaada rahitha විවාද රහිත *adj.* indisputable
wiwaadaathmaka විවාදාත්මක *adj.* controversial
wiwaadasheeli විවාදශීලි *adj.* debatable
wiwaadaya විවාදය *n.* controversy
wiwaadaya විවාදය *n.* debate
wiwaadaya විවාදය *n.* polemic
wiwaaha විවාහ *adj.* marital
wiwaaha bandanaya විවාහ බන්ධනය *n.* wedlock
wiwaaha bas illanna විවාහ බස් ඉල්ලන්නා *n.* suitor
wiwaaha mangallaya විවාහ මංගල්‍යය *n.* wedding
wiwaaha siddiya විවාහ සිද්ධිය *n.* spousal
wiwaaha weemata sudusu විවාහ වීමට සුදුසු *adj.* marriageable
wiwaahaya විවාහය *n.* marriage
wiwaahaya pilibanda wu විවාහය පිළිබඳ වූ *v.t. & i.* conjugal
wiwaahayata pera විවාහයට පෙර *adj.* premarital

wiwaahayata sudusu විවාහයට සුදුසු *a.* nubile
wiwaasikayaa විවාසිකයා *n.* exile
wiwaraya විවරය *n.* aperture
wiwaraya විවරය *n.* bole
wiwaraya විවරය *n.* cavity
wiwaraya විවරය *n.* fissure
wiwaraya විවරය *n.* gap
wiwaraya විවරය *n.* pore
wiwaraya විවරය *n.* rift
wiwarjanaya විවර්ජනය *adj.* exempt
wiwarnma wenawa විවර්ණ වෙනවා *v.i.* fade
wiwartha විවර්ත *n.* turning
wiwechakayaa විවේචකයා *n.* critic
wiwechanaya විවේචනය *n.* criticism
wiwechanaya karanawa විවේචනය කරනවා *v.* criticize
wiweka gannawa විවේක ගන්නවා *v.* rest
wiweka kaalaya විවේක කාලය *n.* intermission
wiweka kaalaya විවේක කාලය *n.* leisure
wiwekeewa විවේකීව *adj.* leisurely
wiwethanaya විවේතනය *n.* allowance
wiwida විවිධ *adj.* varied
wiwida prasangaya විවිධ ප්‍රසංගය *n.* concert
wiwidha විවිධ *adj.* diverse
wiwidha විවිධ *adj.* sundry
wiwidha prasangaya විවිධ ප්‍රසංගය *n.* vaudeville
wiwidhaakaara විවිධාකාර *adj.* motley
wiwidhathwaya විවිධත්වය *n.* diversity
wiwidhathwaya විවිධත්වය *n.* multiplicity
wiwidhathwaya විවිධත්වය *n.* variety
wiwurtha විවෘත *adj.* open
wiya haki විය හැකි *adj.* possible
wiya haki විය හැකි *adj.* would-be
wiya haki wenawa විය හැකි වෙනවා *v.* would
wiya pahadama විය පැහැදම *n.* expenditure
wiyaaja prasansaawa ව්‍යාජ ප්‍රශංසාව *n.* sarcasm
wiyaajokthiyen yuth ව්‍යාජෝක්තියෙන් යුත් *adj.* sarcastic
wiyaapadeshaya ව්‍යාපදේශය *n.* quid
wiyadam gewanawa වියදම් ගෙවනවා *v.* defray
wiyadam karanawa වියදම් කරනවා *v.* expend
wiyadam karanawaa වියදම් කරනවා *v.* spend
wiyadama වියදම *n.* expense
wiyadama වියදම *n.* outlay
wiyadama adu karanawa වියදම අඩු කරනවා *v.* retrench
wiyadama adu kireema වියදම අඩු කිරීම *n.* retrenchment
wiyahaki වියහැකි *adj.* likely
wiyahaki bawa වියහැකි බව *n.* likelihood
wiyakulathwaya ව්‍යාකූලත්වය *n.* ambiguity
wiyalanaya වියළනය *n.* dryer
wiyali වියළි *adj.* dry
wiyali වියළි *adj.* parched
wiyali midi වියළි මිදි *n.* currant
wiyali midi වියලි මිදි *n.* plum

wiyali miris වියළි මිරිස් *n.* chilli
wiyali muddarappalam වියළි මුද්දරප්පලම් *n.* sultana
wiyali mudrika phala වියළි මුද්‍රික ඵල *n.* raisin
wiyali phala wargayak වියළි ඵල වර්ගයක් *n.* prune
wiyamana වියමන *n.* texture
wiyanawaa වියනවා *v.* weave
wiyannaa වියන්නා *n.* weaver
wiyapaara wasthu tharawkaarayaa ව්‍යාපාර වස්තු තැරැව්කාරයා *n.* stockbroker
wiyapath වියපත් *adj.* senile
wiyaru watee වියරු වැටී *adv.* amok
wiyaru watunu වියරු වැටුණු *adj.* demented
wiyaru watunu වියරු වැටුණු *adj.* frenetic
wiyaruwa වියරුව *n.* rage
wiyawasthaawa ව්‍යවස්ථාව *n.* ordinance
wiyo weema වියෝ වීම *n.* bereavement
wiyoga karanawaa වියෝග කරනවා *v.* sunder
wiyojanaya වියෝජනය *n.* decompose
wiyu willuda වියු විල්ලුද *n.* velour
wiyuhaathmaka ව්‍යුහාත්මක *adj.* structural
wool bolayak වූල් බෝලයක් *n.* bobble
woteeyathaawaya වොටේයතාවය *n.* wattage
wrushanaya වෘෂණය *n.* testis
wth pathrikaawa අත් පත්‍රිකාව *n.* handbill
wurkayaa වෘකයා *n.* wolf
wurkayange birum handa වෘකයාගේ බිරුම් හඬ *n.* woof
wurtha paadaya වෘත්ත පාදය *n.* quadrant
wurthaakaara වෘත්තාකාර *adj.* circular
wurthanthaya වෘත්තාන්තය *n.* anecdote
wurthaya වෘතය *n.* circle
wurtheeya nowana වෘත්තීය නොවන *adj.* unprofessional
wurtheeya samithiye saamaajikayaa වෘත්තීය සමිතියේ සාමාජිකයා *n.* unionist
wurthikaya වෘත්තිකයා *n.* practitioner
wurthimaya වෘත්තිමය *adj.* professional
wurthiya වෘත්තිය *n.* profession
wurththeeya වෘත්තීය *adj.* occupational
wuwath ඉවත් *adj.* even
wyaadhiwedee ව්‍යාධිවේදී *n.* pathology
wyaaja ව්‍යාජ *adj.* plausible
wyaaja ව්‍යාජ *adj.* pseudo
wyaaja alankaarayen rawatana ව්‍යාජ අලංකාරයෙන් රවටන *adj.* meretricious
wyaaja naamaya ව්‍යාජ නාමය *n.* pseudonym
wyaajaka ව්‍යාජක *adj.* pretentious
wyaajaya ව්‍යාජය *n.* pretension
wyaakarana ව්‍යාකරණ *n.* grammar
wyaakarana wigraha karanawa ව්‍යාකරණ විග්‍රහ කරනවා *v.* parse
wyaakoola ව්‍යාකූල *adj.* complicit
wyaakoola ව්‍යාකූල *adj.* deranged

wyaakoola ව්‍යාකූල *adj.* indiscriminate

wyaakoola karanawa ව්‍යාකූල කරනවා *v.* mystify

wyaakoola karanawaa ව්‍යාකූල කරනවා *v.t.* puzzle

wyaakoola prabandhaya ව්‍යාකූල ප්‍රබන්ධය *n.* rhapsody

wyaakula ව්‍යාකූල *adj.* chaotic

wyaakulathaawaya ව්‍යාකූලතාවය *n.* chaos

wyaapaaraya ව්‍යාපාරය *n.* campaign

wyaaparikayaa ව්‍යාපාරිකයා *n.* businessman

wyaapruthiya ව්‍යාපෘතිය *n.* project

wyaaptha ව්‍යාප්ත *adj.* comprehensive

wyaaptha ව්‍යාප්ත *adj.* prevalent

wyaaptha wenawa ව්‍යාප්ත වෙනවා *v.* pervade

wyaapthiya ව්‍යාප්තිය *n.* prevalence

wyabhichaaraya ව්‍යභිචාරය *n.* incest

wyaja ව්‍යාජ *adj.* counterfeit

wyaktha ව්‍යක්ත *adj.* discrete

wyaktha ව්‍යක්ත *adj.* explicit

wyakthabhaawaya ව්‍යක්තභාවය *n.* eloquence

wyanjanaaksharaya ව්‍යාජනාක්ෂරය *n.* consonant

wyanjanaya ව්‍යංජනය *n.* curry

wyapaaraya ව්‍යාපාරය *n.* business

wyartha ව්‍යර්ථ *adj.* abortive

wyartha karanawa ව්‍යර්ථ කරනවා *v. t.* defeat

wyasanaya ව්‍යසනය *n.* disaster

wyawahaara mudal ව්‍යවහාර මුදල් *n.* currency

wyawahaaraya ව්‍යවහාරය *n.* diction

wyawarthanaya ව්‍යාවර්තනය *n.* torsion

wyawasaaya ව්‍යවසාය *n.* enterprise

wyawasaayakayaa ව්‍යවසායකයා *n.* entrepreneur

wyawasthaadaayaka ව්‍යවස්ථාදායක *adj.* legislative

wyawasthaadaayakaya ව්‍යවස්ථාදායකය *n.* legislature

wyawasthaamaya ව්‍යවස්ථාමය *adj.* constitutional

wyawasthaanukoola ව්‍යවස්ථානුකූල *adj.* statutory

wyawasthaawa ව්‍යවස්ථාව *n.* constitution

wyawasthaawa ව්‍යවස්ථාව *n.* regulation

wyuhaya ව්‍යූහය *n.* anatomy

wyuthpannaya ව්‍යුත්පන්නය *adj.* derivative

wywasthaawa ව්‍යවස්ථාව *n.* statute

X

x kiranaya x කිරණය *n.* x-ray

xerox pitapathkaranaya සෙරොක්ස් පිටපත්කරණය *n.* Xerox

xylophagous ක්සයිලොෆැගස් *adj.* xylophagous

xylophilous ක්සයිලොෆිලස් *adj.* xylophilous

xylophonaya ක්සයිලොෆෝනය *n.* xylophone

Y

yaa karanawa යා කරනවා *v.t.* affix
yaa karanawa යා කරනවා *v.* annex
yaa karanawa යා කරනවා *v.* connect
yaa karanawaa යා කරනවා *v.* interlink
yaa kireema යා කිරීම *n.* annexation
yaa wenawa යා වෙනවා *v.* adjoin
yaabada යාබද *adj.* adjacent
yaachgnaawa යාච්ඤාව *n.* prayer
yaagaya යාගය *n.* oblation
yaagaya pilibanda යාගය පිළිබඳ *adj.* sacrificial
yaagaya pinisa maranawaa යාගය පිණිස මරනවා *v.* immolate
yaaluwaa යාළුවා *n.* pal
yaanaawa යානාව *n.* craft
yaanthamin යාන්තමින් *adv.* scarcely
yaanthra widyaawa යාන්ත්‍ර විද්‍යාව *n.* mechanics
yaanthranaya යාන්ත්‍රණය *n.* mechanism
yaanthrika යාන්ත්‍රික *adj.* mechanical
yaanthrika karanawa යාන්ත්‍රික කරනවා *v.* dehumanize
yaanthrika upakaranayak යාන්ත්‍රික උපකරණයක් *n.* gadget
yaanthrikaya යාන්ත්‍රිකයා *n.* mechanic
yaaraya යාරය *n.* yard
yaathikawa යාතිකාව *n.* invocation
yaathra kireema යාත්‍රා කිරීම *n.* yachting
yaathraa gamana යාත්‍රා ගමන *n.* sail
yaathraa karanawaa යාත්‍රා කරනවා *v.* sail
yaathraawa යාත්‍රාව *n.* voyage
yaathraawen යාත්‍රාවෙන් *adv.* overboard
yaathranaya යාත්‍රණය *n.* navigation
yaawathkaala karanawaa යාවත්කාල කරනවා *v.* update
yaaya යාය *n.* tract
yadinawa යදිනවා *v.* pray
yadinawaa යදිනවා *v.* invoke
yahaluwa යහළුවා *n.* friend
yahapath යහපත් *adj.* righteous
yahapath ath wada යහපත් අත් වැඩ *n.* handiwork
yahapath de thora gannawaa යහපත් දේ තෝරා ගන්නවා *v.* optimize
yahapatha යහපත *n.* weal
yahapathkama යහපත්කම *n.* goodness
yakada යකඩ *n.* iron
yakada athwasma යකඩ අත්වැස්ම *n.* gauntlet
yakada pathura යකඩ පතුර *n.* fascia
yakada thahaduwa යකඩ තහඩුව *n.* griddle
yakshaarooda wenawaa යක්ෂාරූඪ වෙනවා *v.* demonize
yakshaya යක්ෂයා *n.* demon
yakshaya යක්ෂයා *n.* devil
yakshaya යක්ෂයා *n.* fiend
yakshayaa pilibanda යක්ෂයා පිළිබඳ *adj.* satanic
yal panagiya යල් පැනගිය *adj.* outdated
yal panapu යල් පැනපු *adj.* addled

yal panapu යල් පැනපු *adj.* obsolescent

yal panapu යල් පැනපු *adj.* trite

yali opa damanawa යළි ඔප දමනවා *v.* refurbish

yali prathigna denawa යළි ප්‍රතිඥා දෙනවා *v.* reaffirm

yali salakaa balanawa යළි සළකා බලනවා *v.* reconsider

yali thakseruwa යළි තක්සේරු ව *v.* rethink

yam pramaanayak යම් ප්‍රමාණයක් *adv.* somewhat

yamak angawana යමක් අඟවනවා *adj.* suggestive

yamak desata nawunu යමක් දෙසට නැවුණු *adj.* prone

yamak iwasanawaa යමක් ඉවසනවා *v.* tolerate

yamak karawaagannawaa යමක් කරවගන්නවා *v.* undergo

yamak kireemata baaragannawaa යමක් කිරීමට භාරගන්නවා *v.* undertake

yamak nowana pirisa යමක් නොවන පිණිස *conj.* lest

yamaka amunana laddha යමක අමුණන ලද *n.* tag

yamakata pasuwa siduwana යමකට පසුව සිදුවනවා *adj.* subsequent

yamakin galaweeme maargaya යමකින් ගැළවීමේ මාර්ගය *n.* salvation

yamakin iwathwa sitinawaa යමකින් ඉවත සිටිනවා *v.t.* shun

yamakin walakinawa යමකින් වළකිනවා *v.* forgo

yamek යමෙක් *pron.* someone

yamekuge usaskama muwaakaranawaa යමෙකුගේ උසස්කම මුවා කරනවා *v.* overshadow

yamekuta wiruddawa pawathinawaa යමෙකුට විරුද්ධව පවතිනවා *v.* militate

yamkisi thanaka යම්කිසි තැනක *adv.* somewhere

yantham යන්තම් *adv.* barely

yantham යන්තම් *adj.* just

yantham යන්තම් *adv.* slightly

yantham dawanawaa යන්තම් දවනවා *v.* singe

yantham gaanawa යන්තම් ගානවා *v.* dab

yanthamin babalenawa යන්තමින් බැබළෙනවා *v.* glimmer

yanthamin karanawa යන්තමින් කරනවා *v.* dabble

yanthra soothra යන්ත්‍ර සූත්‍ර *n.* machinery

yanthraya යන්ත්‍රය *n.* amulet

yanthraya යන්ත්‍රය *n.* machine

yanthraya යන්ත්‍රය *n.* talisman

yapeema යැපීම *n.* subsistence

yapenawa යැපෙනවා *v.* depend

yapenawa යැපෙන *n.* dependant

yapenawaa යැපෙනවා *v.* subsist

yasasa යසස *n.* fame

yasasa යසස *n.* glory

yashoprabhaawa යශෝප්‍රභාව *n.* limelight

yashtiya යෂ්ටිය *n.* wand

yata andum යට ඇඳුම් *n.* underwear

yata athsan kala යට අත්සන් කළ *n.* undersigned

yata giya යටගිය *adj.* past
yata kabaaya යට කබාය *n.* waistcoat
yata kalisama යට කලිසම *n.* underpants
yata kamisaya යට කමිසය *n.* singlet
yata karanawaa යට කරනවා *v.* whelm
yata sada pahara යට සැඩ පහර *n.* undercurrent
yata sandahan kala යට සඳහන් කළ *adj.* foregoing
yata wee thibenawaa යටවී තිබෙනවා *v.* slumber
yatagawma යටගවුම *n.* petticoat
yatahath pahath යටහත් පහත් *adj.* submissive
yatahath pahath bawa යටහත් පහත් බව *n.* humility
yatahath prakaasaya යටහත් ප්‍රකාශය *n.* submission
yatahath wenawa යටහත් වෙනවා *v.* subside
yatapath karanawaa යටපත් කරනවා *v.* repress
yatath kara ganeema යටත් කර ගැනීම *n.* subjugation
yatath karagannawa යටත් කරගන්නවා *v.* enslave
yatath kireema යටත් කිරීම *n.* subjection
yatath novee sitinawa යටත් නොවී සිටින *v.* withstand
yatath nowana යටත් නොවන *adj.* resistant
yatath wasiya යටත් වැසියා *n.* liege
yatath weema යටත්වීම *n.* cession
yatath weema යටත්වීම *n.* compliance
yatath weema යටත්වීම *n.* surrender
yatath wenawa යටත් වෙනවා *v.* capitulate
yatathe sitinna යටතේ සිටින්න *n.* underling
yathaa thathwayata path karanawa යථා තත්වයට පත්කරනවා *v.* normalize
yathaarthawaadiya යථාර්තවාදිය *n.* realism
yathaarthaya යථාර්ථය *n.* reality
yathraawakata godawee යාත්‍රාවකට ගොඩවී *adv.* aboard
yathura යතුර *n.* key
yathuru kapolla යතුරු කපොල්ල *n.* keyhole
yathuru liyannaa යතුරු ලියන්නා *n.* typist
yathuru puwaruwa යතුරු පුවරුව *n.* keyboard
yati lakunu යටි ලකුණු *adj.* subscript
yati pathula යටි පතුල *n.* sole
yatibaahuwa යටිබාහුව *n.* forearm
yatigiriyen kaagaseema යටිගිරියෙන් කෑ ගැසීම *n.* screech
yatigiriyen kaagaseema යටිගිරියෙන් කෑ ගැසීම *n.* screech
yatik kapaa harinawaa යටින් කපා හරිනවා *v.* undercut
yatikuru karanawa යටිකුරු කරනවා *v.* invert
yatin යටින් *prep.* under
yatin gaman kireemata athi paara යටින් ගමන් කිරීමට ඇති පාර *n.* underpass
yatin haaraa bindinawaa යටින් හාරා බිඳිනවා *v.* undermine

yatin iri andinawaa යටින් ඉරි අඳිනවා *v.t.* underline

yatin iri andinawaa යටින් ඉරි අඳිනවා *v.* underscore

yatithala wyuhaya යටිතල ව්‍යුහය *n.* infrastructure

yawa යව *n.* barley

yawa යව *n.* malt

yedenawa යෙදෙනවා *v.* betake

yew gasa යූ ගස *n.* yew

yoda යෝධ *n.* mammoth

yoda gannawa යොදා ගන්නවා *v.* adapt

yodanawa යොදනවා *v.* exert

yodawanawaa යොදවනවා *v.* preoccupy

yodaya යෝධයා *n.* giant

yoga abyaasa kramaya යෝග අභ්‍යාස ක්‍රමය *n.* yoga

yoga krama pilipadinna යෝග ක්‍රම පිළිපදින්නා *n.* yogi

yogya යෝග්‍ය *adj.* apposite

yogya යෝග්‍ය *adj.* congenial

yogya යෝග්‍ය *adj.* eligible

yogya යෝග්‍ය *adj.* seasonable

yogya wenawaa යෝග්‍ය වෙනවා *v.* correspond

yogyathaawaya යෝග්‍යතාවය *n.* aptitude

yogyathaawaya යෝග්‍යතාවය *n.* suitability

yojanaa karanawaa යෝජනා කරනවා *v.* propose

yojanaa karanawaa යෝජනා කරනවා *v.* suggest

yojanaa kramaya යෝජනා ක්‍රමය *n.* scheme

yojanaa walata wiwurtha යෝජනා වලට විවෘත *adj.* suggestible

yojanaakaru යෝජනාකරු *n.* mover

yojanaawa යෝජනාව *n.* proposal

yojanaawa යෝජනාව *n.* suggestion

yomanawaa යොමනවා *v.* submit

yomu karanawa යොමු කරනවා *v.t.* apply

yomuwa යොමුව *n.* reference

yoni maargaya යෝනි මාර්ගය *n.* vagina

yoniya යෝනිය *n.* commissure

yoniye ho guda maargaye diyaweemata damana beheth යෝනියේ හෝ ගුද මාර්ගයේ දියවීමට දමන බෙහෙත් *n.* suppository

yowun යොවුන් *adj.* young

yuda peramunehi wu senaawa යුධ පෙරමුණෙහි වූ සේනාව *n.* vanguard

yudakamee sthriya යුධකාමී ස්ත්‍රිය *n.* amazon

yudda hamudaawa යුද්ධ හමුදාව *adj.* military

yudda sajtha යුද්ධ සජ්ජ *adj.* embattled

yudda tanki praharaka upakaranayaki යුද්ධ ටැංකි ප්‍රහාරක උපකරණයකි *n.* bazooka

yuddakaamee යුද්ධකාමී *adj.* militant

yuddakaamiya යුද්ධකාමියා *n.* militant

yuddasheelee යුද්ධශීලී *adj.* bellicose

yuddaya යුද්ධය *n.* war

yuddayuda යුද්ධායුධ *n.* armoury

yuddhopakarana යුද්ධෝපකරණ *n.* munitions

yuddhopaya pilibanda wu

යුද්ධෝපාය පිළිබඳ වූ *adj.* strategic
yuddopakarana යුද්ධෝපකරණ *n.* armament
yuddopakarana යුද්ධෝපකරණ *n.* ordnance
yudha batayaa යුධ භටයා *n.* soldier
yuga geeya යුග ගීය *n.* duet
yugalaya යුගලය *n.* pair
yugaya යුගය *n.* aeon
yugaya යුගය *n.* era
yugma යුග්ම *adj.* binary
yugma යුග්ම *adj.* dual
yuhusulu යුහුසුළු *adj.* swift
yuhusulu bawa athi යුහුසුළු බව ඇති *n.* alacritous
yukthi sahagatha යුක්ති සහගත *adj.* sane
yukthiya යුක්තිය *n.* justice
yukthiya යුක්තිය *n.* justification
yuropeeya යුරෝපීය *n.* European
yuropeeya jathikaya යුරෝපීය ජාතිකයා *n.* westerner
yuthukam nosalakana යුතුකම් නොසලකන *adj.* unreasonable
yuwala යුවල *n.* couple
yuwathiya යුවතිය *n.* damsel

Z

zebra සීබ්රා *n.* zebra
zing handa සින්ග් හඬ *n.* zing